20世纪中国古代文化经典域外传播研究书系
张西平　　总主编

20世纪中国古代文化经典在意大利的传播编年

王苏娜　编著

中原出版传媒集团
大地传媒

大象出版社
·郑州·

图书在版编目（CIP）数据

20 世纪中国古代文化经典在意大利的传播编年／王苏娜编著．— 郑州：大象出版社，2017.12
（20 世纪中国古代文化经典域外传播研究书系）
ISBN 978-7-5347-9568-8

Ⅰ. ①2… Ⅱ. ①王… Ⅲ. ①中华文化—文化传播—研究—意大利—20 世纪 Ⅳ. ①G125

中国版本图书馆 CIP 数据核字（2017）第 277420 号

20 世纪中国古代文化经典域外传播研究书系
20 世纪中国古代文化经典在意大利的传播编年
20 SHIJI ZHONGGUO GUDAI WENHUA JINGDIAN ZAI YIDALI DE CHUANBO BIANNIAN

王苏娜　编著

出 版 人　王刘纯
项目统筹　张前进　刘东蓬
责任编辑　方　敏
责任校对　牛志远　裴红燕　张迎娟
装帧设计　张　帆

出版发行　大象出版社（郑州市开元路 16 号　邮政编码 450044）
　　　　　发行科　0371-63863551　总编室　0371-65597936
网　　址　www.daxiang.cn
印　　刷　郑州市毛庄印刷厂
经　　销　各地新华书店经销
开　　本　787mm×1092mm　1/16
印　　张　31
字　　数　473 千字
版　　次　2017 年 12 月第 1 版　2017 年 12 月第 1 次印刷
定　　价　92.00 元

若发现印、装质量问题，影响阅读，请与承印厂联系调换。
印厂地址　郑州市惠济区清华园路毛庄工业园
邮政编码　450044　　　电话　0371-63784396

总 序

张西平[①]

呈现在读者面前的这套"20世纪中国古代文化经典域外传播研究书系"是我2007年所申请的教育部哲学社会科学研究重大课题攻关项目的成果。

这套丛书的基本设计是:导论1卷,编年8卷,中国古代文化域外传播专题研究10卷,共计19卷。

中国古代文化经典在域外的传播和影响是一个崭新的研究领域,之前中外学术界从未对此进行过系统研究。它突破了以往将中国古代文化经典的研究局限于中国本土的研究方法,将研究视野扩展到世界主要国家,研究中国古代文化经典在那里的传播和影响,以此说明中国文化的世界性意义。

我在申请本课题时,曾在申请表上如此写道:

> 研究20世纪中国古代文化经典在域外的传播和影响,可以使我们走出"东方与西方""现代与传统"的二元思维,在世界文化的范围内考察中国文化的价值,以一种全球视角来重新审视中国古代文化的影响和现代价值,揭示中国文化的普世性意义。这样的研究对于消除当前中国学术界、文化界所存在的对待中国古代文化的焦虑和彷徨,对于整个社会文化转型中的中国重新

---

① 北京外国语大学中国海外汉学研究中心(现在已经更名为"国际中国文化研究院")原主任,中国文化走出去协同创新中心原副主任。

确立对自己传统文化的自信,树立文化自觉,都具有极其重要的思想文化意义。

通过了解20世纪中国古代文化经典在域外的传播与接受,我们也可以进一步了解世界各国的中国观,了解中国古代文化如何经过"变异",融合到世界各国的文化之中。通过对20世纪中国古代文化经典在域外传播和影响的研究,我们可以总结出中国文化向外部世界传播的基本规律、基本经验、基本方法,为国家制定全球文化战略做好前期的学术准备,为国家对外传播中国文化宏观政策的制定提供学术支持。

中国文化在海外的传播,域外汉学的形成和发展,昭示着中国文化的学术研究已经成为一个全球的学术事业。本课题的设立将打破国内学术界和域外汉学界的分隔与疏离,促进双方的学术互动。对中国学术来说,课题的重要意义在于:使国内学术界了解域外汉学界对中国古代文化研究的进展,以"它山之石"攻玉。通过本课题的研究,国内学术界了解了域外汉学界在20世纪关于中国古代文化经典的研究成果和方法,从而在观念上认识到:对中国古代文化经典的研究已经不再仅仅属于中国学术界本身,而应以更加开阔的学术视野展开对中国古代文化经典的研究与探索。

这样一个想法,在我们这项研究中基本实现了。但我们应该看到,对中国古代文化经典在域外的传播与影响的研究绝非我们这样一个课题就可以完成的。这是一个崭新的学术方向和领域,需要学术界长期关注与研究。基于这样的考虑,在课题设计的布局上我们的原则是:立足基础,面向未来,着眼长远。我们希望本课题的研究为今后学术的进一步发展打下坚实的基础。为此,在导论中,我们初步勾勒出中国古代文化经典在西方传播的轨迹,并从理论和文献两个角度对这个研究领域的方法论做了初步的探讨。在编年系列部分,我们从文献目录入手,系统整理出20世纪以来中国古代文化经典在世界主要国家的传播编年。编年体是中国传统记史的一个重要体裁,这样大规模的中国文化域外传播的编年研究在世界上是首次。专题研究则是从不同的角度对这个主题的深化。

为完成这个课题,30余位国内外学者奋斗了7年,到出版时几乎是用了10年时间。尽管我们取得了一定的成绩,这个研究还是刚刚开始,待继续努力的方向还很多。如:这里的中国古代文化经典主要侧重于以汉文化为主体,但中国古代文化是一个"多元一体"的文化,在其长期发展中,少数民族的古代文化经典已经逐步融合到汉文化的主干之中，成为中华文化充满活力、不断发展的动力和原因之一。由于时间和知识的限制，在本丛书中对中国古代少数民族的经典在域外的传播研究尚未全面展开，只是在个别卷中有所涉猎。在语言的广度上也待扩展，如在欧洲语言中尚未把西班牙语、瑞典语、荷兰语等包括进去，在亚洲语言中尚未把印地语、孟加拉语、僧伽罗语、乌尔都语、波斯语等包括进去。因此，我们只是迈开了第一步，我们希望在今后几年继续完成中国古代文化在使用以上语言的国家中传播的编年研究工作。希望在第二版时，我们能把编年卷做得更好，使其成为方便学术界使用的工具书。

中国文化是全球性的文化，它不仅在东亚文化圈、欧美文化圈产生过重要影响，在东南亚、南亚、阿拉伯世界也都产生过重要影响。因此，本丛书尽力将中国古代文化经典在多种文化区域传播的图景展现出来。或许这些研究仍待深化，但这样一个图景会使读者对中国文化的影响力有一个更为全面的认识。

中国古代文化经典的域外传播研究近年来逐步受到学术界的重视，据初步统计，目前出版的相关专著已经有十几本之多，相关博士论文已经有几十篇，国家社科基金课题及教育部课题中与此相关的也有十余个。随着国家"一带一路"倡议的提出，中国文化"走出去"战略也开始更加关注这个方向。应该说，这个领域的研究进步很大，成果显著。但由于这是一个跨学科的崭新研究领域，尚有不少问题需要我们深入思考。例如，如何更加深入地展开这一领域的研究？如何从知识和学科上把握这个研究领域？通过什么样的路径和方法展开这个领域的研究？这个领域的研究在学术上的价值和意义何在？对这些问题笔者在这里进行初步的探讨。

一、历史：展开中国典籍外译研究的基础

根据目前研究，中国古代文化典籍第一次被翻译为欧洲语言是在1592年，由来自西班牙的传教士高母羡（Juan Cobo, 1546—1592）[①]第一次将元末明初的中国

[①] "'Juan Cobo'，是他在1590年寄给危地马拉会友信末的落款签名，也是同时代的欧洲作家对他的称呼；'高母羡'，是1593年马尼拉出版的中文著作《辩正教真传实录》一书扉页上的作者；'羡高茂'，是1592年他在翻译菲律宾总督致丰臣秀吉的回信中使用的署名。"蒋薇：《1592年高母羡（Fr. Juan Cobo）出使日本之行再议》，硕士论文抽样本，北京：北京外国语大学；方豪：《中国天主教史人物传》（上），北京：中华书局，1988年，第83—89页。

文人范立本所编著的收录中国文化先贤格言的蒙学教材《明心宝鉴》翻译成西班牙文。《明心宝鉴》收入了孔子、孟子、庄子、老子、朱熹等先哲的格言,于洪武二十六年(1393)刊行。如此算来,欧洲人对中国古代文化典籍的翻译至今已有424年的历史。要想展开相关研究,对研究者最基本的要求就是熟知西方汉学的历史。

仅仅拿着一个译本,做单独的文本研究是远远不够的。这些译本是谁翻译的?他的身份是什么?他是哪个时期的汉学家?他翻译时的中国助手是谁?他所用的中文底本是哪个时代的刻本?……这些都涉及对汉学史及中国文化史的了解。例如,如果对《明心宝鉴》的西班牙译本进行研究,就要知道高母羡的身份,他是道明会的传教士,在菲律宾完成此书的翻译,此书当时为生活在菲律宾的道明会传教士学习汉语所用。他为何选择了《明心宝鉴》而不是其他儒家经典呢?因为这个本子是他从当时来到菲律宾的中国渔民那里得到的,这些侨民只是粗通文墨,不可能带有很经典的儒家本子,而《菜根谭》和《明心宝鉴》是晚明时期民间流传最为广泛的儒家伦理格言书籍。由于这是以闽南话为基础的西班牙译本,因此书名、人名及部分难以意译的地方,均采取音译方式,其所注字音当然也是闽南语音。我们对这个译本进行研究就必须熟悉闽南语。同时,由于译者是天主教传教士,因此研究者只有对欧洲天主教的历史发展和天主教神学思想有一定的了解,才能深入其文本的翻译研究之中。

又如,法国第一位专业汉学家雷慕沙(Jean Pierre Abel Rémusat,1788—1832)的博士论文是关于中医研究的《论中医舌苔诊病》(*Dissertatio de glossosemeiotice sive de signis morborum quae è linguâ sumuntur, praesertim apud sinenses*,1813,Thése,Paris)。论文中翻译了中医的一些基本文献,这是中医传向西方的一个重要环节。如果做雷慕沙这篇文献的研究,就必须熟悉西方汉学史,因为雷慕沙并未来过中国,他关于中医的知识是从哪里得来的呢?这些知识是从波兰传教士卜弥格(Michel Boym,1612—1659)那里得来的。卜弥格的《中国植物志》"是西方研究中国动植物的第一部科学著作,曾于1656年在维也纳出版,还保存了原著中介绍的每一种动植物的中文名称和卜弥格为它们绘制的二十七幅图像。后来因为这部著作受到欧洲读者极大的欢迎,在1664年,又发表了它的法文译本,名为《耶稣会士卜弥格神父写的一篇论特别是来自中国的花、水果、植物和个别动物的论文》。……

荷兰东印度公司一位首席大夫阿德列亚斯·克莱耶尔(Andreas Clayer)……1682年在德国出版的一部《中医指南》中,便将他所得到的卜弥格的《中医处方大全》《通过舌头的颜色和外部状况诊断疾病》《一篇论脉的文章》和《医学的钥匙》的部分章节以他的名义发表了"①。这就是雷慕沙研究中医的基本材料的来源。如果对卜弥格没有研究,那就无法展开对雷慕沙的研究,更谈不上对中医西传的研究和翻译时的历史性把握。

这说明研究者要熟悉从传教士汉学到专业汉学的发展历史,只有如此才能展开研究。西方汉学如果从游记汉学算起已经有七百多年的历史,如果从传教士汉学算起已经有四百多年的历史,如果从专业汉学算起也有近二百年的历史。在西方东方学的历史中,汉学作为一个独立学科存在的时间并不长,但学术的传统和人脉一直在延续。正像中国学者做研究必须熟悉本国学术史一样,做中国文化典籍在域外的传播研究首先也要熟悉域外各国的汉学史,因为绝大多数的中国古代文化典籍的译介是由汉学家们完成的。不熟悉汉学家的师承、流派和学术背景,自然就很难做好中国文化的海外传播研究。

上面这两个例子还说明,虽然西方汉学从属于东方学,但它是在中西文化交流的历史中产生的。这就要求研究者不仅要熟悉西方汉学史,也要熟悉中西文化交流史。例如,如果不熟悉元代的中西文化交流史,那就无法读懂《马可·波罗游记》;如果不熟悉明清之际的中西文化交流史,也就无法了解以利玛窦为代表的传教士汉学家们的汉学著作,甚至完全可能如堕烟海,不知从何下手。上面讲的卜弥格是中医西传第一人,在中国古代文化典籍西传方面贡献很大,但他同时又是南明王朝派往梵蒂冈教廷的中国特使,在明清时期中西文化交流史上占有重要的地位。如果不熟悉明清之际的中西文化交流史,那就无法深入展开研究。即使一些没有来过中国的当代汉学家,在其进行中国典籍的翻译时,也会和中国当时的历史与人物发生联系并受到影响。例如20世纪中国古代文化经典最重要的翻译家阿瑟·韦利(Arthur David Waley,1889—1966)与中国作家萧乾、胡适的交往,都对他的翻译活动产生过影响。

历史是进行一切人文学科研究的基础,做中国古代文化经典在域外的传播研

---

① 张振辉:《卜弥格与明清之际中学的西传》,《中国史研究》2011年第3期,第184—185页。

究尤其如此。

中国学术界对西方汉学的典籍翻译的研究起源于清末民初之际。辜鸿铭对西方汉学家的典籍翻译多有微词。那时的中国学术界对西方汉学界已经不陌生,不仅不陌生,实际上晚清时期对中国学问产生影响的西学中也包括汉学。① 近代以来,中国学术的发展是西方汉学界与中国学界互动的结果,我们只要提到伯希和、高本汉、葛兰言在民国时的影响就可以知道。② 但中国学术界自觉地将西方汉学作为一个学科对象加以研究和分梳的历史并不长,研究者大多是从自己的专业领域对西方汉学发表评论,对西方汉学的学术历史研究甚少。莫东言的《汉学发达史》到1936年才出版,实际上这本书中的绝大多数知识来源于日本学者石田干之助的《欧人之汉学研究》③。近30年来中国学术界对西方汉学的研究有了长足进展,个案研究、专书和专人研究及国别史研究都有了重大突破。像徐光华的《国外汉学史》、阎纯德主编的《列国汉学史》等都可以为我们的研究提供初步的线索。但应看到,对国别汉学史的研究才刚刚开始,每一位从事中国典籍外译研究的学者都要注意对汉学史的梳理。我们应承认,至今令学术界满意的中国典籍外译史的专著并不多见,即便是国别体的中国典籍外译的专题历史研究著作都尚未出现。④ 因为这涉及太多的语言和国家,绝非短期内可以完成。随着国家"一带一路"倡议的提出,了解沿路国家文化与中国文化之间的互动历史是学术研究的题中应有之义。但一旦我们翻阅学术史文献就会感到,在这个领域我们需要做的事情还有很多,尤其需要增强对沿路国家文化与中国文化互动的了解。百年以西为师,我们似乎忘记了家园和邻居,悲矣!学术的发展总是一步步向前的,愿我们沿着季羡林先生开辟的中国东方学之路,由历史而入,拓展中国学术发展的新空间。

---

① 罗志田:《西学冲击下近代中国学术分科的演变》,《社会科学研究》2003年第1期。
② 桑兵:《国学与汉学——近代中外学界交往录》,北京:中国人民大学出版社,2010年;李孝迁:《葛兰言在民国学界的反响》,《华东师范大学学报》(哲学社会科学版)2010年第4期。
③ [日]石田干之助:《欧人之汉学研究》,朱滋萃译,北京:北平中法大学出版社,1934年。
④ 马祖毅、任荣珍:《汉籍外译史》,武汉:湖北教育出版社,1997年。这本书尽管是汉籍外译研究的开创性著作,但书中的错误颇多,注释方式也不规范,完全分不清资料的来源。关键在于作者对域外汉学史并未深入了解,仅在二手文献基础上展开研究。学术界对这本书提出了批评,见许冬平《〈汉籍外译史〉还是〈汉籍歪译史〉?》,光明网,2011年8月21日。

二、文献：西方汉学文献学亟待建立

张之洞在《书目答问》中开卷就说："诸生好学者来问应读何书，书以何本为善。偏举既嫌绠漏，志趣学业亦各不同，因录此以告初学。"①学问由目入，读书自识字始，这是做中国传统学问的基本方法。此法也同样适用于中国文化在域外的传播研究及中国典籍外译研究。因为19世纪以前中国典籍的翻译者以传教士为主，传教士的译本在欧洲呈现出非常复杂的情况。17世纪时传教士的一些译本是拉丁文的，例如柏应理和一些耶稣会士联合翻译的《中国哲学家孔子》，其中包括《论语》《大学》《中庸》。这本书的影响很大，很快就有了各种欧洲语言的译本，有些是节译，有些是改译。如果我们没有西方汉学文献学的知识，就搞不清这些译本之间的关系。

18世纪欧洲的流行语言是法语，会法语是上流社会成员的标志。恰好此时来华的传教士由以意大利籍为主转变为以法国籍的耶稣会士为主。这些法国来华的传教士学问基础好，翻译中国典籍极为勤奋。法国传教士的汉学著作中包含了大量的对中国古代文化典籍的介绍和翻译，例如来华耶稣会士李明返回法国后所写的《中国近事报道》(*Nouveaux mémoires sur l'état présent de la Chine*)，1696年在巴黎出版。他在书中介绍了中国古代重要的典籍"五经"，同时介绍了孔子的生平。李明所介绍的孔子的生平在当时欧洲出版的来华耶稣会士的汉学著作中是最详细的。这本书出版后在四年内竟然重印五次，并有了多种译本。如果我们对法语文本和其他文本之间的关系不了解，就很难做好翻译研究。

进入19世纪后，英语逐步取得霸主地位，英文版的中国典籍译作逐渐增加，版本之间的关系也更加复杂。美国诗人庞德在翻译《论语》时，既参照早年由英国汉学家柯大卫(David Collie)翻译的第一本英文版"四书"②，也参考理雅各的译本，如果只是从理雅各的译本来研究庞德的翻译肯定不全面。

20世纪以来对中国典籍的翻译一直在继续，翻译的范围不断扩大。学者研

---

① 〔清〕张之洞著，范希曾补正：《书目答问补正》，上海：上海古籍出版社，2001年，第3页。
② David Collie, *The Four Books*, Malacca: Printed at Mission Press, 1828.

究百年的《论语》译本的数量就很多,《道德经》的译本更是不计其数。有的学者说世界上译本数量极其巨大的文化经典文本有两种,一种是《圣经》,另一种就是《道德经》。

这说明我们在从事文明互鉴的研究时,尤其在从事中国古代文化经典在域外的翻译和传播研究时,一定要从文献学入手,从目录学入手,这样才会保证我们在做翻译研究时能够对版本之间的复杂关系了解清楚,为研究打下坚实的基础。中国学术传统中的"辨章学术,考镜源流"在我们致力于域外汉学研究时同样需要。

目前,国家对汉籍外译项目投入了大量的经费,国内学术界也有相当一批学者投入这项事业中。但我们在开始这项工作时应该摸清世界各国已经做了哪些工作,哪些译本是受欢迎的,哪些译本问题较大,哪些译本是节译,哪些译本是全译。只有清楚了这些以后,我们才能确定恰当的翻译策略。显然,由于目前我们在域外汉学的文献学上做得不够理想,对中国古代文化经典的翻译情况若明若暗。因而,国内现在确立的一些翻译计划不少是重复的,在学术上是一种浪费。即便国内学者对这些典籍重译,也需要以前人的工作为基础。

就西方汉学而言,其基础性书目中最重要的是两本目录,一本是法国汉学家考狄编写的《汉学书目》(*Bibliotheca sinica*),另一本是中国著名学者、中国近代图书馆的奠基人之一袁同礼1958年出版的《西文汉学书目》(*China in Western Literature:a Continuation of Cordier's Bibliotheca Sinica*)①。

从西方最早对中国的记载到1921年西方出版的关于研究中国的书籍,四卷本的考狄书目都收集了,其中包括大量关于中国古代文化典籍的译本目录。袁同礼的《西文汉学书目》则是"接着说",其书名就表明是接着考狄来做的。他编制了1921—1954年期间西方出版的关于中国研究的书目,其中包括数量可观的关于中国古代文化典籍的译本目录。袁同礼之后,西方再没有编出一本类似的书目。究其原因,一方面是中国研究的进展速度太快,另一方面是中国研究的范围在快速扩大,在传统的人文学科的思路下已经很难把握快速发展的中国研究。

当然,国外学者近50年来还是编制了一些非常重要的专科性汉学研究文献

---

① 书名翻译为《西方文学作品里的中国书目——续考狄之汉学书目》更为准确,《西文汉学书目》简洁些。

目录,特别是关于中国古代文化经典的翻译也有了专题性书目。例如,美国学者编写的《中国古典小说研究与欣赏论文书目指南》①是一本很重要的专题性书目,对于展开中国古典文学在西方的传播研究奠定了基础。日本学者所编的《东洋学文献类目》是当代较权威的中国研究书目,收录了部分亚洲研究的文献目录,但涵盖语言数量有限。当然中国学术界也同样取得了较大的进步,台湾学者王尔敏所编的《中国文献西译书目》②无疑是中国学术界较早的西方汉学书目。汪次昕所编的《英译中文诗词曲索引:五代至清末》③,王丽娜的《中国古典小说戏曲名著在国外》④是新时期第一批从目录文献学上研究西方汉学的著作。林舒俐、郭英德所编的《中国古典戏曲研究英文论著目录》⑤,顾钧、杨慧玲在美国汉学家卫三畏研究的基础上编制的《〈中国丛报〉篇名目录及分类索引》,王国强在其《〈中国评论〉(1872—1901)与西方汉学》中所附的《中国评论》目录和《中国评论》文章分类索引等,都代表了域外汉学和中国古代文化外译研究的最新进展。

  从学术的角度看,无论是海外汉学界还是中国学术界在汉学的文献学和目录学上都仍有继续展开基础性研究和学术建设的极大空间。例如,在17世纪和18世纪"礼仪之争"后来华传教士所写的关于在中国传教的未刊文献至今没有基础性书目,这里主要指出傅圣泽和白晋的有关文献就足以说明问题。⑥ 在罗马传信部档案馆、梵蒂冈档案馆、耶稣会档案馆有着大量未刊的耶稣会士关于"礼仪之争"的文献,这些文献多涉及中国典籍的翻译问题。在巴黎外方传教会、方济各传教会也有大量的"礼仪之争"期间关于中国历史文化研究的未刊文献。这些文献目录未整理出来以前,我们仍很难书写一部完整的中国古代文献西文翻译史。

  由于中国文化研究已经成为一个国际化的学术事业,无论是美国亚洲学会的

---

① Winston L.Y.Yang, Peter Li and Nathan K.Mao, *Classical Chinese Fiction: A Guide to Its Study and Appreciation—Essays and Bibliographies*, Boston: G.K.Hall & Co., 1978.
② 王尔敏编:《中国文献西译书目》,台北:台湾商务印书馆,1975年。
③ 汪次昕:《英译中文诗词曲索引:五代至清末》,台北:汉学研究中心,2000年。
④ 王丽娜:《中国古典小说戏曲名著在国外》,上海:学林出版社,1988年。
⑤ 林舒俐、郭英德编:《中国古典戏曲研究英文论著目录》(上),《戏曲研究》2009年第3期;《中国古典戏曲研究英文论著目录》(下),《戏曲研究》2010年第1期。
⑥ [美]魏若望:《耶稣会士傅圣泽神甫传:索隐派思想在中国及欧洲》,吴莉苇译,郑州:大象出版社,2006年;[丹]龙伯格:《清代来华传教士马若瑟研究》,李真、骆洁译,郑州:大象出版社,2009年;[德]柯兰霓:《耶稣会士白晋的生平与著作》,李岩译,郑州:大象出版社,2009年;[法]维吉尔·毕诺:《中国对法国哲学思想形成的影响》,耿昇译,北京:商务印书馆,2000年。

中国学研究网站所编的目录,还是日本学者所编的目录,都已经不能满足学术发展的需要。我们希望了解伊朗的中国历史研究状况,希望了解孟加拉国对中国文学的翻译状况,但目前没有目录能提供这些。袁同礼先生当年主持北平图书馆工作时曾说过,中国国家图书馆应成为世界各国的中国研究文献的中心,编制世界的汉学研究书目应是我们的责任。先生身体力行,晚年依然坚持每天在美国国会图书馆的目录架旁抄录海外中国学研究目录,终于继考狄之后完成了《西文汉学书目》,开启了中国学者对域外中国研究文献学研究的先河。今日的中国国家图书馆的同人和中国文献学的同行们能否继承前辈之遗产,为飞出国门的中国文化研究提供一个新时期的文献学的阶梯,提供一个真正能涵盖多种语言,特别是非通用语的中国文化研究书目呢?我们期待着。正是基于这样的考虑,10年前我承担教育部重大攻关项目"20世纪中国古代文化经典在域外的传播与影响"时,决心接续袁先生的工作做一点尝试。我们中国海外汉学研究中心和北京外国语大学与其他院校学界的同人以10年之力,编写了一套10卷本的中国文化传播编年,它涵盖了22种语言,涉及20余个国家。据我了解,这或许是目前世界上第一次涉及如此多语言的中国文化外传文献编年。

尽管这些编年略显幼稚,多有不足,但中国的学者们是第一次把自己的语言能力与中国学术的基础性建设有机地结合起来。我们总算在袁同礼先生的事业上前进了一步。

学术界对于加强海外汉学文献学研究的呼声很高。李学勤当年主编的《国际汉学著作提要》就是希望从基础文献入手加强对西方汉学名著的了解。程章灿更是提出了十分具体的方案,他认为如果把欧美汉学作为学术资源,应该从以下四方面着手:"第一,从学术文献整理的角度,分学科、系统编纂中外文对照的专业论著索引。就欧美学者的中国文学研究而言,这一工作显得相当迫切。这些论著至少应该包括汉学专著、汉籍外译本及其附论(尤其是其前言、后记)、各种教材(包括文学史与作品选)、期刊论文、学位论文等几大项。其中,汉籍外译本与学位论文这两项比较容易被人忽略。这些论著中提出或涉及的学术问题林林总总,如果并没有广为中国学术界所知,当然也就谈不上批判或吸收。第二,从学术史角度清理学术积累,编纂重要论著的书目提要。从汉学史上已出版的研究中国文学的专著中,选取有价值的、有影响的,特别是有学术史意义的著作,每种写一篇两三千字的书目提要,述其内容大要、方法特点,并对其作学术史之源流梳理。对这些海外汉学文献的整理,就是学术史的建设,其道理与第一点是一样的。第三,从学术术语与话语沟通的角度,编纂一册中英文术语对照词典。就中国文学研究而言,目前在世界范围内,英语与汉语是两种最重要的工作语言。但是,对于同一个中国文学专有名词,往往有多种不同的英语表达法,国内学界英译中国文学术语时,词不达意、生拉硬扯的现象时或可见,极不利于中外学者的沟通和中外学术的交流。如有一册较好的中英文中国文学术语词典,不仅对于中国研究者,而且对于学习中国文学的外国人,都有很大的实用价值。第四,在系统清理研判的基础上,编写一部国际汉学史略。"①

历史期待着我们这一代学人,从基础做起,从文献做起,构建起国际中国文化研究的学术大厦。

三、语言:中译外翻译理论与实践有待探索

翻译研究是做中国古代文化对外传播研究的重要环节,没有这个环节,整个研究就不能建立在坚实的学术基础之上。在翻译研究中如何创造出切实可行的中译外理论是一个亟待解决的问题。如果翻译理论、翻译的指导观念不发生变革,一味依赖西方的理论,并将其套用在中译外的实践中,那么中国典籍的外译将不会有更大的发展。

外译中和中译外是两种翻译实践活动。前者说的是将外部世界的文化经典翻译成中文,后者说的是将中国古代文化的经典翻译成外文。几乎每一种有影响的文化都会面临这两方面的问题。

中国文化史告诉我们,我们有着悠久的外译中的历史,例如从汉代以来中国对佛经的翻译和近百年来中国对西学和日本学术著作的翻译。中国典籍的外译最早可以追溯到玄奘译老子的《道德经》,但真正形成规模则始于明清之际来华的传教士,即上面所讲的高母羡、利玛窦等人。中国人独立开展这项工作则应从晚清时期的陈季同和辜鸿铭算起。外译中和中译外作为不同语言之间的转换有

---

① 程章灿:《作为学术文献资源的欧美汉学研究》,《文学遗产》2012年第2期,第134—135页。

共同性,这是毋庸置疑的。但二者的区别也很明显,目的语和源语言在外译中和中译外中都发生了根本性置换,这种目的语和源语言的差别对译者提出了完全不同的要求。因此,将中译外作为一个独立的翻译实践来展开研究是必要的,正如刘宓庆所说:"实际上东方学术著作的外译如何解决文化问题还是一块丰腴的亟待开发的处女地。"①

由于在翻译目的、译本选择、语言转换等方面的不同,在研究中译外时完全照搬西方的翻译理论是有问题的。当然,并不是说西方的翻译理论不可用,而是这些理论的创造者的翻译实践大都是建立在西方语言之间的互译之上。在此基础上产生的翻译理论面对东方文化时,特别是面对以汉字为基础的汉语文化时会产生一些问题。潘文国认为,至今为止,西方的翻译理论基本上是对印欧语系内部翻译实践的总结和提升,那套理论是"西西互译"的结果,用到"中西互译"是有问题的,"西西互译"多在"均质印欧语"中发生,而"中西互译"则是在相距遥远的语言之间发生。因此他认为"只有把'西西互译'与'中西互译'看作是两种不同性质的翻译,因而需要不同的理论,才能以更为主动的态度来致力于中国译论的创新"②。

语言是存在的家园。语言具有本体论作用,而不仅仅是外在表达。刘勰在《文心雕龙·原道》中写道:"文之为德也大矣,与天地并生者何哉?夫玄黄色杂,方圆体分,日月叠璧,以垂丽天之象;山川焕绮,以铺理地之形:此盖道之文也。仰观吐曜,俯察含章,高卑定位,故两仪既生矣。惟人参之,性灵所钟,是谓三才。为五行之秀,实天地之心。心生而言立,言立而文明,自然之道也。傍及万品,动植皆文;龙凤以藻绘呈瑞,虎豹以炳蔚凝姿;云霞雕色,有逾画工之妙;草木贲华,无待锦匠之奇。夫岂外饰,盖自然耳。至于林籁结响,调如竽瑟;泉石激韵,和若球锽:故形立则章成矣,声发则文生矣。夫以无识之物,郁然有彩,有心之器,其无文欤?"③刘勰这段对语言和文字功能的论述绝不亚于海德格尔关于语言性质的论述,他强调"文"的本体意义和内涵。

---

① 刘宓庆:《中西翻译思想比较研究》,北京:中国对外翻译出版公司,2005年,第272页。
② 潘文国:《中籍外译,此其时也——关于中译外问题的宏观思考》,《杭州师范学院学报》(社会科学版)2007年第6期。
③ [南朝梁]刘勰著,周振甫译注:《文心雕龙选译》,北京:中华书局,1980年,第19—20页。

中西两种语言,对应两种思维、两种逻辑。外译中是将抽象概念具象化的过程,将逻辑思维转换成伦理思维的过程;中译外是将具象思维的概念抽象化,将伦理思维转换成逻辑思维的过程。当代美国著名汉学家安乐哲(Roger T. Ames)与其合作者也有这样的思路:在中国典籍的翻译上反对用一般的西方哲学思想概念来表达中国的思想概念。因此,他在翻译中国典籍时着力揭示中国思想异于西方思想的特质。

语言是世界的边界,不同的思维方式、不同的语言特点决定了外译中和中译外具有不同的规律,由此,在翻译过程中就要注意其各自的特点。基于语言和哲学思维的不同所形成的中外互译是两种不同的翻译实践,我们应该重视对中译外理论的总结,现在流行的用"西西互译"的翻译理论来解释"中西互译"是有问题的,来解释中译外问题更大。这对中国翻译界来说应是一个新课题,因为在"中西互译"中,我们留下的学术遗产主要是外译中。尽管我们也有辜鸿铭、林语堂、陈季同、吴经熊、杨宪益、许渊冲等前辈的可贵实践,但中国学术界的翻译实践并未留下多少中译外的经验。所以,认真总结这些前辈的翻译实践经验,提炼中译外的理论是一个亟待努力开展的工作。同时,在比较语言学和比较哲学的研究上也应着力,以此为中译外的翻译理论打下坚实的基础。

在此意义上,许渊冲在翻译理论及实践方面的探索尤其值得我国学术界关注。许渊冲在20世纪中国翻译史上是一个奇迹,他在中译外和外译中两方面均有很深造诣,这十分少见。而且,在中国典籍外译过程中,他在英、法两个语种上同时展开,更是难能可贵。"书销中外五十本,诗译英法唯一人"的确是他的真实写照。从陈季同、辜鸿铭、林语堂等开始,中国学者在中译外道路上不断探索,到许渊冲这里达到一个高峰。他的中译外的翻译数量在中国学者中居于领先地位,在古典诗词的翻译水平上,更是成就卓著,即便和西方汉学家(例如英国汉学家韦利)相比也毫不逊色。他的翻译水平也得到了西方读者的认可,译著先后被英国和美国的出版社出版,这是目前中国学者中译外作品直接进入西方阅读市场最多的一位译者。

特别值得一提的是,许渊冲从中国文化本身出发总结出一套完整的翻译理论。这套理论目前是中国翻译界较为系统并获得翻译实践支撑的理论。面对铺天盖地而来的西方翻译理论,他坚持从中国翻译的实践出发,坚持走自己的学术道路,自成体系,面对指责和批评,他不为所动。他这种坚持文化本位的精神,这种坚持从实践出发探讨理论的风格,值得我们学习和发扬。

许渊冲把自己的翻译理论概括为"美化之艺术,创优似竞赛"。"实际上,这十个字是拆分开来解释的。'美'是许渊冲翻译理论的'三美'论,诗歌翻译应做到译文的'意美、音美和形美',这是许渊冲诗歌翻译的本体论;'化'是翻译诗歌时,可以采用'等化、浅化、深化'的具体方法,这是许氏诗歌翻译的方法论;'之'是许氏诗歌翻译的意图或最终想要达成的结果,使读者对译文能够'知之、乐之并好之',这是许氏译论的目的论;'艺术'是认识论,许渊冲认为文学翻译,尤其是诗词翻译是一种艺术,是一种研究'美'的艺术。'创'是许渊冲的'创造论',译文是译者在原诗规定范围内对原诗的再创造;'优'指的是翻译的'信达优'标准和许氏译论的'三势'(优势、劣势和均势)说,在诗歌翻译中应发挥译语优势,用最好的译语表达方式来翻译;'似'是'神似'说,许渊冲认为忠实并不等于形似,更重要的是神似;'竞赛'指文学翻译是原文和译文两种语言与两种文化的竞赛。"①

许渊冲的翻译理论不去套用当下时髦的西方语汇,而是从中国文化本身汲取智慧,并努力使理论的表述通俗化、汉语化和民族化。例如他的"三美"之说就来源于鲁迅,鲁迅在《汉文学史纲要》中指出:"诵习一字,当识形音义三:口诵耳闻其音,目察其形,心通其义,三识并用,一字之功乃全。其在文章,则写山曰崚嶒嵯峨,状水曰汪洋澎湃,蔽芾葱茏,恍逢丰木,鳟鲂鳗鲤,如见多鱼。故其所函,遂具三美:意美以感心,一也;音美以感耳,二也;形美以感目,三也。"②许渊冲的"三之"理论,即在翻译中做到"知之、乐之并好之",则来自孔子《论语·雍也》中的"知之者不如好之者,好之者不如乐之者"。他套用《道德经》中的语句所总结的翻译理论精练而完备,是近百年来中国学者对翻译理论最精彩的总结:

译可译,非常译。

忘其形,得其意。

得意,理解之始;

忘形,表达之母。

---

① 张进:《许渊冲唐诗英译研究》,硕士论文抽样本,西安:西北大学,2011年,第19页;张智中:《许渊冲与翻译艺术》,武汉:湖北教育出版社,2006年。
② 鲁迅:《鲁迅全集》(第九卷),北京:人民文学出版社,2005年,第354—355页。

故应得意，以求其同；
故可忘形，以存其异。
两者同出，异名同理。
得意忘形，求同存异；
翻译之道。

2014年，在第二十二届世界翻译大会上，由中国翻译学会推荐，许渊冲获得了国际译学界的最高奖项"北极光"杰出文学翻译奖。他也是该奖项自1999年设立以来，第一个获此殊荣的亚洲翻译家。许渊冲为我们奠定了新时期中译外翻译理论与实践的坚实学术基础，这个事业有待后学发扬光大。

四、知识：跨学科的知识结构是对研究者的基本要求

中国古代文化经典在域外的翻译与传播研究属于跨学科研究领域，语言能力只是进入这个研究领域的一张门票，但能否坐在前排，能否登台演出则是另一回事。因为很显然，语言能力尽管重要，但它只是展开研究的基础条件，而非全部条件。

研究者还应该具备中国传统文化知识与修养。我们面对的研究对象是整个海外汉学界，汉学家们所翻译的中国典籍内容十分丰富，除了我们熟知的经、史、子、集，还有许多关于中国的专业知识。例如，俄罗斯汉学家阿列克谢耶夫对宋代历史文学极其关注，翻译宋代文学作品数量之大令人吃惊。如果研究他，仅仅俄语专业毕业是不够的，研究者还必须通晓中国古代文学，尤其是宋代文学。清中前期，来华的法国耶稣会士已经将中国的法医学著作《洗冤集录》翻译成法文，至今尚未有一个中国学者研究这个译本，因为这要求译者不仅要懂宋代历史，还要具备中国古代法医学知识。

中国典籍的外译相当大一部分产生于中外文化交流的历史之中，如果缺乏中西文化交流史的知识，常识性错误就会出现。研究18世纪的中国典籍外译要熟悉明末清初的中西文化交流史，研究19世纪的中国典籍外译要熟悉晚清时期的中西文化交流史，研究东亚之间文学交流要精通中日、中韩文化交流史。

同时，由于某些译者有国外学术背景，想对译者和文本展开研究就必须熟悉

译者国家的历史与文化、学术与传承,那么,知识面的扩展、知识储备的丰富必不可少。

目前,绝大多数中国古代文化外译的研究者是外语专业出身,这些学者的语言能力使其成为这个领域的主力军,但由于目前教育分科严重细化,全国外语类大学缺乏系统的中国历史文化的教育训练,因此目前的翻译及其研究在广度和深度上尚难以展开。有些译本作为国内外语系的阅读材料尚可,要拿到对象国出版还有很大的难度,因为这些译本大都无视对象国汉学界译本的存在。的确,研究中国文化在域外的传播和发展是一个崭新的领域,是青年学者成长的天堂。但同时,这也是一个有难度的跨学科研究领域,它对研究者的知识结构提出了新挑战。研究者必须走出单一学科的知识结构,全面了解中国文化的历史与文献,唯此才能对中国古代文化经典的域外传播和中国文化的域外发展进行更深入的研究。当然,术业有专攻,在当下的知识分工条件下,研究者已经不太可能系统地掌握中国全部传统文化知识,但掌握其中的一部分,领会其精神仍十分必要。这对中国外语类大学的教学体系改革提出了更高的要求,中国历史文化课程必须进入外语大学的必修课中,否则,未来的学子们很难承担起这一历史重任。

五、方法:比较文化理论是其基本的方法

从本质上讲,中国文化域外传播与发展研究是一种文化间关系的研究,是在跨语言、跨学科、跨文化、跨国别的背景下展开的,这和中国本土的国学研究有区别。关于这一点,严绍璗先生有过十分清楚的论述,他说:"国际中国学(汉学)就其学术研究的客体对象而言,是指中国的人文学术,诸如文学、历史、哲学、艺术、宗教、考古等等,实际上,这一学术研究本身就是中国人文学科在域外的延伸。所以,从这样的意义上说,国际中国学(汉学)的学术成果都可以归入中国的人文学术之中。但是,作为从事于这样的学术的研究者,却又是生活在与中国文化很不相同的文化语境中,他们所受到的教育,包括价值观念、人文意识、美学理念、道德伦理和意识形态等等,和我们中国本土很不相同。他们是以他们的文化为背景而从事中国文化的研究,通过这些研究所表现的价值观念,从根本上说,是他们的'母体文化'观念。所以,从这样的意义上说,国际中国学(汉学)的学术成果,其

实也是他们'母体文化'研究的一种。从这样的视角来考察国际中国学(汉学)，那么，我们可以说，这是一门在国际文化中涉及双边或多边文化关系的近代边缘性的学术，它具有'比较文化研究'的性质。"①严先生的观点对于我们从事中国古代文化典籍外译和传播研究有重要的指导意义。有些学者认为西方汉学家翻译中的误读太多，因此，中国文化经典只有经中国人来翻译才忠实可信。显然，这样的看法缺乏比较文学和跨文化的视角。

"误读"是翻译中的常态，无论是外译中还是中译外，除了由于语言转换过程中知识储备不足产生的误读②，文化理解上的误读也比比皆是。有的译者甚至故意误译，完全按照自己的理解阐释中国典籍，最明显的例子就是美国诗人庞德。1937年他译《论语》时只带着理雅各的译本，没有带词典，由于理雅各的译本有中文原文，他就盯着书中的汉字，从中理解《论语》，并称其为"注视字本身"，看汉字三遍就有了新意，便可开始翻译。例如"《论语·公冶长第五》，'子曰：道不行，乘桴浮于海。从我者，其由与？子路闻之喜。子曰：由也，好勇过我，无所取材。'最后四字，朱熹注：'不能裁度事理。'理雅各按朱注译。庞德不同意，因为他从'材'字中看到'一棵树加半棵树'，马上想到孔子需要一个'桴'。于是庞德译成'Yu like danger better than I do. But he wouldn't bother about getting the logs.'(由比我喜欢危险，但他不屑去取树木。)庞德还指责理雅各译文'失去了林肯式的幽默'。后来他甚至把理雅各译本称为'丢脸'(an infamy)"③。庞德完全按自己的理解来翻译，谈不上忠实，但庞德的译文却在美国和其他西方国家产生了巨大影响。日本比较文学家大塚幸男说："翻译文学，在对接受国文学的影响中，误解具有异乎寻常的力量。有时拙劣的译文意外地产生极大的影响。"④庞德就是这样的翻译家，他翻译《论语》《中庸》《孟子》《诗经》等中国典籍时，完全借助理雅各的译本，但又能超越理雅各的译本，在此基础上根据自己的想法来翻译。他把《中庸》翻

---

① 严绍璗：《我对国际中国学(汉学)的认识》，《国际汉学》(第五辑)，郑州：大象出版社，2000年，第11页。
② 英国著名汉学家阿瑟·韦利在翻译陶渊明的《责子》时将"阿舒已二八"翻译成"A-Shu is eighteen"，显然是他不知在中文中"二八"是指16岁，而不是18岁。这样知识性的翻译错误是常有的。
③ 赵毅衡：《诗神远游：中国如何改变了美国现代诗》，成都：四川文艺出版社，2013年，第277—278页。
④ [日]大塚幸男：《比较文学原理》，陈秋峰、杨国华译，西安：陕西人民出版社，1985年，第101页。

译为 Unwobbling Pivot(不动摇的枢纽),将"君子而时中"翻译成"The master man's axis does not wobble"(君子的轴不摇动),这里的关键在于他认为"中"是"一个动作过程,一个某物围绕旋转的轴"①。只有具备比较文学和跨文化理论的视角,我们才能理解庞德这样的翻译。

从比较文学角度来看,文学著作一旦被翻译成不同的语言,它就成为各国文学历史的一部分,"在翻译中,创造性叛逆几乎是不可避免的"②。这种叛逆就是在翻译时对源语言文本的改写,任何译本只有在符合本国文化时,才会获得第二生命。正是在这个意义上,谢天振主张将近代以来的中国学者对外国文学的翻译作为中国近代文学的一部分,使它不再隶属于外国文学,为此,他专门撰写了《中国现代翻译文学史》③。他的观点向我们提供了理解被翻译成西方语言的中国古代文化典籍的新视角。

尽管中国学者也有在中国典籍外译上取得成功的先例,例如林语堂、许渊冲,但这毕竟不是主流。目前国内的许多译本并未在域外产生真正的影响。对此,王宏印指出:"毋庸讳言,虽然我们取得的成就很大,但国内的翻译、出版的组织和质量良莠不齐,加之推广和运作方面的困难,使得外文形式的中国典籍的出版发行多数限于国内,难以进入世界文学的视野和教学研究领域。有些译作甚至成了名副其实的'出口转内销'产品,只供学外语的学生学习外语和翻译技巧,或者作为某些懂外语的人士的业余消遣了。在现有译作精品的评价研究方面,由于信息来源的局限和读者反应调查的费钱费力费时,大大地限制了这一方面的实证研究和有根有据的评论。一个突出的困难就是,很难得知外国读者对于中国典籍及其译本的阅读经验和评价情况,以至于影响了研究和评论的视野和效果,有些译作难免变成译者和学界自作自评和自我欣赏的对象。"④

王宏印这段话揭示了目前国内学术界中国典籍外译的现状。目前由政府各部门主导的中国文化、中国学术外译工程大多建立在依靠中国学者来完成的基本思路上,但此思路存在两个误区。第一,忽视了一个基本的语言学规律:外语再

---

① 赵毅衡:《诗神远游:中国如何改变了美国现代诗》,成都:四川文艺出版社,2013年,第278页。
② [美]乌尔利希·韦斯坦因:《比较文学与文学理论》,刘象愚译,沈阳:辽宁人民出版社,1987年,第36页。
③ 谢天振:《中国现代翻译文学史》,上海:上海外语教育出版社,2004年。
④ 王宏印:《中国文化典籍英译》,北京:外语教学与研究出版社,2009年,第6页。

好,也好不过母语,翻译时没有对象国汉学家的合作,在知识和语言上都会遇到不少问题。应该认识到林语堂、杨宪益、许渊冲毕竟是少数,中国学者不可能成为中国文化外译的主力。第二,这些项目的设计主要面向西方发达国家而忽视了发展中国家。中国"一带一路"倡议涉及60余个国家,其中大多数是发展中国家,非通用语是主要语言形态①。此时,如果完全依靠中国非通用语界学者们的努力是很难完成的②,因此,团结世界各国的汉学家具有重要性与迫切性。

莫言获诺贝尔文学奖后,相关部门开启了中国当代小说的翻译工程,这项工程的重要进步之一就是面向海外汉学家招标,而不是仅寄希望于中国外语界的学者来完成。小说的翻译和中国典籍文化的翻译有着重要区别,前者更多体现了跨文化研究的特点。

以上从历史、文献、语言、知识、方法五个方面探讨了开展中国古代文化典籍域外传播研究必备的学术修养。应该看到,中国文化的域外传播以及海外汉学界的学术研究标示着中国学术与国际学术接轨,这样一种学术形态揭示了中国文化发展的多样性和丰富性。在从事中国文化学术研究时,已经不能无视域外汉学家们的研究成果,我们必须与其对话,或者认同,或者批评,域外汉学已经成为中国学术与文化重建过程中一个不能忽视的对象。

在世界范围内开展中国文化研究,揭示中国典籍外译的世界性意义,并不是要求对象国家完全按照我们的意愿接受中国文化的精神,而是说,中国文化通过典籍翻译进入世界各国文化之中,开启他们对中国的全面认识,这种理解和接受已经构成了他们文化的一部分。尽管中国文化于不同时期在各国文化史中呈现出不同形态,但它们总是和真实的中国发生这样或那样的联系,都说明了中国文化作为他者存在的价值和意义。与此同时,必须承认已经融入世界各国的中国文化和中国自身的文化是两种形态,不能用对中国自身文化的理解来看待被西方塑形的中国文化;反之,也不能以变了形的中国文化作为标准来判断真实发展中的

---

① 在非通用语领域也有像林语堂、许渊冲这样的翻译大家,例如北京外国语大学亚非学院的泰语教授邱苏伦,她已经将《大唐西域记》《洛阳伽蓝记》等中国典籍翻译成泰文,受到泰国读者的欢迎,她也因此获得了泰国的最高翻译奖。
② 很高兴看到中华外译项目的语种大大扩展了,莫言获诺贝尔文学奖后,中国小说的翻译也开始面向全球招标,这是进步的开始。

中国文化。

在当代西方文化理论中,后殖民主义理论从批判的立场说明西方所持有的东方文化观的特点和产生的原因。赛义德的理论有其深刻性和批判性,但他不熟悉西方世界对中国文化理解和接受的全部历史,例如,18世纪的"中国热"实则是从肯定的方面说明中国对欧洲的影响。其实,无论是持批判立场还是持肯定立场,中国作为西方的他者,成为西方文化眼中的变色龙是注定的。这些变化并不能改变中国文化自身的价值和它在世界文化史中的地位,但西方在不同时期对中国持有不同认知这一事实,恰恰说明中国文化已成为塑造西方文化的一个重要外部因素,中国文化的世界性意义因而彰显出来。

从中国文化史角度来看,这种远游在外、已经进入世界文化史的中国古代文化并非和中国自身文化完全脱离关系。笔者不认同套用赛义德的"东方主义"的后现代理论对西方汉学和译本的解释,这种解释完全隔断了被误读的中国文化与真实的中国文化之间的精神关联。我们不能跟着后现代殖民主义思潮跑,将这种被误读的中国文化看成纯粹是西方人的幻觉,似乎这种中国形象和真实的中国没有任何关系。笔者认为,被误读的中国文化和真实的中国文化之间的关系,可被比拟为云端飞翔的风筝和牵动着它的放风筝者之间的关系。一只飞出去的风筝随风飘动,但线还在,只是细长的线已经无法解释风筝上下起舞的原因,因为那是风的作用。将风筝的飞翔说成完全是放风筝者的作用是片面的,但将飞翔的风筝说成是不受外力自由翱翔也是荒唐的。

正是在这个意义上,笔者对建立在19世纪实证主义哲学基础上的兰克史学理论持一种谨慎的接受态度,同时,对20世纪后现代主义的文化理论更是保持时刻的警觉,因为这两种理论都无法说明中国和世界之间复杂多变的文化关系,都无法说清世界上的中国形象。中国文化在世界的传播和影响及世界对中国文化的接受需要用一种全新的理论加以说明。长期以来,那种套用西方社会科学理论来解释中国与外部世界关系的研究方法应该结束了,中国学术界应该走出对西方学术顶礼膜拜的"学徒"心态,以从容、大度的文化态度吸收外来文化,自觉坚守自身文化立场。这点在当下的跨文化研究领域显得格外重要。

学术研究需要不断进步,不断完善。在10年内我们课题组不可能将这样一个丰富的研究领域做得尽善尽美。我们在做好导论研究、编年研究的基础性工作之外,还做了一些专题研究。它们以点的突破、个案的深入分析给我们展示了在跨文化视域下中国文化向外部的传播与发展。这是未来的研究路径,亟待后来者不断丰富与开拓。

这个课题由中外学者共同完成。意大利罗马智慧大学的马西尼教授指导中国青年学者王苏娜主编了《20世纪中国古代文化经典在意大利的传播编年》,法国汉学家何碧玉、安必诺和中国青年学者刘国敏、张明明一起主编了《20世纪中国古代文化经典在法国的传播编年》。他们的参与对于本项目的完成非常重要。对于这些汉学家的参与,作为丛书的主编,我表示十分的感谢。同时,本丛书也是国内学术界老中青学者合作的结果。北京大学的严绍璗先生是中国文化在域外传播和影响这个学术领域的开拓者,他带领弟子王广生完成了《20世纪中国古代文化经典在日本的传播编年》;福建师范大学的葛桂录教授是这个项目的重要参与者,他承担了本项目2卷的写作——《20世纪中国古代文学在英国的传播与影响》和《中国古典文学的英国之旅——英国三大汉学家年谱:翟理斯、韦利、霍克思》。正是由于中外学者的合作,老中青学者的合作,这个项目才得以完成,而且展示了中外学术界在这些研究领域中最新的研究成果。

这个课题也是北京外国语大学近年来第一个教育部社科司的重大攻关项目,学校领导高度重视,北京外国语大学的欧洲语言文化学院、亚非学院、阿拉伯语系、中国语言文学学院、哲学社会科学学院、英语学院、法语系等几十位老师参加了这个项目,使得这个项目的语种多达20余个。其中一些研究具有开创性,特别是关于中国古代文化在亚洲和东欧一些国家的传播研究,在国内更是首次展开。开创性的研究也就意味着需要不断完善,我希望在今后的一个时期,会有更为全面深入的文稿出现,能够体现出本课题作为学术孵化器的推动作用。

北京外国语大学中国海外汉学研究中心(现在已经更名为"国际中国文化研究院")成立已经20年了,从一个人的研究所变成一所大学的重点研究院,它所取得的进步与学校领导的长期支持分不开,也与汉学中心各位同人的精诚合作分不开。一个重大项目的完成,团队的合作是关键,在这里我对参与这个项目的所有学者表示衷心的感谢。20世纪是动荡的世纪,是历史巨变的世纪,是世界大转机的世纪。

20世纪初,美国逐步接替英国坐上西方资本主义世界的头把交椅。苏联社会主义制度在20世纪初的胜利和世纪末苏联的解体成为本世纪最重要的事件,并影响了历史进程。目前,世界体系仍由西方主导,西方的话语权成为其资本与意识形态扩张的重要手段,全球化发展、跨国公司在全球更广泛地扩张和组织生产正是这种形势的真实写照。

20世纪后期,中国的崛起无疑是本世纪最重大的事件。中国不仅作为一个政治大国和经济大国跻身于世界舞台,也必将作为文化大国向世界展示自己的丰富性和多样性,展示中国古代文化的智慧。因此,正像中国的崛起必将改变已有的世界政治格局和经济格局一样,中国文化的海外传播,中国古代文化典籍的外译和传播,必将把中国思想和文化带到世界各地,这将从根本上逐渐改变19世纪以来形成的世界文化格局。

20世纪下半叶,随着中国实施改革开放政策和国力增强,西方汉学界加大了对中国典籍的翻译,其翻译的品种、数量都是前所未有的,中国古代文化的影响力进一步增强①。虽然至今我们尚不能将其放在一个学术框架中统一研究与考量,但大势已定,中国文化必将随中国的整体崛起而日益成为具有更大影响的文化,西方文化独霸世界的格局必将被打破。

世界仍在巨变之中,一切尚未清晰,意大利著名经济学家阿锐基从宏观经济与政治的角度对21世纪世界格局的发展做出了略带有悲观色彩的预测。他认为今后世界有三种结局:

> 第一,旧的中心有可能成功地终止资本主义历史的进程。在过去500多年时间里,资本主义历史的进程是一系列金融扩张。在此过程中,发生了资本主义世界经济制高点上卫士换岗的现象。在当今的金融扩张中,也存在着产生这种结果的倾向。但是,这种倾向被老卫士强大的立国和战争能力抵消了。他们很可能有能力通过武力、计谋或劝说占用积累在新的中心的剩余资本,从而通过组建一个真正全球意义上的世界帝国来结束资本主义历史。
>
> 第二,老卫士有可能无力终止资本主义历史的进程,东亚资本有可能渐

---

① 李国庆:《美国对中国古典及当代作品翻译概述》,载朱政惠、崔丕主编《北美中国学的历史与现状》,上海:上海辞书出版社,2013年,第126—141页;[美]张海惠主编:《北美中国学:研究概述与文献资源》,北京:中华书局,2010年;[德]马汉茂、[德]汉雅娜、张西平、李雪涛主编:《德国汉学:历史、发展、人物与视角》,郑州:大象出版社,2005年。

渐占据体系资本积累过程中的一个制高点。那样的话,资本主义历史将会继续下去,但是情况会跟自建立现代国际制度以来的情况截然不同。资本主义世界经济制高点上的新卫士可能缺少立国和战争能力,在历史上,这种能力始终跟世界经济的市场表层上面的资本主义表层的扩大再生产很有联系。亚当·斯密和布罗代尔认为,一旦失去这种联系,资本主义就不能存活。如果他们的看法是正确的,那么资本主义历史不会像第一种结果那样由于某个机构的有意识行动而被迫终止,而会由于世界市场形成过程中的无意识结果而自动终止。资本主义(那个"反市场"[anti-market])会跟发迹于当代的国家权力一起消亡,市场经济的底层会回到某种无政府主义状态。

最后,用熊彼特的话来说,人类在地狱般的(或天堂般的)后资本主义的世界帝国或后资本主义的世界市场社会里窒息(或享福)前,很可能会在伴随冷战世界秩序的瓦解而出现的不断升级的暴力恐怖(或荣光)中化为灰烬。如果出现这种情况的话,资本主义历史也会自动终止,不过是以永远回到体系混乱状态的方式来实现的。600年以前,资本主义历史就从这里开始,并且随着每次过渡而在越来越大的范围里获得新生。这将意味着什么?仅仅是资本主义历史的结束,还是整个人类历史的结束?我们无法说得清楚。①

就此而言,中国文化的世界影响力从根本上是与中国崛起后的世界秩序重塑紧密联系在一起的,是与中国的国家命运联系在一起的。国衰文化衰,国强文化强,千古恒理。20世纪已经结束,21世纪刚刚开始,一切尚在进程之中。我们处在"三千年未有之大变局之中",我们期盼一个以传统文化为底蕴的东方大国全面崛起,为多元的世界文化贡献出她的智慧。路曼曼其远矣,吾将上下求索。

张西平

2017年6月6日定稿于游心书屋

---

① [意]杰奥瓦尼·阿锐基:《漫长的20世纪——金钱、权力与我们社会的根源》,姚乃强等译,南京:江苏人民出版社,2001年,第418—419页。

目 录

导 言 1

凡 例 1

编年正文 1
 公元 1900 年（光绪二十六年） 2
 公元 1901 年（光绪二十七年） 4
 公元 1902 年（光绪二十八年） 6
 公元 1903 年（光绪二十九年） 7
 公元 1904 年（光绪三十年） 9
 公元 1905 年（光绪三十一年） 11
 公元 1906 年（光绪三十二年） 12
 公元 1907 年（光绪三十三年） 13
 公元 1908 年（光绪三十四年） 15
 公元 1909 年（宣统元年） 16
 公元 1910 年（宣统二年） 17

公元 1911 年（宣统三年） 20

公元 1912 年 23

公元 1913 年 25

公元 1914 年 26

公元 1915 年 27

公元 1916 年 28

公元 1917 年 29

公元 1918 年 30

公元 1919 年 32

公元 1920 年 33

公元 1921 年 34

公元 1922 年 35

公元 1923 年 37

公元 1924 年 38

公元 1925 年 40

公元 1926 年 43

公元 1927 年 45

公元 1928 年 47

公元 1929 年 48

公元 1930 年 49

公元 1931 年 50

公元 1932 年 52

公元 1933 年 53

公元 1934 年 55

公元 1935 年 57

公元 1936 年 60

公元 1937 年 63

公元 1938 年	65
公元 1939 年	68
公元 1940 年	71
公元 1941 年	74
公元 1942 年	76
公元 1943 年	78
公元 1944 年	83
公元 1945 年	84
公元 1946 年	86
公元 1947 年	88
公元 1948 年	90
公元 1949 年	92
公元 1950 年	94
公元 1951 年	99
公元 1952 年	103
公元 1953 年	106
公元 1954 年	111
公元 1955 年	116
公元 1956 年	125
公元 1957 年	132
公元 1958 年	137
公元 1959 年	143
公元 1960 年	148
公元 1961 年	152
公元 1962 年	155
公元 1963 年	158
公元 1964 年	161

公元 1965 年	164
公元 1966 年	166
公元 1967 年	168
公元 1968 年	170
公元 1969 年	171
公元 1970 年	174
公元 1971 年	176
公元 1972 年	178
公元 1973 年	179
公元 1974 年	185
公元 1975 年	188
公元 1976 年	191
公元 1977 年	195
公元 1978 年	197
公元 1979 年	201
公元 1980 年	206
公元 1981 年	209
公元 1982 年	216
公元 1983 年	221
公元 1984 年	231
公元 1985 年	245
公元 1986 年	252
公元 1987 年	263
公元 1988 年	271
公元 1989 年	281
公元 1990 年	288
公元 1991 年	296

公元 1992 年	303
公元 1993 年	309
公元 1994 年	319
公元 1995 年	329
公元 1996 年	341
公元 1997 年	361
公元 1998 年	372
公元 1999 年	382

中文人名索引（按汉语拼音排序） 391

专名索引（按汉语拼音排序） 420

中文参考文献 424

外文参考文献 425

后　记 427

导 言

中国海外汉学研究领域的知名学者张西平教授在其主编的《欧美汉学研究的历史与现状》一书的序言中写道:"意大利是汉学的故乡,在西方关于中国的介绍中,几乎没有人可以和马可·波罗的知名度相比,而在传教士汉学时期,意大利的传教士开创了欧洲汉学研究的先河,罗明坚、利玛窦、艾儒略、卫匡国……我们可以开列出长长的一串名字。但今天,我们对意大利当代汉学却所知甚少……"[①]张西平教授所言传递出两个讯息:一则,欧洲汉学研究滥觞于意大利。意大利汉学研究历史悠久,几个世纪以来,意大利汉学家们孜孜不倦,为汉学在欧洲的发展奠定了坚实的基础。二则,意大利汉学研究在近代经历低谷,尤其是在两次世界大战期间,意大利汉学界对中国文化的译介工作曾一度中断。意大利在汉学研究方面的地位也逐渐被法国、英国和美国等国取代。正因为意大利汉学研究在西方汉学研究发展之初曾经处于主导地位,而我国学界对意大利当代汉学又知之甚少,因此《20世纪中国古代文化经典在意大利的传播编年》对于"20世纪中国古代文化经典域外传播研究书系"是不可或缺的。

---

① 张西平:《欧美汉学研究的历史与现状》,郑州:大象出版社,2006年,第4页。

一、研究范围及参考文献

《20世纪中国古代文化经典在意大利的传播编年》收录了1900年至1999年间,在意大利出版的有关"中国古代文化"(即1911年辛亥革命以前的中国文化)的专著、论文、译著及百科全书或字典中的相关条目。其中,大部分作品的作者是意大利人,也包括少数其他国家的汉学家用英文、法文等文字撰写的作品,或从其他语言翻译成意大利文的作品。

确定研究范围及对象后,最紧要的便是参考文献的选择。诚如张西平教授所言,我国对于意大利当代汉学研究的确知之甚少。目前,中国有关汉学研究的著作中,黄长著、孙越生和王祖望主编的《欧洲中国学》,收录了英、法、德、意等14个欧洲国家在汉学研究方面的资料,其中有关意大利汉学研究方面的资料收集得比较全面。如白玉英和王祖望编著的"意大利篇"包括三个部分:第一部分,中国学研究的历史和发展概况;第二部分,中国学学者名录;第三部分,中国学的教学和研究机构。其中,第二部分"中国学学者名录"不仅详细介绍了从利玛窦到当今意大利著名汉学家的生平和研究,还列出了每一位汉学家的主要作品信息。这些信息多是中文翻译和外文原文混杂在一起,有些书目条目的出版信息比较全面,然而,有的条目仅有论文的外文题目和中文翻译,却没有所属期刊的外文名称。书目信息在体例上不统一,内容上也多有缺失。而且,书目列于作者名下,而非按编年体列出,更像是对作者介绍的补充,难以为读者从宏观上把握意大利汉学研究发展的历史脉络提供帮助。尽管如此,该作品还是为《20世纪中国古代文化经典在意大利的传播编年》一书的编者提供了大量的史料素材,对编年体目录的编排和大事记的写作提供了比较可靠的资料。

除中文参考资料外,更重要的是外文参考资料的选定。编者研究了从20世纪初至今,意大利著名汉学家和汉学机构出版的有关汉学研究的文献目录:

1. 1913—1927年,卡洛·纳利诺在《东方学研究》期刊上发表《意大利东方学研究50年(1861—1911),附录》。①

2.嘉华(1872—1953)在《东方学研究》期刊上发表《意大利东方学研究50年(1861—1911):Ⅷ,东亚》。② 该篇包含了1861—1911年间出版的所有意大利东方学家的作品目录。

3.朱塞佩·加布里埃利于1935年在罗马出版了《1912—1934年意大利东方学研究文献目录》。③ 序言中称,在1934年以前仅有两本意大利东方学研究书目,且收录书目的截止日期都是1911年,作者写作该书目旨在填补从1912年至1934年间的空白。

4. 1962年,兰乔蒂(Lionello Lanciotti)编写的《中国、韩国和蒙古:意大利在认识东方领域的贡献(1935—1958年书目)》在佛罗伦萨出版。该版目录的中国作品部分延续了朱塞佩·加布里埃利的目录,并将目录的收录范围扩展到有关科学和在华传教史的作品。

5. 1988年,魏浊安编写的《意大利汉学研究目录(1959—1987)》在罗马出版。④

6. 1998年,玛丽娜·米兰达编写的《译成意大利文的中文作品目录(1900—1996)》在那不勒斯出版。⑤ 该版目录收录了1900年至1996年间被译成意大利语的中文作品,作品范围包括哲学、历史、古典文学、现当代文学及政治评论。

7. 1957、1958、1959、1961年,《中国》期刊上陆续发表了兰乔蒂和白佐良《关于中国的书籍》的研究。⑥

8.马尔切洛·菲奥伦蒂尼于1963、1972、1973、1974、1975、1978、1979年分别

---

① Carlo Nallino, *Gli studi orientali in Italia durante il cinquantenario 1861-1911. Appendice*, 《Rivista degli Studi Orientali》, 5(1913-1927), pp.359-390.

② Giovanni Vacca, *Gli studi orientali in Italia durante il cinquantenario 1861-1911. VIII, Asia Orientale*, 《Rivista degli Studi Orientali》, 5(1913-1927), pp.275-319.

③ Giuseppe Gabrieli, *Bibliografia degli studi orientalistici in Italia dal 1912 al 1934*, Roma: Agenzia Generale Italiana del Libro, 1935, XLVIII, p.171.

④ Giovanni Vitiello, *Bibliografia sinologica Italiana(1959-1987)*, Roma: Stamperia Wage, 1988.

⑤ Marina Miranda, *Bibliografia delle opere cinesi tradotte in Italiano(1900-1996)*, Napoli: F. Giannini, 1998.

⑥ Lionello Lanciotti, *Libri sulla Cina*, 《Cina》, 3(1957), pp.126-136.
Giuliano Bertuccioli e Lionello Lanciotti, *Libri sulla Cina*, 《Cina》, 4(1958), pp.133-138.
Lionello Lanciotti, *Libri sulla Cina*, 《Cina》, 5(1959), pp.172-180.
Giuliano Bertuccioli e Lionello Lanciotti, *Libri sulla Cina*, 《Cina》, 6(1961), pp.134-140.

在《中国》期刊上发表《关于中国的文献目录》。①

9. 2007年,达仁理编写的《中国在意大利——1899至1999年书目》,由意大利非洲与东方研究院在罗马出版发行。②

在这9种汉学研究目录中,最为重要的是2007年出版的由达仁理编写的《中国在意大利——1899至1999年书目》。1998年意大利汉学协会(Associazione Italiana Studi Cinesi)委托著名汉学家达仁理对1988年由魏浊安编写的《意大利汉学研究目录(1959—1987)》进行校对和增补,规定新目录涉及的时间段为1959年至1999年。然而,达仁理决定将目录扩展到1899年至1999年100年间在意大利出版的与中国历史、艺术、文学、哲学、宗教、科学等领域有关的所有著作和研究。这部作品是2007年出版的最新的意大利汉学研究目录,堪称集大成之作。而且,这部目录所收录作品的出版时间恰恰涵盖了整个20世纪,时间上也与《20世纪中国古代文化经典在意大利的传播编年》相吻合,因此成为本书目的主要外文参考文献。

二、意大利汉学的前世今生

"意大利的汉学研究,在欧洲是最古老、同时也是最年轻的。"③20世纪意大利著名汉学家兰乔蒂对意大利汉学研究特点的评价恰如其分,得到了同时代及后世汉学家们的一致认同。正是基于意大利汉学研究"最古老"的这一显著特点,笔者以为,将关注点仅仅局限于"20世纪"的意大利汉学是远远不够的,要使读者

---

① Marcello Fiorentini, *Bibliografia sulla Cina*, «Cina», 7(1963), pp.128-157.
Marcello Fiorentini, *Bibliografia sulla Cina*, «Cina», 9(1972), pp.133-145.
Marcello Fiorentini, *Bibliografia sulla Cina*, «Cina», 10(1973), pp.154-169.
Marcello Fiorentini, *Bibliografia sulla Cina*, «Cina», 11(1974), pp.211-228.
Marcello Fiorentini, *Bibliografia sulla Cina*, «Cina», 12(1975), pp.265-292.
Marcello Fiorentini, *Bibliografia sulla Cina*, «Cina», 13(1975), pp.181-214.
Marcello Fiorentini, *Bibliografia sulla Cina*, «Cina», 14(1978), pp.213-253.
Marcello Fiorentini, *Bibliografia sulla Cina*, «Cina», 15(1979), pp.345-382.
② Francesco D'Arelli, *La Cina in Italia-Una Bibliografia dal 1899 al 1999*, Roma: Istituto Italiano per l'Africa e l'Oriente, 2007.
③ Lionello Lanciotti, *Breve storia della sinologia: Tendenze e considerazioni*(《汉学简史:发展与思考》), in «Mondo Cinese»(《中国世界》), 23(1977), pp.3-12.

对意大利汉学发展的历史脉络有一个清晰的认识,就必须根据目前所掌握的资料,为读者勾勒出整个意大利汉学发展的历史框架,将我们的视线推向欧洲汉学发端之时。本文将意大利汉学的发展分为三个阶段:1.游记汉学及传教士汉学时期,2.传教士汉学向专业汉学的过渡期,3.意大利专业汉学的确立和发展期。通过对意大利汉学发展这三个历史时期的特点、主要汉学机构、汉学家及其作品进行介绍和分析,为读者诠释兰乔蒂笔下那个"最古老"亦是"最年轻"的意大利汉学。

1.游记汉学及传教士汉学时期

(1)游记汉学

在人类历史中,有很长一段时间,由于交通不便,分属欧亚大陆两端的欧洲和中国对彼此的认识十分模糊,欧洲对中国的了解多局限在来往于欧亚大陆的商贾和旅行者的口口相传,史料中对中国的记载也多为"道听途说"。然而,随着横跨欧亚大陆的蒙古帝国的迅速崛起,一条贯穿欧亚大陆的安全通道被建立起来,欧洲商人和使者得以顺利抵达东方,目睹中国的政治、经济状况和社会风俗等,也将有关中国的更加确凿的信息以游记、书信等方式传回欧洲,进一步引发欧洲人对东方的向往,激起欧洲学者研究中国文化的热情。以马可·波罗为代表的意大利旅行家,成为这一时期欧洲认识中国最有力的推动者。无论是在西方还是在东方,无论是在中古时期还是在现代,威尼斯商人马可·波罗及其"游记"都可谓家喻户晓,妇孺皆知。尽管中西方学者对于马可·波罗一行人是否真的到过中国,以及"游记"中的叙述究竟是其在元朝的见闻还是间接取自"波斯或阿拉伯的中国指南"①仍有争论,然而,"游记"提供给后人的史料从学术的角度来讲还是基本可靠的,而且就某些历史事件的叙述而言,"游记"与《元史》《史集》等互为补充,且有"独到之处"②。总之,《马可·波罗游记》是那个时代西方有关中国的最惊世骇俗的作品,触发了欧洲人对遍地黄金、美女如云的东方的贪婪和欲望,促成了近代的地理大发现,也是明清时期来华的西方人必读的资料。马可·波罗固然有名,然而,在"蒙古和平"③时期来华的意大利人中还有几位,虽不为普通读者所熟

---

① 杨志玖:《马可波罗到过中国——对〈马可波罗到过中国吗?〉的回答》,《历史研究》,1997年第3期。
② 同上。
③ 张西平、李雪涛:《西方汉学十六讲》,第一节 早期游记汉学时代,北京:外语教学与研究出版社,2011年,第119页。

悉，但在中西方文化交流史中也占有重要一席，笔者以为有必要在这里为读者做一个简明扼要的介绍。

约翰·柏郎嘉宾（Giovanni da Pian del Carpine，1180—1252）和《蒙古史》（Historia Mongslorum）：1245年，教宗英诺森四世（Innocenzo Ⅳ）选派意大利籍方济各会会士约翰·柏郎嘉宾出使蒙古，旨在探察蒙古的军事动向，劝说蒙古人停止杀戮基督教徒，以缓和欧洲与蒙古帝国的关系，并试图规劝蒙古帝国统治者皈依基督教。① 1246年7月，约翰·柏郎嘉宾抵达哈剌和林（Karakorum）附近，参加了贵由（Güyük）大汗的登基典礼，奉上了教宗致大汗的两封圣谕②，并于1247年秋重返法国复命。他返回欧洲后撰写了《蒙古史》。在这部史书中有两处对"契丹"的详细描述，书中的这个"契丹"就是当时对"中国北方"的称呼，而那时的欧洲人对此并不清楚，误以为契丹是中国北方的一个国家，直到近四百年后，耶稣会会士利玛窦和会友鄂本笃才最终澄清了这个历史误会。法国蒙古史、中亚史学家韩百诗（Louis Hambis）认为"约翰·柏郎嘉宾对契丹人所作的描述在欧洲人中是破天荒的第一次；同样，他也是第一位介绍中国语言和文献的人"③。

孟高维诺（Giovanni da Montecorvino，1247—1328）及传教士书简：1294年，意大利方济各会会士孟高维诺作为教宗尼古拉四世（Niccolò Ⅳ）的使节抵达元大都，觐见元朝皇帝并获准在中国自由传教。他在华传教三十余载，深得大汗的信任，在元大都（今北京）修建了两座天主教教堂④，信众与日俱增。他潜心学习蒙文，并用蒙文翻译《新约》。1307年，时任教宗的克雷芒五世（Clemente Ⅴ）对孟高维诺在华表现甚为满意，任命他为汗八里总主教，并派遣多名方济各会士赴华协助工作。1328年，孟高维诺病逝于北京，享年81岁。孟高维诺在天主教入华史上具有举足轻重的地位，堪称"天主教在中国的开创者"⑤。他在华期间写给罗马教宗的书简也成为中世纪欧洲了解中国的重要文献。

鄂多立克（Odorico da Pordenone，1280至1285年间—1331）与《鄂多立克东游

---

① 韩儒林：《元朝史》（下），北京：人民出版社，1986年，第436页。
② 刘宜昌：《风暴帝国》，北京：中国国际广播出版社，1977年，第944—948页。
③ 张西平、李雪涛：《西方汉学十六讲》，北京：外语教学与研究出版社，2011年，第36页。
④ 他于1299年在元大都，即今天的北京修建了第一座天主教教堂，又于1305年在与第一座教堂临近的地方修建了第二座天主教教堂。
⑤ 张西平、李雪涛：《西方汉学十六讲》，北京：外语教学与研究出版社，2011年，第38页。

录》(Itinerarium Terrarum):鄂多立克是意大利方济各会托钵僧,是与马可·波罗齐名的中世纪四大旅行家之一。他于1314年从威尼斯出发前往东方,1322年抵华,由广州登岸,比马可·波罗抵华时间晚了47年。他在华6年,先后游历了广州、泉州、福州、明州、杭州、金陵、扬州、北京等地,最后取道西藏返回意大利。临终前,一位会友用拉丁文记录了他在病榻上口述的东方见闻,从而诞生了旷世奇书《鄂多立克东游录》。在书中,鄂多立克对广州、杭州、扬州、北京等中国的大城市做了细腻的描述,认为杭州比威尼斯大"三倍",而扬州则是个"雄壮"的城市。《鄂多立克东游录》由拉丁文、意大利文、法文等多种欧洲语言写成的七十余种手抄本传世,与《马可·波罗游记》《曼德维尔游记》同列中世纪三大东方游记。①

马黎诺里(Giovanni dei Marignolli)与《马黎诺里游记》(Itinerary Johannes Marignolli):应元顺帝之请,意大利籍方济各会会士马黎诺里,作为教宗使节于1338年前往中国,1342年抵达汗八里,谒见元顺帝,并奉上西方的奇珍异宝,其中有一匹西域良驹"长一丈一尺三寸,高六尺四寸,身纯黑,后二蹄皆白"②。元顺帝大悦,命画工为其作画,文臣为其作词。元朝最著名的诗人、词人揭傒斯、吴师道、郭翼、许有壬、张昱、梵琦、陆仁等纷纷为天马赋诗作词,轰动一时。马黎诺里一行人居留元大都约三载,于1346年启程返回欧洲,成为元朝奉教宗之命出使中国的最后一位欧洲使节。1353年,他抵达罗马,后应罗马帝国皇帝查理四世(Carlo IV)之邀修《波希米亚史》,并将其出使中国的见闻收入最后一卷。1820年,德国人梅纳特将最后一卷以《马黎诺里游记》为题单独出版。

"蒙古和平"时期来华的旅行家多为意大利人,而意大利籍旅行家中,除马可·波罗外,其余四人皆是天主教方济各会会士。即便出身商贾的马可·波罗也充当了元世祖忽必烈和教皇格里高利十世(Gregorio X)的信使,往返于教廷和元朝宫廷之间。可见,天主教会与元朝统治者互派使者是这一时期中西交流的一大特点。教会派往元朝的使者均或多或少负有皈化蒙古贵族,在元朝内部开辟天主教传教事业的使命。成吉思汗及其子孙征服了西起东欧、小亚细亚、阿拉伯半岛和西域诸国,东至库页岛,北到北海,南到南海的广袤地区,建立了横跨欧亚的大

---

① 何高济译:《海屯行纪鄂多立克东游录沙哈鲁遣使中国记》,北京:中华书局,2002年,第31—34页。
② 宋濂、王祎主编:《元史》卷四〇,《顺帝纪》(标点本),北京:中华书局,1976年,第864页。

蒙古国。① 大蒙古国成为人类历史上罕有的多种族、多文化、多宗教并存的空前强大繁荣的帝国。在尊重外来宗教方面，元朝统治者表现出了极大的包容性。加之蒙古贵族上层多信奉景教，因此对于与景教同源的天主教也采取了善待与扶植的政策。一时间，天主教在元朝统治区，尤其在元大都盛极一时。然而，与后来的清朝统治者相比，同为少数民族统治者的蒙古贵族与汉族的关系比较紧张，其统治时间短，汉化速度慢，汉化程度低。蒙古人入主中原后，除忽必烈曾一度更化改制"以承续中原皇朝统绪"②外，仅有少数几位蒙古贵族略通汉文，其他统治者对汉文化知之甚少。元朝将人分为四等：一等为蒙古人；二等为色目人③，三等为汉人，即原辽、金统治下的汉人；四等为南人，即南宋统治下的汉人。由此，汉人及汉语言文化在元朝社会地位低下可见一斑。元朝时期来华的天主教传教士多为教宗的使者，主要与元朝贵族交往，传教范围也多局限于元大都。天主教在元朝统治者的扶持下虽盛极一时，却也难逃元朝灭亡后凋敝的宿命。

虽然这一时期的游记汉学生动地描述了元朝统治下的众多中国城市，介绍了中国的宗教和风土人情，然而，无论是马可·波罗还是四位方济各会士都不曾有机会研习汉语，更不可能通晓汉文经典。因此，他们都当不起汉学家的称号。此时，距真正的传教士汉学时代的到来还差二百多年。

（2）传教士汉学

"蒙古和平"时期来往于欧亚的商贾和旅行家为欧洲带去了一个富饶繁荣的东方帝国的真实信息，激起了欧洲冒险家和商人们对东方的向往和欲望。然而，1368年元朝灭亡，欧亚通道的东段被关闭。1453年，奥斯曼土耳其帝国攻陷东罗马帝国的首都君士坦丁堡，穆斯林政权控制了中东地区，欧洲人从此不能再沿着先辈走过的路线，通过波斯湾前往印度和中国。中世纪曾一度繁荣、畅通的欧亚通道自此关闭。

然而，马可·波罗等西方旅行者在欧洲人心中种下的东方情结却挥之不去。15世纪，在欧洲盛行的"地圆说"、对托勒密地理作品的发现和翻译及绘图学等相

---

① 陈得芝：《关于元朝的国号、年代与疆域问题》，《北方民族大学学报》，2009年第3期，第5—14页。
② 同上。
③ 色目人即外国人，是元朝时中国西部民族的统称，一切非蒙古、汉人、南人的都算是色目人，包括粟特人、吐蕃人等。

关领域科学的进一步发展,大大促进了人们在地理学方面的认识,为大航海时代的到来提供了理论依据。航海知识的积累、造船技术的改进为远距离航行提供了技术保障。从15世纪末开始,哥伦布、达·伽马、迪亚士、麦哲伦等大批航海家、探险家扬帆起航,吹响了前往东方的号角,拉开了地理大发现的序幕。达·伽马于1497年从里斯本出发,绕过非洲好望角,最终抵达印度,开辟了从欧洲前往东方的新航线。16世纪初,天主教的传教士们也纷纷搭乘奔赴东方的欧洲商船,再次前往远东传教。

"16世纪,以马丁·路德为首的宗教改革运动和各种裂教势力蓬勃发展,天主教会面临前所未有的危机,作为教会内部的革新派,耶稣会致力于通过学校教育,在文学、自然科学、哲学和神学领域培养具有较高素养和坚定信仰的人才,并将福音传播到欧洲以外的地区,皈化不同种族和文化的人民,以期弥补天主教会在欧洲失去的阵地,重振教会的声誉。"①16世纪末至17世纪中叶,来华传教的天主教传教士绝大部分是耶稣会士,据费赖之《在华耶稣会士列传及书目》记载,自1552年耶稣会创始人之一沙勿略(Francesco Saverio)病逝于广州上川岛,到1773年罗马教廷宣布解散耶稣会的二百余年间,来华耶稣会传教士共四百余位。而以利玛窦为代表的意大利籍传教士则是来华耶稣会士的中流砥柱,也正是他们,将东西方文化交流推向了前所未有的高度,成为欧洲"汉学的创立者","开启了汉学研究的一个重要历史时期——传教士汉学时期"②。

这一时期来华的耶稣会士既是天主教传教士,又是东西方文化交流的使者,是欧洲第一批汉学家。这一时期意大利籍耶稣会传教士中精通中文和儒家经典者甚多,这里我们仅选择几位在推动欧洲汉学发展方面做出突出贡献的传教士加以介绍。

罗明坚(Michele Ruggieri,1543—1607)于1579年抵达澳门,从踏上中国土地的那一天起,他便遵照耶稣会远东观察员范礼安(Alessandro Valignano,1539—1606)神父"成为中国人"的指示,开始刻苦学习汉语。1581年,他曾随葡萄牙商人三次进入广州,成为第一个进入中国大陆的耶稣会传教士,并以谦谦君子的形

---

① 王苏娜:《利玛窦的家庭教育及耶稣会人文主义教育背景》,《北京行政学院学报》,2013年第1期。
② 张西平、李雪涛:《西方汉学十六讲》,北京:外语教学与研究出版社,2011年,第120页。

象赢得了地方官员的好感,为日后进入中国腹地传教奠定了基础。罗明坚是第一位奉范礼安之命学习汉语的耶稣会传教士,他进步迅速,很快便在澳门开设了名为"经言学校"的传道所,用中文向新入教的华人宣教。这座被利玛窦称作"圣玛尔定经言学校"的地方也是欧洲汉学史上第一所外国人学习汉语的学校。罗明坚还与利玛窦合作编写了《葡华辞典》,用拉丁字母为汉字或词注音并列有葡萄牙语释义,成为入华传教士学习中文的工具书。1582 年,他在广州翻译了天主教十大戒律,取名《祖传天主十诫》,次年在肇庆出版。1584 年,罗明坚编写的《天主实录》在广州刻印发行,时隔不久再版时书名改为《天主圣教实录》,这是第一部中文版的天主教教理手册。1588 年,罗明坚返回欧洲,旨在请罗马教宗"正式遣使于北京"[①],然而,当时由于新继任的教宗频频去世,教廷权力频繁更迭,加之欧洲政局变动,教会无暇顾及中国传教事宜,罗明坚最终未能达成使命。遗憾的是,他从此滞留欧洲,未能重返中国,并于 1607 年病逝于萨勒诺(Salerno)城。即便如此,他在欧洲居留期间还是做了两件在汉学史上举足轻重的大事:一是用拉丁文翻译了中国儒家经典《大学》的部分内容并在罗马公开发表,成为用欧洲语言翻译儒家经典的第一人;二是在西方出版了《中国地图集》。

罗明坚既是明末天主教中国传教事业的开创者和奠基人之一,也是西方汉学的开创者和奠基人之一。他是第一位学习汉语的耶稣会会士,也是第一位欧洲汉学翻译家。他是用汉语翻译天主教戒律,撰写天主教教理的第一人;同时也是将儒家经典译成欧洲语言的第一人。他还是在欧洲出版中国各省区地图集的第一人。这众多的"第一"铸就了他在中西文化交流史、天主教中国传教史和欧洲汉学史中不可撼动的地位。

利玛窦(Matteo Ricci,1552—1610)被史学家方豪先生誉为"明季沟通中西文化之第一人",也是西方汉学的创始人之一。他是天主教中国传教史、中西文化交流史和西方汉学发展史中最具历史影响力的人物。

利玛窦于 1552 年 10 月 6 日生于人文主义和文艺复兴的摇篮——意大利。9 岁进入马切拉塔(Macerata)市的耶稣会学校接受良好的人文主义教育。1572 年至 1577 年,就读于著名的耶稣会罗马公学院(Collegio Romano)。在那里他接受了

---

① 张西平、李雪涛:《西方汉学十六讲》,北京:外语教学与研究出版社,2011 年。

全面的耶稣会人文主义教育,学习了诗歌、修辞学、逻辑学、自然和伦理哲学、形而上学、数学等西方人文和自然科学;研读了古希腊、古罗马诗人、哲学家和历史学家的作品。值得一提的是,他的数学老师丁先生(Cristoforo Clavio)是当时欧洲最杰出的数学家,曾在1570年和1574年分别再版了乔瓦尼·达萨克罗伯斯科(Giovanni da Sacrobosco)的《论球体》和欧几里得的《几何原本》,并加入了大量见解独到的评注。利玛窦在华时与徐光启合译的《几何原本》前六卷及与李之藻合著的《圆容较义》均是对丁先生评注的《几何原本》及《论球体》的翻译。利玛窦还在丁先生的实验室中学习了星盘、四分仪、六分仪、日晷、机械钟表、地图、地球仪、浑仪等科学仪器的制作和使用。①

1582年,已近而立之年的利玛窦第一次踏上中国的土地,并在此度过了他的余生。他遵照耶稣会远东观察员范礼安的指示,潜心学习汉语,研读儒家经典。通过对语言和文化的学习,以及在华28载的生活经历,利玛窦逐渐了解了中华文明,并深刻地意识到儒学在中国社会根深蒂固的统治地位。1594年,在华耶稣会士获准蓄发,蓄胡须,改穿儒服,一改"番僧"的形象,儒冠儒服,以"西儒"身份示人,并积极与中国统治阶层的代表儒士交往。1601年利玛窦获准进京觐见万历皇帝,并定居北京。从此他再未离开过京城,直到1610年病逝于此。

《钦定四库全书总目》对利玛窦有如下记载:"利玛窦西洋人,万历中航海至广东,是为西法入中国之始。利玛窦兼通中西之文,故凡所著书皆华字华语不烦译释。"②利氏被中国学者誉为"泰西儒士",是学贯中西之第一人:一方面,他是西方历史上第一位汉学家,精通汉语,熟读"四书""五经"等中国典籍,并通过用西文撰写的《耶稣会远征中国史》、从中国寄往欧洲的大量信件及"四书"的拉丁文翻译,向欧洲系统地介绍了明末中国的概况,使欧洲人对中国有了全新的认识,在欧洲掀起了汉学热;另一方面,他在欧洲接受过良好的天主教人文主义教育,精通神学,具有深厚的西方古典文化功底,并在名师指导下学习过西方近代科学。他在华生活28载,儒冠儒服,结交儒士,并在他们的帮助下用中文写作了大量书籍,将西学传入中国,开"西学东渐"之先河。

---

① [意]菲利浦·米尼尼著,王苏娜译:《利玛窦——凤凰阁》,郑州:大象出版社,2012年,第42—43页。
② 〔清〕纪昀等主编:《钦定四库全书总目》卷一百六,北京:中华书局,1997年。

卫匡国(Martino Martini,1614—1661)是明清交替之际来华的意大利籍耶稣会士,也是一位杰出的汉学家、地理学家和历史学家。他于1643年抵华,主要在浙江一带传教。由于他来华的第二年正值明、大顺、清三王朝交替,为争取中国南方明朝士大夫的支持和保护,他为自己起名"卫匡国"取"匡扶大明"之意。他最初被派往明末最重要的天主教传教基地杭州工作,后因战乱等原因辗转于中国南方各地,先后去过南京、绍兴、金华、福建、广东等地。来华之初虽逢战乱,却丝毫没有影响他对汉语和汉文化的学习与研究。他在中国南方游历期间,对中国地理、历史和风土人情进行了深入的考察研究,为后来在中国地理学、历史学和汉学方面取得巨大成就奠定了坚实的基础。

利玛窦去世后不久,耶稣会内部就"Dio"(上帝)中文译名问题,以及中国天主教教徒是否能够参加中国传统的祭祖、祭孔仪式问题产生了分歧。继耶稣会后来华的多明我会和方济各会坚决主张禁止中国天主教徒参加祭祖、祭孔的仪式,认为那是迷信活动。而耶稣会中的大部分会士则延续了利玛窦的传统,认为祭祖、祭孔是民俗活动,是表达对祖先和至圣先师孔子的尊敬,没有渎神的嫌疑,不应加以干涉。几个修会之间的"礼仪之争"愈演愈烈,他们纷纷派代表返回罗马为各自的主张向教廷申辩。1651年,卫匡国奉命代表耶稣会赴罗马为中国传统礼仪辩护,他还随身携带了大批的文件和50多种中文书籍。他在返意途中历尽千辛万苦,在其滞留荷兰期间还曾在阿姆斯特丹见到了荷兰东方学家高乐留(Jacob Golius 1596—1667)。雅科布斯·戈里乌斯曾向卫匡国请教汉学问题,并受其影响,投身于汉学研究之中。1654年,卫匡国抵达教廷,觐见教皇亚历山大七世,并参加了有关"礼仪之争"的辩论。经过5个月的激烈争论,最终,卫匡国在辩论中获胜。1656年3月23日,教宗发布敕令,支持耶稣会的立场,允许中国天主教徒参加祭祖、祭孔的活动。1657年年初,胜利完成使命的卫匡国携南怀仁、殷铎泽等17名耶稣会士搭乘葡萄牙舰船返回中国,并于1658年抵达澳门。1659年,卫匡国受到顺治皇帝的召见,并向北京传教会会长汤若望汇报了赴欧洲申辩的情况。1661年,卫匡国因霍乱在杭州病逝。

卫匡国生前用中文撰写了2部作品:《真主灵性理证》和《述友篇》。前者是一般性的教理作品,后者则接续利玛窦的《交友论》,进一步介绍和阐述了有关友谊的西方理论。然而,为他赢得历史学家、地理学家和汉学家称号的是他的5部拉丁文作品:《鞑靼战纪》《中国历史初编十卷》《中国耶稣会教士纪略》《中国新图》《中国文法》。《鞑靼战纪》(De bello tartarico historia: in qua, quo, pacto tartari hac nostra ætate sinicum imperium inuaserint…Antverpiæ) 描述了1644年至1654年间的中国历史,史料主要来源于卫匡国本人及其他耶稣会士在华的亲身经历和所见所闻,描述了"明清之际中国基督教发展的基本状况和战乱中各地传教士的遭遇"①。该书在欧洲多个国家出版,影响广泛。《中国历史初编十卷》(Sinicae historiae decas primas) 是一部编年史,成书于1658年。该书是一部讲述西元纪年前的中国古代政治史的著作,"是第一部科学的、严肃的、详细的、有系统的"②西方中国史著作。《中国新图》(Novus atlas sinas) 是一部"附有17幅地图的中国地图册"③,为卫匡国赢得了"中国地理学之父"的美誉。《中国文法》(Grammatica sinica) 完成于1653年至1657年之间,是世界上第一部中文语法著作。卫匡国也是第一个将中西文法加以比较,用西方语法审视中文的第一人。正是由于这些西文作品,卫匡国成为继利玛窦之后最杰出的欧洲汉学家。

殷铎泽(Prospero Intorcetta, 1626—1696)于1659年跟随卫匡国抵达中国。他在欧洲汉学史中的主要功绩是向欧洲译介了多部儒学经典,并向西方人详细介绍了中国哲人孔子。他第一个将《中庸》翻译成拉丁文,拉丁文译名为《中国政治伦理学》(Sinarum scietia politicomoralis),并于1667年和1669年分别在中国广州和印度果阿刊行。在该书正文前还附有殷铎泽撰写的《孔子生平》(Confucci vita)。此前,他还与葡萄牙耶稣会会士郭纳爵(Ignace da Costa)合译了《大学》,并于1662年在江西刊印。他与柏应理(Philippe Couplet)、恩理格(Herdtricht)、鲁日满(Rougemont)合作以拉丁文翻译了"四书"中的《中庸》《大学》《论语》,并于1687年以《中国哲学家孔子》(Confucius sinarum philosophus)为书名在巴黎出版。殷铎泽在向欧洲译介儒家经典方面做出了卓越的贡献。

马国贤(Matteo Ripa, 1682—1746)是意大利籍天主教布教会传教士。1710年抵华,遂学习中文。1711年入清廷,任康熙皇帝御用画师。1723年携4名中国青年和一位中文老师返回欧洲。1732年,在那不勒斯创建"中国人学院"(Collegio

---

① 张西平、李雪涛:《西方汉学十六讲》,北京:外语教学与研究出版社,2011年,第131页。
② 黄长著、孙越生、王祖望:《欧洲中国学》,北京:社会科学文献出版社,2005年,第723页。
③ 同上。

dei Cinesi),旨在培养中国本土传教士,同时教授即将赴华的欧洲传教士汉语言文化。学院的教学与管理事务由耶稣会传教士负责。"中国人学院"即是著名的意大利汉语教学与研究基地"那不勒斯东方大学"(Università degli Studi di Napoli "L'Orientale")的前身。"中国人学院"是欧洲第一所汉语教学与研究机构,在欧洲汉学研究史上具有里程碑式的重要意义。1743 年,马国贤开始着手写作《中国传教会和中华学院创办记事》,详细描述了 1705 年至 1724 年间,他奉命前往中国传教途中的各种见闻及在华传教 13 年的经历。书中详尽记录了清初天主教在华传教的历史,其中关于"礼仪之争"的内容为后世的研究提供了极其宝贵的第一手资料。书后还附有 14 封《康熙与罗马使节关系文书》,极具史料价值。该书的第一卷于 1844 年在伦敦出版,英文版的题目为《马国贤神父留居北京宫廷为中国皇帝效力 13 年回忆录》(*Memoris of Father Ripa During 13 Years' Residence at the Court of Peking in the Service of the Emperor of China*)。该书的原版在一个半世纪后,于 1996 年由那不勒斯东方大学出版。这部作品堪称欧洲汉学的奠基之作。

传教士汉学时期的一大特点是:这一时期的"西学东渐"和"汉学西传"是同时进行的。以意大利籍耶稣会传教士为代表的天主教传教士是这一历史过程的主导者,他们肩负着双重使命:一方面,他们是第一代欧洲汉学家,精通汉语,熟读儒家经典,以西文向欧洲译介儒家经典,介绍中国历史文化;另一方面,他们与中国文人合作翻译了不少欧洲科学、哲学、宗教书籍。尽管中国文人也部分地参与了翻译和写作的过程,但都非主动研究西方文化,中西方文化交流的主导权完全掌握在欧洲传教士手中。因此,这一时期的"西学东渐"和"汉学西传",完全是以西方传教士的视角,单方面对中西方文化进行诠释,中国文人并没有主动地参与其中。

这里笔者要说明一下为什么会把"游记汉学"时期和"传教士汉学"时期同归为意大利汉学发展的第一阶段。笔者注意到,这一时期来华的欧洲旅行家和汉学家皆有着浓重的宗教背景。他们或者充当教皇的使节,或者是教廷派往中国的传教士。因此,这一时期汉学的发展与教廷在东方的"野心"有着密切的关联。这一时期的汉学作品也带有很深的宗教印记。例如,这一时期的历史类书籍大多是"天主教在华传教史",一方面反映了当时中国政治、经济、文化、社会风俗等方方面面的情况,为欧洲开启了一扇了解中国的窗户,另一方面"传教事业"又作为主旋律贯穿于作品的始终。此外,以利玛窦为代表的耶稣会传教士热衷于研读和翻译儒家古代经典,其主要原因之一便是试图从中找出中国古书中有关"天""上帝""天帝"等模糊的概念与天主教"Deus"之间的关系,并用"Deus"来诠释这些中国古而有之的概念,以附和儒家思想,实现利氏"合儒""补儒""超儒"的传教理念。在对儒家经典研读的过程中,利氏等发现中国的儒学正像古希腊、古罗马时期的众多自然、伦理哲学流派一样,蕴含着人类的智慧,并认为这种理智与天主教教义并不矛盾。他们以天主教传教士的视角重新解读、诠释了儒学作品,正如中世纪时期的经院哲学家借助古典世俗学者的学说构筑神学的殿堂一样,他们试图借助儒学完成对中国天主教徒的天主教人文主义教育。"游记汉学"和"传教士汉学"时期的特点印证了北京大学杨煦生教授在他的文章《国学与汉学》中的那句话:"西方汉学的历史,究其根底,不过是一场由基督教文明所发起的与中国文化对话的历史。"1704年11月20日,教皇克雷芒十一世(Pope Clement XI)颁布禁令,禁止中国天主教徒参加祭祖、祭孔等中国传统仪式,教廷与清廷的摩擦升级,以致康熙皇帝大怒道:"以后不必西洋人在中国行教,禁止可也,免得多事。"自此,耶稣会在旷日持久的"礼仪之争"中落败。1773年罗马教廷宣布解散耶稣会,"传教士汉学"的辉煌一去不返,以意大利籍耶稣会传教士为代表的欧洲传教士汉学家们也逐渐退出了汉学研究的历史舞台,宣告了持续近200年的"传教士汉学"时期的终结。

2.传教士汉学向专业汉学的过渡期

18世纪末至19世纪初,意大利汉学逐渐衰落的原因主要有三个:首先,耶稣会在"礼仪之争"中落败,逐步失去了教廷的信任,并最终于1773年被取缔。以罗明坚、利玛窦、卫匡国、殷铎泽等意大利耶稣会士为代表的群星璀璨、空前繁荣的传教士汉学时期宣告结束。利玛窦开创的耶稣会汉学家的传统被迫中断。其次,继康熙因"礼仪之争"与教廷摩擦升级最终导致禁教后,雍正、乾隆二帝对天主教的态度则更加严厉,除少数在钦天监的天主教传教士被留用外,其余人等一律遭到驱逐。这种状况一直持续到鸦片战争爆发。自此,从"大蒙古国"时期开始一直延续到"明末清初",由罗马教廷主导的中西方交往的模式也宣告终结。最后,15世纪"地理大发现"和通往东方的新航路的开辟,使欧洲的贸易中心由地中海转移到大西洋沿岸,曾经在中西方商业交往中获益颇丰,充当商品集散地的意大利城市开始衰落,失去了在与东方贸易中的重要地位。与大西洋沿岸那些统一强大的西欧诸国相比,"意大利"的统一很晚,直到1861年,才建立起统一的"意大利王国"。事实上,"意大利"长期以来一直是一个自然地理概念。在失去天主教会的助力后,意大利与中国的交往中断了。1866年,意大利政府与清政府建立外交关系,恢复了与中国的接触。这一时期两国关系发展落后于欧洲其他国家,也是制约意大利专业汉学发展的因素之一。

(1)法国专业汉学的兴起和意大利汉学"空窗期"

欧洲现代专业汉学诞生于法国:1814年12月11日,巴黎的"法兰西学院"设立了"中国·鞑靼·满洲语言文学"教授席位,由雷慕沙(Abel Rémusat,1788—1832)教授执教。雷慕沙从事鞑靼语言和中国文学研究,他在相关领域发表的多篇高水平的论文和译作使他在欧洲汉学界声名鹊起。1832年,他的学生儒莲(Stanislas Julien,1797—1873)接替老师继续主持法兰西学院的汉语教学工作。儒莲非常重视对中国通俗文学的研究和翻译,曾翻译《赵氏孤儿记》《西厢记》《玉娇梨》《平山冷燕》《白蛇精记》等中国通俗文学作品。这一时期有两位意大利汉学家师从他学习中文,并追随他研究中国白话文学。他们分别是阿尔冯索·安得罗齐(Alfonso Andreozzi,1821—1894)和安泰尔莫·塞韦里尼(Antelmo Severini,1828—1909)。前者将《水浒传》翻译成拉丁文出版,这也是第一个欧洲语言的《水浒传》译本。后者则在19世纪末,获得了佛罗伦萨皇家高等研究院(Istituto di Studi Superiori di Firenze)设立的大学中文讲座教授职位,这是意大利首个大学中文教授职位。随后,罗马大学和那不勒斯东方大学也设立了中文教授职位。安泰尔莫·塞韦里尼的学生卡洛·普意尼(Carlo Puini)继任佛罗伦萨皇家高等研究院的教职,他在介绍中国文学和古代政治司法制度方面相当多产,翻译了《礼记》第二十三篇、第二十四篇及第二十五篇,1872年又发表了根据《龙图公案》改编的7个短篇故事,题目为《中国小说——龙图公案》。1903年,安泰尔莫·塞韦里尼的另一个学生诺全提尼(Ludovico Nocentini)与伊尼亚齐奥·奎迪(Ignazio Guidi)、切莱斯蒂诺·斯基亚帕雷利(Celestino Schiapparelli)合作创办了"罗马大学东方学校"(Scuola Orientale dell'Università di Roma),隶属罗马大学文哲学院。罗马大学东方学校的建立对汉语专业教学及研究起到了重要的推动作用。继诺全提尼之后,嘉华(Giovanni Vacca)在罗马大学任中文教授。他的研究涉猎广泛,包括对《马可·波罗游记》手稿的考证,传教士汉学研究,对中国宗教、地理、历算等方面的研究。在文学方面,他于 1911 年发表了一篇介绍韩愈的论文,又于 1931 年发表了两篇论文:《陶潜——五柳先生传》和《苏轼·〈赤壁〉》。1890 年,诺全提尼调入那不勒斯东方皇家学院任中文教授。1914 年,他的学生威达雷(Amedeo Vitale)也在那不勒斯东方皇家学院谋得教职。1924 年泽诺内·沃尔皮切利(Eugenio Zanoni Volpicelli,1856—1936)在那不勒斯东方皇家学院短期任教。而罗马大学接替嘉华任教的则是 20 世纪著名汉学家德礼贤(Pasquale M. D'Elia)。

(2)那不勒斯东方大学:传统与现代的统一

"那不勒斯东方大学"是西方现代专业汉学重要的研究基地之一,同时也是西方汉学研究机构中历史最悠久的一个。他的前身是马国贤神父于 1732 年创建的"中国人学院",是欧洲第一所汉语教学与研究机构。1861 年意大利王国建立,1868 年"中国人学院"更名为"皇家亚洲学院"(Real Collegio Asiatico,1868—1888),后改称"那不勒斯东方皇家学院"(Istituto Reale Orientale di Napoli)。1925 年"那不勒斯东方皇家学院"升级为"那不勒斯东方大学"。自此,"那不勒斯东方大学"由一所带有浓重宗教色彩,以培养中国人传教士和教授赴华工作的欧洲传教士汉语言文化的机构成功转型为一所以"东方语言文化"研究为特色的现代综合性大学。先后在该大学任教的几位意大利汉学家如兰乔蒂、史华罗等人,在西方汉学界享有极高的声望。那不勒斯的汉学研究,从"中国人学院"到"那不勒斯东方大学",不但在意大利汉学发展的低谷期继续了传教士汉学的优良传统,而且在现代专业汉学蓬勃发展时期,在中国语言文化教学,中国古代、现代文化经典的翻译和研究领域做出了卓越的贡献。

(3)19 世纪末 20 世纪初两位意大利耶稣会传教士汉学家

18 世纪末至第二次世界大战结束前,意大利汉学发展陷入低谷。尽管如此,这段时期还是出现了两位杰出的耶稣会传教士汉学家,一位是晁德莅,另一位是德礼贤。

晁德莅(Angelo Zottoli,1826—1902):1814 年耶稣会复会,耶稣会传教士的身影再次出现在中国。晁德莅便是 19 世纪再次进入中国传教的意大利籍耶稣会士中唯一一位杰出的汉学家。他于 1848 年来华,主要在上海徐家汇一带从事传教活动,直至 1902 年在上海逝世。晁德莅是一位在中国古典文学领域具有极高学养的意大利籍耶稣会汉学家。他曾经编写过一套五卷本的中国文学作品选集,题为《中国文学教程》(*Cursus litteraturae sinicae*)。该选集附有拉丁文对照,于1879年至1883年在上海出版。该文选辑录范围十分广泛,从"四书""五经"《三字经》《百家姓》《千字文》到诗、词、歌、赋、小说、戏剧,包罗万象。20世纪50年代以前,这部书一直是收录中国古典文学作品篇目最多的西方文集。由于晁德莅的拉丁文比较晦涩,因此耶稣会决定在欧洲出版该书的法文译本。19世纪初,欧洲现代专业汉学已经在法国诞生,且这一时期的法国汉学家热衷于对中国通俗文学的研究。这一倾向也影响到耶稣会汉学家们。在来华的耶稣会传教士中,涌现出一大批以法国耶稣会传教士为代表的汉学家,如戴遂良、顾赛芬、禄是遒等,他们专心于中国文学作品的译介工作。晁德莅作为这一时期唯一一位意大利籍耶稣会汉学家也深受法国专业汉学的影响。应该说,这一时期欧洲耶稣会士对于汉学研究的关注点已明显不同于明清之际的耶稣会汉学家,他们的研究已经烙上了专业汉学的印记。

德礼贤(Pasquale M. D'Elia,1890—1963)是20世纪初意大利汉学研究的关键人物。一方面,他是一位精通汉语言文化的耶稣会士,全面继承了利玛窦开创的"传教士汉学"传统,并为传教士汉学画上了完美的句号。另一方面,他在现代大学中执教,教授传教史和中国语言、文学、历史。他于1934年被格里高利大学(Apud Aedes Universitatis Gregorianae)聘请为传教史学教授,1939年又被聘为汉学教授,同时兼任罗马大学的中国语言、文学和历史教授。这段执教经历使德礼贤对即将来临的意大利专业汉学时代产生了深远的影响,意大利专业汉学时代的两位杰出代表白佐良和兰乔蒂皆出自他的门下。白佐良在《意大利汉学:1600—1950》中称德礼贤"几乎是两次世界大战之间的20年中意大利最重要的汉学家"①。德礼贤既是传教士汉学的继承者,又是意大利专业汉学的奠基人之一,是意大利从"传教士汉学"过渡到"专业汉学"过程中承上启下的关键人物。

德礼贤一生著述颇丰,尤以传教史和中西关系方面的著作闻名。这些作品大多是他返回意大利后,利用梵蒂冈图书馆和罗马耶稣会档案馆中收藏的大量史料

---

① [意]白佐良著,李江涛译:《意大利汉学:1600—1950》,《海外中国学评论》2008年第3辑,上海:上海辞书出版社。

编写的。其中影响最大、最有代表性的作品有三部:《藏于梵蒂冈图书馆的利玛窦神父的中文世界地图(第三版,北京,1602)》《中国基督教艺术起源(1583—1640)》和《利玛窦神父的文献资料》(Fonti Ricciane)。《利玛窦神父的文献资料》是一部充满雄心壮志的巨著,计划将利玛窦所有出版和未出版的作品收罗其中,替代此前汾屠立神父出版的《利玛窦神父的历史作品》(Opere storiche del p. Matteo Ricci S. I., I-II)①。这一项目得到了意大利皇家学院(Reale Accademia d'Italia)的资助。然而,德礼贤神父最终只出版了《基督教传入中国史》(Storia della introduzione del cristianesimo in Cina)②,即《利玛窦中国札记》。这部作品分为三卷,分别于1942(CLXXX-390)年和1949(XXXVI-652和XII-372)年在罗马问世。另外,汾屠立神父的《耶稣会士利玛窦神父的历史著作集》和德礼贤神父的《利玛窦神父的文献资料》最终取代了金尼阁(Nicolas Trigault)神父的《利玛窦神父中国札记》。事实上,尽管此书封面上的作者写的是金尼阁,然而这部被译成多种语言,并在世界上引起轰动和广泛影响的作品并不是金尼阁所作,仅是他根据利玛窦神父的手稿翻译成拉丁文,并进行了随意删改增补后的成果。德礼贤神父在《利玛窦神父的文献资料》的序言中曾明确指出,利玛窦手稿的文学和历史价值远高于金尼阁的拉丁文翻译版本,并严厉指控金尼阁的作品是抄袭的结果。德礼贤的《利玛窦神父的文献资料》体例严谨,一经出版就获得了中外学术界的好评。其对利玛窦神父手稿的百科全书式注解③更为学者提供了大量研究线索和第一手资料。这一切归功于他的中文功底,而这正是金尼阁和汾屠立所不具备的。然而,德礼贤的这部作品和与其相关的论文也遭到了一些著名汉学家的质疑和批评。首先,由于作品篇幅宏大,注解众多,其中难免有错误,这些错误随着汉学的发展,陆续被西方汉学家和中国学者一一指出并修正。其次,有些学者指出德礼贤的序言过于冗长。再次,作品中汉字的注音系统不够标准,朱塞佩·图齐(Giuseppe Tucci)对此就批评说,这一注音系统只有德礼贤一人看得懂。《利玛窦神父的文献资料》的第四卷应为利玛窦《信札》,德礼贤已经准备好了相关资料,却因为资金等问题

---

① 1909年汾屠立神父在耶稣会档案馆中偶然发现了利玛窦神父《耶稣会远征中国史》的手稿,随后将其出版。
② 这个题目是德礼贤神父自行拟定的。利玛窦神父手稿的原题为《耶稣会远征中国史》(Della entrata della compagnia di Giesu e Christianità in Cina)。
③ 在注释中,德礼贤对利玛窦手稿中提到的大量人名和地名进行了考证,并注明了中文原文。

未能出版,因此《利玛窦神父的文献资料》仅出版到第三卷。在德礼贤去世后,第四卷的资料与手稿都被收藏在格里高利大学档案馆中(资料中的一部分被带到了法国)。德礼贤还在一些学术期刊上发表了数篇有关利玛窦神父中文作品的论文:《〈友论〉1595年利玛窦神父撰写的第一部中文书籍》①《利玛窦〈畸人十篇〉的诗体概述》②《意大利音乐和歌曲在北京(1601年3—4月)》③。

19世纪,意大利专业汉学在欧洲专业汉学蓬勃发展的背景下开始萌芽,然而整体发展落后于法国、英国、德国等国家,没有出现有影响力的汉学作品。专业汉学发展初期,在意大利和欧洲其他国家都普遍存在一种现象,即除少数几人外,大多数汉学家由于欧洲汉语教学水平普遍不高,且没有在中国长期生活和工作的经历,汉语口语水平差,与既精通汉语笔语又擅长口语的耶稣会汉学家形成鲜明的对比。这一时期,法国在专业汉学的发展中独领风骚。法国汉学家对中国通俗文学的翻译和研究是这一时期整个欧洲汉学研究的主旋律。意大利专业汉学家及传教士汉学家都受到这一倾向的影响,开始从事中国通俗文学的研究,而这一题材是传教士汉学时期从未涉猎过的。尽管这一时期意大利汉学研究处于低谷,然而"那不勒斯东方大学"还是继续了意大利传教士汉学时期的优良传统,成为传统与现代完美结合的典范。20世纪初最杰出的意大利汉学家德礼贤扮演了双重角色:他既是耶稣会士,又是大学中文教授;他既是传教士汉学的集大成者,又是意大利专业汉学的奠基人之一。

3.意大利专业汉学的确立和发展期

19世纪末20世纪初,"佛罗伦萨皇家高等研究院""罗马大学"和"那不勒斯东方大学"先后设立中文讲座教授职位,中文作为一门学科被正式列入意大利大学教学体系,标志着意大利专业汉学的诞生。

然而,处于萌芽状态的意大利专业汉学研究的进程被两次世界大战打断。第

---

① *Il Trattato sull'Amicizia.Primo libro scritto in cinese dal p. Matteo Ricci S. I.*(1595),in 《Studia Missionalia》,Ⅶ(1952),pp.425-515;*Further Notes on Matteo Ricci's De Amicitia*,in 《Monumenta Serica》,ⅩⅤ(1956),pp.161-202.

② *Sunto poetico-ritmico di I Dieci Paradossi di Matteo Ricci S. I.*,in 《Rivista degli Studi Orientali》,ⅩⅩⅦ(1952),pp.111-138.

③ *Musica e canti italiani a Pechino(marzo-aprile 1601)*,in 《Rivista.degli Studi Orientali》,ⅩⅩⅩ(1955),pp.131-145.

二次世界大战结束时,意大利汉语教学机构仅剩"罗马大学"和"那不勒斯东方大学",从事汉语教学与研究的教师也仅剩德礼贤一人①,"学生数量用一只手就可以数完,而且他们并不一定准备完成学业"②。加之当时有关汉学的书籍资料很少,无法支持学者从事严肃的汉学研究。可以说,第二次世界大战结束后意大利汉学研究已是一片凋敝。意大利汉学研究在经历了一段艰难的"重建期"后,于20世纪60年代逐渐开始复苏。1967年,威尼斯卡·福斯卡里大学(Università Ca'Foscari Venezia)设立汉学专业,与"罗马大学"和"那不勒斯东方大学"一并成为战后最重要的汉语教学与研究机构。1970年,随着中、意两国建立外交关系,两国在政治、经济和文化领域的接触日益增多。两国政府开始推动学生互换项目,每年有20名左右的意大利学生赴中国留学,中国学者也频频前往意大利参加威尼斯卡·福斯卡里大学等汉学机构举办的学术活动,增进与意大利汉学家的接触和交流。1978年中国实施改革开放后,意大利与中国的交往更加频繁,意大利汉学也逐渐繁荣起来。20世纪90年代,都灵大学(Università degli Studi di Torino)、米兰国立大学(Università Statale di Milano)、米兰比克卡大学(Università degli Studi di Milano-Bicocca)、博洛尼亚大学(Università degli Studi di Bologna)也开设了中文专业。至此,意大利已经有7所大学正式开设中文专业。

21世纪,随着中国国力的不断增强,中国语言文化在世界的影响力也逐渐增强,在意大利等欧美国家兴起了"中文热",学习中国语言和文化的学生人数激增。21世纪初,又有包括特来维索(Treviso)大学、佛罗伦萨大学(Università degli Studi di Firenze)、锡耶纳大学(Università degli Studi di Siena)、罗马第三大学(Università degli Studi Roma Tre)等8所大学开设汉语专业,意大利开设汉语专业的大学增至15所,此时学习汉语的在校大学生总数达到3000人。③ 据罗马大学副校长兼罗马大学孔子学院院长马西尼(Federico Masini)教授介绍,截至2009年,意大利有近30所大学开设汉语专业,学习汉语的在校大学生人数也升至5000人。"罗马大学""那不勒斯东方大学"和威尼斯卡·福斯卡里大学均开设有汉

---

① [意]白佐良著,李江涛译:《意大利汉学:1600—1950》,《海外中国学评论》2008年第3辑,上海:上海辞书出版社。
② [意]兰乔蒂:《意大利汉学:从1945年至今》,载张西平:《欧美汉学研究的历史与现状》,郑州:大象出版社,2006年。
③ 中国驻意大利使馆教育处官方网站2006年统计数字。

语专业本科、硕士和博士课程；罗马第三大学、米兰国立大学、乌尔比诺大学（Università degli Studi di Urbino）等也开设了本科和硕士专业。在意大利大学执教的中国语言文学方向的正教授有12位，副教授有19位，还有十几位研究员。此外，2006年，中国国家汉办与意大利罗马大学联合建立了意大利第一所孔子学院，马西尼教授任外方院长。截至2014年，意大利孔子学院的数量已经增至11个。孔子学院的建立，大大推动了意大利汉语教学的发展，提高了中国语言文化在意大利的知名度。

随着学习汉语语言文化学生人数的快速增长，从事"汉学研究"的人才也越来越多，研究的深度和广度进一步加大，涉及语言学、文学、哲学与宗教、考古与历史、艺术史等多个领域。意大利"汉学研究"进入了空前繁荣的时期。

(1) 汉语语言学方面的研究

任教于威尼斯卡·福斯卡里大学的毛里齐奥·斯卡尔帕里（M.Scarpari）教授是古汉语方面的研究专家，他本人在权威期刊上发表过如《古汉语中的否定词》（1979）、《古汉语中的动词"去"》（1981）、《汉学研究中的文献学和语言学》（1983）、《"他的"在古汉语中的被动用法》（1983）等多篇极具学术价值的论文。他还于1982年编著了《古代汉语教程》。里卡尔多·弗拉卡索（Riccardo Fracasso）博士在甲骨文方面颇有研究，他于1988年出版了《甲骨文字汇集》。随后，发表了多篇有关甲骨文的论文：《龙骨上的彩虹》（1988）、《〈甲骨文研究〉专有名词附录》（1990）、《文献中的文献：作为历史文献的甲骨文》（1995）。在现代汉语研究方面，也涌现出不少有实力的学者。兰乔蒂（Lionello Lanciotti）参与编写了《中国现代口语大辞典》和《汉意字典》。米兰大学政治学系语言研究所的研究员、欧洲研究中国协会会员卢恰纳·布雷桑（Luciana Bressan）于1983年参加了《汉意字典》的编纂工作，主要论著包括《关于中华人民共和国文字改革讨论会的讨论》《查阅汉语字典、词典指南》和《汉语会话手册》等。罗马大学的马西尼教授在读博士期间曾经研究过20世纪中国报纸的词汇，以及汉语中外来词的引进。1996年，他还发表了一篇关于传教士编写的中国字典的研究论文《对17世纪耶稣会传教士编写的中文字典研究的初步评论》。

(2) 中国文学研究

意大利汉学研究在中国文学领域的研究成果最为丰富，尤其在中国文学史研究方面成绩斐然。第二次世界大战期间,米凯莱·苏波(Michele Suppo)翻译发行了《中国文学史纲要》(Sommario storico di letteratura cinese),介绍了从"四书""五经"等中国古典文学作品,到鲁迅、梁启超等中国近现代文学家的作品。尽管是译作,但也是意大利第一部介绍中国文学史的书籍。白佐良(Giuliano Bertuccioli)是第二次世界大战后第一位撰写并出版中国文学史的意大利汉学家。1959年,他根据在华收集的第一手资料,出版了《中国文学史》(Storia della letteratura cinese),对中国古典文学和现当代文学进行了系统的介绍。他的这部《中国文学史》在欧洲汉学界引起了很大反响。当这本书再版后,法国著名汉学家戴密微(Paul Demiéville,1894—1979)致信表示祝贺,称在这一领域无人能与白佐良比肩。在白佐良的第一版《中国文学史》出版后十年,他的师弟兰乔蒂撰写了一部《中国文学》(Letteratura cinese),成为继白佐良《中国文学史》之后又一部具有较高研究水平、传播广泛的文学史类著作。由于兰乔蒂擅长中国白话小说方面的研究,因此他的这部著作对《唐传奇》《宋元话本》等白话小说作品做了详细的介绍。1990年,兰乔蒂又发表了一篇有关中国文学史的论文《中国文学史:中国和西方的评述》(La storia della letteratura cinese:sue interpretazioni in Cina e in Occidente)。罗马大学东亚历史专业教授柯拉迪尼(Piero Corradini)与兰乔蒂几乎在同一时间也出版了一本《中国文学史》(Storia della letteratura cinese),而且柯拉迪尼教授在第二年又出版了一本《中国文学选集》(Antologia della letteratura cinese)出版。

除了文学史方面的研究,进入20世纪后,意大利汉学家们做了大量中国古典文学的译介工作。

在中国古代诗词歌赋翻译方面,唐朝著名诗人杜甫、李白、王维、白居易、元稹、孟浩然和崔护的著名诗篇被陆续译成意大利文。首次向意大利人译介屈原及其作品的是尼诺·德桑蒂斯(Nino De Sanctis)。1900年,他的作品《屈原〈离骚〉:公元前三世纪中国伟大的诗篇》(Kiu-youen,Li Sao:grande poema cinese del III secolo a.C.)在米兰出版。这个意大利文版的《离骚》并非译自中文,而是译自法国汉学家德理文(Hervey de Saint Denys)1870年的译作。随后,又出现了1938年雷永明神父(Gabriele M.Allegra)的译本、1973年贝内代托·瓦莱(Benedetto Valle)的译本和1989年维尔玛·科斯坦蒂尼(Vilma Costantini)的译本。白佐良教授对东晋大诗人陶渊明颇有研究。1945年,他的首部翻译作品便是将陶渊明的《拟挽歌辞》(Tre canti funebri)翻译成意大利文。除白佐良外,另一位汉学家马加里塔·圭达奇(Margherita Guidacci)对陶渊明也有研究,并于1956年翻译了陶渊明的《闲情赋》。马里亚·卡尔卡尼奥(Maria Calcagno)于1962年翻译了曹操的《短歌行》。1973年,贝内代托·瓦莱首次以《木兰替父从军》(Mu-lang si arruola dell' esercito in luogo di suo padre)为题目,翻译了《木兰辞》。1991年,安娜·布娅蒂(Anna Bujatti)再次翻译出版了《木兰辞》。毛里齐亚·萨凯蒂(Maurizia Sacchetti)于1981年和1997年分别发表了两篇有关柳宗元的论文,其中一篇介绍了柳宗元的作品《憎王孙文》。1982年,保拉·米尔蒂(Paola Mirti)翻译了韦庄的9首词。1985年,安娜·布娅蒂翻译了李清照的6首词,1996年又翻译了李清照的《如梦令》(中意对照)。1994年,毛里齐亚·萨凯蒂翻译了宋代诗人欧阳修的组诗作品《丰乐亭游春三首》。

此外,1903年,安杰洛·德古贝尔纳特斯(Angelo De Gubernatis)、宾堤(G. Bindi)及诺全提尼合作翻译了《诗经》等先秦诗歌。德礼贤神父在《中国文选:从古至今》①和《诗:国际特刊》(Poesia-quaderni internazionali)中也翻译了《诗经》中的很多篇章。温琴佐·埃兰特(Vincenzo Errante)与埃米利奥·马里亚诺(Emilio Mariano)于1949年合作出版了《〈俄耳甫斯〉:世界诗歌瑰宝的意文翻译》,其中包括部分《诗经》译文及屈原、陶渊明、杜甫、白居易、元稹等著名诗人的诗篇译文。1957年,兰乔蒂教授也在汉学期刊《中国》(《Cina》)上发表《国风》及《小雅》中的部分诗歌译文。

20世纪,大批中国古代小说、戏剧被陆续翻译成意大利文。明末清初的"四大名著"除《三国演义》外,均被翻译成意大利文。1956年,克拉拉·博维罗(Clara Bovero)根据德国作家弗兰兹·库恩(Franz Kuhn)1934年的德文译本以《强盗》(I briganti)为题目,出版了《水浒传》的意大利文译本。翌年,他又在汉学期刊《中国》上发表了《水浒传》第一回的译文。1957年,马丁·贝内迪克特(Martin Benedikter,1908—1969)②将其撰写的《中国古典小说〈水浒传〉》发表在

---

① Pasquale M. D'Elia, *Antologia cinese: dalle origini ai nostri giorni*, Firenze: G. C. Sansoni, 1944.
② 马丁·贝内迪克特是一位汉学家,曾留学美国研修唐诗。有关他的详细内容请参见汉学家兰乔蒂的论文:*Gli Studi Sinologici in Italia dal 1950 al (195)*,《Mondo Cinese (23)》,1977, pp.3-12.

汉学期刊《中国》上。1960 年，阿德里亚诺·莫蒂以《猴王》①为题，将 1942 年亚瑟·魏雷翻译的《西游记》英译本《猴子》(Monkey)②转译成意大利文出版。该意大利文译本较之前的英译本有很多改进，修正了英译本的多处错误，在绪论中增加了对《西游记》的版本分析及对作者吴承恩的相关研究。1998 年，塞拉菲诺·巴尔杜齐(Serafino Balduzzi)再次翻译了《西游记》并在米兰出版发行。20 世纪，《红楼梦》的意文翻译有两个版本。第一个版本是 1958 年，由博维罗和黎却奥(Carla Pirrone Riccio)二人合作翻译，该译本转译自的德文译本，保留了库恩的原序并附改琦绘绣像《红楼梦》人物图 27 幅。③ 库恩在序言中称该译本参照了两个中文原文版本，一个是 1832 年的版本，另一个是上海商务印书馆的版本。《红楼梦学刊》(2000 年第 3 辑第 279 页至 281 页)刊载了已故中国社会科学院外国文学所吕同六研究员翻译的博维罗和黎却奥版本的序言，以及他撰写的该版序言作者马丁·贝内迪克特和两位译者博维罗和黎却奥的生平。1964 年，汉学家马西④翻译了第二版意大利文版《红楼梦》，这一版译自中文。1963 年和 1976 年，马西和柯拉迪尼在汉学期刊《中国》上分别发表了有关《红楼梦》的论文。意大利汉学家对明末"四大奇书"之一的《金瓶梅》的翻译与研究也不少。1930 年，德国著名学者库恩翻译的德文版《金瓶梅》在莱比锡(Leipzig)出版发行。由于这一版的德文翻译质量很高，版本考证翔实，在欧洲引起很大反响，因此第二次世界大战后意大利学者开始研究《金瓶梅》时多采用库恩的版本。1955 年，皮耶罗·雅合与马基利斯·利斯勒·斯通曼等人合译的《金瓶梅》⑤在都灵出版发行。该版本译自英国学者伯纳德·迈阿尔 1940 年在纽约出版的英文版，题目为《西门与他的六位妻妾》(The Adventurous History of His Men and His Six Wives)。1956 年，雅合在《中国》发表了题为《〈离奇死亡〉选自〈金瓶梅〉》[Una strana morte (dal Chin P'ing Mei)]的译文。另一部被意大利汉学家争相翻译与研究的小说是《聊斋志异》。1900 年，艾博·科尔邦辛(Ebe Colbosin)将《聊斋志异》中的 26 个故事翻译

---

① Adriano Motti, *Lo Scimmiotto*, Torino: Einaudi Editore, 1960.
② Arthur Waley, *Monkey*, London: Allen and Unwin, 1942.
③ 陈友冰:《意大利汉学的演进历程及特征——以中国文学研究为主要例举》,《华文文学》总第 89 期,2008 年 6 月,第 87—96 页。
④ Edoarda Masi, *Il sogno della camera rossa di Ts'ao Hsüeh-ch'in*, Torino: Einaudi Editore, 1964.
⑤ Pieroe Jahier, Maj-Lis Rissler Stoneman, *Chin P'ing Meu*, Torino: Einaudi Editore, 1955.

成意大利文在罗马出版。汉学家卢多维科·尼古拉·狄朱拉(L. N. di Giura)于1926年将《聊斋志异》中的99篇故事收集在《中国神话传说》(Fiabe cinesi)中翻译出版。1955年,卢多维科·尼古拉·狄朱拉翻译的《聊斋志异》(I racconti fantastici di Liao)全译本,共收录435个故事。该意文版本很有可能是根据青柯亭刻本翻译的。1979年,詹尼·瓜达卢皮(Gianni Guadalupi)翻译了"聊斋"中的一个故事《赵城虎》(L'ospite tigre),并在米兰出版。1986年,一位匿名学者以《天岛》为题翻译了《聊斋志异》中的一个故事并出版。安娜·山顿(Anna M. Thornton)以《美丽的红玉的故事:改编自〈聊斋志异〉》为题,改编了《聊斋志异》中的一个故事。1992年,唐云(Gabriella Bonino)又翻译了《聊斋志异》全译本并出版。20世纪,《唐传奇》《醒世恒言》《今古奇观》《板桥杂记》等作品也陆续被翻译成意大利文。在戏剧翻译方面,意大利18世纪的著名剧作家彼得·梅塔斯塔西奥(Pietro Metastasio,1689—1782)于1752年将元杂剧《赵氏孤儿》改编成意大利文剧本,题目为《中国勇士》(L'eroe cinese)。梅塔斯塔西奥对原作做了大刀阔斧的删改,受演出时间的限制,《中国勇士》的剧情非常精简,且结局也由悲剧转变成喜剧。1948年,该剧本在意大利出版发行。1908年,朱塞佩·巴罗内(Giuseppe Barone)的译作《〈赵氏孤儿〉:伏尔泰和梅塔斯塔西奥模仿的中国悲剧》在萨尔诺(Sarno)出版发行。著名汉学家兰乔蒂在其撰写的《维苏威脚下孜孜不倦的汉学家》(Un instancabile sinologo all'ombra del Vesuvio)一文中称朱塞佩·巴罗内是一位多产的作家和东方语言、文学及哲学的研究者。1988年,白佐良等人翻译了中国最早的戏曲理论专著《闲情偶寄》,并在《达官和宫廷贵妇》(《Mandarini e cortigiane》)上发表。

在散文翻译方面,沈复的《浮生六记》(1955、1993、1995),冒襄的《影梅庵忆语》(1988),陈裴之的《香畹楼忆语》(1988),张岱的《扬州二十四桥风月》(1988)、《湖心亭看雪》(1988)、《自为墓志铭》(1988),欧阳修的《浮槎山水记》(1994)也纷纷被译介到意大利。

在中国文艺评论和美学研究方面,意大利年轻学者取得的成绩可圈可点。米兰大学政治学教授罗桑达(Alessandra Cristina Lavagnino)从1979年着手翻译南朝文学理论家刘勰的文学理论著作《文心雕龙》,历时6年,于1984年出版。罗桑达是第一位将这部作品译介到欧洲的学者。在翻译过程中,她参考了郭绍虞、范文澜、王元化等人的注释本,并将中国美学传统与西方美学传统和修辞法进行比对,对中国文艺美学和中文传统修辞法进行了深入研究,并先后于1982、1985、1989、1992、1995、1996年发表了十余篇有关《文心雕龙》研究的高水平的学术论文。①此外兰乔蒂和马里卡·拉罗基(Marica Larocchi)也于1996年在《文化:米兰大学政治科学院语言研究所年鉴》上分别发表了有关《文心雕龙》的论文。

当然,意大利汉学家对中国近当代文学的研究也很丰富。康有为、梁启超、胡适、郁达夫、林语堂、钱锺书、茅盾、鲁迅、郭沫若、老舍、巴金、冰心、朱光潜、王蒙、王朔、莫言等众多中国近当代作家的作品陆续被译介到意大利。

(3) 中国哲学与宗教研究

之所以把中国哲学与宗教作为一个内容来研究,是因为欧洲学者长期以来认为中国的主流哲学流派儒家、道家既是哲学流派又是宗教派别。他们习惯将"儒学"称作"儒教",将"道家学说"称为"道教"。

20世纪,意大利的中国哲学和宗教研究主要涉及:儒教、道教、佛教、基督教(包括天主教、景教等)、萨满教、伊斯兰教、摩尼教、先秦诸子的思想和中国神话传说。

对于儒、释、道三教的研究是自传教士汉学时期就有的传统。第一次世界大战后意大利汉学家对于这三家理论的研究也很多,尤以对儒学的研究最为丰富。意大利汉学家陆续翻译了《大学》《中庸》《论语》《孟子》《孝经》《左氏春秋》和《易经》等儒家经典。其中,1924年,阿尔贝托·卡斯泰拉尼(Alberto Castellani)翻译出版的《论语》,是第一本从中文原文翻译而来的意大利文《论语》单行本。1989年,福斯托·托马西尼的《儒家经典》②在米兰出版。书中收录了他用意大利文翻译的《大学》中的部分篇章、《论语》的全文译本及《孟子》《孝经》等儒家经典。其儒家经典的译本是欧洲儒家经典翻译中的精品,成为后来相关领域学者的重要参考资料。在对儒家理论思想的研究过程中,意大利汉学家将"儒家与道家""儒家与法家""儒家与墨家""儒家与基督教"的思想进行了对比。德礼贤和史华罗(Paolo Santangelo)还分别对朱熹的哲学进行了研究。后者的研究侧重于

---

① 黄长著、孙越生、王祖望:《欧洲中国学》,北京:社会科学文献出版社,2005年,第803页。
② Fausto Tomassini, *Confucio Opere*, Milano:TEA,1989.

对朱熹哲学在情感方面的研究，著有《是骑手在骑马，还是御者在驾驭双骏？对朱熹"四端七情"观点之初考》（1993）和《朱熹（1130—1200）的道德心理》（1996）。史华罗还发表了多篇论文，讨论了"新儒家"的善恶观。意大利汉学家通过对儒学的研究，粗线条地勾勒出了儒学在中国不同历史时期发展的轨迹。

意大利汉学家在中国佛教经文的翻译和研究方面比较著名的作品有朱塞佩·图齐的《〈楞伽阿跋多罗宝经〉梵文和三份中文翻译的比较研究》（1923）、《"一百节诗"：译自中文的〈大乘佛教经文〉（附翻译及注解）》（1925），斯特凡诺·扎凯蒂（Stefano Zacchetti）的《达摩笈多未完成的〈金刚般若波罗蜜经〉的翻译》及富安敦（Antonino Forte）和米凯拉·布索蒂（Michela Bussotti）等人关于敦煌文献的研究。此外，意大利汉学家还就佛教在中国的发展史和本地化进程、佛教对东方文化的影响、中国某些朝代政府对佛教的政策等论题展开研究。这里，我们必须要提到一位著名的意大利藏学家朱塞佩·图齐（Giuseppe Tucci, 1894—1984）。他于1929年被提名为意大利皇家科学院成员，后曾担任那不勒斯东方大学中国语言文学教授和罗马大学文哲学院印度和远东宗教哲学教授。他是一个狂热的藏学爱好者，曾于1928年至1948年间，8次赴中国西藏进行考察，写作了众多关于藏学的著述：《梵天佛地1：西北印度和西藏西部的塔和擦擦——试论藏族宗教艺术及其意义》①《梵天佛地2：仁钦桑波及公元1000年左右藏传佛教的复兴》②《梵天佛地3：西藏西部的寺院及其艺术象征》③《梵天佛地4：江孜及其寺院》④《西藏：雪域》⑤。他的学生，著名的意大利东方学家、宗教史学家、西藏及尼泊尔与意大利早期关系学者毕达克（Luciano Petech, 1914—2010）继承了老师的衣钵，继续研究西藏文化。

在道教研究中，意大利汉学家翻译了《道德经》《阴符经》《庄子》《易经》《列子》和王充的《论衡》第24卷《道虚篇》等道家经典。其中对老子和《道德经》的翻

---

① Indo-Tibetica 1: Mc' od rten e ts' a ts' a nel Tibet indiano ed occidentale: contributo allo studio dell' arte religiosa tibetana e del suo significato.
② Indo-Tibetica 2: Rin c' en bzan po e la rinascita del buddhismo nel Tibet intorno al mille, Roma: Reale Accademia d' Italia.
③ Indo-Tibetica 3: I templi del Tibet occidentale e il loro simbolismo artistico, 2 voll., Roma: Reale Accademia d' Italia.
④ Indo-Tibetica 4: Gyantse ed i suoi monasteri, 3 voll., Roma: Reale Accademia d' Italia.
⑤ Tibet: paese delle nevi.

译和研究最多,其次是对庄子及其作品的研究。兰乔蒂对马王堆出土文物中帛书本《老子》的研究比较有特色。另外,意大利年轻的道教研究学者阿尔弗雷多·卡多纳(Alfredo Cadonna)对敦煌文献中的道教资料进行了研究,并发表了数篇相关论文:《伯希和藏书中的两份敦煌手稿中的有关"西王母"的三段文字》(1982)、《从长安到月亮的道教"宇航员"(根据薛爱华关于敦煌卷 S 6836 卷的笔记)》(1984)和《天师的道教信徒:敦煌中国手稿中的 12 段故事》(1984)。值得一提的是,1979 年,法兰西学院远东研究所(Instituts d'Extrême-Orient du Collège de France)和道教文献研究中心(Centre de Documentation et D'Etudes du Taosme)合作,承接了欧洲科学基金会(European Science Foundation)发起的《道藏》科研项目。该项目分别在巴黎、罗马、维尔茨堡和苏黎世成立了 4 个研究小组。其中,罗马小组设立在意大利中东及远东研究院(Istituto Italiano per il Medio ed Estremo Oriente),由白佐良和兰乔蒂负责。青年学者阿尔弗雷多·卡多纳和玄英(Fabrizio Pregadio)也参与了研究和翻译工作。1996 年在芝加哥出版社出版的《道藏手册》(*An Analytic and Descriptive Catalogue of the Tao-tsang in English*, *The Handbook of the Taoist Canon*)和 2004 年出版的《道藏通考》即是这一项目的最终成果。

除了少数几篇有关景教的研究论文外,20 世纪中国基督教研究实际上就是对元朝和明清之际中西文化交流史的研究,是对天主教入华史的研究,同时也是对天主教传教士及其作品的研究。[①] 在这项研究中,游记汉学和传教士汉学研究始终贯穿其中。前文中我们已经讲过,元朝和明清之际,罗马天主教会在中西文化交流中扮演了极其重要的角色,因此这一时期来华的天主教传教士和旅行家绝大多数是意大利人。在这一领域的研究中意大利学者具有得天独厚的传统优势,领先于欧洲其他国家。

在中国基督教研究中,对来华意大利传教士汉学家和旅行家的研究占了很大的比重,其中主要的天主教传教士有约翰·柏郎嘉宾、孟高维诺、鄂多立克、范礼安、罗明坚、利玛窦、郭居静、龙华民、金尼阁、艾儒略、汤若望、卫匡国、南怀仁、马国贤,有

---

① 由于本书的主题是"中国古代文化经典",因此这里我们暂且不讨论近当代中国基督教的发展和现状。

关利玛窦和卫匡国研究的论文、专著和译作数量最多。1982 年 10 月 22 日至 25 日，利玛窦研究国际研讨会分别在马切拉塔（Macerata）和罗马两地举行，以纪念利玛窦入华四百周年。此次研讨会由马切拉塔大学（Università degli Studi di Macerata）、天主教格里高利大学（Apud Aedes Universitatis Gregorianae）和马切拉塔利玛窦研究中心（Centro Studi Ricciani di Macerata）联合举办。来自意大利和其他国家的利玛窦研究学者参加了会议，并宣读了论文。1984 年，会议发言被收入《利玛窦研究国际研讨会论文集》。其中白佐良的《利玛窦和道教》（Matteo Ricci e il taoismo）、庞恩的《利玛窦的作品对于中国学研究的价值》（Il significato dell'opera di Matteo Ricci per gli studi cinesi）、毕达克的《结论性的思考和研究线索》（Considerazioni conclusive e indicazioni di ricerca）和鲁尔门（R. Ruhlmann）的《近期关于利玛窦的朋友徐光启（1562—1633）的研究》（Recenti lavori cinesi su Xu Guangqi（1562－1633），amica del Riui》等论文均被收入该论文集。1983 年，卫匡国国际研讨会论文集《地理学家、制图学家、历史学家和神学家卫匡国（特兰托 1614—杭州 1661）》由特兰托自然科学博物馆出版。该论文集收录了包括罗马大学教授奥斯瓦尔多·巴尔达奇（Osvaldo Baldacci）有关卫匡国所绘制的中国地图的论文《卫匡国制图法的实用性和〈中国新地图册〉的成功》；的里雅斯特大学（Università degli Studi di Trieste）教授亚历山德罗·古卡尼亚（Alessandro Cucagna）的论文《卫匡国历史作品中与地理有关的内容》，特兰托大学（Università degli Studi di Trento）教授朱塞佩·斯塔卢皮（Giuseppe Staluppi）的论文《通过对〈中国新地图册〉的讨论解决了地理方面的几点疑问》；那不勒斯东方大学教授阿道夫·坦布雷洛（Adolfo Tamburello）的论文《卫匡国著作中的日本》；马切拉塔大学利玛窦研究中心负责人柯拉迪尼教授的论文《来华史学家卫匡国：〈鞑靼战纪〉》；罗马大学教授卡洛·吉萨尔贝蒂（Carlo Ghisalberti）的论文《卫匡国的历史学方法》；罗马大学东亚史教授毕达克的论文《卫匡国时期的中国》；意大利作家博尼法乔·波罗尼亚尼（Bonifacio Bolognani）的论文《卫匡国》；罗马大学教授玛利亚·罗萨·德西莫内（Maria Rosa Di Simone）的论文《17 世纪前半叶的罗马神学院和卫匡国的专业学识的形成》；特兰托历史科学研究会研究员弗鲁门奇奥·盖塔（Frumenzio Ghetta）的论文《在故乡的卫匡国》；乌尔比诺大学教授梁作禄（Angelo S. Lazzarotto）的论文《〈中国耶稣会教士纪略〉中描述的中国基督教徒的情况》；莱切大学（Università degli Studi di Lecce）教授梅文健（Giorgio Melis）的论文《卫匡国的旅行》;耶稣会罗马档案馆官员柏永年(Joseph Sebes)的论文《中国礼仪之争中卫匡国的作用》;乌尔比诺大学教授彼得·曹(Pietro Tchao)的论文《中国礼仪之争的历史文化方面的理由》等均被收入论文集。事实上,20世纪意大利众多知名汉学家如德礼贤、白佐良、柯拉迪尼、马西尼等都曾对明清入华耶稣会传教士进行过大量深入的研究。将传教士汉学作为研究对象,通过传教士的作品对汉学进行二次研究构成了20世纪意大利汉学研究的一个重要组成部分。

20世纪,意大利汉学家还出版了几部中国哲学史类著作。其中的代表作有朱塞佩·图齐教授的专著《中国古代哲学史》(*Storia della filosofia cinese antica*)(1922),保罗·贝奥尼奥·布罗基里(Paolo Beonio Brocchieri)的《古代中国思想概要》(*Linee del pensiero cinese antico*)(1961),费代里科·阿万齐尼(Federico Avanzini)的《自省:中国古代哲学概要》(*Riflettere sulle cose vicine:lineamenti di filosofia cinese antica*)。此外,爱德华·马西(Edoarda Masi,1927—2011)还向意大利介绍了冯友兰的《中国哲学史论文集》。

(4)中国历史研究

中国历史研究也是意大利汉学研究的重要组成部分。断代史研究主要集中在对元朝、明朝和清朝时期的历史研究。其他时期的相关著作和论文比较少:安东尼奥·阿马萨里(A. Ammassari)发表过一篇研究商代甲骨文的论文;西尔瓦诺·焦瓦基尼(Silvano Giovacchini)出版过《中国从文明之初到周朝》(1973)及《中国从周朝到西汉》(1973);马里奥·萨巴蒂尼(Mario Sabattini,1944—)撰写过从战国时期到秦朝统一这段历史的著作,即《从列国到中央集权的帝国》(1986);达尼埃拉·托齐·朱利(Daniela Tozzi Giuli)撰写过隋朝历史《隋朝:历史梗概和特点》(1986);此外,还有少量有关周朝、两汉、隋唐、五代、宋朝的论文。另外,还需要提及几部中国通史作品:米凯莱·卡瓦利奥蒂(M. Cavagliotti)的《中华文明的诞生和发展:从建立到革命》(1941),毕达克的《中国古代历史》(1962),山德罗·卡索内(S. Cassone)的《中国历史》(1964),弗朗哥·马丁内利(F. Martinelli)的《中国历史》(1969),柯拉迪尼的《中国古代文明史》(1982)及史华罗和萨巴蒂尼合作撰写的《中国通史:从起源到共和国的建立》(1986)。

除了上面详细介绍的几个研究领域,20世纪意大利汉学家在艺术、建筑、考古、音乐、科学和科学史等诸领域也取得了众多令人瞩目的研究成果。

(5)结语

20世纪,随着意大利汉语教学水平的大幅提高,汉语人才队伍不断壮大。从20世纪80年代起,意大利涌现出一批中文功底过硬、研究能力强且生气勃勃的年轻汉学家。他们使意大利汉学研究呈现出新的特点:首先,20世纪初,意大利汉学家由于汉语水平的限制,对中国作品的翻译大多借助于其他西方语言的译本,而这一情况在第二次世界大战后,尤其是80年代以后发生了根本转变。大量中文作品被直接翻译成意大利文,大大提高了译作的学术价值。其次,年轻学者们的研究重心逐渐由"古代"转向"现代"。与欧洲其他国家的汉学研究发展趋势相一致,意大利汉学研究的关注点也逐渐发生了变化,从研究中国古典文学、古代历史、古代哲学向研究与中国现实社会、文化、生活相关的"现代中国"转变。兰乔蒂笔下那个"最年轻的"意大利汉学,必将在新一代意大利汉学家孜孜不倦的努力下在前辈的传统上结出累累硕果。

凡 例

《20世纪中国古代文化经典在意大利的传播编年》以黄长著、孙越生和王祖望主编的《欧洲中国学》意大利篇,以及导言中提到的9种意大利关于中国的文献目录为主要参考资料。选取其中收录的出版日期在20世纪,内容涉及1911年以前的"古代中国文化"的条目,将几个文献相关条目的信息加以对比和校对,补全所有出版信息,并按照编年的顺序列出。为方便读者有针对性地检索书目,编者将所有书目根据内容分为以下7大类:书目提要和汉学史,历史与制度,经济,艺术、建筑、考古和音乐,文学,哲学,科学和科学史。在"艺术、建筑、考古和音乐"这一大类下,编者在每个条目前分别加上【艺】【建】【考】【音】的标志,以便读者能够对条目类别进行更进一步的区分。在"哲学"这一大类下,编者以【儒】【道】【墨】【法】【基】【佛】【景】【神】【萨】【伊】和【摩】分别表示与"儒教""道教""墨家""法家""基督教""佛教""景教""神话""萨满教""伊斯兰教"和"摩尼教"有关的条目。为使读者一目了然,编者在下面举例说明:

例1:【艺】Corradini, P.(柯拉迪尼)《Cinese arte: Cronologia e sistemi cronologici》(《中国艺术:编年学》), in *Enciclopedia dell' Arte Antica, Classica e Orientale*(《东方古典艺术百科全书》), II, Roma: Istituto della Enciclopedia Italiana, 1959, pp.595-597.

例2:【基】D'Elia, P.M., S.I.(德礼贤), *Matteo Ricci S. I. nell' opinione dell' alta società cinese secondo nuovi documenti*(1600-1604)[《中国上层社会对耶稣会士利玛窦的评价(以最新发现的文献为依据 1600—1604)》],《La Civiltà Cattolica》(《天主教文明》),110(1959),2,pp.26-40.

本书目共收录意大利汉学作品书目信息两千余条,分为著作、文集、期刊论文、多作者文集收录的文章、文集作者本人收录在文集中的文章、百科全书条目及字典条目 7 个类型,并按编年排列。有个别书目没有出版的时间信息,这些书目被列在"无日期"栏下,放在整个目录的最后边。

以下列出各种作品类型对应的条目范例:

例 1:著作

【基】Treves,A.(特雷维斯,安杰洛),*Giovanni da Pian del Carpine e la scoperta della Tartaria*(《约翰·柏郎嘉宾和鞑靼的发现》),Torino:Paravia,1932.

例 2:文集

Lanciotti,L.(兰乔蒂)(a cura di)(编著),*Sviluppi scientifici, prospettive religiose, movimenti rivoluzionari in Cina*(《科学发展、宗教前景、革命运动在中国》),Fireze:L. S. Olschki,1975.

例 3:期刊论文

Armandi,G. I.(阿尔曼迪),*La coltura dei gelsi presso i cinesi nei tempi antichi*(《古代中国人对桑树的种植》),《Nuova Antologia》(《新文选》),96(1901),pp.764-767.

例 4:多作者文集收录的文章

Ceresa,M.(切雷萨,马尔科),*Indagine preliminare su due antichi sistemi di notazione fonetica*(《对两个古老的注音体系的初步研究》),in M. Scarpari(毛里齐奥·斯卡尔帕里)(a cura di)(编著),*Studi di cinese classico*(《古汉语研究》),Venezia:Libreria Editrice Cafoscarina,1983,pp.105-119.

例 5:文集作者本人收录在文集中的文章

Bertuccioli,G.(白佐良)(tr.a cura di)(编译),Zhang Dai(张岱),*Epigrafe composta da se stesso per la sua tomba*(《自为墓志铭》),in G. Bertuccioli(白佐良)(a cura di)(编著),*Mandarini e cortigiane*(《达官和宫廷贵妇》),Roma:Editori Riuniti-Albatros,1988,p.25.

例 6：百科全书条目

Vacca,G.(嘉华),« Cina, letteratura »(《中国文学》),in *Enciclopedia Italiana*(《意大利百科全书》),X,Roma:Istituto Giovanni Treccani,1931,pp.306-309.

例 7：字典条目

[道]Bertuccioli,G.(白佐良),« Laozi »(《老子》),in G. Filoramo(乔瓦尼·菲洛拉莫)(sotto la direzione di)(指导),*Dizionario delle Religioni*(《宗教字典》),Torino:Einaudi,1993,pp.407-409.

书目中常用的外文缩写表：

col.＝colonna 栏(单数)

coll.＝colonne 栏(复数)

ed.＝edizione 版

p.＝pagina 页(单数)

pp.＝pagine 页(复数)

riv.＝riveduta 再校对

s.＝serie 合订本

s. d.＝senza data 没有日期

s. e.＝senza indicazione di editore 没有出版社信息

s. l.＝senza indicazione di luogo 没有出版地信息

s. p.＝senza indicazione di pagina/e 没有页数信息

tav.＝tavola/e 表,插图

tr.＝traduzione 翻译

vol.＝volume 卷(单数)

voll.＝ volumi 卷(复数)

C. M.＝Congregatio Missionis 遣使会

O. F. M.＝Ordo Fratrum Minorum 方济各会

O. S. B.＝Ordo Sancti Benedicti 本笃会

P. I. M. E.＝Pontificium Institutum pro Missionibus Exteris 宗座外方传教会

S. I.＝Societas Iesu 耶稣会

S. V. D.＝Societas Verbi Divini 圣言会

S. X. = Pia Societas S.Francisci Xaverii pro Exteris Missionibus 圣方济沙勿略外方传教会

每一年目录下分三部分内容：

一、大事记：记录在该年发生的与意大利汉学有关的重大事件，包括著名汉学家的诞生或离世、重要汉学作品的出版、重要汉学机构的成立、重要汉学研讨会的举办等。

二、书（文）目录：收录该年在意大利出版的有关中国古代文化的汉学作品。该年的书目将被按照类别分类，同一类下的书目按照作者西文名字的字母顺序排列。

三、备注：对该年大事记或书（文）目录中涉及的重点做进一步的阐释，包括对著名汉学家的详细介绍、对几部重要汉学作品的内容摘要等。

此外，书后还配有人名索引。其中知名汉学家如有固定的中文名字则采用其固定的名字，其他汉学家的中文名字则按照商务印书馆出版的《意大利姓名译名手册》进行翻译。

编年正文

公元1900年（光绪二十六年）

一、大事记

1.尼诺·德桑蒂斯(Nino De Sanctis)编译的作品《屈原〈离骚〉：公元前三世纪中国伟大的诗篇》在米兰出版。

意大利汉学家尼诺·德桑蒂斯根据法国汉学家德理文(Hervey de Saint Denys)1870年的译作，对公元前3世纪中国诗人屈原的《离骚》进行了意大利文版的译注。该作品的出版使屈原及其作品《离骚》开始为广大的意大利读者所熟识。

2.艾博·科尔邦辛(Ebe Colbosin)将蒲松龄《聊斋志异》中的26个小故事翻译成了意大利文并于罗马出版。

3.意大利专业汉学的早期领军人物安泰尔莫·塞韦里尼(Antelmo Severini)教授，由于备受疾病折磨，最终离开了佛罗伦萨皇家高等研究院(Istituto di Studi Superiori di Firenze)。

4.汉学家毛里齐奥·本萨(Maurizio Bensa)来到北京。

二、书（文）目录

历史与制度

1.Adespoto(佚名),*L'Italia in Cina*(《意大利在中国》),« Nuova Antologia »(《新文选》),80(1899),655,pp.746-758;81(1899),655,660,pp.753-755;88(1900),687,pp.564-566.

2.Cerone,F.(切罗内,弗朗切斯科),*Il matrimonio in Cina*(《中国婚姻制度》),XV,Napoli:Tipografia A.Tocco,1900.

3.Concianni,F.(科恰尼,菲利波),*La Cina:sue condizioni attuali,usi e costumi,storia*(《中国:现实、风俗和历史》),Firenze:Tipografia Adriano Salani,1900.

4.Dal Verme,L.(达尔·韦尔梅,卢基诺),*La guerra in Manciuria*(《满洲里战争》),« Nuova Antologia »(《新文选》),89(1900),689,pp.140-162.

5.Lombroso,C.(龙勃罗梭),*La diplomazia in Cina*(《在中国的外交》),« Nuova Antologia »(《新文选》),89(1900),690,pp.365-367.

6.Lombroso,C.(龙勃罗梭),*La insufficienza diplomatica e la guerra in Cina*(《外交上的无能和发生在中国的战争》),« Nuova Antologia »(《新文选》),88(1900),685,pp.131-134.

7.Ricchieri,G.(里基耶里,朱塞佩),*La lotta di due civiltà*(《两个文明的斗争》),Bergamo:Istituto Arti Grafiche,1900.

文学

8.Colbosin,E.(科尔邦辛,艾博)(tr. a cura di)(编译),Tcheng-ki-tong(陈季同),*L'uomo giallo. Romanzo cinese*(《中国故事:黄衫客传奇》),Roma:Società Editrice Nazionale,1900.

9.De Sanctis,N.(德桑蒂斯,尼诺)(tr. a cura di)(编译),*Kiu-youen,Li-sao:grande poema cinese del III secolo a.C.*(《屈原〈离骚〉:公元前三世纪中国伟大的诗篇》),Milano:Sonzogno,1900.

哲学

10. Gabrieli, G.（加布里埃利，朱塞佩），*Il culto degli antenati e l'avversione agli stranieri nell'antica letteratura sacra e nella vita storica della Cina*（《中国古代文学和历史中的祖先崇拜和排外情绪》），«Flegrea»《佛莱格瑞》，2-3（1900），pp.511-542.

三、备注

1.安泰尔莫·塞韦里尼教授离开佛罗伦萨皇家高等研究院后，其爱徒，也是继他之后意大利汉学史上又一位重要学者卡洛·普意尼（Carlo Puini）的学术工作也开始停滞不前。佛罗伦萨皇家高等研究院至此显示出了衰退迹象。在那几年里，佛罗伦萨皇家高等研究院在汉学研究方面的名气逐渐被同样设有汉语课程的那不勒斯亚洲学院（Collegio Asiatico di Napoli）所超越。

2.毛里齐奥·本萨（1879—1941）是一位精通汉学和中国文化的意大利汉学家。据说，他性情古怪，喜欢嘲弄别人。他于1900年来到北京，并于1908年至1923年担任意大利驻华使馆口译员，卸任后隐居中南半岛。他也是目前所知的唯一一位没有发表过任何学术研究成果的汉学家。①

公元1901年（光绪二十七年）

一、大事记

1.威达雷（Amedeo Vitale, 1862—1918）的《汉语口语入门——中国趣事》（*A First Reading Book for Students of Colloquial Chinese—Chinese Merry Tales*）一书出版。随着1917年中国语言改革运动不断发展，胡适及其他一些改革者还曾从该书中

---

① ［意］图莉（Antonella Tulli）著，蔡雅菁译：《意大利汉学研究的现状——从历史观点》，1993。

获得了部分灵感。

2.由朱塞佩·加布里埃利(Giuseppe Gabrieli)翻译的《儒家思想袖珍手册：格言警句和摘自中国古代经典文学作品的词句》(*Encheiridion confucianum: aforismi, massime e sentenze tratte dall'antica leteratura canonica della Cina*)在罗马出版发行。在这本书中，作者摘取了《论语》《孟子》《荀子》等儒家经典中的部分名言佳句，将其翻译成意大利文并汇集成册，展示了中国古代文明及儒家文化中的伟大智慧。

二、书（文）目录

历史与制度

1. Armandi, G. I.(阿尔曼迪), *La coltura dei gelsi presso i cinesi nei tempi antichi*(《古代中国人对桑树的种植》),《Nuova Antologia》(《新文选》),96(1901),720, pp.764-767.

2. Flora, F.(费洛拉，费代里科), *Il conflitto cinese. La questione dell'identità*(《中国的冲突：有关身份认同的问题》),《Nuova Antologia》(《新文选》),94(1901),709,pp.145-154.

3. Roncagli, G.(龙卡利，乔瓦尼), *Gli avvenimenti politico-militari nella Cina*(《中国政治军事事件》),《Rivista Marittima》(《航海杂志》),34(1901),pp.566-577.

4. Will(维尔), *Li-Hon-Ciang*(《李鸿章》),《Nuova Antologia》(《新文选》),96(1901),718,pp.385-387.

文学

5. Vitale, A.(威达雷), *Poesia cinese*(《中国诗歌》),《Italia Coloniale》(《殖民意大利》),2(gennaio 1901),pp.5-12.

6. Vitale, A.(威达雷), *Ombre cinesi*(《中国皮影》),《Italia Coloniale》(《殖民意大利》),2(agosto 1901),pp.35-39.

哲学

7.【儒】Gabrieli, G.（加布里埃利,朱塞佩）, *Encheiridion confucianum: aforismi, massime e sentenze tratte dall' antica letteratura canonica della Cina*（《儒家思想袖珍手册:格言警句和摘自中国古代经典文学作品的词句》）, Roma: Società Editrice Dante Alighieri, 1901.

公元 1902 年（光绪二十八年）

一、大事记

意大利著名汉学家晁德莅（Angelo Zottoli, 1826—1902）辞世。晁德莅是一名意大利天主教神父,同时也是一位中国学学者。他于1843年加入耶稣会,1848年赴华传教,主要在上海徐家汇一带活动。与其他同时代汉学家不同,晁德莅本人是一位耶稣会士,所以他的汉学研究沿袭了传教士汉学的研究传统。他曾筹划编写一部较为完备的字典,只可惜从未付梓。稍早于该字典的编写,他于1879年至1892年间,还出版了五卷版《中国文学选集》（*Cursus litterae sinicae neo-missionariis accommodatus*）。这一选集由拉丁文写成,所以在当时的汉学界并未得到应有的重视,但仍不失为意大利汉学研究在中国文学西传过程中所做出的一个重要贡献。截至20世纪50年代,这一文学选集一直被视为以西方语言翻译中国古典文学的最大选集。

二、书（文）目录

历史与制度

1. Nemi（内米）, *La Corte cinese*（《中国宫廷》）, «Nuova Antologia»（《新文选》）, 99(1902), 729, pp.149-153.

文学

2.Volpicelli, Eugenio Z.(沃尔皮切利,泽诺内)(tr. a cura di)(编译), *Le impressioni di un cinese in Italia—Brano del giornale di Hsie-fu-ceng*(《一个中国人的意大利印象——薛福成报纸中的选段》), Napoli: Pierro, 1902.

科学和科学史

3.Mezzetti, P., S.I.(梅泽蒂,彼得), *Notizie di astronomia cinese*(《中国天文学信息》), «La Civiltà Cattolica»(《天主教文明》), 53(marzo 1902), pp.687-707.

公元1903年（光绪二十九年）

一、大事记

1.罗马大学东方学校（Scuola Orientale dell'Università di Roma）成立。在罗马大学执教的诺全提尼（Ludovico Nocentini）教授与伊尼亚齐奥·奎迪（Ignazio Guidi）、切莱斯蒂诺·斯基亚帕雷利（Celestino Schiapparelli）合作创办了罗马大学东方学校,隶属罗马大学文哲学院。当时执教的意大利教师只有5位,他们分别是安杰洛·德古贝尔纳特斯（A. De Gubernatis）、伊尼亚齐奥·奎迪、拉班卡（Labanca）、诺全提尼和切莱斯蒂诺·斯基亚帕雷利。罗马大学东方学校的建校初衷是发展及推广东方学教学及研究。罗马大学的汉语教学历史最早可以追溯到1876年,当时执教的只有一位临时教授汪瑟士（Carlo Valenziani, 1831—1896）。1877年,汪瑟士教授将他的部分个人藏书捐赠给了罗马国家图书馆,其中包括多册珍贵中文藏书及有关中国的西文研究文献。罗马大学东方学校的建立对汉语专业教学及研究起到了重要的推动作用。2001年3月,根据罗马大学校长政令该学校更名为"东方学院"（La Facoltà degli Studi Orientali）。东方学院继承了罗马大学东方学校的研究传统,是意大利历史上第一所专攻东方学研究的学院。

2.《外国诗歌:抒情诗、叙事诗、戏剧选(意大利文版)》(*Poeti stranieri: lirici, epici, drammatici scelti nelle versioni italiane*)在意大利出版发行。安杰洛·德古贝尔纳特斯、宾堤(G.Bindi)及诺全提尼合作翻译了《诗经》等先秦诗歌及《中庸》等古代经典。译文被收录于但丁学院出版社(Società Editrice Dante Alighieri)出版的《外国诗歌:抒情诗、叙事诗、戏剧选(意大利文版)》选集的第一册中。

3.莫兰迪(L. Morandi)与钱波利(D. Ciampoli)合作翻译了《论语》中的部分章节,被收录于由但丁学院出版社出版发行的《外国诗歌:抒情诗、叙事诗、戏剧选(意大利文版)》选集的第一册中。

二、书（文）目录

历史与制度

1.Chiminelli, E.(基米内利,欧金尼奥), *Nel paese dei draghi e delle chimere*(《在龙和麒麟的国度》), Ⅷ, Lapi: Città di Castello, 1903.

经济

2.Armandi, G. I.(阿尔曼迪), *Il libro canonico cinese sui bachi da seta* (*Thsin-kouan-tsan-chou*)(《秦观蚕书》),《 Nuova Antologia 》(《新文选》), 106(1903), 759, pp.471-474.

文学

3.De Gubernatis, A.(德古贝尔纳特斯,安杰洛), G. Bindi(宾堤)e L. Nocentini(诺全提尼)(tr. a cura di)(编译), [Varia], in *Poeti stranieri: lirici, epici, drammatici scelti nelle versioni italiane*[《外国诗歌:抒情诗、叙事诗、戏剧选(意大利文版)》], vol. Ⅰ, Milano-Roma-Napoli: Società Editrice Dante Alighieri, 1903.

4.Massarani, T.(马萨拉尼,图利奥)(tr. a cura di)(编译), [Varia], in *Poeti stranieri: lirici, epici, drammatici scelti nelle versioni italiane*[《外国诗歌:抒情诗、叙事诗、戏剧选(意大利文版)》], vol. Ⅰ, Milano-Roma-Napoli: Società Editrice Dante Alighieri, 1903.

5. Morandi, L.(莫兰迪)e D. Ciampoli(钱波利)(tr. a cura di)(编译), [Varia], in *Poeti stranieri：lirici，epici，drammatici scelti nelle versioni italiane*[《外国诗歌：抒情诗、叙事诗、戏剧选(意大利文版)》], vol. I, Milano-Roma-Napoli：Società Editrice Dante Alighieri, 1903, pp.56-58.

哲学

6.【道】Puini, C.(普意尼，卡洛)(tr. a cura di)(编译), [Dal *Tao-te-ching*](选自《道德经》), in *Poeti stranieri：lirici，epici，drammatici scelti nelle versioni italiane*[《外国诗歌：抒情诗、叙事诗、戏剧选(意大利文版)》], vol. I, Milano-Roma-Napoli：Società Editrice Dante Alighieri, 1903, pp.37-38.

7.【道】Puini, C.(普意尼，卡洛)(tr. a cura di)(编译), *Storie degli spiriti e dei geni*(《思想与天才的故事》), in *Poeti stranieri：lirici，epici，drammatici scelti nelle versioni italiane*[《外国诗歌：抒情诗、叙事诗、戏剧选(意大利文版)》], vol. I, Milano-Roma-Napoli：Società Editrice Dante Alighieri, 1903, pp.38-40.

科学和科学史

8. Bertelli, T.(贝尔泰利，蒂莫泰奥), *Se da alcuni documenti si possa dedurre l'antica conoscenza della 'declinazione magnetica' presso i Cinesi*(《是否能从一些文献中推断出古代中国人对"磁偏角"的了解》), «Bollettino della Società Geografica Italiana»(《意大利地理协会杂志》), 40(1903), pp.178-185.

公元1904年（光绪三十年）

一、大事记

1. 汉学家安泰尔莫·塞韦里尼(Antelmo Severini)出版了两部汉学作品：《一个中国人对三大宗教的评介》(*Tre religioni giudicate da un cinese*)和《中国人的天

主》(*Il Dio dei cinesi*)。《一个中国人对三大宗教的评介》是安泰尔莫·塞韦里尼根据《康熙第七箴言录》(*Versione della VII massima di K'ang-hi*)的原本翻译而来;《中国人的天主》是一部关于儒学研究的作品,安泰尔莫·塞韦里尼教授晚年时对中国儒学产生兴趣,曾有一段时间专攻儒家思想。这部儒学著作就是他那一时期苦心钻研的成果。

2.卢基诺·达尔·韦尔梅(Luchino Dal Verme)在《新文选》上发表论文《发生在远东持续三个月的战争》(*Tre mesi di guerra nell'Estremo Oriente*)。该文记述了1895年发生的日俄之间的争霸战,并配有一张地图。

二、书(文)目录

历史与制度

1.Chiminelli,E.(基米内利,欧金尼奥),*Pechino e la Città Proibita*(《北京和紫禁城》),«Bollettino della Società Geografica Italiana»(《意大利地理协会杂志》),41(1904),pp.826-849.

2.Dal Verme,L.(达尔·韦尔梅,卢基诺),*La guerra nell'Estremo Oriente*(《远东战争》),«Nuova Antologia»(《新文选》),110(1904),774,pp.309-325.

3.Dal Verme,L.(达尔·韦尔梅,卢基诺),*Tre mesi di guerra nell'Estremo Oriente*(《发生在远东持续三个月的战争》),«Nuova Antologia»(《新文选》),111(1904),779,pp.481-502.

4.Dal Verme,L.(达尔·韦尔梅,卢基诺),*La guerra nell'Estremo Oriente*(*5 maggio-25 luglio*)[《远东战争(5月5日—7月25日)》],«Nuova Antologia»(《新文选》),113(1904),785,pp.107-133.

5.Dal Verme,L.(达尔·韦尔梅,卢基诺),*La guerra nell'Estremo Oriente*(*25 luglio-2 ottobre*)[《远东战争(7月25日—10月2日)》],«Nuova Antologia»(《新文选》),114(1904),792,pp.673-695.

6.Nocentini,L.(诺全提尼),*L'Europa nell'Estremo Oriente e gli interessi dell'Italia in Cina*(《欧洲在远东及意大利在中国的利益》),Milano:Hoepli,1904.

7.Silvestri,C.,O.F.M.(西尔韦斯特里,奇普里亚诺),*Vita cinese*(《中国生

活》),《Luce e Amore》(《光与爱》),(aprile 1904),pp.227-231.

科学和科学史

8.Guareschi,I.(瓜勒斯基,伊奇利奥),*La chimica presso i Cinesi*(《中国人的化学》),in *Storia della Chimica*(《化学史》),IV,Torino:Unione Tipografico-Editrice Torinese,1904,pp.449-454.

公元1905年（光绪三十一年）

一、大事记

古列尔莫·埃文斯(Guglielmo Evans)翻译的意大利文版《道德经》[*Il libro della via e della virtù*(*Tao-te-ching*)]在都灵出版。古列尔莫·埃文斯的《道德经》是根据法文译本翻译的,该版本于1983年在意大利的福贾(Foggia)再版发行。

二、书（文）目录

历史与制度

1.Dal Verme,L.(达尔·韦尔梅,卢基诺),*La guerra nell' Estremo Oriente*(*2 ottobre 1904 - 6 gennaio 1905*)[《远东战争(1904年10月2日—1905年1月6日)》],《Nuova Antologia》(《新文选》),116(1905),797,pp.136-168.

2.Dal Verme,L.(达尔·韦尔梅·卢基诺),*La guerra nell' Estremo Oriente*(*6 gennaio - 8 aprile*)[《远东战争(1月6日—4月8日)》],《Nuova Antologia》(《新文选》),117(1905),802,pp.321-340.

3.Nemi(内米),*Un nuovo periodo della coltura cinese*(《中国文化的新时期》),《Nuova Antologia》(《新文选》),119(1905),809,pp.153-154.

4.Sforza,C.(斯福尔扎,卡洛),*Il momento critico della civiltà cinese e l' influenza* giapponese(《中华文明的危急时刻和日本的影响》),《 Nuova Antologia 》(《新文选》),120(1905),816,pp.631-638.

5.Poma,C.(波马,切萨雷),*Un' antica carta in Manciù dell' area dell' attuale guerra russo-giapponese*(《满洲日俄战区的一幅古地图》),《 Bollettino della Società Geografica Italiana 》(《意大利地图研究会杂志》),42(1905),pp.153-155.

哲学

6.【道】Evans,G.(埃文斯,古列尔莫)(tr. a cura di)(编译),Lao-tse 老子,*Il libro della via e della virtù*(*Tao-te-ching*)(《道德经》),Torino:Bocca,1905.

7.【道】Ferrari,F.(费拉里,弗朗切斯科)(tr. a cura di)(编译),Lao Tseu 老子,*Il libro della via e della virtù*(《道德经》),Milano:Rivista Luce e Ombra,1905.

科学和科学史

8.Vacca,G.(嘉华),*Sulla matematica degli antichi cinesi*(《古代中国数学》),estratto dal 《 Bollettino di Bibliografia e Storia delle Scienze Matematiche 》(选自《数学目录和历史杂志》),Genova:Tipografia Sordomuti,1905.

公元1906年(光绪三十二年)

一、大事记

1906年,汉学家嘉华(Giovanni Vacca)前往中国,开始了他在中国的旅行。嘉华的这次中国之旅对他来说意义非凡,他见证了清王朝的覆灭,同时也游览了中国从沿海到内陆多个省市,他在路途中遇到过很多困难,语言是他的障碍之一,但也正是这难得的机会使他的汉语水平得到了快速提高。关于嘉华的中国之行,他本人写过一本日记,现由他的儿子罗伯托·嘉华(Roberto Vacca)保管。

二、书（文）目录

历史与制度

1.Chiminelli,E.(基米内利,欧金尼奥), *Nell' Estremo Oriente:pechino e la Città Proibita*(《远东:北京和紫禁城》), *Fisionomia morale del Giappone*(《日本的道德风貌》),Lapi:Città di Castello,1906,p.83.

2.Dal Verme,L.(达尔·韦尔梅,卢基诺), *La pace nell' Estremo Oriente*(《远东的和平》),«Nuova Antologia»(《新文选》),121(1906),818,pp.304-328.

哲学

3.【儒】Ayroli,G.F.(艾罗利), *Confucio*(《孔子》),«La Rassegna Nazionale»(《国家杂志》),(dicembre 1906),pp.430-463.

公元 1907 年（光绪三十三年）

一、大事记

1. 1907 年，为了拓展学校在东方学诸多领域的研究，罗马大学东方学校（Scuola Orientale dell' Università di Roma）创办了意大利汉学研究方面第一份专业学术期刊《东方学研究》①（«Rivista degli Studi Orientali»，简称:«R. S. O.»）。《东方学研究》创刊初期的办刊宗旨是发表"一些独到的学术见解以及那些久久尘封于图书馆档案中从未被发现的学术论文"。根据《东方学研究》的创刊要求，期刊

---

① 有关《东方学研究》杂志的创刊过程，请参见《东方学研究》杂志，1907 年第 1 期，第 3—4 页；有关罗马大学东方学校的具体情况，详见安东努奇和祖凯里的《意大利汉语教学目前情况和历史背景》:Antonucci Davor e Zuccheri Serena, *L' insegnamento del cinese in Italia tra passato e presente*, Roma: l' Università di Roma La Sapienza, Edizioni Nuova Cultura, 2010。

中的论文主要涉及历史学、考古学、人种志及中亚语言学和远东语言学等。

2. 1907年,焦万·萨莱诺(G. B. Salerno)翻译并出版了《大学》中的部分篇章,这是意大利专业汉学发展以来第一部用意大利文翻译"四书"的作品。

二、书(文)目录

历史与制度

1. Ambrosini, L.(安布罗西尼), *Al campo russo in Manciuria. Note di un marinaio*(《满洲地区的俄国战场:一位水手的笔录》),«Nuova Antologia»(《新文选》),129(1907),849,pp.88-97.

2. Fermi, S.(费尔米,斯特凡诺), *Per un' edizione completa delle lettere di L. Magalotti e per l' autenticazione della sua Relazione della Cina*(《洛伦佐·马卡罗迪信札完整版和他的中国报告的真实性》), in A. Della Torre(阿尔纳多·德拉托雷)e P. L. Rambaldi(皮尔·兰巴蒂)(a cura di)(编著), *Miscellanea di studi critici pubblicati in onore di Guido Mazzoni dai suoi discepoli*[《马佐尼批评研究文集(学生纪念老师马佐尼)》], II, Firenze: Tipografia Galileiana, 1907, pp.261-275.

3. Vacca, G.(嘉华), *Un manoscritto inedito dei viaggi di Marco Polo*(《一份未出版的〈马可·波罗游记〉手稿》),«Rivista Geografica Italiana»(《意大利地理杂志》),14(1907),pp.107-108.

文学

4. Nocentini, L.(诺全提尼)(tr. a cura di)(编译), *Specchio prezioso del cuor puro. Massime tradotte dal cinese*(《心明如镜:中国格言翻译》),«Rivista degli Studi Orientali»(《东方学研究》),1(1907), pp. 81-116, 617-648; 2(1908-09), pp.767-804.

哲学

5.【儒】Salerno, G. B.(萨莱诺,焦万), *Il Grande Studio(Ta Hie)*(《大学》), Milano: Vallardi, 1907.

6.【道】Vacca, G. (嘉华), *Alcune idee di un filosofo cinese del IV secolo avanti Cristo (Chuang-tse)* [《公元前4世纪一位中国哲学家的一些思想(庄子)》], «Leonardo»(《列奥纳多》), 5(1907), pp.68-84.

公元1908年（光绪三十四年）

一、大事记

朱塞佩·巴罗内(Giuseppe Barone)的《〈赵氏孤儿〉：伏尔泰和梅塔斯塔西奥模仿的中国悲剧》在萨尔诺(Sarno)出版。著名汉学家兰乔蒂在其撰写的《维苏威脚下孜孜不倦的汉学家》(*Un Instancabile Sinologo all'Ombra del Vesuvio*)一文中称朱塞佩·巴罗内是一位多产的作家和东方语言、文学及哲学的研究者。朱塞佩·巴罗内对中国文化的研究功力颇深，在他众多从中文翻译过来的作品中最值得一提的便是1908年版《赵氏孤儿》。

二、书（文）目录

历史与制度

1. Olivieri, D. (奥利维耶里，丹特), *Ancora sulle redazioni venete dei viaggi di M. Polo*(《再论〈马可·波罗游记〉的维内托版本》), Venezia: Tipografia Ferrari, 1908.

2. Vacca, G. (嘉华), *Lettere dalla Cina*(《来自中国的信件》), «Rivista Geografica Italiana»(《意大利地理杂志》), 15(1908), pp.44-48.

文学

3. Barone, G. (巴罗内，朱塞佩), *Tsao-si-ku-el: tragedia cinese imitata da Voltaire e da Metastasio*(《〈赵氏孤儿〉：伏尔泰和梅塔斯塔西奥模仿的中国悲剧》), Sarno: Fischetti, 1908.

哲学

4.Barone,G.(巴罗内,朱塞佩),*Cenni di pedagogia cinese*(《中国教育学概述》),Napoli:M. D'Auria,1908.

5.【儒】Gatti,R.(加蒂,里卡尔多),*Confucio: vita e opere*(《孔子:生平和作品》),Iesi:Tipografia Jesina,1908.

6.【基】Marinelli,M.(马里亚内利,毛里齐奥),*Commemorazione di fra Giovanni da Pian di Carpine,tenuta in Magione il 13 settembre 1908*(《1908年9月13日在马乔内市举行的纪念约翰·柏郎嘉宾神父的仪式上宣读的纪念文》),Perugia:Tipografia Umbra,1908.

科学和科学史

7.Guareschi,I.(瓜勒斯基,伊奇利奥),*La chimica e Marco Polo*(《化学与马可·波罗》), in *Storia della Chimica*(《化学史》),Ⅶ,Torino:Unione Tipografico-Editrice Torinese,1908,pp.451-466.

公元1909年（宣统元年）

一、大事记

意大利著名东方学家及汉学家安泰尔莫·塞韦里尼辞世。安泰尔莫·塞韦里尼一生专攻远东语言史学及宗教,并于1863年在意大利佛罗伦萨皇家高等研究院①(Istituto Studi Superiori di Firenze)开设了首个大学中文专业课程。塞韦里

---

① 佛罗伦萨皇家高等研究院始建于1321年,其创建起源于佛罗伦萨公国对于"总体学科"设想的一个决议。19世纪70年代,政治变革给意大利带来了最终的统一,这一政治环境推动了意大利东方学的发展。此时,佛罗伦萨皇家高等研究院也迎来了其黄金时期。学院首次开设了汉语课程,旨在创造一个类似于巴黎法兰西学院的学术氛围。当时主持汉语课程的就是安泰尔莫·塞韦里尼(Antelmo Severini)。

尼是意大利早期极为重要的中国学研究专家之一,他对意大利专业汉学的发展有着至关重要的影响。1860年塞韦里尼因获得了公共教育部为东方语言研究提供的一笔奖学金,开始到巴黎跟随儒莲(Stanislas Julien)与路易·巴赞(Louis Bazin)研习汉语,后又跟随德罗斯尼(De Rosny)学习了日语。在巴黎时,尽管塞韦里尼在汉语学习方面遇到过很大困难,但还是得到了老师们的赞赏。他得以学会汉字要归功于由19世纪欧洲著名汉学家朱塞佩·玛利亚·伽略利(Giuseppe Maria Carreri)编写的一本题为《汉字语音体系》(*Systema phoneticum scriptura sinicae*)的汉语教科书。这本教科书从教学法的角度来讲非常具有创新性,有助于塞韦里尼快速掌握汉字的书写方法和提高其对汉字的认读能力。此外,塞韦里尼还潜心学习日语。他一生主要从事日本文学作品翻译,他的中国文学翻译作品只有一部,是他直接从中文原本《康熙第七箴言录》(*Versione della VII massima di K'ang-hi*)翻译而来的《一个中国人对三大宗教的评介》(*Tre religioni giudicate da un cinese*)。另外,他还出版过一部有关儒学的作品,名为《中国人的天主》(*Il Dio dei cinesi*)。塞韦里尼在中国学方面的作品虽然不多,但是对于那一时期的意大利汉学来说,每一部都是至关重要的。

二、书(文)目录

Chini, M.(基尼,马里奥)(tr. a cura di)(编译), *Note di Kin, variazioni su motivi cinesi*(《秦记》), L'Aquila: Vecchioni, 1909.

公元1910年(宣统二年)

一、大事记

1. 1910年9月25—27日,为了纪念利玛窦神父逝世300周年,有关人士在利玛窦出生地意大利马切拉塔(Macerata)市举办了"东方地理学研究"学术研讨会

(Convegno di geografi orientalisti-onoranze nazionali a padre Matteo Ricci, apostolo e geografo della Cina, 1610-1910-11)。研讨会上的论文涉及利玛窦各个方面，比如：《利玛窦神父家世研究》(La famiglia del padre Matteo Ricci)；《利玛窦对儒家、儒学及儒教的看法》(Il così detto confucionismo del padre Matteo Ricci)；《利玛窦地图研究》(Note sur une carte supposée du père Ricci)；《利玛窦的地理学贡献》(Del valore geografico dei commentarii del padre Matteo Ricci)；《利玛窦：中国钟表行业的守护神》[Il padre Matteo Ricci: genio tutelare degli orologiai in Cina (Il Buddha-Ricci)]；等等。与会学者来自世界各地，会上发表的所有文章都被收录于同名的研讨会论文集中，于1911年在马切拉塔市出版发行。①

2. 诺全提尼逝于罗马。他是一位意大利汉学家，也是第一位有机会以学生兼口译员的双重身份在中国生活过的意大利教授。他曾于1883年被派到上海领事馆，但在领事馆工作期间，诺全提尼并未能在中文口语表达方面取得巨大进步，五年后他回到了意大利，继续担任罗马大学中文教授一职。他在离开中国之前，出版了他所翻译的康熙皇帝及其儿子雍正皇帝的圣谕（《圣谕广训》)②，该译作很有可能是在当时已经出版了的英文或法文译本基础之上完成的。回到意大利之后，他还发表了三篇文章并出版了一本翻译作品，其内容主要是有关中国孝道的小故事、故事新编及名言警句等。这些翻译作品的来源大都是他在中国生活期间收集的当时比较流行的有关孝道的资料。他的主要论著包括《心明如镜：中国格言翻译》(Specchio prezioso del cuor puro. Massime tradotte dal cinese)、《欧洲在远东及意大利在中国的利益》(L'Europa nell'Estremo Oriente e gli interessi dell'Italia in Cina)等。

---

① 参见《1910年9月25、26、27日在马切拉塔市举办的东方地理学家会议论文集（纪念赴华使徒和地理学家利玛窦1610—1910-11)》[Atti e memorie del Convegno di geografi orientalisti, tenuto in Macerata il 25, 26, 27 settetmbre 1910 (Onoranze nazionali al p. Matteo Ricci, apostolo e geografo della Cina, 1610-1910-11)]。
② 诺全提尼翻译的《圣谕广训》与其满文版原文一同出版；诺全提尼还翻译过一些中国小说及神话；关于汉字书写，他也写过一篇介绍性文章。相关书目的具体信息可参见：《东方学研究》(《R.S.O》)，第五册，1913。

二、书（文）目录

历史与制度

1.Pavolini,P.E.(帕沃利尼,保罗),*Due novelle cinesi di P. Heyse*(《海泽的两篇中国小说》),《Rivista di Letteratura Tedesca》(《德国文学杂志》),4(1910),p.6.

文学

2.Barone,G.(巴罗内,朱塞佩)(tr. a cura di)(编译),*La saggezza del giudice Pao.Racconto tradotto dal cinese*(《〈包公的智慧〉译自中文的故事》),Sarno：Fischetti,1910.

哲学

3.【儒】Puini,C.(普意尼,卡洛),*L'uomo e la società secondo la dottrina di Confucio*(《儒学理论中的人与社会》),《Rivista Italiana di Sociologia》(《意大利社会学杂志》),14(1910),pp.510-528.

4.【基】Ricci Riccardi,A.(里奇·里卡尔迪,安东尼奥),*Il p. Matteo Ricci d.C. d.G. e la sua missione in Cina, 1578-1610*(《利玛窦神父和他的中国使命1578—1610》),Onoranze nazionali nel III centenario dalla sua morte(利玛窦逝世300周年国家纪念),Firenze：Tipografia Barbèra,1910.

5.【基】Tacchi Venturi,P.,S. I.(汾屠立),*Nel III centenario del p.Matteo Ricci apostolo della Cina (1610-1910)*[《赴华使徒利玛窦逝世300周年(1610—1910)》],《La Civiltà Cattolica》(《天主教文明》),61(1910),3,pp.39-55.

6.【基】Vacca,G.(嘉华),*L'opera di Matteo Ricci(1552-1610)*[《利玛窦作品(1552—1610)》],《Nuova Antologia》(《新文选》),149(1910),930,pp.265-275.

科学和科学史

7.Barone,G.(巴罗内,朱塞佩),*Assistenza medica e chirurgica in Cina avanti l'Era Volgare*(《公元前的中国医疗和外科救护》),Sarno：Fischetti,1910.

公元1911年（宣统三年）

一、大事记

1.《宋嫂传》(*La vedova del paese di Sung*)的首部及唯一一部意大利文译作在那不勒斯出版发行。

2.埃托雷·里奇(Ettore Ricci)教授的论文《利玛窦（马切拉塔1552—北京1610）神父对中国和契丹的考证》被收入《第7届意大利地理研讨会论文集》。埃托雷·里奇在论文中引用利玛窦《耶稣会远征中国史》中的描述，指出中世纪末欧洲地理学家和绘图学家们误以为《马可·波罗游记》中提到的"契丹"和"中国"是两个地方。引起误解的原因之一是由于朝代更迭，元朝的首都称谓和明朝的不同：元朝时的元大都，在突厥语中被称为"汗八里"，而明朝时则被称为"北京"。利玛窦神父在他的《中国札记》中证明了元朝首都"汗八里"和后来的"北京"是同一座城市，"契丹"就是"中国"。

二、书（文）目录

书目提要和汉学史

1. Arnone, N.(阿尔诺内,尼古拉), *Matteo Ripa e l'Istituto Orientale di Napoli*（《马国贤和那不勒斯东方学院》），[estratto da *Atti e memorie del Convegno di geografi orientalisti*, tenuto in Macerata il 25,26,27 settembre 1910(*Onoranze nazionali a p.Matteo Ricci, apostolo e geografo della Cina, 1610-1910-11*)][摘自1910年9月25、26和27日在马切拉塔市举办的东方地理学家研讨会论文集（纪念赴华使徒和地理学家利玛窦1610-1910-11)], Macerata: Premiato Stabilimento Tipografico F. Giorgetti, 1911.

历史与制度

2.Ricci,E.(里奇,埃托雷), *La identificazione della Cina con il Cataio dovuta al p.Matteo Ricci(n.Macerata 1552-m.Pechino 1610) Geografo e Apostolo della Cina*[《利玛窦(马切拉塔 1552—北京 1610)神父对中国和契丹的考证》],in *Atti del Ⅶ Congresso Geografico Italiano*(《第 7 届意大利地理研讨会论文集》),Palermo:Stabilimento Tipografico Virzi,1911.

3.Vacca,G.(嘉华), *Note sulla storia della cartografia cinese*(《论中国制图学发展史》),《Rivista Geografica Italiana》(《意大利地理杂志》),18(1911),pp.113-126.

文学

4.Adespoto(佚名)(tr. a cura di)(编译), *La vedova del paese di Sung.Novelle cinesi*(《中国短篇小说集:〈宋嫂传〉》),Napoli:Lubrano e Ferrara,1911.

5.Vacca,G.(嘉华)(tr. a cura di)(编译), *Una pagina di Han Yü*(《韩愈》),estratto da 《L'anima. Saggi e giudizi》(节选自《灵魂,杂文及评论》),di G. Amendola(约翰·阿门多拉)e G. Papini(约翰·巴皮尼),Firenze:Stabilimento Tipografico Aldino,(marzo 1911),p.3.

6.Vacca,G.(嘉华)(tr. a cura di)(编译), *La roccia rossa. Poemetti filosofici di Su Shih(1036-1101)*[《〈赤壁〉苏轼(1036—1101)的词》],estratto da 《L'anima. Saggi e giudizi》(节选自《灵魂,杂文及评论》),di G. Amendola(约翰·阿门多拉)e G. Papini(约翰·巴皮尼),Firenze:Stabilimento Tipografico Aldino,(giugno 1911),p.4.

哲学

7.【基】Adespoto(佚名)(a cura di)(编著), *Atti e memorie del Convegno di geografi orientalisti*,tenuto in Macerata il 25,26,27 settetmbre 1910(*Onoranze nazionali al p. Matteo Ricci,apostolo e geografo della Cina,1610-1910-11*)[《1910 年 9 月 25、26、27 日在马切拉塔市举办的东方地理学家研讨会论文集(纪念赴华使徒和地理学家利玛窦 1610-1910-11)》],LⅧ,Macerata:Premiato Stabilimento Tipografico F.

Giorgetti,1911.

8.【基】Tacchi Venturi,P.,S. I.(汾屠立),*L' eredità del p. Matteo Ricci in Cina*(《利玛窦神父在中国的遗产》),in Adespoto(a cura di)(编著),*Atti e memorie del Convegno di geografi orientalisti,tenuto in Macerata il 25,26,27 settembre 1910(Onoranze nazionali al p. Matteo Ricci,apostolo e geografo della Cina,1610-1910-11)*[《1910年9月25、26、27日在马切拉塔市举办的东方地理学家研讨会论文集(纪念赴华使徒和地理学家利玛窦 1610—1910—11)》],Macerata:Premiato Stabilimento Tipografico F.Giorgetti,1911,pp.99-106.

9.【基】Tacchi Venturi,P.,S. I.(汾屠立),*Opere storiche del p. Matteo Ricci S. I. edite a cura del comitato per le onoranze nazionali,con prolegomeni note e tavole*(《耶稣会士利玛窦的历史作品,附绪论、注解和插图》),2 voll,Macerata:Stabilimento Tipografico F.Giorgetti,1911.

科学和科学史

10.Prinzivalli,V.(普林齐瓦利,维尔吉尼奥),*Di alcuni prosecutori dell' opera scientifica del p. Matteo Ricci e lo scisma religioso in Cina*(《利玛窦神父科学作品的几个继承者和中国的裂教》),in Adespoto(a cura di)(编著),*Atti e memorie del Convegno di geografi orientalisti,tenuto in Macerata il 25,26,27 settembre 1910(Onoranze nazionali al p. Matteo Ricci,apostolo e geografo della Cina,1610-1910-11)*[《1910年9月25、26和27日在马切拉塔市举办的东方地理学家研讨会论文集(纪念赴华使徒和地理学家利玛窦:1610—1910—11)》],Macerata:Premiato Stabilimento Tipografico F. Giorgetti,1911,pp.22-26.

公元 1912 年

一、大事记

1. 朱塞佩·图齐(Giucseppe Tucci)教授在《意大利社会学杂志》(《Rivista Italiana di Sociologia》)第 16 期上发表了一篇名为《图腾崇拜与部落通婚风俗》(*Totemismo ed esogamia*)的文章,细致研究了图腾崇拜在亚洲国家的历史及表现。文章除了涉及中国古老的图腾崇拜历史,还介绍了元朝时期的信仰问题。元朝是中国仅有的几个少数民族政权之一,在这一时期,图腾崇拜(Totemismo)与萨满教(Shamanismo)并存于民间信仰之中。

2. 意大利亚洲学家乔治·博尔萨(Giorgio Borsa,1912—2002)出生。他是意大利亚洲学家,曾任帕维亚大学(Università degli Studi di Pavia)非欧洲民族研究中心主任,东亚政治史和外交史编外教授。他的主要研究对象包括印度、中国和日本,主要研究领域为国际关系和外交史。他的主要作品包括《从历史发展的角度看西方国家的亚洲政策》(用英文发表,标题为 *A Historical Perspective for Western Policy in Asia*)、《19 世纪的意大利和中国》(*Italia e Cina nel secolo XIX*)、《两个世界之间的远东》(*L' Estermo Oriente tra due mondi*)、《现代世界在东亚的诞生》(*La nascita del mondo moderno in Asia Orientale*)。

二、书(文)目录

书目提要和汉学史

1. Vacca, G.(嘉华), *Catalogo delle opere giapponesi e cinesi manoscritte e stampate conservate nella Biblioteca della R. Accademia dei Lincei* (*Fondo Caetani e Fondo Corsini*)(《藏于林琴科学院图书馆的日本与中国手稿和印刷品目录》),《Atti della R. Accademia dei Lincei: Rendiconti della classe di scienze morali, storiche e filologiche》(《林

琴科学院论文集：道德科学、历史学和文献学报告》），s.5ᵃ，21（1912），pp.331-340.

历史与制度

2.Olivieri,D.（奥利维耶里,丹特）(a cura di)（编著）,Marco Polo 马可·波罗,*Il Milione*(Secondo il testo della Crusca reintegrato con gli altri codici italiani)[《马可·波罗游记》（克鲁斯卡学会收藏版和意大利其他手稿相结合的版本）],Bari：Laterza,1912.

艺术、建筑、考古和音乐

3.【考】Brauzzi,A.（布劳齐）,*Pechino e i suoi monumenti*（《北京和她的名胜古迹》）,«Bollettino della Società Geografica Italiana»（《意大利地理研究会杂志》），49（1912），pp.255-292.

4.【考】Tucci,G.（图齐,朱塞佩）,*Totemismo ed esogamia*（《图腾崇拜与部落通婚风俗》）,«Rivista Italiana di Sociologia»（《意大利社会学杂志》），XVI,1912.

文学

5.Barone,G.（巴罗内,朱塞佩）,*La novella ed il romanzo nella letteratura cinese*（《中国文学中的短篇小说和长篇小说》），Salerno：Tipografia Fratelli Jovane,1912.

科学和科学史

6.Vacca,G.（嘉华）,*La Scienza nell'Estremo Oriente*（《远东科学》），«Rivista di Scienza»（《科学杂志》），11（1912），pp.232-250.

公元 1913 年

一、大事记

卡洛·纳利诺(Carlo Nallino)在著名汉学专刊《东方学研究》(简称《R. S. O》)第5期上发表了一篇介绍意大利东方学研究成果的文章。文章总结了自1861年至1911年,这50年间意大利东方学研究的发展与变化,其中也有不少介绍汉学发展史的内容。

二、书（文）目录

书目提要和汉学史

1. Nallino, C.(纳利诺,卡洛), *Gli studi orientali in Italia durante il cinquantenario 1861-1911, Appendice*[《意大利东方学研究50年(1861—1911),附录》],《Rivista degli Studi Orientali》(《东方学研究》),5(1913-1927),pp.359-390.

2. Vacca, G.(嘉华), *Gli studi orientali in Italia durante il cinquantenario 1861-1911. VIII, Asia Orientale*[《意大利东方学研究50年(1861—1911):VIII,东亚》],《Rivista degli Studi Orientali》(《东方学研究》),5(1913-1927),pp.275-319.

历史与制度

3. Puini, C.(普意尼,卡洛), *La vecchia Cina*(《旧中国》),Firenze:Self,1913.

哲学

4.【基】Pullè, G.(布雷,乔治)(a cura di)(编著), *Historia mongalorum. Viaggio di f. Giovanni da Pian del Carpine ai Tartari nel 1245-47*(《蒙古史:1245—1247年约翰·柏郎嘉宾神父鞑靼王国之旅》),Firenze:Tipografia G. Carnesecchi,1913.

公元 1914 年

一、大事记

1. 第一次世界大战爆发,这一历史事件使中国古代文化在意大利的翻译及传播工作一度中断。

2. 朱塞佩·图齐(1894—1984)教授的文章《老子的"道"与"无为"》在《文艺沙龙》《Coenobium》的第 7 个专辑中发表。同年,他的另一篇文章《史前时代亚洲笔记》①被发表于《人类学杂志》第 19 期上。

3. 东方学家毕达克(Luciano Petech,1914—2010)出生。毕达克是东方学家、意大利宗教史学家、喜马拉雅历史学者,以及中国西藏、尼泊尔与意大利早期关系学者。1955 年至 1984 年曾在罗马大学东亚历史专业任教授。他是藏学家图齐最有名的弟子。其主要研究领域是中国西藏历史和尼泊尔历史。其主要论著包括《卫匡国时期的中国》(*La Cina ai tempi di Martini*)、《马可·波罗时代的中国西藏和蒙古人》(*Il Tibet e i mongoli di Cina all' epoca di Marco Polo*)、《丝绸之路:公元前第一个千年的吐鲁番和敦煌》(*The Silk Road:Turfan and Tun-huang in the First Millenium A. D.*)等。

二、书(文)目录

历史与制度

1. Silvestri,C.(西尔韦斯特里,奇普里亚诺),*Come si vive in Cina.Ossia Memorie di un vicariato*(《如何在中国生活:一位副本堂神父的回忆录》),Firenze:Barbera,1914.

---

① Giuseppe Tucci,*Note sull' Asia preistorica*,《 Rivista di Antropologia 》,XIX,1914.

哲学

2.【道】Tucci,G.(图齐,朱塞佩),*Il Tao e il Wu-wei di Lao-tsu*(《老子的"道"与"无为"》),《Coenobium》(《文艺沙龙》),8(1914),pp.25-29.

公元 1915 年

一、大事记

1.朱塞佩·图齐教授的史料文献研究专著《利玛窦神父历史作品文献资料研究》(*Opere storiche di p. Matto Ricci*)被收录于《马尔凯大区地方志文献汇编》(*Atti e memorie della R. deputazione di storia patria per le Marche, N. S.*),由马尔凯大区档案馆(Archivo di Marche)收藏。

2.朱塞佩·图齐教授的中国哲学研究作品《古代中国的哲学争论》(*Dispute filosofiche nella Cina antica*)在《意大利社会学杂志》(《Rivista Italiana di Sociologia》)第19期上发表。这是意大利20世纪发表的最早的有关中国古代哲学史的专项研究论文,也是朱塞佩·图齐教授中国思想史研究的早期成果,此研究为他之后出版的《中国哲学史》专著提供了研究准备。

3.朱塞佩·图齐教授在《哲学杂志》(《Rivista di Filosofia》)第7期上发表了一篇介绍唐代文人韩愈的文章,题为《9世纪一位中国哲学的辩护者》(*un filosofo apologista cinese del sec.* IX)。在这篇论文中,朱塞佩·图齐教授着重介绍了韩愈的思想及其经典著作中的思维逻辑。

二、书(文)目录

文学

1.Barone,G.(巴罗内,朱塞佩)(tr. a cura di)(编译),*Il leopardo vendicatore.*

Dal Sing-shi-heng yan.Novella tradotta dal cinese[《〈大树坡义虎送亲〉选自〈醒世恒言(译自中文的短篇小说)〉》],Sarno:Fischetti,1915.

哲学

2.【基】D'Elia,P. M.,S. I.(德礼贤),*Fioretti spirituali di una giovanetta*(《幼女神花记》),in «Rivista Cattolica»(in cinese)[《圣教杂志》(中文版)],Scianghai,(aprile 1915),s.p.

3.【基】Fatini,G.(法蒂尼,朱塞佩),*Un precursore di Marco Polo(fra Giovanni da Pian di Carpine)*[《马可·波罗的先驱(方济各会教士约翰·柏郎嘉宾)》],«Rivista d'Italia»(《意大利杂志》),18(1915),pp.659-708.

4.Tucci,G.(图齐,朱塞佩),*Dispute filosofiche nella Cina antica*(《古代中国的哲学争论》),«Rivista Italiana di Sociologia»(《意大利社会学杂志》),19(1915),pp.49-69.

5.【儒】Tucci,G.(图齐,朱塞佩),*Un filosofo apologista cinese del sec. IX*(《9世纪一位中国哲学的辩护者》),«Rivista di Filosofia»(《哲学杂志》),7(1915),pp.351-355.

公元1916年

一、大事记

1.《西厢记》的第一本意大利文译本由作家马里奥·基尼(Mario Chini)完成,该译本以法国汉学家儒莲(Stanislas Julien)于1872至1880年间完成的法文译本为参考。在作品译名上,基尼也采用了儒莲的处理方法:同时列举音译与意译两种译名,将译本最终定名为"*Si-siang-ki o storia del padiglione occidentale*"。儒莲的法文本译名为"*Si-siang-ki ou L'historie du pavillon d'Occident,Comédia en seize actes*"。

2.朱塞佩·图齐教授在《意大利社会学杂志》(«Rivista Italiana di Sociologia»)

第20期上发表了一篇名为"东方神秘主义"(*I mistici dell'Oriente*)的文章,其中有一部分内容涉及中国古代巫觋文化及其对中国经典作品的影响。

二、书（文）目录

文学

1.Chini, M.（基尼, 马里奥）(tr. a cura di)（编译）, Wang Ci-fu [Wang Shifu]（王实甫）, *Si-siang-ki o storia del padiglione occidentale*（《西厢记》）, Lanciano: Carabba, 1916.

哲学

2.【基】D'Elia, P. M., S. I.（德礼贤）, *P. Michele Ruggieri*（《罗明坚神父》）, « Le Missioni della Compagnia di Gesù »（《耶稣会传教使命》）, 2(1916), pp.195-196, 215-216.

3.【佛】Puini, C.（普意尼, 卡洛）, *Interpretazione buddista di vecchi testi taoisti*（《佛教对道教古籍的诠释》）, « Rivista degli Studi Orientali »（《东方学研究》）, 7(1916-1918), pp.235-251.

公元1917年

一、大事记

1917年,朱塞佩·图齐教授在《意大利亚洲协会学报》(« Giornale della Società Asiatica Italiana »)第28期上发表了一篇文章,题目是《中国笔记两篇Ⅰ》(*Note cinesi, I*)。《中国笔记两篇Ⅰ》中的第一篇介绍了司马迁编写的著名历史著作《史记》的版本考证及成书过程,第二篇介绍了战国时期法家代表人物韩非子对先秦孔子思想的批判。

二、书（文）目录

文学

1. Giusti, Paolo E.（朱斯蒂，保罗）, *Idillii cinesi*（《中国田园诗》）, « Nuova Antologia »（《新文选》）, 188(1917), 1084, pp.142-150.

哲学

2.【基】D'Elia, P. M., S. I.（德礼贤）, *Il p.Lazzaro Cattaneo*（《郭居静神父》）, « Le Missioni della Compagnia di Gesù »（《耶稣会传教使命》）, 3(1917), pp.67-68, 84, 99-100.

3.【基】D'Elia, P. M., S. I.（德礼贤）, *Quelli che hanno lavorato per la conversione della Cina*（《那些为皈化中国而努力的人们》）, « Messaggero del S. Cuore »（《圣心使者》）, 1917, pp.34-38; 1918, pp.50-53, 99-103.

4.【道】Puini, C.（普意尼，卡洛）, *Taoismo Filosofia e religione*（《哲学和宗教：道教》）, Lanciano: Carabba, 1917.

5. Tucci, G.（图齐，朱塞佩）, *Note cinesi, I (I: Come Sse-ma Ts'ien concepì la storia; II: Hanfei-tzu e le sue critiche al confucianesimo)*（《中国笔记两篇 I：I 司马迁如何理解历史；II 韩非子和他对儒学的批判》）, « Giornale della Società Asiatica Italiana »（《意大利亚洲协会学报》）, 28(1916-1917), pp.41-63.

公元 1918 年

一、大事记

意大利著名汉学家威达雷（1862—1918）辞世。威达雷曾在罗马大学及那不勒斯东方学院执教汉语，是 19 世纪末 20 世纪初最杰出的意大利汉学家之一，他也是诺全提尼的学生。自诺全提尼回国之后,威达雷接替了他在北京公使馆的职位。威达雷1891年毕业于那不勒斯高中,1892年担任临时口译官,1894年转为正式口译官。据说,他的汉字写得并不十分漂亮,但发音却近乎完美,正是由于他在语言方面的这项突出才能,时任大使丹尼尔·华蕾①对其颇为赏识②。根据后来大使在书③中的描述,我们可以得知,慈禧太后也非常欣赏他。除了出众的口语才能,威达雷在学术上也颇有建树。他与舍希(Sercey)公爵一起合编了《蒙古语文法及方言词典》(*Grammaire et vocabulaire de la langue mongole, dialects des Khalkhas*)。这一著作于1897年采用北唐遣使会修士(Lazzaristi)的印刷字模,在北京出版。威达雷于1899年3月被法国政府授予了"银棕榈"奖章,并被尊为"学院骑士"(Ufficiale di Accademia)。

二、书(文)目录

历史与制度

1.Caraci,G.(卡拉奇,朱塞佩), *Il padre Matteo Ricci(1552-1610) e la sua opera geografica* [《利玛窦神父(1552—1610)和他的地理学著作》],《Rivista Geografica Italiana》(《意大利地理杂志》), 25(1918), pp.24-35, 96-110, 249-257; 26(1919), pp.58-63, 115-123, 175-180; 27(1920), pp.31-36, 184-191; 28(1921), pp.86-102, 152-156; 29(1922), pp.41-47, 187-196, 269-278; 30(1923), pp.36-49, 150-157; 31(1924), pp.243-257.

哲学

2.【基】D'Elia, P. M., S. I.(德礼贤), *Quelli che hanno lavorato per la conversione della Cina*(《那些为皈化中国而努力的人们》),《Messaggero del S. Cuore》(《圣心

---

① 丹尼尔·华蕾(Daniele Varé, 1880—1956)1912至1920年、1927至1931年在北京任职,1932年离职。
② 丹尼尔·华蕾对威达雷(Vitale Amedeo)的称赞仅限于他的语言能力,而对于他的才智则评价不高。见白佐良(G. Bertuccioli)的论文《意大利汉学研究概述(1600至1950年)》(*Gli studi sinologici in Italia dal 1600 al 1950*),《Mondo Cinese》, 81(1993), 第3—22页。
③ Daniele Varé, *Laughing Diplomat*, London: John Murray, 1938.

使者》),1917,pp.34-38;1918,pp.50-53,99-103.

公元1919年

一、大事记

由诗人阿尔图罗·奥诺弗里(Arturo Onofri,1885—1928)编辑整理的首部意大利文中国诗歌笔记《玉塔》(*Palazzi di giada*)的部分篇章在卡塔尼亚(Catania)出版发行。这本中国诗歌笔记是阿尔图罗·奥诺弗里本人于1914年至1916年间,参照各种中国诗歌法文译作(主要是当时法国作家戈捷和德理文的作品)整理出来的。除1919年被顺利发表的部分外,其余部分散失于同时代众多知名诗人及作家的研究笔记中。

二、书(文)目录

文学

1. Chini, M.(基尼,马里奥)(tr. a cura di)(编译), *Nuvole bianche, variazioni su motivi cinesi*(《白云,中国文艺作品主题的变化》), Lanciano: Carabba, 1919.

2. Onofri, A.(奥诺弗里,阿尔图罗), *Palazzi di giada*(《玉塔》), Catania: Impresa Editrice Siciliana, 1919.

三、备注

1919年,马里奥·基尼(1876—1959)在他的一部中国诗歌意大利文译作《白云,中国文艺作品主题的变化》中首次提出中国诗歌与西方现代诗歌在诗歌创作上有相通之处,具体内容详见该书的序言:

汉字是表意文字[……],汉语的书写形式特别,其结构在一定程度上近似于当今许多(西方)诗人所惯用的结构;没有虚词,动词不确定,只有根据它们所处的位置才能确认其含义,如同今日所任意使用的词句一般。

公元 1920 年

一、大事记

1. 朱塞佩·图齐教授在《意大利亚洲协会学报》第 29 期上继续发表题为《中国笔记两篇》(*Note cinesi*)的系列研究。

2. 宗教史教材《天主教与佛教关系研究》(*A proposito dei rapporti tra cristianesimo e buddhismo*)出版发行。作品中有很多内容涉及古代中国与意大利在东西交流史方面取得的成就及其影响。

二、书（文）目录

哲学

Tucci, G.(图齐,朱塞佩), *Note cinesi*, Ⅱ(Ⅰ:*Le biografie 2-7 di Sse-ma Ts'ien*; Ⅱ:*Kuan Chung*) (《中国笔记两篇Ⅱ:Ⅰ司马迁的〈列传〉2—7;Ⅱ管仲》), «*Giornale della Società Asiatica Italiana*»(《意大利亚洲协会学报》), 29 (1919-1920), pp.29—60.

公元1921年

一、大事记

1. 东方学学者图齐教授首次将《孟子》翻译成意大利文,在兰恰诺(Lanciano)出版发行。

2. "东方研究所"(Istituto per l'Oriente)在罗马创立。"东方研究所"属于私人研究机构性质。研究所的核心出版物为《现代东方》(«Oriente Moderno»),此学术期刊为月刊,创刊于第一次世界大战期间,在意大利学界拥有较高的知名度及一定的权威性。基于意大利学界对这本期刊及其相关出版物需求的不断增加,期刊编辑部决定创立一个专门从事东方学研究的研究所,并最终定名为"东方研究所"。东方研究所研究领域涉及战后亚洲的各个方面,包括政治、军事、文化、生活等。除了按期出版核心期刊,东方研究所还出版东方学研究系列丛书,其中包括语法、历史、法律、词典、影集及民间文学等作品。

3. 尼古拉·阿尔诺内(Nicola Arnone)发表的一篇介绍那不勒斯早期汉学研究概况的文章被萨勒诺省档案馆(Archivio Storico della Provincia di Salerno)收藏,名为《马国贤与那不勒斯东方学院》(Matteo Ripa e Istituto Orientale di Napoli)。尼古拉·阿尔诺内在该文章中首次提出那不勒斯在意大利早期汉学发展史上扮演着极其重要的角色。

4. 弗朗哥·德马尔基(Franco Demarchi,1921—2004)出生。他是意大利天主教神父,中国学学者,特兰托大学社会学教授。弗朗哥·德马尔基1943年被祝圣为神父,后进入大学学习天主教政策学,并于1957年毕业。1972年开始在特兰托大学执教。他还担任了意中经济文化交流协会出版的《中国世界》(«Mondo Cinese»)季刊刊物领导委员会主任。他在汉学方面的主要论著包括《关于中国种族的研究》(Studi sulle etnie cinesi)、《一个伟大的发展中民族的能动性》(Il dinamismo di un grande popolo in via di sviluppo)、《在国际文化合作中的中国》(La Cina

nel quadro della cooperazione culturale internazionale）。

二、书（文）目录

书目提要和汉学史

1. Arnone, N.（阿尔诺内，尼古拉）, *Matteo Ripa e Istituto Orientale di Napoli*（《马国贤与那不勒斯东方学院》）, estratto da « Archivio Storico della Provincia di Salerno »（摘自《萨莱诺省历史档案》）, Salerno: Stabilimento Tipografico Spadafora, 1921, p.24.

哲学

2.【佛】Tucci, G.（图齐，朱塞佩）, *L'influsso del buddismo sulle civiltà dell'Estremo Oriente*（《佛教对远东文明的影响》）, « Bilychnis »（《双芯油灯》①）, 17（1921）, pp.144-155.

3.【儒】Tucci, G.（图齐，朱塞佩）（tr. a cura di）（编译）, *Scritti di Mencio*（《孟子的作品》）, Lanciano: Carabba, 1921.

公元 1922 年

一、大事记

1.保罗·贝莱扎（Paolo Bellezza）主编的《中国小说》（*Novelle cinesi*）在米兰出版发行。保罗·贝莱扎撰写了序言，并对书中涉及的中国文化点做了注解。保

---

① 《双芯油灯》是罗马巴蒂斯塔神学院（Facoltà della Scuola Teologica Battista di Roma）在 1912 年至 1931 年出版的宗教研究刊物。"双芯油灯"这一题目来源于早期基督徒使用的一种"双芯油灯"，寓意信仰与科学这两个火焰都需要更加旺盛。信仰和理智，基督教和现代世界的各种思想和声音在这里碰撞、摩擦。

罗·贝莱扎从1921年起担任《外国文学》(Pagina straniera)系列丛书的主编,《中国小说》就是他本人亲自执笔为此系列丛书撰写的一部介绍中国小说的文学小品。他本人主要从事意大利文学研究,并没有任何汉学研究背景,在写作此书之前,他对中国文化的介绍多来自意大利文学刊物中有关中国小说的介绍。

2. 朱塞佩·图齐教授的专著《中国古代哲学史》(Storia della filosofia cinese antica)在博洛尼亚(Bologna)出版发行。《中国古代哲学史》是朱塞佩·图齐教授有关中国古代哲学史的专著,该书收集了朱塞佩·图齐教授早期发表的多篇有关中国古代思想史的文章。

3. 朱塞佩·图齐教授在著名学术期刊《历史杂志新刊》(« Nuova Rivista Storica »)第6期上发表了一篇名为《孔子与老子》(Confucio e Lao-tse)的文章,该文介绍了孔子和老子两位中国先哲在核心思想及对中国文化影响方面所处的不同地位,首次将儒、道两家代表人物放在一起做比较研究,为意大利的中国古代思想史研究树立了一个新的范例。

二、书（文）目录

艺术、建筑、考古和音乐

1.【艺】Adespoto(佚名), *Guida alla mostra d'arte cinese e giapponese*(《中国和日本艺术展图册》), Milano: Pirola, 1922.

文学

2. Bellezza, P.(贝莱扎,保罗)(tr. a cura di)(编译), *Novelle cinesi*(《中国小说》), Milano: Vallardi, 1922.

哲学

3.【道】Novaro, M.(诺瓦罗,马里奥)(tr. a cura di)(编译), *Ciuàng Ze*(庄子), *Acque d'autunno*(《秋水》), Lanciano: Carabba, 1922.

4.【儒】Tucci, G.(图齐,朱塞佩), *Confucio e Lao-tse*(《孔子和老子》), « Nuova Rivista Storica »(《历史杂志新刊》), 6(1922), pp.262-276.

5.Tucci,G.(图齐,朱塞佩),*Storia della filosofia cinese antica*(《中国古代哲学史》),Bologna:Zanichelli,1922.

科学和科学史

6.Testore,C.,S.I.(太斯托雷,切莱斯蒂诺),*Una gara astronomica in Cina nella reggia imperiale di Pechino(1663-69)*(《1663—1669年北京皇宫里的天文竞赛》),《Le Missioni della Compagnia di Gesù》(《耶稣会传教事业》),8(1922),pp.361-364,376-378.

公元1923年

一、大事记

1.圭多·佩里斯(Guido Perris)在罗马出版了一部中文藏书介绍专辑《对农业国际研究院图书馆中收藏的珍贵的中国书籍的描述》。该书介绍了国际农业研究院(Library of the International Institute of Agriculture)中馆藏的所有极具价值的中文藏书。

2.著名汉学家白佐良(Giuliano Bertuccioli)1923年出生于意大利罗马。白佐良1945年毕业于罗马大学法律学院,在大学期间进修过汉语及中国文化课程,毕业后曾短期在那不勒斯东方大学教授中文。此后,其多次以外交人员身份赴华工作,并在此期间大量阅读中国经典诗词和其他文学作品、文献,并撰写学术著作。1981年白佐良离开了外交界并在罗马大学东方学院任中国语言和文学教授,在任教的15年中,他发表了大量学术作品,将众多中国经典和通俗文学作品翻译成意大利文。他虽对道教的研究时间不长,却是欧洲公认的道教专家。去世前几年,他把主要精力用于编辑意大利在华传教士卫匡国的全集上,收录卫匡国用拉丁文、西班牙文、葡萄牙文、德文和中文写的书籍、文章和书信。

二、书（文）目录

书目提要和汉学史

1.Perris,G.(佩里斯,圭多),*Description of Valuable Chinese Books Presented to the Library of the International Institute of Agriculture*(《对农业国际研究院图书馆中收藏的珍贵的中国书籍的描述》),Roma:s. e.,1923.

哲学

2.Elli,C.(埃利,卡洛),*Idoli e superstizioni in Cina*(《偶像及迷信在中国》),Milano:Pontificio Istituto Missioni Estere,1923.

3.【道】Evola,J.(埃沃拉)(tr. a cura di)(编译),Lao Tzu 老子,*Il libro della via e della virtù*(《道德经》),Lanciano:Carabba,1923.

4.【佛】Tucci,G.(图齐,朱塞佩),*Di una leggendaria biografia cinese di Nāgārjuna*(《关于龙树菩萨的一篇富有传奇色彩的中文传记》),«Bilychnis»(《双芯油灯》),22(1923),pp.213-217.

5.【佛】Tucci,G.(图齐,朱塞佩),*Studio comparativo fra le tre versioni cinesi e il testo sanscrito del I e II capitolo del Lankāvatāra*(《〈楞伽阿跋多罗宝经〉梵文和三份中文翻译的比较研究》),«Rendiconti della[Reale]Accademia dei Lincei.Memorie»(《林琴科学院论文集》),s.5ª,17(1923),pp.170-200.

公元1924年

一、大事记

1.阿尔贝托·卡斯泰拉尼(Alberto Castellani)翻译并出版了《论语》的意大利文译本。这是首次将《论语》的译本独立于"四书"出版,并且是第一个根据《论语》的中文原文所翻译的意大利文译本。

2.阿尔贝托·卡斯泰拉尼在都灵出版发行的《〈当代〉文学艺术月刊》(«Il Contemporaneo.Rivista mensile di letteratura e d'arte»)上发表了一篇关于中国诗歌的文章,名为《中国诗歌评论》(*Saggio sulla poesia cinese*),其中选录了一些中国诗歌的译作。

3.意大利著名东方学家及汉学家卡洛·普意尼(1839—1924)辞世。卡洛·普意尼是继安泰尔莫·塞韦里尼教授之后,另一位在佛罗伦萨皇家高等研究院讲授中文专业课程的教授。卡洛·普意尼作为安泰尔莫·塞韦里尼的接班人,也像安泰尔莫·塞韦里尼一样在汉语口语能力方面略显不足。所不同的是,卡洛·普意尼在译介中国文学及中国古代政治司法制度的作品上都相当多产。① 1872年出版了他根据明代《龙图公案》所改编的7个短篇故事。②

二、书（文）目录

文学

1.Castellani,A.(卡斯泰拉尼,阿尔贝托),*Saggio sulla poesia cinese*(《中国诗歌评论》),«Il Contemporaneo.Rivista mensile di letteratura e d'arte»(《〈当代〉文学艺术月刊》),2(1924),12,pp.721-730.

哲学

2.【儒】Castellani,A.(卡斯泰拉尼,阿尔贝托),(tr. a cura di)(编译),*Lunyu:I Dialoghi di Confucio tradotti sul testo cinese e corredati di introduzione e di note*[《孔子〈论语〉的翻译(译自中文),附序言和注解》],Firenze:Sansoni,1924.

3.【基】D'Elia,P. M.,S. I.(德礼贤),*Dalla Cina.Lettera [..]al R. P. Provinciale*(《来自中国:致(耶稣会)省会长的信》),in *Lettere edificanti dei Padri della Com-*

---

① 卡洛·普意尼翻译了《礼记》的第二十三篇、第二十四篇及第二十五篇。
② 卡洛·普意尼这部小说译作的原名为《中国小说——龙图公案》(*Novelle cinesi tolte dal Long-tu-kung-ngan e tradotte sull'originale cinese da Carlo Puini*)。相关介绍参见高第(Cordier Henri)的《西人汉学书目》(*Bibliotheca Sinica*)。

pagnia di Gesù della Provincia Napoletana,1921-1923(《那不勒斯省耶稣会神父有益的信(1921—1923)》),Napoli:Tipografia Commerciale,1924,pp.98-104.

4.【基】Pullè,G.(布雷,乔治),Giovanni da Pian del Carpine. Notizie biografiche(《约翰·柏郎嘉宾传记》),« Bollettino della Società Geografica Italiana »(《意大利地理协会杂志》),61(1924),pp.481-486.

5.【道】Tucci,G.(图齐,朱塞佩),Apologia del Taoismo(《对道教的颂扬》),Roma:Formiggini,1924.

公元1925年

一、大事记

1.朱塞佩·图齐教授在罗马大学东方学校出版的《东方学研究》(« Rivista degli Studi Orientali »)学术期刊上发表了一篇名为《大乘佛法中观派典籍研究》(Studi mahāyānici)的论文,将大乘佛教典籍中的部分中文译本与西藏梵文原本进行了语言对比分析。这一研究在当时意大利东方学界产生了很大影响,同时也为用比较翻译的方法研究语言发展史提供了一个非常好的示范。

2.1925年3月12日著名汉学家兰乔蒂(Lionello Lanciotti)出生于罗马,他是20世纪最著名的意大利汉学家之一。兰乔蒂于1966年至1979年任威尼斯卡·福斯卡里大学中国语言文学教授,1979年至1997年任那不勒斯东方大学中国语言学教授、意大利中东及远东研究院副院长。他的研究领域主要包括中国古典文学和宗教哲学思想。他翻译了沈复的《浮生六记》(Sei racconti di vita irreale),主持了《马王堆出土文献〈道德经〉》(Il libro della virtù e della via. Il Te-tao-ching secondo il manoscritto di Ma-wang-tui)的翻译与出版工作。他也是意大利中东及远东研究院编辑现代汉语《华意大辞典》的意大利小组负责人。(有关兰乔蒂的详细介绍见备注)

3.意大利中国学学者梅文健(Giorgio Melis)出生。梅文健是那不勒斯大学政治系亚非历史专业教授、意大利研究中国协会会员、欧洲研究中国协会会员。他的主要研究领域为中国当代史、现代政治和法律。他的主要论著包括《中国新宪法中的国家权力》(*Il potere statale nella nuova costituzione cinese*)、《中国新宪法中的经济活动与社会生活》(*Attività economica e vita sociale nella nuova costituzione cinese*)、《中华人民共和国的科学和技术研究的复兴》(*Il rilancio della ricerca scientifica e tecnologica nella Repubblica Popolare Cinese*)、《今日中国：百科辞典》(*La Cina Contemporanea—Dizionario Enciclopedico*)、《利玛窦研究札记》(*Appunto sugli studi ricciani*)。

二、书（文）目录

哲学

1.【佛】Tucci, G.（图齐，朱塞佩），'*Le cento strofe*' (*çataçāstra*), *testo buddhistico mahāyāna tradotto dal cinese, con introduzione e note*[《"一百节诗"：译自中文的〈大乘佛教经文〉（附翻译及注解）》]，«Studi e materiali di storia delle religioni»（《宗教史研究和文献》），1(1925), pp.66-128, 161-189.

2.Tucci, G.（图齐，朱塞佩），*La preghiera nella Cina*（《祈祷在中国》），«Bilychnis»（《双芯油灯》），25(1925), pp.11-27.

科学和科学史

3.Tucci, G.（图齐，朱塞佩），*La scienza nella Cina antica*（《古代中国科学》），in A.Mieli（阿尔多·密叶利）(a cura di)（编著），*Manuale di storia della scienza*（《科学史教材》），Roma: Leonardo da Vinci, 1925, pp.546-554.

三、备注

Lionello Lanciotti（兰乔蒂）

1947年，兰乔蒂毕业于罗马大学文学专业，其毕业论文题目为《中国语言、文学和历史》。17岁时,他就已经开始在德礼贤神父的指导下学习汉语,并在罗马大学东方研究学院进修汉语,这个学院是由著名藏学家朱塞佩·图齐主持创建的。

年轻的兰乔蒂在大学求学期间不但得到德礼贤、嘉华两位大师的栽培,更在佛教、道教、儒学等领域的学习上得到了伟大藏学家朱塞佩·图齐的指导。名师引路和得天独厚的学术环境为他的汉学研究打下了良好的基础。1949年至1950年,他前往斯德哥尔摩大学进修中国语言学,师从著名汉学家高本汉教授(B. Kalgren)。1951年赴荷兰,在莱顿大学著名中国学学者戴文达教授(L. Duyvendak)的指导下学习中国语言学。这两所学府是那个时期西方最重要的汉学研究中心。

1957年,这位年轻的汉学家跟随一个意大利文化代表团来华访问。他把这次访华的经历及之后1972年的中国之行一起写成文章,发表在当时最重要的《意大利日报》上,后又被刊登在《中国的昨天》(《Ieri...la Cina》)上。继第一次东方之行之后,他又38次来华进行交流访问,对亚洲文明进行研究。

作为国际知名汉学家,兰乔蒂于1966年至1979年在威尼斯卡·福斯卡里大学担任中国语言和文学专业教授。自1979年起担任那不勒斯东方大学中国语言学教授。1979年,他主持创建了意大利汉学协会(Associazione Italiana Studi Cinesi),并出任该协会秘书长。1998年至2003年他担任"意中友协"(Associazione Italia-Cina)主席。

兰乔蒂教授在中国学研究上兴趣广泛,著述颇丰,其中包括书籍、论文、书评等,其作品涉及文学、宗教、考古学、法学等领域。在文学方面,他撰写的《中国文学》(*Letteratura cinese*)于1969年在米兰出版[收录于《东方文学史》(*Storia delle letterature d'Oriente*)第1—210页]。他领导的小组研究3世纪至9世纪中国经典和通俗文学及其所反映的社会生活。另外,兰乔蒂教授搜集了很多关于唐代社会生活的资料,潜心研究敦煌文书中的变文,发表了《关于"变文"中一些术语的几点思考》(*Alcune osservazioni terminologiche sui bianwen*),收录在1983年毛里齐奥·斯卡尔帕里(Maurizio Scarpari)主编并在威尼斯出版的《古汉语研究》(*Studi di cinese classico*)一书的第9—16页。兰乔蒂教授也很重视研究中国古代文艺理论和美学。他发表了数部相关作品:《中国叙事文学:一种不受儒家欢迎的文学形式》(*La narrativa cinese, un genere letterario malvisto dai Confuciani*),此书于1960年在都灵出版;《关于古代中国文学审美的思考:王充和文学自主的开端》(*Considerazioni sull'estetica letteraria nella Cina antica:Wang Ch'ung ed il sorgere dell'autonomia delle lettere*),载于1967年在罗马出版的《罗马东方学研究:短论和讲课稿》(*Orientalia Romana.Essays and Lectures*)第二册第171—203页。在现代汉语言文学研究方面,兰乔蒂教授参与并编写了《中国现代口语大辞典》《汉意字典》等。在中国哲学、宗教研究领域,他主编了《公元3世纪至10世纪亚洲宗教的传播》,并于1984年在佛罗伦萨出版。在中国法律研究上,他主编的《中国法律:当代中国法律中的问题和帝国时期的理论及应用》(*Il diritto in Cina.Teoria e applicazioni durante le dinastie imperiali e problematiche del diritto cinese contemporaneo*)于1978年在佛罗伦萨出版,此书的第1—10页刊登了他本人撰写的《中国法律和它在意大利的诠释》(*Il diritto cinese e i suoi interpreti in Italia*)。在考古学领域,他发表了《古代中国俯身葬的风俗》(*Nota sulla sepoltura prona nell'antica Cina*)。兰乔蒂教授还是《中国历史与文化大百科全书》顾问委员会及编辑委员会的主席,负责该书编写的统筹工作。此书最先由那不勒斯东方大学提出规划,很快得到意大利汉学家们的响应和支持,并于1986年底扩充为以意大利汉学家为主体,包含其他国家有关专家的国际性规划。其欧洲总部设在那不勒斯,美国分部设在加利福尼亚大学。全书共计10卷,每卷约10万字的文字内容,另配黑白或彩色图版照片。此外,兰乔蒂教授还多次主持国际性汉学研讨会,并在会议上做了精彩发言。

公元1926年

一、大事记

1.朱塞佩·图齐教授将先秦诸子的部分文章翻译并集结成册,名为《中国智慧》(*Saggezza Cinese*),在都灵出版发行。书中介绍的中国古代先哲有孔子、孟子、老子、庄子、列子、墨翟等。

2.卢多维科·尼古拉·狄朱拉(Ludovico Nicola di Giura)翻译并出版了清代

蒲松龄《聊斋志异》中的99篇故事,名为《中国神话传说》(*Fiabe Cinesi*),在米兰出版发行。

二、书（文）目录

艺术、建筑、考古和音乐

1.【考】Pelerzi, E., S. X.（贝雷兹,欧金尼奥）, *Intorno al tempio del cielo*(《关于天坛》), Parma: Pontificio Istituto Missioni Estere, 1926.

文学

2. Di Giura, L. N.（狄朱拉,卢多维科·尼古拉）(tr. a cura di)（编译）, *Fiabe Cinesi*(《中国神话传说》), Milano: Mondadori, 1926.

哲学

3.【儒】Di Giura, L. N.（狄朱拉,卢多维科·尼古拉）, *Scelta di massime Confuciane*(《孔子语录选》), Pechino: Tipografia dei Lazzaristi, 1926.

4. Tucci, G.（图齐,朱塞佩）, *Saggezza cinese: Scelta di massime, parabole, leggende*(《中国智慧：箴言,寓言及传说》), Torino: Paravia, 1926.

科学和科学史

5. Muccioli, M.（穆乔利,马尔切洛）, *Intorno ad una memoria di Giulio Klaproth sulle 'Conoscenze chimiche dei cinesi nell' VIII secolo'*(《关于朱利奥·克拉普罗特所著专题论文〈8世纪中国人的化学知识〉》), «Archivio di Storia Scienza»(《科学史档案》), 7(1926), pp.382-386.

公元 1927 年

一、大事记

1. 路易吉·马尼亚尼（Luigi Magnani，1906—1984）翻译的《论语》在帕尔马（Parma）出版，名为《孔子语录集》。这是继阿尔贝托·卡斯泰拉尼（Alberto Castellani）于 1924 年出版的译本之后，又一本独立于"四书"的《论语》译本。

2. 阿尔贝托·卡斯泰拉尼翻译《道德经》并出版。这本《道德经》的意大利文译本配有序言、译文、详细的注释及文本评介等内容，是当时《道德经》译本中介绍最全面、最方便读者阅读的一个译本。

3. 中国语言文化专家爱德华·马西（Edoarda Masi，1927—2011）出生。他是意大利作家、中国语言文化专家。1948 年获法学学士学位，1956 年取得罗马意大利中东和远东汉语进修文凭，1957 年作为第一批意大利来华留学生在北京大学学习汉语。他曾先后在都灵大学、威尼斯卡·福斯卡里大学、罗马大学、那不勒斯大学、乌尔比诺大学等大学教授中国文化和历史课程。他的主要研究领域是中国近现代文学，主要论著包括《中国现代简史》（*Breve storia della Cina contemporanea*）、《老舍著〈猫城记〉》（*Lao She：Città di gatti*）、《鲁迅著〈野草〉》（*Lu Xun：Erbe selvatiche*）。

二、书（文）目录

历史与制度

1. Vacca, G.（嘉华），*L'opera geografica di Giulio Aleni, missionario in Cina nel secolo XVII*（《17 世纪来华传教士艾儒略的地理作品》），in *Atti del X Congresso Geografico Italiano*（《第 10 届意大利地理研讨会论文集》），I, Milano：Touring Club Italiano, 1927, pp.366-368.

哲学

2.【儒】Adespoto(佚名)(tr. a cura di)(编译),*Il libro di Mencio ed altre massime della scuola confuciana*(《〈孟子〉及其他儒家训诫》),Napoli:La Tipografia,1927.

3.【基】Barbera,M.,S. I.(巴尔贝拉,马里奥),*Il p. Ludovico Buglio S. I., missionario in Cina nel secolo XVII*(《17世纪赴华传教士利类思神父》),« La Civiltà Cattolica »(《天主教文明》),78(1927),1,pp.301-310,504-513.

4.【基】Barbera,M.,S. I.(巴尔贝拉,马里奥),*Onoranze della Corte Imperiale di Pekino in morte di un missionario nel secolo XVII*(《17世纪北京宫廷为一位传教士举行的葬礼》),« La Civiltà Cattolica »(《天主教文明》),78(1927),2,pp.322-330.

5.【基】Bruni,B.(布鲁尼,布鲁诺),*L'apostolo francescano della Cina:Giovanni da Montecorvino*(《中国的方济各会使徒:孟高维诺》),« Nuova Antologia »(《新文选》),252(1927),1320,pp.233-238.

6.【道】Castellani,A.(卡斯泰拉尼,阿尔贝托),*La dottrina del Tao. Ricostruita sui testi cinesi ed esposta integralmente*(《道教理论:根据中文作品进行的全面展示和诠释》),II,Bologna:Zanichelli,1927.

7.【道】Castellani,A.(卡斯泰拉尼,阿尔贝托)(tr. a cura di)(编译),*La Regola Celeste di Lao-tse(Tao Tê Ching). Prima traduzione integrale italiana dal testo cinese, con introduzione, trascrizione e commento*[《老子的天道(〈道德经〉):第一部译自中文的意大利文完整翻译版本(附序言、翻译和评论)》],Firenze:Sansoni,1927.

8.【儒】Magnani,L.(马尼亚尼,路易吉)(tr. a cura di)(编译),*Il libro delle sentenze di Confucio*(《孔子语录集》),Parma:Pontificio Istituto Missioni Estere,1927.

科学和科学史

9.Muccioli,M.(穆乔利,马尔切洛),*L'arsenico presso i cinesi*(《中国人的砷》),« Archivio di Storia Scienza »(《科学史档案》),8(1927),pp.65-76.

公元 1928 年

一、大事记

朱塞佩·图齐教授在《意大利亚洲协会学报》(《Giornale della Società Asiatica Italiana》)上发表一篇研究专论,题为《佛陀涅槃时的祝祷经文》(Un epicedio per la morte del Buddha)。该文章详细介绍了佛陀圆寂时的仪式及其文化内涵,为深入了解佛教文化及该宗教仪式的渊源提供了可贵而具体的研究资料。

二、书(文)目录

历史与制度

1. Allulli, R. (阿卢利,拉涅里)(a cura di)(编著),Marco Polo 马可·波罗,*Il Milione*(《马可·波罗游记》),Milano:Alpes,1928.

2. Benedetto, L. F. (贝内代托,路易吉)(a cura di)(编著),Marco Polo 马可·波罗,*Il Milione*(《马可·波罗游记》),Firenze:L. S. Olschki,1928.

3. Donazzolo, P. (多纳佐洛,彼得),*Mons. Eugenio Piloti e le condizioni della Cina nel 1735. Contributo alla storia della geografia*(《皮洛蒂神父和1735年中国的情况:在地理、历史方面的贡献》),《Bollettino della Società Geografica Italiana》(《意大利地理协会杂志》),64(1928),pp.305-340.

4. Olivieri, D. (奥利维耶里,丹特)(a cura di)(编著),Marco Polo 马可·波罗,*Il Milione. Secondo la riduzione italiana della Crusca riscontrata sul manoscritto arricchita e rettificata mediante altri manoscritti italiani*(《〈马可·波罗游记〉:以克鲁斯卡学会意大利文本为基础对照其他意大利文手稿的增改版》),Bari:Laterza,1928.

公元 1929 年

一、大事记

朱塞佩·图齐教授在《双芯油灯》(«Bilychnis»)出版了他所撰写的一篇有关佛教的论文《坦亚:生命的力量——通往圣爱之路》(Caitanya-La via dell'amore divino)。他在文章中介绍了如何通过佛教修行达到圣爱的境界。

二、书(文)目录

文学

1. Biagi, A.(比亚吉)(tr. a cura di)(编译), *La novellistica cinese. Hung-yu* (*Gemma rossa*)(《中文短篇小说〈红玉〉》), «Irpinia, Rassegna di Cultura (Rivista Mensile Illustrata del Corriere dell'Irpinia)»[《伊尔皮尼亚文化杂志(伊尔皮尼亚邮报配插图月刊)》], 1(1929), pp.46-52.

2. Di Giura, L. N.(狄朱拉,卢多维科·尼古拉), *Fiori orientali. Poesie tradotte dal cinese*(《译自中文的诗歌〈东方之花〉》), Pechino: Tipografia dei Lazzaristi, 1929.

哲学

3.【佛】Tucci, G.(图齐,朱塞佩), *Pre-Dinnāga Buddhist Texts on Logic from Chinese Sources*(《前陈那阶段中文佛教典籍的因明资料:翻译、导读、批注及索引编排》), Baroda: Oriental Institute, 1929.

公元 1930 年

一、大事记

1.《金瓶梅》的一个德国译本在德国莱比锡（Leipzig）出版发行，此译本的译者为德国著名学者弗兰兹·库恩（Franz Kuhn）。这部德文译本语言流畅、用词考究，对原版本考证翔实，在意大利产生了巨大的影响。第二次世界大战结束后，意大利学者翻译《金瓶梅》时，通常都会首先想到参考这个德文译本。

2.意大利著名中国学学者恩里卡·科洛蒂·皮斯雪尔（Enrica Collotti Pischel，1930—2003）出生。她于1953年毕业于米兰大学哲学系。20世纪70年代中期，恩里卡·科洛蒂·皮斯雪尔在都灵大学当代历史专业任教，随后在博洛尼亚大学亚非国家历史和政治体制专业任教，1982年成为米兰大学政治系教授。她的研究对象主要是亚洲，尤其是中国和越南。她的主要论著包括《孙中山著〈三民主义〉》（*Sun Yat-sen: I tre principal del popolo*）、《中国历史上的国家、人民和民族》（*Stato, popolo e nazione nella storia della Cina*）、《孙中山与西方世界：一位受到实证论和技术论启示的移民》（*Sun Yat-sen e il mondo occidentale, un colonizzato tra positivism e tecnologismo*）。

二、书（文）目录

艺术、建筑、考古和音乐

1.【艺】Bascapè, G.（巴斯卡佩），*Vita ed arte dell' Estremo Oriente. Il Museo Orientale di Venezia*（《远东生活与艺术：威尼斯东方博物馆》），« Le Vie dell' Oriente »（《东方之路》），7(1930)，pp.33-41.

文学

2. Chini, M.(基尼,马里奥)(tr. a cura di)(编译), *Due liriche cinesi*(《两首中国抒情诗》), Milano: A. e G. Carisch, 1930.

3. Di Giura, L. N.(狄朱拉,卢多维科·尼古拉)(tr. a cura di)(编译), *Li Po. Poesie*(《李白诗歌》), Lanciano: Carabba, 1930.

哲学

4.【基】D'Elia, P. M., S. I.(德礼贤), *Il ripristinatore delle missioni cinesi dopo la tempesta. Il P. M. Ricci*(《风暴过后中国使命的修复者:利玛窦》), in *VI Centenario del Beato Odorico da Pordenone*(《纪念来自波代诺内的鄂多立克逝世600周年》), I, Udine: Arti Grafiche Cooperative Friulane, 1930, pp.161-164.

5.【道】Magnani, L.(马尼亚尼,路易吉)(tr. a cura di)(编译), Lao-tse 老子, *Trattato del principio e della sua azione. Introduzione, testo e commento*(《〈道德经〉:序言、原文和评论》), «Pensiero Missionario»(《使徒思想》), 2(1930), pp.3-12, 245-251; 3(1931), pp.241-250.

公元1931年

一、大事记

朱塞佩·图齐教授在《那不勒斯东方大学年鉴》(«Annali [dell'] Istituto Orientale di Napoli»)第4期上发表了一篇文章,名为《中国思想中的外来因素》(*Influssi stranieri sul pensiero cinese*)。这篇文章主要从宗教角度谈中国古典哲学中引入的一些外来概念,比如佛教的生死观、天主教的辩道等。

二、书（文）目录

艺术、建筑、考古和音乐

1.【建】Barluzzi, G.(巴卢齐,朱利奥)《 Cina, architettura »(《中国建筑》), in *Enciclopedia Italiana*(《意大利百科全书》), X, Roma: Istituto Giovanni Treccani, 1931, pp.314-317.

文学

2. Vacca, G.(嘉华),« Cina, letteratura »(《中国文学》), in *Enciclopedia Italiana* (《意大利百科全书》), X, Roma: Istituto Giovanni Treccani, 1931, pp.306-309.

3. Vacca, G.(嘉华)(tr. a cura di)(编译),« Han Yü. Discorso sui maestri »(《韩愈〈师说〉》), in *Enciclopedia Italiana* (《意大利百科全书》), X, Roma: Istituto Giovanni Treccani, 1931, pp.307-308.

4. Vacca, G.(嘉华)(tr. a cura di),« T'ao Ch'ien. Biografia del maestro dei cinque salici »(《陶潜——五柳先生传》), in *Enciclopedia Italiana*(《意大利百科全书》), X, Roma: Istituto Giovanni Treccani, 1931, p.307.

5. Vacca, G.(嘉华)(tr. a cura di)(编译), *Su Shih. Grotta rossa* (《苏轼〈赤壁〉》), in *Enciclopedia Italiana*(《意大利百科全书》), X, Roma: Istituto Giovanni Treccani, 1931, p.308.

哲学

6.【基】Cannarozzi, C.(坎纳罗齐), *Il B. Odorico da Pordenone*(《波代诺内的鄂多立克》),« Il Pensiero Missionario »(《传教思想》), 3(1931), pp.113-135.

7.【基】Pullè, G.(布雷,乔治)(a cura di)(编著), *Viaggio del beato Odorico da Pordenone*(《来自波代诺内的真福鄂多立克游记》), Milano: Alpes, 1931.

8.【基】Tacchi Venturi, P., S. I.(汾屠立), *Il metodo di apostolato tenuto dal p. Matteo Ricci in Cina (1552-1610)* [《利玛窦在华传教策略（1552—1610）》],« Istituto Marchigiano di sicenze, lettere e arti »(《马尔凯科学、文学和艺术研究

会》),8(1931-1932),pp.227—244.

9.Tucci,G.(图齐,朱塞佩),*Influssi stranieri sul pensiero cinese*(《中国思想中的外来因素》),«Annali[dell']Istituto Universitario Orientale di Napoli»(《那不勒斯东方大学年鉴》),4(1931),pp.3-19.

10.Vacca,G.(嘉华),«Cina, religione e filosofia»(《中国:宗教和哲学》),in *Enciclopedia Italiana*(《意大利百科全书》),X,Roma:Istituto Giovanni Treccani,1931,pp.298-301.

11.Wang,G.(王,朱塞佩),*Il sentimento religioso dei Cinesi*(《中国人的宗教感情》),«Pensiero Missionario»(《使徒思想》),3(1931),pp.169-181.

公元 1932 年

一、大事记

沙杜纳(Marc Chadourne)创作的游记体文学作品《今日中国》(*La Cina oggi*)由普雷米奥·格里戈力(Premio Gringoire)首次翻译成意大利文收录于"我们时代的'全景'丛书",在米兰出版发行。沙杜纳在《今日中国》中游历了中国的大江南北,包括长城、上海、南京、长江等地。作者以旅行者的视角体味中国古老文明的魅力,感受中国人真实的生活状态。

二、书(文)目录

历史与制度

1.Benedetto,L. F.(贝内代托,路易吉)(a cura di)(编著),*Il libro di messer Marco Polo cittadino di Venezia, detto milione dove si raccontano le meraviglie del Mondo*(《人称"信使"的威尼斯公民马可·波罗的题为〈马可·波罗游记〉的书:讲述世界上的奇迹》),Milano-Roma:Treves,1932.

2.Dainelli,G.(达伊内利,焦托),*Marco Polo detto milione ed il suo libro su le meraviglie del Mondo*(《人称"信使"的马可·波罗和他关于世界奇迹的书》),《Nuova Antologia》(《新文选》),283(1932),pp.145-158.

哲学

3.【基】Treves,A.(特雷维斯,安杰洛),*Giovanni da Pian del Carpine e la scoperta della Tartaria*(《约翰·柏郎嘉宾和鞑靼的发现》),Torino:Paravia,1932.

公元1933年

一、大事记

1.根据第142号国王诏令,意大利中东及远东研究院(Istituto Italiano per il Medio ed Estremo Oriente,简称:IsMEO)成立。意大利中东及远东研究院是意大利非洲与东方研究院(Istituto Italiano per l'Africa e l'Oriente,简称:IsIAO)的前身,院长为乔瓦尼·真蒂莱(Giovanni Gentile),副院长为朱塞佩·图齐,研究院创立的初衷是希望作为一个非营利组织推进及拓展意大利与东亚、中亚和南亚等东方国家之间的文化交流及研究合作关系。东方学家及考古学家朱塞佩·图齐教授对研究院的发展及学术事业起到了至关重要的作用。他不仅是意大利中东及远东研究院的创办人之一,1947年至1978年间,他还一直担任该研究院的院长,至今在研究院正厅仍可见朱塞佩·图齐教授的半身铜像。研究院从成立之初,除了在学术会议及学术出版物方面努力,研究院的教学工作也很快被定位在教授东方语言及文化方面。研究院首先开设了汉语及日语课程,之后又增设了其他语种。1938年至1999年,研究院分别在伦巴第(Lombardia)大区及艾米利亚-罗马涅(Emilia-Romagna)大区开设了两所分校。

2.阿尔贝托·卡斯泰拉尼的《中国诗歌小品》在佛罗伦萨出版的《远东文学与文明:研究作品及杂文》杂志上再次发表。

3.意大利汉学家柯拉迪尼(Piero Corradini,1933—2006)出生。他是意大利中国学学者、历史学家,罗马大学东亚历史专业教授,意大利研究中国协会领导委员会成员,《中国》季刊领导委员会成员,欧洲中国法律协会领导委员会成员。他的研究领域包括中国艺术史、中国历史、中国古代思想家(老子、孔子、孟子)、中国少数民族等。他的主要著作包括《中国文学史》(Storia della letteratura cinese)、《世界文学》(第36卷)、《中国文学选集》(Antologia della letteratura cinese)、《孔子与儒教》(Confucio e il Confucianesimo)等。

二、书(文)目录

艺术、建筑、考古和音乐

1.【艺】Adespoto(佚名), *Mostra di pittura cinese antica e moderna nel Palazzo Reale* (Milano, dicembre 1933-gennaio 1934)[《在皇宫中举办的古代和现代中国绘画展》(1933年12月—1934年1月,米兰)], Milano:La Bodoniana, 1933.

2.【艺】Morassi, A.(莫拉西,安东尼奥), *Cenni sulla pittura cinese antica*(《中国古代绘画概述》), in Adespoto(佚名), *Mostra di pittura cinese antica e moderna nel Palazzo Reale* (Milano, dicembre 1933-gennaio 1934)[《在皇宫中举办的古代和现代中国绘画展》(1933年12月—1934年1月,米兰)], Milano:La Bodoniana, 1933.

3.【音】Palazzo, E.(帕拉佐,埃莱娜), *Musica e strumenti di terre lontane*(《遥远国度的音乐和乐器》), Roma:A.Signorelli Editore, 1933.

4.【考】Spossato, F.(斯波萨托,弗朗切斯科), *Distruzioni belliche e tentativi di restauro di antichità cinesi di epoca imperiale*(《战争的破坏和帝国时代中国古董的修复》), Pisa:Il Torchietto, 1933.

语言和语言史

5.D'Elia, P. M., S. I.(德礼贤) e G. Magonio, O. F. M.(真蒂莱·马戈尼), *Saggio di romanizzazione italiana per la lingua cinese*(《论中文的意大利语拉丁

化》),《Collectanea Commissionis Synodalis》(《中华公教教育联合会丛刊》①),(1933),pp.736—755.

文学

6.Adespoto(佚名)(tr. a cura di)(编译),*Alcuni racconti cinesi del Seicento*(《几则17世纪的中国故事》),Roma:Tipografia M. Lanzillotti,1933.

7.Castellani,A.(卡斯泰拉尼,阿尔贝托),*Saggio di poesia cinese*(《中国诗歌小品》),in *Letterature e civiltà dell' Estremo Oriente.Studi e saggi*(《远东文学与文明:研究作品及杂文》),Firenze:Felice le Monnier,1933,pp.252—277.

公元1934年

一、大事记

1.意大利中东及远东研究院(IsMEO)决定出版一套藏传文献研究专辑《梵天佛地》(*Indo-Tibetica*)②。此专辑中的所有研究内容都由意大利著名东方学家朱塞佩·图齐教授整理编辑完成。他本人在西藏生活了11年,对藏传佛教的内涵及其与印度佛教的渊源有过非常深入细致的研究。此套丛书的出版工作得到意大利中东及远东研究院的资助并最终得以启动,这不但代表了意大利学界对东方文化经典的重视,同时也为藏学研究在意大利的发展奠定了一个非常好的学术基础。

2.中国当代史教授菲利波·柯嘉(Filippo Coccia,1934—1997)出生。菲利波·柯嘉是那不勒斯东方大学中国当代历史专业教授、意大利研究中国协会会

---

① 中华公教教育联合会成立于1928年,是天主教会设立在北平的一个中枢机关,由宗座驻华代表直接监管。《中华公教教育联合会丛刊》是由该机构发行的月刊,用中文、拉丁文、英文和法文四种文字刊印。

② Giuseppe Tucci,*Indo-Tibetica*,Roma:Reale Accademia d' Italia,其中文译本《梵天佛地》于2009年由上海古籍出版社出版,全八册。

员,他还是意大利和国际著名的中国学学者。他的主要研究领域是 1949 年以后的中国历史,并出版过多部有关邓小平 1978 年起施行的改革政策的重要论著。他的主要著作包括《人民中国的宪政》(*L'ordinamento costituzionale della Cina Popolare*)、《鲁迅和 20 世纪初的中国文化:传记和 1902—1909 年日本的作品重读》(*Lu Xun e la cultura cinese del primo novecento:note biografiche e rillettura degli scritti del periodo giaponese*[*1902-1999*])。

二、书(文)目录

艺术、建筑、考古和音乐

1.【艺】Costantini,C.(科斯坦蒂尼,切尔索),*Il problema dell'arte missionaria*(《传教士艺术问题》),«Arte Cristiana»(《基督教艺术》),22(1934),pp.33-62.

2.【艺】Costantini,C.(科斯坦蒂尼,切尔索),*L'arte sacra nei paesi di missione*(《传教士前往国家的宗教艺术》),in *Problemi missionari del nostro tempo*(《我们这个时代的传教问题》),Milano:s.e.,1934,pp.99-128.

3.【考】Costantini,C.(科斯坦蒂尼,切尔索),*La suppellettile ecclesiastica nei paesi di missione*(《传教士前往国家的基督教会文物》),«Il Pensiero Missionario»(《传教思想》),6(1934),pp.403-413.

哲学

4.【儒】D'Elia,P. M.,S. I.(德礼贤),«Confucianesimo»(《儒学》),in *Guida delle Missioni Cattoliche*(《天主教使命指导》),Roma:Unione Missionaria del Clero in Italia,1934,pp.616-617.

5.【基】D'Elia,P. M.,S. I.(德礼贤),*Il p. Matteo Ricci,S. I.Gloria d'Italia e splendore di Macerata,in un discorso inedito degli anni 1610-1615*[《耶稣会士利玛窦神父:意大利的胜利和马切拉塔的光荣(1610—1615 的一篇未出版的讲话)》],«Studia Picena»(《皮切纳①研究》),10(1934),pp.55-66.

---

① 意大利地名。

6.【基】D'Elia, P. M., S. I.(德礼贤), *Quadro storico-sinologico del primo libro di dottrina cristiana in cinese*(《第一本中文基督教教义写作的历史背景和相关的汉学研究》), «Archivum Historicum Societatis Iesu»(《耶稣会历史档案馆》), 3(1934), pp.193-222.

7.【基】D'Elia, P. M., S. I.(德礼贤), *The Catholic Missions*(《天主教使命》), in H. G. W. Woodhead et alii(伍海德等)(edited by)(主编), *The China Year Book*(《中国年鉴》), *North China Daily News and Herald*(《字林西报》), Shanghai, 1934, pp.327-334.

8.【道】D'Elia, P. M., S. I.(德礼贤),《Taoismo》(《道教》), in *Guida delle Missioni Cattoliche*(《天主教使命指导》), Roma: Unione Missionaria del Clero in Italia, 1934, pp.617—618.

9.【基】Tacchi Venturi, P., S. I.(汾屠立), *Il padre Matteo Ricci. Primo araldo del cristianesimo in Cina nell'evo modern*(《耶稣会士利玛窦神父:新时代在中国的第一位基督教传道者》), «Nuova Antologia»(《新文选》), 297(1934), 1501, pp.373-387.

公元 1935 年

一、大事记

1. 1935 年 9 月,"第 19 届东方学家国际研讨会"(XIX Congresso Internazionale degli Orientalisti)在罗马的林琴科学院(Accademia Nazionale dei Lincei)举行。会上朱塞佩·加布里埃利教授发表文章总结了意大利近 20 年来东方学发展概况,尤其详细介绍了意大利的所有东方学研究机构及研究学者。

2.《意大利中东及远东研究院学报》(«Bollettino dell'Istituto Italiano per il Medio ed Estremo Oriente»)创刊发行,出版学院内有关历史、哲学、语文学等方面的最新研究成果。

3.朱塞佩·加布里埃利将 1912 年至 1934 年间在意大利发表的所有东方学参

考文献进行了梳理,编写出一本东方学研究文献书目《1912 至 1934 年意大利东方学研究文献目录》(*Bibliografia degli studi orientalistici in Italia dal 1912 al 1934*),在罗马出版发行。朱塞佩·加布里埃利在为这本文献所作的序言中提到,编写此书的初衷是因为截至 1934 年,根据意大利东方学研究方面的资料所整理的书目仅有两本,且书目介绍都止于 1911 年。朱塞佩·加布里埃利希望通过自己的整理、编辑工作可以把 1912 年至 1934 年间这段东方学书目空档期弥补上。此书目分类方法很特别,在书目前半部分中,编者将这一时期的部分东方学著作分为书籍和期刊两类,在后半部分中,编者又转而根据地区或国别来梳理另一部分书目内容。

4. 德礼贤在《天主教文明》上发表题为《被利玛窦神父完整地介绍给中国文人的天主教教义》的论文。德礼贤在论文中,介绍了 1584 年罗明坚和利玛窦合译的《天主实录》(*Testo esatto della Vera esposizione del Signor del cielo*)。通过对这部作品的分析,揭示了耶稣会入华之初,传教士是以何种方式将天主教教义展现给中国文人的。

二、书(文)目录

书目提要和汉学史

1. Gabrieli, G.(加布里埃利,朱塞佩), *Bibliografia degli studi orientalistici in Italia dal 1912 al 1934*(《1912 至 1934 年意大利东方学研究文献目录》),Roma:Agenzia Generale Italiana del Libro,1935.

历史与制度

2. Paribeni, R.(帕里贝尼,罗伯托), *L' Oriente Medio ed Estremo nella conoscenza di Roma e dell' Impero di Bisanzio*(《罗马和拜占庭帝国所认识的中东和远东》),in T. Sillani(托马索·西拉尼)(a cura di)(编著), *L' Italia e l' Oriente Medio ed Estremo. Studi e documenti*(《意大利和中东及远东:研究和文献》),Roma:La Rassegna Italiana,1935,pp.13-20.

3. Sillani, T.(西拉尼,托马索)(a cura di)(编著), *L' Italia e l' Oriente Medio ed*

Estremo.Studi e documenti(《意大利和中东及远东：研究和文献》),Roma：La Rassegna Italiana,1935.

文学

4.Vacca,G.(嘉华),*Il Dramma nella letteratura cinese*(《中国文学中的戏剧性情节》),« Bollettino dell'Istituto Italiano per il Medio ed Estremo Oriente »(《意大利中东及远东研究院学报》),1(1935),pp.295-299.

哲学

5.【基】Abate,G.(阿巴特,朱塞佩),*Il servo di Dio Fra Antonio Sacconi da Osimo Vescovo e missionario francescano in Cina*(*1741-1786*)[《上帝的仆人赴华方济各会传教士奥西莫主教安东尼·萨克尼(1741—1786)》],« Miscellanea Francescana »(《方济各会文集》),35(1935),pp.51-57.

6.【基】Bavaj,A.(巴瓦,阿莫尔),*Padre Matteo Ricci e il suo metodo di apostolato*(《利玛窦神父和他的传教策略》),in *Sviluppi delle celebrazioni marchigiane.Uomini insigni del maceratese*(《纪念马尔凯大区的名人》),Macerata：Stabilimento Tipografico Affede,1935,pp.137-157.

7.【道】Carpani,E. G.(卡尔帕尼,恩里科),*Yin-fu-king e Tao-te-king.Commento e significato dei due testi*(《〈阴符经〉和〈道德经〉：两部作品的评注和含义》),Reggio Emilia：Caiti,1935.

8.【基】D'Elia,P. M.,S. I.(德礼贤),*I gesuiti in Cina*(《耶稣会士在中国》),« Ai Nostri Amici »(《致吾友》),6(1935),pp.266-274.

9.【基】D'Elia,P. M.,S. I.(德礼贤),*I primordi delle missioni cattoliche in Cina,secondo una lettera inedita del p. Matteo Ricci,S. I.*(《耶稣会士利玛窦神父的一封未出版的信中讲述的天主教在中国传教使命的起源》),« La Civiltà Cattolica »(《天主教文明》),86(1935),4,pp.25-37.

10.【基】D'Elia,P. M.,S. I.(德礼贤),*Il contributo culturale dei missionari italiani.Lezione tenuta al 'Secondo corso di Missionologia' indetto dal 20 novembre al 2 dicembre 1934 dalla Università Cattolica del Sacro Cuore e dalla Commissione Arcivesco* vile Milanese per le Opere Missionarie(《意大利传教士在文化方面的贡献：1934 年 11 月 20 日至 12 月 2 日由圣心天主教大学和米兰大主教传教委员会共同主办的第二期传教学学习班课程讲稿》),Milano:Società Editrice'Vita e Pensiero',1935.

11.【基】D'Elia,P. M.,S. I.(德礼贤),*Il Domma Cattolico integralmente presentato da Matteo Ricci ai letterati della Cina*(《被利玛窦神父完整地介绍给中国文人的天主教教义》),in «La Civiltà Cattolica»(《天主教文明》),Ⅱ,Roma,1935,pp.35-53.

12.【基】D'Elia,P. M.,S. I.(德礼贤),*Storia delle missioni cattoliche in Cina*(《中国天主教传教史》),«La Civiltà Cattolica»(《天主教文明》),86(1935),1,pp.271—279.

13.Vacca,G.(嘉华),*Filosofia cinese medieval*(《中世纪中国哲学》),«Bollettino dell'Istituto Italiano per il Medio ed Estremo Oriente»(《意大利中东及远东研究院学报》),1(1935),pp.41-45.

公元 1936 年

一、大事记

1.意大利中东及远东研究院的《亚洲学报》(«Asiatica»)创刊发行,出版意大利及外国学者有关亚洲历史、哲学、语言、文化等方面的学术成果。此学术期刊刊行 7 年后于 1943 年停刊。

2.米开朗琪罗·洛齐托(Michelangelo Lozito) 在《新历》(«Il Nuovo Taccuino»)杂志上发表了一篇文章,悉数中欧文化交流史上著名的意大利翻译家及口译员。其中包括安泰尔莫·塞韦里尼、诺全提尼、威达雷和卡洛·普意尼等 19 世纪末 20 世纪初活跃于中、意交流舞台上的所有外交人士及大学教授。

3.那不勒斯东方大学为推动学院在东方学诸多领域的研究,创办了第一本东方学学术研究专刊《那不勒斯东方大学年鉴》(«Annali[dell']Istituto Universitario Orientale di Napoli»,简称«A.I.O.N.»)。期刊中发表的论文涉及东方学的各个方面，20世纪很多重要的汉学研究成果都是通过这份学术专刊被人所了解。

4.著名学者泽诺内·沃尔皮切利（Eugenio Zanoni Volpicelli，1856—1936）辞世。他于1881年从那不勒斯皇家亚洲学院毕业，同年又被中国皇家海关机构（Amministrazione delle Dogane Imperiali Cinesi）录用，对当时的那不勒斯皇家亚洲学院而言，这是一项难得的殊荣。1898年泽诺内·沃尔皮切利未经考试便被任命为专任高级口译官。1899年他又被任命为香港总领事，在那里他发表了不少汉学研究的论文和专著，还颇为自豪地将意大利法学家切萨雷·贝卡利亚（Cesare Beccaria，1738—1794）的作品《论罪与罚》（Dei delitti e delle pene）(1764)的第三章译成了中文，并自费将其出版。1924年，他返回故里意大利，在那不勒斯东方大学短暂任教后回到远东，逝于日本长崎。

二、书（文）目录

书目提要和汉学史

1. Lozito, M.（洛齐托，米开朗琪罗），*Traduttori ed interpreti italiani nell' interscambio culturale fra Cina ed Europa; un esempio di collaborazione*（《在中欧文化交流中充当笔译和口译的工作者》），《 Il Nuovo Taccuino 》（《新历》），(settembre-ottobre 1936), pp.11-14.

历史和制度

2. Cesarano, A.（切萨拉诺，阿米尔卡雷），*La buona terra cinese*（《美好的中国大地》），《 Asiatica 》（《亚洲学报》），2(1936), pp.174-180.

3. D'Elia, P. M., S. I.（德礼贤），*Contributo alla storia delle relazioni tra l'Europa e la Cina prima dell'arrivo del p. Matteo Ricci, S. I. (1582)*（《耶稣会士利玛窦神父1582年入华之前在中欧关系史上做出贡献的人》），《 Rivista degli Studi Orientali 》（《东方学研究》），16(1936), pp.223-226.

艺术、建筑、考古和音乐

4.【艺】Stramigioli, G.（斯特拉米焦利，朱利亚娜），*Lo spirito dell'arte orientale*

(《东方艺术精髓》),《Asiatica》(《亚洲学报》),2(1936),pp.70-80.

5.【艺】Stramigioli,G.(斯特拉米焦利,朱利亚娜),*Il paesaggio e la natura nell' arte dell' Estremo Oriente*(《远东艺术中的风景和自然》),《Asiatica》(《亚洲学报》),2(1936),pp.111-117.

6.【艺】Stramigioli,G.(斯特拉米焦利,朱利亚娜),*L' arte sino-siberiano*(《中国和西伯利亚艺术》),《Asiatica》(《亚洲学报》),2(1936),pp.140-144.

7.【艺】Stramigioli,G.(斯特拉米焦利,朱利亚娜),*Cenno storico sulla pittura cinese*(《中国绘画简史》),《Asiatica》(《亚洲学报》),2(1936),pp.252-258.

哲学

8.Bonardi,M.(博纳尔迪,马里奥),*Lo spirito cinese attraverso le vicende storiche*(《历史事件体现出的中国精神》),《Asiatica》(《亚洲学报》),2(1936),pp.261-269.

9.【景】D'Elia,P. M.,S. I.(德礼贤),*Nel XIII centenario dell' arrivo dei nestoriani in Cina*(《景教徒入华1300周年》),《La Civiltà Cattolica》(《天主教文明》),87(1936),1,pp.203-216,304-316.

10.【基】D'Elia,P. M.,S. I.(德礼贤),*The Catholic Missions*(《天主教使命》),in H. G. W. Woodhead et alii(伍海德等)(edited by)(主编),*The China Year Book*(《中国年鉴》),*North China Daily News and Herald*(《字林西报》),Shanghai,1936,pp.342-350.

11.【道】Tucci,G.(图齐,朱塞佩),*Un libro dell' antica saggezza cinese. Il 'Tao Te King'*(《一本凝结了古老中国智慧的书〈道德经〉》),《Asiatica》(《亚洲学报》),2(1936),pp.167-173.

科学和科学史

12.Gabrieli,G.(加布里埃利,朱塞佩),*I Lincei e la Cina*(《林琴科学院院士与中国》),《Accademia dei Lincei. Rendiconti della classe di scienze morali, storiche e filologiche》(《林琴科学院道德学、历史学和文献学论文集》),s.6^a,12(1936),pp.242-256.

13.Gabrieli,G.(加布里埃利,朱塞佩),*Giovanni Schreck Linceo gesuita e mission-*

ario in Cina e le sue lettere dall' Asia(《赴华耶稣会传教士、林琴科学院院士邓玉函与他自亚洲寄回的信函》),《 Accademia dei Lincei.Rendiconti della classe di scienze morali,storiche e filologiche 》(《林琴科学院道德学、历史学和文献学论文集》), s. 6^a, 12(1936) , pp.462-514.

公元1937年

一、大事记

1.朱塞佩·图齐教授为《意大利大百科全书》(*Enciclopedia Italiana*)第32卷执笔编写了有关西藏的所有条目,其中涉及西藏历史、西藏艺术及西藏人种志等内容。

2.德礼贤发表论文《利玛窦的两位朋友》。这篇论文主要围绕利玛窦手稿《耶稣会远征中国史》中提到的一位被利氏称作"Cuocin"或"Cuocinlun"的中国总督展开。这位总督曾经对利氏的世界地图大加赞赏,在未曾与利氏谋面时就出资再版了利氏的世界地图。德礼贤通过对《明史》的深入研究,证明这位总督就是右副都御使郭青螺。而利氏手稿中提到的"Cuocin"和"Cuocinlun"即为同一人郭青螺。

3.意大利著名中国学学者安娜·布娅蒂(Anna Bujatti)出生。她是意大利著名翻译家、中国学学者。1959年她毕业于罗马大学文学系,同年于意大利中东及远东研究院获得中国语言和文化专业文凭。1960年至1961年曾获奖学金在巴黎进修中文和中国学,师从著名汉学家戴密微(Paul Demieville)教授。1961年起她开始在意大利广播电台工作。安娜·布娅蒂是一位勤奋的学者,她翻译过多部中国现当代作家的作品,包括《鲁迅:〈文学与出汗〉,1925年至1936年的作品》(*Lu Xun:Letteratura e sudore.Scitti dal 1925 al 1936*)、《郭沫若的"女神"在新生中体现出的"五四"精神》(*Lo spirito del 4 maggio nella rinascita della Dee di Guo Moruo*)、《鲁迅的〈朝花夕拾〉和〈独白〉》(*Lu Xun :Fiori del Mattino raccolti la sera e soliloqui*)。

二、书（文）目录

历史与制度

1.Astorri,C.(阿斯托里,克莱门特),*Sull'antichità della storia cinese*(《论中国历史中的古代》),«Asiatica»(《亚洲学报》),3(1937),pp.434-440.

2.Astorri,C.(阿斯托里,克莱门特),*Un antico trattato cinese di economia politica*(《一篇有关政治经济学的古汉语论文》),«Economia»(《经济学》),n.s.19(1937),pp.22-27.

3.Carelli,M.(卡雷利,马里奥),*Il sogno mongolico dell'impero universale*(《蒙古的世界帝国梦》),«Asiatica»(《亚洲学报》),3(1937),pp.248-252.

4.D'Elia,P.M.,S.I.(德礼贤),*P.Matteo Ricci e la conoscenza geografica della Cina*(《利玛窦神父和中国的地理知识》),«Nuova Antologia»(《新文选》),315(1937),1574,pp.413-422.

5.Labuso,M.(拉布索,米凯莱),*La Cina.Lineamenti di una civiltà*(《中国：一种文明的史纲》),Pomarico:Tipografia A.Montemurro,1937.

6.Vitale,A.(威达雷),*L'Imperatore*(《皇帝》),«Annali[dell']Istituto Universitario Orientale di Napoli»(《那不勒斯东方大学年鉴》),9(1937),pp.167-176.

艺术、建筑、考古和音乐

7.【艺】Carelli,M.(卡雷利,马里奥),*Giade cinesi*(《中国玉》),«Asiatica»(《亚洲学报》),3(1937),pp.154-159.

8.【音】Fabris,C.O.(发布里斯,卡米拉),*Musica e lingua in Cina*(《音乐和语言在中国》),«Asiatica»(《亚洲学报》),3(1937),pp.260-265.

9.【艺】Valentini,M.(瓦伦蒂尼,玛利亚),*Influssi di alcuni tipi d'arte orientale in Occidente*(《几种类型的东方艺术流入西方》),«Asiatica»(《亚洲学报》),3(1937),pp.160-165.

文学

10. Vitale, A.(威达雷)(tr. a cura di)(编译), *Poesia cinese*(《中国诗歌》), « Annali[dell']Istituto Universitario Orientale di Napoli »(《那不勒斯东方大学年鉴》),10(1937-1938),pp.213-220.

哲学

11.【基】Adespoto(佚名), *L' ultima lotta fra la mentalità confuciana e quella cristiana nella Cina del 1900*(《儒家理念和基督教思维方式在1900年中国的最后一次交锋》), « Le Missioni Francescane »(《方济各会的使命》),1937,pp.35-36,61-63.

12.【基】D'Elia,P. M.,S. I.(德礼贤), *Due amici del p. Matteo Ricci ridotti all' unità*(《利玛窦的两位朋友》), in *Archivum Historicum Societatis Iesu*(《耶稣会历史档案馆》),VI,Roma,1937,pp.303-310.

13.【基】D'Elia,P. M.,S. I.(德礼贤), *Il p. Alessandro Valignano*(《范礼安神父》), « Ai Nostri Amici »(《致吾友》),8(1937),pp.310-315.

公元1938年

一、大事记

1.乔瓦尼·德博尼斯(Giovanni Debonis)以威达雷为笔名在《那不勒斯东方大学年鉴》(« Annali dell'Istituto Universitario Orientale »)上发表了题为《中国诗歌》(*Poesia cinese*)的文章。文中收入了一些作者有关《诗经》及唐诗的翻译作品。

2.雷永明(Gabriele M. Allegra)神父出版了他所翻译的公元前3世纪中国诗人屈原的《离骚》。这一《离骚》译本比首部意大利译本的出版晚了将近40年。

3.阿德里亚诺·卡尔博内(Adriano Carbone)首次将法家经典《韩非子》翻译成意大利文,并在兰恰诺(Lanciano)出版发行。

二、书（文）目录

历史与制度

1. Almagià, R.(阿尔马贾, 罗伯托), *La figura e l'opera di Marco Polo secondo recenti studi*(《有关马可·波罗及其作品的近期研究成果》), Roma: Istituto Italiano per il Medio ed Estremo Oriente, 1938.

2. Begheldo, A.(贝盖尔多), *I doni del Duca di Parma Ranuccio I Farnese per l'imperatore di Cina*(《帕尔玛公爵拉努其一世赠给中国皇帝的礼物》), « Le Missioni Illustrate »(《传教》), 35(1938), pp.280-287.

3. Caraci, G.(卡拉奇, 朱塞佩), *Il mappamondo cinese del padre Giulio Aleni, S. J. (sec. XVII)* [《艾儒略神父的中国地图（公元17世纪）》], « Bollettino della Società Geografica Italiana »(《意大利地图研究会杂志》), 75(1938), pp.385-426.

4. D'Elia, P. M., S. I.(德礼贤), *Daniele Bartoli e Nicola Trigault*(《达涅莱·巴杜利和金尼阁》), « Rivista Storica Italiana »(《意大利历史杂志》), 3(1938), pp.77-92.

5. D'Elia, P. M., S. I.(德礼贤), *Décoverte de nombreaux et importants documents relatifs à l'histoire des missions catholiques en Chine de 1580 à 1610*(《有关1580—1610年中国天主教传教史文献的重要发现》), in *Atti del XIX Congresso Internazionale degli Orientalisti*(《第19届东方学家国际研讨会论文集》), Roma, 1938, pp.693-698.

6. D'Elia, P. M., S. I.(德礼贤), *Il mappamondo cinese del p. Matteo Ricci (terza edizione, Pechino, 1602) conservato presso la Biblioteca Vaticana. Cod. Barb. Orient. 150* [《藏于梵蒂冈图书馆的利玛窦神父的中文世界地图（第三版，北京，1602）》], Città del Vaticano: Biblioteca Apostolica Vaticana, 1938.

7. D'Elia, P. M., S. I.(德礼贤), *La prochaine publication de la mappemonde chinoise du p. Matteo Ricci, conservée à la Bibliothèque Vaticane*(《藏于梵蒂冈的利玛窦神父中国地图的出版》), in *Atti del XIX Congresso Internazionale degli Orientalisti*(《第19届东方学家国际研讨会论文集》), Roma, 1938, pp.194-200.

8. D'Elia, P. M., S. I.(德礼贤), *Un dotto missionario italiano in Cina. Padre Mat-*

teo Ricci S. I. e il suo mappamondo cinese(《一个博学的意大利传教士在中国：耶稣会士利玛窦神父和他的中文世界地图》),« Le Vie del Mondo »(《世界之路》),6(1938),pp.385-396.

艺术、建筑、考古和音乐
9.【艺】Galvano,A.(加尔瓦诺,阿尔比诺),*L'arte dell'Asia Orientale*(《东亚艺术》),Firenze:Nemi,1938.

语言和语言史
10.D'Elia,P. M.,S. I.(德礼贤),*Il primo dizionario europeo-cinese e la fonetizzazione italiana del cinese*(《第一本中欧字典和中文的意大利语注音》),in *Atti del XIX Congresso Internazionale degli Orientalisti*(《第19届东方学家国际研讨会论文集》),Roma:Bardi Editore,1938,pp.172-178.

文学
11.Adespoto(佚名),*La Cina antica e moderna*(《古今中国》),*Raccolta di racconti cinesi classici e moderni*(《中国古典和现代故事集》),Shanghai:B.Perme,1938,p.255.

12.Allegra,G. M.,O. F. M.(雷永明)(tr. a cura di)(编译),Kiu Yuen(屈原),*Incontro al dolore*(《离骚》),Shanghai:A. B. C. Press,1938.

哲学
13.【法】Carbone,A.(卡尔博内,阿德里亚诺)(tr. a cura di)(编译),*Hanfeizi*(《韩非子》),Lanciano:Carabba,1938.

14.【基】D'Elia,P. M.,S. I.(德礼贤),*The Catholic Missions*(《天主教使命》),in H. G. W. Woodhead et alii(伍海德等)(edited by)(主编),*The China Year Book*(《中国年鉴》),North China Daily News and Herald(《字林西报》),Shanghai,1938,pp.427-444.

15.【基】Stanghetti,G.(斯坦盖蒂,朱塞佩),*L'opera di Matteo Ricci*(《利玛窦的

作品》),《Il Pensiero Missionario》(《传教思想》),10(1938),pp.317-322.

16.【儒】Vacca,G.(嘉华),*La prima traduzione araba del Lun Yü*(《〈论语〉的第一版阿拉伯文翻译》),《Oriente Moderno》(《现代东方》),18(1938),pp.184-188.

公元 1939 年

一、大事记

1.林语堂《生活的艺术》(*Importanza di vivere*)的意大利文版在米兰出版发行。该版《生活的艺术》中收录了一些非常好的中国诗歌的意大利文译作,其编者和译者为意大利著名诗人及作家皮耶罗·雅合(Piero Jahier)。这些中国诗歌的意大利文译作选自 20 世纪初期出版的中国诗歌译本。在此译本的序言中,译者雅合曾写道:"中华民族是我们这个时代最苦难深重的一个民族,却也是这一时期最乐观、最逆来顺受的民族:关于这点林语堂为我们揭示了其中的奥秘。林语堂曾解释说,我们生活在危险之中,因为我们可能会忘记我们也是动物,而完全脱离动物行为的人类生活是无论如何也无法进行下去的。生活无所谓幸运还是不幸,生活不需煞费苦心地经营,也不需诗人般的浪漫想象,更不要野心勃勃。生活的快乐可以来自最简单之处:我们自身或是他人、温暖的家或是冰冷的山、一棵树或是一颗星。林语堂的《生活的艺术》这本书,对于我们整个西方世界来说,它体现了中华文明 3000 年来的真正的智慧,教会了我们如何生活。"

2.乔治·莱维·德拉·维达(Giorgio Levi della Vida)在梵蒂冈图书馆馆刊中发表了一篇关于梵蒂冈图书馆馆藏东方手稿文献研究的论文,引起了意大利汉学界对于梵蒂冈图书馆中所藏汉文资料的关注及研究。

3.维尔玛·科斯坦蒂尼(Vilma Costantini)于 1939 年 6 月 1 日出生于佛罗伦萨,是作家、记者和中国学学者。她于 1963 年毕业于罗马大学斯拉夫及东方文学专业。她多次参加有关汉学的国际学术会议,经常赴华进行学术访问交流,并曾在中国国际广播电台担任意大利语组专家。她翻译了多部中国古汉语和现代汉语作品,其中比较重要的有《〈本草品汇精要〉:中国古代药理学手抄本》(*Pen ts'ao p'in hui ching yao* 'antico codice cinese di farmacologia')、《巴金著〈憩园〉》(*Pa Kin*:*Il giardino del riposo*)、《王蒙著〈西藏遐想〉》(*Wang Meng*:*Pensieri vaganti nel Tibet*)。

4. 1939 年 9 月第二次世界大战爆发,在法西斯的政治封锁下,意大利的学术研究也变得异常艰难。

二、书(文)目录

书目提要和汉学史

1.Levi della Vida,G.(莱维·德拉·维达,乔治),*Ricerche sulla formazione del più antico fondo dei manoscritti orientali della Biblioteca Vaticana*(《梵蒂冈图书馆东方古籍构成研究》),Città del Vaticano:Biblioteca Apostolica Vaticana,1939.

2.Vacca,G.(嘉华),*Il contributo italiano agli studi nel campo delle lingue e letterature dell' Estremo Oriente,negli ultimi cento anni*(《近百年来意大利在远东语言、文学领域的贡献》),in *Un secolo di progresso scientifico italiano*,*1839-1939*[《一个世纪的意大利科学发展(1839—1939)》],Roma:Società Italiana per il Progresso delle Scienze,1939,pp.173-187.

历史与制度

3.Costanza,A.(科斯坦扎,阿梅代奥),*Controversie,contrasti politici ed ingerenze militari negli ultimi anni della dinastia Ch'ing*(《清末的政治争端和军事干涉》),Napoli:L. Banfi,1939.

4.D'Elia,P. M.,S. I.(德礼贤),*Il mappamondo cinese del p.Matteo Ricci S. I.*(《耶稣会士利玛窦神父的中文世界地图》),《 La Civiltà Cattolica 》(《天主教文明》),90(1939),2,pp.356-365.

艺术、建筑、考古和音乐

5.【建】Chelazzi,P.(凯拉齐,保罗),*Note sull' architettura cinese*(《论中国建

筑》),《Il Marco Polo》(《马可·波罗》),1(1939),1,pp.69-78.

6.【艺】D'Elia,P. M.,S. I.(德礼贤),*Le origini dell'arte cristiana cinese(1583-1640)*[《中国基督教艺术起源(1583—1640)》],Roma:Reale Accademia d'Italia,1939.

7.【艺】D'Elia,P. M.,S. I.(德礼贤),*Missionari artisti in Cina*(《传教士艺术家在中国》),《La Civiltà Cattolica》(《天主教文明》),90(1939),1,pp.61-72,130-139.

文学

8.Adespoto(佚名)(tr. a cura di)(编译),*Due poeti del periodo Tang*(《唐朝的两位诗人》),《Il Marco Polo》(《马可·波罗》),1(1939),2,pp.42-45.

9.Jahier,Piero(雅合,皮耶罗),*Importanza di vivere*(《生活的艺术》),Milano:Bompiani Editore,1939.

哲学

10.【道】Adespoto(佚名)(tr. a cura di)(编译),*Tao-te-king(Il libro della Via)*(《道德经》),Mantova:Tipografia A.Ognibene,1939.

11.【儒】D'Elia,P. M.,S. I.(德礼贤),*Gli onori resi a Confucio e ai morti in Cina*(《向孔子和在中国死去的人致敬》),in《Osservatore Romano》(《罗马观察报》),Roma,17(dicembre 1939).

12.【基】D'Elia,P. M.,S. I.(德礼贤),*Il p.Matteo Ricci:Fondatore delle moderne missioni della Cina(1552-1610)*[《耶稣会士利玛窦神父(1552—1610):中国现代传教使命的奠基人》],in *I grandi missionari*(《伟大的传教士》),Roma:Unione Missionaria del Clero in Italia,1939,pp.127-176.

13.【基】Falzone,G.(法尔佐拉,加埃塔诺),*Fra' Giovanni da Pian del Carpine*(《方济各会传教士约翰·柏郎嘉宾》),Palermo:La Gancia,1939.

14.【基】Torresani,U.(托雷萨尼,乌戈),*I grandi italiani in Cina.Note su Matteo Ricci*(《伟大的意大利人在中国:利玛窦》),《Il Marco Polo》(《马可·波罗》),1(1939),2,pp.89-101.

15.Vacca,G.(嘉华),*Le religioni dei Cinesi*(《中国人的宗教》),in p.Tacchi

Venturi, S. I. (汾屠立), *Storia delle religioni*(《宗教史》), I, Torino: Unione Tipografico-Editrice Torinese, 1939, pp.513-548.

16.【基】Vismara, S., O. S. B. (维斯马拉, 西尔维奥), *Il Matteo Ricci, S. J., missionario e cartografo della Cina*(《耶稣会士利玛窦：赴华传教士和制图专家》), «Vita e Pensiero»(《生命和思想》), 25(1939), pp.374-378.

科学和科学史

17. Muto-Nardone, P. (穆托·纳尔多内, 彼得), *Medicina cinese e medicina occidentale*(《中医与西医》), «Il Marco Polo»(《马可·波罗》), 1(1939), 1, pp.79-86.

18. Piaggio, M. (皮亚焦, 曼利奥), *La medicina cinese. Storia, filosofia, concezione scientifica*(《中医的历史、哲学与科学概念》), Torino: Minerva Medica, 1939.

公元 1940 年

一、大事记

1.德礼贤在《格里高利杂志》上发表题为《耶稣会士利玛窦神父将基督教最终传入中国》的论文。论文开篇讲述了基督教三次以不同形式传入中国的历史：公元 635 年景教传入中国；公元 1294 年，意大利方济各会会士孟高维诺（Giovanni da Montecorvino）以教廷使节身份来到中国，并获准在京城设立教堂传教，天主教由此正式传入中国；1583 年罗明坚（Michele Ruggieri）、利玛窦（Matteo Ricci）等耶稣会士进入中国，掀起了天主教入华传教的又一次高潮。接下来，作者用了大量篇幅讲述利玛窦从青少年时期在耶稣会学校求学到来华传教直至去世的经过。其中对利玛窦来华传教的描述应该取材于利玛窦的手稿《耶稣会远征中国史》。

2.德礼贤在《天主教文明》发表题为《古代中国的宗教思想》的论文。这篇论文起笔于中华文明初期的神话，通过对中华文明初期历史文献的分析，阐释了中国人的宗教观念。同时，他还分析了孔子、墨子的自然神学，并对中国的多神论和佛教进行了探讨。

3.意大利中国学学者富安敦（Antonio Forte）出生。他曾在那不勒斯东方大学学习中国学和日本学，并于1964年毕业，获得东亚语言文学文凭。随后他在东京大学学习中国佛学。从1981年起，他在那不勒斯东方大学东亚宗教和哲学专业任教，主要研究领域为1—10世纪中国历史。其主要论著包括《迪婆伽罗（613—688）：在唐代中国的一位印度人僧侣》（*Divakara [613-688], un Monaco indiano nella Cina dei T'ang*）、《天体钟发展史上的明堂与佛教乌托邦（由女皇武则天修建的塔、雕像和浑天仪）》（用英文发表，标题为 *Mingtang and Buddhist Utopias in the History of the Astronomical Clock. The Tower, Statue and Armillary Sphere Constructed by Empress Wu*）。

4.在意大利工作的波兰汉学家石施道（Gawlikowski Krzystof）出生。其于1966年获得华沙大学心理学学士学位，1971年获得华沙大学政治学院博士学位，曾任华沙波兰科学院历史研究所副教授。1981年他移居意大利，在那不勒斯东方大学研究所工作，教授中国思想史课程。石施道的主要论著包括《处在一场新的斗争中心的孔夫子》（用英文发表，标题为 *Confucius at the Centre of a New Struggle*）、《中国与欧洲的邂逅：19世纪的军事改革》（*China's Encounter with Europe. The Military Reforms of the 19th Century*）。

二、书（文）目录

历史与制度

1.Caraci, G.（卡拉奇，朱塞佩），*Nuovi studi sull'opera cartografica del p. Matteo Ricci*（《有关利玛窦神父地图作品的新研究》），« Rivista Geografica Italiana »（《意大利地理杂志》），47(1940)，pp.25-66,124-173.

2.D'Elia, P. M., S. I.（德礼贤），*I primi albori della luce cattolica in Cina*（《天主教之光在中国的开端》），« La Civiltà Cattolica »（《天主教文明》），IV, Roma, 1940, pp.286-300.

3.Sanesi, I.（萨内西，伊雷尼奥），*Una traduzione immaginaria di poesie cinesi*（《对中国诗歌富于想象力的翻译》），« Convivium »（《宴会》），18(1940)，pp.131-142.

4.Zuccarelli,R.(祖卡雷利,雷纳托),*Asia ed Europa.Introduzione storica all'intelligenza dei rapporti fra Oriente ed Occidente*(《亚洲和欧洲:东西汇通的历史绪论》),Torino:Garzanti,1940.

艺术、建筑、考古和音乐

5.【艺】Costantini,C.(科斯坦蒂尼,切尔索),*L'arte cristiana in Cina*(《基督教艺术在中国》),《Il Marco Polo》(《马可·波罗》),2(1940),5,pp.25-32,33-40.

6.【艺】Costantini,C.(科斯坦蒂尼,切尔索),*L'arte cristiana nelle missioni.Manuale d'arte per i missionari*(《传教中的基督教艺术:传教士的艺术教科书》),Città del Vaticano:Tipografia Poliglotta Vaticana,1940.

7.【艺】D'Elia,P.M.,S.I.(德礼贤),*L'arte cristiana nelle missioni*(《传教使命中的基督教艺术》),《La Civiltà Cattolica》(《天主教文明》),91(1940),4,pp.364-374.

8.【艺】Taliani,F.M.(塔利亚尼,弗朗切斯科),*Umiltà e nostalgia del Castiglione*(《郎世宁的谦逊和思乡》),《Il Marco Polo》(《马可·波罗》),2(1940),4,pp.34-40,41-48(in inglese)(英文版).

9.【考】Torresani,U.(托雷萨尼,乌戈),*Jade:Imperial Gem*(《玉:皇家宝石》),《Il Marco Polo》(《马可·波罗》),2(1940),6,pp.105-115.

文学

10.Pelagoti,G.(佩拉戈蒂)(tr. a cura di)(编译),*La poesia cinese antica*(《中国古代诗歌》),《Il Marco Polo》(《马可·波罗》),2(1940),5,pp.60-61;2(1940),6,pp.77-79.

哲学

11.Bellotti,R.(贝洛蒂,罗密欧),*Cina pagana.Riti e superstizioni*(《世俗中国:仪式和迷信》),Milano:Pontificio Istituto Missioni Estere,1940.

12.【基】D'Elia,P.M.,S.I.(德礼贤),*Il p. Alessandro Valignano(1539-1606)*[《范礼安(1539—1606)》],in *I Grandi Missionari*(《伟大的传教士》),Roma:Seconda Serie,1940,pp.119-170.

13.【基】D'Elia, P. M., S. I.（德礼贤）, *Il p. Matteo Ricci introduce definitivamente il cristianesimo in Cina*（《耶稣会士利玛窦神父将基督教最终传入中国》）, «Gregorianum»（《格里高利杂志》）, 21(1940), pp.492-526.

14.【基】D'Elia, P. M., S. I.（德礼贤）, *Il pensiero religioso della Cina antica*（《古代中国的宗教思想》）, «La Civiltà Cattolica»（《天主教文明》）, 91(1940), 4, pp.161-173.

15.【基】D'Elia, P. M., S. I.（德礼贤）, *La recente istruzione della S. C. di Propaganda Fide sui riti cinesi*（《传信部就中国礼仪问题的最新指示》）, «La Civiltà Cattolica»（《天主教文明》）, 91(1940), 1, pp.123-137, 191-202.

16.Pelerzi, E., S. X.（贝雷兹，欧金尼奥）, *Il Buddismo in Cina*（《佛教在中国》）, «Il Marco Polo»（《马可·波罗》）, 2(1940), 5, pp.69-76.

公元 1941 年

一、大事记

皮耶罗·雅合（Piero Jahier）于 1939 年翻译出版的意大利文版林语堂的《生活的艺术》（*Importanza di vivere*），被收录于《思想之旅》（*Avventure del pensiero*）文化系列丛书，并于米兰再版发行。《思想之旅》文化系列丛书是一套表现现当代文人思想、文化生活的文集汇编，所收录的作品都是从世界各地精挑细选而来的，大多以表现现当代文人精神生活为主题。整部文集汇编向我们展示了一个充满哲思智慧与人文关怀，并不同于以往思维模式的精神世界。《生活的艺术》的意大利文译本被收录在该套丛书的第 31 册，在提到收录初衷时，丛书编写委员会曾提到："这是一本征服了世界的书。它严肃中不失活泼、天真中蕴有深度，貌似玩世不恭却彬彬有礼。全篇诙谐幽默，充满了中国人几千年来的智慧。这本书被收录于此套丛书，向我们传递了来自另外一个世界的声音，这个世界享有生活幸福的真义：精神上的宁静与感官上的享受。"

二、书（文）目录

历史与制度

1. Cavagliotti, M.（卡瓦利奥蒂，米凯莱）, *Nascita e sviluppo della civiltà cinese. Dalla fondazione alle rivoluzioni*（《中华文明的诞生和发展：从建立到革命》）, Alessandria: Tipografie unite ed artigianali, 1941.

2. Vacca, G.（嘉华）, *Sull'opera geografica del p. Matteo Ricci*（《利玛窦神父的地理作品》）, « Rivista Geografica Italiana »（《意大利地理杂志》）, 48(1941), pp.66-74.

艺术、建筑、考古和音乐

3.【艺】Fausti, R., S. I.（福斯蒂，罗马诺）, *Le origini dell'arte cristiana cinese*（《中国基督教艺术起源》）, « La Civiltà Cattolica »（《天主教文明》）, 92(1941), 3, pp.123-134.

哲学

4.【道】Adespoto（佚名）(tr. a cura di)（编译）, *Il Libro di Ciuang-tse ed alcuni altri detti memorabili*（《〈庄子〉及其他值得记住的格言》）, Roma: Editrice G. Salvezza, 1941.

5.【基】D'Elia, P. M., S. I.（德礼贤）, *Alessandro Valignano e l'introduzione definitiva del cristianesimo in Cina*（《耶稣会士范礼安和基督教最终传入中国》）, « La Civiltà Cattolica »（《天主教文明》）, 92(1941), 1, pp.124-135.

6.【基】Elli, E., P. I. M. E.（埃利，欧金尼奥）, *Nespolo miracoloso. Racconti cinesi vecchi e nuovi*（《神奇的枇杷：中国的老故事和新故事》）, Milano: Pontificio Istituto Missioni Estere, 1941.

7.【道】Siao Sci-Yi, P.（萧释义，保罗）(tr. a cura di)（编译）, *Il Tao-te-king di Lao-tse. Prima traduzione da un testo critico cinese*（《老子的〈道德经〉：第一版中文评论版译文》）, Bari: Laterza, 1941.

8.【基】Silvestri, C.（西尔韦斯特里，奇普里亚诺）, *Il primo apostolo della Cina*:

Giovanni da Montecorvino(《第一位赴华使徒:孟高维诺》),Roma:Scuola Tip. Don Luigi Guanella,1941.

9.【基】Strizoli,G.,P. I. M. E.(斯特里佐利,朱塞佩),*I grandi italiani in Cina. Padre Lazzaro Cattaneo*(*1640 – 1940*)[《伟大的意大利人在中国:郭居静神父（1640—1940）》],«Il Marco Polo»(《马可·波罗》),2(1940),6,pp. 24-47;3(1941),7,pp. 13-41.

公元1942年

一、大事记

1. 德礼贤神父在《新文选》(«Nuova Antologia»)杂志上发表了一篇梳理意大利汉学发展史的文章《意大利汉学研究起源》(*L'Italia alle origini degli studi sulla Cina*)。这篇论文是最早探讨意大利汉学发展起源的文章之一。文章介绍了意大利汉学在发展的不同时期所取得的成就及涌现出的杰出汉学家。

2. 德礼贤神父在意大利皇家学院(Reale Accademia d'Italia)的资助下,出版了《利玛窦神父的文献资料》(*Fonti Ricciane*)的第一部分。《利玛窦神父的文献资料》是一部规制宏大的作品,旨在收录利玛窦神父所有已出版与未出版的作品。其中应包括利玛窦的《札记》《信札》及用中文和西文撰写的所有作品。然而,因为资金问题等种种原因,德礼贤神父最终只出版了利氏的《基督教传入中国史》(*Storia della introduzione del cristianesimo in Cina*),即《利玛窦中国札记》。《基督教传入中国史》这个题目是德礼贤神父自行拟定的,利玛窦神父手稿的原题为《耶稣会远征中国史》(*Della entrata della compagnia di Giesu e Christianità in Cina*)。1942年出版的《利玛窦神父的文献资料》即是《札记》的第一部分(CLXXX-390),《札记》的其余部分于1949年出版(XXXVI-652和XII-372)。德礼贤为利玛窦(Matteo Ricci)神父用意大利文和葡萄牙文写作的《耶稣会远征中国史》做了百科全书式注解,对利玛窦用西文标音的人名、地名等进行了细致的考证。这部作品至今仍是利玛窦研究领域最具权威的文献资料。

3.北平的"中意文化协会"出版了《汉译意国书籍及关于意国之汉籍目录》一书。

4.尼古拉·尼科利尼(N. Nicolini)编写的《那不勒斯东方大学：历史渊源与学院宗旨》(*L' Istituto Orientale di Napoli.Origini e statuti*)一书，在罗马出版发行。尼古拉·尼科利尼在书中系统回顾了那不勒斯东方大学的发展历程，同时他也详细介绍了学院现今的发展状况。

二、书（文）目录

书目提要和汉学史

1.D'Elia,P. M.,S. I.(德礼贤),*L' Italia alle origini degli studi sulla Cina*(《意大利汉学研究起源》),《 Nuova Antologia 》(《新文选》),422(1942),1688,pp.148-160.

2.Nicolini,N.(尼科利尼,尼古拉),*L' Istituto Orientale di Napoli.Origini e statuti*(《那不勒斯东方大学：历史渊源与学院宗旨》),Roma：Edizioni Universitarie,1942.

历史与制度

3.D'Elia,P. M.,S. I.(德礼贤),*Matteo Ricci S.I., geografo e cartografo*(《耶稣会士利玛窦：地理学家和制图学家》),《 Rassegna Italiana 》(《意大利杂志》),25(1942),pp.87-97.

4.Pepe,G.(佩佩,加布里埃莱),*Italiani del Medioevo in Estremo Oriente*(《中世纪意大利人在远东》),Milano：Istituto per gli Studi di Politica Internazionale,1942.

艺术、建筑、考古和音乐

5.【艺】Cionfi,P.(琼菲,彼得),*Sull' arte. Motivi e tipologie dalla Cina antica*(《中国古代艺术的主题和类型》),Roccanova：Tipografia 'La Sella',1942.

语言和语言史

6.Caprile,E.(卡普里莱,恩里科),*Origine, forma e spirito della scrittura cinese*

(《汉字的起源、形式和精神》),《 Asiatica 》(《亚洲学报》),8(1942),pp.381-391.

文学

7. Adespoto(佚名), *La poesia cinese*(《中国诗歌》),《 Il Marco Polo 》(《马可·波罗》),2(1942),6,pp.77-79.

哲学

8.【基】D'Elia,P. M.,S. I.(德礼贤), *Fonti Ricciane*(《利玛窦神父的文献资料》),3 voll,Roma:Libreria dello Stato,1942,1949.

9.【基】D'Elia,P. M.,S. I.(德礼贤), *I metodi dei grandi missionari della Campagnia di Gesù alla luce dei recenti documenti pontifici*[《耶稣会伟大传教士的传教策略(根据教廷文件的记载)》],in *La Compagnia di Gesù e le scienze sacre*(《耶稣会和神圣科学》),Roma:Apud Aedes Universitatis Gregorianae,1942,pp.203-264.

10.【基】Tucci,G.(图齐,朱塞佩), *Matteo Ricci*(《利玛窦》),《 Annuario dell'Università di Macerata 》(《马切拉塔大学年鉴》),15(1942),pp.V-XVI.

公元 1943 年

一、大事记

1.米凯莱·苏波(Michele Suppo)翻译的《中国文学史纲要》(*Sommario storico di letteratura cinese*)在澳门出版发行。《中国文学史纲要》对中国文学作品的介绍上溯至"四书""五经"时代中国古典文学作品的写作题材及风格特点,下至鲁迅、梁启超、徐志摩等现当代文学作品创作。

2.1943 年,乔治亚·瓦伦丝(Giorgia Valensin)根据亚瑟·魏雷(Arthur Waley)的中国诗译作转译的《中国抒情诗(公元前 1753—公元 1278)》(*Liriche cinesi 1753a.C.—1278d.C.*)正式出版。诺贝尔文学奖得主意大利著名诗人欧金尼奥·蒙塔莱(Eugenio Montale,1896—1981)为该书撰写了序言,后来,这部《中国抒情诗》被多次再版。

3.意大利著名汉学家史华罗(Paolo Santangelo)出生。史华罗是那不勒斯东方大学中国历史学教授,兼任罗马大学东方学院东亚历史学教授,欧洲汉学学会、意大利汉学学会成员。自1992年起,其担任《明清研究》(*Ming Qing Yanjiu*)主编,主要从事中国明清史学研究。该研究不仅从经济角度研究入手,更注重明清社会人文精神的变化,揭示情感在明清社会文化生活中的重要地位。他在许多国际性刊物上发表了众多文章,并出版多部著作,其中包括《中国之"罪":14世纪至19世纪中叶新儒家的"善恶观"》(*Il 'peccato' in Cina. Bene e male nel neoconfucianesimo dalla metà del XIV alla metà del XIX secolo*)、《15至19世纪中华帝国文学中的"嫉妒"》(*Gelosia nella Cina imperiale attraverso la letteratura dal XV al XIX secolo*)、《中华帝国的爱情》(*Le passioni nella Cina imperiale*)、《中国梦——通过明清小说体现出的集体想象》(*Il sogno in Cina. L'immaginario collettivo attraverso la narrativa Ming e Qing*)等。

二、书（文）目录

历史与制度

1.Auriti,G.(奥里蒂,贾钦托),*L'autoritarismo dei 'Legali' e la fondazione dell' Impero cinese*(《"法家"的独裁和中华帝国的建立》),«Asiatica»(《亚洲学报》),9(1943),pp.21-29.

2.D'Elia,P. M.,S. I.(德礼贤),*Carovane di mercanti-ambasciatori dalla Siria alla Cina,attraverso l'Asia centrale nel 1627,secondo documenti inediti*(《关于1627年商贾使者的大篷车穿越中亚从叙利亚到中国的未出版的历史文献》),«Studia Missionalia»(《传教研究》),1(1943),pp.303-379.

3.Olschki,L.(奥斯基),*Marco Polo's Precursors*(《马可·波罗的先驱们》),Baltimore:The Johns Hopkins Press,1943.

4.Orpello,M.(奥尔佩利,马尔切洛),*Sui movimenti di rivolta nella Cina imperial*(《论中华帝国的起义运动》),Milano:Tipografia E.Picciafuoco,1943.

文学

5.Allegra,G. M.,O. F. M.(雷永明神父)(tr. a cura di)(编译),*Le rapsodie di Ccju.Libro Ⅲ.Le domande celesti*(《屈原的史诗〈天问〉第三章》),《Il Marco Polo》(《马可·波罗》),4(1943),13,pp.79-96;4(1944),14,pp.117-140.

6.Suppo,M.(苏波,米凯莱),*Sommario storico di letteratura cinese*(《中国文学史纲要》),Macao:Scuola Salesiana del Libro,1943.

7.Valensin,G.(瓦伦丝,乔治亚)ed Montale,E.(蒙塔莱,欧金尼奥)(tr. a cura di)(编译),*Liriche cinesi(1753a.C.-1278 d.C.)*[《中国抒情诗(公元前1753—公元1278)》],Torino:Einaudi,1943.

哲学

8.【道】Adespoto(佚名)(tr. a cura di)(编译),Tsuang-tse 庄子,*Discorsi e parabole*(《言论和寓言》),Milano:Fratelli Bocca,1943.

9.【基】D'Elia,P. M.,S. I.(德礼贤),*Il contributo dei missionari cattolici alla scambievole conoscenza della Cina e dell'Europa*(《天主教传教士对中欧之间的相互了解做出的贡献》),in *Le missioni cattoliche e la cultura dell'Oriente*(《天主教传教使命和东方文化》),Roma:Istituto Italiano per il Medio ed Estremo Oriente,1943,pp.27-109.

10.【道】Novaro,M.(诺瓦罗,马里奥)(tr. a cura di)(编译),Ciuangze 庄子,*Acque d'autunno.Nuova edizione accresciuta e corretta*(《秋水:校对增补版》),Roma:Istituto Grafico Tiberino,1943.

11.【基】Orlini,A. M.(奥利尼,阿方索),*Fra Giovanni di Pian del Carpine.Ambasciatore di Roma*(《约翰·柏郎嘉宾:罗马的使者》),Padova:Messaggero di S. Antonio,1943.

12.【基】Vacca,G.(嘉华),*Matteo Ricci apostolo della Cina*(《中国的使徒利玛窦》),《Nuova Antologia》(《新文选》),425(1943),1700,pp.139-143.

三、备注

Paolo Santangelo（史华罗）

1943 年,史华罗出生于意大利戈里齐亚(Gorizia)。他自幼就对汉学具有浓厚兴趣,曾就读于意大利北部文科高中,后遵从父母意志进入罗马大学法律系学习,并于 1966 年毕业,获得硕士学位。在大学期间,他同时在罗马大学东方研究学院学习汉语和中国文化,这个学院是由著名藏学家朱塞佩·图齐主持创建的。随后,他获得奖学金赴香港进行短期学习。1974 年,他放弃大公司的丰厚薪金,开始在那不勒斯东方大学担任教学和汉学研究工作。那不勒斯东方大学是西方历史最为悠久的汉学研究机构之一,多年以来一直被视为意大利汉学研究的中心。史华罗的研究早期从中国和朝鲜社会历史开始,关注明清时期中国的社会、经济发展变化,以及其他远东国家,主要是朝鲜的相关发展情况。这一阶段他发表了《关于中国和朝鲜之间的关系和性质——中华帝国和朝鲜王国:对一个关于所谓的中国中央制范围的报告之分析》(*Sulla natura dei rapporti fra Cina e Coreana. Impero cinese e regno coreano: analisi di un rapporto nell'ambito del cosidetto sistema sinocentrico*)、《苏州织造:明清两朝间政府干预形成的局限与特色》(该文用英文发表,标题为 *The Imperial Factories of Suzhou: Limits and Characteristics of State Intervention during the Ming and Qing Dynasties*)等论著。20 世纪 90 年代起,他的研究兴趣发生变化,转向明清思想史和心态史学,特别是情感文化、道德表现等方面。他在这一领域的研究成绩斐然,出版了《中国思想史》(*Storia del pensiero cinese*, Roma: Newton Compton, 1995)、《中国之"罪":14 世纪至 19 世纪中叶新儒家的"善恶观"》(*Il "peccato" in Cina. Bene e male nel neoconfucianesimo dalla metà del XIV alla metà del XIX secolo*)、《中华帝国的爱情》(*Le passioni nella Cina Imperiale*)、《中国梦——通过明清小说体现出的集体想象》(*Il sogno in Cina. L'immaginario collettivo attraverso la narrativa Ming e Qing*)、《明清文学作品中的情感、心境词语研究》(*Analisi testuale delle espressioni e dei termini relativi alle emozioni e stati d'animo nella letteratura Ming e Qing*)、《中国的"情"与"欲":从 14 世纪至 19 世纪中叶新儒家的反思》(*Emozioni e desideri in Cina. La riflessione neoconfuciana dalla met del*

XIV alla met del XIX secolo)等论著。

近年来他的研究工作沿着两个方向开展:其一,16 至 19 世纪的中国形象,尤其关注"心境"和情感感受。其二,东亚社会史研究。他主持了众多项目,对中国社会、道德演变及明清情感文化进行调查。他运用心态史学的心理分析手段考察明清历史文献,从这个新颖的角度审视那段时期各种类型人物的欲望、动机和价值观,审视明清各种社会集团、各种阶层的精神风貌。他几乎查阅了所有中国哲学文献,在综合了中国文化和西方心理学的基础上将情感分为五种类型:"消极反应类型、积极反应类型、满意反应类型、攻击性反应类型、不满反应类型,分别和恐—惊,好—爱—欲,喜—乐,恶—怒,忧—悲—哀相对应。"① 史华罗在这个领域的著述颇丰,影响比较大的有《明清文学作品中的情感、心境词语研究》(Analisi testuale delle espressioni e dei termini relativi alle emozioni e stati d'animo nella letteratura Ming e Qing)、《中国历史中的情感文化:一部对明清作品的跨学科文本研究》(Sentimental Education in Chinese History: an interdisciplinary textual research on Ming and Qing sources)、《中国之爱情——对中华帝国数百年来文学作品中爱情问题的研究》(L'amore in Cina-Attraverso alcune opere letterarie negli ultimi secoli dell'impero)等。

《明清文学作品中的情感、心境词语研究》以明清时期几十部文学作品中的部分情感词汇为例证,对明清时期中国人的情感状况进行归类、分析、比较,力图探讨那个时期中国人情感的类别、情感的反映方式、民间和官方对情感的态度等问题,借此透视中国人的民族特性及情感在明清时期社会文化发展过程中的重要地位。此书综合运用心理学、历史学、社会学等多种学科的理论分析文学作品中的情感词汇,令人很受启发。

在《中国历史中的情感文化:一部对明清作品的跨学科文本研究》一书中,史华罗教授以明清小说为主体,探讨其中有关词语和表达方式的使用情况。他对文献中的心境、情感词语进行明确、详细的分析,挖掘词语的文化内涵,为研究者进行中西方情感词语的对比研究提供了很大方便。

---

① 朱秋娟:《重构明清时期中国人的情感生活——史华罗教授访谈录》,《文艺研究》,2011 年,第 10 期。

《中国之爱情——对中华帝国数百年来文学作品中爱情问题的研究》一书分为两部分,第一部分为"中国不同的'爱情'及爱情崇拜",第二部分为"女性的魅力与传统道德"。史华罗教授在此书中探讨了中华文化中爱情的形式和特点及爱情的价值和对爱情的崇拜。

公元 1944 年

一、大事记

1. 在德礼贤神父的作品《中国文选:从古至今》(*Antologia cinese, dalle origini ai nostri giorni*)中,他翻译了一些耶稣会传教士用中文写作的介绍中国伦理哲学的作品,选录并翻译了从《诗经》直至梁启超及蔡元培时期的多种诗歌作品。

2. 由路易吉·万尼切利(Luigi Vannicelli)神父撰写的《罗罗信仰》(*La religione dei Lo-lo*)一书在米兰出版发行。路易吉·万尼切利神父在该书中详细介绍了中国西南少数民族,特别是中国西藏与缅甸交界地带生活的彝族中存在的一种原始图腾信仰。对于彝族的关注从早期来华西方传教士时期就已经开始,尤其是当他们看到有些彝族人长着西方人一般健硕的体格时,曾感到非常惊讶。路易吉·万尼切利神父的这部《罗罗信仰》不但描写了彝族人的民族风俗,也描述了他们的自然崇拜,记录了他们口耳相传的很多古老传说,是一部从宗教信仰角度研究少数民族的优秀著作。

3. 意大利著名汉学家马里奥·萨巴蒂尼(Mario Sabattini)出生。他是威尼斯卡·福斯卡里大学中国语言文学专业教授、意大利中东及远东研究院东方语言和文化培训班主任、意大利研究中国协会领导委员会成员、欧洲研究中国协会会员。他的主要研究领域是中国历史和中国美学思想史。他多次访问中国,并在学术会议上做重要发言。他的主要论著包括《从列国到中央集权的帝国》(*Dagli stati regionali all'impero centralizzato*)、《一个富有争议的历史人物:李秀成》(*Un personaggio storico controverso: Li Xiucheng*)等。

二、书（文）目录

艺术、建筑、考古和音乐

1.【考】D'Elia, P. M., S. I.（德礼贤）, *Importanti scoperte archeologiche in Cina. I. La scrittura del secolo XIII a.C.; II. Le belle arti e le arti affini nei secoli XIII-XI a.C.; III. La vita sociale nei secoli XIII-XI a.C.*（《中国重要的考古发现：Ⅰ公元前13世纪的手稿；Ⅱ公元前13世纪—公元前11世纪的美术；Ⅲ公元前13世纪—公元前11世纪的社会生活》），《 La Civiltà Cattolica 》（《天主教文明》），95（1944），3，pp. 214-225；4，pp.15-25，289-300.

文学

2. D'Elia, P. M., S. I.（德礼贤）, *Antologia cinese dalle origini ai nostri giorni*（《中国文选从古至今》），Firenze: Sansoni, 1944.

公元 1945 年

一、大事记

1. 德礼贤神父首次在《诗：国际特刊》中发表了几篇先秦诗歌翻译小品，这些诗歌主要出自《诗经》。德礼贤神父对《诗经》中部分诗歌作品的关注，推动了第二次世界大战后意大利汉学界的重建，特别是恢复了对中国古典作品的翻译活动。

2. 德礼贤在《天主教文明》上发表题为《1601年北京宫廷中的意大利乐曲和歌曲》的论文，将利玛窦的中文作品《西琴曲意八章》翻译成意大利文。德礼贤于1955年又在《东方研究期刊》上发表了题为《意大利音乐和歌曲在北京（1601年3—4月）》的论文，再次翻译了《西琴曲意八章》，在这版翻译中，作者在意大利译文旁边附上了中文原文。

3.白佐良教授出版了其首部翻译作品《陶渊明诗歌》。白佐良教授在译作《陶渊明诗歌》中翻译了陶潜的《拟挽歌辞》(Tre canti funebri)。之后,其还将一部分诗歌译文发表于同年出版的《诗:国际特刊》杂志第二期上。

4.由斯普雷亚菲科·卢恰纳·马格里尼(Spreafico Luciana Magrini)翻译的"四书"在米兰出版发行。其在"四书"中不但翻译了《论语》及《孟子》,而且也翻译了"四书"的其他内容,是那一时期对儒家典籍选本最多的意大利文译著。

二、书(文)目录

艺术、建筑、考古和音乐

1.【考】D'Elia, P. M., S. I.(德礼贤), *Importanti scoperte archeologiche in Cina. IV. Le origini leggendarie dei Ceu (XXI-XI sec. a. C.); V. Le origini storiche dei Ceu (XI sec. a. C.)* [《中国重要的考古发现:IV 神话传说中周朝的起源(公元前21世纪—公元前11世纪);V 历史记载的周朝的起源(公元前11世纪)》], «La Civiltà Cattolica»(《天主教文明》),96(1945),1,pp.302-310;2,pp.179-191.

2.【音】D'Elia, P. M., S. I.(德礼贤), *Sonate e canzoni italiane alla Corte di Pechino nel 1601* (《1601年北京宫廷中的意大利乐曲和歌曲》), «La Civiltà Cattolica»(《天主教文明》),96(1945),3,pp.158-165.

文学

3.Bertuccioli, G.(白佐良)(tr. a cura di)(编译), *Tre canti funebri*(《拟挽辞》), «Poesia. Quaderni Internazionali»(《诗:国际特刊》),2(1945),pp.487-488.

4.D'Elia, P. M., S. I.(德礼贤), *Le origini della poesia in Cina*(《中国诗歌起源》), «Poesia»(《诗》),1(1945),pp.213-215.

5.D'Elia, P. M., S. I.(德礼贤), *Poeti cinesi dell'XI, VIII e VII secolo a.C. Traduzione e note* [《公元前11世纪、公元前8世纪和公元前7世纪的中国诗歌(翻译及注释)》], «Poesia»(《诗》),1(1945),pp.216-226.

哲学

6.【基】D'Elia, P. M., S. I.（德礼贤）, *I primi influssi del Cristianesimo sulla donna in Cina*（《天主教对中国妇女的最初影响》）, in «Osservatore Romano»（《罗马观察报》）, Roma, 5（agosto 1945）.

7.【儒】Magrini, S. L.（马格里尼, 斯普雷亚菲科·卢恰纳）(tr. a cura di)（编译）, Confucio e Mencio（孔子和孟子）, *I quattro libri: la Grande Scienza, il Giusto Mezzo, il libro dei Dialoghi e il libro di Mencio*（《四书：〈大学〉〈中庸〉〈论语〉〈孟子〉》）, Milano: Fratelli Bocca, 1945.

8.Vannicelli, L., O. F. M.（万尼切利, 路易吉）, *Pensatori cinesi*（《中国思想家》）, Brescia: La Scuola, 1945.

公元 1946 年

一、大事记

1.朱塞佩·图齐教授撰写的《虔诚的亚洲》（*Asia religiosa*）一书在罗马出版发行。书中介绍了亚洲地区所存在的种种宗教信仰及这些宗教信仰在亚洲不同国家与地区的传承与发展，其中对于中国宗教信仰部分的介绍尤为详细。朱塞佩·图齐教授还在文中探讨了中国对整个"大中华文化圈"在宗教信仰方面的影响。

2.威尼斯卡·福斯卡里大学满族语言文学教授乔瓦尼·斯塔瑞（Giovanni Stary）出生。乔瓦尼·斯塔瑞毕业于那不勒斯东方大学中国古典语言文学专业，现任威尼斯卡·福斯卡里大学满族语言文学教授。其主要研究领域为满族文学，主要论著包括《一位满族萨蛮教徒的阴间之旅》（*Viaggio nell'oltretomba di una sciamana mancese*）、《汉、满文篆字》（德文发表，标题为 *Die chinesischen und mandschurischen Zeitschriften*）、《金启孮：满族的历史与生活》（*Jin Qizong: Geschichte und*

Leben der Mandschu)、《努尔哈赤与 16 世纪末他的部落王国》(*Nurhaci e il suo regno tribal alla fine del XVI secolo*)、《意大利和梵蒂冈的满文文献》(*Opere mancesi in Italia e in Vaticano*)。

二、书（文）目录

历史与制度

1.Scotti,P.(斯科蒂,彼得),*Il VII centenario del primo viaggio fra i Tartari*(《首次前往鞑靼人国度旅行的 700 周年纪念》),《Nuova Antologia》(《新文选》),438(1946),1750,pp.179-185.

哲学

2.【儒】Lokuang,S.(罗况,斯塔尼斯劳),*Ricchi e poveri nel confucianesimo e nel taoismo*(《儒教和道教对于贫富的论述》),Roma:Edizioni Liturgiche Missionarie,1946.

3.【道】Lokuang,S.(罗况,斯塔尼斯劳),*Una concezione filosofica.Il taoismo*(《一种哲学概念:道教》),*Scientia Catholica*(《天主教科学》),IV,Roma,1946,p.178.

4.【基】Ponti,G.(蓬蒂,乔瓦尼),*Giovanni da Pian del Carpine alla scoperta della Mongolia*(《约翰·柏郎嘉宾神父发现蒙古》),Torino:Paravia,1946.

科学和科学史

5.Bertuccioli,G.(白佐良),*L'arte di prolungare la vita secondo i taoisti*(《道教徒延年益寿的方法》),《Scienze del Mistero》(《神秘科学》),1(1946),1,p.7.

6.D'Elia,P.M.,S.I.(德礼贤),*Echi delle scoperte galileiane in Cina vivente ancora Galileo(1612-1640)*(《1612—1640 年伽利略的科学发现在中国引起的反响》),《Accademia dei Lincei.Rendiconti della classe di scienze morali,storiche e filologiche》(《林琴科学院道德学、历史学和文献学论文集》),s.8^a,1(1946),pp.125-193.

7.Vacca,G.(嘉华),*Origini della scienza.Tre saggi:Perché non si è sviluppata la scienza in Cina.Matematica e tecnica.Origine e sviluppo dei concetti matematici.Logica, matematica e logistica.Sui postulati dell'aritmetica e la loro compatibilità*（《科学的起源：为什么科学没有在中国获得发展；数学与技术——数学概念的起源与发展；逻辑、数学和数理逻辑——算术假设和相容》），Roma：Editrice Parthenia，1946.

公元 1947 年

一、大事记

1.著名意大利汉学家德礼贤神父关于 16 世纪来华传教耶稣会士利玛窦（Matteo Ricci）的研究专辑《利玛窦神父的文献资料》（*Fonti Ricciane*）第一、二册合集由意大利国家出版局（La Libreria dello Stato）在罗马出版发行。德礼贤《利玛窦神父的文献资料》的编写及出版历时多年，从 1942 年第一册出版到最后一册于 1949 年出版发行，将近八年时间。这套利玛窦研究专辑是迄今为止"利玛窦研究"最为重要的参考文献及工具书，其中提供的史料文献有着非常重要的历史价值及研究价值。当时，意大利国家出版局仅出版了 5000 套三卷本全本，散藏在世界各地，非常珍贵且极具收藏价值。

2.德礼贤在《天主教文明》上发表论文《赞颂 17 世纪意大利耶稣会传教士的中国诗人》。德礼贤在论文中将数首中国文人赞颂利玛窦的诗词及数篇文章翻译成意大利文（没有附中文原文）。

3.毕业于罗马大学现代文学专业的意大利汉学家罗桑达（Alessandra Cristina Lavagnino）出生。罗桑达 1974 年至 1975 年、1977 年至 1979 年曾两度在上海外国语学院任外教，1994 年至 1998 年在意大利驻华使馆任新闻参赞，现任米兰大学政治学院教授。其专长是研究中国古代文学批评、刘勰与《文心雕龙》。罗桑达的主要论著包括《关于〈文心雕龙〉翻译中的一些术语问题》（*A proposito di alcuni problemi terminoligici nella traduzione del Wen xin diao long*）、《刘勰和文学创作手法：比兴》（*Liu Xie e i modi della composizione letteraria：le figure bi e xing*）、《中国古代文学批评研究资料（公元 3 世纪—公元 6 世纪）》[*Materiali per lo studio della critica letteraria della Cina antica*（Ⅲ-Ⅵ *sec.d.C.*）]。

二、书（文）目录

历史与制度

1. Vacca, G.（嘉华），*Un documento cinese sulla data del ritorno di Marco Polo*（《有关马可·波罗返回日期的中国文献》），«Accademia dei Lincei. Rendiconti della classe di scienze morali, storiche e filosofiche»（《林琴科学院道德学、历史学和文献学论文集》），s.8ª, 2（1947），pp.348-350.

艺术、建筑、考古和音乐

2.【艺】Masetti, G.（马塞蒂，乔瓦尼），*Oggetti d'arte e di artigianato della Cina e del Giappone. Raccolte, collezionismo e mercanti d'arte all'epoca della guerra di resistenza contro il Giappone*（《中国和日本的艺术品和手工艺品：抗日战争时期的艺术收藏和商人》），Firenze: Tipografi associati d'arte, 1947.

哲学

3. Dafano, F.（达法诺，菲利波），*Panteismo o Deismo presso le scuole filosofiche della Cina*（《中国哲学流派中的泛神论或自然神论》），Rossano: A. Lobene, 1947.

4.【基】D'Elia, P. M., S. I.（德礼贤），*Poeti cinesi in lode dei missionari gesuiti italiani del Seicento*（《赞颂 17 世纪意大利耶稣会传教士的中国诗人》），«La Civiltà Cattolica»（《天主教文明》），98（1947），4，pp.560-569.

5. D'Elia, P. M., S. I.（德礼贤），*Cina politeista o Cina monoteista?*（*sec. XIII av. Cr.-sec. XX d. Cr.*）[《是多神教的中国还是一神教的中国？（公元前 13 世纪—公元 20 世纪）》]，«Rivista degli Studi Orientali»（《东方学研究》），22（1947），pp.99-138.

6.【儒】Magrini, S. L.（马格里尼，斯普雷亚菲科·卢恰纳）(tr. a cura di)（编译），Confucio（孔子），*Massime raccolte da Giovanni Scheiwiller tolte dal Libro dei Dialoghi*[《由约翰·施维尔选自〈论语〉的名言警句》]，Milano: Scalini di Grigna, 1947.

7.【儒】Severini, A.（塞韦里尼,安泰尔莫）, *Sopra Confucio*（《关于孔子》）, *L'Estremo Oriente*（《远东》）, Villafranca di Verona, 1947, p.71.

科学和科学史

8. D'Elia, P. M., S. I.（德礼贤）, *Galileo in Cina. Relazioni attraverso il Collegio Romano tra Galileo e i gesuiti scienziati missionari in Cina*（*1610-1640*）[《伽利略在中国:通过耶稣会罗马公学院传回的报告——伽利略与赴华耶稣会科学家传教士（1610—1640）》], Roma: Apud Aedes Universitatis Gregorianae, 1947。

9. Vacca, G.（嘉华）, *Sur l'histoire de la science chinoise*（《中国科技史》）, «Archives Internationales d'Histoire des Sciences»（《科学史国际档案》）, 1（1947-1948）, pp.354-355.

公元 1948 年

一、大事记

1.元代杂剧《赵氏孤儿》由彼得·梅塔斯塔西奥（Pietro Metastasio, 1689—1782）改编成意大利文本,题为《中国勇士》（*L'eroe cinese*）,并于1948年在意大利出版发行。在彼得·梅塔斯塔西奥版本的《赵氏孤儿》中,程婴的名字被改成"Leango",文本的结局也被改写,程婴始终活着,并且与鞑靼公主喜结连理。此意大利文版剧本在意大利产生了非常广泛的影响。

2.意大利那不勒斯东方大学中国语言文学专业教授阿尔弗雷多·卡多纳（Alfredo Cadonna）出生。阿尔弗雷多·卡多纳是意大利那不勒斯东方大学中国语言文学专业教授、意大利研究中国协会会员、欧洲研究中国协会会员、中国宗教研究会会员、中东远东学院列席会员。他毕业于威尼斯卡·福斯卡里大学,并于1977—1978年在荷兰著名汉学家许理和（Erik Zürcher）领导的莱顿大学汉学研究院进修。阿尔弗雷多·卡多纳的主要研究领域是中国唐代的叙事文学、宗教文学及敦煌学。其主要著作包括《随着五四运动而展开的对语言的争论：胡适对唐、宋时期中国"话本"的研究》(*Il dibattito linguistico avviatosi con il Movimento del Quattro Maggio：Hu Shi e le ricerche sul cinese 'vernacolare' in epoca Tang-Sung*)、《在伯希和搜集的两份敦煌手稿中的3段简短逸事里的"西王母"》(*La Madre che è Re in Occidente《Xi Wangmu》in tre brevi episodii conservati in due manoscritti in Dunhuang della collezione Pelliot*)。

3.意大利中国学学者帕特里齐亚·达多(Patrizia Dado)出生。帕特里齐亚·达多1973年毕业于罗马大学文哲学院哲学专业，后两度获得意大利政府奖学金，并先后在北京语言学院、北京大学进修。自1984年起在罗马大学任教，是罗马大学东方学院中国现当代文学教授。其主要研究领域是近代和当代中国语言文学，主要论著和译著包括《徐赫著〈政治经济学概论〉第二卷》(*Xu He：Trattato di economia politica, vol. II*)、《章炳麟反对康有为》(*Zhang Binglin contro Kang Youwei*)、《闹樊楼多情周胜仙》(*Il cadaver violato*)。

4.中国学学者伦佐·拉斯特雷利(Renzo Rastrelli)出生。伦佐·拉斯特雷利毕业于佛罗伦萨大学政治学专业，1975年获得意大利政府奖学金，赴华参与中意文化合作项目，并在北京语言学院学习汉语。1980年至1981年曾在南京大学学习中国历史。其主要研究领域为中国现代政治史，主要论著包括《为从事研究中国政治斗争而做出的设想》(*Ipotesi per uno studio della lotta politica in Cina*)、《中国在公审以后的难以理解的形象》(*La difficile immagine della Cina dopo il Processo*)。

二、书（文）目录

科学和科学史

Vacca, G. (嘉华), *Osservazioni sopra alcune stampe anatomiche cinesi del Gabinetto delle Stampe dell'Accademia dei Lincei*(《评林琴科学院印刷室保存的几份中国解剖学印本》),《Accademia dei Lincei. Rendiconti della classe di scienze morali, storiche e filologiche》(《林琴科学院道德学、历史学和文献学论文集》), s.8^a, 3(1948), pp.41-44.

公元 1949 年

一、大事记

1.《〈俄耳甫斯〉：世界诗歌瑰宝的意文翻译》(Orfeo. Il tesoro della lirica universale interpretato in versi italiani) 一书出版。温琴佐·埃兰特(Vincenzo Errante)与埃米利奥·马里亚诺(Emilio Mariano)合作在《〈俄耳甫斯〉：世界诗歌瑰宝的意文翻译》中将多首中国古诗翻译成意大利文。其中包括《诗经》《道德经》及屈原、陶潜、杜甫、白居易、元稹的诗。

2. 朱塞佩·佐皮(Giuseppe Zoppi)翻译出版了《唐诗》(Poesie cinesi dell'epoca T'ang)的一个意大利语版本,在米兰出版发行。该版本在当时意大利汉学界产生了一定的影响,曾一度被用作汉学专业中国文学教学的辅助材料。

3. 卢恰纳·布雷桑(Luciana Bressan)出生。卢恰纳·布雷桑 1973 年毕业于那不勒斯东方大学汉学专业,曾于 1974 年在北京语言学院学习汉语,1983 年起参加了《汉意字典》编辑组工作,是米兰大学政治学习语言研究所科研人员、欧洲研究中国协会会员。其主要研究领域为现代汉语和汉字改革,主要论著包括《关于中华人民共和国文字改革讨论会的记录》(Note sul dibattito sulla riforma della lingua nella PRC)、《查阅汉语字典、词典指南》(Guida alla consultazione dei dizionari della lingua cinese)、《汉语会话手册》(Manuale di conversazione cinese)。

4. 卡萨齐(Giorgio Casacchia)出生。卡萨齐是那不勒斯东方大学教授、意大利研究中国协会会员。他于 1973 年毕业于罗马大学,1973 年至 1974 年在北京语言学院进修汉语,1975 年至 1977 年获得意大利政府奖学金并分别在罗马大学和北京大学学习中国文学。1976 年至 1977 年任意大利驻华使馆专员,1981 年至 1989 年在罗马大学任研究员。1989 年至 2000 年在那不勒斯东方大学汉语专业任教,1991 年至 1993 年曾任意大利驻华使馆参赞,2000 年至今任那不勒斯东方大学教授。其主要研究领域为汉语语言学,主要论著包括《对现代汉语中同义词的简短评论》(*Brevi osservazioni sulla sinonimia in cinese moderno*)、《中华人民共和国成立以来的现代汉语语法研究》(*Gli studi grammaticali di cinese moderno nella Repubblica Popolare Cinese*)、《苏州方言小说:韩邦庆的〈海上花列传〉——前言、译文和注释》。

二、书（文）目录

艺术、建筑、考古和音乐

1.【艺】D'Elia, P. M., S. I.(德礼贤), «Castiglione Giuseppe»(《郎世宁》), in *Enciclopedia Cattolica*(《天主教百科全书》), III, Città del Vaticano: Ente per l'Enciclopedia Cattolica e il libro cattolico, 1949, coll.1038-1040.

文学

2. Bertuccioli, G.(白佐良), *Critica tradizionale e critica moderna delle poesie 'senza argomento' di Li I-shan*(《对李义山"无题诗"的传统和现代评论》), «Accademia dei Lincei. Rendiconti della classe di scienze morali, storiche e filosofiche»(《林琴科学院道德学、历史学和文献学论文集》), s.8ª, 4(1949), pp.439-445.

3. Errante, Vincenzo(埃兰特,温琴佐) e Mariano, Emilio(马里亚诺,埃米利奥), *Orfeo. Il tesoro della lirica universale interpretato in versi italiani*(《〈俄耳甫斯〉:世界诗歌瑰宝的意文翻译》), Firenze: Sansoni, 1949.

4. Prampolini, G.(普兰波利尼,贾科莫)(tr. a cura di)(编译), *Cento proverbi cinesi*(《一百个中国成语》), Milano: Scalini di Grigna, 1949.

5. Zoppi, G.(佐皮,朱塞佩)(tr. a cura di)(编译), *Poesie cinesi dell'epoca T'ang*(《唐诗》), Milano: Hoepli, 1949.

哲学

6.【佛】Lanciotti, L.(兰乔蒂), *New Historic Contribution to the Person of Bodhidharma*(《对菩提达摩的新的历史贡献》), «Artibus Asiae»(《亚洲艺术》), 12(1949), pp.141-144.

7.【道】Peroni, B.(佩罗尼,巴尔多)(tr. a cura di)(编译), *Lao-tse e il taoismo*(《老子和道教》), Milano: Garzanti, 1949.

科学和科学史

8. D'Elia, P. M., S. I.(德礼贤), *Galileo in Cina. Relazioni attraverso il Collegio Romano tra Galileo e i gesuiti scienziati missionari in Cina*(《伽利略在中国:通过耶稣会罗马公学院传回的报告——伽利略与赴华耶稣会科学家传教士》),《Rivista Storica Italiana》(《意大利历史杂志》), 61(1949), pp.142-164.

公元 1950 年

一、大事记

1. 朱塞佩·图齐创办了知名英文学术季刊《东西方》(《East and West》),由意大利中东及远东研究院(IsMEO)出版发行。《东西方》是意大利汉学界非常权威的一本学术刊物,刊物主编为朱塞佩·图齐教授,责任编辑为马西莫·斯卡利杰罗(Massimo Scaligero)和盖拉尔多·尼奥利(Gherardo Gnoli)。此刊物所涉及的研究领域主要是考古学、艺术、历史、哲学、文学、词源学及宗教等诸多方面的汉学研究成果。之后,随着中、意文化交流活动的不断发展,意大利中东及远东研究院(IsMEO)开始着力于促进"意大利文化在东方""东方文化在意大利"双向文化交流研究。这一时期,介绍中国和意大利科学方面交流成果的文章大量涌现。因此,学术期刊《东西方》的发展方向也在不知不觉中开始向科学方面转移。直到1958年,此期刊由于与初创时涉及的研究领域已背离太远,出版方不得不决定采用"新编"(Nuova Serie)这种副标题的形式为之后的每期期刊命名。至于这本期刊名字的由来,朱塞佩·图齐教授在《东西方》第1期的序言中曾经写道:"我们坚信:在所有人心中一定都有这样一种遗憾,那就是我们的这个世界正在被人类的利益冲突、政治斗争、误解与莽撞行事所摧毁。我们应该向我们的同胞伸出友谊之手，我们需要找到交流的平台，因为任何通向大爱的道路都有一个共同起点，那就是相互理解。也正是由于这个原因，我们决定创办这样一本学术期刊，名叫《东西方》。期刊定名为《东西方》完全是因为在历史上无论世事如何变迁，欧洲与亚洲的命运总是紧紧联系在一起的。"朱塞佩·图齐教授还写道："当我们说到'西方'，这里当然指的就是意大利，我这么说并不是因为我们的国家优于其他欧洲国家，而是因为在欧洲历史上意大利确实非常特别：她流淌着古希腊文化的血液，延续着拉丁文化的传统，同时还深受天主教的福泽，无论她的历史如何演变，她都是西方文明最好的代表……我们再来谈谈我们的好朋友'亚洲'，我们希望（通过这本期刊）加强与'亚洲'各国的思想交流，架起一座欧亚各国相互理解、彼此同情的桥梁，如今我们之间确实存在着太多的不理解与不信任。"

2. 意大利中东及远东研究院的学术系列出版物《罗马（东方系列）》[*Roma (Serie Orientale)*] 由学院编辑发行。《罗马（东方系列）》主要出版意大利及外国学者在历史、哲学、语文学等方面的研究成果。出版作品所用语言一律为英文，出版内容包括所有有关东方世界的书籍、论文及文件资料。在此系列出版物出版初期，发表的作品主要来自意大利著名东方学学者朱塞佩·图齐教授有关西藏的研究专著，以及意大利著名汉学家毕达克（Luciano Petech）对印度梵文经典中文译本的相关研究。《罗马（东方系列）》是一本学术出版物，它汇集了第二次世界大战后意大利东方学研究中最优秀的学术成果，其中也包括很多有关中国学研究的专著及作品，此学术系列出版物在一定程度上推动了战后意大利汉学的重建，同时也为欧洲学术界了解意大利的学术发展提供了一个非常好的窗口。

3. 鲁杰罗·孔索尔蒂（Ruggero Consorti）首次根据著名德国汉学家卫礼贤（Richard Wilhelm）的权威英文译本将《易经》翻译成意大利文，并在罗马出版发行。此意大利文译本又于1992年在米兰再版发行。

4. 毕达克教授在著名学术期刊《东西方》上发表了一篇文章，名为《近十年意大利的东方学研究》(*Oriental Studies in Italy During the Last Ten Years*)。

5. 4月6日，意大利中东及远东研究院（IsMEO）在其总部举办了名为"15世纪至18世纪中国明清时期书画展"(*Exhibition of the Great Chinese Painters of the Ming and Ch'ing Dynasties, from XVth to the XVIIIth cent.*)，该书画展对公众开放，结展日期为5月3日。

二、书（文）目录

书目提要和汉学史

1.Petech, L.(毕达克), *Oriental Studies in Italy During the Last Ten Years*(《近十年意大利的东方学研究》),《 East and West 》(《东西方》),1(1950-1951),pp.3-5.

历史与制度

2.Petech, L.(毕达克), *Un itinerario dalla Persia alla Cina dell' inizio del secolo XVIII*(《18 世纪初从波斯前往中国的路线》),《 Bollettino della Società Geografica Italiana 》(《意大利地理协会学报》),87(1950),pp.163-170.

艺术、建筑、考古和音乐

3.【艺】Adespoto(佚名), *Mostra di pitture cinesi delle dinastie Ming e Ch'ing*(《明清中国绘画展》),Roma:Istituto Italiano per il Medio ed Estremo Oriente,1950.

4.【考】Bussagli, M.(布萨利,马里奥), *The Archaeological Aspect of Asiatic Contacts with Italy*(《亚洲在考古方面与意大利的接触》),《 East and West 》(《东西方》),1(1950-1951),pp.13-17.

5.【考】D'Elia, P. M., S. I.(德礼贤),《 Castiglione Giuseppe 》(《郎世宁》),in *Enciclopedia Cattolica*(《天主教百科全书》),III,Roma,1950,coll.1038-1040.

6.【艺】Giuganino, A.(朱加尼诺,阿尔贝托), *La pittura cinese. Orientamenti*(《中国绘画:发展趋势》),in Adespoto(佚名), *Mostra di pitture cinesi della dinastia Ming e Ch'ing*(《明清中国绘画展》),Roma:Istituto Italiano per il Medio ed Estremo Oriente,1950,pp.7-35.

7.【艺】Giuganino, A.(朱加尼诺,阿尔贝托), *The Garden in Bloom. The Painting of the Last Period of the Southern Sung*(《〈花园〉:南宋晚期的绘画》),《 East and West 》(《东西方》),1(1950-1951),pp.18-22.

文学

8.Prampolini,G.(普兰波利尼,贾科莫)(tr. a cura di)(编译),*Altri cento proverbi cinesi*(《又一百个中国成语》),Milano:Scalini di Grigna,1950.

哲学

9.【道】Bertuccioli,G.(白佐良),*Dei libri taoisti esistenti nei conventi del Mao Shan*(《茅山道观中的道教书籍》),« Rivista degli Studi Orientali »(《东方学研究》),25(1950),pp.56-57.

10.【道】Consorti,Ruggero(孔索尔蒂,鲁杰罗),*I Ching,Il libro dei Mutamenti*(《易经》),Roma,1950.

11.【儒】D'Elia,P. M.,S. I.(德礼贤),« Confucianesimo »(《儒学》),in *Enciclopedia Cattolica*(《天主教百科全书》),IV,Città del Vaticano:Ente per l'Enciclopedia Cattolica e il Libro Cattolico,1950,coll.264-270.

12.【儒】D'Elia,P. M.,S. I.(德礼贤),« Confucio »(孔子),in *Enciclopedia Cattolica*(《天主教百科全书》),IV,Città del Vaticano:Ente per l'Enciclopedia Cattolica e il Libro Cattolico,1950,coll.270-273.

13.【基】Santambrogio,M.(圣安布罗焦,马里奥),*Il Confucio dell' Occidente:p. Giulio Alenis gesuita bresciano,missionario e scienziato in Cina*(1582-1649[《西方的孔子:耶稣会士、赴华传教士和科学家布雷西亚人艾儒略神父(1582—1649)》],« Memorie Storiche della Diocesi di Brescia »(《布雷西亚主教管区历史论文》),17(1950),1,pp.21-23;2,pp.33-54.

14.Vacca,G.(嘉华),*Umanesimo cinese. Cenno storico-introduttivo*(《中国的人文主义:历史概述导论》),in *Umanesimo e mondo precristiano*(《人文主义和基督教诞生前的世界》),Roma:Studium Christi,1950,pp.171-180.

15.Vannicelli,L.,O. F. M.(万尼切利,路易吉),*Umanesimo cinese*(《中国的人文主义》),in *Umanesimo e mondo prescristiano*(《人文主义和基督教诞生前的世界》),Roma:Studium Christi,1950,pp.181-218.

科学和科学史

16. D'Elia, P. M., S. I.(德礼贤), *Le Generalità sulle scienze occidentali di Giulio Aleni*(《艾儒略的西方科学知识储备》), «Rivista degli Studi Orientali»(《东方学研究》), 25(1950), pp.58-76.

17. D'Elia, P. M., S. I.(德礼贤), *The Spread of Galileo's Discoveries in the Far East(1610-1640)*(《1610—1640年伽利略科学发现在远东的传播》), «East and West»(《东西方》), 1(1950-1951), pp.156-163.

三、备注

1. 毕达克在论文《近十年意大利的东方学研究》中首先提到自17世纪以来，沿着皇家商船的航路、跟着西方传教士的脚步，西方世界开始逐渐看到了一个越来越清晰的东方。意大利的东方学研究也正是始自那个伟大的时代。之后，毕达克教授悉数了当时意大利东方学研究的重要机构，包括高等院校、私人研究所及图书馆等。高等院校中最重要的是罗马大学东方系和那不勒斯东方大学。在当时罗马大学在东方语言及东方文明方面的研究处于领先地位，而那不勒斯东方大学则继承了意大利东方学研究最古老的传统，注重语言教学及语言对比研究。除了上述两所国立大学，毕达克教授还提到，在意大利都灵、佛罗伦萨、帕维亚等城市中，一些私立大学文学院的东方学研究也开展得非常不错。根据毕达克教授的研究，私人研究所东方学研究做得最杰出的只有两处，其总部均设在罗马，分别是1933年创立的意大利中东及远东研究院(IsMEO)和1921年创立的东方研究所(Istituto per l'Oriente)。而对意大利东方学研究有着特殊贡献的图书馆，毕达克教授提到，除了各大院校及私人研究所的藏书，最重要的还有罗马国立图书馆(La Biblioteca Nazionale Vittorio Emmanuele in Roma)、佛罗伦萨国立图书馆(La Biblioteca Nazionale Centrale di Firenze)、帕尔马市帕拉提那图书馆(Biblioteca Palatina in Parma)及博洛尼亚大学图书馆(Biblioteca Universitaria in Bologna)。在这些图书馆中都收藏有大量来自东方的手稿、文献及图画作品，为意大利的东方学研究提供了非常重要的资料来源。

2."15世纪至18世纪中国明清时期书画展"开展当天,意大利总统、外交官员及国家政要悉数到场。这次展览堪称是第二次世界大战以后在欧洲举行的最大规模的中国书画展。该展览展出了80余幅最为著名的明清佳作。这些作品的创作时间纵跨近5个世纪,展现了中国绘画在明清时期的真实风貌。这些明清时期的中国画作,价值连城,全部是散落在海外的藏品,被纽约、巴黎、汉堡等城市的私人收藏爱好者所持有。此次展览中的所有作品都被收录于与展览同名的画册之中,画册前页为意大利著名东方学学者朱塞佩·图齐教授为画册所作的序言,并附有阿尔贝托·朱卡皮诺(Alberto Giugapino)为画册特意创作的插画。本次"15世纪至18世纪中国明清时期书画展"不但体现了意大利中东及远东研究院的学术品味,同时也打破了战后意大利沉寂的学术氛围,将文化活动拉进了人们的视野,让伟大的东方文明之光再次照射进来。

公元1951年

一、大事记

1.4月,奇尼基金会在意大利成立,全称"Fondazione Giorgio Cini"。奇尼基金会设在威尼斯圣乔治主岛(S. Giorgio Maggiore, Venezia)上。"威尼斯与东方"(Venezia e Oriente)协会便设在该基金会内。"威尼斯与东方"协会是基金会文化中心内的一个独立部门,其办会宗旨是推动意大利对印度及远东文化的研究。奇尼基金会在国际学术界颇受好评及推崇。协会的图书馆成立之初由汉学家白佐良教授负责,图书馆藏书丰富,为针对中国、日本及印度等东方学方面的研究提供了大量的文献支持。图书馆馆藏图书早期主要由国会图书馆管理,其中包括一部分珍贵收藏,如"北平图书馆稀有书籍"微缩胶片,内容有1000多卷。该协会还刊行自己的系列丛书《威尼斯东方学研究》(Orientalia Venetiana),该系列丛书最初的几本主要是一些汉学研究选集。

2.德礼贤在《东方学研究》期刊上发表了《有关古代中国一神论历史的论

文》。德礼贤在这篇论文开头便指出,在一种非天主教的世俗语言中寻找一个准确的词语来命名天主教中的神"Dio"是非常困难的,在希腊如此,在罗马如此,在中国亦如此。作者论述了景教、元朝时期由方济各会士传入中国的天主教、犹太教和伊斯兰教分别以何种方式解决这个棘手的问题,着重描述了入华耶稣会士罗明坚(Michele Ruggieri)和利玛窦是如何理解中国"四书""五经"等古代经典中"天地"的概念,并认为中国古书中的"天主"和"上帝"即是天主教教义中人格化的"神"。论文最后描述了"礼仪之争"的来龙去脉,并对这一时期从中国寄往梵蒂冈的大量相关文献中的一份进行了深入的考证和分析。这份文件出自一位不知名的耶稣会士之手,旨在证明中国古人认识真正的"神"。全文分28个小节,每一节都由三部分组成:俗语,文人的作品和古代经典。这份文件原文是使用当时的葡萄牙语写成的,旁边配有拉丁文翻译,没有任何汉字,也未说明这些引语的准确出处。德礼贤神父以布莱西亚图书馆中该手稿的一个副本为依据[Biblioteca Queriniana di Brescia(ms. B. V. 18, foll.65-68)],凭借多年的汉学研究经验,通过严谨的考证找到相关中文文献,首次将该手稿翻译成意大利文,并在旁边注上中文原文进行对照。(部分译文参见备注)

3.汉学家罗伯托·恰拉(Roberto Ciarla)出生。罗伯托·恰拉是意大利文化和环境资源部国家东方艺术博物馆资料员和助理图书馆馆员、意大利研究中国协会会员、欧洲研究中国协会会员。罗伯托·恰拉毕业于罗马大学当代外国语言文学专业,其主要研究领域为东方艺术和历史。其主要著作包括《世纪之交意大利收藏的中国艺术》(*Arte cinese in collezioni italiane fine-secolo*)、《金缕玉衣》(*I sudari di giada*)、《铁艺画:一种高级的中国手工艺形式》(*Quadri di ferro. Una vecchia forma dialto artigianato cinese*)。

二、书(文)目录

历史与制度

1. D'Elia, P. M., S. I.(德礼贤),《 K'ang Hsi 》(《康熙》), in *Enciclopedia Cattolica*(《天主教百科全书》), Ⅶ, Città del Vaticano: Ente per l'Enciclopedia Cattolica e il libro cattolico, 1951, coll.636-637.

2.Fedele,B.,O. F. M.(费德勒),*Lo stato e la società nell'antica Cina*(《古代中国的国家和社会》),*Studio sino-etnologico*(《中国人种学研究》),《Annali Lateranensi》(《拉特兰年鉴》),15(1951),pp.145-349.

3.Olschki,L.(奥斯基),*Manichaeism,Buddhism and Christianity in Marco Polo's China*(《马可·波罗游记中描述的中国的摩尼教、佛教和基督教》),《Asiatische Studien》(《亚洲研究》),5(1951),pp.1-21.

4.Petech,L.(毕达克),*La pretesa ambasciata di Shah Jahan alla Cina*(《沙贾汉派往中国的所谓"使者"》),《Rivista degli Studi Orientali》(《东方学研究》),26(1951),pp.124-127.

5.Petech,L.(毕达克),*The Pretended Embassy of Shah Jahan to China in 1656*(《1656年沙贾汉派往中国的所谓"使者"》),《Indian Historical Quarterly》(《印度历史学季刊》),27(1951),pp.82-85.

文学

6.Bertuccioli,G.(白佐良),*Prosatori della tarda dinastia Ming.Nota su Chang Tai*(《论晚明散文家张岱》),《Rivista degli Studi Orientali》(《东方学研究》),26(1951),pp.150-157.

哲学

7.D'Elia,P. M.,S. I.(德礼贤),*Contributo alla storia del monoteismo dell'antica Cina*(《有关古代中国一神论历史的论文》),《Rivista degli Studi Orientali》(《东方学研究》),26(1951),pp.128-149.

三、备注

德礼贤《有关古代中国一神论历史的论文》中部分中国诗歌的翻译。

I.Esistenza.

头上有一个老天爷。	Sopra di noi c'è un Venerando Padre Celeste.
头上有明天。	Sopra di noi c'è un Cielo intelligente.

高高在上之境。	L'Altissimo sta sopra.

II. Tutto proviene dal Cielo.

哪一件物,不一老天爷,	Quale è quella cosa che non è stata prodotta dal solo Venerando Padre Celeste
生给人用?	e data all'uomo per suo uso?
天生万物,以养人,	
万物本于天。	Tutto trae la sua origine dal Cielo.

III. Anche l'Uomo Proviene dal Cielo.

哪一个人,不是老天爷生?	Quale è quell'uomo che non è stato prodotto dal Venerando Padre Celeste?
人皆既天所生。	Tutti gli uomini sono stati prodotti dal Cielo.
天生庶民。	Il Cielo ha prodotto tutti i popoli.

IV. L'Autorità dipende dal Cielo.

谢天老爷,生这个好万岁,	Siano rese grazie al Venerando Padre Celeste che ci ha dato
安我们天下的百姓。	questo buon Imperatore il quale ama noi del popolo nell'Impero.
天子奉天命,平这天下。	Il Figlio del Cielo, avendo ricevuto il mandato del cielo, ha pacificato la Cina.
天降下民,作之君,作之师,	Il Cielo, nel creare il popolo inferiore, gli dette dei principi e gli dette dei maestri,
惟曰,其助上帝,宠之四方。	con l'intenzione che essi aiutassero il Supremo Dominatore, e perciò li predilesse nei Quattro punti cardinali.

公元 1952 年

一、大事记

1.意中文化研究会（Istituto Culturale Italo-Cinese）在米兰创立，会长为著名意大利学者马格里尼，副会长为托马索·泽尔比（Tommaso Zerbi）。研究会设有意大利国际政治关系研究所（Istituto per gli Studi di Politica Internazionale，简称：ISPI）。意中文化研究会创立的宗旨是创立一所独立于任何政党的研究机构，发表不带政治倾向的纯学术研究成果，促进有关中华文明的一切研究活动，通过学术会议及出版物的形式推动有关中国文学、哲学、艺术史、医学及任何其他方面的研究。自 1955 年起，研究会还开设了一年两期的汉语课程，汉语执教老师有两位：意大利籍教师为曾经在那不勒斯东方大学（Istituto Universitario Orientale di Napoli）执教过的维托里奥·博卡兹（Vittorio Boccazzi）教授，中国籍教师则来自北京。

2.意大利中东及远东研究院在罗马总部举办了"罗马东方系列讲座"（Convegno Seria Orientale Roma）。

3.德礼贤在《通报》发表题为《耶稣会士利玛窦介绍给中国文人的罗马》的论文。文中指出，中国史书中记载的"拂菻"就是罗马，而利玛窦通过其中文世界地图第一次用"罗马国"来指代罗马，将罗马和教皇介绍给中国人："此方教化王不娶，专行天主之教，在罗马国，欧罗巴诸国皆宗之。"短短几句话就向中国人勾勒出了一个充满天主教神圣光芒的圣城，一座基督使者居住的为世人敬仰的城市。

4.德礼贤在《东方学研究》期刊上发表题为《利玛窦〈畸人十篇〉的诗体概述》的论文。德礼贤在这篇论文中介绍了利玛窦神父写作《畸人十篇》的经过及"十篇"的结构。德礼贤还将三位中国文人为《畸人十篇》写作的序言和跋翻译成意大利文，与中文对照，附于论文后，即《周炳谟重刻畸人十篇引》《王家植题畸人十篇小引》《冷石生演畸人十规》。其中《冷石生演畸人十规》以押韵诗的形式概括了《畸人十篇》的内容。德礼贤还为这三篇文字中涉及的中国典故注明了出处并加入了大量注解。

5.中国学研究者玛利亚·奇利亚诺(Maria Cigliano)出生。她是意大利研究中国协会会员、那不勒斯东方大学亚洲历史研究所研究员。1971年进入那不勒斯东方大学学习东方语言和文化。1974年至1975年获得奖学金在北京语言学院进修。1979年至1980年获得奖学金在香港中文大学学习。1984年通过竞聘,成为马切拉塔(Macerata)大学研究员。1986年10月调入那不勒斯东方大学。1987年成为该校亚洲研究室成员。其主要研究领域为中国历史,主要论著包括《元朝"蛮族"人民的起义》(*Rivolte di popolazioni "barbare" durante la dinastia Yuan*)、《利玛窦:现代西方文化的使者》(*Matteo Ricci:ambasciatore della cultura occidentale moderna*)。

二、书(文)目录

历史与制度

1.D'Elia, P. M., S. I.(德礼贤), *Roma presentata ai letterati cinesi da Matteo Ricci S. I.*(《耶稣会士利玛窦介绍给中国文人的罗马》),《T'oung Pao》(《通报》),41(1952),pp.149-190.

艺术、建筑、考古和音乐

2.【音】Bertuccioli, G.(白佐良), *The Ch'in:the Chinese Lute*(《琴:中国的琵琶》),《East and West》(《东西方》),3(1952-1953),pp.33-35.

3.【音】Giuganino, A.(朱加尼诺,阿尔贝托), *La musica nella filosofia e nella poesia dell'antica Cina*(《古代中国哲学和诗歌中的音乐》),《Santa Cecilia》(《圣切契里亚音乐学院杂志》),1(1952),3,pp.40-52.

4.【考】Maglioni, R.(马廖尼,拉法埃莱), *Archaeology in South China*(《在中国南部的考古》),《Journal of East Asiatic Studies》(《东亚研究杂志》),2(1952),pp.1-20.

文学

5.Prampolini,G.(普兰波利尼,贾科莫)(tr. a cura di)(编译),*Poesie Tang*(《唐诗》),Milano:Tipografia Esperia,1952.

哲学

6.【道】Bertuccioli,G.(白佐良),*Breve nota sul' Maestra del Cielo'*(《关于"天师"的简短记述》),«Rivista degli Studi Orientali»(《东方学研究》),27(1952),pp.139-140.

7.【基】D'Elia,P. M.,S. I.(德礼贤),*Il Trattato sull' Amicizia.Primo libro scritto in cinese dal p. Matteo Ricci S.I.*(*1595*)(《〈友论〉1595年利玛窦神父撰写的第一部中文书籍》),«Studia Missionalia»(《传教研究》),7(1952),pp.449-515.

8.【基】D'Elia,P. M.,S. I.(德礼贤),*Sunto poetico-ritmico di I Dieci Paradossi di Matteo Ricci S. I.*(《利玛窦〈畸人十篇〉的诗体概述》),«Rivista degli Studi Orientali»(《东方学研究》),27(1952),pp.111-138.

9.Lokuang,S.(罗况,斯塔尼斯劳),*La storia delle religioni in Cina*(《中国宗教史》),Torino:Società Editrice Internazionale,1952.

科学和科学史

10.Masotti,A.(玛索蒂,阿纳尔多),*Sull' opera scientifica di Matteo Ricci*(《利玛窦的科学作品》),«Istituto Lombardo.Accademia di Scienze e Lettere. classe di lettere e scienze morali e storiche»(《伦巴第研究院——科学与文学学院:道德学、历史学和文献学报告》),86(1952),pp.425-450.

三、备注

参加"罗马东方系列讲座"的学者来自世界各地,大都从事东方学研究多年,在会上发言的学者主要有盖德斯(G. Cædès)、戴达利、汉兹(C. Hentze)和波特(P. H. Pott)等人。盖德斯发言的题目是《柬埔寨古代遗迹中体现的皇神崇拜》(*Le culte de la Royauté Divinisée, source d'inspiration des grands momuments du Cambodge ancien*)。盖德斯的发言主要围绕柬埔寨的祭祀文化展开,他重点谈到了柬埔寨古代艺术中展现的祭祀活动及柬埔寨古代塔式建筑的祭祀公用。当他谈到柬埔寨文化中的太阳神,在场的很多中国学学者都对其极为感兴趣,甚至有人提出柬埔寨的太阳神之说很可能曾受到中国的影响。戴达利发言的题目是《"无为"哲学》(*La philosophie du "non-agir"*)。戴达利的讲座围绕道家经典《道德经》展开,主要探讨人与自然的和谐关系。汉兹的发言是此次系列讲座中时间最长的一个,发言的题目是《中国商代青铜鼎研究》(*Comment il faut lire l'iconographie d'un vase en bronze chinois de la periode Chang*)。在发言中,他详细介绍并分析了中国殷商文化中著名的青铜器禹鼎所蕴含的象征意义。虽然在汉兹之前已经有很多法国学者对中国青铜器做过不少有相当深度的研究,但汉兹的这篇学术报告在当时还是受到了非常高的关注,他将中国早期艺术与哥伦比亚土著艺术进行对比研究,会后很多与会学者对这一研究方法啧啧称赞。最后发言的学者是波特,他发言的题目是《爪哇岛的佛教研究——探寻古代爪哇文明》(*Le bouddisme de Java et l'ancienne civilisation javanaise*)。他将爪哇岛当地的佛教信仰与印度佛教进行了对比研究,追寻其信仰源头,进而展示了古代爪哇文明的风貌演变。这次意大利中东及远东研究院的东方系列讲座虽然在规模上并不出众,但从研究内容上来看,确实很好地展示了当时意大利东方学界的发展情况。

公元 1953 年

一、大事记

1. "第 6 届青年汉学家学术研讨会"(The VIth Conference of Junior Sinologues)在意大利中东及远东研究院举行,会上来自世界各地的青年汉学研究者用英文介绍了自己新近的研究成果。"青年汉学家学术研讨会"始创于 1948 年,原隶属于"国际东方学研讨会"(International Congress of Orientalists)。"国际东方学研讨会"成立于第二次世界大战以后,一年一度的学术研讨会旨在促进与东欧学者在战后欧洲重建中的交往与合作。在法国汉学家吴德明(Yves Hervouet)的提议及倡导下,国际东方学研讨会成员中一部分专攻汉学研究的青年学者独立出来,组成了"青年汉学家学术研讨会",此研讨会为从事汉学研究的青年一代学者提供了一个崭新、轻松、自由的学术平台,并为他们与知名汉学家交流提供了必要的学术机遇。首届"青年汉学家学术研讨会"在英国剑桥大学举行,与会学者仅18人。1953年是"青年汉学家学术研讨会"首次在意大利举行,与会者接近90人。

2.意大利著名汉学家嘉华在罗马逝世。嘉华与另一位著名汉学家威达雷是同时代的意大利汉学大师。自著名汉学家诺全提尼辞世之后,嘉华与威达雷一起接替了诺全提尼在那不勒斯和罗马的中文教学。他也是著名汉学家白佐良教授的汉语启蒙老师。同年,兰乔蒂教授在著名汉学期刊《东西方》(《East and West》)上发表了一篇纪念汉学家嘉华的文章。①

3.中国电影研究和推广者马可·穆勒(Marco Müller)出生。马可·穆勒是著名的电影制片人、电影史家、影评人,先后担任多个电影节的主席,是把中国电影推向世界的第一人。他曾先后在辽宁大学和南京大学进修中国历史和文学,1978年毕业于罗马大学中文系中国人类学和民俗专业。回到意大利后,他致力于中国电影研究和推广工作。其主要论著包括《中国的新电影》(*Il nuovo cinema cinese*)、《中国歌剧的西方化》(*L'occidentalizzazione del teatro lirico cinese*)、《皮影作品:中国皮影戏》(*L'opera della ombre di pelle:il teatro d'ombre in Cina*)。

4.中国历史和体制研究专家帕德尼(Paola Paderni)出生。帕德尼是那不勒斯东方大学中国历史和体制专业教授。1977年毕业于那不勒斯东方大学当代文学专业。1974年至1975年曾获中国政府奖学金,并先后在北京大学、南开大学学习汉语。2003年至2011年在意大利驻华使馆担任新闻专员。其主要论著包括《关于蒙古人统治的历史编纂:革命运动问题》(*La storiografia sulla dominazione mongola:Il problema dei movimenti rivoluzionari*)、《中国家庭近期发展状况》(*Rencenti sviluppi della famiglia in Cina*)、《元代时期的反抗方式》(*Forme di protesta in epoca*

---

① 具体内容请参见兰乔蒂教授(Lionello Lanciotti)为嘉华教授撰写的纪念文章《嘉华(1872—1953)》[*Giovanni Vacca (1872-1953)*],《东西方》(《East and West》),第4期,1953—1954年。

Yuan）。

二、书（文）目录

书目提要和汉学史

1.Adespoto（佚名）（a cura di）（编著），*The VIth Conference of Junior Sinologues*（《第 6 届青年汉学家学术研讨会》），« East and West »（《东西方》），4(1953-1954)，p.181.

2.Bertuccioli,G.(白佐良)，*Un sinologo scomparso：Giovanni Vacca*（《一位故去的汉学家:嘉华·瓦卡》），« L'Italia che scrive »（《意大利著述界》），36(1953)，p.59.

3.Bertuccioli,G.(白佐良)，*An Opinion of Hu Shih on an Italian Sinologist*（《胡适关于一位意大利汉学家的一点看法》），« East and West »（《东西方》），4(1953-1954)，pp.182-183.

4.Lanciotti，L.（兰乔蒂），*Giovanni Vacca（1872-1953）*（《嘉华（1872—1953)》），« East and West »（《东西方》），4(1953-1954)，p.40.

历史、体制和经济

5.Petech,L.(毕达克)，*Una carta cinese del secolo XVIII*（《一幅18世纪的中国地图》），« Annali[dell']Istituto Universitario Orientale di Napoli »（《那不勒斯东方大学年鉴》），5(1953)，pp.185-187.

艺术、建筑、考古和音乐

6.【艺】Corradini,P.(柯拉迪尼)，*Gli affreschi di Tun-huang*（《敦煌壁画》），« Bollettino di Informazioni[del]Centro Studi per lo sviluppo delle relazioni economiche e culturali con la Cina »（《对华经济和文化关系发展研究中心信息期刊》），3(1953)，pp.15-16.

7.【艺】Viale,V.(维亚莱,维托里奥)，*Un gruppo di figurine T'ang al Museo Civico di Torino*（《都灵市立博物馆中的一组唐朝小雕像》），« Faenza »（《法恩扎》），39(1953)，pp.75-81.

哲学

8.【基】Bartoccioni,P.T.(巴尔托乔尼,普布利奥),*Fra Giovanni da Pian di Carpine*(《约翰·柏郎嘉宾神父》),Foligno:L'Appennino,1953.

9.【道】Bertuccioli,G.(白佐良),*About an Image of the Master of Heaven of the Taoist Religion*(《论道教天主的形象》),《East and West》(《东西方》),4(1953),p.29.

10.【道】Bertuccioli,G.(白佐良),*Note Taoiste. I - II*(《道教笔记I—II》),《Rivista degli Studi Orientali》(《东方学研究》),28(1953),pp.182-186.

11.【道】Bertuccioli, G.(白佐良),《Taoismo》(《道教》),in *Enciclopedia Cattolica*,XI(《基督教百科全书XI》),Città del Vaticano:Ente per l'Enciclopedia Cattolica e il libro cattolico,1953,coll.1736-1741.

12.【基】Bortone,F.,S.I.(波尔托内,费尔南多),*Il saggio d'Occidente:Il p. Matteo Ricci,S.I.(1552-1610)*[《西方智者:耶稣会士利玛窦神父(1552—1610)》],Roma:Signorelli,1953.

13.【基】D'Elia,P.M.,S.I.(德礼贤),《Cinesi,Riti》(《中国人,礼仪》),in *Dizionario Ecclesiastico*(《基督教字典》),I,Torino:Unione Tipografico-Editrice Torinese,1953,pp.623-625.

14.【基】D'Elia,P.M.,S.I.(德礼贤),*Ermeneutica ricciana*(《利玛窦注释学》),《Gregorianum》(《格里高利杂志》),34(1953),pp.669-679.

15.【基】D'Elia,P.M.,S.I.(德礼贤),*La lingua cinese nella liturgia e i gesuiti del sec. XVII(A proposito di un libro recente)*[《礼拜仪式中的汉语和17世纪的耶稣会士(以一本最近发现的书为依据)》],《La Civiltà Cattolica》(《天主教文明》),104(1953),3,pp.55-70.

16.【基】D'Elia,P.M.,S.I.(德礼贤),*La passione di Gesù Cristo in un'opera cinese del 1608-1610*(《1608—1610年间一部中文作品中描述的"耶稣基督受难"》),《Archivum Historicum Societatis Iesu》(《耶稣会历史档案馆》),22(1953),pp.276-307.

17.【基】D'Elia,P.M.,S.I.(德礼贤),《Schall von Bell,Giovanni,Adamo》(《汤

若望》),in *Enciclopedia Cattolica*(《基督教百科全书》),XI,Roma,1953,coll.31-32.

18.Desderi,P.(德斯代里,保罗),*Il Libro dei Mutamenti*(*antico scritto cinese*).*Cenni e tabelle illustrative*[《〈易经〉(中国古书):简述及图解》],Torino:Tipografia Albess,1953.

19.【神】Lanciotti,L.(兰乔蒂),*Well Known,but Little Studied Text:The Shan Hai Ching*(《举世闻名却未被深入研究过的作品〈山海经〉》),«East and West»(《东西方》),4(1953-1954),pp.52-54.

20.Lanciotti,L.(兰乔蒂),*On Some Religious Beliefs in Ancient China*(《有关古代中国的宗教信仰》),«East and West»(《东西方》),4(1953-1954),pp.95-97.

21.【基】Petech,L.(毕达克),*Il periodo storico di Fra Giovanni da Pian di Carpine*(《约翰·柏郎嘉宾生活的历史时期》),estratto da *Fra Giovanni da Pian di Carpine.Nel VII centenario della sua morte,1252-1952*[选自《纪念方济各会会士约翰·柏郎嘉宾逝世700周年(1252—1952)》],1953,Assisi:Tipografia Porziuncola,s.d.

三、备注

嘉华是意大利数学家、科学史学家和汉学家,曾担任著名意大利数学家皮亚诺的助手,从事无穷小微积分研究工作。在科学史研究过程中遇到的问题促使他开始研究中国学,并先后在佛罗伦萨大学和罗马大学东亚历史地理专业任教。他有关中国的作品涉及数学、科学、历法、天文等领域。他是《意大利大百科全书》的参编者之一,参编内容包括数学、中国学和东方宗教相关条目。其主要著作包括《古代中国数学》(*Sulla matematica degli antichi cinesi*)、《一份未出版的〈马可·波罗游记〉手稿》(*Un manoscritto inedito dei viaggi di Marco Polo*)等。

公元 1954 年

一、大事记

1. 罗马大学文学院成立东方高等研究所(Istituto di studi Superiori Orientali),又于 2001 年 3 月根据罗马大学校长政令改为东方学院(la Facoltà di Studi Orientali,简称:FSO),院长是著名汉学家马西尼(Federico Masini)教授。东方学院是意大利历史上东方学研究方向的第一所独立学院,学院继承了罗马大学一直以来在东方文化研究方面的良好传统,对东方文化及语言进行广泛、深入的研究。在中国学方向,学院设有三年制本科课程,两年制硕士课程。

2. 德礼贤神父在《东方学研究》期刊上发表了题为《上帝的概念在中国古代文献中的诠释》的论文。在这篇论文中,德礼贤概述了中国历史文化,讲述了中华民族起源的传说。德礼贤将《诗经·商颂·玄鸟》《诗经·商颂·长发》《诗经·大雅·皇矣》和《墨子·法仪》等篇章全文翻译成意大利文,并附有中文对照。其重点探讨了这些中文古文献中"上帝"的概念,认为"这些诗篇中提到的那位至高无上的统治者就是万物的主宰,而并非是某一个国家或朝代的君主"。通过翻译《诗经》中的部分诗歌作品,作者进一步对"上帝"这一形象在中国古代经典的诠释进行研究。这一做法沿袭了传教士汉学时期"礼仪之争"的探讨主题,是自第二次世界大战结束以来意大利专业汉学发展时期第一篇沿用传教士汉学研究方法的学术作品。(文中部分《诗经》译文见备注)

3. 德礼贤发表题为《利玛窦神父:意大利的荣耀和马切拉塔的光荣(一份 1610—1615 年未出版的讲稿)》的文章。文章介绍了汾屠立(Pietro Tacchi Venturi)神父出版的《利玛窦神父的历史作品(第一卷—第二卷)》(*Opere storiche del p. Matteo Ricci S. I.*, *I–II*),并表示不久将再版该作品,且为作品加上人名、地名等注解。同时,文章还介绍了为第二版作品进行的准备工作,包括对耶稣会档案馆中相关史料的搜集及一些新史料的发现。

4. "第 7 届青年汉学家学术研讨会"在英格兰北部的德罕市（Durham）东方研究学院（School of Oriental Studies）召开。与会的意大利汉学家只有两位，分别是兰乔蒂教授和毕达克教授。兰乔蒂教授会后还在著名汉学期刊《东西方》上发表评论文章，介绍了研讨会上发言的来自英国、德国、法国、苏联及美国等国家 45 位汉学家的研究成果。

二、书（文）目录

书目提要和汉学史

1. Lanciotti, L.(兰乔蒂), *The VIIth Conference of Junior Sinologues*(《第 7 届青年汉学家学术研讨会》), «East and West»(《东西方》), 5(1954-1955), p.219.

2. Petech, L.(毕达克), *Giovanni Vacca (1872-1953)* [《嘉华（1872—1953）》], «Rivista degli Studi Orientali»(《东方学研究》), 29(1954), pp.153-157.

历史与制度

3. Allulli, R.(阿卢利，拉涅里)(a cura di)(编著), Marco Polo(马可·波罗), *Il Milione*(《马可·波罗游记》), Milano: Mondadori, 1954.

4. Almagià, R.(阿尔马贾，罗伯托), *Importanza geografica del viaggio di Marco Polo*(《马可·波罗旅行在地理方面的重要性》), «L'Italia che scrive»(《意大利著述界》), 37(1954), pp.113-115.

5. Almagià, R.(阿尔马贾，罗伯托), *Marco Polo e la cartografia dell'Asia Orientale*(《马可·波罗和东亚制图学》), estratto da «L'Universo»(选自《宇宙》), Firenze: Istituto Geografico Militare, 34(1954), p.8.

6. De Mattei, R.(德马太，鲁道夫), *Marco Polo esploratore latino*(《拉丁探险者马可·波罗》), «L'Italia che scrive»(《意大利著述界》), 37(1954), pp.118-119.

7. Lanciotti, L.(兰乔蒂), *Lorenzo Magalotti and China*(《洛伦佐·马卡罗迪和中国》), «East and West»(《东西方》), 5(1954-1955), pp.279-284.

8. Solmi, S.(索密，塞尔焦), *Il libro di Marco Polo detto «Milione» nella versione trecentesca dell'ottimo*(《14 世纪版〈马可·波罗游记〉》), Torino: Einaudi, 1954.

9.Tucci,G.(图齐,朱塞佩),*Marco Polo*(《马可·波罗》),Roma:Istituto Italiano per il Medio ed Estremo Oriente,1954.

10.Tucci,G.(图齐,朱塞佩),*Marco Polo*(《马可·波罗》),«L'Italia che scrive»(《意大利著述界》),37(1954),pp.107-112.

11.Tucci,G.(图齐,朱塞佩),*Marco Polo*(《马可·波罗》),«East and West»(《东西方》),5(1954-1955),pp.5-14.

12.Villari,L.(维拉里,路易吉),*A British Scholar on Marco Polo*(《一位研究马可·波罗的英国学者》),«East and West»(《东西方》),5(1954-1955),pp.222-226.

艺术、建筑、考古和音乐

13.【艺】Adespoto(佚名),*Mostra d'arte cinese. Exhibition of Chinese Art. Catalogo*(《中国艺术展图册》),Venezia:Alfieri Editore,1954.

14.【艺】Avon Caffi,G.(阿冯·卡菲,朱塞佩),*L'arte della Cina a Venezia*(《中国艺术在威尼斯》),«L'Italia che scrive»(《意大利著述界》),37(1954),pp.138-139.

15.【艺】Corradini,P.(柯拉迪尼),*Pittura cinese antica e moderna*(《古代和现代中国绘画》),«Bollettino di Informazioni[del]Centro Studi per lo sviluppo delle relazioni economiche e culturali con la Cina»(《对华经济和文化关系发展研究中心信息杂志》),4(1954),pp.14-15.

16.【艺】Giuganino,A.(朱加尼诺,阿尔贝托),Introduzione(序言),in Adespoto(佚名),*Mostra d'arte cinese. Exhibition of Chinese Art. Catalogo*(《中国艺术展图册》),Venezia:Alfieri Editore,1954,pp.XV-XXVI,XXVII-XXXVIII.

17.【艺】Masin Crovato,G.(马辛·克罗瓦托,乔治),*La mostra d'arte cinese in occasione del VII centenario della nascita di Marco Polo*(《马可·波罗诞辰700周年中国艺术展》),«Cenobio»(《隐修院》),3(1954),pp.587-589.

18.【艺】Tucci,G.(图齐,朱塞佩),*Fifty Years of Study of Oriental Art*(《东方艺术50年研究》),«East and West»(《东西方》),5(1954-1955),pp.73-85.

文学

19.Benedikter,M.(贝内迪克特,马丁)(tr. a cura di)(编译),*Venti 'quartine* brevi' cinesi del periodo T'ang(《中国唐朝的二十首'四行短诗'》),Firenze:Fussi-Sansoni,1954.

20.Benedikter,M.(贝内迪克特,马丁)(tr. a cura di)(编译),*Il Wang Ch'uan Chi di Wang Wei e P'ei Ti*(*La raccolta del fiume Wang*)[《王维的〈辋川集〉和裴迪》(《辋川集》)],«Annali[dell']Istituto Universitario Orientale di Napoli»(《那不勒斯东方大学年鉴》),6(1954-1956),pp.201-243.

哲学

21.[神]Balconi,L. M.(巴尔科尼,洛伦佐),*Mitologia cinese*(《中国神化》),in C. D'Alessio(卡洛·达莱西奥)(a cura di)(编著),*Dei e miti*(《神仙和神话》),Milano:Labor,1954,pp.75-87.

22.[基]D'Elia,P. M.,S. I.(德礼贤),*Il concetto di Dio in alcuni antichi testi cinesi*(《上帝的概念在中国古代文献中的诠释》),«Rivista degli Studi Orientali»(《东方学研究》),29(1954),pp.83-128.

23.[基]D'Elia,P. M.,S. I.(德礼贤),*Il vero sostituto di s. Francesco Saverio nella missione della Cina*(《沙勿略在中国传教事业真正的接班人》),in *La preghiera e il lavoro apostolico nelle missioni*(《传教事业中的祈祷和使徒工作》),Roma:Apud Aedes Universitatis Gregorianae,1954,pp.79-87.

24.[基]D'Elia,P. M.,S. I.(德礼贤),*Il p. Matteo Ricci.Gloria d'Italia e splendore di Macerata in un discorso inedito degli anni 1610-1615*[《利玛窦神父:意大利的荣耀和马切拉塔的光荣(一份1610—1615年未出版的讲稿)》],in *Studia Picena*(《皮切纳研究》),X,Fano,1954,pp.55-66.

25.D'Elia,P. M.,S. I.(德礼贤),*Una storia della filosofia cinese*(《中国哲学史》),«Studia Patavina»(《帕多瓦研究》),1(1954),pp.425-460.

26.[基]D'Elia,P. M.,S. I.(德礼贤),«Valignano Alessandro»(《范礼安》),in *Enciclopedia Cattolica*(《天主教百科全书》),XII,Città del Vaticano:Ente per l'Enciclopedia Cattolica e il libro cattolico,1954,coll.990-992.

27.[基]Silvestri,C.,O. F. M.(西尔韦斯特里,奇普里亚诺),*L'apostolo della Cina.Studio storico-critico per la conoscenza di Giovanni da Montecorvino e delle missioni francescane cinesi del Medio evo*(《中国的使徒：对孟高维诺和中世纪方济各会在华传教事业的历史评论研究》)，Roma：Centro Nazionale di Propaganda Missionaria Francescana，1954.

28.【基】Silvestri，C.，O. F. M.（西尔韦斯特里，奇普里亚诺），*La vera patria di Giovanni da Montecorvino. Legato pontificio e primo apostolo della Cina. Studio storico-critico*［《孟高维诺真正的祖国：教皇特使和中国的第一位使徒（历史评论研究）》］，Roma：Tipografia La Precisa，1954.

科学和科学史

29.Bertuccioli，G.（白佐良），*Nota sul Pen-ts'ao p'in-hui ching-yao*（《论〈本草品汇精要〉》），《Rivista degli Studi Orientali》（《东方学研究》），29（1954），pp.247-251.

30.Costantini，V.（科斯坦蒂尼，维尔玛）（tr. a cura di）（编译），*Pen-ts'ao p'in-hui ching-yao. Antico codice cinese di farmacologia*（《〈本草品汇精要〉——古代中国药典》），《Rivista degli Studi Orientali》（《东方学研究》），29（1954），pp.247-251.

三、备注

德礼贤的论文《上帝的概念在中国古代文献中的诠释》中部分《诗经》译文。

《诗经·商颂·玄鸟》第一段译文：

天命玄鸟，	Il Cielo comandò a un uccello nero，
降而生商。	Di scendere e di dare origine agli Sciam.
宅殷土芒芒。	［i discendenti di Sié］abitano nel territorio［In che divenne molto prospero.
古帝命武汤，	Anticamente il Dominatore comandò a Ttam il bellicoso，
正域彼四方。	Di fissare delle regione quelle quattro frontiere.

《诗经·商颂·长发》第一段译文：

浚哲维商！	Profondamente savi erano quegli Sciam！
长发其祥。	Già da molto tempo erano apparsi i loro presagi.

洪水芒芒,	Quando le acque del diluvio erano immense,
禹敷下土方。	Lü regolarizzò e divise le[varie]regioni della terra.
外大国是疆,	E ai grandi regni esterni assegnò le frontiere,
幅陨既长。	Dopo che ebbe ingrandito l'estensione[del dominio reale].
有娀方将,	Lo Stato di Som cominciò a diventar grande,
帝立子生商。	E il Dominatore nominò il figlio[della Signora nata Som per da re origine agli Sciam].

《墨子·法仪》选段：

| 故曰：爱人利人者，天必福之； | Perchiò io dico: Il Cielo certamente benedice coloro che amano gli uomini e fanno loro del bene, |
| 恶人贼人者，天必祸之。 | e il Cielo certamente maledice coloro che odiano gli uomini e fanno loro del torto. |

公元1955年

一、大事记

1.兰乔蒂教授翻译并出版了第一版清代沈复撰写的《浮生六记》全译本。《浮生六记》是一部水平极高、影响颇大的自传体随笔，在清代笔记体文学中占有相当重要的位置。中国文学史上描写情爱的诗文很多，但大多或写宫廷艳史，或写权势礼法淫威下的爱情悲剧，或写风尘知己及少男少女之间的缠绵，很少涉及夫妻之情。别具慧眼的兰乔蒂教授选中了这部爱情作品，除为其译文写作了一篇序言以外，还对文中所有重要的文化点作了详尽的注释。比如在第四卷《浪游记快》中记述妓船"花艇"时，沈复抒发情感，赋诗曰："半年一觉扬帮梦，赢得花船薄幸名"，兰乔蒂教授在注释中细致地加注："此诗句出自唐代诗人杜牧"。

2.意大利学者卢多维科·尼古拉·狄朱拉(Ludovico Nicola di Giura,1868-1947)翻译了《聊斋志异》全译本，并在米兰出版。该译本于1955年8月发行，共收入了435个故事,意大利译名为"I Racconti fantastici di Liao",这是意大利迄今为止唯一一部《聊斋志异》的全译本,也极有可能是西方世界唯一的一部译本。在此之前,国内"聊斋学"的专家学者们只在日本和韩国发现过全译本。该译本分上、下两册,装帧精美,封皮由真丝制成,上面绣有飞龙图案,外部套有塑料盒,书内附有64幅插图。译本中的三个故事:《画壁》《种梨》及《龙飞相公》于1956年在汉学专刊《中国》(《China》)第一期上发表。

卢多维科·尼古拉·狄朱拉1900年作为军医随意大利海军来到中国,之后在中国生活了三十余年。在此期间,他主要从事医疗工作,并利用闲暇时间学习中文,他撰写的介绍中国的时事评论多次刊登在意大利主流报刊杂志上;此外,他还翻译了多部中国古典名著并创作了一些以中国为背景的小说。卢多维科·尼古拉·狄朱拉最杰出的贡献莫过于他对《聊斋志异》的翻译。第一个翻译版本《中国神话传说》(*Fiabe cinesi*)于1926年在米兰出版发行,共收入了99篇聊斋故事,在卢多维科·尼古拉·狄朱拉去世后,他的侄子乔瓦尼·狄朱拉(Giovanni di Giura)整理其遗留下的手稿,并再次刊印出版。①

3.《金瓶梅》被皮耶罗·雅合与马基利斯·利斯勒·斯通曼(Maj-Lis Rissler Stoneman)等人合译成意大利文在都灵出版,这一译作转译自1940年由英国学者伯纳德·迈阿尔(Bernard Miall)翻译并于纽约出版的《金瓶梅》的英文译本,该英文译名为《西门与他的六位妻妾》。

4.鲁契尼(Alberto Luchini)根据埃兹拉·庞德(Ezra Pound)于1947年出版的英译本,将《大学》(*La Grande Sapienza*)中的部分篇章翻译成意大利文,收录于《〈大学〉和〈中庸〉》(*Studio Integrale e l' Asse che non Vacilla*)一书中并在米兰出版发行。

5.著名的意大利汉学专刊《中华文明手册》(*Quaderni di civiltà cinese*)在米兰创刊发行,出版机构为意中文化研究会(Istituto Culturale Italo-Cinese)。

6. 8月28日到9月3日,"第8届青年汉学家学术研讨会"(The Ⅷth Conference of Junior Sinologues)在荷兰莱顿(leiden)汉学中心(Sinologisch Instituut)召

---

① 有关《聊斋志异》的意大利译本研究请参看北京语言大学意大利语系14级硕士研究生顾双双的论文《论狄朱拉对聊斋志异的翻译——意大利语全译本的诞生》,北京语言大学硕士学位论文。

开,与会人数共计130人。

7.德礼贤在《东方学研究》期刊上发表了题为《意大利音乐和歌曲在北京(1601年3—4月)》的论文,将利玛窦(Matteo Ricci)《西琴曲意八章》中的全部章节翻译成了意大利文。1601年,利氏进京向万历皇帝进献礼物,其中包括一架古钢琴。这架外形奇特的异国乐器引起了万历皇帝的兴趣。皇帝命宫廷乐师向利玛窦的会友郭居静(Lazzaro Cattaneo)神父学习演奏"西琴"的技巧,并请求利玛窦为乐曲填词。利玛窦因此写作《西琴曲意八章》。德礼贤认为这8首歌词很有可能源于意大利文的圣歌,其内容涉及基督教的道德伦理观。他将此8首歌词翻译成意大利文,并附有中文原文对照。(《西琴曲意八章》部分内容的意文翻译见备注3)

8.里卡尔多·弗拉卡索(Riccardo Fracasso)1月25日出生于意大利维琴察省维拉维尔拉(Villaverla)。里卡尔多·弗拉卡索1980年毕业于威尼斯卡·福斯卡里大学中国语言文学专业,1994年获得那不勒斯东方大学博士学位。他多次获奖学金赴荷兰、中国台湾、日本东京等地进修中国学。其主要论著包括《轴心象征主义在古代中国传统中的体现》(*Manifestazioni del simbolismo assiale nelle tradizioni cinesi antiche*)、《怪物的预言:关于〈五藏山经〉的研究》(*Teratoscopy or Divination by Monsters. Being a Study on the Wu-tsang Shan-ching*)。

二、书(文)目录

书目提要和汉学史

1.Lanciotti,L.(兰乔蒂),*The VIIIth Conference of Junior Sinologues*(《第8届青年汉学家学术研讨会》),《East and West》(《东西方》),6(1955-1956),pp.254-255.

历史与制度

2.Almagià,R.(阿尔马贾,罗伯托),*Marco Polo*(《马可·波罗》),in *Nel VII centenario della nascita di Marco Polo*(《马可·波罗诞辰700周年》),Venezia:Istituto Veneto di scienze,lettere ed arti,1955,pp.7-49.

3.Almagià,R.(阿尔马贾,罗伯托),*Nel VII centenario della nascita di Marco Polo*(《马

可·波罗诞辰700周年》),Venezia:Istituto Veneto di scienze,lettere ed arti,1955.

4.Gallo,R.(加洛,鲁道夫),*La mappa dell'Asia della Sala dello Scudo in Palazzo Ducale e il Milione di Marco Polo*(《总督宫盾牌厅的亚洲地图和马可·波罗的〈马可·波罗游记〉》),in *Nel Ⅶ centenario della nascita di Marco Polo*(《马可·波罗诞辰700周年》),Venezia:Istituto Veneto di scienze,lettere ed arti,1955,pp.195-231.

5.Gallo,R.(加洛,鲁道夫),*Marco Polo,la sua famiglia e il suo libro*(《马可·波罗:他的家庭和他的书》),in *Nel Ⅶ centenario della nascita di Marco Polo*(《马可·波罗诞辰700周年》),Venezia:Istituto Veneto di scienze,lettere ed arti,1955,pp.63-193.

6.Lanciotti,L.(兰乔蒂),*Notes on Ancient Chinese Metallurgy:Sword Casting and Related Legends in China*(《论古代中国冶金术:铸剑及中国相关的传说》),«East and West»(《东西方》),6(1955-1956),pp.106-114.

7.Michieli,A. A.(米基耶利,阿德里亚诺),*Gli studiosi veneti del Polo*(《研究马可·波罗的维内托学者》),in *Nel Ⅶ centenario della nascita di Marco Polo*(《马可·波罗诞辰700周年》),Venezia:Istituto Veneto di scienze,lettere ed arti,1955,pp.269-295.

8.Olschki,L.(奥斯基),*1254:Venezia,l'Europa e i tartari*(《1254:威尼斯、欧洲和鞑靼人》),in *Nel Ⅶ centenario della nascita di Marco Polo*(《马可·波罗诞辰700周年》),Venezia:Istituto Veneto di scienze,lettere ed arti,1955,pp.297-317.

9.Rossi,E.(罗西,埃马努埃拉),*Nel settimo centenario della nascita di Marco Polo*(《马可·波罗诞辰700周年》),«Bollettino della Società Geografica Italiana»(《意大利地理研究会期刊》),92(1955),pp.6-16.

艺术、建筑、考古和音乐

10.【艺】Bianchi Bandinelli,R.(比安基·班迪内利,拉努奇奥),*L'antica arte cinese e i problemi della critica contemporanea*(《中国古代艺术和当代批评问题》),«Bollettino di Informazioni[del]Centro Studi per lo sviluppo delle relazioni economiche e culturali con la Cina»(《对华经济和文化关系发展研究中心信息期刊》),4(1955),pp.24-28.

11.【音】D'Elia,P. M.,S. I.(德礼贤),*Musica e canti italiani a Pechino(marzo-*

aprile 1601)[《意大利音乐和歌曲在北京(1601 年 3—4 月)》],《Rivista degli Studi Orientali》(《东方学研究》),30(1955),pp.131-145.

文学

12.Attardo Magrini,M.(阿塔尔多·马格里尼,玛利亚)(tr. a cura di)(编译),*Poesie di Tu Fu*(《杜甫的诗》),《Quaderni di Civiltà Cinese》(《中华文明手册》),1(1955),pp.53-58.

13.Attardo Magrini,M.(阿塔尔多·马格里尼,玛利亚),*Li Po*(《李白》),《Quaderni di Civiltà Cinese》(《中华文明手册》),2(1955),pp.111-124.

14.Attardo Magrini,M.(阿塔尔多·马格里尼,玛利亚)e Wang,G.(王,朱塞佩)(tr. a cura di)(编译),*Poesie di Tu Fu*(《杜甫的诗》),《Quaderni di Civiltà Cinese》(《中华文明手册》),3(1955),pp.203-208;4(1956),pp.293-299.

15.Attardo Magrini,M.(阿塔尔多·马格里尼,玛利亚)e Wang,G.(王,朱塞佩)(tr. a cura di)(编译),*Poesie di Li Po*(《李白的诗》),《Quaderni di Civiltà Cinese》(《中华文明手册》),2(1955),pp.127-132;3(1955),pp.197-202;4(1956),pp.285-292;8(1957),pp.108-112.

16.【墨】Attardo Magrini,M.(阿塔尔多·马格里尼,玛利亚),*Mo Ti*(墨翟),《Quaderni di Civiltà Cinese》(《中华文明手册》),3(1955),pp.165-177.

17.Boccazzi,A.(博卡兹,阿尔弗雷多),*Chu-Yuan*(《屈原》),《Quaderni di Civiltà Cinese》(《中华文明手册》),1(1955),pp.20-26.

18.Desderi,P.(德斯代里,保罗),*Il 'Libro delle Odi'*(《诗经》),《Quaderni di Civiltà Cinese》(《中华文明手册》),2(1955),pp.104-110.

19.Di Giura,L. N.(狄朱拉,卢多维科·尼古拉)(tr. a cura di)(编译),*I racconti fantastici di Liao*(《聊斋志异》),Milano:Mondadori,1955,2 voll.,p.1903.

20.Jahier,Piero(雅合,皮耶罗)e Stoneman,Maj-Lis Rissler(斯通曼,马基利斯·利斯勒),*Chin P'ing Meu*(《金瓶梅》),Torino:Einaudi Editore,1955.

21.Lanciotti,L.(兰乔蒂)e Tsui Tao-lu(崔道录)(tr. a cura di)(编译),*Sei racconti di vita irreale*(《浮生六记》),di Shen Fu(沈复),Roma:Gherardo Casini Editore,1955.

哲学

22. Banfi, A. (班菲,安东尼奥), *Osservazioni sulla filosofia cinese in rapporto al pensiero occidentale*(《中国哲学与西方思想对比评论》), « Bollettino di Informazioni [del] Centro Studi per lo sviluppo delle relazioni economiche e culturali con la Cina »(《对华经济和文化关系发展研究中心信息期刊》),7(1955),pp.6-14.

23.【儒】D'Elia, P. M., S. I. (德礼贤), *La filosofia di Ciusci (1130-1200) in Cina*[《朱熹(1130—1200)的哲学在中国》], « Gregorianum »(《格里高利杂志》),36(1955),pp.449-460.

24. Fraccari, G. (弗拉卡里,杰拉尔多), *La sofistica cinese*(《中国诡辩术》), « Quaderni di Civiltà Cinese »(《中华文明手册》),1(1955),pp.27-34.

25. Fraccari, G. (弗拉卡里,杰拉尔多), *Naturalisti cinesi I*(《中国的自然主义者Ⅰ》), « Quaderni di Civiltà Cinese »(《中华文明手册》),2(1955),pp.88-96.

26. Fraccari, G. (弗拉卡里,杰拉尔多), *Naturalisti cinesi II*(《中国的自然主义者Ⅱ》), « Quaderni di Civiltà Cinese »(《中华文明手册》),3(1955),pp.189-196.

27.【儒】Galletti, A. (加莱蒂,阿尔弗雷多), *Confucio*(《孔子》), « Quaderni di Civiltà Cinese »(《中华文明手册》),1(1955),pp.1-10.

28.【儒】Lokuang, S. (罗况,斯塔尼斯劳)(tr. a cura di)(编译), Confucio(孔子), *La Grande Scienza*(《大学》), « Quaderni di Civiltà Cinese »(《中华文明手册》),1(1955),pp.73-78.

29.【儒】Lokuang, S. (罗况,斯塔尼斯劳), *Vita e pensiero di Confucio*(《孔子生平和思想》), « Quaderni di Civiltà Cinese »(《中华文明手册》),2(1955),pp.97-103.

30.【儒】Luchini, A. (鲁契尼)(tr. a cura di)(编译), Confucio(孔子), *Studio integrale e l'Asse che non Vacilla. Versione e commento di Ezra Pound* [《〈大学〉和〈中庸〉(艾兹拉·庞德的翻译及评论)》], Milano: All'Insegna del Pesce d'Oro, 1955.

31.【道】Magnani, L. (马尼亚尼,路易吉), *Lao-tse*(《老子》), « Quaderni di Civiltà Cinese »(《中华文明手册》),1(1955),pp.11-19.

32.【道】Magnani, L. (马尼亚尼,路易吉), *Luci e riflessi del Tao*(《道的光影》), « Quaderni di Civiltà Cinese »(《中华文明手册》),2(1955),pp.79-87.

33.【儒】Ou, C., C. M.（奥乌,卡洛）, *Mencio*（《孟子》）, « Quaderni di Civiltà Cinese »（《中华文明手册》）, 1（1955）, pp.35-38.

34.Paggiaro, L.（帕贾罗,路易吉）, *La civiltà della Cina e i suoi sapienti: Confucio, Lao-tze, Moti, Ciuan-tze, Mencio*（《中国文化和它的智者:孔子、老子、墨子、庄子、孟子》）, Pisa: Giardini, 1955.

35.【道】Pilone, R.（罗沙娜）, *Introduzione al 'Tao-te-king'*（《〈道德经〉绪论》）, « Quaderni di Civiltà Cinese »（《中华文明手册》）, 2（1955）, pp.137-142.

36.Vannicelli, L., O. F. M.（万尼切利,路易吉）, *La religione e la morale dei cinesi*（《中国人的宗教和道德》）, Napoli: Istituto Superiore di scienze e lettere Santa Chiara, 1955.

三、备注

1.《中华文明手册》的主编为著名的意大利学者斯普雷亚菲科·卢恰纳·马格里尼（Spreafico Luciana Magrini）教授。在《中华文明手册》的第1期中,主编斯普雷亚菲科·卢恰纳·马格里尼发表了一篇有关老子（Lao-tse）的研究文章。在文章中,他首先介绍了老子、先秦诸子及其思想,然后介绍了《道德经》这本道家经典,评述老子的《道德经》是一本最难以解读、最具争议同时也有最多注本的中国古籍（至今已有将近2000种中文注本）。《道德经》也是有最多西方语言译本的东方古代经典（西文译本至今已有将近500余种）,《道德经》的难读不仅仅是因为其内容深奥、语言深邃,而且也因为其版本考证不明。什么是"道",什么是"德",这两个问题贯穿始末,是《道德经》的核心问题。在谈到"道"的时候,斯普雷亚菲科·卢恰纳·马格里尼提到明末清初的西方传教士中有人把"道"看作是上帝存在的证据。他们中的一些人甚至直接将"道"与"上帝"（Dio）或"耶和华"（Jehova）等名词并举,由此引起后来学者有关"道"与"上帝"关系的多方探讨及研究。另外,在文中,斯普雷亚菲科·卢恰纳·马格里尼还写道:"道家思想中的三宝是爱、柔及卑",在进一步解释这三个概念的时候,斯普雷亚菲科·卢恰纳·马格里尼提到了人与自然、人与政治的关系。他通过对"天道"（la regola celeste）的个人理解,表达出自己对理想政治、理想世界的展望及期待。

2."第 8 届青年汉学家学术研讨会"与之前几届相比,参加此次研讨会的学者不仅来自欧美,而且也新加入了一些来自亚洲的汉学人士,其中包括来自中国及日本的汉学研究专家。中国学者的加入对于"青年汉学家学术研讨会"来说具有重要意义,这意味着:从此以后在世界汉学研究方面,西方世界可以与中国在学术方面有更多直接的交流与互动。当时参加研讨会的中国学者只有两名:周一良和翦伯赞,他们均来自北京大学。研讨会上,来自世界各地的中国学者都介绍了自己的最新汉学研究成果及学术项目,其中来自巴黎的巴拉兹(E. Balazs)教授提到他们正在进行一个"宋史"(*The Handbook of the History of the Song Dynasty*)项目,项目小组的专家来自法国、美国、日本等国,学术项目委员会在研讨会上提出希望意大利中东及远东研究院(IsMEO)也能参与进来。龙彼得(P. v. d. Loon)教授还提到他所在的大学于 1956 年计划出版一本《宋书在欧洲图书馆中的收藏情况》报告,届时将为欧洲汉学界提供更为丰富的宋史文献研究参考资料。关于研讨会上的其他汉学议题,兰乔蒂教授在著名汉学期刊《东西方》①上发表文章,进行了具体介绍。

3.德礼贤在论文《意大利音乐和歌曲在北京(1601 年 3—4 月)》中对《西琴曲意八章》进行了部分翻译。

西琴曲意 八章

万历二十八年,岁次庚子,窦具贽物赴京师,献上;间有西洋乐器雅琴一具,视中州异形,抚之有异音。皇上奇之,因乐师问曰:"其奏必有本国之曲,愿闻之。"窦对曰:"夫他曲,旅人罔知,惟习道语数曲,今译其大意,以圣朝文字,敬陈于左。第译其意,而不能随其本韵者,方音异也。"

OTTO CANZONI

Nel 1601, io, Matteo, portando dei doni, arrivai alla capitale, per offrirli all'imperatore. Tra di essi vi era un bel clavicembalo, strumento musicale dell'occidente, diverso di forma[dagli strumenti musicali] della Cina. Quando lo si tocca, emette suoni curiosi.

---

① 参见意大利中东及远东研究院(IsMEO)发行的《东西方》(《 East and West 》),第 6 期,1955 年 10 月。

L'imperatore ne restò meravigliato. per questo i maestri di musica mi interrogarono dicendo:《 Quanto alle sonate di esso,ci saranno certamente dei pezzi del proprio paese; noi vorremmo sentirli 》.Io,Matteo,risposi:《 Io,viaggiatore,non conosco altri pezzi,all'infuori di alcune canzoni con parole religiose,nelle quali mi sono esercitato.Ora ne traduco il senso generale nella lingua della corte imperiale come qui sotto;però non traduco che il senso, non potendo seguirne le rime;perché i suoni locali [delle due lingue] sono diversi 》.

悔老无德　五章

余春年渐退,有往无复,蹙老暗侵,莫我恕也。何为乎窄地而营广厦,以有数之日,圆无数之谋欤？幸获今日一日,即亟用之勿失。吁！毋许明日,明日难保；来日之望,止欺愚乎？愚者罄日立于江涯,竢其涸,而江水汲汲流于海,终弗竭也。年也者,具有轾翼,莫怪其急飞也。吾不怪年之急飞,而惟悔吾之懈进。已夫！老将臻而德未成矣。

RINCRESCIMENTO DI ESSERE GIUNTO ALLA VECCHIAIA SENZA VIRTU'

I miei anni giovanili piano piano si allontanano；essi vanno sempre innanzi senza mai tornare indietro！ Le miserie e la vecchiaia m'invadono di nascosto,e niente di tutto questo mi risparmia！ E allora？ Sopra un'area ristretta fabbricare un vasto edificio,[non sarebbe forse come se] con giorni limitati fomentassi un piano di tempo illimitato？ Giacché per fortuna ho ottenuto il giorno di oggi,debbo servirmene con premura senza perderlo.Ah！ non mi debbo promettere il giorno di domani,perché il giorno di domani è difficile a garantirsi.L'attesa dei giorni da venire non inganna che lo sciocco. Lo sciocco sta tutti i giorni sulle rive del fiume,aspettando che questo si secchi,ma le acque del fiume impetuosamente scorrono fino al mare,senza mai esaurirsi.Gli anni hanno tutti delle ali leggiere；non meravigliarti se essi volano rapidamente.Io non mi meraviglio che gli anni volino rapidamente,ma mi rincresce soltanto che io sia così pigro ad avanzare [nella virtù].La vecchiaia sta per arrivare,senza che io sia ancora giunto alla perfezione della virtù.

公元1956年

一、大事记

1.第一本汉学专刊《中国》(«Cina»)在罗马创刊,由意大利中东及远东研究院出版发行,主编为意大利著名汉学家兰乔蒂教授。《中国》是一本年刊,其创刊宗旨是深入研究中国思想、艺术、科学及社会等方面的情况。在《中国》期刊第一期上,意大利著名东方学家朱塞佩·图齐教授撰写了一篇序言,他提到:意大利中东及远东研究院一直以来都很关注中国文化方面的研究。意大利有着相当悠久的汉学研究传统,对中国学的研究,意大利学者一直都不仅限于对中国思想的介绍,他们还关注中国艺术、科技、政治等方面的研究,甚至还把研究目光放到了中国人民生活现状上。所有这些都是意大利汉学中心(Centro di Studi Sinologici)感兴趣的研究,也正是基于此原因,意大利中东及远东研究院决定创办一本能够从更加客观、更加全面的角度向意大利读者介绍中国的学术期刊。由此,《中国》创刊了。中国有着几千年古老而灿烂的文明。对于中国的研究,我们不能避开过去更不该忽略现在。《中国》期刊将聚焦古今中国,书写及介绍中国从古至今的智慧之光。

2.曾留学美国研修唐诗的汉学家马丁·贝内迪克特(Martin Benedikter,1908—1969)出版了他所翻译的王维及裴迪的诗歌选集。

3.克拉拉·博维罗(Clara Bovero)翻译并在都灵出版了《水浒传》的意大利文译本,名为《中国古代小说〈强盗〉》(*I Briganti. Antico romanzo cinese*),这一译本译自1934年德国作家弗兰兹·库恩的德文译本①。

4.《中国古代哲学》(*Antica filosofia cinese*)系列丛书由米兰的意中文化研究会(Istituto Culturale Italo-Cinese)出版发行,此套丛书中收录了多部中国古代思想经

---

① Franz Kuhn, *Die Rauber vom Liang Schan Moor*, Leipzig: Insel Verlag, 1934.

典作品的意大利文译本及相关研究专著。《中国古代哲学》中收录的作品包括阿尔弗雷多·加莱蒂（Alfredo Galletti）翻译的《孔子》（*Confucio*），卢恰诺·马格里尼（Luciano Magrini）翻译的《老子》（*Lao-tse*），玛利亚·阿塔尔多·马格里尼（Maria Attardo Magrini）翻译的《墨翟》（*Mo Ti*），杰拉尔多·弗拉卡里（Gerardo Fraccari）翻译的《庄子》（*Ciuang-tse*），国学大师冯友兰的《论百家》（*Le cento scuole*）、《论孔丘》（*La Cina preconfuciana*）及《孙子》（*Hsun Tse*）的意大利文翻译，卡洛·奥乌（Carlo Ou）翻译的《孟子》，保罗·德斯代里（Paolo Desderi）翻译的《易经》，留法学者黄家诚（Houang Kia-tcheng）撰写的《道家的谦卑》（*L'umiltà taoista*），杰拉尔多·弗拉卡里（Gerardo Fraccari）撰写的《中国自然主义者》和《中国哲学中的诡辩》（*La sofistica cinese*）等。此套丛书代表了第二次世界大战后意大利汉学研究尤其是在中国古代思想史方面的最优秀的研究成果。

5. 斯塔尼斯劳·罗况（Stanislao Lokuang）用意大利文翻译了《大学》（*La Grande Scienza*）、《中庸》（*Il Giusto Mezzo*）及《论语》（*I Dialighi*）中的部分章句并集结成册，题为《〈大学〉〈中庸〉〈论语〉》（*La Grande Scienza. Il Giusto Mezzo. I Dialoghi*），由米兰的意中文化研究会（Istituto Culturale Italo-Cinese）出版发行。

6. 9月2日至8日，"第9届青年汉学家学术研讨会"（The IXth Conference of Junior Sinologues）在法国塞纳省旺夫市举行，来自世界各地的200多名学者参加了会议。法兰西公学院（Collège de France）著名法国汉学家戴密微（Paul Demiéville）致了开场词。兰乔蒂教授在著名汉学期刊《东西方》（«East and West»）第7期上发表了相关文章进行介绍。

7. 德礼贤在《天主教文明》发表题为《耶稣会士利玛窦神父在中国的适应性（传教）策略》的论文。通过对利玛窦《信札》手稿和《耶稣会远征中国史》手稿及利氏中文作品的研究，分析并论述利玛窦在华的"适应性"传教策略。

8. 历史学家汾屠立（Pietro Tacchi Venturi，1861—1956）逝世。汾屠立是耶稣会神父、历史学家。在意大利法西斯时期成为墨索里尼政府和教皇之间的联络人，也是1929年拉特兰条约的缔造者之一。据说，他有非凡的沟通能力，因此得到教皇重用，是梵蒂冈公认的"幕后者"之一。他为梵蒂冈的独立做出了重要贡献，并成功劝说墨索里尼将基奇宫（Palazzo Chigi）图书馆赠予梵蒂冈。1910年，汾屠立神父将在耶稣会罗马档案馆中发现的利玛窦意大利语原文手稿同其他书稿结集,并以《利玛窦神父历史著作集》(*Opere Storiche del p.Matteo Ricci*)为题刊行,分上、下两卷。1942年,德礼贤神父将其编入《利玛窦全集》(*Fonti Ricciane*)。

二、书（文）目录

书目提要和汉学史

1.Lanciotti,L.(兰乔蒂), *The IXth Conference of Junior Sinologues*(《第9届青年汉学家学术研讨会》),《East and West》(《东西方》),7(1956-1957),pp.262-263.

历史与制度

2.D'Elia,P. M.,S. I.(德礼贤), *Le origini della stampa in Cina.A proposito di una recente pubblicazione*(《中国印刷术的起源:关于近期的一个出版物》),《Rivista degli Studi Orientali》(《东方学研究》),31(1956),pp.295-309.

3.Luzzatto,G.(卢扎托,吉诺), *Venezia e l'Oriente(XI- XV secolo)* [《威尼斯和东方(11—15世纪)》], in G. Tucci(朱塞佩·图齐)(sotto la direzione di)(指导), *Le Civiltà dell'Oriente*(《东方文明》),I,Roma:G. Casini Editore,1956,pp.1239-1248.

4.Petech,L.(毕达克), *Some Remarks on the Portuguese Embassies to China in the K'ang-his Period*(《关于康熙时期葡萄牙驻华大使馆的评论》),《T'oung Pao》(《通报》),44(1956),pp.227-241.

艺术、建筑、考古和音乐

5.【考】Bricco,G.(布里科,乔瓦尼), *La ceramica cinese*(《中国瓷器》),《Quaderni di Civiltà Cinese》(《中华文明手册》),6(1956),pp.419-427.

6.【考】D'Elia,P. M.,S. I.(德礼贤), *Le origini della stampa in Cina*(《中国印刷术的起源》),《Rivista degli Studi Orientali》(《东方学研究》),XXXI,Roma,1956,pp.295-309.

7.【艺】Giuganino,A.(朱加尼诺,阿尔贝托), *Le due pietre:Shih-ch'i e Shih-t'ao.Pittori individualisti del sec. XVII*(《两位姓石的画家:石溪和石涛——17世纪的

个性化画家》),《Cina》(《中国》),1(1956),pp.41-79.

8.【艺】Giuganino, A.(朱加尼诺,阿尔贝托), *L'inchiostro di Cina nella calligrafia e nell'arte giapponese*(《日本书法和艺术中的中国墨》), Roma: Istituto Italiano per il Medio ed Estremo Oriente, 1956.

9.【考】Lanciotti, L.(兰乔蒂), *Two Bronze Masks of t'ao-t'ieh*(《两幅饕餮铜面具》),《East and West》(《东西方》),7(1956-1957),pp.247-250.

10.【艺】Nebbia, U.(内比亚,乌戈)(a cura di)(编著), *Antichi ritratti cinesi*(《古代中国画像》), Milano: Edizioni Beatrice D'Este, 1956.

11.【艺】Prodan, M.(普罗丹,马里奥), *Incontro con l'arte cinese*(《邂逅中国艺术》), Milano: Martello, 1956.

12.【考】Zanon, C.(查农)(a cura di)(编著), *Mostra di antichi ritratti cinesi [al] Museo Poldi Pezzoli*(《波尔迪·佩佐利博物馆的古代中国画像展》), Milano: Edizioni Beatrice D'Este, 1956.

文学

13. Attardo Magrini, M.(阿塔尔多·马格里尼,玛利亚)(tr. a cura di)(编译), *Poesie di Po Chu-i*(《白居易的诗歌》),《Quaderni di Civiltà Cinese》(《中华文明手册》),5(1956),pp.359-390.

14. Attardo Magrini, M.(阿塔尔多·马格里尼,玛利亚), *Wang Wei*(《王维》),《Quaderni di Civiltà Cinese》(《中华文明手册》),6(1956),pp.429-450.

15. Attardo Magrini, M.(阿塔尔多·马格里尼,玛利亚) e Wang, G.(王,朱塞佩)(tr. a cura di)(编译), *Poesie di Wang Wei*(《王维的诗》),《Quaderni di Civiltà Cinese》(《中华文明手册》),6(1956),pp.451-472.

16. Attardo Magrini, M.(阿塔尔多·马格里尼,玛利亚) e Wang, G.(王,朱塞佩)(tr. a cura di)(编译), *I grandi poeti cinesi: Li Po*(《伟大的中国诗人:李白》), Milano: Istituto Culturale Italo-Cinese, 1956.

17. Attardo Magrini, M.(阿塔尔多·马格里尼,玛利亚) e Wang, G.(王,朱塞佩)(tr. a cura di)(编译), *I grandi poeti cinesi: Tu Fu*(《伟大的中国诗人:杜甫》), Milano: Istituto Culturale Italo-Cinese, 1956.

18.Benedikter,M.(贝内迪克特,马丁),*Alcune poesie brevi di Wang Wei*(《王维的几首短诗》),«Cina»(《中国》),1(1956),pp.97-100.

19.Benedikter,M.(贝内迪克特,马丁)(tr. a cura di)(编译),*Wang Wei e P'ei Ti*(*Poesie del fiume Wang*)[《王维和裴迪》(《辋川集》)],Torino:Einaudi,1956.

20.Bovero,C.(博维罗,克拉拉)(tr. a cura di)(编译),*I Briganti.Antico romanzo cinese*(《中国古代小说〈强盗〉》)①,Torino:Einaudi,1956.

21.Cecchi,E.(切基,埃米利奥),*Romanzi e novelle cinesi*(《中国小说》),«Cina»(《中国》),1(1956),pp.117-121.

22.Di Giura,L. N.(狄朱拉,卢多维科·尼古拉)(tr. a cura di)(编译),*Tre racconti fantastici*(《三则奇幻故事》),«Cina»(《中国》),1(1956),pp.122-132.

23.Galletti,A.(加莱蒂,阿尔弗雷多),*Due grandi poeti cinesi:Li Po e Tu Fu*(《两位伟大的中国诗人:李白和杜甫》),«Quaderni di Civiltà Cinese»(《中华文明手册》),5(1956),pp.315-327.

24.Guidacci,M.(圭达奇,马加里塔)(tr. a cura di)(编译),T'ao Ch'ien(陶潜),*Poema per la bellezza della sua donna*(《闲情赋》),«Il Ponte»(《桥》),12(1956),pp.547-551.

25.Guidacci,M.(圭达奇,马加里塔)(tr. a cura di)(编译),Tu Fu(杜甫),*La ballata dei carri da guerra*(*e altre cinque poesie*)(《〈兵车行〉和其他五首诗》),«Il Ponte»(《桥》),12(1956),pp.552-558.

26.Jahier,P.(雅合,皮耶罗)(tr. a cura di)(编译),*Una strana morte*(*dal Chin P'ing Mei*)[《〈离奇死亡〉(选自〈金瓶梅〉)》],«Cina»(《中国》),1(1956),pp.133-140.

27.Jahier,P.(雅合,皮耶罗)e Stoneman,Maj-Lis Rissler(斯通曼,马基利斯·利斯勒)(tr. a cura di)(编译),*Chin P'ing Mei.Romanzo erotico cinese del secolo XVI*(《16世纪中国小说〈金瓶梅〉》),2 voll.,Torino:Einaudi,1956.

28.Lanciotti,L.(兰乔蒂)e Tsui Tao-lu(崔道录)(tr. a cura di)(编译),*Le barche dei fiori,Dal Fu sheng liu-chi di Shên Fu*[《花船(选自沈复的〈浮生六记〉)》],

---

① 即《水浒传》。

«Cina»(《中国》),1(1956),pp.141-148.

29.Lanciotti,L.(兰乔蒂),*Il sogno del 'vecchio rifiuto'*(《"老残"的梦》)(Introduzione e traduzione del I capitolo del *Lao-ts'an yu-chi* di Liu E)(刘鹗《老残游记》第一章序言及翻译),«Cina»(《中国》),1(1956),pp.101-115.

哲学

30.Adespoto(佚名),*Antica filosofia cinese*(《中国古代哲学》),2 voll.,Milano:Istituto Culturale Italo-Cinese,1956.

31.【墨】Attardo Magrini,M.(阿塔尔多·马格里尼,玛利亚),*Mo Ti*(《墨翟》),in Adespoto(佚名),*Antica filosofia cinese*(《中国古代哲学》),I,Milano:Istituto Culturale Italo-Cinese,1956,pp.33-46.

32.【基】D'Elia,P.M.,S.I.(德礼贤),*Further Notes on Matteo Ricci's De Amicitia*(《关于利玛窦〈友论〉的进一步论述》),«Monumenta Serica»(《华裔学志》),15(1956),pp.161-202.

33.【基】D'Elia,P.M.,S.I.(德礼贤),*Il metodo di adattamento del p. Matteo Ricci S.I. in Cina*(《耶稣会士利玛窦神父在中国的适应性(传教)策略》),«La Civiltà Cattolica»(《天主教文明》),107(1956),3,pp.174-182.

34.【基】D'Elia,P.M.,S.I.(德礼贤),«Ricci Matteo»(《利玛窦》),in *Dizionario Biografico degli Autori di tutti i tempi*(《各时代作家人名词典》),IV,Milano:Bompiani,1956,pp.42-43.

35.Desderi,P.(德斯代里,保罗),*Il Libro delle Mutazioni*(《易经》),«Quaderni di Civiltà Cinese»(《中华文明手册》),4(1956),pp.253-264.

36.Desderi,P.(德斯代里,保罗),*Il Libro delle Mutazioni*(*Y-King*)(《易经》),in Adespoto(佚名),*Antica filosofia cinese*(《中国古代哲学》),II,Milano:Istituto Culturale Italo-Cinese,1956,pp.15-26.

37.【道】Fraccari,G.(弗拉卡里,杰拉尔多),*Ciuang-tse*(《庄子》),«Quaderni di Civiltà Cinese»(《中华文明手册》),4(1956),pp.235-252.

38.【道】Fraccari,G.(弗拉卡里,杰拉尔多),*Ciuang-tse*(《庄子》),in Adespoto(佚名),*Antica filosofia cinese*(《中国古代哲学》),I,Milano:Istituto Culturale Italo-

Cinese,1956,pp.47-66.

39.Fraccari,G.(弗拉卡里,杰拉尔多),*Naturalisti cinesi*(《中国的自然主义者》),in Adespoto(佚名),*Antica filosofia cinese*(《中国古代哲学》),Ⅱ,Milano:Istituto Culturale Italo-Cinese,1956,pp.27-46.

40.Fraccari,G.(弗拉卡里,杰拉尔多),*La sofistica cinese*(《中国哲学中的诡辩》),in Adespoto(佚名),*Antica filosofia cinese*(《中国古代哲学》),Ⅱ,Milano:Istituto Culturale Italo-Cinese,1956,pp.57-66.

41.【儒】Galletti,A.(加莱蒂,阿尔弗雷多),*Confucio*(《孔子》),in Adespoto(佚名),*Antica filosofia cinese*(《中国古代哲学》),Ⅰ,Milano:Istituto Culturale Italo-Cinese,1956,pp.5-14.

42.【儒】Lokuang,S.(罗况,斯塔尼斯劳)(tr. a cura di)(编译),K'ung-fu-tzu(孔夫子),*La Grande Scienza. Il Giusto Mezzo. I Dialoghi*(《〈大学〉〈中庸〉〈论语〉》),Milano:Istituto Culturale Italo-Cinese,1956.

43.【佛】Magrini,L.(马格里尼,卢恰诺),*Il Buddismo in Cina*(《佛教在中国》),Milano:Istituto Culturale Italo-Cinese,1956.

44.【佛】Magrini,L.(马格里尼,卢恰诺),*Il sincretismo buddista cinese*(《中国佛教(与当地文化的)结合》),《 Quaderni di Civiltà Cinese 》(《中华文明手册》),6(1956),pp.395-403.

45.【佛】Magrini,L.(马格里尼,卢恰诺),*Introduzione e sviluppo del Buddismo in Cina*(《佛教入华及在华的发展》),《 Quaderni di Civiltà Cinese 》(《中华文明手册》),4(1956),pp.265-276.

46.【道】Magnani,L.(马尼亚尼,路易吉),*Lao-tse*(《老子》),in Adespoto(佚名),*Antica filosofia cinese*,(《中国古代哲学》),Ⅰ,Milano:Istituto Culturale Italo-Cinese,1956,pp.15-32.

47.【佛】Magrini,L.(马尼亚尼,路易吉),*Nel Buddismo cinese:La scuola della meditazione*(*tsan*)(《中国的佛教:禅宗》),《 Quaderni di Civiltà Cinese 》(《中华文明手册》),5(1956),pp.328-334.

48.【道】Pilone,R.(罗沙娜)e Wu Chin-hsiung(吴经熊)(tr. a cura di)(编译),Lao-tse(老子),*Tao-te-king*(《道德经》),《 Quaderni di Civiltà Cinese》(《中华文明

手册》),2(1955),pp.209-234;4(1956),pp.305-314.

49.【道】Pilone, R.(罗沙娜) e Wu, Chin-hsiung(吴经熊)(tr. a cura di)(编译), Lao-tse(老子), *Tao-te-king*(《道德经》), Milano: Istituto Culturale Italo-Cinese,1956.

科学和科学史

50.Bertuccioli, G.(白佐良), *Nuova nota sul Pen-ts'ao p'in-hui ching-yao*(《〈本草品汇精要〉新注》), « Rivista degli Studi Orientali »(《东方学研究》),31(1956), pp.179-181.

51.D'Elia, P. M., S. I.(德礼贤), *Presentazione della prima traduzione cinese di Euclide*(《欧几里得首部中文译作介绍》), « Monumenta Serica »(《华裔学志》),15(1956), pp.161-202.

公元 1957 年

一、大事记

1.朱塞佩·图齐(1894—1984)在罗马创立了国立东方艺术博物馆(Il Museo Nazionale d'Arte Orientale)。

2.兰乔蒂教授在知名汉学学术期刊《中国》上发表了他的首部《诗经》译作。译文中只翻译了《诗经》中"国风"及"小雅"中的诗歌作品。

3.著名意大利汉学学术期刊《今日中国》(« La Cina d'oggi »)在罗马创刊,出版机构为意中关系发展中心(Centro sviluppo Rel. con La Cina)。主编为著名的意大利学者菲利波·柯嘉(Filippo Coccia)教授。

4.兰乔蒂教授在汉学专刊《中国》第 3 期上发表了他总结的一部汉学书目,主要介绍了这一时期在意大利比较著名的中国古典文学意文译本及它们的翻译底本。其中主要包括中国四大名著的意文译本及明清小说译本等。

5. 9月5日至12日,在德国马尔堡大学(Marburg University)举办了第10届青年汉学家学术研讨会"(The Xth Conference of Junior Sinologues)。

6. 德礼贤在《格里高利杂志》上发表论文《中国古人的上帝(公元前21世纪至公元前4世纪)》。文章梳理了《诗经》《礼记》《论语》《中庸》《墨子》《孟子》《离骚》《史记》等中国古代文献对"上帝"的记载和理解,论述了孔子、孟子、墨子、屈原、王阳明等古代思想家对这一问题的认识。论文中还附有上述古代文献选段的意大利文翻译(未附中文对照)。

二、书(文)目录

书目提要和汉学史

1. Lanciotti, L.(兰乔蒂), *Libri sulla Cina*(《关于中国的书籍》), « Cina »(《中国》), 3(1957), pp.126-136.

2. Lanciotti, L.(兰乔蒂), *The Xth Conference of Junior Sinologues*(《第10届青年汉学家学术研讨会》), « East and West »(《东西方》), 8(1957-1958), pp.281-282.

历史与制度

3. Lanciotti, L.(兰乔蒂), '*La Chine et l'Europe*' *di Giuseppe Ferrari*(《朱塞佩·法拉利的〈中国和欧洲〉》), « Cina »(《中国》), 3(1957), pp.63-72.

4. Lanciotti, L.(兰乔蒂), *Lorenzo Magalotti e la Cina*(《洛伦佐·马卡罗迪和中国》), « Cina »(《中国》), 2(1957), pp.26-33.

5. Loreto, R.(洛雷托,里卡尔多), '*La Cina antica e moderna*' *di Carlo Cattaneo*(《卡尔·卡塔内的〈古代和现代中国〉》), « Cina »(《中国》), 3(1957), pp.52-62.

6. Olschki, L.(奥斯基), *L'Asia di Marco Polo. Introduzione alla lettura e allo studio del Milione*(《马可·波罗的亚洲:〈马可·波罗游记〉导论》), Venezia-Roma: Istituto per la Collaborazione Culturale, 1957; Firenze: Sansoni, 1957.

7. Olschki, L.(奥斯基), *Marco Polo, Dante Alighieri e la cosmografia medievale*(《马可·波罗、但丁和中世纪宇宙结构学》), in *Oriente Poliano. Studi e conferenze tenute all'IsMEO in occasione del VII centenario della nascita di Marco Polo*(1254-

1954)(《〈马可·波罗游记〉：马可·波罗诞辰700周年(1254—1954)意大利中东及远东研究院学术研讨会》),Roma: Istituto Italiano per il Medio ed Estremo Oriente,1957,pp.45-65.

8.Balazs,E.(白乐日),*Oriente Poliano. Studi e conferenze tenute all' IsMEO in occasione del VII centenario della nascita di Marco Polo*(1254-1954)(《〈马可·波罗游记〉：马可·波罗诞辰700周年(1254—1954)意大利中东及远东研究院学术研讨会》),Roma:Istituto Italiano per il Medio ed Estremo Oriente,1957.

9.Tamburello,A.(坦布雷洛,阿道夫),*In Cina,alle origini dell' uomo*(《中国，人类的起源》),«Cina»(《中国》),3(1957),pp.5-12.

艺术、建筑、考古和音乐

10.【艺】Magrini,L.(马格里尼,卢恰诺),*La pittura cinese*(《中国绘画》),«Quaderni di Civiltà Cinese»(《中华文明手册》),7(1957),pp.55-60.

11.【艺】Prodan,M.(普罗丹,马里奥),*A Proto-porcelain Horse*(《古瓷马》),«Connoisseur»(《鉴赏家》),139(1957),p.77.

文学

12.Adespoto(佚名),*I racconti della dinastia T'ang*(《唐传奇》),«Quaderni di Civiltà Cinese»(《中华文明手册》),8(1957),pp.117-118.

13.Attardo Magrini,M.(阿塔尔多·马格里尼,玛利亚)(tr. a cura di)(编译),*I grandi poeti cinesi: Po Chu-I*(《伟大的中国诗人：白居易》),Milano:Istituto Culturale Italo-Cinese,1957.

14.Attardo Magrini,M.(阿塔尔多·马格里尼,玛利亚)e Wang,G.(王,朱塞佩)(tr. a cura di)(编译),*I grandi poeti cinesi: Wang Wei*(《伟大的中国诗人：王维》),Milano:Istituto Culturale Italo-Cinese,1957.

15.Benedikter,M.(贝内迪克特,马丁),*Introduzione [a] I Briganti 'Shui-hu-chuan', antico romanzo cinese*(《中国古典小说〈水浒传〉序》),«Cina»(《中国》),2(1957),pp.46-48.

16.Benedikter,M.(贝内迪克特,马丁)(tr. a cura di)(编译),*Sei poesie di Mêng*

Hao-jan(《孟浩然诗六首》),«Cina»(《中国》),3(1957),pp.13-17.

17.Bovero,C.(博维罗,克拉拉)(tr. a cura di)(编译),*Il primo capitolo dello Shui-hu-chuan*(《〈水浒传〉第一回》),«Cina»(《中国》),2(1957),pp.52-57.

18.Lanciotti,L.(兰乔蒂),*Dal' Libro delle Odi'*(《选自〈诗经〉》),«Cina»(《中国》),Roma:IsMEO,3(1957),pp.77-79.

19.Muccioli,M.(穆乔利,马尔切洛),*La letteratura cinese in Giappone dal VII al IX sec.*(《公元7世纪至9世纪中国文学在日本》),«Cina»(《中国》),2(1957),pp.34-45.

20.Muccioli,M.(穆乔利,马尔切洛),*Chinese Literature in Japan from the VII to the IX Century*(《公元7世纪至9世纪中国文学在日本》),«East and West»(《东西方》),8(1957-1958),pp.275-280.

21.Pilone,R.(罗沙娜)(tr. a cura di)(编译),Li Kung-tso(李公佐),*Il governatore dello stato tributario meridionale*(《南柯太守传》),«Quaderni di Civiltà Cinese»(《中华文明手册》),8(1957),pp.119-128.

22.Tchou,M. M.(秋,玛利亚·马默)e Morando,S.(莫兰多,塞尔焦)(a cura di)(编著),*Il teatro cinese antico e moderno*(《中国古代和现代戏剧》),«Sipario»(《幕》),12(1957),140,Milano:Bompiani,1957,p.88.

哲学

23.【基】D'Elia,P. M.,S. I.(德礼贤),*Il Dio degli antichi cinesi*(*XXI-IV sec. a. C.*)[《中国古人的上帝(公元前21世纪至公元前4世纪)》],«Gregorianum»(《格里高利杂志》),38(1957),pp.461-503.

24.【道】Houang Kia-tcheng(黄家诚),(tr. a cura di)(编译),*Il libro di Ciuang-tse*(*La sezione interna*)[《〈庄子〉(内篇)》],«Quaderni di Civiltà Cinese»(《中华文明手册》),7(1957),pp.7-51.

25.【儒】Lokuang,S.(罗况,斯塔尼斯劳),*La sapienza dei cinesi.Il confucianesimo*(《中国人的智慧:儒学》),Roma:Officium Libri Catholici,1945;2ª ed.riv.,Roma:Officium Libri Catholici,1957.

26.【儒】Magrini,L.(马格里尼,卢恰诺),*Mencio*(《孟子》),«Quaderni di

Civiltà Cinese »(《中华文明手册》),8(1957),pp.68-75.

27.【儒】Ou,C.,C. M.(奥乌,卡洛),*Il libro di Mencio*(《孟子》),« Quaderni di Civiltà Cinese »(《中华文明手册》),8(1957),pp.76-107;9(1958),pp.157-188.

28.Scaligero,M.(斯卡利杰罗,马西莫),*Tao and Grail. The Search of Earthly Immortality*(《道和樽:寻找尘世间的不朽》),« East and West »(《东西方》),8(1957-1958),pp.67-72.

科学和科学史

29.Pasini,U.(帕西尼,翁贝托),*Antica medicina cinese*(《中国古代医学》),Milano:Istituto Culturale Italo-Cinese,1957.

三、备注

1.国立东方艺术博物馆的建立受到了意大利教育部(Ministero della Pubblica Istruzione)及意大利中东及远东研究院的资助。国立东方艺术博物馆中的所有初期藏品均来自朱塞佩·图齐教授从西藏带回的个人收藏,其中有艺术品也有文物。朱塞佩·图齐教授的这些个人藏品大多是他从伊朗、阿富汗、加兹尼及巴基斯坦的考古发掘中发现并最终带回欧洲的。如今国立东方艺术博物馆得到了来自社会各界的捐助及帮助,馆中的藏品更加丰富。博物馆的展厅被布置得极具东方风韵,东方特色的文物与艺术品散落其间,使人俨然身处古老神秘的东方世界。在国立东方艺术博物馆中还设有一所特别的藏书楼,里面保存着很多东方文物古迹的图像资料及相关文字介绍。罗马国立东方艺术博物馆收藏了现今世界上数目最多也最珍贵的西藏文物藏品,是一所保存着古老西藏文明的重要藏馆。

2.菲利波·柯嘉在《今日中国》第一期撰文一篇,题为《为了重新了解中国》(Per il riconoscimento della Cina),以表明此期刊的创刊宗旨。菲利波·柯嘉认为:"中国,(对我们来说)是一个'世界',这个'世界'离我们很远,却正向我们慢慢打开她的世界之门;黄土地、碧水、翠柳、古老的五弦琴、圆月吉他,还有竹笛,这些既高雅又淳朴,但身上都散发着痛苦与隐忍的气息。这个'中国'(世界对我们来说)不应再是另一个世界,而应该是世界中的另一个。"在《今日中国》每期杂志的后面还附有一个通讯专栏,介绍中国政治、文化生活方面的最新讯息。

3.参加"第10届青年汉学家学术研讨会"的学者来自世界各地,包括澳大利亚、英格兰、法国、德国、苏联、荷兰、美国、意大利、日本、韩国、新加坡及瑞士等14个国家,共计100人。中国、罗马尼亚等国也致电对研讨会的顺利召开表示了祝贺。兰乔蒂教授在著名汉学期刊《东西方》发表相关文章,对本次会议进行了介绍。兰乔蒂教授在文章中简单介绍了会上的所有发言,需要特别提到的是其中的四篇:第一篇是布拉格大学(Prague University)教授普实克(Jaroslav Prušek)的《传统在中国文学中的重要性》(The importance of Tradition in Chinese Literature);另外两篇则分别来自莫斯科大学(Moscow University)的埃尔瓦·贝勒芝纳(Elvia I. Berezhina)和英国剑桥大学的王玲,两篇都是"中国数学发展史"(The History of Chinese Mathematics);最后一篇是台湾学者有关清代末期及民国初年外交文献研究的论文。

公元 1958 年

一、大事记

1.《红楼梦》(Il sogno della camera rossa)的意大利文译本出版发行。译本转译自库恩的德文译本,转译者为克拉拉·博维罗(Clara Bovero)和黎却奥(Carla Pirrone Riccio)。译本中有弗兰兹·库恩的原序,并附改琦绘绣像《红楼梦》人物图27幅。① 在弗兰兹·库恩的原序中,他曾提到他所翻译的《红楼梦》参照了两个版本:一个版本出版于1832年,另一个版本是上海商务印书馆出版的版本。《红楼梦学刊》(2000年第3辑第279—281页)刊载了已故中国社会科学院外国

---

① 陈友冰:《意大利汉学的演进历程及特征——以中国文学研究为主要例举》,《华文文学》总第89期,2008年6月。

文学所吕同六研究员翻译的该译文版本的序言,以及该版序言作者马丁·贝内迪克特和两位译者黎却奥、克拉拉·博维罗的生平(吕同六对序言的翻译和译者的生平简介见备注)。

2.白佐良教授与兰乔蒂教授合作继续编写《汉学书目汇编》,所收录的汉学书籍主要是有关中国思想史方面的作品,书目的一部分在汉学专刊《中国》第4期上发表。

3.8月3日至9日,"第11届青年汉学家学术研讨会"(The XIth Conference of Junior Sinologues)在意大利帕多瓦(Padova)顺利召开。

二、书(文)目录

书目提要和汉学史

1.Bertuccioli,G.(白佐良)e Lanciotti,L.(兰乔蒂),*Libri sulla Cina*(《关于中国的书籍》),«Cina»(《中国》),4(1958),pp.133-138.

2.Lanciotti,L.(兰乔蒂),*The XIth Conference of Junior Sinologues*(《第11届青年汉学家学术研讨会》),«East and West»(《东西方》),9(1958),pp.184-186.

3.Lanciotti, L.(兰乔蒂), *Eduard Erkes (1891-1958)* [《何可思(1891—1958)》],«East and West»(《东西方》),9(1958),p.379.

历史与制度

4.Bertuccioli,G.(白佐良),*Carta della Cina del De Barbuda*(《巴布达的中国地图》),«Cina»(《中国》),4(1958),pp.126-127.

5.Corradini,P.(柯拉迪尼),*Luigi Barzini e la guerra dei 'Boxers'*(《路易吉·巴尔梓尼和义和团运动》),«Cina»(《中国》),4(1958),pp.70-80.

6.Corrado,S.(科拉多,索菲亚),*La via della seta*(《丝绸之路》),«La Cina d'oggi»(《今日中国》),2(1958),pp.1-4.

7.D'Elia, P. M., S. I.(德礼贤),*Frammenti di due antiche carte cinesi presso l'Osservatorio astronomico di Bologna*(《藏于博洛尼亚天文观象台的两张中国古代地图的残片》),«Coelum»(《天堂》),26(1958),pp.41-50.

8.Lanciotti,L.(兰乔蒂),*Il diritto cinese ed i suoi interpreti italiani nel 1800*(《中国的法律和它在1800年的意大利语翻译员》),«Cina»(《中国》),4(1958),pp.58-69.

艺术、建筑、考古和音乐

9.【音】Giuganino,A.(朱加尼诺,阿尔贝托),*La musica nella filosofia e nella poesia dell' antica Cina*(《古代中国哲学和诗歌中的音乐》),«Cina»(《中国》),4(1958),pp.7-19.

10.【艺】Lanciotti,L.(兰乔蒂),«Divinità,Cina»(《神,中国》),in *Enciclopedia Universale dell' Arte*(《艺术百科全书》),Ⅳ,Venezia-Roma:Istituto per la Collaborazione Culturale,1958,coll.379-381.

11.【音】Lanciotti,L.(兰乔蒂),«Liturgici strumenti e arredi sacri,Cina»(《礼拜仪式乐器和祭礼用品,中国》),in *Enciclopedia Universale dell' Arte*(《艺术百科全书》),Ⅷ,Venezia-Roma:Istituto per la Collaborazione Culturale,1958,coll.656-658.

12.【艺】Lanciotti,L.(兰乔蒂),«Maschera,Cina»(《面具,中国》),in *Enciclopedia Universale dell' Arte*(《艺术百科全书》),Ⅷ,Venezia-Roma:Istituto per la Collaborazione Culturale,1958,coll.900-901.

13.【艺】Magrini,L.(马格里尼,卢恰诺),*L' antica scultura in Cina.Le grotte di Buddha*(《中国的古代雕塑:佛窟》),«Quaderni di Civiltà Cinese»(《中华文明手册》),10(1958),pp.195-202.

14.【艺】Prodan,M.(普罗丹,马里奥),*Chinese Art*(《中国艺术》),London:Hutchinson,1958.

15.【艺】*Chinesische Kunst*(《中国艺术》),Olten und Freiburg:Walter Verlag,1958.

文学

16.Bertuccioli,G.(白佐良),*Il viaggio in Italia di K' ang Yu-wei(3-13 maggio 1904)*[《康有为的意大利之旅(1904年5月3日—13日)》],«Cina»(《中国》),4(1958),pp.82-91.

17.Bovero,C.(博维罗,克拉拉)e Riccio,C. Pirrone（黎却奥）(tr. a cura di)

（编译），*Il sogno della camera rossa*（《红楼梦》），Torino：Einaudi，1958.

18.Di Giura，L. N.（狄朱拉，卢多维科·尼古拉）*Le famose concubine imperiali*（《著名妃嫔传》），Milano：Mondadori，1958.

19.Emina，S.（埃米纳，塞尔焦）（tr. a cura di）（编译），*Due poesie di Li Pai*（《李白诗二首》），«La Cina d'oggi»（《今日中国》），7（1958），pp.16-17.

20.Li，T.（李，泰雷萨）e Attardo Magrini，M.（阿塔尔多·马格里尼，玛利亚）（tr. a cura di）（编译），*Poesie di Li Shangyin*（《李商隐的诗歌》），«Quaderni di Civiltà Cinese»（《中华文明手册》），9（1958），pp.189-192.

21.Pilone，R.（罗沙娜）（tr. a cura di）（编译），*Novelle T'ang*（《唐传奇》），*Il prodigo e l'alchimista di Li Fuyen*（《李复言的浪子和炼丹术士》），*Lo schiavo Kun Lun di Pei Hsing*（《裴铏的昆仑奴》），«Quaderni di Civiltà Cinese»（《中华文明手册》），10（1958），pp.229-237.

哲学

22.【基】D'Elia，P. M.，S. I.（德礼贤），«Ricci Matteo»（《利玛窦》），in *Dizionario Ecclesiastico*（《基督教字典》），Ⅲ，Torino：Unione Tipografico-Editrice Torinese，1958，pp.520-521.

23.Lanciotti，L.（兰乔蒂），*Religioni della Cina*（《中国的宗教》），in G. Tucci（朱塞佩·图齐）（sotto la direzione di）（指导），*Le Civiltà dell'Oriente*（《东方文明》），Ⅲ，Roma：G. Casini Editore，1958，pp.935-972.

24.【道】Setti，F.（塞蒂，费代里科），*Lao-tse testimone del mistero*（《神秘的见证——老子》），«Testimonianze»（《见证》），1（1958），6，pp.45-51.

科学和科学史

25.Muccioli，M.（穆乔利，马尔切洛），*Scienze della Cina*（《中国科学》），in G. Tucci（朱塞佩·图齐）（sotto la direzione di）（指导），*Le Civiltà dell'Oriente*（《东方文明》），Ⅲ，Roma：G. Casini Editore，1958，pp.1035-1079.

三、备注

1.《〈红楼梦〉意大利语版前言》,马丁·贝内迪克特著,吕同六译,《红楼梦学刊》2000年第3辑。

(1)意大利文《红楼梦》版本情况

意大利文《红楼梦》,由克拉拉·博维罗和卡尔拉·皮罗内·里乔合译。1958年都灵埃依纳乌迪出版社出版,据德国库恩译本转译,系节译,共50章,一册,692页。卷首有意大利汉学家贝内迪克特撰写的序言和库恩译本原序,并附改琦绘绣像《红楼梦》人物图27幅。

(2)序文作者及译者生平

马丁·贝内迪克特(Martin Benedikter),意大利著名汉学家,先后翻译了我国古代诗人杜甫、孟浩然、王维等人的诗作及现代著名作家巴金、冰心和鲁迅的短篇小说、杂文。著有研究《红楼梦》《水浒传》和唐诗的论文。

克拉拉·博维罗(Clara Bovero),意大利翻译家,译著有《红楼梦》《水浒传》(1956年,都灵,埃依纳乌迪出版社出版,由德国库恩译本转译)。

卡尔拉·皮罗内·里乔①(Carla Pirrone Riccio),意大利翻译家。

《红楼梦》,是一幅姿色各异的人物的画卷,这些人物在传统的核心内活动,以别开生面的方式融入和活跃于环境之中;小说的中心事件感受和酝成于内心世界。富于情趣而又清晰可见的心底波澜,取代了在错综复杂的民俗背景上塑造的屡见不鲜的、粗俗的、模式化的人物。内心生活是这部作品最为率真、最为耀眼的重点,从而保障了它的成功,赋予从最主要的人物到边缘人物以鲜明的心态和面影。

超现实的神秘性在小说的序幕和尾声中占主导地位,并且逼迫着黛玉和宝玉之间迷人的爱情故事,但被置于生活的不可抗拒的阴谋和老一代没落的氛围之中的爱情故事,依然贯串小说始终,并保持着自身的纯洁。小说的人性实质体现于年轻人,体现于他们痛苦的感觉,他们只是在隐秘的无意识之中,在他们对另一种

---

① 本书中汉译名又为黎却奥。

生活的向往之中，谴责同他们作对的社会。对于贾宝玉来说，那块宝玉包含着他的灵魂升华的奥秘，医治内心创伤的奥秘，意味着他的诗情和对完美生活的渴求的最后保障。黛玉的极端敏感性渊源于她的外来人身份，但很自然地也渊源于脆弱的健康状况，令人伤心的实际生活。两位年轻人奇异的、现实的遭际，从太虚幻境到人世间，表现于他们的举止、外表的种种细微关节，使得抒情的要素清晰了，诗的主旨扩张了。再生的宗教色彩无限地延伸到宝玉的下意识，而黛玉的敏感性最大限度地保留了——即使在虚无飘渺的梦幻中——痛苦的音符。梦幻与现实的成功融合，使我们更加贴近此类体裁中这部独一无二的小说，促使我们去进行比较。宝玉的病态个性同陀思妥耶夫斯基笔下的白痴相接近，那些微妙精细的女性形象则使人回忆起凯勒①或者普鲁斯特笔下人物经过精心构建的世界。

  不过，这些年轻人，作为一个日薄西山的社会的牺牲品，借助自己情感的力量，最终在道德上获得了自我拯救，而父辈们的堕落表现在使他们变得麻木不仁的火辣辣的贪求，因此小说中有不少段落几乎陷入描写腐败的肉欲的传统模式。薛蟠、贾雨村以狡诈、极端的占有欲引人注目，甚至铁面无情的贾政老爷也落入儒家规范的形式主义。当古老的习俗未能成为伤风败俗的行为的挡箭牌时，就沦为空洞的形式。为了重新获得率真，不能不追溯到维系着古老中国的大家庭的贾母，也不能不关注来自乡村的、土里土气的、朴实幼稚的刘姥姥，这个人物形象令人捧腹，但带来一股乡村的纯真、清爽的新风。围绕这两位女性，祖孙三代人会聚于试图排除尘世生活的世外桃源。

  小说具有结构上和心理上的完整性，直至第八十一回以前（库恩本②第四十九回以前），曹雪芹赋予自传色彩以时代性；从第八十一回起，小说的叙述转移到了另外的人的笔下，曹雪芹抒情地、充满爱的、温馨地予以描写的事件，如今成为小心翼翼的、概括性的叙述。

  高鹗在重新构建叙述脉络时采取的这种聪明的疏离，同曹雪芹的构想并非格格不入，曹雪芹本人在写完小说八十章以后去世了。

  这种沉默的局面让人觉得，这符合曹雪芹的意愿。他似乎已经丧失了炽热的

---

① 凯勒(1819—1890)，瑞士作家，著有长篇自传体小说《绿衣亨利》。
② 《红楼梦》意大利语版系根据德国库恩译本转译。

激情、青年时代的灵感,他的生活逐渐沦为清贫,他勉强度日,再也得不到必要的缓和与宽松。另一方面,他也无意于追求过于现实的结局,这可能对他的生活和他的先辈的生活投下阴影。"对压迫他的心灵的那些残酷无情的回忆的厌恶,或许同对自己亲人的同情所引发的谨小慎微交织在一起,因为他不得不归咎于他的先辈和亲人们的无能,如果不是更糟糕的缺陷。"①

这种同情跟高鹗续写的作品是一致的,更加凸现了作品温和的、悲怆的格调和无奈的忧伤。不管怎么说,小说的结尾,就其构思的崇高来说,终于得以上升到浮士德式的拯救,这样,就把作者们从真实的重负下解脱出来,而这种真实可能比他们的脾性走得更远。

1958 年 6 月,都灵

2.参加"第 11 届青年汉学家学术研讨会"的学者来自世界各地的大学、研究中心及博物馆,与会人员多达 130 人。一时间,该时期世界汉学研究方面所有重要学者济济一堂。意大利著名汉学教授朱塞佩·图齐由于前往巴基斯坦进行研究未能参会,但也致信向大会组表示祝贺。他在信中说道:"这是青年汉学家学术研讨会在意大利举行的第二次会议,我很遗憾未能到场参加本次研讨会。但是正如你们所知我已经在赶往亚洲的路上,在那里有学者正等着我一同研究一些新近发现的文物,它们可能对我们了解中欧关系史有着至关重要的作用。"关于参会学者发言内容摘要,兰乔蒂教授在著名汉学期刊《东西方》上发表了相关文章进行介绍。

公元 1959 年

一、大事记

1.白佐良教授根据他在中国搜集到的所有一手资料,编辑出版了意大利汉学史上第一部系统介绍中国文学发展史的图书——《中国文学史》(*Storia della let-*

---

① 普鲁谢克:《〈红楼梦〉词题新资料》,1942 年,第 271 页。

teratura cinese)。《中国文学史》从《诗经》讲到中国现代文学,其对中国文学的介绍及总结既全面又有条理。由于当时只有极少数汉学家能同时得到中国图书馆和西方图书馆的资源,因而很少有人能撰写题材广泛而又有分量的专著。因此,白佐良教授的这部《中国文学史》的学术价值达到了当时欧洲汉学的顶峰,被公认为欧洲汉学界的巨著。

2. 著名汉学专刊《中国》第 5 期上发表了兰乔蒂教授为当时意大利关于中国研究的一些最新著作所撰写的书目及内容介绍,这些作品涉及中国政治、历史、文学、艺术等多个方面。在《中国》第 5 期中最值得一提的是兰乔蒂教授重点介绍的两部有关中国的政治和传记作品。第一部政治作品是 1959 年 2 月作为意大利《国际关系》(«Relazioni internazionali»)①杂志远东专刊发表的中国分册。在此中国分册中,一些意大利政治评论员特别撰文探讨了《中华人民共和国宪法》(*la Costituzione della Repubblica Popolare Cinese*)、《中华人民共和国的国家体制及国家安定》(*Sistemazione e consolidamento della Repubblica Popolare Cinese*)、《中国第一、第二个'五年规划'》《中国共产党第八次全国代表大会决议》(*Risoluzione dell' VIII Congresso del Partito Comunista Cinese*)、《中苏友好同盟互助条约》(*Trattato d'alleanza cino-sovietico del 14 febbraio 1950*)及《朝鲜战争》(*La Guerra di Corea*)、《中美谈判》(*I negoziati tra Cina popolare e USA*)、《太平洋地区防卫》(*La difesa del Pacifico*)等多个政治议题,这些评论文章都建立在翔实的政治文件资料基础上,内容全面,见解有深度,展示了自 1949 年至 1959 年间,意大利学界对中国政治的了解及关注。

3. 9 月 7 日至 12 日,"第 12 届青年汉学家学术研讨会"(The XIIth Conference of Junior Sinologues)在伦敦剑桥举行。兰乔蒂教授在著名汉学期刊《东西方》上发表了相关文章。

4. 意大利国家出版署(Poligrafia di Stato)在罗马出版发行了由阿尔贝托·朱加尼诺(Alberto Giuganino)编著的两卷本《中国画集》(*La pittura cinese*),画集中收录了很多海外艺术馆及个人收藏家收藏的极为珍贵的中国古代名画。比如,在画

---

① 《国际关系》杂志由意大利国际政治关系研究所(Istituto per gli Studi di Politica Internazionale,简称 ISPI)创刊,在米兰出版发行。

集17世纪中国画藏品中特别收录了很多清代的两位高僧石涛与髡残的作品。在画集的序言中,主编阿尔贝托·朱加尼诺还特意对两位高僧的绘画风格及部分作品进行了细致的介绍与点评。

  5.德礼贤神父在《天主教文明》上发表了题为《中国上层社会对耶稣会士利玛窦的评价(以最新发现的文献为依据1600—1604)》的论文。德礼贤在论文的开头引用了一位印度外交官的话,称耶稣会传教士皈化中国的妄想注定失败,中国文人扎根于自己的哲学,对少数外国人的宗教毫无兴趣,而且认为外国人在道德、品行和学问方面不及中国人。德礼贤神父引用徐光启作品中的话和其他与利玛窦同时代的中国学者为利氏作品写作的序言和跋反驳了这种荒谬的看法,证明了中国上层社会对利玛窦等耶稣会传教士的品行和才能给予了高度评价和充分肯定。

二、书（文）目录

书目提要和汉学史

1.Lanciotti,L.(兰乔蒂),*Libri sulla Cina*(《关于中国的书籍》),« Cina »(《中国》),5(1959),pp.172-180.

2.Lanciotti,L.(兰乔蒂),*12th Conference of Junior Sinologues*(《第12届青年汉学家学术研讨会》),« East and West »(《东西方》),10(1959),pp.183-184.

历史与制度

3.Bonzi,L.(邦齐,莱奥纳尔多),*La Muraglia Cinese*(《中国长城》),Novara：Istituto Geografico De Agostini,1959.

4.Lanciotti,L.(兰乔蒂),*Nota sulla sepoltura prona nell'antica Cina*(《古代中国俯身葬的风俗》),« Zeitschrift der Karl-Marx Universität »(《卡尔·马克思大学杂志》),9(1959),pp.144-145.

5.Longhi,M.(隆吉,马里诺)(tr. ed adattamento a cura di)(改编及编译),Marco Polo(马可·波罗),*Il Milione,o meglio Il libro di messer Marco Polo cittadino di Venezia detto Milione,dove si raccontano le meraviglie del mondo*(《"米利奥内",或

更准确地说,人称"米利奥内"的马可·波罗和他的世界奇闻之书》),Milano:Corticelli,1954;Milano:Mursia,1959.

6.Papini,G.(帕皮尼,乔瓦尼),*Li-tai-pe ed Euclide*(《李太白和欧几里得》),in *Tutte le opere*(《全集》),Ⅶ,Milano:Mondadori,1959,pp.1229-1230.

艺术、建筑、考古和音乐

7.【建】【考】Adespoto(佚名)(tr. a cura di)(编译),Xia Nai,*Il palazzo sotterraneo dell'imperatore Wan Li*(《万历皇帝的地宫》),«La Cina d'oggi»(《今日中国》),2(1959),pp.22-26.

8.【建】Barluzzi,G.(巴卢齐,朱利奥),«Cinese,arte. Architettura»(《中国艺术:建筑》),in *Enciclopedia dell'Arte Antica,Classica e Orientale*(《东方古典艺术百科全书》),Ⅱ,Roma:Istituto della Enciclopedia Italiana,1959,pp.617-621.

9.【艺】Corradini,P.(柯拉迪尼),«Cinese,arte.Cronologia e sistemi cronologici»(《中国艺术:编年学》),in *Enciclopedia dell'Arte Antica,Classica e Orientale*(《东方古典艺术百科全书》),Ⅱ,Roma:Istituto della Enciclopedia Italiana,1959,pp.595-597.

10.【艺】Corradini,P.(柯拉迪尼),«Cinese,arte. I vasi,tipologia»(《中国艺术:花瓶,类型学》),in *Enciclopedia dell'Arte Antica,Classica e Orientale*(《东方古典艺术百科全书》),Ⅱ,Roma:Istituto della Enciclopedia Italiana,1959,pp.606-608.

11.【艺】Collotti Pischel,E.(科洛蒂·皮斯雪尔,恩里卡),*Breve storia dell'arte cinese*(《中国艺术简史》),Milano:Feltrinelli,1959.

12.【艺】Giuganino,A.(朱加尼诺,阿尔贝托),*La pittura cinese*(《中国绘画》),Ⅷ,Roma:Istituto Poligrafico dello Stato-Libreria dello Stato,1959.

13.【艺】Scaglia,G.(斯卡利亚,朱斯蒂纳),«Cinese,arte.Storia delle teorie estetiche»(《中国艺术:美学理论史》),in *Enciclopedia dell'Arte Antica,Classica e Orientale*(《东方古典艺术百科全书》),Ⅱ,Roma:Istituto della Enciclopedia Italiana,1959,pp.621-623.

文学

14.Benedikter,M.(贝内迪克特,马丁)(tr. a cura di)(编译),*Tre poemetti di Tu*

Fu(《杜甫叙事诗三首》),《 Cina 》(《中国》),5(1959),pp.45-49.

15. Benedikter,M.(贝内迪克特,马丁),*Introduzione [a] Il sogno della camera rossa*(《〈红楼梦〉序》),《 Cina 》(《中国》),5(1959),pp.103-105.

16. Bertuccioli,G.(白佐良),*Il sogno della farfalla ovverosia La bara infranta*(《蝴蝶梦：大劈棺》),《 Cina 》(《中国》),5(1959),pp.50-77.

17. Bertuccioli,G.(白佐良),*Storia della letteratura cinese*(《中国文学史》),Milano：Nuova Accademia,1959.

18. Guidacci,M.(圭达奇,马加里塔)(tr. a cura di)(编译),*Antichi racconti cinesi*(《中国古代故事》),Bologna：Cappelli,1959.

19. Pocar,E.(皮卡尔,埃尔维诺)(tr. a cura di)(编译),*La camicia di perle. Storia d'amore cinese*(《中国爱情故事〈珍珠衫〉》),Milano：Il Saggiatore,1959.

哲学

20. 【基】D'Elia,P. M.,S. I.(德礼贤),*Matteo Ricci S. I. nell' opinione dell' alta società cinese secondo nuovi documenti(1600-1604)*[《中国上层社会对耶稣会士利玛窦的评价（以最新发现的文献为依据 1600—1604）》],《 La Civiltà Cattolica 》(《天主教文明》),110(1959),2,pp.26-40.

21. 【道】Evola,J.(埃沃拉)(tr. a cura di)(编译),Lao Tzu(老子),*Il libro del principio e della sua azione (Tao-te-ching)*(《道德经》),Milano：Casa Editrice Ceschina,1959.

22. 【基】Lanciotti,L.(兰乔蒂),*Andrea da Perugia. Vescovo di Ch'üan-chou (Zayton)*[《佩鲁贾的安德烈：福建泉州（刺桐）的主教》],《 Cina 》(《中国》),5(1959),pp.93-98.

23. 【儒】Ou,C.(奥乌,卡洛)(tr. a cura di)(编译),*Meng-tzu. Il libro di Mencio*(《孟子》),Milano：Istituto Culturale Italo-Cinese,1959.

科学和科学史

24. D'Elia,P. M.,S. I.(德礼贤),*The Double Stellar Hemisphere of Johann Schall von Bell S. I.*(《汤若望的双星半球》),《 Monumenta Serica 》(《华裔学志》),

18(1959),pp.328-359.

公元 1960 年

一、大事记

1. 意大利记者兼评论家卡西纳尔奇(Ugo Casinarghi)在都灵电影学院(Istituto del cinema di Torino)出版发行的月刊《影视中心:影视资料手册》(Centrofilm: quaderni di documentazione cinematografica)的第 11 期和第 12 期上连续发表了他对中国电影的研究专篇。他在文中提出,中国电影在近半个世纪的发展过程中一直受到政治方面的影响,再加上摄影器材的落后,中国电影在西方院线中几乎一直是默默无闻的。

2. 兰乔蒂教授任罗马大学东方学院中文教授。兰乔蒂教授带动了罗马大学东方学院的汉学发展,尤其是在中国古典文学研究及翻译方面。

3. 阿德里亚诺·莫蒂(Adriano Motti)用意大利文翻译了《西游记》,意大利文译名为《猴王》(Lo Scimmiotto),这部译作转译自 1942 年亚瑟·魏雷翻译的《西游记》英译本《猴子》(Monkey)。

4. 德礼贤在《拉特兰条约年鉴》中发表了题为《荀子关于"天"这个词的思想》的文章。德礼贤在论文中参考司马迁的《史记》及冯友兰的《中国哲学史》中对荀子的记述,分析了荀子思想中对"天"的概念,对比了孔子、孟子、荀子对"天"的不同看法。德礼贤认为,孔子的"天"是一个人格化的天,孟子的"天"有时指古典传统中人格化的天,有时指命运,有时又指德行。德礼贤认为,荀子对"天"的理解受到老子和庄子"自然之天"的影响,并引用冯友兰《中国哲学史》中的话,说明荀子的"天"是自然主义的天,不带有任何道德色彩。德礼贤还翻译了《诗经》中部分与上帝或天有关的篇章(配有中文原文)。(部分篇章翻译见备注 1)

5. 著名汉学家马西尼(Federico Masini)出生。马西尼是意大利著名汉学家、罗马大学副校长、罗马大学孔子学院院长、世界汉语教学学会副会长。他长期坚持汉语教学工作,出版汉学著作10余部,发表论文、文章、评论100余篇,在现代汉语词汇形成的研究方面取得了丰硕成果。他与白佐良共同编写的《意大利与中国》(*Italia e Cina*)是意大利汉学研究的重要成果。他主持编写的《我们学汉语》《意大利人学汉语》等教材在意大利十分受欢迎。2010年,马西尼教授因在中意语言文化交流和孔子学院建设方面的杰出贡献,获中国国务院总理温家宝颁发的"中意友好贡献奖"。(有关马西尼的详细介绍见备注2)

二、书(文)目录

历史与制度

1.Caddeo,F.(卡代奥,法比奥)(a cura di)(编著),*Il Milione di Marco Polo*(《马可·波罗游记》),Milano:Istituto Editoriale Italiano,1960.

2.Corradini,P.(柯拉迪尼),*A propos de l'institution du nei-ko sous la dynastie des Ts'ing*(《关于清朝统治下的"内阁"衙门》),《T'oung Pao》(《通报》),48(1960),pp.416-424.

3.Olschki,L.(奥斯基),*Marco Polo's Asia.An Introduction to His 'Description of the World' Called 'Il Milione'*(《马可·波罗的亚洲:〈马可·波罗游记〉导论》),Berkeley-Los Angeles:University of California Press,1960.

文学

4.Calcagno,M.(卡尔卡尼奥,玛利亚)(tr.a cura di)(编译),*Po Chü-yi*(772-846)[《白居易(772—846)》],《La Cina d'oggi》(《今日中国》),(maggio-giugno 1960),pp.24-25.

5.Cannarozzo,F.(坎纳罗佐,弗朗哥)(tr.a cura di)(编译),*Poesie e canti popolari di pace cinesi*(《中国颂扬和平的民间诗歌》),Parma:Guanda,1960.

6.Lanciotti,L.(兰乔蒂),*La narrativa cinese,un genere letterario malvisto dai Confuciani*(《中国叙事文学:一种不受儒家欢迎的文学形式》),Torino:Società Italiana per l'Organizzazione Internazionale,1960.

7.Motti,Adriano(莫蒂,阿德里亚诺)(tr.a cura di)(编译),*Lo scimmiotto*(《猴

王》),Torino:Einaudi,1960.

哲学

8.【基】Bravetta, V. E.(不拉韦塔,维托里奥), *Dio ci salvi dai Mongoli. La vita avventurosa di Fra Giovanni da Pian del Carpine*(《上帝请将我们从蒙古人的手中拯救出来吧:约翰·柏郎嘉宾神父历经险阻的一生》),Milano:Pontificio Istituto Missioni Estere,1960.

9.【儒】D'Elia, P. M., S. I.(德礼贤), *Il pensiero del letterato Siünze sul senso del termine Ttien ossia 'Cielo'*(《荀子关于"天"这个词的思想》),«Annali Lateranensi»(《拉特兰条约年鉴》),24(1960),pp.207-218.

科学和科学史

10. Ferrario, E. V.(费拉里奥,埃尔科莱), *Le basi teoriche dell'antica medicina cinese*(《古代中国医学的理论基础》),«Sapere»(《知识》),608(1960),pp.420-422.

三、备注

1.德礼贤论文《荀子关于"天"这个词的思想》中对《诗经》部分篇章的译文。

不识不知,	Senza saperlo e senza accorgertene,
顺帝之则。	Tu segui del Dominatore la legge.
天作高山,	Il Cielo ha fatto questa alta montagna,
大王荒之;	Il re Trae ne ha dissodato il terreno;
彼作矣,	È lui che ha cominciato [il lavoro],
文王康之。	E il re Uen lo ha continuato.
天方荐瘥,	Il Cielo continuamente raddoppia le disgrazie,
丧乱弘多。	Le morti e i disordini aumentano e si moltiplicano.

| 民言无嘉， | Dal popolo non viene nessuna parola buona, |
| 惨莫惩嗟。 | E nessuno si è ancora corretto o pentito. |

| 下民之孽， | Del popolo di quaggiù le calamità, |
| 匪降自天。 | Non provengono dal Cielo. |

2. Federico Masini（马西尼,1960—　）

马西尼教授于 1960 年 8 月 7 日出生于罗马。他从高中时起就对汉语和中国文化怀有浓厚兴趣，并发现学习汉语是了解中国的必经之路。他于 1978 年进入罗马大学学习汉语，1980 年在美国伯克利市加州大学学习了一个学期的汉语，随后获得奖学金，并先后在北京语言学院、北京大学进修。1985 年他毕业于罗马大学文学哲学院。1987 年至 1990 年在意大利驻北京大使馆新闻处任随员。他返回意大利后攻读博士学位，其博士论文题目为《现代汉语词汇的形成——19 世纪汉语外来词研究》，指导老师是著名汉学家白佐良教授。国内外有 10 多篇书评介绍了他的这篇论文，该论文在中国学术界引起很大反响，受到很高的评价。1993 年他在意大利那不勒斯东方大学获得东方学博士学位，1994 年起在罗马大学东方学院任教，1997 年起任罗马大学东方大学中国语言文学教授，2001 年起任罗马大学东方学院院长，2006 年 9 月起任罗马大学孔子学院院长，2010 年 11 月起任罗马大学副校长。他还是欧洲汉语教学学会领导委员会成员，世界汉语教学学会欧洲部代表。他坚持汉语教学近 20 年，编写的汉语教材荣获汉办"世界优秀本土汉语教材奖"。在他的领导下，罗马大学孔子学院 3 次被评为全球先进孔子学院，他本人 2 次被评为先进个人。他为意大利汉语教学事业和中意文化交流做出了巨大的贡献。

马西尼教授著述颇丰，包括《中国的外交语言》(*Il linguaggio diplomatico cinese*)、《现代汉语词汇的形成——汉语外来词研究(1840—1898)》(*La formazione del lessico del cinese moderno e la sua evoluzione verso una lingua nazionale: il periodo 1840-1898*)、《意大利与中国》(*Italia e Cina*) 等。在这些作品中，影响最大的当属他与白佐良教授合作的《意大利与中国》一书。

《意大利与中国》全书分为九章，第一章为"未曾谋面的罗马人和中国人"，第二章为"初次接触：意大利人、中国人和蒙古人"，第三章为"第二次接触中的耶稣会士和中国士大夫",第四章为"第二次接触中的教皇和中国皇帝",第五章为"被西方新列强拖着走的意大利:外交人员和旅行者",第六章为"中国发现欧洲和意大利:外交人员和旅行者",第七章为"从对技术的发现到羡慕欧洲体制",第八章为"19世纪与20世纪之交:意大利和中国在彼此文化中的形象",第九章为"子不语"。这是一部向读者介绍中国与意大利交往历史的著作。中国与意大利都是有着悠久历史的文明古国,两国之间的交往源远流长。此书介绍了从汉朝与古代罗马帝国开始接触,到最早一批意大利传教士来华传教,再到清末意大利代表来到中国这段漫长的历史进程中意中双方对彼此的看法和感受。这是中国有关意中交流历史的第一本著作,它记录翔实,给中方和意方都提供了非常好的资料,是近几十年来意中关系研究中的重要成果,让人们对意中关系有了全面的认识。

目前,汉学在意大利的发展势头良好。除了继续汉语教学工作,在学术研究方面,马西尼教授还有两项计划:一是整理有关耶稣会与中国的资料,以便于汉学家做进一步研究;二是梳理早期法西斯与中国政府的关系,意中两国共产党的关系等,论述20世纪的意中关系发展历史。

公元 1961 年

一、大事记

1.由马丁·贝内迪克特翻译出版了第一部《唐诗三百首》的意大利文全译本。马丁·贝内迪克特的这部唐诗译本毫无删减地收录了《唐诗三百首》中的所有诗作。其意大利语译文文字优美、文体清新,一直被誉为《唐诗三百首》意大利文译作中的精品。著名汉学家兰乔蒂对马丁·贝内迪克特的这个唐诗译本给予了高度评价。他在论文《意大利汉学:从1945年至今》中提到,意大利有相当一部分学者对中国古典文学感兴趣,其中最值得一提的便是《唐诗三百首》的译者马丁·贝内迪克特以及他写作的有关王维和唐诗的文章。

2.白佐良教授与兰乔蒂教授合作编写的汉学书目的第二部分被汉学专刊《中

国》(«Cina»)收录,在第 6 期上发表。这部分书目除了如之前大多汉学书目一样主要提供了很多中国古代文化意大利文译著信息,还加入了很多当时出版的有关中国艺术、社会、生活等多方面的研究书籍。

3.伊塔洛·基乌萨诺(Italo A. Chiusano)根据中文原文翻译了三部古典文学作品,并集结成册在米兰出版发行。伊塔洛·基乌萨诺的这本小说选集名为《三则中国故事》(Tre racconti cinesi),其中翻译的三篇小说分别是蔡元放《东周列国志》中的《周宣王闻谣轻杀》(La donna che non rideva mai),冯梦龙《古今小说》中的《滕大尹鬼断家私》(Il ritratto misterioso)以及凌濛初的《金玉娇棒打薄情郎》(La figlia del re dei mendicanti)。

4.埃尔维亚·卡拉巴(Elvira Carrabba)是那不勒斯大学政治系政治历史研究员。她毕业于那不勒斯大学,研究方向为国际政治。其主要著作包括《中华人民共和国的工会组织》(L'Organizzazione Sindacale nella Repubblica Popolare Cinese)、《中华人民共和国法律中和实践中的罢工自由》(La libertà di sciopero nella legislazione e nella pratica della Repubblica Popolare Cinese)、《中华人民共和国的劳动法、就业与工会》(La legislazione del lavoro, l'occupazione ed il sindacato nella Repubblica Popolare Cinese)。

二、书(文)目录

书目提要和汉学史

1.Bertuccioli, G.(白佐良)e L. Lanciotti.(兰乔蒂),*Libri sulla Cina*(《关于中国的书籍》),«Cina»(《中国》),6(1961),pp.134-140.

历史与制度

2.Adespoto(佚名),*Il Museo di storia cinese*(《中国历史博物馆》),«La Cina d'oggi»(《今日中国》),(novembre 1961),pp.27-30.

3.Borsa, G.(博尔萨,乔治),*Italia e Cina nel XIX secolo*(《19世纪的意大利和中国》),Milano:Edizioni di Comunità,1961.

4.Corradini, P.(柯拉迪尼),*Riforme nell'amministrazione centrale cinese durante* il periodo Yung-cheng(*1723 - 1736*)[《雍正年间（1723—1736）中央行政改革》]，《Rivista degli Studi Orientali》(《东方学研究》),36(1961),pp.135-45.

5.D'Elia, P. M., S. I.,（德礼贤）,*Recent Discoveries and New Studies（1938-1960）on the World Map in Chinese of Father Matteo Ricci S. J.*[《关于耶稣会士利玛窦神父中文世界地图的最新发现和研究（1938—1960）》]，《Monumenta Serica》(《华裔学志》),20(1961),pp.82-164.

6.Filesi, T.（菲莱西，泰奥巴尔多）,*I viaggi dei cinesi in Africa nel Medioevo*(《中世纪中国人在非洲的旅行》),Roma:Istituto Italiano per l'Africa,1961.

7.Lanciotti, L.（兰乔蒂）,*La scoperta del Giappone da parte della Cina*(《中国对日本的发现》),《Il Giappone》(《日本》),3(1961),pp.25-27.

8.Lanciotti, L.（兰乔蒂）,*Shih Huang-ti, il creatore dell'unità imperiale cinese*(《始皇帝：统一的中华帝国的缔造者》),Torino:Società Italiana per l'Organizzazione Internazionale,1961.

艺术、建筑、考古和音乐

9.【艺】Crivellato, V.（克里韦拉多，瓦伦蒂诺）,*Arte cinese*(《中国艺术》),Milano:Mondadori,1961.

10.【建】【考】Lanciotti, L.（兰乔蒂）,*Un palazzo imperiale T'ang recentemente scoperto*(《近期被发现的唐朝皇宫》),《Cina》(《中国》),6(1961),pp.75-80.

11.【艺】Tamburello, A.（坦布雷洛，阿道夫）,《Ku K'ai-chih》(《顾恺之》),in *Enciclopedia dell'Arte Antica, Classica e Orientale*(《东方古典艺术百科全书》),Ⅳ,Roma:Istituto della Enciclopedia Italiana,1961,pp.419-420.

文学

12.Benedikter, M.（贝内迪克特，马丁）(tr. a cura di)（编译）,*Le trecento poesie T'ang*(《唐诗三百首》),Torino:Einaudi,1961.

13.Chiusano, I. A.（基乌萨诺，伊塔洛）(tr. a cura di)（编译）,*Tre racconti cinesi*(《三则中国故事》),Milano:Il Saggiatore,1961.

哲学

14.Beonio Brocchieri,P.(贝奥尼奥·布罗基里,保罗),*Linee del pensiero cinese antico*(《古代中国思想概要》),Pieve del Cairo:La Cittadella,1961.

15.Beonio Brocchieri,P.(贝奥尼奥·布罗基里,保罗),*Marxismo e pensiero tradizionale in Cina*(《马克思主义和中国传统思想》),«Il Pensiero Critico»(《思想批评》),3(1961),4,pp.26-43.

16.【儒】Lanciotti,L.(兰乔蒂),*Confucio nel giudizio dei non-confuciani*(《非儒生对孔子的评价》),Torino:Società Italiana per l'Organizzazione Internazionale,1961.

17.【基】Zarattini,S.,S. I.(扎拉蒂尼,西尔维奥),*I gesuiti e la cultura cinese*(《耶稣会士和中国文化》),«Missioni»(《传教使命》),47(1961),pp.22-26.

科学和科学史

18.Di Natale,L.(狄纳塔莱,路易吉),*Medici e chirurghi nell'antica Cina*(《古代中国的医生与外科医生》),«L'Osservatore Politico Letterario»(《文学政治观察家》),7(1961),1,pp.89-102.

公元1962年

一、大事记

1.兰乔蒂教授编写的《中国、韩国和蒙古：意大利在认识东方领域的贡献(1935—1958年书目)》在佛罗伦萨出版发行。目录中收集了自1935年至1958年意大利学界在汉学、韩国学及蒙古学方面的所有研究成果。

2.由罗马大学哲学研究所伦理科学与社会科学研究中心(Università di Roma. Istituto di filosofia.Centro di ricerca per le scienze morali e sociali)出版的学术期刊《人类研究》(«De Homine»)在罗马创刊,并于次年收录了著名汉学家兰乔蒂的

一篇有关中国的论文《浅论古代中国的艺术和社会》。

3. 意中友协成立。意中友协全称为"意大利发展同中华人民共和国文化和友好关系协会",总部设在罗马,拥有 26 个分会和约 1500 名会员。该协会一直致力于意中两国人民的友好交流,曾多次举办庆祝中国国庆的盛大晚会并组织各种有关中国文化的展览及演出。

二、书（文）目录

书目提要和汉学史

1. Lanciotti, L.（兰乔蒂）, *Cina Corea Mongolia in Contributo italiano alla conoscenza dell'Oriente, Repertorio bibliografico dal 1935 al 1958*［《中国、韩国和蒙古:意大利在认识东方领域的贡献（1935—1958 年书目）》］, Firenze: Le Monnier, 1962.

历史与制度

2. Coccia, F.（柯嘉,菲利波）, *La critica cinese e il realismo europeo dell' 800*（《中国批评和 19 世纪欧洲现实主义》）,《 La Cina d' oggi 》（《今日中国》）,（febbraio 1962）, pp.11-14.

3. Corradini, P.（柯拉迪尼）, *Civil Administration at the Beginning of the Manchu Dynasty*（《清朝初期的民政》）,《 Oriens Extremus 》（《远东》）, 9(1962), pp.133-138.

4. Corradini, P.（柯拉迪尼）, *L' abbandono del Canale Imperiale（yün-ho）come via di navigazione*（《不再被作为航道使用而被废弃的运河》）,《 Rivista degli Studi Orientali 》（《东方学研究》）, 37(1962), pp.115-122.

5. Filesi, T.（菲莱西,泰奥巴尔多）, *Le relazioni della Cina con l' Africa nel Medio-Evo*（《中世纪中非关系》）, Milano: Giuffrè Editore, 1962.

6. Petech, L.（毕达克）, *Les marchands italiens dans l' empire mongol*（《意大利商人在蒙古帝国》）,《 Journal Asiatique 》（《亚洲杂志》）, 250(1962), pp.549-574.

7. Petech, L.（毕达克）, *Storia cinese antica*（《中国古代历史》）,《 Cultura e Scuola 》（《文化和学校》）, 1(1962), 4, pp.81-89.

艺术、建筑、考古和音乐

8.【艺】Giuganino,A.(朱加尼诺,阿尔贝托),*La pittura cinese dalle origini al XVIII secolo*(《中国绘画从起源到18世纪》),in G. Tucci(朱塞佩·图齐)(sotto la direzione di)(指导),*Le Civiltà dell'Oriente*(《东方文明》),Ⅳ,Roma:G. Casini Editore,1962,pp.1131-1164.

9.【建】Lumetta,C.(卢梅塔,卡洛),*Urbanizzazione e modelli architettonici nella Cina antica*(《古代中国的城市化和建筑风格》),Pisa:La Bottega,1962.

文学

10.Calcagno,M.(卡尔卡尼奥·玛利亚)(tr. a cura di)(编译),*Breve canzone rituale.Tz'ao Tz'ao*(《曹操的〈短歌行〉》),155-220 a.D.,«La Cina d'oggi»(《今日中国》),(aprile 1962),p.29.

11.Coccia,F.(柯嘉,菲利波),*Una maschera e un personaggio*(《一副面具和一个人物》),«La Cina d'oggi»(《今日中国》),(aprile 1962),pp.24-25.

12.Guidacci,M.(圭达奇,马加里塔)(tr. a cura di)(编译),*Poema per la bellezza della sua donna*(《闲情赋》),Milano:Scheiwiller,1962.

哲学

13.Bussagli,M.(布萨利,马里奥),*Cusanica et Serica*(《月氏族和赛里斯人》),«Rivista degli Studi Orientali»(《东方学研究》),37(1962),pp.79-103.

14.D'Elia,P. M.,S. I.(德礼贤),*La religione dei cinesi*(《中国人的宗教》),Torino:Unione Tipografico-Editrice Torinese,1962.

15.Lanciotti,L.(兰乔蒂),*Il sincretismo religioso*(《不同宗教理论的结合》),Torino:Società Italiana per l'Organizzazione Internazionale,1962.

16.【道】Pilone,R.(罗沙娜)(tr. a cura di)(编译),Lao Tsu(老子),*Il libro della norma e della sua azione*(《道德经》),Milano:Rizzoli,1962.

公元 1963 年

一、大事记

1.马尔切洛·菲奥伦蒂尼(Marcello Fiorentini)开始在汉学专刊《中国》第 7 期上连载他编写的意大利汉学书目(*Bibliografia sulla Cina*)。该书目连载一直持续到 1979 年第 15 期,共连载了 8 期。

2.德礼贤神父辞世。两次世界大战期间,意大利的汉学研究工作曾一度受阻,尤其是在法西斯执政期间,意大利的政治环境和学术环境都遭到了封锁,那一时期最为重要的意大利汉学家是德礼贤,也正是他在第二次世界大战结束之后重振了意大利的汉学事业。1907 年,德礼贤发愿为神父,后前往坎特伯雷(Canterbury)的圣玛丽亚(St. Mary's College)大学及泽西圣希利尔(Jersey Saint-Hélier)的圣丹尼学院(Maison Saint-Denis)求学,师从法国耶稣会教授研习哲学课程。在那里他打下了很好的英文及法文基础。由于英文及法文是当时在东方传教所必备的两门语言,于是他被顺利派到了中国,并于 1913 年至 1917 年在上海徐家汇学校学习中文。之后,为了不断完善自己在神学方面的研习,德礼贤神父还往返于美国、英国及法国等多个西方国家进行学习。

二、书(文)目录

书目提要和汉学史

1.Fiorentini, M.(菲奥伦蒂尼,马尔切洛), *Bibliografia sulla Cina*(《关于中国的文献目录》), «Cina»(《中国》), 7(1963), pp.128-157.

历史与制度

2.Corradini,P.(柯拉迪尼),《 Grafica e arte del libro.Cina 》(《中国的书画刻印艺术》),in *Enciclopedia Universale dell' Arte*(《艺术百科全书》),Ⅵ,Venezia-Roma：Istituto per la Collaborazione Culturale,1963,coll.546-547.

3.Tamburello,A.(坦布雷洛,阿道夫),*Note sulle origini della civiltà del bronzo in Cina.Una recente interpretazione*(《论中国铜器文明的起源:最新的诠释》),《 Cina 》(《中国》),7(1963),pp.31-64.

艺术、建筑、考古和音乐

4.【建】【考】Corradini,P.(柯拉迪尼),《 Monumento,Cina 》(《中国古迹》),in *Enciclopedia Universale dell' Arte*(《艺术百科全书》),Ⅸ,Venezia-Roma：Istituto per la Collaborazione Culturale,1963,coll.652-653.

5.【艺】Corradini,P.(柯拉迪尼),《 Poetiche,le poetiche orientali con particolare riguardo alla Cina 》(《诗论:东方诗论,尤以中国诗歌为例》),in *Enciclopedia Universale dell' Arte*(《艺术百科全书》),Ⅹ,Venezia-Roma：Istituto per la Collaborazione Culturale,1963,coll.694-697.

6.【艺】Lanciotti,L.(兰乔蒂),*Alcune note su arte e società nella Cina antica*(《浅论古代中国的艺术和社会》),《 De Homine 》(《人类研究》),5-6(1963),pp.368-374.

7.Lanciotti,L.(兰乔蒂),*Recenti ritrovamenti archeologici in Cina(1958-1961)*[《近期的中国考古发现(1958—1961)》],《 Cina 》(《中国》),7(1963),pp.25-30.

8.【建】【考】Lanciotti,L.(兰乔蒂),《 Monumento funerario,civiltà cinese 》(《陵墓,中华文明》),in *Enciclopedia dell' Arte Antica,Classica e Orientale*(《东方古典艺术百科全书》),Ⅴ,Roma:Istituto della Enciclopedia Italiana,1963,pp.203-205.

9.【建】Lanciotti,L.(兰乔蒂),《 Palazzo,Cina 》(《宫殿,中国》),in *Enciclopedia dell' Arte Antica,Classica e Orientale*(《东方古典艺术百科全书》),Ⅴ,Roma:Istituto della Enciclopedia Italiana,1963,pp.866-868.

10.【艺】Lanciotti,L.(兰乔蒂)《 Mito e favola,Cina 》(《神话和寓言,中国》),in *Enciclopedia dell' Arte Antica,Classica e Orientale*(《东方古典艺术百科全书》),Ⅸ,

Venezia-Roma: Istituto per la Collaborazione Culturale, 1963, coll.451-452.

文学

11. Coccia, F.(柯嘉,菲利波), *Cenni sul teatro cinese tradizionale*(《中国传统戏剧概述》), « La Cina d'oggi »(《今日中国》), 8(1963), 1, pp.41-47.

12. Masi, E.(马西,爱德华), *Nuove interpretazioni dello Hung lou mêng*(《〈红楼梦〉新解》), 《Cina》(《中国》), 7(1963), pp.68-85.

13. Scarfoglio, C.(斯卡尔福里奥,卡洛)(tr. a cura di)(编译), *Antologia classica cinese dalla traduzione di E. Pound*(《埃兹拉·庞德翻译的中国古典文学选集》), « L'Osservatore politico letterario »(《文学政治观察员》), 9(1963), 11, pp.15-38.

哲学

14.【儒】Adespoto(佚名)(tr. a cura di)(编译), Confucio(孔子), *Pensieri*(《思想》), Roma: La Sfinge, 1963.

15.【佛】Daffinà, P.(达菲纳), *L'itinerario di Hui-shêng*(《慧生的路线》), « Rivista degli Studi Orientali »(《东方学研究》), 38(1963), pp.235-267.

16.【基】Gentili, O.(真蒂利,奥泰洛), *L'apostolo della Cina: p. Matteo Ricci S. I.(1552-1610)*[《中国的使徒:耶稣会士利玛窦神父(1552—1610)》], Macerata: Ufficio Missionario Diocesano, 1963.

三、备注

Pasquale M. D'Elia(德礼贤,1890—1963)

德礼贤神父生于1890年。1904年进入那不勒斯耶稣会神学院,并于1907年4月4日在此发愿加入耶稣会。在进修完文学课程后,他申请前往中国。1909年至1912年间,他先后在法国耶稣会士开办的两所学校(St. Mary's College di Canterbury, Maison Saint-Denis di Jersey Saint-Hélier)学习哲学课程,并在那里学习了法文和英文,具备了前往远东执行使命的基本素养。1913年至1917年,他在上海徐家汇学校(Collegio di Zikawei)学习中文。在此期间他在著名的传教期刊《通报》[《T'oung Pao》XVIII(1917),pp.247-294]上用中文和意大利文发表了多篇论文,其中一篇是介绍中国革命运动中的一位重要领袖——梁启超的文章(un maître de la jeune Chine:Liang K'i-tch'ao),这也是他的第一篇汉学作品。随后他被派往美国(Woodstock College,Maryland,1918—1919)、英国(Ore Place,Hastings,1920—1921)和法国(Maison de la Colombière,Paray-le-Monial,1922)学习神学,并于1920年被祝圣为司铎。1923年他返回中国,在安徽从事了一段时间的传教工作(1923—1925),后又在上海的一所大学(L'Aurore di Shanghai,1926—1927)中讲授课程,同时与上海的一所汉学研究中心(Centro di studi sinologici costituito presso il seminario di Zikawei,1928—1934)合作。在此期间,他用法文和英文翻译了孙中山的"三民主义"①。这篇译文既获得了当时中国政府的好评也获得了教会的重视。中国政府购买了5000份用以向西方宣传孙中山的"三民"思想,教会则从中了解了"国父"的理念,有利于教会根据中国的国情调整与华交往的政策。1934年,他返回意大利,在格里高利大学(Apud Aedes Universitatis Gregorianae)任教,教授传教史。1939年,他又被聘为汉学教授。之后,他还兼任罗马大学的中国语言、文学和历史教授。然而,直到退休,德礼贤都未能获得正教授的头衔。1963年5月18日德礼贤神父在罗马去世,享年73岁。

公元1964年

一、大事记

1.爱德华·马西(Edoarda Masi)翻译的意大利文版《曹雪芹的〈红楼梦〉》(Il sogno della camera rossa di Ts'ao Hsüeh-ch'in)在都灵(Torino)出版发行。这部

---

① 法文版"三民主义":Le Triple Demisme de Suen Wen,Shanghai:1929(ibid.1930);英文版:The Triple Demism of Sun Yat-sen,Wuchang:1931。

《红楼梦》是意大利的第二版译本,不同于1958年出版的那部转译自弗兰兹·库恩的德文译本,这部马西的译本参照了中文原本。

2.维尔吉利奥·卢恰尼(Virgilio Luciani)翻译了自公元前18世纪至公元9世纪的部分中国诗歌作品,集结成册,名为《中国古代诗人(公元前18世纪—公元9世纪)》,在米兰出版。

3.兰乔蒂教授在《文化与学校》(«Cultura e Scuola»)期刊上发表了一篇名为《汉学研究现状》(Attualità delle ricerche sinologiche)的学术论文,既介绍了欧洲汉学研究取得的成就,也提出了一些汉学研究中存在的问题,比如资源缺乏、交流不足等。

二、书(文)目录

书目提要和汉学史

1.Lanciotti,L.(兰乔蒂)(a cura di)(编著),*Atti del XV Congresso Internazionale di Sinologia*(《第15届汉学国际研讨会论文集》),«Cina»(《中国》),8(1964),p.63.

2.Lanciotti,L.(兰乔蒂),*Attualità delle ricerche sinologiche*(《汉学研究现状》),«Cultura e Scuola»(《文化和学校》),3(1964),9,pp.83-87.

历史与制度

3.Cassone,S.(卡索内,山德罗),*Storia della Cina*(《中国历史》),Bresso:C. E. T. I. M.,1964.

4.Corradini,P.(柯拉迪尼),*Hu Wei-yung's Rebellion and Its Consequences in Chinese Administration*(《胡惟庸的谋反及其在中国行政体制中产生的影响》),«Cina»(《中国》),8(1964),pp.17-20.

艺术、建筑、考古和音乐

5.【艺】Lanciotti,L.(兰乔蒂),«Sfragistica, sigilli cinesi»(《中国金石学和印章》),in *Enciclopedia Universale dell'Arte*(《艺术百科全书》),XII,Venezia-Roma:Istituto per la Collaborazione Culturale,1964,coll.445-446.

6.【艺】Lanciotti,L.(兰乔蒂),《 Simbolo e allegoria,Cina 》(《象征和寓意,中国》),in *Enciclopedia Universale dell' Arte*(《艺术百科全书》),XII,Venezia-Roma:Istituto per la Collaborazione Culturale,1964,coll.514-515.

文学

7.Luciani,V.(卢恰尼,维尔吉利奥)(tr. a cura di)(编译),*Poeti cinesi antichi (sec. XVIII a. C. - IX d. C.)*[《中国古代诗人(公元前18世纪—公元9世纪)》],Milano:Casa Editrice Ceschina,1964.

8.Masi,E.(马西,爱德华)(tr. a cura di)(编译),*Il sogno della camera rossa di Ts'ao Hsüeh-ch'in*(《曹雪芹的〈红楼梦〉》),Torino:Einaudi Editore,1964.

哲学

9.【道】Beonio Brocchieri,P.(贝奥尼奥·布罗基里,保罗),*La 'Tradizione del Tao' e il suo senso nella filosofia dell' Estremo Oriente*(《"道的传统"和它在远东哲学中的含义》),《 Rivista Critica di Storia della Filosofia 》(《哲学史批评杂志》),19(1964),pp.3-27.

10.Biovi,M. G.(比奥维,玛利亚)e Beonio Brocchieri,P.(贝奥尼奥·布罗基里,保罗),*Le religioni cinesi*(《中国的宗教》),in *Le grandi religioni*(《伟大的宗教》),IV,Milano:Rizzoli,1964,pp.33-224.

11.【佛】Bujatti,A.(布娅蒂,安娜),*I testi di scena buddhisti di epoca T'ang*,nel volume *Lo spettacolo sacro*(《唐代佛教舞台剧本:宗教戏剧卷》),Parma:s.e.,1964.

12.【基】Corradini,P.(柯拉迪尼),*Concerning the Ban of Preaching Christianity Contained in Ch'ieng-lung's Reply to the Requests Advanced by the British Ambassador Lord MaCartney*(《乾隆皇帝对英国使节马嘎尔尼勋爵提出的要求所做的回答中有碍于基督教传教教义的事项》),《 East and West 》(《东西方》),15(1964),pp.89-91.

13.Filippani Ronconi,P.(菲力帕尼·龙科尼,庇护),*Storia del pensiero cinese*(《中国思想史》),Torino:Boringhieri,1964.

14.【基】Lugli,A.(卢利,安东尼奥),*Giovanni da Pian di Carpine*(《约翰·柏郎嘉宾神父》),Firenze:Sansoni,1964.

公元1965年

一、大事记

意大利著名东方学家朱塞佩·图齐教授为在罗马出版发行的《艺术百科全书》(*Enciclopedia Universale dell'Arte*)编写了藏传佛教与流派的相关条目(*Voce Tibetane*,*Scuole*)。

二、书（文）目录

历史与制度

1.Corradini,P.(柯拉迪尼),*Intorno al Li-fan-yüan della dinastia Ch'ing*(《关于清朝的理藩院》),«Rivista degli Studi Orientali»(《东方学研究》),40(1965),pp.71-77.

2.Corradini,P.(柯拉迪尼),*L'esplorazione del Ch'ang-pai-shan nel 16° anno di K'ang-hsi(1677)*[《康熙十六年(1677)对长白山的勘察》],«Rivista degli Studi Orientali»(《东方学杂志》),40(1965),pp.155-161.

3.Di Meglio,R.(狄梅利奥,里塔),*Il commercio arabo con la Cina dal X secolo all'avvento dei Mongoli*(《从10世纪到蒙古人到来之前阿拉伯与中国的贸易》),«Annali[dell']Istituto Universitario Orientale di Napoli»(《那不勒斯东方大学年鉴》),15(1965),pp.87-104.

4.Masi,E.(马西,爱德华),*La condizione delle donne nella Cina imperial*(《中华帝国时期女人的生存环境》),«I Problemi della Pedagogia»(《教育学问题》),11(1965),pp.801-819.

艺术、建筑、考古和音乐

5.【考】Cervelli, L.(切尔韦利,路易莎), *Mostra di strumenti musicali dell' Estremo Oriente della collezione Gorga*(《戈尔加远东乐器收藏展》), Roma: Ministero della Pubblica Istruzione, 1965.

6.【艺】Corradini, P.(柯拉迪尼), «La storiografia dell'arte, Cina»(《艺术史,中国》), in *Enciclopedia Universale dell' Arte*(《艺术百科全书》), XIII, Venezia-Roma: Istituto per la Collaborazione Culturale, 1965, coll.75-76.

文学

7.Corradini, P.(柯拉迪尼)(tr. a cura di)(编译), *La vendetta di Li Po. A proposito di una novella del Chin-ku ch'i-kuan*(《〈今古奇观〉中的一篇小说:〈李谪仙醉草吓蛮书〉》), «Rivista degli Studi Orientali»(《东方学研究》), 40(1965), pp.247-254.

8.Lanciotti, L.(兰乔蒂), *Il Giappone e la narrativa cinese*(《日本和中国的叙事文学》), «Il Giappone»(《日本》), 5(1965), pp.123-126.

哲学

9.【基】Bortone, F., S. I.(波尔托内,费尔南多), *P. Matteo Ricci S. I. Il 'Saggio d'Occidente'. Un grande italiano nella Cina impenetrabile(1552-1610)*[《耶稣会士利玛窦神父(1552—1610):西方的智者,一位身处中华帝国的伟大的意大利人》], Roma: Desclée, 1965.

公元 1966 年

一、大事记

自 1966 年起,威尼斯卡·福斯卡里大学外国语言文学学院(Facoltà di Lingue e Letterature Straniere di Cà Foscari Venezia)开始举办一年一次名为"威尼斯亚洲研究"(Asiatica Venetiana)的中国语言文学讲习会,讲习会主要面向威尼斯卡·福斯卡里大学汉学系的师生。在讲习会上,威尼斯卡·福斯卡里大学汉学系的师生济济一堂,共同探讨自己在汉学研究及汉语言教学中发表的一些新成果及发现的新问题。第一年参加讲习会的一共有十多名教师和一百多名学生。

二、书(文)目录

历史与制度

1. Adespoto(佚名)(tr. a cura di)(编译), Liu Danian(刘大年), *Come valutare la storia dell'Asia*(《如何评价亚洲历史》), «Vento dell'Est»(《东风》), 1(1966), 1, pp.65–76.

2. Di Meglio, R.(狄梅利奥,里塔), *Il commercio arabo con la Cina dall'avvento dei Mongoli al XV secolo*(《从蒙古人时期到 15 世纪阿拉伯与中国的贸易》), «Annali [dell']Istituto Universitario Orientale di Napoli»(《那不勒斯东方大学年鉴》), 16(1966), pp.137–175.

艺术、建筑、考古和音乐

3.【艺】Abbate, F.(阿巴特,弗朗切斯科), *Arte della Cina*(《中国艺术》). Milano: Fabbri Editore, 1966.

4.【艺】Bussagli, M.(布萨利,马里奥), *Bronzi cinesi*(《中国铜器》), Milano:

Fabbri Editore, 1966.

5.【艺】Bussagli, M.(布萨利,马里奥), *La pittura cinese*(《中国绘画》), Milano: Fabbri Editore, 1966.

6.【艺】Corradini, P.(柯拉迪尼), « Trattatistica, Cina »(《论文,中国》), in *Enciclopedia Universale dell'Arte*(《艺术百科全书》), XIV, Venezia-Roma: Istituto per la Collaborazione Culturale, 1966, coll.122-124.

7.【艺】Lanciotti, L.(兰乔蒂), « Scrittura, Cina »(《手稿,中国》), in *Enciclopedia dell'Arte Antica, Classica e Orientale*(《东方古典艺术百科全书》), VII, Roma: Istituto della Enciclopedia Italiana, 1966, pp.136-138.

8.【艺】【考】Lucidi, M. T.(卢奇迪,玛利亚), *Sull'attribuzione cronologica e sulla provenienza di una testa bronzea di Buddha. Conservata nel Museo Nazionale di Arte Orientale di Roma*(《关于一个被收藏于罗马国立东方艺术博物馆中的青铜佛头的年代和来历》), « Rivista degli Studi Orientali »《东方学研究》), 41(1966), pp.199-206.

9.【艺】Luzzatto-Bilitz, O.(卢扎托·比利茨,奥斯卡), *Antiche giade*(《古玉》), Milano: Fabbri Editore, 1966.

10.【艺】Tamburello, A.(坦布雷洛,阿道夫), « Shang, epoca »(《商朝》), in *Enciclopedia dell'Arte Antica, Classica e Orientale*(《东方古典艺术百科全书》), VII, Roma: Istituto della Enciclopedia Italiana, 1966, pp.238-242.

11.【艺】Tamburello, A.(坦布雷洛,阿道夫), « Simboli e artributi, Cina »(《象征和标志,中国》), in *Enciclopedia dell'Arte Antica, Classica e Orientale*(《东方古典艺术百科全书》), VII, Roma: Istituto della Enciclopedia Italiana, 1966, pp.312-313.

哲学

12.【道】Corradini, P.(柯拉迪尼), *Lao-tse*(《老子》), in *I protagonisti della storia universale*(《世界历史的主角》), Milano: Compagnia Edizioni Internazionali, 1966, pp.57-84.

13.【儒】Lanciotti, L.(兰乔蒂), *Confucio*(《孔子》), in *I protagonisti della storia universle*(《世界历史中的伟大人物》), Milano: Compagnia Edizioni Internazionali, 1966, pp.85-112.

公元1967年

一、大事记

1. 瓦卡里(E. Vaccari)写作的一篇介绍并翻译中国古代文学作品的文章被收录于由林语堂主编的《中国艺术理论》(*Teorie cinesi dell'arte*)一书中,文中收录了孔子、庄子、王维、苏东坡、赵孟頫等多位中国古代名人的篇章。

2. 兰乔蒂在《罗马东方学研究:短论和讲课稿》上发表题为《关于古代中国文学审美的思考:王充和文学自主的开端》的论文。标题中"文学自主"指王充在《论衡》中写作《问孔》《刺孟》等篇章,反映了其反对将儒家经典教条化的思想。兰乔蒂通过对《论衡》的研究,认为中国学者受儒家伦理影响,比较强调文学的社会功能。①

二、书(文)目录

历史与制度

1. Corradini, P. (柯拉迪尼), *Alcuni aspetti dei rapporti tra Mancesi e Cinesi agli inizi della dinastia Ch'ing* (《涉及清朝初期满族人和汉族人关系的若干问题》), «Annali[dell']Istituto Universitario Orientale di Napoli»(《那不勒斯东方大学年鉴》), 17(1967), pp.55-68.

2. Corradini, P. (柯拉迪尼), *Ricerche sull'origine e lo sviluppo dei Sei Dicasteri (liu-pu) dell'impero cinese* (《有关中华帝国"六部制度"起源和发展的研究》), in *Orientalia Romana. Essays and Lectures* (《罗马东方学研究:短论和讲课稿》), 2,

---

① 陈友冰:《意大利汉学的演进历程及特征——以中国文学研究为主要例举》,《华文文学》总第89期,2008年6月,第87—96页。

Roma: Istituto Italiano per il Medio ed Estremo Oriente, 1967, pp.113-167.

3. Guglielminetti, Pierfilippo M.(古列尔米内蒂,皮尔菲利波)(a cura di)(编著), *Viaggiatori del Seicento*(《17世纪的旅行者》), Torino: Unione Tipografico-Editrice Torinese, 1967.

4. Martinelli, F.(马丁内利,弗朗哥), *Storia della Cina*(《中国历史》), Milano: G. De Vecchi, 1967.

5. Petech, L.(毕达克), *Glosse agli Annali di Tun-huang*(《敦煌年鉴注解》), «Rivista degli Studi Orientali»(《东方学研究》), 42(1967), pp.241-279.

艺术、建筑、考古和音乐

6.【艺】Argentieri, G.(阿尔真蒂耶里,朱塞佩), *Pittori cinesi*(《中国画家》), Milano: Mondadori, 1967.

文学

7. Lanciotti, L.(兰乔蒂), *Considerazioni sull'estetica letteraria nella Cina antica: Wang Ch'ung ed il sorgere dell'autonomia delle lettere*(《关于古代中国文学审美的思考:王充和文学自主的开端》), in *Orientalia Romana. Essays and Lectures*(《罗马东方学研究:短论和讲课稿》), 2, Roma: Istituto Italiano per il Medio ed Estremo Oriente, 1967, pp.171-203.

8. Lin Yutang(林语堂), *Teorie cinesi dell'arte*(《中国艺术理论》), Milano: Bompiani, 1967.

哲学

9.【儒】Finazzo, G.(菲纳佐,贾恩卡洛), *The Principle of Tien. Essay on Its Theoretical Relevancy in Early Confucian Philosophy*(《"天"的原理:早期儒学中相关理论论述》), Taipei: Mei Ya, 1967.

10.【道】Tamburello, A.(坦布雷洛,阿道夫), *Il 'taoismo' in Giappone*(《日本的道教》), «Il Giappone»(《日本》), 7(1967), pp.137-148.

公元 1968 年

一、大事记

1. 罗沙娜(Rosanna Pilone)所著的《〈论语〉〈大学〉〈中庸〉》一书在米兰出版，书中将《大学》中的部分篇章翻译成了意大利文。

2. 白佐良教授编辑的《中国文学史》(Storia della letteratura cinese)在米兰再版发行。

3. 意大利语言学家丹特·奥利维耶里(Dante Olivieri, 1877—1968)逝世。丹特·奥利维耶里是意大利哲学家、语言学家。他主编了《再论〈马可·波罗游记〉的维内托版本》(Ancora sulle redazioni venete dei viaggi di M. Polo)。

二、书（文）目录

历史与制度

1. Corradini, P.(柯拉迪尼), *La prima fase della compilazione del Ming-shih*(《明史编纂的前期工作》),《 Annali [dell'] Istituto Universitario Orientale di Napoli 》(《那不勒斯东方大学年鉴》), 28(1968), pp.435-440.

文学

2. Bertuccioli, G.(白佐良), *Storia della letteratura cinese*(《中国文学史》), Milano: Sansoni-Accademia, 1968.

3. Lanciotti, L.(兰乔蒂),《 Letteratura cinese 》(《中国文学》), in *Pan. Enciclopedia Universale*(《百科全书》), IX, Roma: G. Casini Editore, 1968, coll.149-186.

哲学

4.【基】Bortone, F., S. I.（波尔托内,费尔南多）,*Storia della penetrazione cristiana in Cina.I gesuiti si stabiliscono a Pechino*（《基督教入华史:耶稣会士在北京建立驻院》）,«Ai Nostri Amici»（《致吾友》）,39(1968),pp.114-118.

5.【道】Finazzo, G.（菲纳佐,贾恩卡洛）,*The Notion of Tao in Lao Tzu and Chuang Tzu*（《老子和庄子学说中"道"的概念》）,Taipei:Mei Ya,1968.

6.【佛】Forte, A.（富安敦）,*An Shih-kao:biografia e note critiche*（《安世高:传记和评论》）,«Annali[dell']Istituto Universitario Orientale di Napoli»（《那不勒斯东方大学年鉴》）,28(1968),pp.151-194.

7.【儒】Lanciotti, L.（兰乔蒂）,*Che cosa ha veramente detto Confucio*（《真正的孔子学说》）,Roma:Ubaldini,1968.

8.【儒】Lanciotti, L.（兰乔蒂）,«Confucianesimo»（《儒学》）,in *Pan.Enciclopedia Universale*（《百科全书》）,Ⅸ,Roma:G. Casini Editore,1968,coll.601-610.

9.【道】Lanciotti, L.（兰乔蒂）,«Taoismo»（《道教》）,in *Pan.Enciclopedia Universale*（《百科全书》）,Ⅸ,Roma:G. Casini Editore,1968,coll.589-600.

10.【儒】Pilone, R.（罗沙娜）(tr. a cura di)（编译）,Confucio（孔子）,*I Colloqui.Gli Studi Superiori.Il Costante Mezzo*（《〈论语〉〈大学〉〈中庸〉》）,Milano:Rizzoli,1968.

公元1969年

一、大事记

1.汉学家兰乔蒂写作的《中国文学》(*Letteratura cinese*)在罗马出版发行。兰乔蒂的《中国文学》是继白佐良的《中国文学史》后又一部具有广泛影响的中国文学专著。汉学家兰乔蒂在这部《中国文学》中,采用了与汉学家白佐良同样的写作方法,即对中国文学从汉代开始进行系统梳理。白佐良及兰乔蒂的这两部有关中国文学史的专著,出版时间仅隔十年,所以对中国文学史的介绍从形式到内容都有着一定的相似性,但由于学者自身研究专长不同,因此其介绍重点各有侧重。兰乔蒂在《中国文学》中突出介绍了中国白话小说的发展史,与白佐良的《中国文学史》相比,兰乔蒂更加全面和细致地分析、介绍了中国白话小说作品(包括从《唐传奇》《宋元话本》开始一直到现代意义上的小说作品)。

2. 执教于罗马大学东亚史系(Dipartamento della Storia Est-Asiatica)的柯拉迪尼教授继白佐良教授及兰乔蒂教授之后,也出版了一部《中国文学史》(*Storia della letteratura cinese*)。

3. 西方权威汉学家戴密微(Paul Henri Demiéville,1894—1979)于1月12日致信白佐良教授,信中写道:"我诚心祝贺你的新《中国文学史》被再版发行,新版中详尽实用的参考书目比已经非常出色的第一版又有所进步。在我看来,目前在西方没有任何人在这一领域能与你比肩。"①

4. 9月7日至13日,意大利中东及远东研究院(IsMEO)在意大利塞尼加利亚(Senigallia)市举办"第21届汉学国际研讨会"(The XXIth International Congress of Chinese Studies),研讨会上参会的汉学研究学者来自欧洲各地,他们主讲的内容涉及中国文学、历史、哲学等多个方面,会上发表的所有学术论文于1971年由意大利中东及远东研究院(IsMEO)出版发行。

二、书(文)目录

书目提要和汉学史

1. Lanciotti, L.(兰乔蒂), *Martin Benedikter*②(*1908-1969*)[《马丁·贝内迪克特(1908—1969)》], «East and West»(《东西方》),19(1969),p.543.

---

① 引文详见汉学家戴密微1969年1月12日给白佐良(G. Bertuccioli)教授的信:F. Masini, *Italian Translation of Chinese Literature*, *De L'un au multiple*, Paris:La Maison des Sciences de L-Home,1999,p.46.
② 马丁·贝内迪克特(Martin Benedikter)写了一些关于王维和唐诗的文章,他同时也是《唐诗三百首》的意大利文译者。

历史与制度

2. Bottazzi, E.(博塔齐,埃米利奥), *Un'esplorazione alle sorgenti del Fiume Giallo durante la dinastia Yuan*(《元朝时对黄河源头的勘探》),« Annali[dell']Istituto Universitario Orientale di Napoli »(《那不勒斯东方大学年鉴》), 29(1969), pp.529-546.

3. Corradini, P.(柯拉迪尼), *La sottomissione dei Caqar alla dinastia Ch'ing*(《察哈尔部归顺于清朝》),« Annali[dell']Istituto Universitario Orientale di Napoli »(《那不勒斯东方大学年鉴》),(1969), pp.387-395.

4. Masi, E.(马西,爱德华), *Die Familie im alten und im neuen China*(《在旧中国和新中国的家庭问题》), *Kursbuch*(《行车时刻表》), 17(1969), s.p.

5. Paggiaro, L.(帕贾罗,路易吉), *La Cina antica*(《古代中国》), Roma: Istituto Editoriale del Mediterraneo, 1969.

6. Petech, L.(毕达克), *Early Relations of China with South-Eastern Asia*(《中国和东南亚初期的关系》), in K. S. Lal(edited by)(主编), *Studies in Asian History*(《亚洲史研究》), Proceedings of the Asian History Congress 1961(1961年亚洲历史研讨会会议记录), London: Asia Publishing House, 1969, pp.186-190.

7. Tamburello, A.(坦布雷洛,阿道夫), *Note sulla titolatura imperiale cinese*(《论中国皇帝的封号》),« Rivista degli Studi Orientali »(《东方学研究》), 44(1969), pp.157-161.

艺术、建筑、考古和音乐

8.【艺】Adespoto(佚名), *L'arte cinese*(《中国艺术》), Padova: R. A. D. A. R., 1969.

9.【考】Lucidi, M. T.(卢奇迪,玛利亚), *A proposito di una lastra tombale Han*(《关于一块汉代墓碑》),« Rivista degli Studi Orientali »(《东方学研究》), 44(1969), pp.37-50.

10.【考】Lucidi, M. T.(卢奇迪,玛利亚), *Valore e lettura di un motivo culturale caratteristico: la criniera dentellata del cavallo, alla luce di una interpretazione analitica dei reperti artistici*(《一个典型的文化主题:齿形马鬃,出土艺术文物分析》),《Rivista degli Studi Orientali》(《东方学研究》),44(1969),pp.295-323.

文学

11. Lanciotti, L.(兰乔蒂), *Letteratura cinese*(《中国文学》), in O. Botto(奥斯卡·博多)(diretta da)(指导), *Storia delle letterature d'Oriente*(《东方文学史》), Ⅳ, Milano: Vallardi, 1969, pp.1-210.

哲学

13.【儒】Bortone, F., S. I.(波尔托内,费尔南多), *La filosofia cinese: il confucianesimo*(《中国哲学:儒学》),《Filosofia e Vita》(《哲学与生活》),10(1969),2,pp.72-86.

14.【基】Bortone, F., S. I.(波尔托内,费尔南多), *I Gesuiti alla corte di Pechino. Due secoli e mezzo di eroismi per la diffusione della fede cattolica in Cina. Dalla morte di S. Francesco Saverio a Sanciano a quella del P. Luigi de Poirot a Pechino*(1552-1813)[《北京宫廷中的耶稣会士。两个半世纪以来为天主教信仰在华传播前仆后继:从死于上川岛的沙勿略到逝世于北京的路易·博弈特神父》], Roma: Desclée,1969.

公元1970年

一、大事记

1. 柯拉迪尼教授为了方便学生进行文学文本鉴赏,在他的《中国文学史》(*Storia della letteratura cinese*)出版后一年,又配套出版了一本《中国文学选集》(*Antologia della letteratura cinese*)。

2. 威尼斯卡·福斯卡里大学外国语言文学学院（Facoltà di Lingue e Letteràture Straniere di Cà Foscari Venezia）为了推动学校在东方学诸多领域的研究，创办了意大利汉学研究方面一份很有分量的专业学术期刊《威尼斯卡·福斯卡里大学东方年鉴》（《Annali di Ca' Foscari Serie Orientale》）①。《威尼斯卡·福斯卡里大学东方年鉴》创刊初期的办刊宗旨是展示学院汉学研究成果，期刊中的论文主要涉及历史学、文学、语言学等。《威尼斯卡·福斯卡里大学东方年鉴》与意大利其他大学的汉学研究中心的学术刊物一样，展示了意大利汉学研究的最新成果，推动了意大利专业汉学的发展。

二、书（文）目录

历史与制度

1. Molè, G. (莫莱，加布里埃拉), *The T'u-yü-hun from the Northern Wei to the Time of the Five Dynasties* (《从北魏到五代的吐谷浑人》), Roma: Istituto Italiano per il Medio ed Estremo Oriente, 1970.

艺术、建筑、考古和音乐

2.【艺】Beretta, E. (贝雷塔，恩里科), *L'arte cinese* (《中国艺术》), «Arte Cristiana»（《基督教艺术》），58(1970), pp.87-94.

文学

3. Bottazzi, E. (博塔齐，埃米利奥), *Una poesia di epoca Ming sulle sorgenti del Fiume Giallo*（《一首明朝时期有关黄河源头的诗》），«Annali [dell'] Istituto Universitario Orientale di Napoli»（《那不勒斯东方大学年鉴》），30(1970), pp.559-564.

4. Corradini, P. (柯拉迪尼) (a cura di) (编著), *Antologia della letteratura cinese*

---

① 有关《威尼斯卡·福斯卡里大学东方年鉴》的创刊过程，请参见《东方学研究》，1907年第1期，第3—4页；有关罗马大学东方学校的具体情况，请参见安东努奇·达斡尔（Antonucci Davor）和祖凯里（Zuccheri Serena）于2010年由意大利罗马智慧大学出版的《意大利汉语教学目前情况和历史背景》，第44—45页。

(《中国文学选集》),Milano:Fabbri Editore,1970.

5.Corradini,P.(柯拉迪尼),*Storia della letteratura cinese*(《中国文学史》),Milano:Fabbri Editore,1970.

6.Guidacci,M.(圭达奇,马加里塔)(tr. a cura di)(编译),*Poema d'amore*(《爱情诗》),Milano:Scheiwiller,1970.

科学和科学史

7.Bruni,P.(布鲁尼,帕斯夸莱),*La medicina cinese:ieri,oggi,domani*(《中医的昨天、今天与明天》),《Realtà Nuova》(《新现实》),35(1970),pp.226-231.

公元1971年

一、大事记

阿德里亚诺·莫蒂于1960年用意大利文翻译的《西游记》在米兰再版发行。该译本与之前的译本相比,注释更加详尽,而且初版的许多问题和错误也得到了修正。此外,译者还在前言部分加入了有关《西游记》文本及作者吴承恩研究的相关内容。

二、书(文)目录

书目提要和汉学史

1.Adespoto(佚名)(a cura di)(编著),*Papers Presented to the XXI International Congress of Chinese Studies.Senigallia,7-13 September 1969*(《第21届汉学研究国际研讨会论文集:塞尼卡列市,1969年9月7日—13日》),Roma-Napoli:Istituto Italiano per il Medio ed Estremo Oriente-Istituto Universitario Orientale,1971.

历史与制度

2.Petech,L.(毕达克),*Profilo storico della civiltà cinese*(《中华文明的历史概述》),Torino：Edizioni Radio Italiana,1957;2ª ed riv.,Torino：Edizioni Radio Italiana,1971.

3.Sacchetti,M.(萨凯蒂,毛里齐亚),*Sull'adozione del nome dinastico Yüan*(《"元"作为朝代名称被采用》),«Annali[dell']Istituto Universitario Orientale di Napoli»(《那不勒斯东方大学年鉴》),31(1971),pp.553-558.

4.Sacchetti,M.(萨凯蒂,毛里齐亚),*Sulla natura della rivolta di Ch'ên She*(209 a.C.)[《陈胜起义(公元前209年)的性质》],«Annali[dell']Istituto Universitario Orientale di Napoli»(《那不勒斯东方大学年鉴》),31(1971),pp.75-94.

5.Stary,G.(斯塔瑞,乔瓦尼),*L'origine della dinastia imperiale mancese：realtà e leggenda di un mito*(《满族王朝的起源:现实与神话传说》),«Annali[dell']Istituto Universiatrio Orientale di Napoli»(《那不勒斯东方大学年鉴》),31(1971),pp.263-275.

文学

6.Albertario,A.(阿尔贝塔里奥,阿代莱)e Feslikenian,Franca(菲斯里肯尼安,弗兰卡),*I più bei proverbi cinesi*(《最美的中国成语》),Milano:G.De Vecchi,1971.

7.Dalsecco,L.(达尔塞克,卢恰诺),*Ts'ao Chih：il faro di Chien An nella tempesta dei Tre Regni*(《三国时期建安文豪曹植》),«Annali di Ca'Foscari.Serie Orientale»》(《威尼斯卡·福斯卡里大学东方年鉴》),10(1971),pp.75-97.

哲学

8.【佛】Forte,A.(富安敦),*Il P'u-sa cheng-chai ching e l'origine dei tre mesi di digiuno prolungato*(《菩萨正斋经和三长斋月的起源》),«T'oung Pao»(《通报》),57(1971),pp.103-134.

9.【佛】Forte,A.(富安敦)(tr. a cura di)(编译),Makita Tairyō(牧田谛亮),*The Ching-tu san-mei ching and the Tun-huang Manuscripts*(《净土三昧经和敦煌文献》),«East and West»(《东西方》),21(1971),pp.351-361.

10. Masi, E. (马西,爱德华), *Feng Youlan: Sommario di storia della filosofia cinese* (《冯友兰著〈中国哲学简史〉》),《 I problemi della pedagogia 》(《教育学问题》),(1971-1972),s.p.

11.【儒】Sonzini, G. (松齐尼,朱利奥), *Confucio. Vita, massime, pensieri* (《孔子:生平,箴言,思想》), Milano: G. De Vecchi, 1971.

公元 1972 年

一、大事记

1. 洛伦佐·马加洛蒂(Lorenzo Magalotti)创作的以中国为背景的游记作品《中国报告》(*Relazione della Cina*)被收录于《阿德菲藏书》(*Piccola Biblioteca Adelphi*)文学系列出版发行。

2. 马丁·贝内迪克特将王维的部分诗歌翻译成意大利文,集结成册,名为《辋川集》(*Poesie del fiume Wang*)在都灵出版发行。王维诗歌的欧洲语言译本虽然很多,但马丁·贝内迪克特的译本是意大利首个王维诗选译本,这个译本为意大利学者在该领域的学习和研究提供了非常重要的文本资料。

二、书(文)目录

书目提要和汉学史

1. Fiorentini, M. (菲奥伦蒂尼,马尔切洛), *Bibliografia sulla Cina* (《关于中国的文献目录》),« Cina »(《中国》),9(1972),pp.133-145.

历史与制度

2. Albanese, A. (阿尔巴内塞,安德烈纳), *Le biografie di Ch'en Sheng e Hsiang Yu nel cap.31 dello Han shu* (《〈汉书〉卷三十一陈胜项籍传》),« Rivista degli Studi

Orientali》(《东方学研究》),47(1972),pp.277-312;49(1975),pp.207-263.

3.Pisciotta,M. C.(皮肖塔,玛利亚),*Leopardi e la Cina*(《莱奥帕尔迪和中国》),《Annali[dell']Istituto Universitario Orientale di Napoli》(《那不勒斯东方大学年鉴》),32(1972),pp.111-126.

4.Zoli,S.(佐利,塞尔焦),*Le polemiche sulla Cina nella cultura storica,filosofica,letteraria italiana della prima metà del Settecento*(《18世纪前半叶意大利历史、哲学和文学中关于中国的争论》),《Archivio Storico Italiano》(《意大利历史档案》),3-4(1972),pp.409-467.

哲学

5.【儒】Beonio Brocchieri,P.(贝奥尼奥·布罗基里,保罗),*Confucio e il cristianesimo*(《孔子和基督教》),2 voll.,Torino:V. Bona,1972,1973.

三、备注

洛伦佐·马加洛蒂在《中国报告》的前言部分收录了蓬蒂贾(Pontiggia,Giuseppe,1934—2003)执笔写作的一篇名为《中国形象》(*Immagini della Cina*)的文章。文章中对于新中国外表下深藏的那个古老中国形象进行了毫不留情的贬斥。作者的这种看法也代表了20世纪初期意大利学界中广泛存在的一种误读中国的研究风潮。

公元1973年

一、大事记

1.威尼斯卡·福斯卡里大学东亚学系(Dipartimento di Studi est-asiatici di Università Ca' Foscari Venezia)在水城威尼斯举办了"纪念马可·波罗国际学术会

议"(Covengo in onore di Marco Polo)。参会学者来自世界各地,共计120余人,会上发言的学者介绍了自己关于马可·波罗的相关研究成果,其中涉及历史、文学、地理等多个领域。研究内容主要涉及马可·波罗其人及其《马可·波罗游记》在中西交通史中所做出的重要贡献。

2.贝内代托·瓦莱(Benedetto Valle O. F. M.)的《中国古典文学鉴赏》在香港由大同印务公司出版发行,书中收录了贝内代托·瓦莱翻译的《诗经》中的《大雅》《小雅》《国风》《颂》以及《论语》《孟子》等多部儒家经典的意大利文译本。

3.著名的意大利汉学期刊《中国世界》(《Mondo Cinese》)在米兰创刊,出版机构为意中基金会(La Fondazione Italia-Cina)。期刊内容多涉及中国历史、政治、经济等方面。

4.皮耶罗·科斯坦蒂尼(P. Costantini)为罗马国立图书馆(Biblioteca Nazionale Centrale)编写了《馆藏中文及日文期刊目录汇编》(*Indice dei periodici in lingua cinese e giapponese*),被罗马国立图书馆收藏。

5.由德沃托(A. Devoto)翻译的老子《道德经》(*Dao de jing*)的意大利文译本在米兰出版。此译本译自著名汉学家戴达利的法文译本。

二、书（文）目录

书目提要和汉学史

1.Costantini,P.(科斯坦蒂尼,皮耶罗),*Indice dei periodici in lingua cinese e giapponese*(《馆藏中文及日文期刊目录汇编》), Roma: Biblioteca Nazionale Centrale,1973.

2.Fiorentini,M.(菲奥伦蒂尼,马尔切洛),*Bibliografia sulla Cina*(《关于中国的文献目录》),《Cina》(《中国》),10(1973),pp.154-169.

3.Pisu,R.(皮苏,雷纳塔),*Il XXIX Congresso Internazionale degli Orientalisti*(《第29届东方学研究学者国际研讨会》),《Mondo Cinese》(《中国世界》),3(1973),pp.78-85.

历史与制度

4.Bertuccioli,G.(白佐良),*La prima missione diplomatica cinese in Italia*(《中国第一次赴意大利的外交使命》),« Mondo Cinese »(《中国世界》),3(1973),pp.3-14.

5.Bertuccioli,G.(白佐良),« Polo Marco »(《马可·波罗》),in *Enciclopedia Dantesca*(《但丁百科》),IV,Roma:Istituto della Enciclopedia Italiana,1973,p.589.

6.Giovacchini,S.(焦瓦基尼,西尔瓦诺),*La Cina dalle origini al regno Chou*(《中国从文明之初到周朝》),Messina-Firenze:G. D'Anna,1973.

7.Giovacchini,S.(焦瓦基尼,西尔瓦诺),*La Cina dai Chou agli Han occidental*(《中国从周朝到西汉》),Messina-Firenze:G. D'Anna,1973.

8.Sacchetti,M.(萨凯蒂,毛里齐亚),*Caratteristiche delle rivolte contadine in epoca Sung*(《宋朝农民起义的特点》),« Annali [dell'] Istituto Universitario Orientale di Napoli »(《那不勒斯东方大学年鉴》),33(1973),pp.247-262.

9.Zoli,S.(佐利,塞尔焦),*La Cina e la cultura italiana dal '500 al '700*(《从16世纪到18世纪中国和意大利文化》),Bologna:Pàtron,1973.

艺术、建筑、考古和音乐

10.【艺】Adespoto(佚名),*Mostra d'arte cinese.Pittura e artigianato.*(《中国艺术展:绘画和手工艺品》),Firenze:Giunti,1973.

11.【建】Bussagli,M.(布萨利,马里奥),*Architettura orientale*(《东方建筑》),Milano:Electa,1973.

12.【艺】Giuganino,A.(朱加尼诺,阿尔贝托),*Estetica della scrittura cinese*(《中国书法的美学》),Roma:Istituto Italiano per il Medio ed Estremo Oriente,1973.

13.【音】Lavagnino, A. C.(罗桑达),*Alcune note sulla 'musica di Kucha'*(关于龟兹音乐),« Annali [dell'] Istituto Universitario Orientale di Napoli »(《那不勒斯东方大学年鉴》),33(1973),pp.287-292.

14.【考】Lavagnino, A. C.(罗桑达),*Perché l'archeologia*(《为什么考古》),« Cina »(《中国》),10(1873),pp.7-14.

15.【建】Mortari Vergara,P.(莫尔塔里·韦尔加拉,保拉),*Cina*(《中国》),in M. Bussagli(马里奥·布萨利),*Architettura orientale*(《东方建筑》),Milano:Electa,1973,pp.293-360.

16.【艺】Pagliani,E.(帕里亚尼,恩佐),*Recupero del modellato originale di una testa di Bodhisattva da T'ien-lung-shan*(《来自天龙山的一个佛头的修复》),in M. Taddei(毛里齐奥·塔德伊)(a cura di)(编著),*Arte orientale in Italia.Scritti miscellanei del Museo Nazionale d'Arte Orientale*(《东方艺术在意大利:东方艺术国家博物馆文集》),Ⅲ,Roma:Museo Nazionale d'Arte Orientale di Roma,1973,pp.73-78.

文学

17.Lanciotti,L.(兰乔蒂),*Noterelle sinologiche*(《中国学札记》),«Annali di Ca' Foscari.Serie Orientale»(《威尼斯卡·福斯卡里大学东方年鉴》),4(1973),pp.70-72.

18.Valle,Benedetto,O. F. M.(瓦莱,贝内代托)(tr. a cura di)(编译),*Saggi dell' antica letteratura cinese*(《中国古典文学鉴赏》),Hong Kong:Tai Tung Printing Co.,1973.

19.Valle,Benedetto,O. F. M.(瓦莱,贝内代托)(tr. a cura di)(编译),Chen Wenshu(陈文述),*Donne che trapiantano il riso*(《插秧女》),in Benedetto Valle,O. F. M.(贝内代托·瓦莱)(tr. a cura di)(编译),*Saggi dell' antica letteratura cinese*(《中国古典文学鉴赏》),Hong Kong:Tai Tung Printing Co.,1973,pp.177-179.

20.Valle,Benedetto,O. F. M.(瓦莱,贝内代托)(tr. a cura di)(编译),*Cuo Fong*(《国风》),in Benedetto Valle,O. F. M.(贝内代托·瓦莱)(tr. a cura di)(编译),*Saggi dell' antica letteratura cinese*(《中国古典文学鉴赏》),Hong Kong:Tai Tung Printing Co.,1973,pp.102-135.

21.Valle,Benedetto,O. F. M.(瓦莱,贝内代托)(tr. a cura di)(编译),*Sciao ia*(《小雅》),in Benedetto Valle,O. F. M.(贝内代托·瓦莱)(tr. a cura di)(编译),*Saggi dell' antica letteratura cinese*(《中国古典文学鉴赏》),Hong Kong:Tai Tung Printing Co.,1973,pp.135-154.

22.Valle,Benedetto,O. F. M.(瓦莱,贝内代托)(tr. a cura di)(编译),*Ta ia*

(《大雅》),in Benedetto Valle,O. F. M.(贝内代托·瓦莱)(tr. a cura di)(编译),*Saggi dell'antica letteratura cinese*(《中国古典文学鉴赏》),Hong Kong:Tai Tung Printing Co.,1973,pp.154-171.

23.Valle,Benedetto O. F. M.(瓦莱,贝内代托)(tr. a cura di)(编译),*Song*(《颂》),in Benedetto Valle,O. F. M.(贝内代托·瓦莱)(tr. a cura di)(编译),*Saggi dell'antica letteratura cinese*(《中国古典文学鉴赏》),Hong Kong:Tai Tung Printing Co.,1973,pp.172-177.

24.Valle,Benedetto,O. F. M.(瓦莱,贝内代托)(tr. a cura di)(编译),Bai Juyi(白居易),*Gemito notturno dell'affezionato corvo*(《慈乌夜啼》),in Benedetto Valle,O. F. M.(贝内代托·瓦莱)(tr. a cura di)(编译),*Saggi dell'antica letteratura cinese*(《中国古典文学鉴赏》),Hong Kong:Tai Tung Printing Co.,1973,pp.179-181.

25.Valle,Benedetto,O. F. M.(瓦莱,贝内代托)(tr. a cura di)(编译),*Poesia delle rondini*(《咏燕》),in Benedetto Valle,O. F. M.(贝内代托·瓦莱)(tr. a cura di)(编译),*Saggi dell'antica letteratura cinese*(《中国古典文学鉴赏》),Hong Kong:Tai Tung Printing Co.,1973,pp.181-185.

26.Valle,Benedetto,O. F. M.(瓦莱,贝内代托)(tr. a cura di)(编译),Qu Yuan(屈原),*Incontro al dolore*(*Li sao*)(《离骚》),in Benedetto Valle,O. F. M.(贝内代托·瓦莱)(tr. a cura di)(编译),*Saggi dell'antica letteratura cinese*(《中国古典文学鉴赏》),Hong Kong:Tai Tung Printing Co.,1973,pp.187-192.

27.Valle,Benedetto,O. F. M.(瓦莱,贝内代托)(tr. a cura di)(编译),*Mu-lang si arruola dell'esercito in luogo di suo padre*(《木兰替父从军》),in Benedetto Valle,O. F. M.(贝内代托·瓦莱)(tr. a cura di)(编译),*Saggi dell'antica letteratura cinese*(《中国古典文学鉴赏》),Hong Kong:Tai Tung Printing Co.,1973,pp.192-206.

哲学

28.【景】Allegra,G. M.,O. F. M.(雷永明神父),*Due testi nestoriani cinesi*(《中国的两篇景教文献》),«Euntes Docete»(《去传教》),26(1973),pp.300-319.

29.【儒】Corradini,P.(柯拉迪尼),*Confucio e il confucianesimo*(《孔子和儒学》),Fossano:Editrice Esperienze,1973.

30.【佛】Forte, A.(富安敦), *Il 'Monastero dei grandi Chou' a Lo-yang*(《洛阳的大周寺庙》),«Annali[dell']Istituto Universitario Orientale di Napoli»(《那不勒斯东方大学年鉴》),33(1973),pp.417-429.

31.Lanciotti, L.(兰乔蒂), *Uomo e società nelle religioni della Cina* (《中国宗教中的人与社会》),in *Uomo e società nelle religioni asiatiche* (《亚洲宗教中的人与社会》),Roma:Ubaldini,1973,pp.67-93.

32.【儒】Valle, Benedetto, O. F. M.(瓦莱,贝内代托)(tr. a cura di)(编译), *Discorsi di Confucio*(《论语》),in Benedetto Valle, O. F. M.(贝内代托·瓦莱)(tr. a cura di)(编译), *Saggi dell'antica letteratura cinese* (《中国古典文学鉴赏》),Hong Kong:Tai Tung Pringting Co.,1973,pp.19-49.

33.【儒】Valle, Benedetto, O. F. M.(瓦莱,贝内代托)(tr. a cura di)(编译), *Il Grande Studio* (《大学》),in Benedetto Valle, O. F. M.(贝内代托·瓦莱)(tr. a cura di)(编译), *Saggi dell'antica letteratura cinese* (《中国古典文学鉴赏》),Hong Kong:Tai tung Printing Co.,1973,pp.1-6.

34.【儒】Valle, Benedetto, O. F. M.(瓦莱,贝内代托)(tr. a cura di)(编译), *Mencio*(《孟子》),in Benedetto Valle, O. F. M.(贝内代托·瓦莱)(tr. a cura di)(编译), *Saggi dell'antica letteratura cinese* (《中国古典文学鉴赏》),Hong Kong:Tai Tung Printing Co.,1973,pp.50-89.

35.【道】Valle, Benedetto, O. F. M.(瓦莱,贝内代托)(tr. a cura di)(编译), *Verità e natura* (《真理和自然》),in Benedetto Valle, O. F. M.(贝内代托·瓦莱)(tr. a cura di)(编译), *Saggi dell'antica letteratura cinese* (《中国古典文学鉴赏》),Hong Kong:Tai Tung Printing Co.,1973,pp.210-267.

36.Vecchiotti, I.(韦基奥蒂,伊奇利奥), *Che cosa è la filosofia cinese* (《中国哲学是什么》),Roma:Ubaldini,1973.

公元 1974 年

一、大事记

1.福斯托·托马西尼(Fausto Tomassini)首次出版了他的《儒家经典》，书中收录了由他翻译的《论语》《孟子》《孝经》等多部儒家经典的意大利文译本。

2.汉学家兰乔蒂在著名汉学专刊《中国》第 11 期上发表了一篇名为《汉学研究绪论》(Note introduttive alla ricerce sinologica)的文章，总结了意大利汉学发展中的重要研究成果及学术活动。

3.自 1974 年至 2002 年，著名汉学家兰乔蒂担任《威尼斯和东方》(« Venezia e l'Oriente »)期刊的主编。

二、书（文）目录

书目提要和汉学史

1.Fiorentini, M.(菲奥伦蒂尼，马尔切洛), *Bibliografia sulla Cina* (《关于中国的文献目录》), « Cina »(《中国》), 11(1974), pp.211-228.

2.Lanciotti, L.(兰乔蒂), *Note introduttive alla ricerca sinologica* (《汉学研究绪论》), « Cina »(《中国》), 11(1974), pp.183-210.

历史与制度

3.Bartoli, G.(巴尔托里，朱塞佩), *Il matrimonio nella cultura cinese* (《中国文化中的婚姻》), « Mondo Cinese »(《中国世界》), 6(1974), pp.43-57.

4.Lanciotti, L.(兰乔蒂), *La Cina: una civiltà sincretista* (《中国：不同理论结合的文明》), « Cultura e Scuola »(《文化和学校》), 49-50(1974), pp.324-329.

5.Lanciotti, L.(兰乔蒂), *Armi e armature cinesi* (《中国武器和盔甲》), in *Armi e armature asiatiche*(《亚洲武器和盔甲》),Milano:Bramante,1974,pp.143-168.

6.Petech,L.(毕达克),*Il primo trattato con l'Italia(1866) nei documenti cinesi* [《中国文献中第一个与意大利签订的条约(1866)》],«Accademia dei Lincei.Rendiconti della classe di scienze morali,storiche e filologiche»(《林琴科学院:道德学、历史学和文献学论文集》),s.8ª,29(1974),pp.17-37.

7.Santangelo, P.(史华罗), *Sulla natura dei rapporti fra Cina e Corea. Impero cinese e regno coreano:analisi di un rapporto nell'ambito del cosiddetto sistema sinocentrico*(《论中朝关系的本质,中华帝国和朝鲜王国:在以中国为中心的体制下两国关系的分析》),Napoli:Istituto Universitario Orientale,1974.

艺术、建筑、考古和音乐

8.【艺】Fossati,G.(福萨蒂,吉尔多),*Le ceramiche cinesi nei musei d'Italia*(《意大利博物馆中的中国瓷器》),«L'Illustrazione Italiana»(《意大利插图期刊》),1(1974),3,pp.69-94.

9.【考】Lanciotti, L.(兰乔蒂),*Ancora sulle spade cinesi*(《再论中国剑》),in *Gururājamañjarikā.Studi in onore di Giuseppe Tucci*(《为纪念朱塞佩·图齐而编写的纪念论文集:古鲁拉雅曼里卡①》),Ⅱ,Napoli:Istituto Universitario Orientale,1974,pp.547-550.

10.【艺】Lanciotti,L.(兰乔蒂),*Le sculture cinesi nelle collezioni italiane*(《意大利收藏中的中国雕塑》),«L'Illustrazione Italiana»(《意大利插图期刊》),1(1974),3,pp.6-21.

11.【艺】Pischel,G.(皮斯凯尔,吉纳),*L'arte cinese.Profilo storico*(《中国艺术:历史概述》),Milano:Feltrinelli,1974.

12.【艺】Tamburello,A. S. I.(坦布雷洛,阿道夫),*La ceramica in Cina*(《瓷器在中国》),in *Atti 7.Convegno internazionale della ceramica*(《国际瓷器研讨会论文集》),s.e.,1974,pp.17-29.

---

① 藏语音译。

语言和语言史

13.Chang,A. T.(张彤),*Nuove interpretazioni sull'origine della scrittura in Cina*(《对中国文字起源的新诠释》),« Annali[dell']Istituto Universitario Orientale di Napoli »(《那不勒斯东方大学年鉴》),34(1974),pp.569-604.

文学

14.Bertuccioli,G.(白佐良),*Poesie popolari cinesi di protesta*(《具反抗精神的中国民间诗歌》),« Cina »(《中国》),10(1974),pp.45-52.

15.Lanciotti,L.(兰乔蒂),« Kan Pao »(《干宝》),in J. Prušek(普实克)(edited by)(主编),*Dictionary of Oriental Literatures*(《东方文学字典》),Ⅰ,London:George Allen and Unwin,1974,pp.72-73.

16.Lanciotti,L.(兰乔蒂),« Po Hsing-chien »(《白行简》),in J. Prušek(普实克)(edited by)(主编),*Dictionary of Oriental Literatures*(《东方文学字典》),Ⅰ,London:George Allen and Unwin,1974,p.142.

哲学

17.【儒】Bertuccioli,G.(白佐良),*Confucio in difficoltà:quattro varianti di uno stesso tema*(《窘境中的孔子:同一主题的四个版本》),« Mondo Cinese »(《中国世界》),7(1974),pp.3-8.

18.【道】Bertuccioli,G.(白佐良),*Reminiscences of the Mao-shan*(《茅山回忆录》),« East and West »(《东西方》),24(1974),pp.403-415.

19.【佛】Corradini,P.(柯拉迪尼),*La politica dell'imperatore Ming T'ai-tsu nei confronti dei monaci buddisti e taoisti*(《明太祖对佛教徒和道教徒的政策》),in *Gururājamañjarikā.Studi in onore di Giuseppe Tucci*(《庆祝朱塞佩·图齐80岁寿辰论文集》),Ⅱ,Napoli:Istituto Universitario Orientale,1974,pp.579-582.

20.【儒】Lanciotti,L.(兰乔蒂),*Introduzione[a]*F. Tomassini(tr. a cura di).*Testi confuciani*(《为福斯托·托马西尼编译的〈儒家经典〉作序》),Torino:Unione Tipografico-Editrice Torinese,1974.

21.【儒】Tomassini, F.（托马西尼，福斯托）(tr. a cura di)（编译）, *Testi confuciani*（《儒家经典》）, Torino: Unione Tipografico-Editrice Torinese, 1974.

公元 1975 年

一、大事记

欧洲汉学协会（European Association for Chinese Studies, EACS）在法国巴黎成立。欧洲汉学协会是一个国际性学术组织，它的创立旨在促进全欧洲汉学研究人士的交流与合作。

二、书（文）目录

书目提要和汉学史

1.Fiorentini, M.（菲奥伦蒂尼，马尔切洛）, *Bibliografia sulla Cina*（《关于中国的文献目录》）, «Cina»（《中国》）, 12(1975), pp.265-292.

2.Fiorentini, M.（菲奥伦蒂尼，马尔切洛）, *Bibliografia sulla Cina*（《关于中国的文献目录》）, «Cina»（《中国》）, 13(1975), pp.181-214.

历史与制度

3.Bertolucci Pizzorusso, V.（贝尔托卢奇·皮佐鲁索，瓦莱里娅）(a cura di)（编著）, Marco Polo（马可·波罗）, *Milione*（《马可·波罗游记》）, Versione toscana del Trecento（14世纪托斯卡纳的版本）, Milano: Adelphi, 1975.

4.Bonacossa, C.（博纳科萨，切萨雷）, *Permanenze storiche nella civiltà cinese*（《中华文明中的历史持续性》）, in L. Lanciotti（兰乔蒂）(a cura di)（编著）, *Sviluppi scientifici, prospettive religiose, movimenti rivoluzionari in Cina*（《中国的科学发展、宗教前景、革命运动》）, Firenze: L. S. Olschki, 1975, pp.177-181.

5.Giuganino,A.(朱加尼诺,阿尔贝托),*La Cina nel libro di Marco Polo*(《马可·波罗书中的中国》),in L. Lanciotti(兰乔蒂)(a cura di)(编著),*Sviluppi scientifici,prospettive religiose,movimenti rivoluzionari in Cina*(《中国的科学发展、宗教前景、革命运动》),Firenze:L. S. Olschki,1975,pp.1-20.

6.Petech,L.(毕达克),*Marco Polo e i documenti mongoli della Cina*(《马可·波罗和中国蒙古文献》),in L. Lanciotti(兰乔蒂)(a cura di)(编著),*Sviluppi scientifici,prospettive religiose,movimenti rivoluzionari in Cina*(《中国的科学发展、宗教前景、革命运动》),Firenze:L. S. Olschki,1975,pp.21-27.

7.Sabattini,M.(萨巴蒂尼,马里奥),*La società schiavista in Cina:un'antica questione*(《中国奴隶社会:一个古老的问题》),«Annali di Ca' Foscari.Serie Orientale»(《威尼斯卡·福斯卡里大学东方年鉴》),3(1975),pp.315-326.

8.Tozzi Giuli,D.(托齐·朱利,达尼埃拉),*Un eroe nazionale cinese:Yüeh Fei*(《中国爱国英雄:岳飞》),«Atti dell'Accademia Nazionale dei Lincei.Memorie»(《林琴科学院论文集》),s.7^a,18(1975),pp.181-245.

艺术、建筑、考古和音乐

9.【艺】【考】Calza,G. C.(姜楷洛),*L'internazionalismo dei T'ang nell'arte.Il 'cavallo del Ferghana'*(《唐朝在艺术方面的国际主义:大宛马》),«Annali di Ca' Foscari.Serie Orientale»(《威尼斯卡·福斯卡里大学东方年鉴》),14(1975),pp.75-81.

10.【艺】Curatola,G.(库拉托拉,乔瓦尼),*Sulla giada ts'ung*(《论玉琮》),«Annali di Ca' Foscari.Serie Orientale»(《威尼斯卡·福斯卡里大学东方年鉴》),14(1975),pp.139-144.

11.【艺】Magi,F.(马吉,菲利波),*Andature di cavalli nell'arte con particolare riguardo all'ambito nell'arte cinese dei Han*(《"马"在艺术中的发展:以汉朝时期的中国艺术为例》),«Rivista degli studi Orientali»(《东方学研究》),49(1975),pp.119-130.

哲学

12.【伊】Bausani,A.(包萨尼,亚历山德罗),*Marco Polo e l'Islam*(《马可·波

罗和伊斯兰教》), in L. Lanciotti(兰乔蒂)(a cura di)(编著), *Sviluppi scientifici, prospettive religiose, movimenti rivoluzionari in Cina* (《中国的科学发展、宗教前景、革命运动》), Fireze: L. S. Olschki, 1975, pp.29-38.

13.【墨】Bresciani, U.(布雷夏尼，翁贝托), *Attualità del pensiero di Mo Ti* (《墨翟思想的现实意义》), «Mondo Cinese»(《中国世界》), 9(1975), pp.41-52.

14.【儒】Lanciotti, L.(兰乔蒂), *Li versus Fa: confuciani e legalisti* (《"礼"与"法"：儒家和法家》), «Annali di Ca' Foscari. Serie Orientale»(《威尼斯卡·福斯卡里大学东方年鉴》), 14(1975), pp.177-183.

15.【儒】Masi, E.(马西，爱德华)(tr. a cura di)(编译), Confucio(孔子), *I Dialoghi*(《论语》), Milano: Rizzoli, 1975.

16.【佛】Orlando, R.(奥兰多，拉法埃罗), *Buddhism in the T'ang Hui-yao* (《〈唐会要〉中的佛教》), «Annali di Ca' Foscari. Serie Orientale»(《威尼斯卡·福斯卡里大学东方年鉴》), 14(1975), pp.265-276.

17.【儒】Tomassini, F.(托马西尼，福斯托)(tr. a cura di)(编译), Confucio(孔子), *I Dialoghi*(《论语》), Milano: Rizzoli, 1975.

三、备注

如今欧洲汉学协会的成员已多达700多人。此协会属于非营利性组织,且不带有任何政治倾向。欧洲汉学协会的创会宗旨是:尽一切努力促进汉学在欧洲的发展。协会不仅为学者们提供了相互了解、互助合作的平台,也为学术研究项目的开展提供了有利空间。每两年一次的年会选择在欧洲的不同国家举行,年会上的学术报告涵盖了早期汉学及现代汉学的所有领域。自1995年开始,协会还启动了一个名为"图书馆日"(Library Travel Grants)的学术项目,此项目可以促进欧洲各种汉学资料收藏机构之间的交流与合作,另外也可以帮助从事汉学研究的学者们更好地利用欧洲丰富的汉学资源。

公元 1976 年

一、大事记

1. 毛里齐奥·斯卡尔帕里教授首次将《吕刑》(*Le leggi penali del principe di Lü*)翻译成意大利文,在知名汉学期刊《威尼斯卡·福斯卡里大学外国语言文学学院年鉴》«*Annali della Facoltà di Lingue e Letterature Straniere di Ca'Foscari*»上发表。

2. 柯拉迪尼在《那不勒斯东方大学年鉴》(«*Annali [dell'] Istituto Universitario Orientale di Napoli*»)上发表了一篇名为《意大利东方学研究中的几个问题:吁请进行深入讨论》(*Alcuni problemi degli studi orientali in Italia. Invito ad approfondire una discussione*)的文章,文中柯拉迪尼提出当今意大利汉学研究及其他东方学研究的发展仍落后于某些欧洲国家,意大利学界仍然存在学术研究不足、学术成果不够的问题。

3. 维尔玛·科斯坦蒂尼在乔治·德格雷戈里(Giorgio De Gregori)与瓦肯迪(M. Vakenti)合作编写的书目《弗朗切斯科·巴尔别里藏书的历史来源及图书馆管理学研究资料》(*Studi di biblioteconomia e storia del libro in onore di Francesco Barbieri*)上发表了一篇根据馆藏图书中中文书籍整理出的书目资料。

4. 罗马大学东方学院组织了"中国法律国际研讨会"和"关于新旧中国妇女地位问题研讨会"。①

---

① 陈友冰:《意大利汉学的演进历程及特征——以中国文学研究为主要例举》,《华文文学》总第 89 期,2008 年 6 月,第 87—96 页。

二、书（文）目录

书目提要和汉学史

1.Corradini,P.(柯拉迪尼),*Alcuni problemi degli studi orientali in Italia.Invito ad approfondire una discussione*(《意大利东方学研究中的几个问题:吁请进行深入讨论》),《Annali[dell']Istituto Universitario Orientale di Napoli》(《那不勒斯东方大学年鉴》),36(1976),pp.430-438.

2.Costantini,V.(科斯坦蒂尼,维尔玛),*I periodici illustrati（hua pao）pubblicati in Cina negli ultimi decenni dell' impero*[《中华帝国最后几十年出版的带插图的期刊(〈画报〉)》],《Cina》(《中国》),13(1976),pp.69-86.

3.Costantini,V.(科斯坦蒂尼,维尔玛),*Il fondo sino-giapponese della Biblioteca Nazionale Centrale di Roma*(《罗马中心国家图书馆中的中国-日本文献》),in G.De Gregori(乔治·德格雷戈里)e M.Valenti(瓦肯迪)(a cura di)(编著),*Studi di biblioteconomia e storia del libro in onore di Francesco Barbieri*(《弗朗切斯科·巴尔别里藏书的历史来源及图书馆管理学研究资料》),Roma:Associazione Italiana Biblioteche,1976,pp.191-193.

4.De Gregori,G.(德格雷戈里,乔治),Vakenti,M.(瓦肯迪)(a cura di)(编著),*Studi di biblioteconomia e storia del libro in onore di Francesco Barbieri*(《弗朗切斯科·巴尔别里藏书的历史来源及图书馆管理学研究资料》),Roma:Associazione Italiana Biblioteche,1976.

历史与制度

5.Bertuccioli,G.(白佐良),《Tartari》(《鞑靼人》),in *Enciclopedia Dantesca*(《但丁百科全书》),V,Roma:Istituto della Enciclopedia Italiana,1976,p.525.

6.Corradini,P.(柯拉迪尼),*I contatti con l'Occidente nel 'Sogno della Camera Rossa'*(《〈红楼梦〉中与西方的接触》),《Cina》(《中国》),13(1976),pp.61-68.

7.Lanciotti,L.(兰乔蒂),*La riapertura del Museo di Storia della Cina*(《中国历史博物馆重新对外开放》),《Cina》(《中国》),13(1976),pp.27-36.

8.Petech,L.(毕达克),*China and the European Travellers to Tibet 1860-1880*(《1860—1880年中国和到西藏旅行的欧洲旅行者》),《T'oung Pao》(《通报》),62(1976),pp.219-252.

9.Stary,G.(斯塔瑞,乔瓦尼),*Der russisch-mongolische Vertrag von* 1689(《1689年的俄蒙条约》①),《Jahrbücher für Geschichte Osteuropas》(《东欧史年鉴》),24(1976),pp.548-560.

10.Stary,G.(斯塔瑞,乔瓦尼),*Gli imperatori cinesi nei documenti russi del primo '600*(《17世纪前半叶俄罗斯文献中记载的中国帝王》),《Annali[dell']Istituto Universiatrio Orientale di Napoli》(《那不勒斯东方大学年鉴》),36(1976),pp.142-148.

11.Tozzi Giuli,D.(托齐·朱利,达尼埃拉),*L'esplorazione del Tibet e le autorità cinesi(1876-1900)*[《西藏考察和中国当局(1876—1900)》],《Annali[dell']Istituto Universitario Orientale di Napoli》(《那不勒斯东方大学年鉴》),36(1976),pp.397-418.

12.Zoli,S.(佐利,塞尔焦),*Il mito settecentesco della Cina in Europa e la moderna storiografia*(《18世纪欧洲的中国神话和近代历史编纂学》),《Nuova Rivista Storica》(《历史杂志新刊》),3-4(1976),pp.335-366.

艺术、建筑、考古和音乐

13.【艺】Adespoto(佚名),*Mostra d'arte orientale*(《东方艺术展》),Firenze:Istituto Statale d'Arte di Firenze,1976.

14.【艺】Caterina,L.(卡泰里纳,卢恰),*Chinese'Blue-and-White'in the'Duca di Martina'Museum in Naples*(《那不勒斯马尔蒂纳公爵博物馆中中国的"蓝与白"》),《East and West》(《东西方》),26(1976),pp.213-222.

15.【艺】Caterina,L.(卡泰里纳,卢恰),*La collezione cinese*(《中国收藏》),in *Pelagio Palagi,artista e collezionista*(《柏拉乔·帕拉奇:艺术家和收藏者》),Bologna:Museo Civico,1976,pp.417-419.

---

① 《中俄尼布楚条约》。

16.【建】Mortari Vergara, P.（莫尔塔里·韦尔加拉，保拉）, *Il linguaggio architettonico del Tibet e la sua diffusione nell' Asia Orientale*（《西藏建筑语言及其在东亚的传播》），《Rivista degli Studi Orientali》（《东方学研究》），50（1976），pp.197-240.

17.【考】Scarpari Maurizio（斯卡尔帕里，毛里齐奥）, *Le leggi penali del principe di Lü*（《吕刑》），《Annali della Facoltà di Lingue e Letterature Straniere di Ca' Foscari》（《威尼斯卡·福斯卡里大学外国语言文学学院年鉴》），XV, 3, Venezia: Libreria Editrice Cafoscarina, 1976.

18.【考】Valdettaro Marzotto, G.（瓦尔代塔罗·马尔佐托，朱莉娅）, *Ricerche archeologiche in Cina*（《中国的考古研究》），《Mondo Cinese》（《中国世界》），14（1976），pp.71-82.

文学

19. Brunetti, M.（布鲁内蒂，米诺）, *Un romanzo del XVI secolo al centro della discussione politico-ideologica in Cina*（《成为中国政治、思想界争论核心的一部16世纪的小说》），《Mondo Cinese》（《中国世界》），13（1976），pp.17-28.

哲学

20.【儒】Bartoli, G.（巴尔托里，朱塞佩）, *Confucianesimo e stratificazione sociale nella Cina tradizionale*（《儒学和传统中国的社会阶层》），《Mondo Cinese》（《中国世界》），13（1976），pp.29-42.

21.【神】Bussagli, M.（布萨利，马里奥）（a cura di）（编著），*I miti dell' Oriente*（《东方神话》），Roma: G. Casini Editore, 1976.

22.【佛】Forte, A.（富安敦）, *Political Propaganda and Ideology in China at the End of the Seventh Century. Inquiry into the Nature, Authors and Function of the Tunhuang Document S.6502, Followed by an Annotated Translation*［《7世纪末中国的政治宣传和意识形态：对敦煌文献S.6502的属性、作者和作用的调查（附注解翻译）》］, Napoli: Istituto Universitario Orientale, 1976.

23.【道】Gracci, V.（格拉奇，维尔吉尼奥）（tr. a cura di）（编译），*Il libro della* via e della virtù (Tao-te-ching)(《道德经》),Monea:Il Sagittario Rosso,1976.

24.【基】Margiotti,F.,O.F.M.(马尔焦蒂,福尔图纳托), *La questione dei riti cinesi:tentativi di adattamento*(《中国礼仪问题:适应性策略》),in *Evangelizzazione e culture*(《传教和文化》),*Atti del Congresso Internazionale scientifico di missiologia*(《传教和科学国际研讨会论文集》),Ⅱ,Roma:Pontificia Università Urbaniana,1976,pp.269-296.

公元 1977 年

一、大事记

意大利著名汉学家史华罗教授在《那不勒斯东方大学年鉴》第 37 期上发表了一篇文章,名为《西方宣传中的中国红色革命与农耕社会》(*Il Mondo contadino e la rivoluzione comunista cinese in alcune pubblicazioni occidentali*)。他在文中介绍了众多西方宣传中存在的对中国革命妖魔化及对中国农业社会误读的情况。

二、书（文）目录

历史与制度

1.Casu,G.(卡苏,乔瓦尼),*Le etnie nella Cina degli Han*(《汉朝时生活在中国的各民族》),《Mondo Cinese》(《中国世界》),18(1977),pp.15-35.

艺术、建筑、考古和音乐

2.【艺】【考】Caterina,L.(卡泰里纳,卢恰)ed Tamburello,A.(坦布雷洛,阿道夫),*La formazione del patrimonio artistico estremorientale in Italia*(《意大利远东艺术财宝》),《Il Giappone》(《日本》),17(1977),pp.19-37.

3.【艺】Curatola,G.(库拉托拉,乔瓦尼),*Un paravento ligneo cinese raffigurante* gli'Otto Immortali'(《刻有"八仙"图案的中国木制屏风》),«Annali di Ca' Foscari. Serie Orientale»(《威尼斯卡·福斯卡里大学东方年鉴》),16(1977),pp.111-113.

4.【艺】Fossati,G.(福萨蒂,吉尔多),*La funzione del caolino nella porcellana. Problemi vari*(《瓷器中高岭土的作用及各种相关问题》),«Studi di Storia delle Arti»(《艺术史研究》),s. n. o(1977),pp.35-42.

5.【艺】【考】Quagliotti,A.(夸廖蒂,安娜玛利亚),*Bronzi cinesi dal XIII al III sec. a. C.*(《公元前13世纪—公元前3世纪的中国铜器》),Roma:s.e.[Tipografia Don Bosco],1977.

文学

6.Jolly,L.(乔利,卢恰诺)ed Fornarino,A.(福尔纳里尼,安杰拉)(tr. a cura di)(编译),*Pietre dell'uccello Jingwei*(《精卫的石头》),Firenze:Vallecchi,1977.

哲学

7.Beonio Brocchieri,P.(贝奥尼奥·布罗基里,保罗),*La filosofia cinese e dell'Asia orientale*(《中国哲学和东亚哲学》),in M. Dal Pra(马里奥·达乐普拉)(diretta da)(指导),*Storia della filosofia*(《哲学史》),II,Milano:Vallardi,1977,p.401.

8.【佛】Fossati,G.(福萨蒂,吉尔多),*Mistica e simbolo nell'arte buddhista*(《佛教艺术中的神秘主义和象征》),Genova:Comune di Genova(Assessorato alla Cultura),1977.

9.【道】Lanciotti,L.(兰乔蒂),Introduzione[a](序言),F. Tomassini(福斯托·托马西尼)(tr. a cura di)(编译),*Testi taoisti*(《道教作品》),Torino:Unione Tipografico-Editrice Torinese,1977.

10.【道】Tomassini,F.(托马西尼,福斯托)(tr. a cura di)(编译),*Testi taoisti*(《道教作品》),Torino:Unione Tipografico-Editrice Torinese,1977.

11.【佛】Quagliotti,A.(夸廖蒂,安娜玛利亚),*Il buddismo politico in Cina nel IV secolo*(《4世纪佛教政治在中国》),«Rivista degli Studi Orientali»(《东方学研究》),51(1977),pp.129-136.

12.【萨】Stary,G.(斯塔瑞,乔瓦尼),*Viaggio nell'oltretomba di una sciamana mancese*(《一位满族萨满教徒的阴间之旅》), Firenze: Libreria Commissionaria Sansoni, 1977.

科学和科学史

13. Bastasi, S.(巴斯达西,山德罗), *L' agopuntura: nuovi orizzonti per una terapia antica*(《针灸:古老疗法的新前景》),« Mondo Cinese »(《中国世界》), 20(1977), pp.51-65.

14. Pevitera, G.(裴维特拉), *Medicina e salute mentale nella Cina antica e moderna*(《中国古代与现代医学中有关精神健康和药物的内容》),« Mondo Cinese »(《中国世界》), 17(1977), pp.59-81.

公元 1978 年

一、大事记

1. 维尔玛·科斯坦蒂尼在汉学专刊《中国》第 14 期上发表了一篇意大利图书馆中所有馆藏中文期刊的书目(*Periodici cinesi nelle biblioteche italiane*)。此书目的编写参考了 1975 年剑桥大学出版的一本中文期刊收藏书目,名为《欧洲图书馆中馆藏中文期刊资料汇编》(*A Bibliography of Chinese Newspaper and Periodical in European Libraries*)。中文期刊刊名的罗马字母注音采用的是拼音注音法。

2. 9 月,意大利中东及远东研究院(IsMEO)在奥蒂塞伊(Ortisei / St.Ulrich)举办了"第 26 届中国学研讨会"(XXVI Convegno di Studi Cinesi)。会上,来自欧洲各地的汉学家都对自己研究单位的最新研究成果及研究议题作了简短的报告。

3. 汉学家兰乔蒂在著名汉学专刊《中国》第 23 期上发表了一篇名为《汉学简史:发展与思考》(*Breve storia della sinologia. Tendenze e considerazioni*)的文章,总结了意大利汉学发展的主旨精神及最新动向。

4. 10 月,兰乔蒂在意大利举办的"中国向西方开放"的国际研讨会上介绍了意大利汉学研究的情况,称"意大利汉学研究在西方是最早的,第一个欧洲汉学家便是意大利人利玛窦"。

二、书（文）目录

书目提要和汉学史

1. Fiorentini, M.(菲奥伦蒂尼,马尔切洛), *Bibliografia sulla Cina*(《关于中国的文献目录》), «Cina»(《中国》), 14(1978), pp.213-253.

2. Lanciotti, L.(兰乔蒂), *Breve storia della sinologia. Tendenze e considerazioni*(《汉学简史:发展与思考》), «Mondo Cinese»(《中国世界》), 23(1978), pp.3-11.

3. Lanciotti, L.(兰乔蒂), *I compiti attuali dei sinologi italiani*(《意大利汉学家当前的任务》), «Mondo Cinese»(《中国世界》), 24(1978), pp.15-18.

历史与制度

4. Bottazzi, E.(博塔齐,埃米利奥), *L'imperatore Yung-chêng sulla centralizzazione dello Stato*(《雍正皇帝的中央集权》), «Cina»(《中国》), 14(1978), pp.43-52.

5. Chessa, V.(凯萨,温琴佐), *Le nozze del Signore del Fiume Giallo. Un breve racconto di Chu Shaosun tratto dal libro 126 delle Memorie storiche*[《〈河伯娶妇〉(西门豹治邺):〈史记〉卷126中褚少孙写的一则简短的故事》], «Cina»(《中国》), 14(1978), pp.27-33.

6. Corradini, P.(柯拉迪尼), *Le fonti orali nella storia cinese*(《有关中国历史的口头传诵史料》), in *Fonti Orali, antropologia e storia*[《口头传诵史料:人类学和历史学(部分)》], Milano:s.e., 1978.

7. Corradini, P.(柯拉迪尼), *La figura e il contributo di Marco Polo*(《马可·波罗及其贡献》), «Mondo Cinese»(《中国世界》), 24(1978), pp.19-25.

8. De Napoli, F.(德那波利,弗朗切斯科), *I tentativi di riforme costituzionali alla fine dell'impero cinese*(《中华帝国晚期宪政改革的尝试》), «Cina»(《中国》), 14(1978), pp.53-66.

9. Lanciotti, L.(兰乔蒂), *Il diritto cinese e i suoi interpreti in Italia*(《中国法律和

它在意大利的诠释》), in L. Lanciotti(兰乔蒂)(a cura di)(编著), *Il diritto in Cina. Teoria e applicazioni durante le dinastie imperiali e problematiche del diritto cinese contemporaneo*(《中国法律:当代中国法律中的问题和帝国时期的理论及应用》),Firenze:L. S. Olschki,1978,pp.1-10.

10. Mazzarino, V. (马扎里诺,温琴齐纳), *Oriente e Occidente nella letteratura dedicata all'incontro tra le due culture:un rapporto preliminare*(《见证东西方邂逅的文学中描述的东西方:最初的关系》),«Rivista degli Studi Orientali»(《东方学研究》),52(1978),pp.55-89.

11. Scarpari, M.(斯卡尔帕里,毛里齐奥), *Alcune osservazioni sulla punizione ling ch'ih*(《关于刑罚"凌迟"的评论》),«Cina»(《中国》),14(1978),pp.35-42.

12. Scarpari, M.(斯卡尔帕里,毛里齐奥), *Alcune osservazioni sulla ratifica imperiale delle sentenze capitali durante la dinastia Ch'ing*(《对清朝时期皇帝批准死刑的评论》),«Annali di Ca' Foscari. Serie Orientale»(《威尼斯卡·福斯卡里大学东方年鉴》),17(1978),pp.125-128.

13. Zoli, S.(佐利,塞尔焦), *La Cina nella cultura europea del Seicento*(《17世纪欧洲文化中的中国》), in *L'Europa cristiana nel rapporto con le altre culture nel secolo XVII*(《17世纪欧洲基督教与其他文化的关系》),Firenze:La Nuova Italia,1978,pp.85-164.

艺术、建筑、考古和音乐

14. 【艺】Bedin, F.(贝丁,弗兰卡), *Come riconoscere l'arte cinese*(《如何认识中国艺术》),Milano:Rizzoli,1978.

15. 【艺】Caterina, L.(卡泰里纳,卢恰) ed Tamburello, A.(坦布雷洛,阿道夫), *L'arte estremorientale in Italia:mostre e cataloghi*(《意大利的远东艺术:展览和目录》),«Il Giappone»(《日本》),18(1978),pp.5-18.

16. 【考】Lanciotti, L.(兰乔蒂), «Cina, archeologia»(《中国,考古》), in *Enciclopedia Italiana.Appendice*(《意大利百科全书:附录》),Ⅳ,1,Roma:Istituto della Enciclopedia Italiana,1978,p.444.

17. 【考】Mortari Vergara, P.(莫尔塔里·韦尔加拉,保拉), *Cina, Tibet*(《中国,

西藏》),in *Nuove conoscenze e prospettive del mondo dell' arte*(《艺术世界的新知识和前景》),Roma:Unedi,1978,pp.155-193.

18.【艺】Sandri Fioroni,G.(山德里·菲奥罗尼,贾恩卡洛),*Calligrafia e paesaggio,sorgente o canale di informazione?*(《书法和风景:信息的源泉?》),«Mondo Cinese»(《中国世界》),23(1978),pp.29-53.

19.【艺】Tamburello,A.(坦布雷洛,阿道夫),«Cina,arti figurative:architettura e urbanistica»(《中国具象艺术:建筑和城市规划》),in *Enciclopedia Italiana. Appendice*(《意大利百科全书:附录》),Ⅳ,1,Roma:Istituto della Enciclopedia Italiana,1978,pp.444-446.

20.【考】Tamburello,A.(坦布雷洛,阿道夫),*L' Asia orientale*(《东亚》),in *Archeologia.Culture e civiltà del passato nel mondo europeo ed extraeuropeo*(《考古:欧洲及欧洲以外世界过去的文化和文明》),Milano:Mondadori,1978,pp.547-570.

哲学

21.【基】Bolognani,B.(波罗尼亚尼,博尼法乔),*Incontro dell' Europa con la Cina nel secolo XVII:Martino Martini*(《17世纪欧洲与中国的邂逅:卫匡国》),«Mondo Cinese»(《中国世界》),22(1978),pp.121-139.

22.【基】Bolognani,B.(波罗尼亚尼,博尼法乔),*L' Europa scopre il volto della Cina.Prima biografia di padre Martino Martini missionario,sinologo,geografo(1614-1661)*[《欧洲揭开中国的面纱:传教士、汉学家和地理学家卫匡国(1614—1661)神父的第一部传记》],Trento:Biblioteca PP.Francescani-Museo Tridentino di Scienze Naturali,1978.

23.【儒】Dadò,P.(达多,帕特里齐亚),*Wang Fuzhi e la critica dell' assolutismo monarchico*(《王夫之和对君主制的批判》),«Annali di Ca' Foscari.Serie Orientale»(《威尼斯卡·福斯卡里大学东方年鉴》),17(1978),pp.113-123.

24.【道】Lanciotti,L.(兰乔蒂)(tr. a cura di)(编译),*Il Lao-tzu di Ma-wang-tui ovvero il Tao-te-ching*(《马王堆出土文物中老子的〈道德经〉》),«Cina»(《中国》),14(1978),pp.7-26.

25.Muratori,L.(穆拉托里,路易吉),*L' opera di Odorico da Pordenone in Cina*

(《来自波代诺内的鄂多立克在中国撰写的作品》),《 Mondo Cinese »(《中国世界》),24(1978),pp.27-42.

公元 1979 年

一、大事记

1. 兰乔蒂转教于那不勒斯东方大学（Istituto Universitario Orientale di Napoli），担任中文教授，并于同年 1 月创立了意大利汉学协会（Associazione Italiana Studi Cinesi，简称：A.I.S.C.），并担任协会秘书长。

2. 乔瓦尼·卡苏（Giovanni Casu）在汉学专刊《中国世界》（《Mondo Cinese》）第 27 期上发表了一篇题为《艾博华的贡献：新老汉学研究》（*Il contributo di Wolfram Eberhard: tra la vecchia e la nuova sinologia*）的文章。文章对非专业汉学与专业汉学在研究内容、研究材料等方面进行了全面的对比分析。

3. 12 月 21 日，意大利汉学协会与意大利中东及远东研究院的汉学中心（Centro di Ricerche Sinologiche）合作举办名为"五四运动六十周年纪念：对中国文化、社会及政治方面变革的分析与总结"的研讨会（*La Cina a sessant'anni dal Movimento del a 4 Maggio: analisi critica e bilancio della trasformazione politica, sociale e culturale*），参会学者全部来自意大利，会上发表的论文共计 21 篇。

4. 那不勒斯东方大学的罗桑达是一位潜心研究中国古典文论的青年学者。她于 1979 年着手翻译《文心雕龙》，历时六载，于 1984 年完成，随后出版。她是第一位用西文将《文心雕龙》译介给欧洲的学者。罗桑达对原著进行了认真研读，在翻译过程中参考了中国学者郭绍虞、范文澜、王元化等人的注释本。在对《文心雕龙》进行文学研究的同时，她将中国美学传统修辞法与古希腊、古罗马、中世纪和现代欧洲语言的修辞法进行了详细比对，对中国文艺美学和中文传统修辞法进行了深入研究，并先后于 1982 年、1985 年、1989 年、1992 年、1995 年、1996 年发表了十余篇有关《文心雕龙》研究的高水平的学术论文。①

5.作为欧洲道教研究中心的法国启动了一项国际学术合作项目——"道藏"项目,并成立了巴黎、罗马、维尔茨堡和苏黎世4个研究小组。其中,罗马小组设在罗马意大利中东及远东研究院(Istituto Italiano per il Medio ed Estremo Oriente),负责人是白佐良和兰乔蒂。青年学者阿尔弗雷多·卡多纳(Alfredo Cadonna)和玄英(Fabrizio Pregadio)从事研究和翻译《道藏》的工作。除法国、意大利、德国和瑞士的学者外,参加该项研究的还包括英国、美国、丹麦学者。2004年,作为该项研究的最终成果《道藏通考》(*The Taoist Canon: A Historical Companion to the Daozang*)②出版。

6.12月,意大利汉学家在罗马举行了关于"五四"新文化的学术研讨会。③

二、书（文）目录

书目提要和汉学史

1.Casu,G.(卡苏,乔瓦尼),*Il contributo di Wolfram Eberhard: tra la vecchia e la nuova sinologia*(《艾博华的贡献：新老汉学研究》),《Mondo Cinese》(《中国世界》),27(1979),pp.59-68.

2.Fiorentini,M.(菲奥伦蒂尼,马尔切洛),*Bibliografia sulla Cina*(《关于中国的文献目录》),《Cina》(《中国》),15(1979),pp.345-382.

3.Stary,G.(斯塔瑞,乔瓦尼),*Stato e compiti degli studi mancesi*(《满文研究现状和任务》),《Cina》(《中国》),15(1979),pp.331-338.

历史与制度

4.Bottazzi,E.(博塔齐,埃米利奥),*Sul problema della periodizzazione della storia cinese*(《中国历史的时期划分问题》),《Cina》(《中国》),15(1979),pp.41-74.

---

① 黄长著、孙越生、王祖望:《欧洲中国学》,北京:社会科学文献出版社,2005年,第803页。
② 施博尔(Kristofer Schipper)和傅飞岚(Franciscus Verellen)合编:《道藏通考》(*The Taoist Canon: A Historical Companion to the Daozang*),美国:芝加哥大学出版社,2004年。
③ 陈友冰:《意大利汉学的演进历程及特征——以中国文学研究为主要例举》,《华文文学》总第89期,2008年6月,第87—96页。

5.Paderni,P.(帕德尼),*La storiografia cinese sulla dominazione mongola：il problema dei movimenti rivoluzionari*(《有关蒙古统治的中国史书：革命运动问题》),《Cina》(《中国》),15(1979),pp.107-118.

6.Sabattini,M.(萨巴蒂尼,马里奥),*La mistificazione 'legalista'：note su un recente dibattito politico storiografico*(《"法家"的欺骗：关于近期历史编纂方面的一次政治斗争的笔录》),《Cina》(《中国》),15(1979),pp.77-105.

7.Sabattini,M.(萨巴蒂尼,马里奥),*Un personaggio storico controverso：Li Xiucheng*(《一个富有争议的历史人物：李秀成》),《Cina》(《中国》),15(1979),pp.119-141.

8.Santangelo,P.(史华罗),*Some Recent Interpretations of Napoleon in Chinese Historiography*(《对拿破仑中国史观的新阐释》),《Cina》(《中国》),15(1979),pp.96-108.

艺术、建筑、考古和音乐

9.【艺】Caterina,L.(卡泰里纳,卢恰),*Ceramiche cinesi*(《中国瓷器》),Milano：Museo Poldi Pezzoli,1979.

10.【音】Gallio,R.(加利奥,拉法埃拉),*La musica tradizionale cinese*(《中国传统音乐》),《Mondo Cinese》(《中国世界》),27(1979),pp.35-45.

11.【考】Scarpari,M.(斯卡尔帕里,毛里齐奥),*Alcune osservazioni su una moneta veneziana del XV secolo trovata a Canton*(《在广东发现的一枚15世纪的威尼斯硬币》),《Studi Veneziani》(《威尼斯研究》),3(1979),pp.343-350.

12.【考】Scarpari,M.(斯卡尔帕里,毛里齐奥),*Zhongguo faxian de shiwu shiji Weinisi yinbi*(《中国发现的15世纪威尼斯硬币》),《Kaogu》(《考古》),6(1979),pp.538-541,553.

语言和语言史

13.Scarpari,M.(斯卡尔帕里,毛里齐奥),*Le negazioni del cinese arcaico*(《古汉语中的否定词》),《Cina》(《中国》),15(1979),pp.227-268.

文学

14.Bertuccioli,G.(白佐良),*La letteratura classica*(《古典文学》),in G. Melis(梅文健)e F. Demarchi(弗朗哥·德马尔基)(a cura di)(编著),*La Cina contemporanea*(《当代中国》),Roma:Edizioni Paoline,1979,pp.605-620.

15.Costantini,V.(科斯坦蒂尼,维尔玛),*Letteratura e rivoluzione in Cina alla fine dell'impero*(《中华帝国晚期中国的文学和革命》),《Cina》(《中国》),15(1979),pp.238-289.

16.Guadalupi,G.(瓜达卢皮,詹尼)(tr. a cura di)(编译),*L'ospite tigre*(《赵城虎》)①,Milano:Franco Maria Ricci,1979.

17.Stary,G.(斯塔瑞,乔瓦尼),*Die Epenforschung und die Mandschuliterature*(《叙事诗研究和满族文学》),*Die mongolischen Epen*(《蒙古叙事诗》),Wiesbaden:O. Harrassowitz,1979,pp.190-199.

哲学

18.【基】Bertuccioli,G.(白佐良),《Cattaneo Lazzaro》(《郭居静》),in *Dizionario Biografico degli Italiani*(《意大利人物词典》),XXII,Roma:Istituto della Enciclopedia Italiana,1979,pp.474-476.

19.【儒】Corradini,P.(柯拉迪尼),《Confucianesimo》(《儒学》),in G. Melis(梅文健)e F. Demarchi(弗朗哥·德马尔基)(a cura di)(编著),*La Cina contemporanea*(《当代中国》),Roma:Edizioni Paoline,1979,pp.235-244.

20.Dadò,P.(达多,帕特里齐亚),*Zhang Binglin contro Kang Youwei*(《章炳麟反对康有为》),《Annali di Ca' Foscari. Serie Orientale》(《威尼斯卡·福斯卡里大学东方年鉴》),18(1979),pp.91-111.

21.【佛】Forte,A.(富安敦),'*Chōsai*' in *Hōbōgirin. Dictionnaire encyclopédique du Bouddhisme d'après les sources chinoises et japonaises*(《按照中文和日文原始资料编写的法文版佛教百科辞典〈法宝义林〉一书中的"吊祭"》),in 《Fascicules》

---

① 选自《聊斋志异》。

(《法宝义林》),5(1979),pp.135-164.

22.【基】Petech,L.(毕达克),*I Francescani nell' Asia centrale e orientale nel XIII e XIV secolo*(《13 和 14 世纪方济各会士在中亚和东亚》),in *Espansione del francescanesimo tra Occidente e Oriente nel secolo XIII*(《13 世纪方济各会在东西方的扩张》),*Atti del VI Convegno Internazionale di Studi Francescani*(《第 6 届方济各会研究国际研讨会论文集》),Assisi:s.e.[Tipografia Porziuncola],1979,pp.213-240.

23.【佛】Tozzi,Giovanni(托齐,乔瓦尼),*Note su Nag-roñ*(*Chan-tui*)(《关于禅退的注释》),《Rivista degli Studi Orientali》(《东方学研究》),1979.

科学和科学史

24.Chessa,V.(凯萨,温琴佐),*Due testi astronomici del Huainan zi*(《〈淮南子〉中的两篇天文学作品》),《Cina》(《中国》),15(1979),pp.24-70.

三、备注

1.意大利汉学协会的创办旨在通过教学活动或学术交流活动促进意中文化交流及推动意大利的汉学发展。意大利汉学协会的会址位于威尼斯圣基尼岛上,协会的一切学术活动由创建于 1951 年的奇尼基金会(Fondazione Giorgio Cini)资助。意大利汉学协会(A.I.S.C.)在意大利境内的注册会员至今已有 205 人,协会每两年组织会员举办一次意大利汉学研讨会,会后出版同名学术文集。意大利汉学协会出版的汉学研究系列文集至今已有 10 册,其内容主要涉及中华文明、中国历史、文学、宗教等方面。

2.玄英曾在威尼斯卡·福斯卡里大学、柏林大学、斯坦福大学执教,其主要研究领域为中国道教。他的主要论著包括《有关目前道教研究的一篇介绍文章》(*Una introduzione ai recenti studi taoisti*)、《为在公元 806 年问世的中国炼丹辞典〈石药尔雅〉编制的索引》(英文发表,标题为:*An Index to Shih Yao erh Ya,a Cinese 'Lexicon Alchemiae' of A.D.806*)、《一部中国炼丹术辞典——梅彪著〈石药尔雅〉注释》(*Un lessico alchemico cinese.Nota sullo Shih yao erh ya di Mei Piao*)、《〈抱朴子内篇〉中的至纯之药》(*Le medicine della grande purezza dal Pao-p'u tzu nei-p'ien*)。

公元 1980 年

一、大事记

1980年,意大利学者卢恰·卡泰里纳(Lucia Caterina)在著名汉学期刊《中国》杂志第16期上发表了一篇有关中国唐代墓室彩绘艺术的研究专论。文中卢恰·卡泰里纳根据相关研究及考古信息,整理分析了截至1980年为止被中国考古工作者挖掘出的25座唐代墓室。它们主要分布在中国陕西、山西、广东及新疆等省份,其中在陕西发掘的墓室数量最多。卢恰·卡泰里纳在进行墓室彩绘艺术分析之前,还对这25座唐代墓室的总体建筑规模及特点进行了详尽的介绍,其中提到了墓室中甬道、后甬道、天井、小龛等在中国传统墓葬建筑中的文化内涵及实际功用。在分析墓室彩绘时,卢恰·卡泰里纳首先从历史的角度对中国墓葬文化中彩绘艺术的历史进行了一个简单的梳理。根据她的介绍,墓室彩绘在中国的历史非常悠久,最早可以追溯到殷商时期。之后,她又对25座唐代墓室中的所有彩绘图案进行了细致的分析,其中包括彩绘题材、用色特点、绘画风格及笔法等。根据分析研究,卢恰·卡泰里纳在文章的最后提出,唐中后期的墓室彩绘在总体风格及画法上都比唐初的墓室彩绘成熟很多。在墓室彩绘题材方面,唐朝贵族的墓室体现了他们对自然的钟爱,他们的墓室墙壁上绘满了植物、动物,穹顶上也绘有璀璨星辰。这可能与唐朝时期人们追求洒脱自然的艺术气息有关。

二、书(文)目录

历史与制度

1. Cigliano, M.(奇利亚诺,玛利亚), *Rivolte di popolazioni 'barbare' durante la dinastia Yuan*(《元朝"蛮族"人民的起义》),《 Mondo Cinese 》(《中国世界》), 32 (1980), pp.35-70.

2. Corradini, P. (柯拉迪尼), *Il rapporto uomo-donna nella tradizione cinese*(《中国传统中的男人和女人的关系》), in L. Lanciotti (兰乔蒂) (a cura di) (编著), *La donna nella Cina imperiale e nella Cina repubblicana*(《中华帝国时期和共和国时期的女人》), Firenze: L. S. Olschki, 1980, pp.45-53.

3. Guadalupi, G. (瓜达卢皮, 詹尼) (a cura di) (编著), *La Cina. Le arti e la vita quaotidiana viste da p. Matteo Ricci e altri missionari gesuiti*(《利玛窦与其他耶稣会士眼中的中国艺术和日常生活》), Milano: Franco Maria Ricci, 1980.

4. Lanciotti, L. (兰乔蒂) (a cura di) (编著), *La donna nella Cina imperiale e nella Cina repubblicana*(《中华帝国时期和共和国时期的女人》), Firenze: L. S. Olschki, 1980.

5. Paderni, P. (帕德尼), *Forme di protesta sociale in epoca Yuan*(《元朝时期社会抗议的形式》), «Mondo Cinese»(《中国世界》), 32(1980), pp.71-99.

6. Petech, L. (毕达克), *The Mongol Census in Tibet*(《蒙古人在西藏的人口普查》), in *Tibetan Studies in Honour of Hugh Richardson*[《西藏研究(纪念 Hugh Richardson)》], Warminster: Aris and Phillips, 1980, pp.233-238.

7. Sabattini, M. (萨巴蒂尼, 马里奥), *La posizione della donna nel movimento dei Taiping*(《太平天国运动中妇女的地位》), in L. Lanciotti (兰乔蒂) (a cura di) (编著), *La donna nella Cina imperiale e nella Cina repubblicana*(《中华帝国时期和共和国时期的女人》), Firenze: L. S. Olschki, 1980, pp.65-77.

8. Tozzi, G. (托齐, 乔瓦尼), *La grande rivolta musulmana nello Yunnan della metà del XIX secolo: antecedenti e fasi iniziali*(《19 世纪中叶云南回族大暴动:前情和初始阶段》), «Rivista degli Studi Orientali»(《东方学研究》), 1980.

艺术、建筑、考古和音乐

9. 【艺】Beretta, E. (贝雷塔, 恩里科), *I gesuiti e l'arte in Cina*(《耶稣会士和中国艺术》), «Arte Cristiana»(《基督教艺术》), 68(1980), pp.187-192; «Societas»(《社会》), 31(1982), pp.12-15.

10. 【艺】【考】Caterina, L. (卡泰里纳, 卢恰), *Dipinti murali in tombe di epoca Tang*(《唐朝坟墓中的壁画》), «Cina»(《中国》), 16(1980), pp.317-359.

11.【考】Ciarla, R.(恰拉,罗伯托), *Estremo Oriente*(《远东》), in *Le grandi avventure dell'archeologia. I misteri delle civiltà scomparse*(《伟大的考古奇遇:消失文明的秘密》), Ⅵ, Roma: A. Curcio Editore, 1980, pp.1982-2035.

12.【艺】Quagliotti, A.(夸廖蒂,安娜玛利亚), *Tre elementi di cintura cinese*(《中国腰带的三个元素》), in G. Poncini(约翰·彭齐尼)(a cura di)(编著), *Arte Orientale in Italia. Scritti miscellanei del Museo Nazionale d'Arte Orientale*(《东方艺术在意大利:东方艺术国家博物馆文集》), Ⅴ, Roma: Museo Nazionale d'Arte Orientale di Roma, 1980, pp.41-46.

文学

13. Maimone, D.(马伊莫内,达尼埃拉), *Le maschere nel teatro tradizionale cinese*(《中国传统戏剧脸谱》), «Mondo Cinese»(《中国世界》), 31(1980), pp.19-29.

哲学

14.【儒】Adespoto(佚名)(tr. a cura di)(编译), *Pensieri morali di Confucio*(《孔子的伦理思想》), Mariano Comense: Nuovo spazio, 1980.

15.【佛】Forte, A.(富安敦), *Additions and Corrections to My Political Propaganda and Ideology in China at the End of the Seventh Century*(《对〈7世纪末中国的政治宣传和意识形态〉一文的补充和修改》), «Annali[dell']Istituto Universitario Orientale di Napoli»(《那不勒斯东方大学年鉴》), 40(1980), pp.163-175.

16. Kwok, Ph.(郭追), *I pensieri comparati di tre pensatori cinesi antichi*(《三位中国古代思想家的思想对比》), Napoli: Laurenziana, 1980.

17.【佛】Orlando, R.(奥兰多,拉法埃罗), *The Last Will of Amoghavajra*(《不空的遗愿》), «Annali[dell']Istituto Universitario Orientale di Napoli»(《那不勒斯东方大学年鉴》), 40(1980), pp.89-113.

18.【萨】Stary, G.(斯塔瑞,乔瓦尼) *Mandschurische Schamanengebete*(《满族萨满教的祈祷》), «Zentralasiatische Studien»(《中亚研究》), 14(1980), pp.7-28.

19.【基】Sorge, B.(索治), *Il padre Matteo Ricci in Cina, pioniere di 'mediazione cultural*(《赴华利玛窦神父:文化交流的先锋》), «La Civiltà Cattolica»(《天主教文

明》),131(1980),3,pp.32-46.

科学和科学史

20.Molinari, Italo M.(莫利纳里,伊塔洛), *Le voci papaver somniferum ed oppio nel Trattato di Farmacoterapia (Bencao gangmu) di Li Shizhen. Alcune considerazioni sull' utilizzazione voluttuaria e medica di questa droga nella Cina del XVI secolo* (《李时珍著〈本草纲目〉中有关罂粟和鸦片的条目——评16世纪中国对此种麻醉品以享乐和医疗为目的的使用》),«Annali[dell']Istituto Universitario Orientale di Napoli»(《那不勒斯东方大学年鉴》),40(1980),pp.503-535.

21.Murri, A.(穆里,阿尔弗雷多), *Matteo Ricci. Rinascimento europeo e rinnovamento scientifico dell' Oriente* (《利玛窦——欧洲文艺复兴与东方的科学革新》),«Mondo Cinese»(《中国世界》),30(1980),pp.3-8.

公元1981年

一、大事记

1.张彤(Anna Tung Chang)首次将《孟子》中的故事"揠苗助长""齐人之乐"作为寓言故事进行介绍并翻译成意大利文,发表于那不勒斯东方大学亚洲研究研讨会(Istituto Universitario Orientale-Seminario di Studi Asiatici)论文集。由此,意大利汉学界对中国古代文学中寓言作品的关注有所提升。

2.阿尔弗雷多·卡多纳在《契丹》(«Catai»)第一期上发表了一篇文章,题为《威尼斯科雷尔市立博物馆中收藏的有关中国和东方的手稿:圣马可国家图书馆影印的五篇中文作品的附录》。

3.9月为纪念鲁迅诞辰100周年,意大利汉学家专门成立"鲁迅纪念委员会",组织了一系列纪念活动,威尼斯卡·福斯卡里大学中文系的安娜·布娅蒂就是在这次纪念活动中决定填补意大利汉学界鲁迅研究的空白:译注一部完整的鲁迅诗作。①

4. 10月9日至11日,在卫匡国(Martino Martini)逝世320周年之际,意大利特兰蒂诺·阿尔多·阿迪杰(Trentino-Alto Adige)大区政府相关部门和特兰托自然科学博物馆(Museo Tridentino di Scienze Naturali)在特兰托(Trento)联合主办了"卫匡国研究国际学术研讨会"(Convegno Internazionale su Martino Martini)。

二、书(文)目录

书目提要和汉学史

1.Cadonna,A.(卡多纳,阿尔弗雷多),*Manoscritti relativi alla Cina e all' Oriente del Civico Museo Correr di Venezia. Una prima segnalazione e un' appendice su cinque testi cinesi a stampa della Biblioteca Nazionale Marciana*(《威尼斯科雷尔市立博物馆中收藏的有关中国和东方的手稿:圣马可国家图书馆影印的五篇中文作品的附录》),《Catai》(《契丹》),1(1981),pp.401-421.

2.Colombo,V.(科隆博,维托里奥),*L' Istituto Italo-Cinese:una realtà giovane ma adulta*(《意中协会:一个年轻却成熟的机构》),《Mondo Cinese》(《中国世界》),33(1981),pp.3-5.

3.Melis,G.(梅文健),*Convegno internazionale su Martino Martini*(*Trento,9-11 ottobre 1981*)(《卫匡国研究国际学术研讨会(1981年10月9日—11日,特兰托)》),《Mondo Cinese》(《中国世界》),36(1981),pp.101-104.

历史与制度

4.Albanese,A.(阿尔巴内塞,安德烈纳),*Materiali cinesi su Galdan*(《关于噶尔丹的中文文献》),Roma:Università di Roma,1981.

5.Bussagli,M.(布萨利,马里奥),*La grande Asia di Marco Polo*(《马可·波罗的伟大亚洲》),in A. Zorzi(阿尔维斯·佐尔齐)(a cura di)(编著),*Marco Polo. Venezia*

---

① 陈友冰:《意大利汉学的演进历程及特征——以中国文学研究为主要例举》,《华文学》总第89期,2008年6月,第87—96页。

e l'Oriente(《马可·波罗:威尼斯与东方》),Milano:Electa,1981,pp.173-226.

6. Dadò, P.(达多,帕特里齐亚),*I Taiping a Suzhou*(《苏州太平山》),«Catai»(《契丹》),1(1981),pp.49-63.

7. Lucidi, Maria T.(卢奇迪,玛利亚),*La fisionomia dell'urbanizzazione e dei suoi modelli nella Cina antica*(《古代中国城市化的状况和范例》),Roma:Il Bagatto,1981.

8. Melis, G.(梅文健),*Martino Martini. Novus Atlas Sinensis*(《卫匡国和他的〈中国新图〉》),«Mondo Cinese»(《中国世界》),36(1981),pp.11-27.

9. Santangelo, P.(史华罗),*Alcuni aspetti della vita socio-economica nella prefettura di Suzhou fra il tardo periodo Ming e la prima parte della dinastia Qing*(《明末清初苏州社会经济生活的几个方面》),«Catai»(《契丹》),1(1981),pp.23-39.

10. Stary, G.(斯塔瑞,乔瓦尼),*Due rapporti segreti mancesi su questioni di ordine pubblico a Suzhou*(《两份关于苏州公共秩序的满文密报》),«Catai»(《契丹》),1(1981),pp.41-47.

11. Stary, G.(斯塔瑞,乔瓦尼),*Una nota mancese del 1663 sui lavori di restauro del palazzo imperiale di Mukden(Shenyang)*[《1663年关于修复盛京(沈阳)皇宫工作的满文记录》],«Cina»(《中国》),17(1981),pp.253-256.

12. Stary, G.(斯塔瑞,乔瓦尼),*Die mandschurischen Ausdrücke im Ch'ien-lung-Reichsatlas*(《乾隆皇家地图当中的满文表达方式》),«Oriens Extremus»(《远东》),28(1981),pp.228-231.

13. Zorzi, A.(佐尔齐,阿尔维斯)(a cura di)(编著),*Marco Polo. Venezia e l'Oriente*(《马可·波罗:威尼斯与东方》),Milano:Electa,1981.

艺术、建筑、考古和音乐

14.【艺】Adespoto(佚名),*Arti indo-cino-portoghesi dei secoli XVI-XVIII. Trapunte ricamate, mobili decorati e avori del Museo Nazionale d'arte antica di Lisbona*(《16—18世纪印度、中国和葡萄牙艺术:里斯本古代艺术国家博物馆的秀被、家具和象牙》),Roma:De Luca Editore,1981.

15.【艺】Adespoto(佚名),*Fiori di carta. Le carte ritagliate cinesi*(《中国剪纸艺

术》),Firenze:Tipografia Nazionale,1981.

16.【艺】Fossati,G.(福萨蒂,吉尔多),*Astrologia e arte in Cina*(《占星术和艺术在中国》),«*Studi di Storia delle Arti*»(《艺术史研究》),3(1981),pp.181-191.

17.【考】Fossati,G.(福萨蒂,吉尔多),*The Urban Structure of Two Ancient Towns Ch'ang An and Angkor*(《长安和吴哥:两座古代城市的城市布局》),in *Proceedings of the International Conference on Sinology*(《国际汉学研讨会会议记录》),Ⅶ(Section of History of Arts)(艺术史部分),Taibei:Zhong yang yan jiu yuan,1981,pp.431-447.

18.【艺】Mortari Vergara,P.(莫尔塔里·韦尔加拉,保拉),*Arte cinese*(《中国艺术》),in *Raccolte d'arte a Palazzo Koch in Roma*(《罗马Koch宫艺术收藏》),Milano:Electa,1981,pp.69-73.

19.【艺】Mortari Vergara,P.(莫尔塔里·韦尔加拉,保拉),*L'arte cinese al tempo di Marco Polo*(《马可·波罗时期的中国艺术》),in A.Zorzi(阿尔维斯·佐尔齐)(a cura di)(编著),*Marco Polo.Venezia e l'Oriente*(《马可·波罗:威尼斯与东方》),Milano:Electa,1981,pp.227-280.

20.【建】【考】Stary,G.(斯塔瑞,乔瓦尼),*Die Struktur der ersten Residenz des Mandschukhans Nurhaci*(《满族王爷努尔哈赤的第一座王爷府的建筑物》),«*Central Asiatic Journal*»(《中亚杂志》),25(1981),pp.103-109.

语言和语言史

21.Cadonna,A.(卡多纳,阿尔弗雷多),*Il frammento manoscritto del Jingde Chuandeng lu nel fondo di Dunhuang a Leningrado.Riferimenti alle fonti a stampa e annotazioni linguistiche*(《收藏于列宁格勒的敦煌文献〈景德传灯录〉手稿的残稿:文献出版和语言学注解》),«*Cina*»(《中国》),17(1981),pp.7-33.

22.Casacchia,G.(卡萨齐),*Lo stile colloquiale delle raccolte di huaben pubblicate a Suzhou nella prima metà del Seicento*(《17世纪上半叶在苏州出版的"话本"集的会话体》),«*Catai*»(《契丹》),1(1981),pp.77-94.

23.Scarpari,M.(斯卡尔帕里,毛里齐奥),*Corso introduttivo di lingua cinese classica*(《古汉语入门课》),Venezia:Libreria Editrice Cafoscarina,1981.

24.Scarpari,M.(斯卡尔帕里,毛里齐奥),*Il verbo qu in cinese classico*(《古汉语中的动词"去"》),«Cina»(《中国》),17(1981),pp.193-204.

25.Stary.G.(斯塔瑞,乔瓦尼),*Le interiezioni e le costruzioni onomatopeiche in mancese*(《满文的感叹词和象声词结构》),«Annali di Ca' Foscari.Serie Orientale»(《威尼斯卡·福斯卡里大学东方年鉴》),20(1981),pp.209-222.

文学

26.Bertuccioli,G.(白佐良),*Un melodramma di Liang Qichao sul Risorgimento italiano*(《梁启超关于意大利复兴运动的论文》),Xin Luoma(La nuova Roma)(Introduzione,traduzione e note)(序言、翻译和注解),«Catai»(《契丹》),1(1981),pp.307-349.

27.Bujatti,A.(布娅蒂,安娜)(tr. a cura di)(编译),*I grilli e la carte:Bai Juyi governatore a Suzhou*(《蟋蟀与纸:苏州刺史白居易》),«Catai»(《契丹》),1(1981),pp.71-75.

28.Chang,A. Tung(张彤)(tr. a cura di)(编译),*Come far crescere il grano.La felicità dell'uomo di Qi.Antica favolistica cinese:yuyan*(《"揠苗助长""齐人之乐",中国古老寓言:〈寓言〉》),Napoli:Istituto Universitario Orientale Seminario di Studi Asiatici,1981.

29.Lanciotti,L.(兰乔蒂),*Shen Fu,uomo di Suzhou*(《苏州人沈复》),«Catai»(《契丹》),1(1981),pp.95-99.

30.Sacchetti,M.(萨凯蒂,毛里齐亚),*Liu Tsung-yüan saggista*(《随笔作家柳宗元》),«Annali[dell']Istituto Universitario Orientale di Napoli»(《那不勒斯东方大学年鉴》),41(1981),pp.431-476.

31.Stary,G.(斯塔瑞,乔瓦尼),'*L'Ode di Mukden*' *dell'imperatore Ch'ien-lung:nuovi spunti per un'analisi della tecnica versificatoria mancese*(《乾隆〈盛京赋〉:满文赋诗技巧分析新论》),«Cina»(《中国》),17(1981),pp.235-251.

32.Stary,G.(斯塔瑞,乔瓦尼),*Mandschurische Balladen und Lieder als historisches Spiegelbild der Ch'ing-Dunastie*(《作为历史映像的清代满族叙事歌谣和歌曲》),*Fragen der mongolischen Heldendichtung*,Teil I(《蒙古英雄史诗问题:第1

部》),Wiesbaden,pp.340-359.

哲学

33.【基】Acquaviva,Sabino,P. I. M. E.(阿夸维瓦,萨比诺),*A Missionary Giant*(《传教巨人》),《Catholic Life》(《天主教生活》),28(1981),2,pp.15-24.

34.【基】Adespoto(佚名)(a cura di)(编著),*La modernità di p. Matteo Ricci*(《利玛窦神父的现代性》),Macerata:Università di Macerata,1981.

35.【基】Agrimi,M.(阿哥里米,马里奥),*Il 'Collegio de' Cinesi' e Matteo Ripa: per i 250 anni dell' Istituto Universitario Orientale*(《中国人学院和马国贤:纪念东方大学成立250周年》),《Studi Filosofici》(《哲学研究》),4(1981),pp.287-310.

36.Kwok,Ph.(郭追),*Religione e cultura in Cina*(《宗教和文化在中国》),Napoli:M. D'Auria,1981.

37.【道】Lanciotti,L.(兰乔蒂)(tr. a cura di)(编译),*Il libro della virtù e della via. Il Te-tao-ching secondo il manoscritto di Ma-wang-tui*(《马王堆出土文献〈道德经〉》),Milano:Editoriale Nuova,1981.

38.【基】Lapolla,Tobia,O. F. M.(拉波洛,托比亚),*Giovanni da Montecorvino e Cipriano da Bardalone due grandi apostoli della Cina*(《两位伟大的赴华使徒孟高维诺和奇普利阿诺》),《Le Missioni Francescane》(《方济各会传教史》),1981,pp.30-33.

39.【基】Lazzarotto,Angelo S.,P. I. M. E.(梁作禄),*The Fourth Centenary of Matteo Ricci's Arrival in China*(《利玛窦赴华400周年》),《Tripod》(《三脚架》),2(1981),pp.50-59.

40.【基】Lazzarotto,Angelo S.,P. I. M. E.(梁作禄),*Martino Martini. A Sinologist to Be Remembered*(《卫匡国:一位值得纪念的汉学家》),《Tripod》(《三脚架》),5(1981),pp.47-57.

41.Lucidi,Maria T.(卢奇迪,玛利亚),*Riflessioni sulla natura e funzione di alcune proposizioni del pensiero cinese per lo studio della concezione spaziale*(《对中国思想中空间概念命题的思考》),Roma:Il Bagatto,1981.

42.【儒】Matera,Gaetano,P. I. M. E.(马泰拉,加埃塔诺),*Happy Birthday, Master Confucius!*(《孔老夫子生日快乐!》),《Catholic Life》(《天主教生活》),

28(1981),2,pp.9-14.

43.【基】Nebiolo, G.(内比奥洛,吉诺)(a cura di)(编著), *Matteo Ricci. Imperatori e mandarini.Estratti della'Storia dell'introduzione del cristianesimo in Cina'* [《利玛窦：皇帝和达官贵人（选自〈基督教远征中国史〉）》], Torino: Società Editrice Internazionale, 1981.

44.【道】Pregadio, F.(玄英), *Una introduzione ai recenti studi taoisti*(《关于近期道教研究的绪论》), «Cina»(《中国》), 17(1981), pp.81-99.

科学和科学史

45.Caira, M.(卡伊拉,马拉), *Traduzione di J. Needham, Science and Civilisation in China*, vol.1, *Sezini 1-6, pp.3-181*)[《(用意大利文)翻译李约瑟的〈中国科学技术史〉(英文版)第1卷第1—6分册的第3—181页的译文》], Einaudi, 1981.

三、备注

1.阿尔弗雷多·卡多纳在《威尼斯科雷尔市立博物馆中收藏的有关中国和东方的手稿：圣马可国家图书馆影印的五篇中文作品的附录》中介绍了他在威尼斯科雷尔市立博物馆馆藏手稿档案中发现的五篇中文手稿。从纸张材料看，阿尔弗雷多·卡多纳怀疑是明清时期传教士带回欧洲的中国文人的信函，但由于字迹模糊、字体中异体字杂陈，很难辨认手稿的具体内容。阿尔弗雷多·卡多纳的这一发现丰富了意大利汉学研究，特别是中西交流史研究中中国方面的研究资料。另外，这篇文章也引起了意大利汉学研究者对地方档案馆中中文手稿文件的关注。

2.参加"卫匡国研究国际学术研讨会"的学者来自世界各地，包括意大利、德国、法国、中国等地。他们大都是从事中西交流史研究的专家，他们在会上的发言主要围绕卫匡国的生平及其作品展开。最值得关注的是来自美国伯克利大学(Berkeley University)的梅欧金(Eugenio Menegon)所作的关于卫匡国在福建省的活动的发言。他这种从地区概念研究传教士社会关系的方法为研究中西文化交流史提供了一个新的角度。会上所有关于卫匡国神父的研究论文后来都被梅文健(G. Melis)教授整理编辑为同名论文集在特兰托出版发行。会议期间，特兰托自然科学博物馆举办了"卫匡国和中国地图"展。特兰托市还举行了"卫匡国纪念碑"的揭幕仪式。

公元1982年

一、大事记

1.弗朗哥·德马尔基神父在汉学专刊《中国世界》第40期上发表了一篇综述性文章。弗朗哥·德马尔基通过整理及研究过去十年中《中国世界》上发表过的所有汉学论文,总结了此刊对汉学研究成果及研究趋势所做出的重要贡献。

2.10月22日至25日,利玛窦研究国际研讨会分别在马切拉塔(Macerata)和罗马两地举行,以纪念利玛窦入华400周年。此次研讨会由马切拉塔大学(Università degli Studi di Macerata)、格里高利大学(Apud Aedes Universitatis Gregorianae)和马切拉塔利玛窦研究中心(Centro Studi Ricciani di Macerata)联合举办。来自意大利和其他国家的利玛窦研究学者参加了会议,并宣读了论文。1984年,会议发言被收入《利玛窦研究国际研讨会论文集》。

3.威尼斯双年展音乐部举办"苏州弹词讨论会"。

4.史华罗的论文《顾炎武对史学的贡献:历史学家的方法和任务》在《东西方》上发表。这篇论文是意大利汉学家有关中国史学理论的重要作品。

二、书(文)目录

书目提要和汉学史

1.Clini,E.(克利尼,欧金尼奥)ed Luini,A.(卢伊尼,阿尔奇德)(a cura di)(编著),'Mondo Cinese'. Sommario Generale, gen. 1973 – sett. 1982 (n. 1-39) [《〈中国世界〉:概论(1973年1月—1982年9月 n.1—39)》],«Mondo Cinese»(《中国世界》),40(1982),pp.15-114.

历史与制度

2.Bellonci,M.(贝隆奇,玛利亚)(a cura di)(编著),Marco Polo(马可·波罗),*Il Milione*(《马可·波罗游记》),Torino:Edizioni Radio Italiana,1982.

3.Bellonci,M.(贝隆奇,玛利亚),*Marco Polo*(《马可·波罗》),Milano:C.D.E.,1982.

4.Cigliano,M.(奇利亚诺,玛利亚),*Per una interpretazione dei movimenti di rivolta in epoca Yuan*(《论述元代的起义》),《 Mondo Cinese 》(《中国世界》),39(1982),pp.45-81.

5.Corradini,P.(柯拉迪尼),*La storia nella civiltà cinese antica*(《中国古代文明史》),in G. Buttà(朱塞佩·布达)(a cura di)(编著),*Il ruolo della storia e degli storici nelle civiltà*(《文明发展中历史和历史学家的作用》),Napoli:Società degli Storici Italiani,1982,pp.155-164.

6.Di Cosmo,N.(狄宇宙),*Due 'Messaggi scarificali' dei Jin Posteriori*(《两则后晋时期的"祭文"》),《 Cina 》(《中国》),18(1982),pp.117-129.

7.Fossati,G.(福萨蒂,吉尔多),*Le grandi civiltà:Cina*(《伟大的文明:中国》),Milano-Tokyo:Mondadori e Kodansha,1982.

8.Gallio,R.(加利奥,拉法埃拉),*Il bianzhong di Xinyang:note introduttive sull'evoluzione dei carillon di campane cinesi dal periodo Shang agli inizi dei Regni Combattenti*(《信阳的编钟:从商朝到战国初期中国编钟的发展史》),《 Catai 》(《契丹》),2-3(1982-1983),pp.167-176.

9.Kwok,Ph.(郭追),*Napoli e la Cina dal Settecento agli inizi del nostro secolo*(《那不勒斯和中国:从18世纪到本世纪初》),Napoli:L.Regina,1982.

10.Molinari,Italo M.(莫利纳里,伊塔洛),*Un articolo d'autore cinese su Marco Polo e la Cina*(《一篇中国作者撰写的有关马可·波罗和中国的文章》),Napoli:Istituto Universitario Orientale,1982.

11.Paderni,P.(帕德尼),*Per un'interpretazione dei movimenti di rivolta in epoca Yuan*(《对元代暴动的诠释》),《 Mondo Cinese 》(《中国世界》),39(1982),pp.45-81.

12.Santangelo,P.(史华罗),*Margini di discrezionalità del sovrintendente nella ges-*

tione delle manifatture tessili imperiali durante il periodo Qing(《清朝在皇家纺织品制造管理方面负责官员的权限》),《Cina»(《中国》),18(1982),pp.163-181.

13.Stary,G.(斯塔瑞,乔瓦尼),L'imperatore mancese 'Abahai': analisi di un errore storiografico[《满洲皇帝"阿巴亥"(Abahai):分析一个历史编纂方面的错误》],«Cina»(《中国》),18(1982),pp.157-162;tr.Inglese(英译本),The Manchu Emperor 'Abahai': Analysis of an Historiographic Mistake,«Central Asiatic Journal»(《中亚日志》),28(1984),pp.296-299;tr.Tedesca(德译本),Der Mandschukaiser 'Abahai': ein Versuch zur Klärung einer Namensmystifikation,in G. Jarring(贡纳尔·雅林) and S. Rosén(罗森)(edited by)(主编),Altaistic Studies.Papers at the 25th Meeting of the Permanent International Altaistic Conference at Uppsala June 7-11, 1982(《利他主义研究:1982年6月7日至11日在乌普萨拉举行的国际利他主义研究常设会议第25次会议论文集》),Stockholm:Almqvist and Wiksell International,1985,pp.161-164;tr.cinese(中译本),Manzhou huangdi 'Abahai' ming zhi wu,«Manzu yanjiu cankao ziliao»(《满洲研究参考资料》),1(1986),pp.53-56.

14.Stary,G.(斯塔瑞,乔瓦尼),Eine chinesische Beschreibung der Mandschurei des 17.Jahrhunderts, ihrer Bewohner und deren Sitten: Yang Pin und sein Werk 'Liu-pien chi-lüeh'(《一部用中文写成的有关17世纪满洲居民及其风俗习惯的叙事体著作:杨宾及其著作〈柳边纪略〉》),Florilegia Manjurica(《满学集锦》),Wiesbaden,1982,pp.49-55.

15.Zoli,S.(佐利,塞尔焦),L'immagine dell'Oriente nella cultura italiana da Marco Polo al Settecento(《从马可·波罗到18世纪意大利文化中的东方印象》),in Storia d'Italia(《意大利历史》),Annali,V,Torino:Einaudi,1982,pp.45-123.

艺术、建筑、考古和音乐

16.【艺】【考】Ciarla,R.(恰拉,罗伯托),Due bronzi cinesi arcaici(《古风时代中国的两件青铜器》),in Dagli ori antichi agli anni Venti.Le collezioni di Riccardo Gualino(《从古代时期到二十年代:里卡尔多·瓜利诺的收藏》),Milano:Electa,1982,pp.166-167.

17.【考】Scarpari,M.(斯卡尔帕里,毛里齐奥),A Note on Some Silver Coins Discovered in a Chinese Tomb of the XVth Century(《15世纪中国坟墓中发现的几枚银币》),in R. P. Kramers(贾保罗)(edited by)(主编),China:Continuity and Change. Papers of the XXVIIth Congress of Chinese Studies(《中国:连续性和变化〈第27届中国学研究论文集〉》),Zürich:Zürich University,1982,pp.59-66.

18.【考】Testa,Aurora G.(泰斯塔,奥罗拉),Datazioni al C-14 di reperti cinesi(《中国文物碳-14年代测定》),《Cina》(《中国》),18(1982),pp.183-186.

文学

19.Casacchia,G.(卡萨齐)(tr. a cura di)(编译),Un romanzo nel dialetto di Suzhou:Hai shang hua liezhuan(Le vite di fiori sul mare)(《一部用苏州方言写就的小说〈海上花列传〉》),《Catai》(《契丹》),2-3(1982-1983),pp.33-138.

20.Foccardi,G.(傅卡迪),Cantastorie e letterati in Cina nei secoli XII e XIII(《12和13世纪中国的说书人和文人》),Venezia:L'Altra Riva,1982.

21.Lavagnino,Alessandra C.(罗桑达),A proposito di alcuni problemi terminologici nella traduzione del Wen xin diao long(《有关〈文心雕龙〉翻译中的几个术语问题》),《Cina》(中国),18(1982),pp.49-61.

22.Mirti,P.(米尔蒂,保拉)(tr. a cura di)(编译),Nove canzoni di Wei Zhuang(《韦庄词九首》),《Cina》(《中国》),18(1982),pp.107-116.

23.Scarpari,M.(斯卡尔帕里,毛里齐奥),L'ode a Zhuang Jiang in uno specchio Han di recente scoperta(《近期出土的汉代铜镜上撰写的〈庄姜颂〉》),《Annali di Ca' Foscari.Serie Orientale》(《威尼斯卡·福斯卡里大学东方年鉴》),21(1982),pp.87-95.

哲学

24.【佛】Battaglini,M.(巴塔利尼,玛丽娜),I rapporti istituzionali tra lo stato cinese e il buddhismo durante le Cinque Dinastie e i Sung(《五代和宋朝时期中国国家和佛教之间在制度层面上的关系》),《Cina》(《中国》),18(1982),pp.141-155.

25.【基】Bertuccioli,G.(白佐良),Matteo Ricci e il taoismo(《利玛窦和道教》),《Il Veltro》(《猎兔狗》),26(1982),pp.371-377.

26.【道】Cadonna,A.(卡多纳,阿尔弗雷多),*La madre che è Re in Occidente*(*Xi-wang mu*)*in tre brevi episodi conservati in due manoscritti di Dunhuang della collezione Pelliot*(《伯希和藏书中的两份敦煌手稿中有关"西王母"的三段文字》),《Cina》(《中国》),18(1982),pp.63-87.

27.【基】Camera di Commercio,Industria,Artigianato e Agricoltura(意大利商会)(a cura di)(编著),*Odorico da Pordenone.Relazione del viaggio in Oriente e in Cina*(*1314?-1330*)(《波代诺内的鄂多立克:〈鄂多立克东游录〉(1314?—1330)》],Pordenone:s.e.,1982.

28.【基】Cigliano,M.(奇利亚诺,玛利亚)(tr. a cura di)(编译),*Matteo Ricci: ambasciatore della cultura occidentale moderna*(《利玛窦:现代西方文化的使者》),《Mondo Cinese》(《中国世界》),37(1982),pp.91-97.

29.【基】Corradini,P.(柯拉迪尼),*Matteo Ricci nel quadro dei rapporti tra Oriente e Occidente*(《利玛窦在东西方关系中的作用》),《Il Veltro》(《猎兔狗》),26(1982),pp.361-369.

30.Fracasso,R.(弗拉卡索,里卡尔多),*Manifestazioni del simbolismo assiale nelle tradizioni cinesi antiche*(《轴心象征主义在古代中国传统中的体现》),《Numen》(《神意》),28(1981),pp.194-215;29(1982),p.78(addendum).

31.【道】Laurenti,C.(劳伦蒂,卡洛)e Leverd,C.(赖伟德,克里斯汀)(tr. a cura di)(编译),*Zhuang-zi*(《庄子》),Milano:Adelphi,1982.

32.【基】Lazzarotto,A. S.,P. I. M. E.(梁作禄),*Le onoranze cinesi a Matteo Ricci*(《中国人对利玛窦的敬意》),《Mondo Cinese》(《中国世界》),39(1982),pp.83-94.

33.【道】Pregadio,F.(玄英),*Wang Chong e il taoismo*(*1*).*Traduzione annotata del Lun Heng*,*Cap.24:'Falsità sul Dao'*[《王充和道教(1):〈论衡〉卷24"道虚篇(翻译附注解)"》]①,《Cina》(《中国》),18(1982),pp.7-48.

34.【儒】Santangelo,P.(史华罗),*Gu Yanwu's Contribution to History:The Historian's Methods and Tasks*(《顾炎武对史学的贡献:历史学家的方法和任务》),《East and West》(《东西方》),32(1982),pp.145-185.

---

① 即"讥日篇""卜筮篇""辨祟篇"和"难岁篇"。

35.【基】Soldati, G.（索尔达蒂，加布里埃莱），*Matteo Ricci: il ' cinese d' Occidente*'（《利玛窦："西方的中国人"》），«Missioni Consolata»（《神慰传教杂志》），84(1982)，5，pp.46-55.

科学和科学史

36. Meng Xianglu, Meng Lingyu e Casu, G.（卡苏，乔瓦尼），*La medicina cinese tradizionale. Considerazioni dallo Shan Hai Jin*（《从〈山海经〉看传统中医》），«Mondo Cinese»（《中国世界》），39(1982)，pp.101-112.

公元1983年

一、大事记

1. 白佐良教授在《文化对话》（«La Cultura che dialoga»）上发表了一篇有关中欧文化交流的文章。白佐良首先总结中欧文化交流的历史，并展望了中欧文化交流的发展。

2. 卫匡国国际研讨会论文集《地理学家、制图学家、历史学家和神学家卫匡国（特兰托1614—杭州1661）》由特兰托自然科学博物馆出版。

3. 1983年，中国台湾举行利玛窦来华传教400周年纪念活动，并发行了纪念邮票。

4. 兰乔蒂（L. Lanciotti）于1982年在罗马举行的学术会议上发表题为《中国古代传统中的血》的论文，该论文被收录于1983年出版的论文集《基督教文学中的血和人类学》中。

二、书（文）目录

书目提要和汉学史

1.Bertuccioli,G.(白佐良),*Sull'interscambio culturale fra Cina ed Europa*(《论中欧文化交流》),«La Cultura che dialoga»(《文化对话》),9(1983),pp.6-8.

历史与制度

2.Albanese,A.(阿尔巴内塞,安德烈纳),*La battaglia di Ulan Budung in tre differenti fonti cinesi*(《三份不同的中文文献对乌兰布通之战的记载》),«Studi Orientali e Linguistici»(《东方语文研究》),1(1983),pp.87-101.

3.Baldacci,O.(巴尔达奇,奥斯瓦尔多),*Validità cartografica e fortuna dell'Atlas Sinensis di M. Martini*(《卫匡国制图法的实用性和〈中国新地图册〉的成功》),in G. Melis(梅文健)(a cura di)(编著),*Martino Martini,geografo cartografo storico teologo(Trento 1614-Hangzhou 1661)*[《地理学家、制图学家、历史学家和神学家卫匡国(特兰托 1614—杭州 1661)》],*Atti del Convegno Internazionale. Edizione bilingue italiano-inglese*[《国际研讨会论文集(意英双语版)》],Trento:Museo Tridentino di Scienze Naturali,1983,pp.53-72,73-88.

4.Bertuccioli,G.(白佐良),[*Rapporto sul*]*Convegno Internazionale sull'Interscambio culturale sino-occidentale*(《中西文化交流国际研讨会报告》),«Mondo Cinese»(《中国世界》),44(1983),pp.53-55.

5.Corradini,P.(柯拉迪尼),*La Cina al tempo di Marco Polo:uno stato multinazionale*(《马可·波罗时期的中国：一个多民族国家》),Perugia:Biblioteca Augusta,1983.

6.Cucagna,A.(古卡尼亚,亚历山德罗),*I contenuti geografici delle opere storiche di Martino Martini*(《卫匡国历史作品中与地理有关的内容》),in G. Melis(梅文健)(a cura di)(编著),*Martino Martini,geografo cartografo storico teologo(Trento 1614-Hangzhou 1661)*[《地理学家、制图学家、历史学家和神学家卫匡国(特兰托 1614—杭州 1661)》],*Atti del Convegno Internazionale. Edizione bilingue italiano-*

inglese[《国际研讨会论文集(意英双语版)》], Trento: Museo Tridentino di Scienze Naturali, 1983, pp.89-102, 103-113.

7. Lanciotti, L.(兰乔蒂), *Pechino, la Città Proibita*(《北京:紫禁城》), Novara: Istituto Geografico De Agostini, 1983.

8. Melis, G.(梅文健), *I Viaggi di Martino Martini*(《卫匡国的旅行》), in G. Melis(梅文健)(a cura di)(编著), *Martino Martini, geografo cartografo storico teologo (Trento 1614-Hangzhou 1661)*[《地理学家、制图学家、历史学家和神学家卫匡国(特兰托 1614—杭州 1661)》], *Atti del Convegno Internazionale. Edizione bilingue italiano-inglese*[《国际研讨会论文集(意英双语版)》], Trento: Museo Tridentino di Scienze Naturali, 1983, pp.393-444.

9. Petech, L.(毕达克), *La Cina ai tempi di Martini*(《卫匡国时期的中国》), in G. Melis(梅文健)(a cura di)(编著), *Martino Martini, geografo cartografo storico teologo (Trento 1614-Hangzhou 1661)*[《地理学家、制图学家、历史学家和神学家卫匡国(特兰托 1614—杭州 1661)》], *Atti del Convegno Internazionale. Edizione bilingue italiano-inglese* [《国际研讨会论文集(意英双语版)》], Trento: Museo Tridentino di Scienze Naturali, 1983, pp.265-275, 276-284.

艺术、建筑、考古和音乐

10.【艺】Calza, G. C.(姜楷洛), *Origini religiose dell'arte nella Cina arcaica*(《古风时期中国艺术的宗教起源》), in *7000 anni di Cina. Arte e archeologia cinese dal Neolitico alla dinastia degli Han*(《中国七千年:从新石器时代到汉朝的中国艺术和考古》), *Catalogo[della Mostra]a cura di Museo della Storia Cinese di Pechino*(《北京中国历史博物馆图册》), Seminario di Lingua e letteratura cinese dell'Università degli Studi di Venezia(威尼斯卡·福斯卡里大学中国语言文学研讨会), Istituto Italiano per il Medio ed Estremo Oriente(意大利中东及远东研究院), Milano: Silvana Editoriale, 1983, pp.67-71.

11.【艺】【考】Calza, G. C.(姜楷洛), *The 'Marriage of the Virgin' in a Recently Found k'o-ssu of Early Ch'ing Manufacture*(《近期发现的清朝早期制作的缂丝中的"圣母的婚礼"》), «Annali di Ca' Foscari. Serie Orientale»(《威尼斯卡·福斯卡

里大学东方年鉴》),22(1983),pp.125-132.

12.【艺】Caterina,L.(卡泰里纳,卢恰),*Ceramiche.Oriente*(《瓷器:东方》),in *Musei e Gallerie di Milano*(《米兰博物馆和画廊》),*Museo Poldi Pezzoli:ceramiche,vetri,mobili e arredi*(《波尔迪·佩佐利博物馆:瓷器、玻璃、家具和陈设》),Ⅲ,Milano:Electa,1983,pp.35-40,figg.200-279.

13.【艺】Caterina,L.(卡泰里纳,卢恰),*Glossario*(《古词词典》),in *La ceramica dell' Estremo Oriente*(《远东瓷器》),Milano:Mondadori,1983,pp.384-391.

14.【考】Lanciotti,L.(兰乔蒂),*Archeologia e testi letterari*(《考古学和文学文献》),in *7000 anni di Cina.Arte e archeologia cinese dal Neolitico alla dinastia degli Han*(《中国七千年:从新石器时代到汉朝的中国艺术和考古》),*Catalogo[della Mostra]a cura di Museo della Storia Cinese di Pechino*(《北京中国历史博物馆图册》),Seminario di Lingua e letteratura cinese dell'Università degli Studi di Venezia(威尼斯卡·福斯卡里大学中国语言文学研讨会),Istituto Italiano per il Medio ed Estremo Oriente(意大利中东及远东研究院),Milano:Silvana Editoriale,1983,pp.59-60.

15.【考】Melis,G.(梅文健),*Odorico nella Cina del Trecento.Itinerario e realtà sociale secondo la Relatio*(《身处13世纪中国的鄂多立克:据〈报道〉记载的路线和社会现实》),in *Odorico da Pordenone.Atti del Convegno Storico Internazionale*,*Pordenone 1983*(《来自波代诺内的鄂多立克与中国:1983年在波代诺内举行的国际历史研讨会论文集》),Pordenone,1983,pp.203-241.

16.【考】Melis,G.(梅文健),*Odorico da Pordenone-Atti del Convegno Storico Internazionale*,*Pordenone 1983*(《来自波代诺内的鄂多立克与中国:1983年在波代诺内举行的国际历史研讨会论文集》),Pordenone,1983.

17.【考】Tosi,M.(窦西),*L'origine dello stato nella Cina settentrionale come problema archeologico*(《以考古的角度探讨中国北方国家的起源》),in *7000 anni di Cina.Arte e archeologia cinese dal Neolitico alla dinastia degli Han*(《中国七千年:从新石器时代到汉朝的中国艺术和考古》),*Catalogo[della Mostra]a cura di Museo della Storia Cinese di Pechino*(《北京中国历史博物馆图册》),Seminario di Lingua e letteratura cinese dell'Università degli Studi di Venezia(威尼斯卡·福斯卡里大学中国语言文学研讨会),Istituto Italiano per il Medio ed Estremo Oriente(意大利中东及

远东研究院),Milano:Silvana Editoriale,1983,pp.61-66.

18.【考】*7000 anni di Cina. Arte e archeologia cinese dal Neolitico alla dinastia degli Han*(《中国七千年:从新石器时代到汉朝的中国艺术和考古》),*Catalogo [della Mostra] a cura di Museo della Storia Cinese di Pechino*(《北京中国历史博物馆图册》),Seminario di Lingua e letteratura cinese dell'Università degli Studi di Venezia(威尼斯卡·福斯卡里大学中国语言文学研讨会),Istituto Italiano per il Medio ed Estremo Oriente(意大利中东及远东研究院),Milano:Silvana Editoriale,1983.

语言和语言史

19.Ceresa,M.(切雷萨,马尔科),*Indagine preliminare su due antichi sistemi di notazione fonetica*(《对两个古老的注音体系的初步研究》),in M. Scarpari(毛里齐奥·斯卡尔帕里)(a cura di)(编著),*Studi di cinese classico*(《古汉语研究》),Venezia:Libreria Editrice Cafoscarina,1983,pp.105-119.

20.Lanciotti,L.(兰乔蒂),*Alcune osservazioni terminologiche sui bianwen*(《关于"变文"中一些术语的几点思考》),in M. Scarpari(毛里齐奥·斯卡尔帕里)(a cura di)(编著),*Studi di cinese classico*(《古汉语研究》),Venezia:Libreria Editrice Cafoscarina,1983,pp.9-16.

21.Scarpari,M.(斯卡尔帕里,毛里齐奥),*Filologia e linguistica negli studi sinologici*(《汉学研究中的文献学和语言学》),in M. Scarpari(毛里齐奥·斯卡尔帕里)(a cura di)(编著),*Studi di cinese classico*(《古汉语研究》),Venezia:Libreria Editrice Cafoscarina,1983,pp.59-71.

22.Scarpari,M.(斯卡尔帕里,毛里齐奥),*Suo e il passivo in cinese classico*(《"他的"在古汉语中的被动用法》),in M. Scarpari(毛里齐奥·斯卡尔帕里)(a cura di)(编著),*Studi di cinese classico*(《古汉语研究》),Venezia:Libreria Editrice Cafoscarina,1983,pp.73-103.

23.Scarpari,M.(斯卡尔帕里,毛里齐奥)(a cura di)(编著),*Studi di cinese classico*(《古汉语研究》),Venezia:Libreria Editrice Cafoscarina,1983.

24.Scarpari,M.(斯卡尔帕里,毛里齐奥),*Origine e sviluppo della scrittura cinese*(《汉字的起源和发展》),in *7000 anni di Cina. Arte e archeologia cinese dal Neolitico alla dinastia degli Han*(《中国七千年:从新石器时代到汉朝的中国艺术和考古》), *Catalogo[della Mostra]a cura di Museo della Storia Cinese di Pechino*(《北京中国历史博物馆图册》),Seminario di Lingua e letteratura cinese dell'Università degli Studi di Venezia(威尼斯卡·福斯卡里大学中国语言文学研讨会),Istituto Italiano per il Medio ed Estremo Oriente(意大利中东及远东研究院),Milano:Silvana Editoriale,1983,pp.55-58.

文学

25.Albanese,A.(阿尔巴内塞,安德烈纳),*Tramito e realtà:nü-kuo,regni di donne,nella tradizione letteraria,storica ed enciclopedica cinese*(《处在神话和现实之间:中国文学、历史和百科全书传统中的"女国——女人国"》),in *Atti dell'Accademia delle Scienze di Bologna*(《博洛尼亚科学院院刊:专题论文集》),Bologna,1983.

26.Bertuccioli,G.(白佐良)(tr. a cura di)(编译),*Testi di letteratura cinese scelti,tradotti e commentati*.Ⅰ.*Poesia*(《中国文学选读、翻译及评论Ⅰ:诗歌》),Roma:Il Bagatto,1983.

27.Coccia,F.(柯嘉,菲利波),*Lu Xun e la cultura cinese del primo Novecento:note biografiche e rilettura degli scritti del periodo giapponese(1902-1909)*(《鲁迅和20世纪初的中国文化:传记和1902—1909年日本作品重读》),《Annali[dell']Istituto Universitario Orientale di Napoli》(《那不勒斯东方大学年鉴》),43(1983),pp.621-659;44(1984),pp.83-132.

哲学

28.【基】Bertuccioli,G.(白佐良),*Matteo Ricci e Taoism*(《利玛窦和道教》),in *International Symposium on Chinese-Western Cultural Interchange in Commemoration of the 400th Anniversary of the Arrival of Matteo Ricci S. I. in China*(《纪念利玛窦赴华400周年中西文化交流国际研讨会》),Taipei:Fu-jen University,1983,pp.41-49.

29.【基】Bolognani,B.(波罗尼亚尼,博尼法乔),*La personalità di Martino Martini*(《卫匡国》),in G. Melis(梅文健)(a cura di)(编著),*Martino Martini*, geografo cartografo storico teologo（*Trento 1614-Hangzhou 1661*）[《地理学家、制图学家、历史学家和神学家卫匡国（特兰托 1614—杭州 1661）》]，*Atti del Convegno Internazionale. Edizione bilingue italiano-inglese*[《国际研讨会论文集（意英双语版）》]，Trento：Museo Tridentino di Scienze Naturali，1983，pp.287-293，294-299.

30.【基】Corradini，P.（柯拉迪尼），*Actuality and Modernity of Matteo Ricci，a Man of the Renaissance in the Framework of Cultural Relations between East and West*（《利玛窦的现代性和现实意义：一个文艺复兴时期的人在东西方文化交流领域中的作用》），in *International Symposium on Chinese-Western Cultural Interchange in Commemoration of the 400th Anniversary of the Arrival of Matteo Ricci，S. I. in China*（《纪念利玛窦赴华 400 周年中西文化交流国际研讨会》），Taipei：Fu-jen University，1983，pp. 173-180.

31.【基】Corradini，P.（柯拉迪尼），*Martino Martini storico della Cina：il De bello tartarico*（《来华史学家卫匡国：〈鞑靼战纪〉》），in G. Melis（梅文健）（a cura di）（编著），*Martino Martini，geografo cartografo storico teologo*（*Trento 1614-Hangzhou 1661*）[《地理学家、制图学家、历史学家和神学家卫匡国（特兰托 1614—杭州 1661）》]，*Atti del Convegno Internazionale. Edizione bilingue italiano-inglese*（《国际研讨会论文集（意英双语版）》），Trento：Museo Tridentino di Scienze Naturali，1983，pp. 173-184，185-194.

32.【基】Di Simone，M. R.（德西莫内，玛利亚·罗萨），*Il Collegio Romano nella prima metà del Seicento e la formazione culturale di Martino Martini*（《17 世纪前半叶的罗马公学院和卫匡国的文化教育背景》），in G. Melis（梅文健）（a cura di）（编著），*Martino Martini，geografo cartografo storico teologo*（*Trento 1614-Hangzhou 1661*）[《地理学家、制图学家、历史学家和神学家卫匡国（特兰托 1614—杭州 1661）》]，*Atti del Convegno Internazionale. Edizione bilingue italiano-inglese*[《国际研讨会论文集（意英双语版）》]，Trento：Museo Tridentino di Scienze Naturali，1983，pp.301-317，318-331.

33.【神】Fracasso，R.（弗拉卡索，里卡尔多），*Teratoscopy or Divination by Monsters：Being a Study on the Wu-tsang Shan-ching*（《畸形学，一种研究鬼神先兆的学问：关于〈五藏山经〉的研究》），《Han-hsüeh yen-chiu》（《Chinese Studies》）（《汉学

研究》),1(1983),pp.657-700.

34.【基】Ghetta,F.(盖塔,弗鲁门奇奥),*Martino Martini nella sua città*(《在故乡的卫匡国》),in G. Melis(梅文健)(a cura di)(编著),*Martino Martini,geografo cartografo storico teologo(Trento 1614-Hangzhou 1661)*[《地理学家、制图学家、历史学家和神学家卫匡国(特兰托 1614—杭州 1661)》],*Atti del Convegno Internazionale.Edizione bilingue italiano-inglese*[《国际研讨会论文集(意英双语版)》],Trento:Museo Tridentino di Scienze Naturali,1983,pp.333-356,357-376.

35.【基】Ghisalberti,C.(吉萨尔贝蒂,卡洛),*Il metodo storiografico di Martino Martini*(《卫匡国的历史学方法》),in G. Melis(梅文健)(a cura di)(编著),*Martino Martini,geografo cartografo storico teologo(Trento 1614-Hangzhou 1661)*[《地理学家、制图学家、历史学家和神学家卫匡国(特兰托 1614—杭州 1661)》],*Atti del Convegno Internazionale.Edizione bilingue italiano-inglese*[《国际研讨会论文集(意英双语版)》],Trento:Museo Tridentino di Scienze Naturali,1983,pp.195-213,214-228.

36.【基】Lanciotti,L.(兰乔蒂),*Il sangue nella tradizione cinese antica*(《中国古代传统中的血》),in F.Vattioni(弗朗切斯科·瓦迪奥尼)(a cura di)(编著),*Sangue e antropologia nella letteratura cristiana*(《基督教文学中的血和人类学》),Roma:Centro Studi Sanguis Christi,1983,pp.29-34.

37.【基】Lazzarotto,Angelo S.,P.I.M.E.(梁作禄),*La cristianità in Cina secondo la Brevis Relatio*(《卫匡国著〈中国耶稣会教士纪略〉中描述的中国基督教徒的情况》),in G. Melis(梅文健)(a cura di)(编著),*Martino Martini,geografo cartografo storico teologo(Trento 1614-Hangzhou 1661)*[《地理学家、制图学家、历史学家和神学家卫匡国(特兰托 1614—杭州 1661)》],*Atti del Convegno Internazionale.Edizione bilingue italiano-inglese*[《国际研讨会论文集(意英双语版)》],Trento:Museo Tridentino di Scienze Naturali,1983,pp.377-384,385-391.

38.【基】Lazzarotto,Angelo S.,P.I.M.E.(梁作禄),*Matteo Ricci nella Repubblica Popolare Cinese*(《利玛窦在中华人民共和国》),«Mondo e Missione»(《世界和传教使命》),112(1983),pp.61-64.

39.Melis,G.(梅文健),*Chinese Philosophy and Classics in the Works of Martino*

Martini S. I.(《卫匡国著作中的中国哲学和典籍》), in *International Symposium on Chinese-Western Cultural Interchange in Commemoration of the 400th Anniversary of the Arrival of Matteo Ricci*, *S. I. in China*(《纪念利玛窦赴华 400 周年中西文化交流国际研讨会》),Taipei:Fu-jen University,1983,pp.473-512.

40.【基】Montanari,F.(蒙塔纳里,福斯托),*Un orologio suona solitario. P. Matteo Ricci nel cuore della Cina*,(*1582-1610*)[《钟声孤独地响起:利玛窦在中国的心脏(1582—1610)》],Milano:Istituto Propaganda Libraria,1983.

41.【基】Ricci,M.,S.I.(利玛窦),*Della entrata della Compagnia di Giesù e christianità nella Cina*(*1609*).*Antologia Ricciana con la riproduzione del Mappamondo Cinese*(*1602*)[《耶稣会远征中国史(1609):利玛窦文集附中国地图复制品(1602)》],Milano:Scheiwiller,1983.

42.【基】Rulli,G.,S.I.(鲁利,乔瓦尼),*Un ponte tra la Cina e l'Occidente. L'opera di Matteo Ricci*(*1582-1610*)[《中西方之间的桥梁:利玛窦(1582—1610)的作品》],《La Civiltà Cattolica》(《天主教文明》),134(1983),1,pp.82-92.

43.【基】Rulli,G.,S.I.(鲁利,乔瓦尼),*Un contemporaneo di Marco Polo in Cina. La 'Relatio' di Odorico da Pordenone*(《一位与马可·波罗同时代的人在中国:〈鄂多立克东游录〉》),《La Civiltà Cattolica》(《天主教文明》),134(1983),1,pp.363-369.

44.【基】Shih,Hsing-san J.,S.I.(施省三)e Laurenti,C.(劳伦蒂,卡洛),*Introduzione*[a]*M. Ricci,S.I. e N. Trigault,S.I. Entrata nella China de' Padri della Compagnia del Gesù*(*1582-1610*)[《耶稣会士利玛窦和金尼阁著〈耶稣会士入华史(1582—1610)〉序言》],Volgarizzazione di Antonio Sozzini(1622),Roma:Edizioni Paoline,1983,pp.5-24.

45.【萨】Stary,G.(斯塔瑞,乔瓦尼),*Due preghiere nuziali mancesi di origine sciamanica*(《两篇满族萨满教徒婚礼的祷文》),《Annali di Ca' Foscari. Serie Orientale》(《威尼斯卡·福斯卡里大学东方年鉴》),22(1983),pp.119-124.

46.【伊】Tozzi,G.(托齐,乔瓦尼),*L'Islam in Cina—la nascita della nuova setta*(《伊斯兰教在中国——新的教派之诞生》),in *Aspetti dell'Islam marginale*(《处于

边缘地位的伊斯兰教之概貌》)①,Roma,1983.

科学和科学史

47.Mancini,E.(曼奇诺,恩佐),*Scienziati siciliani gesuiti in Cina nel XVII secolo*(《17世纪在中国的西西里耶稣会科学家》),« Mondo Cinese »(《中国世界》),44(1983),pp.57-60.

三、备注

论文集《地理学家、制图学家、历史学家和神学家卫匡国(特兰托1614—杭州1661)》为大开本,共583页,印刷十分精美,内含彩色印刷图片7张。收录论文18篇,每篇论文都有意大利文和英文两种文字的版本。18篇论文分别为罗马大学教授奥斯瓦尔多·巴尔达奇(Osvaldo Baldacci)关于卫匡国所绘制的中国地图的论文《卫匡国制图法的实用性和〈中国新地图册〉的成功》,的里雅斯特大学教授亚历山德罗·古卡尼亚(Alessandro Cucagna)的论文《卫匡国历史作品中与地理有关的内容》,奥地利维也纳大学(Universität Wien)教授昆特·哈曼(Günter Hamman)的论文《卫匡国叙述中的自然和风景》,特兰托大学教授朱塞佩·斯塔卢皮(Giuseppe Staluppi)的论文《通过对〈中国新地图册〉的讨论解决了地理方面的几点疑问》,那不勒斯东方大学教授阿道夫·坦布雷洛(Adolfo Tamburello)的论文《卫匡国著作中的日本》,中国科学院地理研究所吴传钧的论文《卫匡国对17世纪中国地理知识做出的显著贡献》,马切拉塔大学利玛窦研究中心负责人柯拉迪尼(Piero Corradini)教授的论文《来华史学家卫匡国:〈鞑靼战纪〉》,罗马大学教授卡洛·吉萨尔贝蒂(Carlo Ghisalberti)的论文《卫匡国的历史学方法》,中国社会科学院历史研究所研究员马雍的论文《卫匡国在中国的活动以及他有关中国历史、地理的著作》,罗马大学东亚史教授毕达克(Luciano Petech)的论文《卫匡国时期的中国》,意大利作家博尼法乔·波罗尼亚尼(Bonifacio Bolognani)的论文《卫匡国》,罗马大学教授玛利亚·罗萨·德西莫内(Maria Rosa Di Simone)的论文《17

---

① 《处于边缘地位的伊斯兰教之概貌》由林琴科学院(Accademia Nazionale dei Lincei)主编。

世纪前半叶的罗马神学院和卫匡国的专业学识的形成》,特兰托历史科学研究会研究员弗鲁门奇奥·盖塔(Frumenzio Ghetta)的论文《在故乡的卫匡国》,罗马乌尔巴尼大学教授梁作禄(Angelo S. Lazzarotto)的论文《卫匡国著〈中国耶稣会教士纪略〉中描述的中国基督教徒的情况》,莱切大学教授梅文健(Giorgio Melis)的论文《卫匡国的旅行》,耶稣会罗马档案馆馆员柏永年(Joseph Sebes)的论文《中国礼仪之争中卫匡国的作用》,乌尔巴尼大学教授彼得·曹(Pietro Tchao)的论文《中国礼仪之争的历史文化方面的理由》,德国维尔茨堡大学(Università di Würzburg)教授柯兰霓(Claudia von Collani)的论文《白晋神父的〈旧约全书〉象征学说中来自卫匡国的影响》。

公元 1984 年

一、大事记

1.马里奥·萨巴蒂尼(Mario Sabattini)主编的《威尼斯东方学研究:兰乔蒂纪念专册》(*Orientalia Venetiana. Volume in onore di Lionello Lanciotti*)出版,以表彰兰乔蒂教授在汉学研究上的杰出贡献。兰乔蒂的学术著作(包括翻译)多达150多种,其研究领域以中国古代文学、哲学和宗教为主,比较注重中国古代文学渊源和发展规律的研究,他通过对王充《论衡》的研究,认为中国学者受儒家伦理影响,比较强调文学的社会功能。他的另一个课题是通过《唐传奇》来研究中国唐代社会。

2.汉学家卡萨齐教授发表了一篇研究中国通俗小说早期意大利文译本的文章,该文章被收录于那不勒斯东方大学出版的《18和19世纪意大利对亚洲和非洲的认识》丛书的第一个专辑中。

3.兰乔蒂教授在著名汉学期刊《东西方》第34期上发表了一篇文章,名为《对汉学研究内容及方法的几点看法》(*Arpopos' What and How is Sinology'*),由此,带动了意大利汉学界对于汉学研究历史及汉学研究方法广泛而深入的探讨。

4.利玛窦研究中心在马切拉塔(Macerata)出版了《利玛窦研究国际研讨会论文集》。该论文集收录了1982年10月22—25日在马切拉塔和罗马两地举行的利玛窦研究国际研讨会上宣读的论文(有两篇论文除外,因为发言者未把论文稿件发给大会主办方)。

5.旅意华人医师潘贤义首创以中医针灸麻醉法进行心脏外科手术,并取得圆满成功。帕维亚大学(Università degli Studi di Pavia)成立欧洲第一个中医研究所,并聘请潘贤义担任所长。医学院附属医院成功完成了数百例针灸麻醉开胸手术,这一技术上的突破引起了意大利医学界对中医的关注,推动了意大利中医学的发展。

6.罗桑达在《那不勒斯东方学院年鉴》上发表题为《刘勰和文学创作手法:比兴》的论文。对中国古诗中"六义"里的"比"和"兴"进行了阐述。

7. 1984年4月5日,朱塞佩·图齐①在罗马省小镇圣波洛德伊卡瓦列里(San Polo dei Cavalieri)去世,享年90岁。朱塞佩·图齐是意大利20世纪最著名的东方学家、探险家、西藏学家,意大利中东及远东研究院(IsMEO)创始人之一,著名汉学专刊《东西方》的创办人。其先后在那不勒斯东方大学中国语言文学学院、罗马大学文学系和哲学系任教。他致力于汉学,尤其是西藏语言、宗教的研究,曾多次到我国西藏地区进行研究考察活动,并将大量文物和资料带回意大利。他掌握梵文、古汉语和藏文,开启了藏学研究的新阶段,为推动意大利和西方现代佛学、藏学研究的发展做出了巨大贡献。朱塞佩·图齐一生留下了大量论著,包括《孔子和老子》(*Confucio e Lao-tse*)、《中国古代哲学史》(*Storia della filosofia cinese antica*)、《中国智慧:箴言、寓言及传说》(*Saggezza cinese. Scelta di massime, parabole, leggende*)、《外国思想对中国思想的影响》(*Influssi stranieri sul pensiero cinese*)等。(有关朱塞佩·图齐的详细介绍见备注7)

---

① 关于东方学家朱塞佩·图齐生平及其著作请参见:Pietro Corradini, *Giuseppe Tucci: 1894 – 1984*,《Mondo Cinese》,(45) 1984, pp. 101 – 105; Raniero Gnoli, *Riccordo di Giuseppe Tucci*, Roma: ISIAO, 1985。

二、书（文）目录

书目提要和汉学史

1. Casacchia, G. (卡萨齐), *Le prime traduzioni italiane della narrativa cinese in volgare*(《中文通俗叙事文学最早的意大利文翻译》), in U. Marazzi(乌戈·马拉齐)(a cura di)(编著), *La conoscenza dell'Asia e dell'Africa in Italia nei secoli XVIII e XIX*(《18 和 19 世纪意大利对亚洲和非洲的认识》), Ⅰ, Napoli: Istituto Universitario Orientale, 1984, pp.311-322.

2. Cerudi, F. (切鲁迪, 弗兰卡), *Ⅵ Corso Internazionale di Oxford su arte e cultura cinese*(《第六次牛津大学中国艺术和文化国际课程》), «Mondo Cinese»(《中国世界》), 47(1984), pp.67-69.

3. Corradini, P. (柯拉迪尼), *Giuseppe Tucci: 1894-1984*(《朱塞佩·图齐: 1894—1984》), «Mondo Cinese»(《中国世界》), 45(1984), pp.101-105.

4. Lanciotti, L. (兰乔蒂), *Arpopos 'What and How is Sinology'*(《对汉学研究内容及方法的几点看法》), «East and West»(东西方), 34(1984), s.p.

5. Marazzi, U. (马拉齐, 乌戈), *La conoscenza dell'Asia e dell'Africa in Italia nei secoli XVIII e XIX*(《18 和 19 世纪意大利对亚洲和非洲的认识》), Ⅰ, Napoli: Istituto Universitario Orientale, 1984.

6. Sabattini, M. (萨巴蒂尼, 马里奥)(a cura di)(编著), *Orientalia Venetiana. Volume in onore di Lionello Lanciotti*(《威尼斯东方学研究: 兰乔蒂纪念专册》), Firenze: L. S. Olschki, 1984.

历史与制度

7. Albanese, A. (阿尔巴内塞, 安德烈纳), *L'imperatrice Wang, una donna infelice alla corte di Hsüan-tsung dei T'ang*(《唐玄宗宫廷中一个不幸的女人: 王皇后》), «Studi Orientali e Linguistici»(《东方语文研究》), 2(1984-1985), pp.119-142.

8. Baldacci, O. (巴尔达奇, 奥斯瓦尔多), *Contributo di Odorico alla conoscenza geografica dell'Asia*(《鄂多立克在亚洲地理知识方面的贡献》), in G. Melis(梅文

健)(a cura di)(编著),*Odorico da Pordenone e la Cina*(《鄂多立克与中国》),Pordenone:Concordia Sette,1984,pp.193-202.

9.Bottazzi,E.(博塔齐,埃米利奥),*Fonti di epoca Yuan(1260-1368)sul problema delle sorgenti del Fiume Giallo*[《元朝(1260—1368)关于黄河源头的文献》],《Annali della Facoltà di Scienze Politiche di Cagliari》(《卡利亚里政治科学院年鉴》),11(1984),pp.315-356.

10.Ciarla,R.(恰拉,罗伯托),*Il regno di Qin:da marca di frontiera a impero universal*(《秦国:从边境地区到统一的帝国》),in R. Ciarla(罗伯托·恰拉)(a cura di)(编著),*Cina 220 a.C.:i guerrieri di Xi'an*(《公元前220年的中国:西安兵马俑》),Milano:Abitare Segesta,1994,pp.17-27.

11.Corradini,P.(柯拉迪尼),*La Cina plurinazionale dell'epoca Yuan*(《元朝时期多民族的国家中国》),in G. Melis(梅文健)(a cura di)(编著),*Odorico da Pordenone e la Cina*(《鄂多立克与中国》),Pordenone:Concordia Sette,1984,pp.57-67.

12.Corradini,P.(柯拉迪尼),*Sul secolo XVIII in Cina*(《18世纪的中国》),《L'Ascolto》(《听》),(marzo 1984),pp.3-4.

13.Forte,A.(富安敦),*Il persiano Aluohan(616-710)nella capitale cinese Luoyang,sede del Cakravartin*[《波斯人富安敦(616—710)在转轮圣王的所在地——中国的首都洛阳》],in L. Lanciotti(兰乔蒂)(a cura di)(编著),*Incontro di religioni in Asia tra il III e il X secolo d.C.*(《公元3世纪到10世纪宗教在亚洲的交流》),Firenze:L. S. Olschki,1984,pp.169-198.

14.Foss,T. N.(福斯),*La cartografia di Matteo Ricci*(《利玛窦的地图》),in M. Cigliano(玛利亚·奇利亚诺)(a cura di)(编著),*Atti del Convegno Internazionale di Studi Ricciani*(《利玛窦研究国际研讨会论文集》)①,Macerata:Centro Studi Ricciani,1984,pp.177-196.

15.Santangelo,P.(史华罗),*Le manifatture tessili imperiali durante le dinastie Ming e Qing con particolare attenzione a quelle di Suzhou*(《明清皇家纺织品制造,特

---

① 《利玛窦研究国际研讨会论文集》是1982年10月在意大利召开的利玛窦研究学术会议论文汇编,于1984年在马切拉塔市出版。

别是苏州皇家纺织品制造》),Napoli:Istituto Universitario Orientale,1984,p.69.

16.Stafutti,S.(史芬娜),*Portogallo e Portoghesi nelle fonti cinesi del XVI e del XVII secolo*(《16 和 17 世纪中国文献中记载的葡萄牙和葡萄牙人》),《 Cina 》(《中国》),19(1984),pp.29-51.

17.Stary,G.(斯塔瑞,乔瓦尼),*Der Mandschukhan Nurhaci als Held mandschurischer Sagen und Märchen,Teil I:oral Volksliteratur in Prosa*(《满族传说和故事中英雄的满族王爷努尔哈赤,第 1 部:用散文写成的口头民间文学》),*Fragen der mongolischen Heldendichtung,Teil I*(《蒙古英雄史诗问题:第 1 部》),1984,Wiesbaden:s.e.,pp.410-445.

18.Stary,G.(斯塔瑞,乔瓦尼),*Neue Mandschustudien aus Taipei:ein Überblick*(《有关在台北进行的新的满学研究:一篇综述》),《 Zentralasiatischen Studien 》(《中亚研究》),17(1984),pp.172-180.

19.Stary,G.(斯塔瑞,乔瓦尼),*Nurhaci e il suo regno tribale alla fine del XVI secolo*(《努尔哈赤和 16 世纪末其部落王国》),in M. Sabattini(萨巴蒂尼,马里奥)(a cura di)(编著),*Orientalia Venetiana.Volume in onore di Lionello Lanciotti*(《威尼斯东方学研究:兰乔蒂纪念专册》),1(1984),pp.323-366.

20.Zoli,S.(佐利,塞尔焦),*La Cina nella cultura italiana del Settecento*(《18 世纪意大利文化中的中国》),in U. Marazzi(乌戈·马拉齐)(a cura di)(编著),*La conoscenza dell'Asia e dell'Africa in Italia nei secoli XVIII e XIX*(《18 和 19 世纪意大利对亚洲和非洲的认识》),I,Napoli:Istituto Universitario Orientale,1984,pp.211-257.

艺术、建筑、考古和音乐

21.【考】Caterina,L.(卡泰里纳,卢恰),*Porcellana cinese wucai nel Museo Duca di Martina di Napoli*(《那不勒斯马尔蒂纳公爵博物馆的中国五彩瓷》),《 Cina 》(《中国》),19(1984),pp.301-312.

22.【艺】Caterina,L.(卡泰里纳,卢恰),*Porcellana orientale bianco e blu nel Museo Duca di Martina di Napoli*(《那不勒斯马尔蒂纳公爵博物馆东方瓷器"蓝与白"》),Napoli:s.e.[Ufficio stampa dell'Istituto Universitario Orientale],1984.

23.【艺】Dalsecco, L.（达尔塞克, 卢恰诺）, *L'arte-ponte di Lang Shih-ning（P. Giuseppe Castiglione）alla corte dei Ch'ing*（《艺术桥梁郎世宁在清朝的宫廷》）, in U.Marazzi（乌戈·马拉齐）（a cura di）（编著）, *La conoscenza dell'Asia e dell'Africa in Italia nei secoli XVIII e XIX*（《18和19世纪意大利对亚洲和非洲的认识》）, Ⅰ, Napoli: Istituto Universitario Orientale, 1984, pp.303-309.

24.【艺】Olmi, P.（奥尔米, 保拉）, *Matteo Ricci e l'arte*（《利玛窦和艺术》）, «Mondo Cinese»（《中国世界》）, 47（1984）, pp.53-66.

25.【考】Testa, Aurora G.（泰斯塔, 奥罗拉）, *Sulle datazioni al C-14 di reperti cinesi dal periodo neolitico agli Shang*（《用碳-14的方法确定从新石器时代到商代的中国文物》）, «Cina»（《中国》）, 19（1984）, pp.283-300.

26.【艺】Toscano, Giuseppe M., S. X.（托斯卡诺, 朱塞佩）, *Arte e cultura cinese*（《中国艺术和文化》）, Parma: Artegrafica Silva, 1984.

语言和语言史

27. Chang, A. T.（张彤）, *Forme 'primitive' di memorizzazione e comunicazione in Cina nella società antica e in alcune minoranze etniche.1.I segni oggettuali*（《在中国古代社会和在一些少数民族的生活当中记忆和联系的"原始"形式: 第1部分, 目的符号》）, «Annali della Facoltà di Lettere e Filosofia dell'Università degli Studi di Perugia»（《佩鲁贾大学文学哲学学院年鉴》）, 22（1984-1985）, pp.17-47.

28. Pregadio, F.（玄英）, *Contributo allo studio della lingua dell'epoca Han.Il capitolo Dao xu del Lun Heng*（《有关汉代语言研究的论文:〈论衡〉中的"道虚"篇》）, «Cina»（《中国》）, 19（1984）, pp.63-92.

文学

29. Lavagnino, Alessandra C.（罗桑达）, *Liu Xie e i modi della composizione letteraria: le figure bi e xing*（《刘勰和文学创作手法: 比兴》）, «Annali [dell'] Istituto Universitario Orientale di Napoli»（《那不勒斯东方大学年鉴》）, 44（1984）, pp.135-150.

30. Lavagnino, Alessandra C.（罗桑达）, *Materiali per lo studio della critica*

letteraria della Cina antica(Ⅲ-Ⅵ *sec.d.C.*)[《中国古代文学批评研究资料(公元3世纪到6世纪)》],Napoli:Istituto Universitario Orientale,1984.

31.Stary,G.(斯塔瑞,乔瓦尼),*I principi fondamentali della poesia mancese*(《满族诗歌的基本原则》),«Annali di Ca' Foscari. Serie Orientale»(《威尼斯卡·福斯卡里大学东方年鉴》),23(1984),pp.239-256.

哲学

32.Beonio Brocchieri,P.(贝奥尼奥·布罗基里,保罗),*Considerazioni sul periodo assiale:da Pitagora a Mo Tzu*(《关于轴心时代的思考:从毕达哥拉斯到墨子》),in M. Sabattini(马里奥·萨巴蒂尼)(a cura di)(编著),*Orientalia Venetiana. Volume in onore di Lionello Lanciotti*(《威尼斯东方学研究:兰乔蒂纪念专册》),Firenze:L. S.Olschki,1984,pp.31-41.

33.【基】Beonio Brocchieri,P.(贝奥尼奥·布罗基里,保罗),*Strategia missionaria e filosofia cristiana nel pensiero di Matteo Ricci*(《利玛窦的传教策略及其基督教哲学思想》),in M. Cigliano(玛利亚·奇利亚诺)(a cura di)(编著),*Atti del Convegno Internazionale di Studi Ricciani*(《利玛窦研究国际研讨会论文集》),Macerata:Centro Studi Ricciani,1984,pp.41-53.

34.【基】Bertuccioli,G.(白佐良),*Matteo Ricci e il taoismo*(《利玛窦和道教》),in M. Cigliano(玛利亚·奇利亚诺)(a cura di)(编著),*Atti del Convegno Internazionale di Studi Ricciani*(《利玛窦研究国际研讨会论文集》),Macerata:Centro Studi Ricciani,1984,pp.55-64.

35.【基】Bertuccioli,G.(白佐良),*Odorico e gli altri viaggiatori francescani dell'epoca Yuan*(《鄂多立克和元朝时期其他方济各会旅行家》),in G. Melis(梅文健)(a cura di)(编著),*Odorico da Pordenone e la Cina*(《来自波代诺内的鄂多立克和中国》),Pordenone:Concordia Sette,1984,pp.45-55.

36.【基】Boscaro,A.(博思卡罗,阿德里亚纳),*I gesuiti e gli inizi della stampa cristiana in Asia Orientale*(《耶稣会士和东亚最早的基督教印刷品》),in M. Sabattini(马里奥·萨巴蒂尼)(a cura di)(编著),*Orientalia Venetiana. Volume in onore di Lionello Lanciotti*(《威尼斯东方学研究:兰乔蒂纪念专册》),Firenze:L. S.

Olschki,1984,pp.43-67.

37.【道】Cadonna,A.(卡多纳,阿尔弗雷多),'Astronauti' taoisti da Chang'an alla luna(Note sul manoscritto di Dunhuang S 6836 alla luce di alcuni lavori di Edward H. Schafer[《从长安到月亮的道教"宇航员"(根据薛爱华关于敦煌卷S 6836的笔记)》],in M. Sabattini(马里奥·萨巴蒂尼)(a cura di)(编著),Orientalia Venetiana.Volume in onore di Lionello Lanciotti(《威尼斯东方学研究:兰乔蒂纪念专册》),Firenze:L. S. Olschki,1984,pp.69-132.

38.【道】Cadonna,A.(卡多纳,阿尔弗雷多),Il Taoista di Sua Maestà.Dodici episodi da un manoscritto cinese di Dunhuang(《天师的道教信徒:敦煌中国手稿中的12段故事》),Venezia:Libreria Editrice Cafoscarina,1984,p.179.

39.【基】Cigliano,M.(奇利亚诺,玛利亚)(a cura di)(编著),Atti del Convegno Internazionale di Studi Ricciani(《利玛窦研究国际研讨会论文集》).Macerata:Centro Studi Ricciani,1984.

40.【基】Corradini,P.(柯拉迪尼),Attualità dell'opera di Matteo Ricci nel quadro dei rapporti tra Oriente e Occidente(《利玛窦作品在东西方关系中的现实意义》),in M. Cigliano(玛利亚·奇利亚诺)(a cura di)(编著),Atti del Convegno Internazionale di Studi Ricciani(《利玛窦研究国际研讨会论文集》),Macerata:Centro Studi Ricciani,1984,pp.31-39.

41.【基】Fatica,M.(樊米凯),Prolegomeni ad un discorso storico su Matteo Ripa(《一个关于马国贤的历史评论的序言》),in U. Marazzi(乌戈·马拉齐)(a cura di)(编著),La conoscenza dell'Asia e dell'Africa in Italia nei secoli XVIII e XIX(《18和19世纪意大利对亚洲和非洲的认识》),I,Napoli:Istituto Universitario Orientale,1984,pp.171-209.

42.【佛】Forte,A.(富安敦),The Activities in China of the Tantric Master Manicintana(Pao-ssu-wei:? -721 A.D.)from Kashmir and of His Northern Indian Collaborators[《密宗大师宝思惟在中国的活动(宝思惟:?—721 A.D.)(来自迦湿弥罗以及他在北印度的合作者)》],《East and West》(《东西方》),34(1984),pp.301-345.

43.【基】Gernet,J.(谢和耐),Gli ambienti intellettuali cinesi all'epoca del Ricci(《利玛窦时代中国知识阶层的社会氛围》),in M. Cigliano(玛利亚·奇利亚诺)

(a cura di)(编著),*Atti del Convegno Internazionale di Studi Ricciani*(《利玛窦研究国际研讨会论文集》),Macerata:Centro Studi Ricciani,1984,pp.101-120.

44.【基】Grüning,Hans-Georg(格鲁宁,汉斯·乔治),*Goethe e il pensiero cinese. La mediazione del p. Matteo Ricci*(《歌德和中国思想:以利玛窦为媒介》),in M. Cigliano(玛利亚·奇利亚诺)(a cura di)(编著),*Atti del Convegno Internazionale di Studi Ricciani*(《利玛窦研究国际研讨会论文集》),Macerata:Centro Studi Ricciani, 1984,pp.93-100.

45.【基】Lamalle,E.,S. J.(拉马拉),*I materiali ricciani nell' Archivio Generale della Compagnia di Gesù*(《耶稣会总档案馆中的利玛窦资料》),in M. Cigliano(玛利亚·奇利亚诺)(a cura di)(编著),*Atti del Convegno Internazionale di Studi Ricciani*(《利玛窦研究国际研讨会论文集》),Macerata:Centro Studi Ricciani,1984, pp.267-269.

46.Lanciotti,L.(兰乔蒂),*Sangue e antropologia nella Cina antica*(《古代中国的"血"和人类学》),in F.Vattioni(弗朗切斯科·瓦迪奥尼)(a cura di)(编著),*Sangue e antropologia nella liturgia*(《圣餐仪式中的血和人类学》),Roma:Centro Studi Sanguis Christi,1984,pp.13-18.

47.【基】Lazzarotto,A. S.,P. I. M. E.(梁作禄),*Le onoranze cinesi a Matteo Ricci*(《中国人对利玛窦的敬意》),in M. Cigliano(玛利亚·奇利亚诺)(a cura di)(编著),*Atti del Convegno Internazionale di Studi Ricciani*(《利玛窦研究国际研讨会论文集》),Macerata:Centro Studi Ricciani,1984,pp.123-138.

48.【基】Melis,G.(梅文健),*Odorico della Cina del Trecento:itinerario e realtà sociale secondo la Relatio*(《14世纪赴华的鄂多立克和〈鄂多立克东游录〉中反映的社会现实》),in G. Melis(梅文健)(a cura di)(编著),*Odorico da Pordenone e la Cina*(《来自波代诺内的鄂多立克和中国》),Pordenone:Concordia Sette,1984,pp. 203-241.

49.【基】Melis,G.(梅文健),*Temi e tesi della filosofia europea nel Tianzhu shiyi di Matteo Ricci*(《利玛窦〈天主实义〉中的欧洲哲学论题和作品引用》),in M. Cigliano(玛利亚·奇利亚诺)(a cura di)(编著),*Atti del Convegno Internazionale di Studi Ricciani*(《利玛窦研究国际研讨会论文集》),Macerata:Centro Studi Ricciani,1984, pp.65-92.

50.【基】Michelli, L.(米凯利), *Matteo Ricci. L'apostolo guerriero e la visione della Cina*(《利玛窦：勇敢的使徒和中国之观察》), Bologna: Università degli Studi di Bologna, 1984.

51.【基】Monaco, L.(莫纳科，卢乔), *I manoscritti della Relatio: problematica per un'edizione critica*(《〈鄂多立克东游录〉的手稿：有关一个评论版本的问题》), in G. Melis(梅文健)(a cura di)(编著), *Odorico da Pordenone e la Cina*(《来自波代诺内的鄂多立克和中国》), Pordenone: Concordia Sette, 1984, pp.101-116.

52.【基】Pang, P.(庞恩), *Il significato dell'opera di Matteo Ricci per gli studi cinesi*(《利玛窦的作品对于中国学研究的价值》), in M. Cigliano(玛利亚·奇利亚诺)(a cura di)(编著), *Atti del Convegno Internazionale di Studi Ricciani*(《利玛窦研究国际研讨会论文集》), Macerata: Centro Studi Ricciani, 1984, pp.241-254.

53.【基】Petech, L.(毕达克), *Considerazioni conclusive e indicazioni di ricerca*(《结论性的思考和研究线索》), in M. Cigliano(玛利亚·奇利亚诺)(a cura di)(编著), *Atti del Convegno Internazionale di Studi Ricciani*(《利玛窦研究国际研讨会论文集》), Macerata: Centro Studi Ricciani, 1984, pp.197-200.

54.【基】R. Ruhlmann(鲁尔门), *Recenti lavori cinesi su Xu Guangqi (1562-1633), amico del Ricci*[《近期关于利玛窦的朋友徐光启(1562—1633)的研究》], in M. Cigliano(玛利亚·奇利亚诺)(a cura di)(编著), *Atti del Convegno Internazionale di Studi Ricciani*(《利玛窦研究国际研讨会论文集》), Macerata: Centro Studi Ricciani, 1984, pp.121-122.

55.【基】Shih., Hsing-san J., S. I.(施省三), *L'attività missionaria di Matteo Ricci*(《利玛窦的传教活动》), in M. Cigliano(玛利亚·奇利亚诺)(a cura di)(编著), *Atti del Convegno Internazionale di Studi Ricciani*(《利玛窦研究国际研讨会论文集》), Macerata: Centro Studi Ricciani, 1984, pp.255-266.

56.【基】Tamburello, A.(坦布雷洛，阿道夫), *L'opera di Matteo Ricci nella diffusione della cultura europea in Giappone*(《利玛窦在欧洲文化于日本传播中的作用》), in M. Cigliano(玛利亚·奇利亚诺)(a cura di)(编著), *Atti del Convegno Internazionale di Studi Ricciani*(《利玛窦研究国际研讨会论文集》), Macerata: Centro

Studi Ricciani,1984,pp.151-155.

57.【儒】Tchao Yun-koen,P.(曹云开),*Il confucianesimo*(《儒学》),Milano: Rizzoli,1984.

58.【基】Testa,Aurora G.(泰斯塔,奥罗拉),*Bozza per un censimento dei manoscritti odoriciani*(《鄂多立克手稿统计》),in G. Melis(梅文健)(a cura di)(编著),*Odorico da Pordenone e la Cina*(《来自波代诺内的鄂多立克和中国》),Pordenone:Concordia Sette,1984,pp.117-150.

59.【儒】Tomassini,F.(托马西尼,福斯托)(tr. a cura di)(编译),Confucio(孔子),*Primavera e Autunno con i commentari di Tso*(《左氏春秋》),Milano:Rizzoli,1984.

60.【神】Vitiello,G.(魏浊安),*Pan Gu:per lo studio del tema mitico dell'uovo cosmico e dell'uomo cosmico nell'area-tibetana*(《盘古:对西藏地区有关开天辟地的神话研究》),«Cina»(《中国》),19(1984),pp.7-27.

科学和科学史

61.Santangelo,P.(史华罗),*Matteo Ricci e l'introduzione della scienza occidentale in Corea nei secoli XVII e XVIII*(《利玛窦神父与17和18世纪西方科学引入朝鲜》),in M. Cigliano(玛利亚·奇利亚诺)(a cura di)(编著),*Atti del Convegno Internazionale di Studi Ricciani*(《利玛窦研究国际研讨会论文集》),Macerata:Centro Studi Ricciani,1984,pp.157-175.

三、备注

1.格里高利大学(Apud Aedes Universitatis Gregorianae)教会史学院院长马里奥·福一斯(Mario Fois)教授的论文《利玛窦求学时期的耶稣会罗马公学院》被收录于1984年在马切拉塔出版的《利玛窦研究国际研讨会论文集》中。这篇论文详细描述了格里高利大学的前身耶稣会罗马公学院的发展史。重点介绍了利玛窦求学时期罗马公学院的教学理念、课程设置、教学方法,并介绍了《耶稣会教学大纲》(Ratio Studiorum)的编纂过程。通过对耶稣会人文主义教育的深入研究,阐释明末清初入华传教的利玛窦神父面对中华文明时采取开放态度的文化根源,并介绍了利玛窦的主要中文作品。

2.马切拉塔大学(Università degli Studi di Macerata)亚非史学教授柯拉迪尼的论文《利玛窦作品在东西方关系中的现实意义》被收录于1984年在马切拉塔出版的《利玛窦研究国际研讨会论文集》中。这篇论文首先对比了马可·波罗和利玛窦,认为二者在中国具有相同的影响力。二者的区别在于,前者的《马可·波罗游记》是一部商人的旅行游记,更像是一个引人入胜的奇幻故事。而且,前者记述的是蒙古族统治下的中国,而非真正的中国。然而,利玛窦学习了汉语,精通"四书五经"等儒家经典。为了皈化大明帝国,他潜心研究中国文化,他的《札记》和《信札》从政治、经济、语言、文化等方面对中国进行了科学、系统的描写。他的作品是有关中国的珍贵史料,后来的启蒙主义者对中国的认识就源于他的作品。柯拉迪尼教授认为利玛窦应被视为西方现代汉学的奠基者。

3.帕维亚大学(Università degli Studi di Pavia)亚非史学教授保罗·贝奥尼奥·布罗基里(Paolo Beonio Brocchieri)的论文《利玛窦的传教策略及其基督教哲学思想》被收录于1984年在马切拉塔出版的《利玛窦研究国际研讨会论文集》中。该论文指出,中梵双方尽管在诸多问题上存在分歧,却一致对利玛窦在中西文化交流史中的积极作用给予了高度评价。

4.罗马智慧大学(Università degli Studi di Roma "La Sapienza")中国语言文学教授白佐良的论文《利玛窦和道教》被收录于1984年在马切拉塔出版的《利玛窦研究国际研讨会论文集》中。这篇论文论述了利玛窦来华之际,中国儒、释、道三教并存的格局,着重介绍了道教在中国的产生和发展,以及利玛窦在华期间道教和佛教的相互倾轧与影响,并大量引用利玛窦《耶稣会远征中国史》中描述道教的文字,来展现一位精通儒学的西方传教士眼中的道教。

5.莱切大学(Università degli Studi di Lecce)亚非史学教授梅文健的论文《利玛窦〈天主实义〉中的欧洲哲学论题和作品引用》被收录于1984年在马切拉塔出版的《利玛窦研究国际研讨会论文集》中。这篇论文介绍了利玛窦的中文神学作品《天主实义》的写作和出版经过,以及在中国文人中产生的影响。同时分析了《天主实义》中蕴含的亚里士多德—托勒密哲学思想,以及作品中受到中国文化和哲学思想影响的因素。

6. 马切拉塔大学德语教师汉斯·乔治·格鲁宁(Hans-Georg Grüning)的论文《歌德和中国思想:以利玛窦为媒介》被收录于1984年在马切拉塔出版的《利玛窦研究国际研讨会论文集》。18世纪中国文化通过意大利、葡萄牙和法国耶稣会士以及荷兰商人传入欧洲,对欧洲思想界产生了深远的影响。根据利玛窦神父撰写的《耶稣会远征中国史》的记载,利玛窦神父在南京应佛教徒大理寺卿李汝祯之邀赴宴,并在宴会上与金陵名僧三淮法师相见,就"造物主"的属性及"造物主"与"被造物"之间的关系等哲学命题进行了激烈的辩论。这一天主教神学思想与中国佛教思想在近代的第一次交锋引起了德国伟大诗人歌德的浓厚兴趣。歌德从学生时代就深受布鲁诺和斯宾诺莎"泛神论"思想的影响,对被利氏称为"偶像崇拜者"的中国文人三淮法师的禅宗思想深以为然。他曾在1798年与席勒(Schiller)的书信中附上了描述利玛窦和三淮法师论战的文字,当提到利玛窦要求三淮法师代替"天地"创造一个"炭火盆"时,歌德写下了这样的文字:"如果此时这位中国学者能够拿起那个'炭火盆'递给他的对手,然后说'不错,这就是我创造的,拿去用吧',那么我会更加仰慕他。"

7. 朱塞佩·图齐(Giuseppe Tucci,1894—1984)1894年6月5日出生于意大利马切拉塔(Macerata)。朱塞佩·图齐年轻时就对自己家乡的古文明怀有浓厚兴趣。随后,他把这种兴趣转向东方宗教。1915年,朱塞佩·图齐在罗马大学注册上学,大学期间因入伍参加第一次世界大战而暂时中断学业。1919年,他从罗马大学文学系毕业,随后进入众议院图书馆工作。朱塞佩·图齐爱好梵文、希伯来语和古伊朗语,自学了东方文化。1925年,根据意大利政府与印度诗人泰戈尔达成的援助协议,他与东方学家卡罗·福尔米奇(Carlo Formichi)一道远赴印度,在维斯瓦·巴拉蒂大学(Visva-Bharati University)学习和工作,教授汉语及意大利语。1926年,因泰戈尔对意大利法西斯政府严厉批判,意大利政府撤回对维斯瓦·巴拉蒂大学的援助,朱塞佩·图齐开始在印度的其他几所大学任教。在这段岁月中,他曾两次赴拉达克考察,多次前往位于喜马拉雅山南麓的锡金邦,还去过一次尼泊尔。在这几次考察中,他主要对寺庙和皇家图书馆中的佛教文献进行研究。1929年他被提名为意大利皇家科学院院士。1931年他返回意大利,在那不勒斯东方大学教授中国语言文学。1932年,他通过竞聘,开始在罗马大学文学哲学院教授印度和远东宗教哲学。1933年他和哲学家乔瓦尼·秦梯利一同创建了意大利中东及远东研究院(IsMEO),旨在加强意大利与亚洲国家的文化联系。他也是意大利非洲与东方研究院(IsIAO)的创建人,在他的倡导下,该研究院在拓展意大利与东方国家之间的关系及研究方面做出了巨大的贡献。他于1964年退职,1969年退休,1970年成为荣誉教授。朱塞佩·图齐一生桃李满天下,他的学生中不乏优秀的东方学家,其中最值得一提的便是著名汉学家伯戴克。

朱塞佩·图齐喜欢在跋涉和实地考察中找寻历史的意义。他曾说:"如果说,是科学驱使我踏上坎坷艰辛的亚洲之旅的话,那么,科学的驱使无疑是应和了我与生俱来对逃离的渴望、对自由和旷野本能的热爱,以及对实现我心中梦幻玄想的憧憬。而要实现这种梦幻玄想,唯有远离千篇一律的人群,独自漫游在天地之间,不在一处停滞淹留,日日迁徙于无尽变换的情境之中,每天相遇新的面孔——这些'新'的人无不扎根于这古旧的大地,当今之人也必是那源远流长的古老传统无意结出的果实;对于懂得问询的人,那些往古的遗存会将昔日的戏剧、虚幻的梦想或永久的憧憬对他娓娓道来。"他组织参与了一系列实地调查活动,创建相关研究机构并担任学术期刊的编辑工作。他曾于1928年至1948年间,8次赴中国西藏进行考察,1925年至1954年间6次深入尼泊尔调查,1955年起先后在巴基斯坦、阿富汗和伊朗等地进行考古发掘工作。朱塞佩·图齐特别热爱西藏这片土地。他曾意味深长地说:"西藏仍然是悬浮于新思想汹涌澎湃的世界上的古岛,拥有灿烂伟大的文化、与生俱来的艺术敏锐性、博大精深的人文关怀。……我迷醉于弥漫在西藏的中世纪气氛中,无论其表象如何,比起西方,这里更能使人真正成为自己的主人。"他的藏学研究正是在这种对西藏的心灵朝圣之旅中展开的。朱塞佩·图齐撰写了大量关于藏学的著述,包括《梵天佛地1:西北印度和西藏西部的塔和擦擦——试论藏族宗教艺术及其意义》①、《梵天佛地2:仁钦桑波及公元1000年左右藏传佛教的复兴》②、《梵天佛地3:西藏西部的寺院及其艺术象

---

① Indo-Tibetica 1:Mc'od rten e ts'a ts'a nel Tibet indiano ed occidentale;contributo allo studio dell'arte religiosa tibetana e del suo significato.
② Indo-Tibetica 2:Rin c'en bzan po e la rinascita del buddhismo nel Tibet intorno al Mille,Roma:Reale Accademia d'Italia.

征》①、《梵天佛地4：江孜及其寺院》②、《西藏：雪域》③等。朱塞佩·图齐在藏学研究上取得的丰硕成果，除了与他多次赴藏进行考察研究有关，也得益于他非凡的语言天赋。朱塞佩·图齐自幼就表现出对语言学习的兴趣和能力，他先后学会了希伯来语、梵语、波斯语和汉语。朱塞佩·图齐不仅撰写了大量关于藏学的著述，同时还搜集和整理了一大批藏文文献资料和摄影作品，将西方藏学研究向前推进了一大步，为之后的藏学研究工作打下了坚实的基础。"以目前在意大利亚非研究院图书馆所藏《图齐藏文文库》为例，这批藏书是图齐在西藏西部和中部考察期间搜集到的。藏品中的部分刻本和写本做工精湛，是如今已不复存在的古代图书印制工艺的见证。朱塞佩·图齐在西藏考察期间所拍摄的照片涵盖范围也非常广泛，其中不仅包括古迹、经书，还有很多关于风景、人物以及日常生活变迁的内容，这些也都为藏学研究提供了关于西藏历史文化的宝贵信息。"④

公元1985年

一、大事记

1.《中国文学选读、翻译及评论Ⅱ，散文》(*Testi di letteratura cinese scelti, tradotti e commentati. Ⅱ. Prosa*)在罗马出版发行，书中收录了白佐良(Giuliano Bertuccioli)教授翻译的《大学》中的部分内容及《论语》全本。

2.富安敦在《那不勒斯东方学院年鉴》第45期上发表文章，介绍了东亚研究院京都分部的创立及其在东方学研究方面的成果。⑤

---

① *Indo-Tibetica 3: I templi del Tibet occidentale e il loro simbolismo artistico*, 2 voll., Roma: Reale Accademia d'Italia.
② *Indo-Tibetica 4: Gyantse ed i suoi monasteri*, 3 voll., Roma: Reale Accademia d'Italia.
③ *Tibet, paese delle nevi*.
④ 袁剑：《图齐在心灵朝圣之旅中展开藏学研究》，《中国民族报》，2010年7月30日。
⑤ A. Forte, *The School of East Asian Studies (Tōhōgaku Kenkyūjo) in Kyoto*, «Annali [dell'] Istituto Universitario Orientale di Napoli (AION)», 1985.

3."'中国古代文明'国际研讨会"（Convegno Internazionale 'la civiltà cinese antica'）在罗马举行。参会的学者中，有很多意大利著名汉学家，如白佐良教授、史华罗教授及圭德（Guido Samarani）教授。会上，来自各方的汉学专家共同探讨了中国古代文明对世界的贡献及影响。在著名汉学期刊《中国世界》第50期上，意大利著名中国史研究专家圭德为研讨会写作了一篇介绍文章。

4.维尔玛·科斯坦蒂尼翻译并在都灵出版了《李白、白居易、杜甫著〈玉樽〉》一书，这本书系统地介绍了中国唐代诗坛三杰李白、杜甫和白居易的作品，收录41首李白的诗、38首杜甫的诗和41首白居易的诗。

二、书（文）目录

书目提要和汉学史

1.Samarani, G.（圭德）, *Convegno internazionale 'la civiltà cinese antica'*（《"中国古代文明"国际研讨会》）, «Mondo Cinese»（《中国世界》）, 50(1985), pp.65-67.

2.Stary, G.（斯塔瑞，乔瓦尼）, *Opere mancesi in Italia e in Vaticano*（《意大利和梵蒂冈的满文文献》）, Wiesbaden: Harrassowitz, 1985.

历史与制度

3.Baldacci, O.（巴尔达奇，奥斯瓦尔多）, *Le comunicazioni marittime dal Mediterraneo all' Estremo Oriente nel secolo XVII*（《17世纪从地中海到远东的海上交通》）, in A. Luini（阿尔奇德·卢伊尼）(a cura di)（编著）, *Scienziati siciliani gesuiti in Cina nel secolo XVII*（《17世纪在中国的西西里耶稣会士中的科学家》）, Roma-Milano-Torino: Istituto Italo-Cinese, 1985, pp.41-49.

4.Marazzi, Ugo（马拉齐，乌戈）(a cura di)（编著）, *La conoscenza dell' Asia e dell' Africa in Italia nei secoli XVIII e XIX*（《18和19世纪意大利对亚洲和非洲的认识》）, II, Napoli: Istituto Universitario Orientale, 1985.

5.Santangelo, P.（史华罗）, *The Imperial Factories of Suzhou: Limits and Characteristics of State Intervention during the Ming and Qing Dynasties*（《苏州织造：明清两朝间政府干预形成的局限与特色》）, in S. R. Schram（斯图尔特·施拉姆）(edited by)(主编),*The Scope of State Power in China*(《中国国家权力的范围》),London-New York:School of Oriental and African Studies – Chinese University Press and St. Martin's Press,1985,pp.269-294.

6.Stary,G.(斯塔瑞,乔瓦尼),*Three Unedited Manuscripts of Manchu Epic Tale 'Nisan saman-i bithe'*(《〈尼山萨满传〉的三份未曾出版的满文手稿》),Wiesbaden:Kommissionsverlag O. Harrassowitz,1985.

7.Stary,G.(斯塔瑞,乔瓦尼),*'Man tsu wen-hua':eine neue Mandschuzeitschrift*(《〈满族文化〉:一份新的满族杂志》),《Zentralasiatische Studien》(《中亚研究》),18(1985),pp.192-200.

8.Stary,G.(斯塔瑞,乔瓦尼),*Taipei,Taiwan e gli studi mancesi*(《台北、台湾与满族研究》),《Mondo Cinese》(《中国》),49(1985),pp.69-75.

艺术、建筑、考古和音乐

9.【艺】Caterina,L.(卡泰里纳,卢恰),*Napoli,Museo Nazionale della Ceramica 'Duca di Martina'*(《那不勒斯马尔蒂纳公爵瓷器博物馆》),in R. Ciarla(罗伯托·恰拉)(a cura di)(编著),*Arte cinese in collezioni italiane fine-secolo*(《世纪之交意大利收藏的中国艺术》),Roma:Museo Nazionale d'Arte Orientale di Roma,1985,pp.38-55.

10.【艺】Ciarla,R.(恰拉,罗伯托)(a cura di)(编著),*Arte cinese in collezioni italiane fine-secolo*(《世纪之交意大利收藏的中国艺术》),Roma:Museo Nazionale d'Arte Orientale di Roma,1985.

11.【艺】Ciarla,R.(恰拉,罗伯托),*'Disegni' e silhouettes in ferro:qualche riflessione preliminare*(《铁艺图案和剪影:一些初步思考》),in L. Fornari Schianchi(卢恰·福尔纳里·斯基安基)(a cura di)(编著),*Ombre cinesi e quadri in ferro*(《中国皮影和铁艺绘画》),Parma:Artegrafica Silva,1985,pp.40-43.

12.【考】Ciarla,R.(恰拉,罗伯托),*Dopo ventisei anni di scavo è tornata alla luce Yongcheng,la prima capitale del regno di Qin*(《经过26年挖掘后秦国第一个首都雍城重见天日》),《Atlante》(《地图册》),(settembre 1985).

13.【艺】【考】Ciarla,R.(恰拉,罗伯托),*Venezia,Museo Orientale*(《威尼斯东方

博物馆》),in R. Ciarla(罗伯托·恰拉)(a cura di)(编著),*Arte cinese in collezioni italiane fine-secolo*(《世纪之交意大利收藏的中国艺术》),Roma:Museo Nazionale d'Arte Orientale di Roma,1985,p.56.

14.【艺】Corsi,E.(科尔西,伊丽莎白),*Arte cinese in collezioni italiane fine-secolo*(《世纪之交意大利收藏的中国艺术》),《Mondo Cinese》(《中国世界》),49(1985),pp.77-80.

15.【艺】【考】Failla,D.(法伊拉,多纳泰拉),*Venezia,Museo Orientale:abiti di corte e abiti ufficiali Qing*(《威尼斯东方博物馆:清朝时期的宫廷服饰和官服》),in R. Ciarla(罗伯托·恰拉)(a cura di)(编著),*Arte cinese in collezioni italiane fine-secolo*(《世纪之交意大利收藏的中国艺术》),Roma:Museo Nazionale d'Arte Orientale di Roma,1985,pp.57-63.

16.【艺】Fornari Schianchi,L.(福尔纳里·斯基安基,卢恰)(a cura di)(编著),*Ombre cinesi e quadri in ferro*(《中国皮影和铁艺绘画》),Parma:Artegrafica Silva,1985.

17.【艺】Pinto,S.(平托,桑德拉),*Alle origini di un gusto per l'arte cinese*(《中国艺术品位的起源》),in R. Ciarla(罗伯托·恰拉)(a cura di)(编著),*Arte cinese in collezioni italiane fine-secolo*(《世纪之交意大利收藏的中国艺术》),Roma:Museo Nazionale d'Arte Orientale di Roma,1985,pp.8-12.

18.【艺】Zenone Padula,L.(芝诺·帕杜拉,劳拉)(a cura di)(编著),*Porcellane orientali nella collezione Spinola*(《斯皮诺拉收藏中的东方瓷器》),Genova:Tipografia Tormena,1985.

语言和语言史

19.Casacchia,G.(卡萨齐),*The Lexicon of the Suzhou Dialect in the Nineteenth Century Novel Sing-song Girls of Shanghai*(《19世纪小说〈海上花列传〉中的苏州方言词汇集》),《Cahiers de Linguistique.Asie Orientale》(《语言学论文:东亚》),13(1984),pp.101-119,241-263;14(1985),pp.118-145.

文学

20. Bertuccioli, G.(白佐良)(tr. a cura di)(编译), *Testi di letteratura cinese scelti, tradotti e commentati*. Ⅱ. *Prosa*(《中国文学选读、翻译及评论Ⅱ，散文》), Roma: Ⅱ Bagatto, 1985.

21. Bujatti, A.(布娅蒂，安娜)(tr. a cura di)(编译), Li Qingzhao(李清照), *Sei poesie*(《词六阕》), « Oceano Atlantico »(《大西洋》), 1(1985), 4, p.1.

22. Costantini, V.(科斯坦蒂尼，维尔玛)(tr. a cura di)(编译), *Li Bai, Bai Juyi, Du Fu. Coppe di giada*(《李白、白居易、杜甫著〈玉樽〉》), Torino: Unione Tipografico-Editrice Torinese, 1985.

23. Lavagnino, A. C.(罗桑达), *I 'cardini della letteratura' secondo Liu Xie*(《刘勰的"文学要点"》), *Introduzione, traduzione e note di alcuni capitoli del Wen xin diao long*(《〈文心雕龙〉选段的序言、翻译和注解》), « Annali [dell'] Istituto Universitario Orientale di Napoli »(《那不勒斯东方大学年鉴》), 45(1985), pp.239-286.

24. Müller, M.(穆勒，马可), *L'opera delle ombre di pelle: il teatro d'ombre in Cina*(《皮影戏在中国》), in L. Fornari Schianchi(卢恰·福尔纳里·斯基安基)(a cura di)(编著), *Ombre cinesi e quadri in ferro*(《中国皮影和铁艺绘画》), Parma: Artegrafica Silva, 1985, pp.9-35.

25. Ottaviani, G.(奥塔维亚尼，焦亚), *Commedianti figurati*(《形体喜剧》), in L. Fornari Schianchi(卢恰·福尔纳里·斯基安基)(a cura di)(编著), *Ombre cinesi e quadri in ferro*(《中国皮影和铁艺绘画》), Parma: Artegrafica Silva, 1985, pp.45-49.

26. Stary, G.(斯塔瑞，乔瓦尼), *Fundamental Principles of Manchu Poetry*(《满族诗歌的基本原则》), in Lin Enxian(林恩显)(edited by)(主编), *Proceedings of International Conference on China Border Area Studies*(《中国边疆地区国际研究大会会议记录》), Taipei: National Chengchi University, 1985, pp.187-221.

27. Stary, G.(斯塔瑞，乔瓦尼), *Neues mlaterial zur mandschurischen literaturegeschichte: mandschurische-chinesische 'Mischgedichte'*(《满文文学史新资料：满汉"混合诗"》), « Zentralasiatische Studien »(《中亚研究》), 18(1985), pp.90-164.

哲学

28.【基】Adespoto(佚名)(a cura di)(编著), *Lettera di Nicolò Longobardo S. I. al p. Giuseppe Grillo*(《耶稣会士龙华民神父寄给朱塞佩·格里洛神父的信》), in A. Luini(阿尔奇德·卢伊尼)(a cura di)(编著), *Scienziati siciliani gesuiti in Cina nel secolo XVII*(《17世纪在中国的西西里耶稣会士中的科学家》), Roma-Milano-Torino：Istituto Italo-Cinese, 1985, pp.259-262.

29.【基】Beonio Brocchieri, Paolo(贝奥尼奥·布罗基里, 保罗), *Prospero Intorcetta*(《普若斯佩罗·阴图尔切塔》), in A. Luini(阿尔奇德·卢伊尼)(a cura di)(编著), *Scienziati siciliani gesuiti in Cina nel secolo XVII*(《17世纪在中国的西西里耶稣会士中的科学家》), Roma-Milano-Torino：Istituto Italo-Cinese, 1985, pp.171-182.

30.【基】Bertuccioli, G.(白佐良), *La traduzione cinese del 'Diario' di Matteo Ricci*(《利玛窦〈札记〉的中文译本》),《Mondo Cinese》(《中国世界》), 52(1985), pp.39-41.

31.【道】Bertuccioli, G.(白佐良), *Mao-shan Revisited*(《重游茅山》),《East and West》(《东西方》), 35(1985), pp.277-281.

32.【基】Capizzi, C.(卡皮齐, 卡尔梅洛), *Per una biografia scientifica di Prospero Intorcetta*(《普若斯佩罗·阴图尔切塔神父的一部严谨的传记》), in A. Luini(阿尔奇德·卢伊尼)(a cura di)(编著), *Scienziati siciliani gesuiti in Cina nel secolo XVII*(《17世纪在中国的西西里耶稣会士中的科学家》), Roma-Milano-Torino：Istituto Italo-Cinese, 1985, pp.197-217.

33.【基】Corradini, P.(柯拉迪尼), Introduzione [a](序言), C. Zeuli(基亚拉·则沃利)(a cura di)(编著), *Matteo Ricci. Lettere dal manoscritto maceratese*[《利玛窦：信札(马切拉塔人的手稿)》], Macerata：Centro Studi Ricciani, 1985, pp.1-2.

34.【基】Corradini, P.(柯拉迪尼), *La figura e l'opera di Nicolò Longobardo*(《龙华民及其作品》), in A. Luini(阿尔奇德·卢伊尼)(a cura di)(编著), *Scienziati siciliani gesuiti in Cina nel secolo XVII*(《17世纪在中国的西西里耶稣会士中的科学家》), Roma-Milano-Torino：Istituto Italo-Cinese, 1985, pp.73-81.

35.【基】Di Giorgio, F.(狄乔治,弗朗哥),*L'atteggiamento di Matteo Ricci nei confronti del Taoismo*(《利玛窦对道教的态度》),《 Mondo Cinese »(《中国世界》),51(1985),pp.27-37.

36.【佛】Forte, A.(富安敦),*Brevi note sul testo kashmiro del Dhāraṇī-sūtra di Avalokitesvara dall'infallibile laccio introdotto in Cina da Manicintana*(《浅论克什米尔文献:被宝思惟引入中国的观世音菩萨如意摩尼陀罗尼经》), in G. Gnoli(盖拉尔多·尼奥利)e L. Lanciotti(兰乔蒂)(a cura di)(编著),*Orientalia Iosephi Tucci memoriae dicata*(《为纪念朱塞佩·图齐而出版的东方学论文集》),I, Roma: Istituto Italiano per il Medio ed Estremo Oriente, 1985, pp.371-393.

37.【佛】Forte, A.(富安敦), Hui-chih(慧智)(fl.676-703A. D.),*A Brahmin Born in China*(《生于中国的婆罗门》),« Annali [dell'] Istituto Universitario Orientale di Napoli »(《那不勒斯东方大学年鉴》),45(1985),pp.105-134.

38.【基】Luini, A.(卢伊尼,阿尔奇德)(a cura di)(编著),*Scienziati siciliani gesuiti in Cina nel secolo XVII*(《17世纪在中国的西西里耶稣会士中的科学家》). Roma-Milano-Torino: Istituto Italo-Cinese, 1985.

39.【基】Melis, G.(梅文健),*L'eredità di Matteo Ricci. Problematica politica e culturale*(《利玛窦的遗产:政治和文化问题》), in A. Luini(阿尔奇德·卢伊尼)(a cura di)(编著),*Scienziati siciliani gesuiti in Cina nel secolo XVII*(《17世纪在中国的西西里耶稣会士中的科学家》). Roma-Milano-Torino: Istituto Italo-Cinese, 1985, pp.5-23.

40.【基】Poggi, V., S. I.(波吉,温琴佐),*Matteo Ripa e la stele di Si-an*(《马国贤和西安石碑》), in A. Gallotta(阿尔多·加洛塔)ed U. Marazzi(乌戈·马拉齐)(a cura di)(编著),*La conoscenza dell'Asia e dell'Africa in Italia nei secoli XVIII e XIX*(《18和19世纪意大利对亚洲和非洲的认识》),II, Napoli: Istituto Universitario Orientale, 1985, pp.211-218.

41.【基】Sinatra, F.(西纳特拉,弗朗切斯科),*Formazione culturale di p. Nicolò Longobardo scienziato e sinologo*(《科学家、汉学家龙华民神父的文化教育背景》), in A. Luini(阿尔奇德·卢伊尼)(a cura di)(编著),*Scienziati siciliani gesuiti in Cina nel secolo XVII*(《17世纪在中国的西西里耶稣会士中的科学家》), Roma-Milano-Torino:

Istituto Italo-Cinese, 1985, pp.103-116.

42.【萨】Stary, G.(斯塔瑞,乔瓦尼), *Schamanentexte der Sibe-Mandschuren aus Sinkiang*(《新疆的满族分支锡伯族的萨满教经文》), «*Zentralasiatische Studien*» (《中亚研究》), 18(1985), pp.165-191.

43.【基】Terracina, G.(泰拉奇纳,朱塞佩)(tr. a cura di)(编译), *Prefazione della traduzione cinese del 'Diario' di Matteo Ricci*(《利玛窦〈札记〉中文译本的序言》), «*Mondo Cinese*»(《中国世界》), 52(1985), pp.41-61.

44.【基】Zeuli, C.(则沃利,基亚拉)(a cura di)(编著), *Matteo Ricci. Lettere dal manoscritto maceratese*[《利玛窦〈信札〉(来自马切拉塔人的手稿)》], Macerata: Centro Studi Ricciani, 1985.

三、备注

圭德是威尼斯卡·福斯卡里大学亚非学院教授。其主要研究领域为中华人民共和国政治史以及20世纪的中意关系、当代中国政治体制。其主要论著包括《1925年5月30日:中国工人运动和民族问题之间关系的历史转折点》(*Il '30 maggio 1925': svolta storica nel rapporto tra movimento operaio e questione nazionale in Cina*)、《"五四"时期中国的知识分子和马克思主义:胡汉民和关于历史唯物观的讨论》(*Intellettuali e marxismo in Cina all'epoca del '4 maggio': Hu Hanmin e la discussione sulla concezione material del Convegno su 'La Cina a sessant'anni dal Movimento del 4 maggio*)。

公元1986年

一、大事记

1. 9月,两年一度的欧洲汉学协会(European Association for Chinese Studies)年会在意大利都灵召开。这是欧洲汉学协会第一次在意大利召开。与会学者来自世界各地,多达150余人。会上发表了很多汉学研究专论,探讨内容多涉及中国文学、历史、政治、科学等方面。

2.玛丽娜·巴塔利尼(Marina Battaglini)在汉学专刊《中国世界》第53期上发表了一篇介绍罗马国立图书馆中所藏汉文文献的文章。这篇论文为意大利汉学研究,尤其是传教士时期汉学资料的收藏及保存情况提供了非常重要的文献学支持。

3.傅卡迪(Gabriele Foccardi)将1982年至1985年间在意大利发表的所有有关中国文明及汉学研究的论文收集起来,辑为《心灵漫步:中华文明及汉学研究文章汇编(1982—1985)》[*Rambling on My Mind. Writings on Chinese Civilization and Sinology(1982-1985)*]一书在帕多瓦(Padova)出版。

4.那不勒斯东方大学中国史学教授史华罗和意大利威尼斯卡·福斯卡里大学汉学系教授萨巴蒂尼合著了一本具有很高学术价值的中国通史《中国历史:从起源到共和国的建立》,记录了从远古直到封建王朝末的中国历史。

二、书(文)目录

书目提要和汉学史

1.Battaglini,M.(巴塔利尼,玛丽娜), *Il fondo cinese della Biblioteca 'Vittorio Emanuele' di Roma*(《罗马维托里奥·伊曼纽图书馆的中国文献》),《 Mondo Cinese 》(《中国世界》),53(1986),pp.69-77.

2.Foccardi G.(傅卡迪), *Rambling on My Mind. Writings on Chinese Civilization and Sinology(1982-1985)*[《心灵漫步:中华文明及汉学研究文章汇编(1982—1985)》],Padova:Imprimatur,1986.

3.Lanciotti,L.(兰乔蒂), *Italian Contributions to Chinese Studies in the Last 20 Years*(《近20年来意大利在汉学研究方面的贡献》),《 Tōhōgaku 》(《东方学》),1(1986),pp.181-183.

历史与制度

4.Albanese,A.(阿尔巴内塞,安德烈纳), *Qualche considerazione sull'interpretaz-*

ione di fonti cinesi scritti in lingua non contemporanea(《对中文古文献诠释的几点看法》),«Studi Orientali e Linguistici»(《东方语文研究》),3(1986),pp.218-229.

5.Bertuccioli,G.(白佐良),*Come l'Europa vide la Cina nel secolo XVIII*(《18世纪欧洲如何看中国》),«Mondo Cinese»(《中国世界》),54(1986),pp.21-30.

6.Brunello,F.(布鲁内洛,弗朗哥),*Marco Polo e le merci dell'Oriente*(《马可·波罗和东方的商品》),Vicenza:Neri Pozza Editore,1986.

7.Cigliano,M.(奇利亚诺,玛利亚),*L'amministrazione delle popolazioni non-Han in epoca Tang:il sistema jimi*(《唐朝时对少数民族的行政管理制度:羁縻府州制度》),«Cina»(《中国》),20(1986),pp.39-58.

8.*Cina a Venezia.Dalla dinastia Han a Marco Polo*(《中国在威尼斯:从汉朝到马可·波罗》),Catalogo[della Mostra]a cura di Museo della Storia Cinese di Pechino(《北京中国历史博物馆图册》),Seminario di lingua e letteratura cinese dell'Università degli Studi di Venezia(威尼斯卡·福斯卡里大学中国语言文学研讨会),Istituto Italiano per il Medio ed Estremo Oriente(意大利中东及远东研究院),Milano:Electa,1986,p.230.

9.Corradini,P.(柯拉迪尼),*Il contributo delle Marche alla conoscenza dell'Asia Orientale*(《马尔凯大区对认识东亚的贡献》),«Memorie e Rendiconti.Istituto Marchigiano di scienze,lettere e arti»(《马尔凯科学、文学和艺术研究会专题论文与报告》),24(1986),pp.173-184.

10.Corradini,P.(柯拉迪尼),*Il secolo XVIII in Cina*(《18世纪的中国》),«Mondo Cinese»(《中国世界》),54(1986),pp.9-20.

11.Dalsecco,L.(达尔塞克,卢恰诺),*Ch'in Shih Huang-ti un anticonfuciano?*(《秦始皇帝是一个反儒学者吗?》),«Studi Orientali e Linguistici»(《东方语文研究》),3(1986),pp.205-218.

12.Foccardi,G.(傅卡迪),*The Chinese Travelers of the Ming Period*(《明朝时期的中国旅行家》),Padova:Imprimatur,1986.

13.Fracasso.R.(弗拉卡索,里卡尔多),*Dialogo sui massimi sapori*(《极富情趣的

对话》)①,«Annali[dell']Istituto Universitario Orientale di Napoli»(《那不勒斯东方大学年鉴》),1986.

14. Madaro, A.(马达罗·阿德里亚诺), *Viaggio in Cina*(《中国旅行》), Edizioni del Marco Polo,1986.

15. Petech, L.(毕达克), *Relazioni con l'estero*(《对外关系》), in *Cina a Venezia. Dalla dinastia Han a Marco Polo*(《中国在威尼斯:从汉朝到马可·波罗》), *Catalogo[della Mostra]a cura di Museo della Storia Cinese di Pechino*(《北京中国历史博物馆图册》), Seminario di lingua e letteratura cinese dell'Università degli Studi di Venezia(威尼斯卡·福斯卡里大学中国语言文学研讨会), Istituto Italiano per il Medio ed Estremo Oriente(意大利中东及远东研究院), Milano:Electa,1986, pp.52-55.

16. Ruggieri, Ruggero M.(鲁杰里,鲁杰罗)(a cura di)(编著), Marco Polo(马可·波罗), *Il Milione*(《马可·波罗游记》), Firenze:L. S. Olschki,1986.

17. Sabattini, M.(萨巴蒂尼,马里奥), *Dagli stati regionali all'impero centralizzato*(《从列国到中央集权的帝国》), in L. Lanciotti(兰乔蒂)(a cura di)(编著), *Tesori dell'antica Cina. Archeo dossier*(《古代中国的瑰宝·古代档案》), Novara:Istituto Geografico De Agostini,1986, pp.30-35.

18. Sabattini, M.(萨巴蒂尼,马里奥), *Un esercito dimenticato*(《一支被遗忘的军队》), in L. Lanciotti(兰乔蒂)(a cura di)(编著), *Tesori dell'antica Cina. Archeo dossier*(《古代中国的瑰宝·古代档案》), Novara:Istituto Geografico De Agostini, 1986, pp.36-37.

19. Santangelo, P.(史华罗)e Sabattini, M.(萨巴蒂尼,马里奥), *Storia della Cina. Dalle origini alla fondazione della Repubblica*(《中国历史:从起源到共和国的建立》), Bari:Laterza,1986.

20. Stefani, S.(斯特凡尼,桑德雷), *Note introduttive all'abbigliamento femminile di corte Tang in base alle fonti iconografiche dell'epoca*(《论唐朝时期宫廷女子的服饰——以当时的画像文献为基础》), «Cina»(《中国》),20(1986), pp.59-91.

---

① 本篇选自《吕氏春秋》卷十四。

21. Tozzi Giuli, D.(托齐·朱利,达尼埃拉), *La dinastia Sui: profilo storico e caratteri generali*(《隋朝:历史梗概和特点》), Roma: Il Bagatto, 1986.

艺术、建筑、考古和音乐

22.【艺】Adespoto(佚名), *Arte cinese antica e moderna*(《古代和现代中国艺术》), Milano: Semenzato, 1986.

23.【艺】Calza, Gian C.(姜楷洛), *Lo sviluppo dell'arte nella Cina dei secoli d'oro*(《中国黄金时代的艺术发展》), in *Cina a Venezia. Dalla dinastia Han a Marco Polo*(《中国在威尼斯:从汉朝到马可·波罗》), *Catalogo[della Mostra]a cura di Museo della Storia Cinese di Pechino*(《北京中国历史博物馆图册》), Seminario di lingua e letteratura cinese dell'Università degli Studi di Venezia(威尼斯卡·福斯卡里大学中国语言文学研讨会), Istituto Italiano per il Medio ed Estremo Oriente(意大利中东及远东研究院), Milano: Electa, 1986, pp.96-100.

24.【艺】【考】Caterina, L.(卡泰里纳,卢恰), *Dall' Oriente a Torino*(《从东方到都灵》), in *Porcellane e argenti del Palazzo Reale di Torino*(《都灵皇宫收藏之瓷器和银器》), Milano: Fabbri Editore, 1986, pp.341-357.

25.【艺】Caterina, L.(卡泰里纳,卢恰), *Bianco e blu*(《白与蓝》), in *Porcellane e argenti del Palazzo Reale di Torino*(《都灵皇宫收藏之瓷器和银器》), Milano: Fabbri Editore, 1986, pp.358-367.

26.【艺】Caterina, L.(卡泰里纳,卢恰), *Famiglia verde*(《绿色家庭》), in *Porcellane e argenti del Palazzo Reale di Torin*(《都灵皇宫收藏之瓷器和银器》), Milano: Fabbri Editore, 1986, pp.369-379.

27.【艺】Caterina, L.(卡泰里纳,卢恰), *Catalogo della porcellana cinese di tipo bianco e blu*(《"白与蓝"中国瓷器图册》), Roma: Istituto Poligrafico e Zecca dello Stato, 1986.

28.【艺】Caterina, L.(卡泰里纳,卢恰), *Sviluppi tecnologici nella produzione ceramica*(《瓷器制造技术发展》), in *Cina a Venezia. Dalla dinastia Han a Marco Polo*(《中国在威尼斯:从汉朝到马可·波罗》), *Catalogo[della Mostra]a cura di Museo della Storia Cinese di Pechino*(《北京中国历史博物馆图册》), Seminario di lingua e letteratura cinese dell'Università degli Studi di Venezia(威尼斯卡·福斯卡里大学中国语言文学研讨会),Istituto Italiano per il Medio ed Estremo Oriente(意大利中东及远东研究院),Milano:Electa,1986,pp.72-79.

29.【艺】【考】Caterina,L.(卡泰里纳,卢恰),*Una pagina sepolta della pittura cinese:dipinti murali in alcune tombe Tang*(《被埋葬的中国绘画:唐朝坟墓里的壁画》),in *Cina a Venezia.Dalla dinastia Han a Marco Polo*(《中国在威尼斯:从汉朝到马可·波罗》),*Catalogo[della Mostra]a cura di Museo della Storia Cinese di Pechino*(《北京中国历史博物馆图册》),Seminario di lingua e letteratura cinese dell'Università degli Studi di Venezia(威尼斯卡·福斯卡里大学中国语言文学研讨会),Istituto Italiano per il Medio ed Estremo Oriente(意大利中东及远东研究院),Milano:Electa,1986,pp.80-95.

30.【艺】【考】Ciarla,R.(恰拉,罗伯托),*Dal villagio alla città*(《从乡村到城市》),in L. Lanciotti(兰乔蒂)(a cura di)(编著),*Tesori dell'antica Cina.Archeo dossier*(《古代中国的瑰宝·古代档案》),Novara:Istituto Geografico De Agostini,1986,pp.11-29.

31.【艺】【考】Ciarla,R.(恰拉,罗伯托),*I sudari di giada*(《金缕玉衣》),in L. Lanciotti(兰乔蒂)(a cura di)(编著),*Tesori dell'antica Cina.Archeo dossier*(《古代中国的瑰宝·古代档案》),Novara:Istituto Geografico De Agostini,1986,p.38.

32.【考】Ciarla,R.(恰拉,罗伯托),*L'antagonista silenzioso:la'cultura Dian'tra il II e il I sec. a.C.*(《沉默的对手:公元前2世纪和公元前1世纪的"滇文化"》),«Rivista degli Studi Orientali»(《东方学研究》),60(1986),pp.45-87.

33.【考】Ciarla,R.(恰拉,罗伯托),*La via delle spezie*(《香料之路》),in A. Liberati(利博拉蒂)e S. Rizzo(利错)(a cura di)(编著),*Le vie mercantili tra Mediterraneo e Oriente nel mondo antico*(《古代连接地中海和东方的商路》),Roma:Palcani,1986,pp.159-167.

34.【考】Ciarla,R.(恰拉,罗伯托),*Nei musei cinesi non regna il silenzio:note storiche e considerazioni sulla ricerca archeologica in Cina*(《中国的博物馆没有陷入沉默:关于中国考古研究的简史与思考》),«Annali di Ca'Foscari.Serie Orientale»(《威尼斯卡·福斯卡里大学东方年鉴》),25(1986),pp.123-148.

35.【考】Ciarla, R.(恰拉,罗伯托), *La paffuta marchesa di Dai*(《体态丰满的傣族土司夫人》), in L. Lanciotti(兰乔蒂)(a cura di)(编著), *Tesori dell'antica Cina. Archeo dossier*(《古代中国的瑰宝·古代档案》), Novara: Istituto Geografico De Agostini, 1986, pp.39-40.

36.【艺】Ciarla, R.(恰拉,罗伯托), *Quadri di ferro: una forma di alto artigianato cinese*(《铁艺画:一种高级的中国手工艺形式》),《Rivista Finsider》(《精工制版杂志》),(gennaio-marzo 1986), pp.58-61.

37.【艺】Fossati, G.(福萨蒂,吉尔多), *Ancora sul problema della porcellana cinese*(《再论中国瓷器问题》),《Studi di Storia delle Arti》(《艺术史研究》),5(1986), pp.7-18.

38.【艺】Lanciotti, L.(兰乔蒂), *Presentazióne*(《介绍》), in L. Lanciotti(兰乔蒂)(a cura di)(编著), *Tesori dell'antica Cina. Archeo dossier*(《古代中国的瑰宝·古代档案》), Novara: Istituto Geografico De Agostini, 1986, pp.5-10.

39.【艺】【考】Lanciotti, L.(兰乔蒂)(a cura di)(编著), *Tesori dell'antica Cina. Archeo dossier*(《古代中国的瑰宝·古代档案》), Novara: Istituto Geografico De Agostini, 1986.

语言和语言史

40. Lanciotti, L.(兰乔蒂), *Some Terminological Observations about Tun-huang pienwen*(《关于敦煌"变文"中一些术语的几点思考》),《Tōhōgaku》(《东方学》),1(1986), pp.148-151.

文学

41. Adespoto(佚名)(tr. a cura di)(编译), *L'isola celeste*(《天岛》)①, *Dai Fantastici racconti di Liao*(《选自〈聊斋志异〉》), Roma: Editori Riuniti, 1986, p.117.

42. Casacchia, G.(卡萨齐)(tr. a cura di)(编译), *Apparizioni d'Oriente. Novelle cinesi del Medioevo*(《东方幽灵——中世纪的中文小说》), Roma: Editori

---

① 此题目并非《聊斋志异》该章节的原题,是意大利作者根据内容翻译的。

Riuniti,1986.

43.Casacchia,G.(卡萨齐)(tr. a cura di)(编译),Feng Menglong(冯梦龙),*I padiglioni d'argilla*(《陶土阁》)①,*Apparizioni d'Oriente.Novelle cinesi del Medioevo*(《东方幽灵——中世纪的中文小说》),Roma：Editori Riuniti,1986,pp.69-95.

44.Casacchia,G.(卡萨齐)(tr. a cura di)(编译),Feng Menglong(冯梦龙),*I ladri della capitale*(《京师有盗》)②,*Apparizioni d'Oriente.Novelle cinesi del Medioevo*(《东方幽灵——中世纪的中文小说》),Roma：Editori Riuniti,1986,pp.97-142.

45.Casacchia,G.(卡萨齐)(tr. a cura di)(编译),Feng Menglong(冯梦龙),*Un macabro incontro*(《一次致命相遇》)③,*Apparizioni d'Oriente. Novelle cinesi del Medioevo*(《东方幽灵——中世纪的中文小说》),Roma：Editori Riuniti,1986,pp.143-176.

46.Casacchia,G.(卡萨齐)(tr. a cura di)(编译),Feng Menglong(冯梦龙),*Le tre apparizioni*(《三个鬼魂》)④,*Apparizioni d'Oriente.Novelle cinesi del Medioevo*(《东方幽灵——中世纪的中文小说》),Roma：Editori Riuniti,1986,pp.177-203.

47.Casacchia,G.(卡萨齐)(tr. a cura di)(编译),Feng Menglong(冯梦龙),*La moneta maledetta*(《被诅咒的钱》)⑤,*Apparizioni d'Oriente.Novelle cinesi del Medioevo*(《东方幽灵——中世纪的中文小说》),Roma：Editori Riuniti,1986,pp.233-290.

48.Casacchia,G.(卡萨齐)(tr. a cura di)(编译),Feng Menglong(冯梦龙),*Le babbucce variopinte*(《陆五汉硬留合色鞋》)⑥,*Apparizioni d'Oriente.Novelle cinesi del Medioevo*(《东方幽灵——中世纪的中文小说》),Roma：Editori Riuniti,1986,pp.291-336.

49.Dadò,P.(达多,帕特里齐亚)(tr. a cura di)(编译),Feng Menglong(冯梦龙),*Il cadavere violato*(《奸尸》)⑦,in G. Casacchia(卡萨齐)(a cura di)(编著),

---

① 此题目并非冯梦龙作品的原题,是意大利作者根据内容翻译的。
② 《京师有盗》是冯梦龙《智囊补》中的一篇。
③ 此题目并非冯梦龙作品的原题,是意大利作者根据内容翻译的。
④ 福禄寿三星度世(《警世通言》第三十九卷)。
⑤ 一文钱小隙造奇冤(《醒世恒言》第三十四卷)。
⑥ 陆五汉硬留合色鞋(《醒世恒言》第十六卷)。
⑦ 闹樊楼多情周胜仙(《醒世恒言》第十四卷)。

Apparizioni d'Oriente. Novelle cinesi del Medioevo(《东方幽灵——中世纪的中文小说》),Roma:Editori Riuniti,1986,pp.205-231.

50.Fracasso,R.(弗拉卡索,里卡尔多),*Note introduttive al Chuxue ji*(《〈初学记〉绪论》),《Cina》(《中国》),20(1986),pp.93-121.

51.Greimel,Anna M.(格雷梅,安娜)(tr. a cura di)(编译),Li Yu(李渔),*Il tappeto da preghiera di carne(Jou p'u t'uan)*(《肉蒲团》),Milano:Sonzogno,1986.

52.Lanciotti,L.(兰乔蒂)(tr. a cura di)(编译),Gan Bao(干宝),*La tomba dei Tre Sovrani. Confucio conversa con Hsiang T'o*(《〈三王墓〉和〈孔子与项橐的对话〉》),in G. Casacchia(卡萨齐)(a cura di)(编著),*Apparizioni d'Oriente. Novelle cinesi del Medioevo*(《东方幽灵——中世纪的中文小说》),Roma:Editori Riuniti,1986,pp.13-17,19-25.

53.Lanciotti,L.(兰乔蒂),*Lo sviluppo storico-letterario*(《文学和历史的发展》),in *Cina a Venezia. Dalla dinastia Han a Marco Polo*(《中国在威尼斯:从汉朝到马可·波罗》),*Catalogo*[*della Mostra*]a cura di Museo della Storia Cinese di Pechino(《北京中国历史博物馆图册》),Seminario di lingua e letteratura cinese dell'Università degli Studi di Venezia(威尼斯卡·福斯卡里大学中国语言文学研讨会),Istituto Italiano per il Medio ed Estremo Oriente(意大利中东及远东研究院),Milano:Electa,1986,pp.50-51.

54.Masini,F.(马西尼)(tr. a cura di)(编译),Feng Menglong(冯梦龙),*Lo stivale traditore*①(叛变的皮靴),in G. Casacchia(卡萨齐)(a cura di)(编著),*Apparizioni d'Oriente. Novelle cinesi del Medioevo*(《东方幽灵——中世纪的中文小说》),Roma:Editori Riuniti,1986,pp.27-67.

55.Thornton,Anna M.(山顿,安娜)(tr. a cura di)(编译),*Storia della bella Hongyu:dai fantastici racconti di Liao adattati da Lin Ying*(《美丽的红玉的故事:改编自〈聊斋志异〉》),Roma:Editori Riuniti,1986.

哲学

56.【儒】Bersciani,U.(贝尔夏尼),*The Religious Thought of Confucius*(《孔子的

---

① 勘皮靴单证二郎神(《醒世恒言》第十三卷)。

宗教思想》),《Ching Feng》(《景风》),29(1986),pp.129-144.

57.【道】Bertuccioli,G.(白佐良),*Taoismo e confucianesimo*(《道教和儒教》),in *Cina a Venezia. Dalla dinastia Han a Marco Polo*(《中国在威尼斯：从汉朝到马可·波罗》),*Catalogo*[*della Mostra*]*a cura di Museo della Storia Cinese di Pechino*(《北京中国历史博物馆图册》),Seminario di lingua e letteratura cinese dell'Università degli Studi di Venezia(威尼斯卡·福斯卡里大学中国语言文学研讨会),Istituto Italiano per il Medio ed Estremo Oriente(意大利中东及远东研究院),Milano:Electa,1986,pp.56-57.

58.【基】Corradini,P.(柯拉迪尼),*P. Matteo Ricci,un ponte tra la civiltà europea e quella cinese*(《利玛窦：中欧文明的桥梁》),《Memorie e Rendiconti. Istituto Marchigiano di scienze,lettere e arti》(《马尔凯科学、文学和艺术研究会专题论文与报告》),24(1986),pp.51-64.

59.【基】Di Giorgio,F.(狄乔治，弗朗哥),*Comprendere e convertire. Il dialogo di padre Matteo Ricci con le religioni cinesi*(《理解和皈化：利玛窦神父和中国宗教的对话》),Milano:ISTRA,1986.

60.【佛】Forte,A.(富安敦),*Il buddhismo e le altre religioni straniere*(《佛教和其他外国宗教》),in *Cina a Venezia. Dalla dinastia Han a Marco Polo*(《中国在威尼斯：从汉朝到马可·波罗》),*Catalogo*[*della Mostra*]*a cura di Museo della Storia Cinese di Pechino*(《北京中国历史博物馆图册》),Seminario di lingua e letteratura cinese dell'Università degli Studi di Venezia(威尼斯卡·福斯卡里大学中国语言文学研讨会),Istituto Italiano per il Medio ed Estremo Oriente(意大利中东及远东研究院),Milano:Electa,1986,pp.58-71.

61.【基】Melis,G.(梅文健),*L'eredità di Matteo Ricci nella Cina del Settecento*(《18世纪利玛窦在中国的遗产》),《Mondo Cinese》(《中国世界》),54(1986),pp.31-61.

62.【儒】Santangelo,P.(史华罗),*Confucio e le scuole confuciane：la via della saggezza*(《孔子和儒家学派：智慧之路》),Roma:Newton Compton,1986.

科学和科学史

63. Bertuccioli, G.(白佐良) ed Proverbio, E.(普罗韦尔比奥,爱德华多), *On a Singular Chinese Portable Sundial*(《奇特的中国便携式日晷》),《 Nuncius 》(《信使》),1(1986),pp.47-58.

64. Forte, A.(富安敦), *Scienza e tecnica*(《科学与技术》), in *Cina a Venezia. Dalla dinastia Han a Marco Polo*(《中国在威尼斯:从汉朝到马可·波罗》), *Catalogo[della Mostra]a cura di Museo della Storia Cinese di Pechino*(《北京中国历史博物馆图册》),Seminario di lingua e letteratura cinese dell'Università degli Studi di Venezia(威尼斯卡·福斯卡里大学中国语言文学研讨会),Istituto Italiano per il Medio ed Estremo Oriente(意大利中东及远东研究院),Milano: Electa, 1986, pp.36-49.

65. Pregadio, F.(玄英), *Un lessico alchemico cinese.Nota sullo Shih yao erh ya di Mei Piao*(《一部中国炼丹术辞典——为梅彪著〈石药尔雅〉所作的注释》),《 Cina 》(《中国》),20(1986),pp.7-38.

三、备注

《中国历史:从起源到共和国的建立》全书近 700 页,分为八章。第一章古代的中国:从原始社会石器时代到西周。第二章初期帝国:春秋战国至东汉。第三章中世纪:三国两晋南北朝。第四章中央集权帝国的重建:隋、唐。第五章中国近代史的初期:五代十国至宋朝灭亡。第六章诸"蛮族"所建之政权:辽、西夏、金、元。第七章明代。第八章中华帝国的极盛及衰亡:清代。[①] 该书于 1986 年在罗马和巴黎两地同时出版。

---

① 张雪慧:《意大利中国学研究之现状》,《历史研究》,第 6 期,1989 年。

公元 1987 年

一、大事记

1. "中国历史文化百科全书"(l'encyclopedia sulla storia e sulla cultura della Cina)项目在那不勒斯东方大学(Istituto Universitario Orientale di Napoli)启动。参加该项目的学者来自意大利各大汉学研究机构。

2. 汉学家白佐良教授、马西尼教授及卡萨奇教授三人一起合作编写并在罗马出版了《汉语外交用语》(Il Linguaggio Diplomatico Cinese)①一书。

3. 帕拉切尔索研究中心举办"中医、中药展览",展出多幅仿古版人体穴位图和《本草纲目》《金匮要略今译》《医门法律》《中药大辞典》《中医入门》《针灸基础知识》等医学书。

4. 1987 年秋,应中国对外友好协会的委托,甘肃省友协组派皮影剧团去意大利参加艺术节,并受到意中友协的热情接待。皮影剧团在意大利的巡演持续了 63 天,先后在罗马、米兰、威尼斯、佛罗伦萨等 13 个城市演出 24 场,观众人数达 1.2 万。同年,意中友协主席乌尔科·方济曦率代表团一行 5 人访华,其中包括意大利文化遗产部的一名官员。代表团还对兰州进行了友好访问。

5. 《〈抱朴子·内篇〉中的"金丹"篇》在罗马出版。该书介绍了《抱朴子·内篇》中有关研究用矿物炼丹药的"金丹"篇。

二、书(文)目录

书目提要和汉学史

1. Adespoto(佚名), *Encyclopedia of Chinese History and Culture Project*:

---

① Giulio Bertuccioli, *Il Linguaggio Diplomatico Cinese*, Roma: Università degli studi di Roma "La sapienza", 1987.

Preliminary Information(《中国历史文化项目百科全书：初步资料》)，« Annali [dell']Istituto Universitario Orientale di Napoli »(《那不勒斯东方大学年鉴》)，47(1987)，pp.109-111.

历史与制度

2.Bertuccioli,G.(白佐良)，*Come i Romani vedevano i Cinesi e come i Cinesi vedevano i Romani nell'antichità*(《古代时期罗马人眼中的中国人和中国人眼中的罗马人》)，in L. Lanciotti(兰乔蒂)(a cura di)(编著)，*Venezia e l'Oriente*(《威尼斯和东方》)，Firenze：L. S. Olschki，1987，pp.59-72.

3.Bertuccioli,G.(白佐良)，*Giovanni da Empoli e la Cina*(《恩波利的约翰和中国》)，in *Miscellanea di storia delle esplorazioni*(《探险史文集》)，XII，Genova：Bozzi Editore，1987，pp.20-27.

4.Corradini,P.(柯拉迪尼)，*L'impero cinese*(《中华帝国》)，in N. Tranfaglia(尼古拉·特兰法利亚)e M. Firpo(菲儿波)(a cura di)(编著)，*La Storia*(《历史》)，III，1，Torino：Unione Tipografico-Editrice Torinese，1987，pp.811-831.

5.Corradini,P.(柯拉迪尼)，*Notes on the Shangshu Departments in the Chinese Central Administration*(《论中国中央行政机构中的尚书省》)，« Monumenta Serica »(《华裔学志》)，37(1987)，pp.13-34.

6.Ericani,G.(埃里卡尼,朱利亚娜)，*L'immagine della Cina a Venezia nel Settecento*(《18世纪威尼斯的中国印象》)，in L. Lanciotti(兰乔蒂)(a cura di)(编著)，*Venezia e l'Oriente*(《威尼斯和东方》)，Firenze：L. S. Olschki，1987，pp.161-188.

7.Lanciotti,L.(兰乔蒂)(a cura di)(编著)，*Venezia e l'Oriente*(《威尼斯和东方》)，Firenze：L. S. Olschki，1987.

8.Petech,L.(毕达克)，*Il Tibet e i Mongoli di Cina all'epoca di Marco Polo*(《马可·波罗时代的西藏和蒙古人》)，in L. Lanciotti(兰乔蒂)(a cura di)(编著)，*Venezia e l'Oriente*(《威尼斯和东方》)，Firenze：L. S. Olschki，1987，pp.363-377.

9.Picone,G.(皮科内,朱塞佩)，*Ezra Pound ed il fascino dell'ideogramma*(《艾兹拉·庞德和象形文字的魅力》)，« Mondo Cinese »(《中国世界》)，57(1987)，pp.19-37.

10. Santangelo, P. (史华罗), *Alcuni elementi della società cinese nel periodo Ming e Qing* (《明清时期中国社会的一些元素》), Napoli: Opera Universitaria Istituto Universitario Orientale, 1987.

11. Tozzi Giuli, D. (托齐·朱利, 达尼埃拉), *A proposito della politica estera Sui: i Nan-man secondo il Sui-shu* (《关于隋朝的对外政策:〈隋书〉中的南蛮人》), «Rivista degli Studi Orientali» (《东方学研究》), 61 (1987), pp.189-207.

12. Tucci, U. (图齐, 乌戈), *Marco Polo* (《马可·波罗》), in L. Lanciotti (兰乔蒂) (a cura di) (编著), *Venezia e l'Oriente* (《威尼斯和东方》), Firenze: L. S. Olschki, 1987, pp.323-337.

艺术、建筑、考古和音乐

13. 【考】Alabiso, A. (阿拉比索, 阿里达), *Il problema del recupero della Grande Muraglia* (《修复长城的问题》), «Mondo Cinese» (《中国世界》), 59 (1987), pp.73-80.

14. 【艺】Bassi, Maria A. (巴西, 玛利亚) (tr. a cura di) (编译), Chen Congzhou (陈从周), *L'arte dei giardini cinesi* (《中国园林艺术》), Milano: Arcana Editrice, 1987.

15. 【艺】Caterina, L. (卡泰里纳, 卢恰), *Porcellane cinesi nel Museo Civico di Baranello nel Molise* (《莫利塞大区巴拉内洛市市立博物馆的中国瓷器》), «Bollettino d'Arte» (《艺术杂志》), 46 (1987), pp.63-68.

16. 【艺】Caterina, L. (卡泰里纳, 卢恰), *Sculture dell'Estremo Oriente* (《远东雕塑》), Addenda, in *Musei e Gallerie di Milano* (《米兰博物馆和画廊》), *Museo Poldi Pezzoli: tessuti, sculture, metalli islamici* (《波尔迪·佩佐利博物馆:织物、雕塑、伊斯兰金属器》), Ⅶ, Milano: Electa, 1987, cat. nn. 84-91 (scultura); cat. nn. 16-22, 71-75, 133-134 (addenda).

17. 【考】Ciarla, R. (恰拉, 罗伯托), '*Dian*' *come problema storico-archeologico* (《历史—考古研究中的"滇文化"》), in R. Ciarla (罗伯托·恰拉) e L. Lanciotti (兰乔蒂) (a cura di) (编著), *I bronzi del regno di Dian: Dian (Yunnan, Cina, secoli Ⅵ-Ⅰ a.C.)* [《滇王国的铜器:滇(云南, 中国, 公元前6世纪—公元前1世纪)》], Modena: Museo Provinciale dello Yunnan-Associazione Italia-Cina, 1987, pp.27-38.

18.【考】Ciarla, R.(恰拉,罗伯托), *Erlitou*①: *città Xia o Shang?* (《二里坨:夏朝还是商朝的城市?》), in *Città sepolte. Origine e splendore delle civiltà antiche. Città del Medio ed Estremo Oriente*(《被埋没的城市:古代文明的起源和辉煌,中东和远东城市》), Ⅶ, Roma: A. Curcio Editore, 1987, pp.1979–1980.

19.【考】Ciarla, R.(恰拉,罗伯托), *Loulan: sul lago di sale*(《盐湖畔的楼兰古国》), in *Città sepolte. Origine e splendore delle civiltà antiche. Città del Medio ed Estremo Oriente*(《被埋没的城市:古代文明的起源和辉煌,中东和远东城市》), Ⅶ, Roma: A. Curcio Editore, 1987, pp.1967–1968.

20.【考】Ciarla, R.(恰拉,罗伯托), *Panlongcheng: una colonia Shang sullo Yangtze*(《盘龙城:商朝在长江流域的殖民地》), in *Città sepolte. Origine e splendore delle civiltà antiche. Città del Medio ed Estremo Oriente*(《被埋没的城市:古代文明的起源和辉煌,中东和远东城市》), Ⅶ, Roma: A. Curcio Editore, 1987, pp.1981–1982.

21.【考】Ciarla, R.(恰拉,罗伯托), *Taosi: ai piedi del monte Taer*(《陶寺遗址:塔尔山脚下》), in *Città sepolte. Origine e splendore delle civiltà antiche. Città del Medio ed Estremo Oriente*(《被埋没的城市:古代文明的起源和辉煌,中东和远东城市》), Ⅶ, Roma: A. Curcio Editore, 1987, pp.1983–1984.

22.【考】Ciarla, R.(恰拉,罗伯托), *Xiadu: la capitale del Regno di Yan*(《下都:燕国都城》), in *Città sepolte. Origine e splendore delle civiltà antiche. Città del Medio ed Estremo Oriente*(《被埋没的城市:古代文明的起源和辉煌,中东和远东城市》), Ⅶ, Roma: A. Curcio Editore, 1987, pp.1985–1987.

23.【考】Ciarla, R.(恰拉,罗伯托), *Xi'an: le sei capitali*(《西安:六朝古都》), in *Città sepolte. Origine e splendore delle civiltà antiche. Città del Medio ed Estremo Oriente*(《被埋没的城市:古代文明的起源和辉煌,中东和远东城市》), Ⅶ, Roma: A. Curcio Editore, 1987, pp.1969–1978.

24.【考】Ciarla, R.(恰拉,罗伯托), *Yin Xu: le rovine di Yin*(《殷墟:殷朝的废墟》), in *Città sepolte. Origine e splendore delle civiltà antiche. Città del Medio ed Estremo Oriente*(《被埋没的城市:古代文明的起源和辉煌,中东和远东城市》), Ⅶ, Roma:

---

① 此处原标题"Erlitou"有误,二里坨音译为 Erlicha。

A. Curcio Editore,1987,pp.1991-1993.

25.【考】Ciarla,R.(恰拉,罗伯托),*Yongcheng:la capitale del Regno di Qin*(《雍城:秦国都城》),in *Città sepolte.Origine e splendore delle civiltà antiche.Città del Medio ed Estremo Oriente*(《被埋没的城市:古代文明的起源和辉煌,中东和远东城市》),Ⅶ,Roma:A. Curcio Editore,1987,pp.1994-1995.

26.【考】Ciarla,R.(恰拉,罗伯托)e Lanciotti,L.(兰乔蒂)(a cura di)(编著),*I bronzi del regno di Dian:Dian(Yunnan,Cina,secoli Ⅵ-Ⅰa.C.)*[《滇王国的铜器:滇(云南,中国,公元前6世纪—公元前1世纪)》],Modena:Museo Provinciale dello Yunnan-Associazione Italia-Cina,1987.

27.【考】Lanciotti,L.(兰乔蒂),*Dian,regno dimenticato*(《滇,一个被遗忘的王国》),«Archeo»(《考古学》),11(1987),pp.34-39.

28.【建】Mortari Vergara,P.(莫尔塔里·韦尔加拉,保拉),*Architettura di stile tibetano in Cina.Epoca Yüan(1261-1367)*[《元朝时期(1261—1367)中国西藏风格的建筑》],in P. Mortari Vergara(保拉·莫尔塔里·韦尔加拉)e G. Béguin(席勒·贝艮)(a cura di)(编著),*Dimore umane,santuari divini.Origini,sviluppo e diffusione dell'architettura tibetana*(《人类住所,圣殿:西藏建筑的起源、发展和传播》),Roma:Il Bagatto,1987,pp.430-439,440-444.

29.【建】Mortari Vergara,P.(莫尔塔里·韦尔加拉,保拉),*Architettura di stile tibetano in Cina.Epoca Ming(1368-1644)*[《明朝时期(1368—1644)中国西藏风格的建筑》],in P. Mortari Vergara(保拉·莫尔塔里·韦尔加拉)e G. Béguin(席勒·贝艮)(a cura di)(编著),*Dimore umane,santuari divini.Origini,sviluppo e diffusione dell'architettura tibetana*(《人类住所,圣殿:西藏建筑的起源、发展和传播》),Roma:Il Bagatto,1987,pp.445-449,450-452.

30.【建】Mortari Vergara,P.(莫尔塔里·韦尔加拉,保拉),*Architettura di stile tibetano in Cina.Epoca Qing(1627-1911)*[《清朝时期(1627—1911)中国西藏风格的建筑》],in P. Mortari Vergara(保拉·莫尔塔里·韦尔加拉)e G. Béguin(席勒·贝艮)(a cura di)(编著),*Dimore umane,santuari divini.Origini,sviluppo e diffusione dell'architettura tibetana*(《人类住所,圣殿:西藏建筑的起源、发展和传播》),Roma:Il Bagatto,1987,pp.453-471,472-480.

文学

31.Adespoto(佚名)(tr. a cura di)(编译),*La sposa chiocciola*(《田螺姑娘》),*Fiaba tradizionale cinese*(《中国传统神话故事》),Roma:Editori Riuniti,1987,p.85.

32.Bozza,E.(博扎,艾迪)(a cura di)(编著),*Antiche fiabe cinesi*(《中国古老传说》),Milano:Mondadori,1987.

33.Stary,G.(斯塔瑞,乔瓦尼),*Epengesänge der Sibe-Mandschuren*(《满族分支锡伯族的史诗》),Wiesbaden:Harrassowitz,1987.

34.Stary,G.(斯塔瑞,乔瓦尼),*A New Subdivision of Manchu Literature:Some Proposales*(《满族文学的一个新分支:一些建议》),《Central Asiatic Journal》(《中亚杂志》),31(1987).

35.Stary,G.(斯塔瑞,乔瓦尼),*Note sulla vita e sull'opera di G'ujinan,poete e scrittore del popola Sibe*(《关于锡伯族诗人和作家郭基南的生平和著作》),《Aetas Manjurica》(《满学时代》),1(1987),pp.99-118.

哲学

36.【伊】Di Giorgio,F.(狄乔治,弗朗哥)*Matteo Ricci e l'Islam cinese*(《利玛窦和中国伊斯兰教》),《Islam》(《伊斯兰教》),6(1987),pp.121-131.

37.【神】Fracasso,R.(弗拉卡索,里卡尔多),*Holy Mothers of Ancient China. A New Approach to the Hsi-wang-mu Problem*(《古代中国的"西王母":研究"西王母"问题的新方法》),《T'oung Pao》(《通报》),1987,s.p.

38.【儒】Judica Cordiglia,E.(尤迪卡·科尔迪莉亚,埃莱娜)(tr. a cura di)(编译),*I-ching:il Libro dei mutamenti*(《易经》),Roma:Edizioni Mediterranee,1987.

39.【神】Lanciotti,L.(兰乔蒂),*Miti cinesi concernenti i paesi stranieri*(《与外国有关的中国神话》),in L. Lanciotti(兰乔蒂)(a cura di)(编著),*Venezia e l'Oriente*(《威尼斯和东方》),Firenze:L. S. Olschki,1987,pp.73-82.

40.Lanciotti,L.(兰乔蒂),*I fuochi fatui nella tradizione cinese*(《中国传统中的鬼火》),in G. Gnoli(盖拉尔多·尼奥利) e L. Lanciotti(兰乔蒂)(a cura di)(编著),*Orientalia Iosephi Tucci memoriae dicata*(《为纪念朱塞佩·图齐而出版的东方

学论文集》),Ⅱ,Roma:Istituto Italiano per il Medio ed Estremo Oriente,1987, pp.771-773.

41.【儒】Santangelo,P.(史华罗),*The Concept of Good and Evil.Positive and Negative Forces in Late Imperial China.A Preliminary Approach*(《善与恶的观念:试论中华帝国晚期的积极力量和消极力量》),« East and West »(《东西方》),37(1987), pp.373-398.

42.【基】Tamburello,A.(坦布雷洛,阿道夫),*Matteo Ripa ed il Collegio dei Cinesi*(《马国贤和中国人学院》),in « Annuario [dell'] Istituto Universitario Orientale di Napoli »(《那不勒斯东方大学年鉴》),Napoli:Istituto Universitario Orientale, 1987,pp.83-109.

43.【佛】Vita,S.(维塔,西尔维奥)(tr.by)(译),Hirai Shun'ei(平井俊荣),*The School of Mount Niu-t'ou and the School of the Pao-T'ang Monastery*(《牛头山学派和保唐寺学派》),« East and West »(《东西方》),37(1987),pp.337-372.

44.【道】Vitiello,G.(魏浊安),*Studio sul taoista Lu Xiujing*(406-477)[《道士陆修静(406—477)研究》],« Annali [dell'] Istituto Universitario Orientale di Napoli »(《那不勒斯东方大学年鉴》),47(1987),pp.293-332.

科学和科学史

45.Adespoto(佚名),*Esperienza e progresso. L'agopuntura, la farmacologia, l'igiene nella medicina cinese*(《经验与进步——中医的针灸学、药物学与保健学》), Roma:Edizioni Paracelso,1987.

46.Bausani,A.(包萨尼,亚历山德罗),*Gli strumenti astronomici di Jamaluddin per Kublai Khan*(《扎马鲁丁为忽必烈建造的天文学仪器》),in L. Lanciotti(兰乔蒂)(a cura di)(编著),*Venezia e l'Oriente*(《威尼斯和东方》),Firenze:L. S. Olschki,1987,pp.137-146.

47.Iannaccone,I.(扬纳科内,伊萨亚),*Johann Schreck: scienziato, linceo, gesuita e missionario nell'impero dei Ming*(《邓玉函——科学家、林琴科学院院士、耶稣会士、明帝国的传教士》),« Asia Orientale »(《东亚》),6-7(1987),pp.49-85.

48.Iannaccone,I.(扬纳科内,伊萨亚)e Arpaia,G.(阿尔帕亚),*Galileo e il sino-*

centrismo: *le scoperte galileiane e il telescopio nella Cina del XVII secolo*(《伽利略与中国中心论——伽利略的发现与17世纪中国的望远镜》), in F. Bevilacqua（法比奥·贝维拉夸）(a cura di)（编著）, *Atti del VII Congresso Nazionale di Storia della Fisica* (《第7届物理学历史国际研讨会论文集》), Milano: Gruppo nazionale di coordinamento per la storia della fisica del CNR, 1987, pp.223-229.

49. Pregadio, F.（玄英）(tr. a cura di)（编译）, *Ko Hung. Le medicine della grande purezza dal Pao-p'u tzu nei-p'ien*(《〈抱朴子·内篇〉中的"金丹"篇》), Roma: Edizioni Mediterranee, 1987.

三、备注

《汉语外交用语》是外交专业的汉语教科书，课文全部采用汉字手写体，书中收录了外交邀请承、外交条文、外交信函及口语交际等方面的资料。课文内容切合外交实际，对外交用语的翻译及表达也精准优雅。这不仅得益于三位编者深厚的汉学学识，而且也得益于他们的外交工作经历。这本外交汉语教科书至今作为特殊专业汉语教学用书仍有重要的地位及影响。另外，白佐良教授作为主编还为这本外交用语教科书作有一篇序言。在序言中，他提到这本书的编写及出版初衷完全是当时意大利国家的实际需求使然。1985年，意大利外交部为选拔意大利驻中国北京大使馆的官员开展了一个公共竞赛活动，要求参选者必须具备一定的汉语口语及书写能力。为了方便候选者准备考试及培养备选官员在外交汉语运用方面的能力，白佐良教授与马西尼教授、卡萨奇教授开始广泛搜集大使馆中的过往文件资料，并对其进行整理翻译，集结成册。在说到编写理念时，白佐良教授还毫不避讳地举出了几个自己过往外交经验中所遇到的尴尬事例，用以说明切合外交实际的真实语料对于有效的语言运用是十分必要的。

公元 1988 年

一、大事记

1.朱塞佩·巴罗内(Giuseppe Barone)一篇研究"1865 年意大利人民新百科全书中有关中国的词条"的文章在汉学专刊《中国世界》(《Mondo Cinese》)第 64 期上发表。

2.柯拉迪尼在香港举行的"第 10 届亚洲研究国际研讨会"(The Tenth International Symposium of Asiatic Studies)上发表了一篇介绍意大利专业汉学发展情况的文章,名为《论 19 世纪意大利汉学的诞生:第 10 届亚洲研究国际研讨会论文集》(On the Birth of the Italian Lay Sinology in the 19th Century:Proceedings of the Tenth International Symposium of Asiatic Studies)。在文中柯拉迪尼着重介绍了自 1861 年意大利统一后意大利汉学在其发展方向及研究成果方面的继承及转变。

3.第 31 届欧洲汉学学会研讨会(The XXXIth Congress of European Association for Chinese Studies)在罗马举行,参会学者多达 200 人,会上探讨的汉学议题涉及文学、历史、政治、科技等多个领域,涌现出众多对当代中国的研究。

4.11 月,意大利米兰大学在广州举行了"《文心雕龙》研究国际研讨会"(Congresso Internazionale di Studi sul 'Wen xin diao long', Culture)①。会上来自中意两国的学者在文学翻译及文本对比等方面进行了深入而细致的探讨。

5.意大利年轻的汉语研究学者里卡尔多·弗拉卡索博士在那不勒斯出版了《甲骨文字汇集》,台湾甲骨文研究权威吉恩·勒菲弗(Jean L. Lefeuvre)神父为该书撰写了前言。

6.里卡尔多·弗拉卡索的论文《〈山海经的插图〉:选自清代雕版印刷余家鼎

---

① A. C. Lavagnino, Congresso Internazionale di Studi sul Wen xin diao long, Culture. Annali dell' Istituto di Lingue della Facoltà di Scienze Politiche dell' Università degli Studi di Milano, 3, 1989.

藏本》最初载于《第30届欧洲汉学大会会议记录》(Proceedings of the XXXth Conference of Chinese Studies)。该论文对中国先秦重要古籍《山海经》的各种不同版本进行了分析和研究。这篇论文后来转载在意大利中东及远东研究会出版的《中国》杂志上。

二、书（文）目录

书目提要和汉学史

1. Barone, G.(巴罗内,朱塞佩), *La voce 'Cina' nella Nuova Enciclopedia Popolare Italiana del 1865*(《1865年意大利人民新百科全书中有关中国的词条》),《 Mondo Cinese 》(《中国世界》),64(1988),pp.43-66.

2. Bertuccioli, G.(白佐良),《 D'Elia Pasquale 》(《德礼贤》), in *Dizionario Biografico degli Italiani*(《意大利人物词典》),XXXVI,Roma:Istituto della Enciclopedia Italiana,1988,pp.632-634.

3. Corradini, P.(柯拉迪尼), *On the Birth of the Italian Lay Sinology in the 19th Century: Proceedings of the Tenth International Symposium of Asiatic Studies*(《论19世纪意大利汉学的诞生：第10届亚洲研究国际研讨会论文集》),Hong Kong:Asia Research Service,1988.

4. Lanciotti, L.(兰乔蒂)(edited by)(主编),[*Proceedings of the*] *XXXth European Conference of Chinese Studies. Torino, August 31-September 6, 1986*(《第30届欧洲汉学研讨会会议记录：都灵,1986年8月31日—9月6日》),《 Cina 》(《中国》),21(1988),p.398.

5. Petech, L.(毕达克), *Selected Papers on Asian History*(《关于亚洲历史的精选论文集》),Roma:Istituto Italiano per il Medio ed Estremo Oriente,1988.

6. Rossi, Maria N.(罗西,玛利亚), *XXXI Congresso Europeo di Studi Sinologici*(《第31届欧洲汉学研究研讨会》),《 Mondo Cinese 》(《中国世界》),63(1988),pp.71-73.

7. Vitiello, G.(魏浊安), *Bibliografia sinologica italiana (1959-1987)*[《意大利汉学研究目录(1959—1987)》],Roma:Stamperia Wage,1988.

历史与制度

8.Bertuccioli,R.(贝尔杜乔里,罗伯托),*Il ruolo della moneta sotto la dinastia Jin*(《金朝统治下货币的作用》),«Rivista degli Studi Orientali»(《东方学研究》),62(1988),pp.69-107.

9.Bertuccioli,R.(贝尔杜乔里,罗伯托),*'L'ultimo Imperatore' di Bernardo Bertolucci*(《贝纳多·贝托鲁奇的〈末代皇帝〉》),«Mondo Cinese»(《中国世界》),61(1988),pp.69-72.

10.Brunori,M.(布鲁诺里,毛里齐奥),*La Cina.Storia e civiltà del Paese di Mezzo*(《中国:中国的历史和文明》),Milano:Mursia,1988.

11.Cadonna,A.(卡多纳,阿尔弗雷多),*Il lungo viaggio della Carta.Cina*(《中国:地图的长途旅行》),Charta,Milano:Mondadori,1988.

12.Carioti,P.(白蒂),*Il mercantilismo cinese in Giappone tra i secoli XVI-XVII*(《16—17世纪中国在日本的重商主义》),Parte I(第一部分),«Il Giappone»(《日本》),28(1988),pp.69-86.

13.Corradini,P.(柯拉迪尼),*La Cina e gli intellettuali italiani nel secolo XIX*(《中国和19世纪的意大利学者》),«Il Veltro»(《猎犬》),32-34(1988),pp.335-344.

14.Corradini,P.(柯拉迪尼),*On the Multinationality of the Qing Empire*(《论清帝国时期的多民族性》),«Acta Orientalia Academiac Scientiarum Hungaricae»(《匈牙利科学院东方研究》),51(1988),pp.341-354.

15.Galluppi,M.(加卢皮,马西莫),*La Francia in Cina e in Indocina:economia e politica(1839-1885)*[《法国在中国和印度支那:经济和政治(1839—1885)》],Napoli:Istituto Universitario Orientale,1988.

16.Paderni,P.(帕德尼),*The Problem of Kuan-hua in Eighteenth Century China:The Yung-chêng Decree for Fukien and Kwantung*(《18世纪中国的官话问题:雍正给福建、广东两省的上谕》),«Annali[dell']Istituto Universitario Orientale di Napoli»(《那不勒斯东方大学年鉴》),48(1988),pp.257-265.

17.Petech,L.(毕达克),*Yüan Organization of the Tibetan Border Areas*(《元朝时

期对西藏边境地区的管理》),in H. Uebach(于伯赫) and J. L. Panglung(庞隆)(edited by)(主编),*Tibetan Studies.Proceedings of the 4th Seminar of the International Association for Tibetan Studies*(《西藏研究:国际西藏研究协会第4次研讨会会议记录》),München:Bayerische Akademie der Wissenschaften,1988,pp.369-380.

18.Santangelo, P.(史华罗), *Conformità e difformità nella società cinese Ming e Qing*(《明清中国社会的异同》),« Annali di Ca' Foscari. Serie Orientale »(《威尼斯卡·福斯卡里大学东方年鉴》),27(1988),pp.225-278.

19.Tomasi, L.(托马西,路易吉), Gottardi, F(戈达尔第,弗朗哥) e Frizzera, F.(弗里兹拉,弗朗哥)(a cura di)(编著), *Martino Martini, Josef Freinademetz, Giuseppe Grazioli:viaggiatori sulle rotte d'Oriente*(《卫匡国、圣福若瑟、朱塞佩·格拉佐利:前往东方的旅行者》),Trento:Associazione Culturale Studi Asiatici,1988.

艺术、建筑、考古和音乐

20.【艺】Adespoto(佚名),*Bronzi dell'antica Cina dal XVIII al III secolo a.C*(《公元前18世纪—公元前3世纪古代中国青铜器》),Milano:Electa,1988.

21.【考】Alabiso, A.(阿拉比索,阿里达), *Una piccola grande Mostra:i Bronzi del Regno di Dian*(《一个虽小却伟大的展览:滇王国的青铜器》),« Mondo Cinese »(《中国世界》),62(1988),pp.79-84.

22.【考】Ciarla, R.(恰拉,罗伯托), *Dal Sinantropo alle più antiche dinastie*(《从北京猿人到最古老的王朝》),in *Le grandi scoperte dell'archeologia. Storia, avventura, scienza*(《考古学的伟大发现:历史、探险和科学》),IX, Novara:Istituto Geografico De Agostini,1988,pp.128-155.

23.【考】Ciarla, R.(恰拉,罗伯托), *La formazione del grande impero*(《伟大帝国的形成》),in *Le grandi scoperte dell'archeologia.Storia, avventura, scienza*(《考古学的伟大发现:历史、探险和科学》),IX, Novara:Istituto Geografico De Agostini,1988,pp.156-185.

24.【考】Ciarla,R.(恰拉,罗伯托), *Politica coloniale e moda orientalistica*(《移民政策和东方时尚》),in *Le grandi scoperte dell'archeologia. Storia, avventura, scienza*(《考古学的伟大发现:历史、探险和科学》),IX,Novara:Istituto Geografico De Agostini,1988,pp.270-301.

25.【考】Ciarla,R.(恰拉,罗伯托),*Two Decorated Hollow Bricks of Han Date in the Museo Nazionale d'Arte Orientale*(《东方艺术国家博物馆中两块汉代带有装饰的空心砖》),«East and West»(《东西方》),38(1988),pp.231-267.

26.【考】Giorgi,Maria L.(乔治,玛利亚),*Recenti ritrovamenti di tombe dell'epoca della monarchia in Tibet*(《近期发现的西藏君主制时期的陵墓》),«Rivista degli Studi Orientali»(《东方学研究》),62(1988),pp.119-133.

27.【艺】Stefani,S.(斯特凡尼,桑德雷),*Fonti letterarie sulla pittura di fiori e uccelli durante i Tang*(《关于唐朝花鸟画的文学文献》),in A. Forte(富安敦)(edited by)(主编),*Tang China and Beyond. Studies on East Asia from the Seventh to the Tenth Century*(《唐朝及唐朝之前的中国:从7世纪到10世纪的东亚研究》),Kyoto:Italian School of East Asian Studies,1988,pp.181-204.

28.【艺】【考】Testa,A urora G.(泰斯塔,奥罗拉),*Gli specchi Tang. Note sulla cronologia e tipologia*(《唐朝的镜子:年代学和类型学研究》),in A. Forte(富安敦)(edited by)(主编),*Tang China and Beyond. Studies on East Asia from the Seventh to the Tenth Century*(《唐朝及唐朝之前的中国:从7世纪到10世纪的东亚研究》),Kyoto:Italian School of East Asian Studies,1988,pp.205-250.

语言和语言史

29.Bertuccioli,G.(白佐良),*L'insegnamento del cinese classico:problemi ed esperienze*(《汉语古文教学:问题和经验》),in Adriano V. Rossi(阿德里亚诺·瓦莱里奥·罗西),L. Santa Maria(路易吉·圣·玛利亚)ed A. Soriente(安东尼娅·苏连特)(a cura di)(编著),*Didattica delle lingue del Medio ed Estremo Oriente. Metodologia ed esperienze*(《中东及远东语言教学法:方法论和经验》),Napoli:Istituto Universitario Orientale,1988,pp.87-94.

30.Cadonna,A.(卡多纳,阿尔弗雷多),*L'uso delle fonti primarie e delle opere di riferimento cinesi nell'impostazione di tesi di laurea nel campo della letteratura e della lingua della Cina pre-moderna*(《古代中国语言和文学领域毕业论文中使用的主要文献和参考作品》),in Adriano V. Rossi(阿德里亚诺·瓦莱里奥·罗西),L. Santa

Maria(路易吉・圣・玛利亚)ed A. Soriente(安东尼娅・苏连特)(a cura di)(编著), *Didattica delle lingue del Medio ed Estremo Oriente.Metodologia ed esperienze*(《中东及远东语言教学法:方法论和经验》), Napoli:Istituto Universitario Orientale, 1988, pp.105-111.

31.Fracasso, R.(弗拉卡索,里卡尔多), *A Technical Glossary of Jiaguology (Oracle Bone Studies)*(《甲骨文字汇集》), Napoli:Istituto Universitario Orientale, 1988.

32.Lavagnino, Alessandra C.(罗桑达), *L'insegnamento della lingua cinese attraverso i testi letterari:alcuni esempi di versioni dal cinese classico in cinese di oggi*(《通过文学篇章进行中文教学:以古汉语和现代汉语的几篇文章为例》), in Adriano V. Rossi(阿德里亚诺・瓦莱里奥・罗西), L. Santa Maria(路易吉・圣・玛利亚)ed A. Soriente(安东尼娅・苏连特)(a cura di)(编著), *Didattica delle lingue del Medio ed Estremo Oriente.Metodologia ed esperienze*(《中东及远东语言教学法:方法论和经验》), Napoli:Istituto Universitario Orientale, 1988, pp.113-119.

33.Scarpari, M.(斯卡尔帕里,毛里齐奥), *Problemi relativi all'insegnamento e all'elaborazione di un sistema organico di descrizione della lingua cinese classica*(《古汉语语言描述系统设计和教学问题》), in Adriano V. Rossi(阿德里亚诺・瓦莱里奥・罗西), L. Santa Maria(路易吉・圣・玛利亚)ed A. Soriente(安东尼娅・苏连特)(a cura di)(编著), *Didattica delle lingue del Medio ed Estremo Oriente.Metodologia ed esperienze*(《中东及远东语言教学法:方法论和经验》), Napoli:Istituto Universitario Orientale, 1988, pp.121-136.

文学

34.Bertuccioli, G.(白佐良)(a cura di)(编著), *Mandarini e cortigiane*(《达官和宫廷贵妇》), Roma:Editori Riuniti-Albatros, 1988.

35.Bertuccioli, G.(白佐良), Carloni, O.(卡洛尼,奥斯瓦尔多), Fratamico, M.(弗拉塔米科,米雷拉), Masini, F.(马西尼), Terracina, G.(泰拉奇纳,朱塞佩)e Vitiello, G.(魏浊安)(tr. a cura di)(编译), Li Yu(李渔), *Annotazioni estemporanee di sentimenti oziosi*(《闲情偶寄》), in G. Bertuccioli(白佐良)(a cura di)(编著),

Mandarini e cortigiane(《达官和宫廷贵妇》), Roma: Editori Riuniti-Albatros, 1988, pp.171-206.

36. Bertuccioli, G.(白佐良)(tr. a cura di)(编译), Chen Peizhi(陈裴之), *Le ricordanze della torre Hsiang-wan*(《香畹楼忆语》), in *Mandarini e cortigiane*(《达官和宫廷贵妇》), Roma: Editori Riuniti-Albatros, 1988, pp.99-101.

37. Bertuccioli, G.(白佐良)(tr. a cura di)(编译), Mao Xiang(冒襄), *Le ricordanze del convento del Pruno Ombroso*(《影梅庵忆语》), in *Mandarini e cortigiane*(《达官和宫廷贵妇》), Roma: Editori Riuniti-Albatros, 1988, pp.43-94.

38. Bertuccioli, G.(白佐良)(tr. a cura di)(编译), Zhang Dai(张岱), *Epigrafe composta da se stesso per la sua tomba*(《自为墓志铭》), in *Mandarini e cortigiane*(《达官和宫廷贵妇》), Roma: Editori Riuniti-Albatros, 1988, p.25.

39. Bertuccioli, G.(白佐良)(tr. a cura di)(编译), Zhang Dai(张岱), *Guardando la neve sul Padiglione del Cuore del Lago*(《湖心亭看雪》), in *Mandarini e cortigiane*(《达官和宫廷贵妇》), Roma: Editori Riuniti-Albatros, 1988, p.30.

40. Bertuccioli, G.(白佐良)(tr. a cura di)(编译), Zhang Dai(张岱), *L'atmosfera romantica dei ventiquattro ponti di Yang-chou*(《扬州二十四桥风月》), in *Mandarini e cortigiane*(《达官和宫廷贵妇》), Roma: Editori Riuniti-Albatros, 1988, pp.30-32.

41. Bertuccioli, G.(白佐良)(tr. a cura di)(编译), Zhang Dai(张岱), *Le 'cavalle secche' di Yang-chou*(《扬州瘦马》), in *Mandarini e cortigiane*(《达官和宫廷贵妇》), Roma: Editori Riuniti-Albatros, 1988, pp.32-34.

42. Bertuccioli, G.(白佐良)(tr. a cura di)(编译), Zhang Dai(张岱), Prefazione [a](序言), *I ricordi del sogno di Tao'an*(《陶庵梦忆》), in *Mandarini e cortigiane*(《达官和宫廷贵妇》), Roma: Editori Riuniti-Albatros, 1988, pp.26-28.

43. Bertuccioli, G.(白佐良)(tr. a cura di)(编译), Zhang Dai(张岱), *Una biblioteca di tre generazioni*(《陶庵梦忆三世藏书》), in *Mandarini e cortigiane*(《达官和宫廷贵妇》), Roma: Editori Riuniti-Albatros, 1988, p.29.

44. Guidacci, M.(圭达奇,马加里塔)(tr. a cura di)(编译), *Due antichi poeti cinesi: Tao Yuan-ming e Tu Fu*(《两位中国古代诗人:陶渊明和杜甫》), Milano:

Scheiwiller,1988.

45.Lavagnino,Alessandra C.(罗桑达),*I versi polifronti,una peculiarità della scrittura poetica cinese*(《中国诗歌的独特性》),《 Culture. Annali dell'Istituto di Lingue della Facoltà di Scienze Politiche dell'Università degli Studi di Milano 》(《文化:米兰大学政治学院语言系年鉴》),2(1988),pp.151-160.

46.Romeo,S.(罗密欧,塞巴斯蒂亚娜),*Il rinnovamento della narrativa cinese agli inizi del XX secolo:il ruolo di Liang Qichao*(《梁启超在20世纪初中国小说革新中扮演的角色》),《 Mondo Cinese 》(《中国世界》),62(1988),pp.61-77.

47.Terracina,G.(泰拉奇纳,朱塞佩)(tr. a cura di)(编译),Shen Fu(沈复)*La visita alle 'barche dei fiori'*(《登花船》),in G. Bertuccioli(白佐良)(a cura di)(编著),*Mandarini e cortigiane*(《达官和宫廷贵妇》),Roma:Editori Riuniti-Albatros,1988,pp.141-146.

48.Terracina,G.(泰拉奇纳,朱塞佩)(tr. a cura di)(编译),Yu Huai(余怀),Prefazione[a](序言),*Le memorie del ponte di legno*(《板桥杂记》),in G. Bertuccioli(白佐良)(a cura di)(编著),*Mandarini e cortigiane*(《达官和宫廷贵妇》),Roma:Editori Riuniti-Albatros,1988,pp.107-110.

49.Terracina,G.(泰拉奇纳,朱塞佩)(tr. a cura di)(编译),Antonimo(安东尼莫),Supplemento[a](序),*Le memorie del ponte di legno*(《板桥杂记》),in G. Bertuccioli(白佐良)(a cura di)(编著),*Mandarini e cortigiane*(《达官和宫廷贵妇》),Roma:Editori Riuniti-Albatros,1988,pp.111-136.

哲学

50.【基】Balestrini,F.(巴莱斯特里尼,福斯托),*Padre Giulio Alenis,missionario gesuita in Cina,1582-1649*[《神父艾儒略(1582—1649 赴华耶稣会士)》],in *Uomini di Brescia*(《布雷西亚人》),Brescia:Giornale di Brescia,1988,pp.350-371.

51.【基】Corsi,E.(科尔西,伊丽莎白),*Un gesuita alla corte dei Manciù*(《满族宫廷中的耶稣会士》),《 Mondo Cinese 》(《中国世界》),63(1988),pp.67-70.

52.【佛】Forte,A.(富安敦),*Mingtang and Buddhist Utopias in the History of the Astronomical Clock.The Tower,Statue and Armillary Sphere Constructed by Empress Wu*

[《"明堂"和天体钟发展史上的佛教乌托邦(由女皇武则天修建的塔、雕像和浑天仪)》], Roma-Paris: Istituto Italiano per il Medio ed Estremo Oriente-Ecole Française d'Extrême-Orient, 1988.

53.【佛】Forte, A. (富安敦) (edited by) (主编), *Tang China and Beyond. Studies on East Asia from the Seventh to the Tenth Century* (《中国以及周边国家: 7 世纪到 10 世纪东亚研究》), Kyoto: Italian School of East Asian Studies, 1988.

54.【神】Fracasso, R. (弗拉卡索, 里卡尔多), *Holy Mothers of Ancient China. A New Approach to the Xiwangmu Problem* (《中国古代的"西王母": 研究"西王母"问题的新方法》), «T'oung Pao» (《通报》), 74(1988), pp.1-46.

55.【神】Fracasso, R. (弗拉卡索, 里卡尔多), *The Illustrations of the Shanhai jing. From Yu's Tripods to Qing Blockprints* (《〈山海经的插图〉: 选自清代雕版印刷余家鼎藏本》), «Cina» (《中国》), 21(1988), pp.93-104.

56. Fracasso, R. (弗拉卡索, 里卡尔多), *Un arcobaleno sulle ossa di drago* (《龙骨上的彩虹》), «WWN - Who and What's Now» (《谁与什么》), 9(1988), pp.7-9, 51-52.

57.【道】Kia-tcheng, Houang (黄家城) (tr. a cura di) (编译), *Chuang-tze. Identità delle cose e delle opinioni* (《〈庄子〉: 万物和意念的同一性》), Bergamo: El Bagatt, 1988, s.p. [19 carte].

58.【儒】Pavolini, Paolo E. (帕沃利尼, 保罗), *Un seminario internazionale sul confucianesimo* (《儒学国际研讨会》), «Mondo Cinese» (《中国世界》), 64(1988), pp.67-75.

59.【儒】Santangelo, P. (史华罗), *The Chinese and Barbarians in Gu Yanwu's Thought* (《顾炎武思想中的"华"与"夷"》), in G. Tilemann (林懋), P. M. Kuhfus (皮特·库福斯) and G. Wacker (华玉洁) (edited by) (主编), *Collected Papers of the XXIXth Congress of Chinese Studies* (《第 29 届汉学研讨会论文集》), Tübingen: Tübingen University Press, 1988, pp.183-200.

60.【道】Tomassini, F. (托马西尼, 福斯托) (tr. a cura di) (编译), *Lieh-tzu: il vero libro della sublime virtù del cavo e del vuoto* (《〈列子〉: 一部真正的有关虚无的最高德行的书》), Milano: TEA, 1988.

科学和科学史

61. Iannaccone, I. (扬纳科内, 伊萨亚), *L'astronomia europea e cinese: un convegno, un bilancio*(《欧洲与中国的天文学: 会议与总结》), « Mondo Cinese »(《中国世界》), 64(1988), pp.76-77.

62. Iannaccone, I. (扬纳科内, 伊萨亚), *La cura delle affezioni respiratorie mediante uso di ginseng in un testo cinese di farmacoterapia di epoca Ming*(《明朝一份药物疗法文献中关于使用人参治疗呼吸系统疾病的记载》), in [Atti del] *XXXI Congresso Internazionale di Storia della Medicina*(《第31届医药史国际研讨会论文集》), Bologna: Monduzzi Editore, 1988, pp.847-855.

63. Iannaccone, I. (扬纳科内, 伊萨亚), *La nascita della scienza: confronto tra l'Occidente e la Cina*(《科学的诞生: 西方与中国的对比》), in F. Bevilacqua(法比奥·贝维拉夸)(a cura di)(编著), *Atti del VIII Congresso Nazionale di Storia della Fisica*(《第8届物理学历史国际研讨会论文集》), s.l., Gruppo nazionale di coordinamento per la storia della fisica del CNR, 1988, pp.233-239.

64. Iannaccone, I. (扬纳科内, 伊萨亚), *Le strategie terapeutiche oppiacee nella medicina napoletana dei secoli XVIII e XIX*(《18和19世纪那不勒斯医学中的鸦片疗法策略》), « Nuova Civiltà delle macchine »(《新机械文明》), 4(1988), pp.42-49.

65. Iannaccone, I. (扬纳科内, 伊萨亚), *L'uso del minio come colorante e come cosmetico nell'antica Cina*(《古代中国红铅作为颜料和化妆品的使用》), « Rendiconti dell'Accademia Nazionale delle Scienze detta dei XL. Memorie di scienze fisiche e naturali »(《40年代国家科学院报告: 物理与自然科学专题论文》), s.5ª, 12(1988), pp.403-406.

66. Iannaccone, I. (扬纳科内, 伊萨亚), *Confronto tra la trattazione farmacochimica dell'oppio fatta da uno studioso napoletano agli inizi del XIX secolo e quella classica cinese del XVI secolo nel Bencao Gangmu*(《19世纪初一位那不勒斯学者对鸦片的化学药理论述同16世纪中国〈本草纲目〉的经典论述比较》), « Rendiconti dell'Accademia Nazionale delle Scienze detta dei XL. Memorie di scienze fisiche e naturali »(《40年代国家科学院报告: 物理与自然科学专题论文》), s.5ª,

12(1988),pp.407-414.

67.Iannaccone,I.(扬纳科内,伊萨亚) e Arpaia,G.(阿尔帕亚),*Giacomo Rho：un astronomo italiano del '600 in Cina*(《罗雅谷——17世纪在中国的一位意大利天文学家》),in F. Bevilacqua(法比奥·贝维拉夸)(a cura di)(编著),*Atti del Ⅶ Congresso Nazionale di Storia della Fisica*(《第7届物理学历史国际研讨会论文集》),s.l.,Gruppo nazionale di coordinamento per la storia della fisica del CNR,1988,pp.241-245.

公元1989年

一、大事记

1.福斯托·托马西尼的《儒家经典》(*Confucio Opere*)在米兰出版,书中收录了他用意大利文翻译的《大学》中的部分篇章以及《论语》的全文译本。福斯托·托马西尼的儒家典籍译本是当时众多西方语言译本中的精品,尤其是他的《论语》译本,一直都被之后的译者所参考。

2.由著名汉学家毛里齐奥·斯卡尔帕里主编的《汉学教学材料汇编》(*Materiali per il corso di sinologia*)由威尼斯卡·福斯卡里大学出版社(Libreria Editrice Cafoscarina)出版发行,书中收录了费代里科·格雷塞林(Federico A. Greselin)教授发表的一篇关于汉学研究对于中文期刊重视与利用的文章。

3.那不勒斯东方大学(Istituto Universitario Orientale di Napoli)出版了一本《18和19世纪意大利对亚洲和非洲的认识》(*La conoscenza dell'Asia e dell'Africa in Italia nei secoli ⅩⅧ e ⅩⅨ*)。

4.由维尔玛·科斯坦蒂尼翻译的《离骚》在贝加莫(Bergamo)出版发行,译本配有楷体中文原文。

二、书（文）目录

书目提要和汉学史

1. Lavagnino, Alessandra C.（罗桑达）, *Congresso Internazionale di Studi sul Wen xin diao long. Canton, novembre 1988*[《〈文心雕龙〉研究国际研讨会（1988 年 11 月, 广东）》], « Culture. Annali dell'Istituto di Lingue della Facoltà di Scienze Politiche dell'Università degli Studi di Milano »（《文化：米兰大学政治学院语言系年鉴》）, 3(1989), pp.169-177.

2. Samarani, G.（圭德）, *Gli studi storici in Cina nell'ultimo decennio*（《近十年中国的历史研究》）, « Annali di Ca' Foscari. Serie Orientale »（《威尼斯卡·福斯卡里大学东方年鉴》）, 28(1989), pp.179-190.

3. Scarpari M.（斯卡尔帕里，毛里齐奥）, *Materiali per il corso di sinologia*（《汉学教学材料汇编》）, Venezia: Libreria Editrice Cafoscarina, 1989.

历史与制度

4. Carioti, P.（白蒂）, *Il mercantilismo cinese in Giappone tra i secoli XVI e XVII*（《16 和 17 世纪中国在日本的重商主义》）, Parte II（第二部分）, « Il Giappone »（《日本》）, 28(1989), pp.51-67.

5. Lo Sardo, E.（萨尔多，欧金尼奥）, *Il primo atlante della Cina dei Ming. Un inedito di Michele Ruggieri*（《第一本明朝时期中国的地图册：罗明坚的一幅未出版的地图》）, « Bollettino della Società Geografica Italiana »（《意大利地图研究会杂志》）, 126(1989), pp.423-447.

6. Masini, F.（马西尼）, *L'Italia descritta nel Qing Chao Wen Xian Tong Kao*（《〈清朝文献通考〉对意大利的描述》）, « Rivista degli Studi Orientali »（《东方学研究》）, 63(1989), pp.285-298.

7. Santangelo, P.（史华罗）, *Società e vita di corte*（《宫廷社交和生活》）, in Adespoto（佚名）, *I tesori del Palazzo Imperiale di Shenyang*（《沈阳故宫珍宝》）, Milano: Fabbri Editore, 1989, pp.105-124.

8.Stafutti,S.(史芬娜),*La conoscenza della Cina nella Venezia del Settecento:un' indagine attraverso i cataloghi dei 'librai' veneziani dell' epoca*(《18 世纪威尼斯对中国的认识:对那个时代威尼斯出版书籍目录的调查研究》),in A. Gallotta(由阿尔多·加洛塔)ed U. Marazzi(乌戈·马拉齐)(a cura di)(编著),*La conoscenza dell' Asia e dell' Africa in Italia nei secoli* XVIII *e* XIX(《18 和 19 世纪意大利对亚洲和非洲的认识》),Ⅲ,1,Napoli:Istituto Universitario Orientale,1989,pp.473-520.

艺术、建筑、考古和音乐

9.【考】Adespoto(佚名),*I tesori del Palazzo Imperiale di Shenyang*(《沈阳故宫珍宝》),Milano:Fabbri Editore,1989.

10.【考】Alabiso,A.(阿拉比索,阿里达),*Considerazioni sui bronzi dell' antica Cina*(《古代中国青铜器考》),«Mondo Cinese»(《中国世界》),65(1989),pp.69-83.

11.【艺】Caterina,L.(卡泰里纳,卢恰),*Manifatture e tecniche artigianali*(《手工制品和手工艺》),in Adespoto(佚名),*I tesori del Palazzo Imperiale di Shenyang*(《沈阳故宫珍宝》),Milano:Fabbri Editore,1989,pp.127-150.

12.【艺】Caterina,L.(卡泰里纳,卢恰),*La pittura*(《绘画》),in Adespoto(佚名),*I tesori del Palazzo Imperiale di Shenyang*(《沈阳故宫珍宝》),Milano:Fabbri Editore,1989,pp.151-169.

13.【艺】Caterina,L.(卡泰里纳,卢恰),*Porcellane cinesi e d' imitazione nelle nature morte di Cristoforo Munari*(《中国瓷器和克里斯托弗·穆纳里的静物画模仿》),in U. Marazzi(乌戈·马拉齐)ed A. Gallotta(阿尔多·加洛塔)(a cura di)(编著),*La conoscenza dell' Asia e dell' Africa in Italia nei secoli* XVIII *e* XIX(《18 和 19 世纪意大利对亚洲和非洲的认识》),Ⅲ,1,Napoli:Istituto Universitario Orientale,1989,pp.433-449.

14.【考】Greselin,Federico A.(格雷塞林,费代里科),*Letteratura e iconografia*(《文学和肖像学》),in Adespoto(佚名),*I tesori del Palazzo Imperiale di Shenyang*(《沈阳故宫珍宝》),Milano:Fabbri Editore,1989,pp.67-84.

文学

15. Adespoto(佚名)(tr. a cura di)(编译),*Li Bai.Pensiero di notte*(《李白〈静夜思〉》),《La Giada》(《玉》),1(1989),p.13.

16. Adespoto(佚名)(tr. a cura di)(编译),*Racconti della dinastia Tang*(《唐传奇》),Pechino:Casa Editrice in Lingue Straniere,1989.

17. Allampresco,L.(阿兰普雷塞克,卢恰诺)(tr. a cura di)(编译),Cao Zhan(曹霑)①,*Specchio di vento e luna.Il sogno infinito di Bao Yu*(《风月宝鉴:宝玉的幽梦》),in *Antologia della letteratura fantastica*(《奇幻文学选集》),Roma:Editori Riuniti-Albatros,1989,pp.549-551.

18. Bozza,E.(博扎,艾迪)(tr. a cura di)(编译),*Storie da proverbi cinesi*(《中国成语故事》),Milano:Mondadori,1989.

19. Bujatti,A.(布娅蒂,安娜)(tr. a cura di)(编译),*La volpe amorosa.Novelle cinesi*(《中国小说:狐狸精》),Palermo:Sellerio,1989.

20. Costantini,V.(科斯坦蒂尼,维尔玛)(tr. a cura di)(编译),*Li Sao.Incontro al dolore*(《离骚》)②,Bergamo:Pierluigi Lubrina Editore,1989.

21. Del Gaudio,M.(德尔·高迪奥,马里内拉)(tr. a cura di)(编译),Du Fu(杜甫),*Guardando la primavera* (《春望》),《La Giada》(《玉》),2(1989),p.20.

22. Del Gaudio,M.(德尔·高迪奥,马里内拉)(tr. a cura di)(编译),Bai Juyi(白居易),*Lo stagno*(《池上二绝》),《La Giada》(《玉》),3(1989),p.12.

23. Guadalupi,G.(瓜达卢皮,詹尼)(tr. a cura di)(编译),*Nu Jiao.Storia di volpi*(《奴娇:狐狸精的故事》),in *Antologia della letteratura fantastica*(《奇幻文学选集》),Roma:Editori Riuniti-Albatros,1989,p.405.

24. Lanciotti,L.(兰乔蒂),*La letteratura*(《文学》),in Adespoto(佚名),*I tesori del Palazzo Imperiale di Shenyang* (《沈阳故宫珍宝》),Milano:Fabbri Editore,1989,pp.55-66.

---

① 曹雪芹,名霑,字梦阮,号雪芹,又号芹溪、芹圃。
② 意大利原文题目为《邂逅忧愁》(*Incontro al dolore*)。

哲学

25. Avanzini, F. (阿万齐尼,费代里科), *Riflettere sulle cose vicine: lineamenti di filosofia cinese antica*(《自省:中国古代哲学概要》), in *Saggi sulle culture asiatiche*(《亚洲文化评论》), Ancona: Centro volontari marchigiani, 1989, pp.89-108.

26. 【道】Bertuccioli, G. (白佐良) (tr. a cura di) (编译), *Il sogno della farfalla*(《梦蝶》), in *Antologia della letteratura fantastica*(《奇幻文学选集》), Roma: Editori Riuniti-Albatros, 1989, p.187.

27. Bertuccioli, G. (白佐良), *Mistica dell'antica Cina*(《古代中国的神秘主义》), in *La spiritualità delle grandi religioni*(《伟大宗教的精神性》), Palermo: Augustinus, 1989, pp.43-57.

28. 【儒】Caira, M. (卡伊拉,马拉), *Dai Zhen: coronamento della tradizione o precursore della modernità?*(《戴震:是传统的集大成者还是现代思想的先驱?》), in Adespoto(佚名)(a cura di)(编著), *La modernizzazione in Asia e Africa: problemi di storia e problemi di metodo*(《亚洲和非洲的现代化:历史问题和方法问题》), Studi offerti a Giorgio Borsa(致乔治·博尔萨的相关研究), Pavia: Editoriale Viscontea, 1989, pp.69-84.

29. 【基】Capizzi, C. (卡皮齐,卡尔梅洛), *La decorazione pittorica di una chiesa in Cina nella seconda metà del Seicento. Una lettera inedita del p. Prospero Intorcetta S. I.*(《17世纪后半叶中国一座教堂的绘画装饰:耶稣会士普若斯佩罗·阴图尔切塔神父一封未出版的信》), «Studi e Ricerche sull'Oriente Cristiano»(《东方基督教研究》), 12(1989), pp.3-21.

30. 【基】D'Arelli, F. (达仁理), *Breve resoconto intorno ai mss. e testi a stampa concernenti l'attività missionaria di evangelizzazione in Asia Orientale tra i secoli XVI-XVIII conservati nella sez. Mss. Della Biblioteca Nazionale V. Emanuele III di Napoli*(《现存于那不勒斯伊曼纽三世第五国家图书馆传教部的与16—18世纪东亚传教活动相关的报告和印刷品》), «Il Giappone»(《日本》), 29(1989), pp.67-75.

31. 【基】Daffinà, P. (达菲纳), Leonardi, C. (莱奥纳尔迪,克劳迪奥), Lungarotti, Maria C. (仑加罗蒂,玛利亚), Menestò, E. (梅内斯托,恩里科) e Petech,

L.(毕达克)(a cura di)(编著),Giovanni di Pian di Carpine,O. F. M.(约翰·柏郎嘉宾),*Storia dei Mongoli*(《鞑靼蒙古史》),Spoleto:Centro Italiano di Studi sull'Alto Medioevo,1989.

32.【基】Di Fiore,G.(狄菲奥尔,贾科莫),*La Legazione Mezzabarba in Cina (1720-1721)*[《嘉乐使团在中国(1720—1721)》],Napoli:Istituto Universitario Orientale,1989.

33.【基】Di Fiore,G.(狄菲奥尔,贾科莫),*La posizione di Matteo Ripa sulla questione dei riti cinesi*(《马国贤对于"中国礼仪"问题的立场》),in A. Gallotta(阿尔多·加洛塔)ed U. Marazzi(乌戈·马拉齐)(a cura di)(编著),*La conoscenza dell' Asia e dell' Africa in Italia nei secoli XVIII e XIX*(《18 和 19 世纪意大利对亚洲和非洲的认识》),Ⅲ,1,Napoli:Istituto Universitario Orientale,1989,pp.381-432.

34.【基】Fatica,M.(樊米凯)e Carpentiero,V.(卡尔彭蒂耶罗,维托里奥),*Per una storia del processo di canonizzazione di Matteo Ripa:problemi di filologia e di agiografia*(《有关马国贤封圣的程序:语文学和圣徒传记学方面的几点问题》),in A. Gallotta(阿尔多·加洛塔)ed U. Marazzi(乌戈·马拉齐)(a cura di)(编著),*La conoscenza dell' Asia e dell' Africa in Italia nei secoli XVIII e XIX*(《18 和 19 世纪意大利对亚洲和非洲的认识》),Ⅲ,1,Napoli:Istituto Universitario Orientale,1989,pp.73-110.

35.【道】Guadalupi,G.(瓜达卢皮,詹尼)(tr. a cura di)(编译),*Il cervo nascosto*(《列子·焦鹿梦》),in *Antologia della letteratura fantastica*(《奇幻文学选集》),Roma:Editori Riuniti-Albatros,1989,pp.357-358.

36.Kwok,Ph.(郭追),*Filosofia e religioni cinesi*(《中国哲学和宗教》),Napoli:Edizioni U. P. N.,1989.

37.【道】Lanciotti,L.(兰乔蒂),*Introduzione*(序)[a],F. Tomassini(福斯托·托马西尼)(tr. a cura di)(编译),*Chuang-tzu*(《庄子》),Milano:TEA,1989.

38.Lanciotti,L.(兰乔蒂),*Mircea Eliade e le religioni della Cina*[《米尔·伊利亚德和中国宗教》],in G. Gnoli(盖拉尔多·尼奥利)(a cura di)(编著),*Mircea Eliade e le religioni asiatiche*(《米尔·伊利亚德和亚洲宗教》),Roma:Istituto Italiano per il Medio ed Estremo Oriente,1989,pp.59-68.

39. Santangelo, P. (史华罗), *Ambiente intellettuale e correnti di pensiero*(《学术环境和思想流派》), in Adespoto(佚名), *I tesori del Palazzo Imperiale di Shenyang*(《沈阳故宫珍宝》), Milano: Fabbri Editore, 1989, pp.41-54.

40.【儒】Tomassini, F. (托马西尼,福斯托)(tr. a cura di)(编译), *Confucio, Opere*(《儒家经典》), Milano: TEA, 1989.

41.【道】Tomassini, F. (托马西尼,福斯托)(tr. a cura di)(编译), *Chuang-tzu*(《庄子》), Milano: TEA, 1989.

科学和科学史

42. Fazzioli, E. (法奇奥里,艾多尔多)(tr. a cura di)(编译), *Liu Wentai et alii. Ben Cao. Rimedi naturali dell'antica Cina nella raccolta dell'Imperatore Xiao Zong*(《记述孝宗皇帝文集中的自然疗法》), Milano: Mondadori, 1989.

43. Iannaccone, I. (扬纳科内,伊萨亚), *From Tycho Brahe to Isaac Newton: The Ferdinand Verbiest's Astronomical Instruments in the Ancient Observatory of Beijing*(《从第谷·布拉赫到伊萨克·牛顿:南怀仁在北京古观象台的天文仪器》), «Memorie della Società Astronomica Italiana»(《意大利天文学会专题论文》), 60(1989), pp.889-906.

44. Iannaccone, I. (扬纳科内,伊萨亚), *L' insieme Universo nella storia del pensiero scientifico cinese*(《历史上的中国科学思想全集》), in F. Bevilacqua (法比奥·贝维拉夸)(a cura di)(编著), *Atti del X Congresso Nazionale di Storia della Fisica*(《第10届物理学历史国际研讨会论文集》), Milano: Grafiche GV, 1989, pp.229-237.

45. Iannaccone, I. (扬纳科内,伊萨亚), *Un' ipotesi sull' Yi Xiang Tu ed il Liber Organicus di Ferdinand Verbiest*(《南怀仁的〈仪象图〉假说与〈仪器之书〉》), «Asia Orientale»(《东亚》), 7/8(1989), pp.29-38.

46. Iannaccone, I. (扬纳科内,伊萨亚) e Merchionne, G. (梅毕娜), *L' introduzione della termometria rinascimentale nella Cina del XVII secolo: lo Yangqi Tushuo di Ferdinand Verbiest(1671)*(《17世纪文艺复兴时期测温技术引入中国——1671年南怀仁著〈验气图说〉》), in F. Bevilacqua(法比奥·贝维拉夸)(a cura di)(编著), *Atti del X Con-*

gresso Nazionale di Storia della Fisica(《第10届物理学历史国际研讨会论文集》),Milano:Grafiche GV,1989,pp.239-256.

三、备注

在维尔玛·科斯坦蒂尼翻译的《离骚》译本的开篇,译者维尔玛·科斯坦蒂尼作有序言。在提到屈原在中国文学史上的地位时,维尔玛·科斯坦蒂尼写道:"两千多年来,屈原在中国文学史上的地位无异于意大利的但丁及希腊的荷马。"他还写道:"《离骚》是诗人屈原最重要的一部诗歌作品,其准确写作年份迄今尚无定论……《离骚》是《楚辞》中最复杂也是最完整的一篇长诗。这一点从人们对它题目的理解上来看就已经体现得非常清楚。"维尔玛·科斯坦蒂尼在其长达10页的序言中详细介绍了屈原其人及其所有的诗歌作品。这篇序言完全可以算作一篇有关屈原诗歌的研究论文。在序言中他不仅对其翻译初衷、翻译理念、翻译方法以及词语斟酌作了详尽的解释与说明,而且还在译本中就"骚体"这一屈原独创的诗歌题材进行了介绍与分析。他对屈原的其他诗歌作品,如《九歌》及《天问》也作了详细的介绍,并就其与《离骚》在创作背景、题材选择及写作方法等方面进行了一定的比较分析。这篇序言既是该译本的创作理论基础又是其特有的亮点。与1938年阿莱格拉翻译的《离骚》译本相比,虽然从题目上,维尔玛·科斯坦蒂尼沿用了阿莱格拉的译法,将《离骚》翻译成《邂逅忧愁》(*Incontro al dolore*),但在对诗歌体裁及韵律的处理及表现方面,维尔玛·科斯坦蒂尼更体现了战后新时期学者的风格与特点。

公元1990年

一、大事记

1.4月5日至6日,意大利汉学协会(A.I.S.C.)在威尼斯举办了名为"中国的知识分子和权力"(Intellettuali e Potere in Cina)汉学研究学术研讨会,研讨会上发表的所有学术论文集结成册,与研讨会同名(*Atti del Convegno A.I.S.C.Venezia 5-6 aprile 1990"Intellettuali e Potere in Cina"*),主编为马里奥·萨巴蒂尼(Mario Sabattini)教授,并于1993年由威尼斯卡·福斯卡里大学出版社(Libreria Editrice Cafoscarina)出版发行。

2.8月,第32届欧洲汉学学会研讨会(The XXXIIth Congress of European Association for Chinese Studies)在德国莱顿(Leiden)举行。

3.白佐良教授在汉学专刊《中国》杂志第69期上发表了一篇文章,介绍在意大利发现的一部由明代刘文泰等人撰写的中药著作《本草品汇精要》手稿。

4.1990年,一个有关"中国天文学的学术会议"在那不勒斯召开并发表了研究成果。伊萨亚·扬纳科内(Isaia Iannaccone)的报告《测量天宇:中国古代天文学》于1991年由那不勒斯东方学院出版。

二、书（文）目录

书目提要和汉学史

1.Albanese, Andreina M.(阿尔巴内塞,安德烈纳),*De Guignes, un sinologo francese, nella Cina di Qianlong*(《德金:乾隆时期来华的一位法国汉学家》),in P. Daffinà(达菲纳)(a cura di)(编著),*Indo-sino-tibetica. Studi in onore di Luciano Petech*(《印度-中国-吐蕃:纪念毕达克研究》),Roma:Bardi Editore,1990,pp.1-25.

2.Bertuccioli, G.(白佐良)(tr. a cura di)(编译),Cao Hui(曹晖),*I manoscritti del 'Bencao Pinhui Jingyao'*(《〈本草品汇精要〉手稿》),《Mondo Cinese》(《中国世界》),69(1990),pp.71-77.

3.Bertuccioli, G.(白佐良),*I dottorati di ricerca interessanti la Cina e il mondo Estremo Orientale*(《研究中国和远东的博士研究生》),《Mondo Cinese》(《中国世界》),71(1990),pp.75-80.

4.Bertuccioli, G.(白佐良),*I dottorati di ricerca interessanti la Cina e il mondo Estremo Orientale*(II)(《研究中国和远东的博士研究生II》),《Mondo Cinese》(《中国世界》),71(1990),pp.75-80.

5. Miranda, M. (米兰达,玛丽娜), *Il XXXII Congresso di Studi Sinologici. Leiden 27-30 agosto 1990*[《第32届汉学学会研讨会(1990年8月27日—30日,莱顿)》], «Mondo Cinese»(《中国世界》),71(1990),pp.81-83.

6. Rossi, Maria N. (罗西,玛利亚), *Tavola Rotonda sull'' Atlante' di Michele Ruggeri della Cina dei Ming. Archivio di Stato, Roma: 15 dicembre 1989*(《1989年12月15日在罗马国家档案馆举办的关于罗明坚的明朝中国地图册的圆桌会议》), «Mondo Cinese»(《中国世界》),69(1990),pp.49-50.

7. Rossi, Maria N. (罗西,玛利亚), *Marco Polo e il suo libro: la Cina e l'Europa durante il Medio Evo. Venezia, 4-6 giugno 1990*[《马可·波罗和他的书:中世纪时期的中国和欧洲(1990年6月4日—6日,威尼斯)》], «Mondo Cinese»(《中国世界》),70(1990),pp.75-77.

8. Stary, G. (斯塔瑞,乔瓦尼), *Manchu Studies. An International Bibliography*(《满洲学研究:一份国际书目提要》),Wiesbaden: Harrassowitz, 3 voll., 1990.

历史与制度

9. Adespoto(佚名), *Le vie della seta e Venezia*(《丝绸之路和威尼斯》),Roma: Leonardo-De Luca Editore,1990.

10. Adespoto(佚名), *Mandarini e immagini del Catai nell'Europa del '700*(《契丹的达官贵人和图片在18世纪的欧洲》),Milano: Domenico Piva,1990.

11. Bertuccioli, R. (贝尔杜乔里,罗伯托), *Note sulla moneta sotto la dinastia Yuan*(《论元朝货币》), «Rivista degli Studi Orientali»(《东方学研究》),64(1990),pp.321-369.

12. Carioti, P. (白蒂), *Notes on the International Role of Koxinga's Policy*(《论郑成功的政策在国际上所扮演的角色》), «Annali [dell'] Istituto Universitario Orientale di Napoli»(《那不勒斯东方大学年鉴》),50(1990),pp.327-334.

13. Carioti, P. (白蒂), *Un elemento chiave dell'avvicendamento dinastico nella Cina del XVII secolo: la famiglia Cheng*[《17世纪中国朝代更迭的关键因素:郑氏(郑成功)家族》], «Cina»(《中国》),22(1990),pp.27-44.

14. Corradini, P. (柯拉迪尼), *Etnie e potere nell'impero dei Ch'ing*(《清帝国的

种族和权力》),in P. Daffinà(达菲纳)(a cura di)(编著),*Indo-sino-tibetica. Studi in onore di Luciano Petech*(《印度-中国-吐蕃:纪念毕达克论文集》),Roma:Bardi Editore,1990,pp.81-90.

15.Merchionne,G.(梅毕娜),*Tre contratti di vendita ed affitto della terra in epoca Qing*(《清朝时期三则土地买卖、租赁合同文本》),«Cina»(《中国》),22(1990),pp.45-59.

16.Peleggi,M.(佩莱吉,毛里齐奥),*La modificazione del ruolo cinese nell'economia del Siam nel corso del XIX secolo*(《19世纪中国在泰国经济中角色的转换》),«Rivista degli Studi Orientali»(《东方学研究》),64(1990),pp.395-402.

17.Santangelo,P.(史华罗),*Nuovi fermenti intellettuali e trasformazioni socieli nella Cina dei secoli XVII e XVIII*(《17和18世纪中国知识分子的新思潮和社会的变革》),«Cina»(《中国》),22(1990),pp.13-26.

18.Tozzi Giuli,D.(托齐·朱利,达尼埃拉),*Interazioni mongole e cinesi nella storia politica del 'Tibet Orientale'* (sec. XIII-metà XVII)[《蒙古和中国在"东部西藏"(13世纪—17世纪中叶)政治史中的相互影响》],«Rivista degli Studi Orientali»(《东方学研究》),64(1990),pp.371-380.

艺术、建筑、考古和音乐

19.【艺】Alabiso,A.(阿拉比索,阿里达),*La mostra su Castiglione. Rimini, 11 agosto-1 settembre 1990*(《1990年8月11日—9月1日在里米尼举办的郎世宁展》),«Mondo Cinese»(《中国世界》),72(1990),pp.69-74.

20.【建】Battaglini,M.(巴塔利尼,玛丽娜),*Templi a Pechino*(《北京寺庙》),«Mondo Cinese»(《中国世界》),71(1990),pp.67-72.

21.【艺】Caterina,L.(卡泰里纳,卢恰),*Donazione Tucci Bonardi. Ceramiche di Cina e Giappone*(《图齐·博纳尔迪捐赠品:中国和日本瓷器》),Bologna:Nuova Alfa,1990.

22.【艺】Mortari Vergara,P.(莫尔塔里·韦尔加拉,保拉),*Note sulla produzione artistica dei Kitan/Liao*(907-1125)[《浅论契丹/辽(907—1125)的艺术品》],in P. Daffinà(达菲纳)(a cura di)(编著),*Indo-sino-tibetica. Studi in onore di Luciano*

Petech(《印度-中国-吐蕃:纪念毕达克论文集》),Roma:Bardi Editore,1990,pp. 223-256.

23.【艺】Spadavecchia,F.(斯帕达韦基亚,菲奥雷拉),*Il Museo d'arte orientale di Venezia*(《威尼斯东方艺术博物馆》),in Adespoto(佚名),*Le vie della seta e Venezia*(《丝绸之路和威尼斯》),Roma:Leonardo-De Luca Editore,1990,pp.109-126.

语言和语言史

24.Fracasso,R.(弗拉卡索,里卡尔多),*Appendice terminologica a A Technical Glossary of Jiaguology*[《〈甲骨文研究〉专有名词附录》],«Annali[dell']Istituto Universitario Orientale di Napoli»(《那不勒斯东方大学年鉴》),50(1990),pp.86-88.

25.Scarpari,M.(斯卡尔帕里,毛里齐奥),*Six Dynasties Chinese in Dobson's System of Analysis and Periodization of the Classical Chinese Language*(《杜博森古汉语分析体系和分期中的六个中国朝代》),«East and West»(《东西方》),40(1990),pp.213-219.

26.Scarpari,M.(斯卡尔帕里,毛里齐奥),*Dobson ed il suo contributo allo studio della lingua cinese classica*(《杜博森和他对古汉语研究的贡献》),«Cina»(《中国》),22(1990),pp.83-106.

文学

27.Bertuccioli,G.(白佐良)(tr. a cura di)(编译),*I casi del giudice Bao*(《包公案》),Roma:Il Bagatto,1990.

28.Bozza,E.(博扎,艾迪)(tr. a cura di)(编译),*Il corpetto di perle.Novelle cinesi del Seicento*(《17世纪中国小说〈珍珠衫〉》),Milano:Mondadori,1990.

29.Casacchia,G.(卡萨齐)(tr. a cura di)(编译),*I trentasei stratagemmi.L'arte cinese di vincere*(《中国兵法〈三十六计〉》),Napoli:Guida Editori,1990.

30.Ceresa,M.(切雷萨,马尔科)(tr. a cura di)(编译),*Il canone del tè*(《茶经》),Milano:Leonardo,1990.

31.Lanciotti,L.(兰乔蒂),*La storia della letteratura cinese:sue interpretazioni in*

Cina e in Occidente(《中国文学史:中国和西方的评述》), in *Problema e problemi della storia letteraria*(《文学史的问题》), Roma: Accademia Nazionale dei Lincei, 1990, pp.131-140.

32. Vitiello, G. (魏浊安)(tr. a cura di)(编译), *Ameng di Wu. La manica tagliata*(《吴下阿蒙之〈断袖篇〉》), Palermo: Sellerio, 1990.

哲学

33. 【儒】Citraro, G. (奇特拉罗, 格洛里亚), *Il confucianesimo di Matteo Ricci*(《利玛窦的儒学》),«Studi e Materiali di Storia delle Religioni»(《宗教史的研究和资料》), 56(1990), pp.279-306.

34. 【基】Corradini, P. (柯拉迪尼), *La fine delle prime missioni cattoliche in Cina*(《天主教在中国最初的传教事业的终结》), «Rivista degli Studi Orientali»(《东方学研究》), 64(1990), pp.301-319.

35. 【基】Corradini, P. (柯拉迪尼), *Matteo Ricci's Approach to Chinese Civilization*(《利玛窦与中华文明的相遇》), «Dialogue and Alliance. A Journal of the International Religious Foundation»(《对话与联盟:国际宗教基金会杂志》), 4(1990), pp.51-59.

36. Dal Ferro, G. (达尔·费罗, 朱塞佩), *Religioni della Cina e via dell'armonia*(《中国宗教与和谐之路》), «Studi Ecumenici»(《基督教研究》), 8(1990), pp.63-73.

37. 【佛】Forte, A. (富安敦)(edited by)(主编), Tonami Mamoru(砺波护), *The Shaolin Monastery Stele on Mount Song*(《嵩山少林寺石碑》), Kyoto: Italian School of East Asian Studies, 1990.

38. 【佛】Forte, A. (富安敦), *The Relativity of the Concept of Orthodoxy in Chinese Buddhism: Chih-sheng's Indictment of Shih-li and the Proscription of the Dharma Mirror Sūtra*(《中国佛教正统观念的相对性:智升对师利的揭发和〈法镜经〉的遭禁》), in R. E. Buswell, Jr. (罗伯特·伊文·布斯维尔)(edited by)(主编), *Chinese Buddhist Apocrypha*(《中国佛教伪经》), Honolulu: University of Hawaii Press, 1990, pp.239-249.

39. 【儒】Lamparelli, C. (兰帕雷利, 克劳迪奥)(tr. a cura di)(编译), *Confucius. I Dialoghi*(《孔子·〈论语〉》), Milano: Mondadori, 1990.

40. Lanciotti, L.(兰乔蒂), *Il concetto di infinito nell'antica Cina*(《古代中国"无限"的概念》),《Cina》(《中国》),22(1990),pp.7-12.

41.【基】Mancini, E.(曼奇诺,恩佐), *Un ponte tra Europa e Cina. Matteo Ricci*(《欧洲与中国的桥梁:利玛窦》),Roma:Edizioni Paoline,1990.

42. Santangelo, P.(史华罗), *Energie positive e negative: spiriti e demoni nella Cina tardo-imperiale*(《正邪:中华帝国晚期的精灵与魔鬼》), in E. Corsini(欧金尼奥·科尔西尼) ed E. Costa(欧金尼奥·科斯塔)(a cura di)(编著), *L'autunno del diavolo: diabolos, dialogos, daimon*(《魔鬼之秋》), I, Milano:Bompiani,1990,pp.63-82.

43.【儒】Santangelo, P.(史华罗), *The Origin of Good and Evil in Human Nature According to Neo-Confucianism. Some Aspects of the Question*(《关于新儒家理论中人类天性"善恶"起源问题的几个方面》),《East and West》(《东西方》),40,1990,pp.231-259.

科学和科学史

44. Coccia, F.(柯嘉,菲利波), *La conoscenza delle scienze occidentali ed il pensiero riformista nella Cina di fine '800*(《19世纪末中国对西方科学的了解和改良思潮》), in I. Iannaccoce(伊萨亚·扬纳科内) ed A. Tamburello(阿道夫·坦布雷洛)(a cura di)(编著), *Dall'Europa alla Cina: contributi per una storia dell'Astronomia*(《从欧洲到中国:对天文学的历史贡献》), Napoli:Università degli Studi 'Federico II'-Istituto Universitario Orientale,1990,pp.209-218.

45. D'Arelli, F.(达仁理), *P. Matteo Ricci S. I.: le 'cose absurde' dell'astronomia cinese. Genesi, eredità ed influsso di un convincimento tra i secoli XVI-XVII*(《利玛窦神父:中国天文学中"荒谬的事情"——16—17世纪一种理念的起源、继承和影响》), in I. Iannaccoce(伊萨亚·扬纳科内) ed A. Tamburello(阿道夫·坦布雷洛)(a cura di)(编著), *Dall'Europa alla Cina: contributi per una storia dell'Astronomia*(《从欧洲到中国:对天文学的历史贡献》), Napoli:Università degli Studi 'Federico II'-Istituto Universitario Orientale,1990,pp.85-123.

46. Giuliano, T.(朱利亚诺,塔亚纳), *L'origine dell'astronomia cinese: ipotes*(《中国天文学的起源:假设》), in I. Iannaccoce(伊萨亚·扬纳科内) ed A.

Tamburello(阿道夫·坦布雷洛)(a cura di)(编著), *Dall'Europa alla Cina : contributi per una storia dell'Astronomia*(《从欧洲到中国:对天文学的历史贡献》), Napoli:Università degli Studi 'Federico Ⅱ'-Istituto Universitario Orientale, 1990, pp. 183-188.

47. Iannaccone, I.(扬纳科内,伊萨亚), *Il 'feng shui' e la bussola geomantica dell'Istituto e Museo di Storia della Scienza di Firenze*(《风水与佛罗伦萨科学史学院及博物馆的堪舆罗盘》), «Nuncius. Annali di Storia della Scienza»(《信使:科学编年史》), 5(1990), pp.205-219.

48. Iannaccone, I.(扬纳科内,伊萨亚), *Ragionamenti sul calendario cinese*(《中国历法的论证》), in I. Iannaccone(伊萨亚·扬纳科内) ed A. Tamburello(阿道夫·坦布雷洛)(a cura di)(编著), *Dall'Europa alla Cina : contributi per una storia dell'Astronomia*(《从欧洲到中国:对天文学的历史贡献》), Napoli:Università degli Studi 'Federico Ⅱ'-Istituto Universitario Orientale, 1990, pp.189-200.

49. Iannaccone, I.(扬纳科内,伊萨亚), *The Structure of the Universe : Syncretism and Continuity of the Chinese Cosmological Teories*(《宇宙的结构:中国宇宙学理论的融合与连续性》), «Memorie della Società Astronomica Italiana»(《意大利天文学会专题论文》), 61(1990), pp.905-924.

50. Iannaccone, I.(扬纳科内,伊萨亚) ed Tamburello, A.(坦布雷洛,阿道夫)(a cura di)(编著), *Dall'Europa alla Cina : contributi per una storia dell'Astronomia*(《从欧洲到中国:对天文学的历史贡献》), Napoli:Università degli Studi 'Federico Ⅱ'-Istituto Universitario Orientale, 1990.

51. Merchionne, G.(梅毕娜), *Alcune considerazioni sugli articoli 'L'evoluzione della sfera armillare' e 'La misurazione delle ombre compiuta secondo metodi usati in antichità'*(《评〈浑仪的演化〉和〈古代计算投影的方法〉两篇文章》), in I. Iannaccoce(伊萨亚·扬纳科内) ed A. Tamburello(阿道夫·坦布雷洛)(a cura di)(编著), *Dall'Europa alla Cina : contributi per una storia dell'Astronomia*(《从欧洲到中国:对天文学的历史贡献》), Ⅶ, Napoli:Università degli Studi 'Federico Ⅱ'-Istituto Universitario Orientale, 1990, pp.147-152.

52. Merchionne, G.(梅毕娜)(tr. a cura di)(编译), Cui Zhenghua, *L'evoluzione*

della sfera armillare(《浑仪的演化》), in I. Iannaccoce(伊萨亚·扬纳科内)ed A. Tamburello(阿道夫·坦布雷洛)(a cura di)(编著), *Dall' Europa alla Cina: contributi per una storia dell' Astronomia*(《从欧洲到中国:对天文学的历史贡献》), Ⅶ, Napoli:Università degli Studi 'Federico Ⅱ'-Istituto Universitario Orientale, 1990, pp.153-164.

53.Merchionne, G.(梅毕娜)(tr. a cura di)(编译), Cui Shizhu, *Verifica della misurazione delle ombre compiuta secondo metodi usati in antichità*(《对古代投影计算方法的验证》), in I. Iannaccoce(伊萨亚·扬纳科内)ed A. Tamburello(阿道夫·坦布雷洛)(a cura di)(编著), *Dall' Europa alla Cina:contributi per una storia dell' Astronomia*(《从欧洲到中国:对天文学的历史贡献》), Ⅶ, Napoli:Università degli Studi 'Federico Ⅱ'-Istituto Universitario Orientale, 1990, pp.165-181.

54.Sorrentino, A.(索伦蒂诺,安东尼奥), "*Mangiare il sole*":*il mito astrale dell' eclisse in India e in Cina*(《吞食太阳——印度与中国的日食神话》), in I. Iannaccone(伊萨亚·扬纳科内)ed A. Tamburello(阿道夫·坦布雷洛)(a cura di)(编著), *Dall' Europa alla Cina:contributi per una storia dell' Astronomia*(《从欧洲到中国:对天文学的历史贡献》), Napoli:Università degli Studi 'Federico Ⅱ'-Istituto Universitario Orientale, 1990, pp.67-74.

公元 1991 年

一、大事记

1.福斯托·托马西尼翻译的《孟子》在米兰出版发行,福斯托·托马西尼之前翻译过《论语》《大学》《中庸》等多部儒家经典。他翻译的这部《孟子》也是意大利译本中的精品之作,意大利著名汉学家兰乔蒂教授为该译本写作了序言。

2.由布鲁诺·韦内齐亚尼(Bruno Veneziani)和费拉拉(A. G. Ferrara)合作翻

译的《易经》①意大利文译本被收录于 Biblioteca Adelphi 丛书,并在米兰出版发行。布鲁诺·韦内齐亚尼与费拉拉二人翻译的《易经》译自著名汉学家卫礼贤(Richard Wilhelm)的一个德文译本。卫礼贤的德文译本于 1924 年在德国出版。此译本自出版以来,在欧洲学界产生了很大的影响,并一直被一些西方学者认为是所有西文译本中最好的一部。关于这点,从此译本的多语版本的书评中,我们便可略见一二。在卫礼贤《易经》德文译本的英文转译作品中,学者卡尔·古斯塔夫·荣格(Carl Gustav Jung)曾在序言中写道:"我本人并非一位汉学家,能够有幸为此书作序,一方面是出于我与译者私交颇深,另一方面也因为我对这一杰出译本的喜爱。卫礼贤对于中国文化一直以来的深入了解及研究使其这一《易经》译本不仅独特而且堪称是欧洲学界独一无二的杰作。"另外值得一提的是,《易经》的这部意大利文译本,其封面设计也非常有特色。在封面上,编者引用了殷商时期青铜器上一个表示神性的铭文。铭文上画着一个戴着面具的人,貌似求神问天。编者选择这个铭文作为封面也许是想表达其对《易经》与中国巫史文化关系的一些思考。

3. 安德烈纳·阿尔巴内塞(A. Albanese)对意大利博洛尼亚大学图书馆中的馆藏文献资料进行了整理,编写出一篇名为《对博洛尼亚大学图书馆馆藏的 Mezzofanti 档案中中文资料及汉学文献的初步研究》(*Indagine preliminare sul materiale cinese e di argomento sinologico del fondo Mezzofanti della Biblioteca Universitaria di Bologna*)的论文,于同年被收录于博洛尼亚 CLUEB 出版社出版的《巴别塔的祝福》(*La benedizione di Babele*)一书中。

4. 白佐良教授在汉学专刊《中国世界》(«Mondo Cinese»)第 74 期上发表了一篇介绍早期意大利汉学发展及中文作品翻译情况的文章,名为《意大利汉学史:对几位汉学家和汉语口译者的评介》。

5. 爱德华·马西首次为意大利非文学专业的读者编写了一部题为《中国文学百部作品简评》(*Cento Trame di capolavori della letteratura cinese*)的中国文学经典简明教程,在米兰出版。在书中,作者向我们展示了中国文学在不同历史时期所

---

① Bruno Veneziani e A. G. Ferrara (tr. a cura di), *I Ching-Il. Libro dei Mutamenti*, Milano: Adelphi Edizioni, 1991.

具有的独特魅力,比如:在诗歌方面,他集中介绍了王维(699—761)、杜甫(712—770)等几位代表诗人及其代表作品;在历史作品方面,既有公元前四五世纪的《孙子兵法》,也有五四运动时期李大钊的《春天》;在小说方面,他介绍了罗贯中的《三国演义》、蒲松龄的《聊斋志异》;在戏剧方面,他介绍了王实甫的《西厢记》和孔尚任的《桃花扇》;在教程的最后,还附有一篇爱德华·马西关于中华人民共和国成立以后中国当代文学作品研究的论文。爱德华·马西的这本教程对中国文学作品,尤其是古代经典进行了全景式的介绍,对每部文学作品历史背景的介绍与分析全面而深入,对中国文学爱好者来说是一部非常优秀的文学入门教材。

二、书(文)目录

书目提要和汉学史

1. Albanese, A. (阿尔巴内塞, 安德烈纳), *Indagine preliminare sul materiale cinese e di argomento sinologico del fondo Mezzofanti della Biblioteca Universitaria di Bologna*(《对博洛尼亚大学图书馆馆藏的 Mezzofanti 档案中中文资料及汉学文献的初步研究》), in Giorgio R. Franci(乔治·弗兰奇)(a cura di)(编著), *La benedizione di Babele. Contributi alla storia degli studi orientali e linguistici, e delle presenze orientali, a Bologna*(《〈巴别塔的祝福〉有关东方学、语言学研究史及博洛尼亚东方文化史领域的文献》), Bologna: Editrice CLUEB, 1991, pp.173-197.

2. Bertuccioli, G. (白佐良), *Per una storia della sinologia italiana: prime note su alcuni sinologhi e interpreti di cinese*(《意大利汉学史:对几位汉学家和汉语口译者的评介》), «Mondo Cinese»(《中国世界》), 74(1991), pp.9-39.

3. Cavalieri, R. (卡瓦列里, 伦佐), *Un simposio su Marco Polo e 'Il Milione'*(《马可·波罗和〈马可·波罗游记〉专题研讨会》), «Mondo Cinese»(《中国世界》), 76(1991), pp.67-70.

4. Lanciotti, L. (兰乔蒂), *Venezia e il sorgere degli studi sinologici*(《威尼斯和汉学的诞生》), in S. Perosa(塞尔焦·佩罗萨), M. Calderaro(米凯拉·卡尔代拉罗) e S. Regazzoni(苏珊娜·雷加佐尼)(a cura di)(编著), *Venezia e le lingue e letterature straniere*(《威尼斯和外国语言文学》), Roma: Bulzoni, 1991, pp.51-54.

历史与制度

5. Ammassari, A.(阿马萨里,安东尼奥), *L' identità cinese. Note sulla preistoria della Cina secondo le iscrizioni oracolari della dinastia Shang*(《中国的起源:商代甲骨文对中国史前文化的记录》), Milano:Jaca Book,1991.

6. Fazzioli, E.(法奇奥里,艾多尔多), *Il trono del drago e i figli del cielo. Cronologia delle dinastie cinesi*(《龙椅和天子:中国朝代年代学》), Milano:Mondadori,1991.

7. Guida, D.(圭达,多纳泰利), *Immagini del Nanyang. Realtà e stereotipi nella storiografia cinese verso la fine della dinastia Ming*(《南洋图片:明末中国史书中的南洋铅版印刷图片和南洋的现实》), Napoli:Istituto Universitario Orientale,1991.

8. Guida, D.(董娜), *I paesi del Sud-Est asiatico nella Cina Ming:le fonti non ufficiali*(《明朝时期的东南亚国家:非官方文献》), «Cina»(《中国》),23(1991),pp.171-185.

9. Lo Sardo, E.(萨尔多,欧金尼奥), *L' Atlante della Cina di Michele Ruggieri (XVI sec.)*[《罗明坚的中国地图册(16世纪)》], in F. Bencardino(菲利波·本卡尔迪诺)(a cura di)(编著), *La cartografia geografica nel progresso delle conoscenze sull' Oriente nell' Europa dei secoli XV-XIX*(《15—19世纪欧洲关于东方地理绘图学方面认识的进展》), Napoli:Istituto Universitario Orientale,1991,pp.127-141.

10. Miranda, M.(米兰达,玛丽娜), *Le variazioni del grado dei funzionari durante il primo periodo Qing(1644-1735)*[《清初(1644—1735)官阶制度的变更》], «Rivista degli Studi Orientali»(《东方学研究》),65(1991),pp.109-124.

11. Miranda, M.(米兰达,玛丽娜), *Mancesi e cinesi nella burocrazia Qing*(《清朝官僚体制中的满人和汉人》), «Mondo Cinese»(《中国世界》),75(1991),pp.17-26.

艺术、建筑、考古和音乐

12.【艺】Alabiso, A.(阿拉比索,阿里达), *Il dipinto attribuito a Matteo Ricci nel Museo Provinciale del Liaoning*(《辽宁省博物馆利玛窦画像》), «Il Veltro»(《猎犬》),35(1991),pp.338-341.

13.【艺】Fazzioli, E.(法奇奥里,艾多尔多)ed Chan, E. Mei Ling(陈,艾琳·美

玲），*La moda nella storia della Cina*（《中国历史中的时尚》），Milano：Mondadori，1991．

14．【建】Lanciotti，L.（兰乔蒂），«Cina，architettura»（《中国，建筑》），in *Enciclopedia Italiana.Appendice*（《意大利百科全书：附录》），V，1，Roma：Istituto della Enciclopedia Italiana，1991，pp.633-634．

15．【艺】Lanciotti，L.（兰乔蒂），*L'immagine nella Cina antica*（《古代中国印象》），«Cina»（《中国》），23（1991），pp.7-13．

16．【艺】Malagò，Amina（马拉戈，阿米娜），*Chinese Literary Sources in the Study of Silk Tapestry*（《丝毯研究中的中国文学起源》），«Annali di Ca' Foscari.Serie Orientale»（《威尼斯卡·福斯卡里大学东方年鉴》），30（1991），pp.227-261．

17．【建】Zaccheo，Maria L.（扎凯奥），«Cina，architettura»（《中国，建筑》），in *Enciclopedia Italiana.Appendice*（《意大利百科全书：附录》），V，1，Roma：Istituto della Enciclopedia Italiana，1991，pp.634-635．

语言和语言史

18．Casacchia，G.（卡萨齐），*I rimari nella storia della linguistica cinese（Ⅶ-ⅩⅣ secc.）*［《中国语言学史韵文手册（7—14世纪）》］，«Cina»（《中国》），23（1991），pp.201-227．

19．Scarpari，M.（斯卡尔帕里，毛里齐奥），*Tipologia e caratteristiche del sintagma nominale nell'analisi della lingua cinese classica*（《古汉语分析中名词短语的分类和特点》），«Annali di Ca' Foscari.Serie Orientale»（《威尼斯卡·福斯卡里大学东方年鉴》），30（1991），pp.137-167．

文学

20．Bozza，E.（博扎，艾迪）（tr. a cura di）（编译），*Il governatore della provincia del ramo meridionale e altri racconti*（《南柯太守传及其他故事》），Milano：Mondadori，1991．

21．Bujatti，A.（布娅蒂，安娜）（tr. a cura di）（编译），*La ballata di Mulan*（《木兰辞》），Roma：Fahrenheit，1991．

22. Carloni, O. (卡洛尼,奥斯瓦尔多) (tr. a cura di) (编译), *Il Magistrato Bao Gong ed il Longtu Gong'an. Una raccolta di novelle poliziesche dell'epoca Ming* (《明朝侦探小说集:包公和〈龙图公案〉》), Napoli: Istituto Universitario Orientale, 1991.

23. Casacchia, G. (卡萨齐) e Dadò, P. (达多,帕特里齐亚) (tr. a cura di) (编译), *Spettri e fantasmi cinesi* (《中国的鬼怪》), Roma: Theoria, 1991.

哲学

24. Avanzini, F. (阿万齐尼,费代里科), *La filosofia cinese come organicismo. Appunti critici ad alcune tesi di J. Needbam* (《中国哲学的机体论:对李约瑟几篇论文的批注》), «Fenomenologia e Società» (《现象学和社会》), 14 (1991), 1, pp. 125-154.

25. 【基】Bertuccioli, G. (白佐良), «De Ursisi Sabatino» (《熊三拔》), in *Dizionario Biografico degli Italiani* (《意大利人物词典》), XXXIX, Roma: Istituto della Enciclopedia Italiana, 1991, pp. 498-500.

26. 【道】Bertuccioli, G. (白佐良), *Il taoismo* (《道教》), in A. Milella (安东尼奥·米莱拉) (编著), *Umanesimo in Asia. Le culture non tecnologiche parlano all'Occidente* (《亚洲的人文主义:非技术文化与西方的对话》), Sassari: Centro stampa dell'Università di Sassari, 1991, pp. 17-31.

27. 【道】Cadonna, A. (卡多纳,阿尔弗雷多), *Una bibliografia ragionata degli studi su due maestri taoisti alla corte dei Tang: Ye Jingneng (?-710) e Ye Fashan (616-720)* [《唐朝宫廷中两位道家法师经过考证的真实可靠的传记:叶静能(?—710)和叶法善(616—720)》], «Cina» (《中国》), 23 (1991), pp. 105-115.

28. 【基】Corradini, P. (柯拉迪尼), *Matteo Ricci: pittore?* (《利玛窦:画家?》), «Mondo Cinese» (《中国世界》), 73 (1991), pp. 57-59.

29. 【基】Fatica, M. (樊米凯) (a cura di) (编著), *Matteo Ripa. Giornale (1705-1724)* [《马国贤日志(1705—1724)》], Napoli: Istituto Universitario Orientale, 1991, 2 voll.

30. 【基】Fiore, I. (菲奥雷,伊拉里奥), *La croce e il drago. Sulle orme di Matteo Ricci in Cina* (《十字和龙:沿着利玛窦在中国的足迹》), Torino: Nuova Edizioni

Radio Italiana,1991.

31.【佛】Forte, A.(富安敦), *My First Visit to Nanatsu-dera. Impromptu Notes and Impressions*(《我第一次参观"七寺":笔记和印象》), in Ochiai Toshinori(落合俊典)(edited by)(主编), *The Manuscripts of Nanatsu-dera. A Recently Discovered Treasure-House in Downtown Nagoya*(《"七寺"藏手写本:近期在名古屋市中心发现的宝库》), Kyoto: Italian School of East Asian Studies,1991, pp.55-77.

32.【神】Fracasso, R.(弗拉卡索,里卡尔多), *The Shanhai jing: A Bibliography by Subject*(《〈山海经〉:书目提要》), «Cina»(《中国》),23(1991), pp.81-104.

33.【道】Gatti, F. A.(加蒂,弗朗哥), *A proposito del mago Ye Jingneng (? -710): una lista annotata delle fonti storiche con una traduzione di passi scelti*[《叶静能(?—710):带注解的历史文献列表附部分选段的翻译》], «Cina»(《中国》),23(1991), pp.117-139.

34.【儒】Lanciotti, L.(兰乔蒂), Introduzione [a](序言), F. Tomassini(福斯托·托马西尼)(编译), *Meng-tzu(Mencio)*(《孟子》), Milano: TEA,1991, pp.7-13.

35.【儒】Santangelo, P.(史华罗), *Il 'peccato' in Cina. Bene e male nel neoconfucianesimo dalla metà del XIV alla metà del XIX secolo*(《中国之"罪":14世纪至19世纪中叶新儒家的"善恶观"》), Bari: Laterza,1991.

36.【儒】Scarpari, M.(斯卡尔帕里,毛里齐奥), *La concezione della natura umana in Confucio e Mencio*(《孔子和孟子关于人性的观念》), Venezia: Libreria Editrice Cafoscarina,1991.

37.【萨】Stary, G.(斯塔瑞,乔瓦尼), *Una 'Divina Commedia' mancese: alcune considerazioni sullo sciamanesimo dei Manciù*(《满族的〈神曲〉:对满族萨满教的思考》), «Mondo Cinese»(《中国世界》),73(1991), pp.17-26.

38.【儒】Tomassini, F.(托马西尼,福斯托)(tr. a cura di)(编译), Mencio(孟子), *Meng-tzu*(《孟子》), Milano: TEA,1991.

科学和科学史

39.Boschi, G.(波斯基,朱莉娅), «Qigong»(《气功》), in P. Galante(皮尼·加兰特)(a cura di)(编著), *Dizionario delle Medicine Naturali*(《自然医学辞典》), Roma: Aporie Edizioni, 1991, pp.103-104.

40. Iannaccone, I.(扬纳科内,伊萨亚), *Il fondamentale lavoro di Xu Shou(1818-1884) nella storia della Chimica cinese*[《中国化学史上徐寿(1818—1884)的基础工作》], in F. Abbri(费尔迪南多·阿布利) e F. Crispini(弗朗哥·克里斯皮尼)(a cura di)(编著), *Atti del III Convegno Nazionale di Storia e Fondamenti della Chimica*(《第3届化学发展史和基本原理国际研讨会》), Cosenza: Brenner, 1991, pp.329-337.

41. Iannaccone, I.(扬纳科内,伊萨亚), *Misurare il cielo: l'antica astronomia cinese*(《测量天宇:中国古代天文学》), Napoli: Istituto Universitario Orientale, 1991.

公元1992年

一、大事记

1. 著名的英文汉学学术期刊《明清研究》(*Ming Qing Yanjiu*)在罗马创刊。出版机构为意大利著名的东方学研究学院:意大利中东及远东研究院(IsMEO)。主编为著名的意大利学者史华罗教授。

2. 意大利驻华大使馆文化处编纂出版了《意大利作品汉译书目》,该书汇集了1911年至1992年初中国翻译出版的意大利文学、戏剧、电影、历史、哲学的作品目录。

3. 4月17日至22日,蒋经国基金会(Chiang Ching-kuo Foundation)在台北市举办了"欧洲汉学史国际研讨会"(The International Conference on the History of European Sinology),与会学者大多是来自世界各地的汉学家,其中包括来自美国、加拿大、日本、澳大利亚及13个欧洲国家的45位学者。

二、书（文）目录

书目提要和汉学史

1. Bertuccioli, G.（白佐良）, *I dottorati di ricerca interessanti la Cina e il mondo estremo-orientale*（Ⅲ）(《研究中国和远东的博士研究生Ⅲ》), «Mondo Cinese»（《中国世界》）, 78(1992), pp.57-58.

2. Corradini, P.（柯拉迪尼）, '*Mondo cinese*': *venti anni*（《"中国世界"：20年》）, «Mondo Cinese»（《中国世界》）, 80(1992), pp.7-9.

3. Miranda, M.（米兰达，玛丽娜）, *Il XXXIII Congresso di Studi Sinologici. Parigi 13-17 settembre 1992* [《第33届汉学研讨会(1992年9月13日—17日，巴黎)》], «Mondo Cinese»（《中国世界》）, 79(1992), pp.75-76.

历史与制度

4. Cadonna, A（卡多纳，阿尔弗雷多）(edited by)（主编）, *Turfan and Tunhuang: The Texts. Encounter of Civilizations on the Silk Route*（《吐鲁番和敦煌文献：丝绸之路上文明的邂逅》）, Firenze: L. S. Olschki, 1992.

5. Carioti, P.（白蒂）, *Le attività marittime del Fujian, 1567-1628* [《福建的海上活动(1567—1628)》], in P. Santangelo（史华罗）(edited by)（主编）, *Ming Qing Yanjiu*（《明清研究》）, Napoli-Roma: Istituto Universitario Orientale-Istituto Italiano per il Medio ed Estremo Oriente, 1992, pp.61-79.

6. Corradini, P.（柯拉迪尼）(a cura di)（编著）, *La Città Proibita. Storia e collezioni*（《紫禁城：历史和收藏》）, Firenze: Giunti, 1992.

7. Corradini, P.（柯拉迪尼）, *Legittimismo Ming e pretendenti al trono durante la dinastia Qing*（《明朝的正统主义和清朝时期的王位觊觎者》）, «Aetas Manjurica»（《满洲时代》）, 3(1992), pp.1-11.

8. Corsi, E.（科尔西，伊丽莎白）, *Scholars and Paper-Makers: Errata*（《学者和造纸者：错字勘误表》）, «Rivista degli Studi Orientali»（《东方学研究》）, 66(1992), pp.143-144.

9.Foccardi,G.(傅卡迪),*Viaggiatori del Regno di Mezzo.I viaggi marittimi dei cinesi dal III secolo a.C.alla fine del XIX secolo d.C.*(《中国的旅行家:从公元前3世纪到公元19世纪中国人的航海旅行》),Torino:Einaudi,1992.

10.Guida,D.(董娜),*La politica estera dai Ming ai Qing:gli Uffici di Traduzione*(*Siyiguan*)*e d'Interpretariato*(*Huitongguan*)(《明清的对外政策:四夷馆和会同馆》),in P. Santangelo(史华罗)(edited by)(主编),*Ming Qing Yanjiu*(《明清研究》),Napoli-Roma:Istituto Universitario Orientale-Istituto Italiano per il Medio ed Estremo Oriente,1992,pp.81-86.

11.Petech, L. (毕达克), *The Silk Road. Turfan and Tun-huang in the first Millenium A.D.*(《丝绸之路:公元前第一个千年的吐鲁番和敦煌》),in A. Cadonna(阿尔弗雷多·卡多纳)(edited by)(主编),*Turfan and Tun-huang:The Texts.Encounter of Civilizations on the Silk Route*(《吐鲁番和敦煌文献:丝绸之路上文明的邂逅》),Firenze:L. S. Olschki,1992,pp.1-13.

12.Ricciardolo,G.(里恰尔多洛,加埃塔诺),*Matteo Ricci e la lingua italiana*(《利玛窦和意大利语》),«Mondo Cinese»(《中国世界》),77(1992),pp.73-90.

13.Santangelo,P.(史华罗),*Alcuni aspetti di vita urbana:Suzhou,una metropoli 'moderna' fra il XVI e il XVIII secolo*(《城市生活的几个方面:苏州,16和18世纪的"现代"都市》),in P. Santangelo(史华罗)(edited by)(主编),*Ming Qing Yanjiu*(《明清研究》),Napoli-Roma:Istituto Universitario Orientale-Istituto Italiano per il Medio ed Estremo Oriente,1992,pp.1-45.

14.Stary,G.(斯塔瑞,乔瓦尼),*L'utopia dell'impero mancese*(《满洲帝国的乌托邦》),in P. Santangelo(史华罗)(edited by)(主编),*Ming Qing Yanjiu*(《明清研究》),Napoli-Roma:Istituto Universitario Orientale-Istituto Italiano per il Medio ed Estremo Oriente,1992,pp.99-102.

15.Stary,G.(斯塔瑞,乔瓦尼),*Un viaggio nel passato imperial*(《帝国之旅》),«Mondo Cinese»(《中国世界》),77(1992),pp.95-100.

艺术、建筑、考古和音乐

16.【考】Alabiso, A.(阿拉比索,阿里达),*Il nuovo museo storico dello Shaanxi*

（《陕西新历史博物馆》），«Mondo Cinese»（《中国世界》），78(1992)，pp.41-46.

17.【考】Ciarla, R.（恰拉，罗伯托）(a cura di)（编著），*La civiltà del Fiume Giallo. I tesori dello Shanxi dalla preistoria all'epoca Ming*（《黄河流域文明：从史前时期到明朝山西的宝藏》），Roma：Leonardo-De Luca Editore，1992.

18.【考】Ciarla, R.（恰拉，罗伯托），*L'archeologia dello Shanxi: culture di frontiera e culture metropolitane a confronto*（《山西考古：边境文化和都市文化对比研究》），in R. Ciarla（罗伯托·恰拉）(a cura di)（编著），*La civiltà del Fiume Giallo. I tesori dello Shanxi dalla preistoria all'epoca Ming*（《黄河流域文明：从史前时期到明朝山西的宝藏》），Roma：Leonardo-De Luca Editore，1992，pp.23-28.

19.【艺】Corradini, P.（柯拉迪尼），*Matteo Ricci: pittore?*（《利玛窦：画家？》），«Il Pennello»（《毛笔》），(marzo 1992)，pp.9-10.

20.【艺】Fossati, G.（福萨蒂，吉尔多），*Il mondo della giada. I grandi capolavori dell'arte cinese*（《玉器世界：中国艺术的伟大杰作》），Milano：Mondadori，1992.

21.【考】【建】Jones, D.（琼斯，达陆）e Salviati, F.（萨尔维亚蒂，菲利波），*Le 'acque occidentali' e i palazzi europei dell'imperatore Qianlong a Pechino*（《大水法和乾隆皇帝在北京的欧式宫殿》），in D. Jones（达陆·琼斯），*Il teatro delle acque*（《水的剧院》），Roma：Edizioni dell'Elefante，1992，pp.140-158.

22.【艺】Rossi, Maria N.（罗西，玛利亚），'*Cina: arte e religione*'. Roma：24 giugno-1 luglio 1992 [《"中国：艺术和宗教"（罗马1992年6月24日—7月1日》]，«Mondo Cinese»（《中国世界》），78(1992)，pp.59-61.

23.【考】Salviati, F.（萨尔维亚蒂，菲利波），*Il materiale in giada della cultura Liangzhu allo stato attuale delle conoscenze: osservazioni*（《现阶段对良渚文化中玉器的认识》），«Rivista degli Studi Orientali»（《东方学研究》），66(1992)，pp.145-169.

文学

24. Bonino, G.（唐云）(tr. a cura di)（编译），*Storie fantastiche del padiglione dei divertimenti*（《聊斋志异》），Pechino：Casa Editrice in Lingue Straniere，1992.

25. Bozza, E.（博扎，艾迪）(tr. a cura di)（编译），Ji Xiaolan（纪晓岚），*Note scritte nello studio Yuewei*（《阅微草堂笔记》），Torino：Boringhieri，1992.

26. Bujatti, A.(布娅蒂,安娜)(tr. a cura di)(编译), *Erba di primavera. Invito alla lettura di alcune poesie Tang*(《读几首唐诗:〈春草〉》),Pechino:Casa Editrice di Radio Cina Internazionale,1992.

27. Casacchia, G.(卡萨齐)(tr. a cura di)(编译), *Nuove e antiche meraviglie. Racconti cinesi del Seicento*(《16世纪中国小说〈今古奇观〉》), Napoli: Guida Editori,1992.

28. Guida, D.(董娜), *Il fantastico nella trattatistica di viaggio cinese:miti e simboli di Haiyu*(《中国旅行游记之怪:〈海语〉中的神话和象征》),«Asia Orientale»(《东亚》),10-11(1992),pp.37-53.

29. Lavagnino, Alessandra C.(罗桑达), *Wen xin diao long zhong wen zi de jieshi he fenxi*(《〈文心雕龙〉中文字的解释和分析》), in Rao Pengzi(饶芃子)(a cura di)(编著), *Wen xin diao long yanjiu huicui*(《文心雕龙研究荟萃》),Shanghai:Shanghai shudian,1992,pp.332-340.

30. Santangelo, P.(史华罗)(tr. a cura di)(编译), Dong Yue(董说), *Il sogno dello scimmiotto*(《西游补》),Venezia:Marsilio,1992.

31. Santangelo, P.(史华罗)(a cura di)(编著), *Ming Qing Yanjiu*(《明清研究》), Napoli-Roma:Istituto Universitario Orientale-Istituto Italiano per l'Africa e l'Oriente,1992.

32. Vitiello, G.(魏浊安), *The Dragon's Whim:Ming and Qing Homoerotic Tales from The Cut Sleeve*(《选自〈断袖篇〉的明清同性恋故事》),«T'oung Pao»(《通报》),78(1992),pp.341-372.

33. Zamperini, P.(曾佩琳)(tr. a cura di)(编译),Wang Yinglin(王应麟), *Il libro dei tre caratteri*(《三字经》);Zhou Xingsi(周兴嗣), *Il testo delle mille parole*(《千字文》);Palermo:Sellerio,1992.

34. Zamperini, P.(曾佩琳)(tr. a cura di)(编译),Xihong(惜红居士), *Gli strani casi del giudice Li*(《李公案奇闻》),Palermo:Sellerio,1992.

哲学

35. Collotti Pischel, E.(科洛蒂·皮斯雪尔,恩里卡), *Buddhismo, taoismo e con-*

fucianesimo:ricchezza e contraddittorietà del pensiero cinese(《佛教、道教和儒教：中国思想的财富和矛盾性》),in *Asia sconosciuta*(《未知的亚洲》),Torino:Edizioni Sonda,1992,pp.155-182.

36.【道】Esposito,M.(埃斯波西托,莫妮卡),*Il Daozang xubian,raccolta di testi alchemici della scuola Longmen*(《〈道藏续编〉:龙门派炼丹术作品集》),«Annali [dell']Istituto Universitario Orientale di Napoli»(《那不勒斯东方大学年鉴》),52(1992),pp.429-449.

37.【佛】Forte,A.(富安敦),*Again on the Subject of the Mingtang of the Empress Wu*(《再论女皇武则天的明堂》),«Studies in Central and East Asian Religions»(《中亚及东亚宗教研究》),5-6(1992-1993),pp.144-154.

38.【佛】Forte,A.(富安敦),*An Shigao and His Descendants*(《安世高和他的后代》),«Bukkyōshigaku kenkyū»(《建久时期佛教史学》),35(1992),pp.1-35.

39.【佛】Forte,A.(富安敦),*Chinese State Monasteries in the Seventh and Eighth Centuries*(《7世纪至8世纪中国国家寺庙》),in Kuwayama Shōshin(桑山正進)(edited by)(主编),*Echō ō Go-Tenjikkoku den kenkyū*(《慧超往五天竺国传研究》),Kyoto:Kyōto daigaku Jinbun kagaku kenkyūjo,1992,pp.213-258.

40.【佛】Forte,A.(富安敦),*On the Subject of the Mingtang*(《论明堂》),«Monumenta Serica»(《华裔学志》),40(1992),pp.387-396.

41.Paolillo,M.(保利洛,毛里齐奥),*Il giardino cinese:contributo per un dibattito*(《中国花园:对辩论的贡献》),in P.Capone(保拉·卡波内),P.Lanzara(保拉·兰扎拉)e M.Venturi Ferriolo(马西莫·文图里·费廖洛)(a cura di)(编著),*Pensare il giardino*(《思考花园》),Milano:Guerini e Associati,1992,pp.89-96.

42.【儒】Santangelo,P.(史华罗),*Emozioni e desideri in Cina.La riflessione neoconfuciana dalla metà del XIV alla metà del XIX secolo*(《中国的"情"与"欲":从14世纪至19世纪中叶新儒家的反思》),Bari:Laterza,1992.

43.【儒】Santangelo,P.(史华罗),*Destiny and Retribution in Late Imperial China*(《中华帝国晚期的宿命论和报应观》),«East and West»(《东西方》),42(1992),pp.377-442.

科学和科学史

44.Iannaccone,I.(扬纳科内,伊萨亚),*La misura del tempo nell'antica Cina：il conteggio delle ore e lo sviluppo dell'orologio idraulico*(《古代中国的计时：时间计算与铜壶滴漏》),«Asia Orientale»(《东亚》),10-11(1992),pp.5-36.

三、备注

举办"欧洲汉学史国际研讨会"的初衷主要有两个：一方面是为了总结从16世纪传教士入华开始的欧洲早期汉学发展成果,另一方面也是考虑到东欧政治形势的巨大变化,主办方希望通过此次研讨会展望一下整个欧洲在汉学研究方面合作的未来可能。蒋经国基金会始建于1989年,在欧洲的学术资助活动开始于1990年。1992年的这次研讨会旨在使全球研究汉学的学者能够互通有无、共同进步。研讨会上来自意大利的汉学家只有两位：白佐良教授和兰乔蒂教授,他们都是第二次世界大战后意大利专业汉学研究的领军人物,会上他们分别发表了针对意大利汉学研究概况的文章。

公元1993年

一、大事记

1. 11月24日至25日,意大利汉学协会在那不勒斯(Napoli)举办了名为"中华文明研究文献"(Le Fonti per lo Studio della civiltà cinese)"的学术研讨会,研讨会上发表的所有学术论文集结成册,与研讨会同名(*Atti del Convegno A.I.S.C. Napoli 24-25 Novembre 1993 "Le Fonti per lo Studio della civiltà cinese"*),主编为意大利著名汉学家毛里齐奥·斯卡尔帕里,并于1995年由威尼斯卡·福斯卡里大学出版社(Libreria Editrice Cafoscarina)出版发行。

2.白佐良教授有关 1600 年至 1950 年意大利汉学发展总体概况的文章《1600—1950 年意大利的汉学研究》在汉学专刊《中国世界》(《 Mondo Cinese »)第 81 期上发表。

3.盖拉尔多·尼奥利在著名汉学期刊《东西方》第 43 期上发表文章(*Towards a New Italian Association for the Promotion of Asian and African Studies*),对意大利亚非学院在促进意大利在亚非研究方面的发展进行了总结及展望。

4.12 月,意中友协举行了"纪念毛泽东诞辰 100 周年"报告会,与会者 200 余人。意中友协主席乌尔科·方济曦主持会议,向与会者介绍了毛泽东的生平。罗桑达教授做了关于"毛泽东对中国革命贡献"的报告。她认为中国革命不仅推翻了一个旧制度,而且创造了一个新社会。

二、书(文)目录

书目提要和汉学史

1.Battaglini, M.(巴塔利尼,玛丽娜), *The Jesuit Manuscripts Concerning China Preserved in the Biblioteca Nazionale Centrale Vittorio Emanuele II in Roma*(《罗马维托里奥·伊曼纽二世中心国家图书馆中保存的有关中国的耶稣会手稿》), in E. J. Malatesta, S. I.(马爱德) et Y. Raguin, S. I.(伊夫·拉古因)(sous la direction de)(指导), *Succès et échecs de la rencontre Chine et Occident du XVIe au XXe siècle*(《16—20 世纪中国和西方交流的得失》), San Francisco-Taipei-Paris: Ricci Institute, 1993, pp.35-75.

2. Bertuccioli, G.(白佐良), *Gli studi sinologici in Italia dal 1600 al 1950*(《1600—1950 年意大利的汉学研究》),« Mondo Cinese »(《中国世界》), 81(1993), pp.9-22.

3.Iannaccone, I.(扬纳科内,伊萨亚), *L' Europa in Cina e viceversa: pregiudizi, sincretismi, trapianti e storia. Le ultime ricerche*(《欧洲在中国和中国在欧洲:关于偏见、理论融合、文化移植和历史的近期研究》),« Annali [dell'] Istituto Universitario Orientale di Napoli »(《那不勒斯东方大学年鉴》), 53(1993), pp.334-344.

历史与制度

4.Collotti Pischel,E.(科洛蒂·皮斯雪尔,恩里卡),*La Cina：dai Tang all' incontro con gli europei*(*secoli* Ⅶ－ⅩⅨ)[《中国：从唐朝到与欧洲人的邂逅(7—19世纪)》],Milano：Jaca Book,1993.

5.Corradini,P.(柯拉迪尼),*La Città Proibita*(《紫禁城》),《 Archeologia Viva 》(《考古》),12(1993),pp.36-56.

6.Di Cosmo,N.(狄宇宙),*Reports from the Northwest：A Selection of Manchu Memorials from Kashgar*(*1806-1807*)(《来自西北的报告：来自喀什噶尔满族大臣的折子选集(1806—1807)》),Bloomington：Research Institute for Inner Asian Studies,1993.

7.Lo Sardo,E.(萨尔多,欧金尼奥)(a cura di)(编著),*Atlante della Cina di Michele Ruggieri S. I.*(《耶稣会士罗明坚的中国地图册》),Roma：Istituto Poligrafico e Zecca dello Stato,1993.

8.Merchionne,G.(梅毕娜),*La posizione degli intellettuali verso il dirigismo statale in campo economico nell' ultimo periodo della dinastia Qing*(《清末知识分子对国家经济管制政策的态度》),in M. Sabattini(马里奥·萨巴蒂尼)(a cura di)(编著),*Intellettuali e potere in Cina*(《中国的知识分子和权力》),Venezia：Libreria Editrice Cafoscarina,1993,pp.103-116.

9.Miranda,M.(米兰达,玛丽娜),*Il Lifanyuan durante la dinastia Qing*(《清朝的理藩院》),《 Orientalia Karalitana 》(《卡利亚里东方杂志》),1(1993),pp.191-216.

10.Petech,L.(毕达克),*La fonte cinese delle carte del Ruggieri*(《罗明坚地图的中文史料》),in E. Lo Sardo(欧金尼奥·萨尔多)(a cura di)(编著),*Atlante della Cina di Michele Ruggieri S. I.*(《耶稣会士罗明坚的中国地图册》),Roma：Istituto Poligrafico e Zecca dello Stato,1993,pp.41-44.

11.Sabattini,M.(萨巴蒂尼,马里奥),*Ideologia e potere nella Cina pre-moderna*(《古代中国的意识形态和权力》),in M. Sabattini(马里奥·萨巴蒂尼)(a cura di)(编著),*Intellettuali e potere in Cina*(《中国的知识分子和权力》),Venezia：Libreria Editrice Cafoscarina,1993,pp.19-26.

12.Santangelo,P.(史华罗),*Intellettuali e società nella Cina pre-moderna*(《古代

中国知识分子和社会》),in M. Sabatini(马里奥·萨巴蒂尼)(a cura di)(编著), *Intellettuali e potere in Cina*(《中国的知识分子和权力》),Venezia:Libreria Editrice Cafoscarina,1993,pp.27-32.

13.Santangelo,P.(史华罗),*L' intellettuale tra il potere centrale e il potere locale nei secoli XVI- XVIII*(《16—18世纪中央权力机构和地方权力机构中的知识分子》),in M. Sabattini(马里奥·萨巴蒂尼)(a cura di)(编著),*Intellettuali e potere in Cina*(《中国的知识分子和权力》),Venezia:Libreria Editrice Cafoscarina,1993, pp.95-101.

14.Santangelo,P.(史华罗),*Urban Society in Late Imperial Suzhou*(《帝国晚期苏州的城市社会》),in L. Cooke Johnson(林达·酷客·约翰逊)(edited by)(主编), *Cities of Jiangnan in Late Imperial China*(《中华帝国晚期江南的城市》),Albany: State University of New York,1993,pp.81-116,214-234.

15.Stary,G.(斯塔瑞,乔瓦尼),*The Utopia of the Manchu Empire*(《满洲帝国的乌托邦》),in *Qingzhu Wang Zhonghan xiansheng bashi shouchen xueshu lunwenji*(《庆祝王钟翰先生八十寿辰学术论文集》),Shenyang:s.e.,1993,pp.71-75.

16.Tamburello,A.(坦布雷洛,阿道夫),*Il viaggiatore e il filosofo.La Cina e le sue antichità per Francesco Gemelli Careri e Giambattista Vico*(《旅行家和哲学家:杰梅利·卡雷里和詹巴蒂斯塔·维柯眼中的古代中国》),《Studi Filosofici》(《哲学研究》),16(1993),pp.325-344.

艺术、建筑、考古和音乐

17.【考】Montuschi,L.(蒙图斯基,卢恰)(a cura di)(编著),*Antichi bronzi cinesi del Museo missionario di San Francesco a Fiesole*(《菲耶索莱圣方济各传教博物馆中的中国古代青铜器》),Firenze:Octavo,1993.

18.【建】【考】Mortari Vergara,P.(莫尔塔里·韦尔加拉,保拉)et Alexandre,E. (亚历山大,艾格利),*Note sur l' architecture des necropoles et des monuments funeraires des Tu Jue(Empires des Türk du VIe au VIIIe siècles AD)*[《浅议突厥的墓地建筑(公元前8世纪到公元前6世纪的突厥帝国)》],《Rivista degli Studi Orientali》(《东方学研究》),67(1993),pp.107-142.

19.【艺】Salviati, F.(萨尔维亚蒂,菲利波),*Chinese Art in Rome*(《中国艺术在罗马》),《 Oriental Art 》(《东方艺术》),39(1993),2,p.38.

20.【艺】Tamburello, A.(坦布雷洛,阿道夫),*Il trapianto dell'arte rinascimentale europea in Giappone e Cina. L'opera del missionario gesuita Giovanni Cola(1560-1626)*[《欧洲文艺复兴艺术被移植入日本和中国:耶稣会传教士约翰·可拉(1560—1626)的作品》],《 Societas. Rivista dei Gesuiti dell'Italia Meridionale 》(《意大利南部耶稣会杂志》),42(1993),pp.92-99.

语言和语言史

21. Masini, F.(马西尼),*The Legacy of Seventeenth Century Jesuit Works: Geography, Mathematics and Scientific Terminology in Nineteenth Century China*(《17世纪耶稣会会士作品的遗产:地理、数学和科学专有名词在19世纪的中国》), in C. Jami(凯瑟琳·杰米)et H. Delahaye(哈伯特·德拉海)(revus et établis par)(主编),*L'Europe en Chine. Interactions Scientifiques, Religieuses et Culturelles aux XVIIe et XVIIIe Siècles*(《17—18世纪中国和欧洲在科学、宗教和文化方面的交流》),Paris: College de France,1993,pp.137-146.

文学

22. Bozza, E.(博扎,艾迪)(tr. a cura di)(编译),*L'unghia del drago. Schegge di saggezza orientale*(《东方智慧拾零:龙爪》),Milano: Mondadori,1993.

23. Ceresa, M.(切雷萨,马尔科),*Discussing an Early Reference to Tea Drinking in China: Wang Bao's Tong Yue*(《有关中国饮茶文化的早期参考书:王褒的〈僮约〉》),《 Annali di Ca' Foscari. Serie Orientale 》(《威尼斯卡·福斯卡里大学东方年鉴》),32(1993),pp.203-211.

24. Ceresa, M.(切雷萨,马尔科),*Oltre il Chajing: Trattati sul tè di epoca Tang*(《〈茶经〉以外与茶有关的文章:唐朝与茶有关的文章》),《 Annali [dell'] Istituto Universitario Orientale di Napoli 》(《那不勒斯东方大学年鉴》),53(1993),pp.193-210.

25. Ciceri, M.(奇切里,米凯拉)e Li Fu(tr. a cura di)(编译),Feng Menglong

（冯梦龙），*Le mogli fatali. Due racconti cinesi*（《两则中国故事：命中注定的妻子》）①，Orzinuovi：Edis，1993.

26.Fazzioli，E.（法奇奥里，艾多尔多）e Fazzioli，Eileen（法奇奥里，艾琳）（tr. a cura di）（编译），Wang Yinglin（王应麟），*Classico dei tre caratteri*（《三字经》），Milano：Libreria Bocca，1993.

27.Fracasso，R.（弗拉卡索，里卡尔多），*Note integrative sul Cuxue ji*（《〈初学记〉附录》），《Annali［dell'］Istituto Universitario di Napoli》（《那不勒斯东方大学年鉴》），53（1993），pp.102-108.

28.Lanciotti，L.（兰乔蒂），*An Introduction to the Work of Pu Songling*（《蒲松龄作品介绍》），in P. Santangelo（史华罗）（edited by）（主编），*Ming Qing Yanjiu*（《明清研究》），Napoli-Roma：Istituto Universitario Orientale-Istituto Italiano per il Medio ed Estremo Oriente，1993，pp.67-80.

29.Lanciotti，L.（兰乔蒂）（tr. a cura di）（编译），Shen Fu（沈复），*Racconti di vita irreale*（《浮生六记》），Venezia：Marsilio，1993.

30.Lavagnino，Alessandra C.（罗桑达）e Masci，Maria R.（马希，玛利亚）（tr. a cura di）（编译），*Antiche poesie cinesi nella traduzione di Ezra Pound—Cathay*（《中国古诗——契丹：埃兹拉·庞德的翻译》），Torino：Einaudi，1993.

31.Santangelo，P.（史华罗）（a cura di）（编著），*Il meraviglioso discorso della fanciulla pura*（《清纯少女的精彩言论》），Milano：s.e.，1993.

32.Santangelo，P.（史华罗）（a cura di）（编著），*Ming Qing Yanjiu*（《明清研究》），Napoli-Roma：Istituto Universitario Orientale-Istituto Italiano per l'Africa e l'Oriente，1993.

哲学

33.【儒】Alabiso，A.（阿拉比索，阿里达），*Confucius，la via dell'uomo*（《孔子：一个人的人生路》），Una mostra a Urbino（在乌尔比诺举办的一个展览），《Mondo Cinese》（《中国世界》），83-84（1993），pp.133-135.

---

① 选自《醒世恒言》。

34. Avanzini, F.(阿万齐尼,费代里科), *Pensare il moderno. Natura e storia nell'antico pensiero cinese. La lezione di Xunzi*(《现代思想·中国古老思想中的自然和历史·荀子的训诫》),«Fenomenologia e Società»(《现象学和社会》),16(1993),3, pp.113-125.

35.【基】Bertuccioli, G.(白佐良), *Le opere minori di Martino Martini(1614-1661). I. Le opere cinesi*)[《卫匡国(1614—1661)的小作品,I,中文作品》],«Rivista degli Studi Orientali»(《东方学研究》),67(1993),pp.143-170.

36.【道】Bertuccioli, G.(白佐良),«Laozi»(《老子》), in G. Filoramo(乔瓦尼·菲洛拉莫)(sotto la direzione di)(指导), *Dizionario delle Religioni*(《宗教字典》),Torino:Einaudi,1993,pp.407-409.

37.【道】Bertuccioli, G.(白佐良),«Taoismo»(《道教》), in G. Filoramo(乔瓦尼·菲洛拉莫)(sotto la direzione di)(指导), *Dizionario delle Religioni*(《宗教字典》),Torino:Einaudi,1993,pp.728-732.

38.【道】Bertuccioli, G.(白佐良),«Zhuangzi»(《庄子》), in G. Filoramo(乔瓦尼·菲洛拉莫)(sotto la direzione di)(指导), *Dizionario delle Religioni*(《宗教字典》),Torino:Einaudi,1993,pp.805-806.

39. Boschi, G.(波斯基,朱莉娅), *La difficile traduzione del termine Qi: una proposta*(《难以翻译的专业词汇"气":一个翻译建议》),«Cina»(《中国》),24(1993),pp.85-100.

40.【儒】Corradini, P.(柯拉迪尼)(a cura di)(编著), *Confucius. La via dell'uomo. Grande esposizione della cultura confuciana*[《孔子:一个人的人生路(儒家文化大型展览)》],Milano:Edizioni Charta,1993.

41.【儒】Corradini, P.(柯拉迪尼)(tr. a cura di)(编译), *Confucius. La via dell'uomo: ricette di saggezza per la vita quotidiana*(《孔子,一个人的人生路:为日常生活开出智慧处方》),Milano:Feltrinelli,1993,p.49.

42.【道】Esposito, M.(埃斯波西托,莫妮卡), *Journey to the Temple of the Celestial-Eye*(《天目山寺庙之旅》), in D. W. Reed(戴维·里德)(edited by)(主编), *Spirit of Enterprise*(《进取精神》),Bern:Buri,1993,pp.275-277.

43.【摩】Forte, A.(富安敦), *A New Study on Manichaeismo in Central Asia*(《中

亚摩尼教方面的新研究》),《 Orietalistische Literaturzeitung 》(《东方文学》), 88(1993),coll.117-124.

44.【神】Fracasso,R.(弗拉卡索,里卡尔多),*Shanhai jing*(《山海经》),in M. Loewe(鲁惟一)(edited by)(主编),*Early Chinese Texts.A Bibliographical Guide*(《中国早期文献：书目指南》),Berkeley：The Society for the Study of Early China-The Institute of East Asian Studies,University of California,1993,pp.357-367.

45.【儒】Franconeri,F.(弗兰科内里,弗朗切斯科)(tr. a cura di)(编译),*Il Costante mezzo e altre massime.Perle di un'antica saggezza*(《"中庸"和其他名言：古老智慧的结晶》),Sommacampagna：Demetra,1993.

46.【儒】Kwok,Ph.(郭追),*Cristo e Confucio*(《基督和孔子》),Napoli：F.Pagano Editore,1993.

47.【佛】Lanciotti,L.(兰乔蒂),《 Buddhismo(Cina)》[《佛教(中国)》],in G. Filoramo(乔瓦尼·菲洛拉莫)(sotto la direzione di)(指导),*Dizionario delle Religioni*(《宗教字典》),Torino：Einaudi,1993,pp.103-104.

48.【儒】Lanciotti,L.(兰乔蒂),《 Confucianesimo 》(《儒学》),in G. Filoramo(乔瓦尼·菲洛拉莫)(sotto la direzione di)(指导),*Dizionario delle Religioni*(《宗教字典》),Torino：Einaudi,1993,pp.153-155.

49.【儒】Lanciotti,L.(兰乔蒂),《 Confucio 》(《儒学》),in G. Filoramo(乔瓦尼·菲洛拉莫)(sotto la direzione di)(指导),*Dizionario delle Religioni*(《宗教字典》),Torino：Einaudi,1993,pp.155-156.

50.【儒】Lanciotti,L.(兰乔蒂),《 Mencio 》(《孟子》),in G. Filoramo(乔瓦尼·菲洛拉莫)(sotto la direzione di)(指导),*Dizionario delle Religioni*(《宗教字典》),Torino：Einaudi,1993,pp.467-468.

51.【道】Lanciotti,L.(兰乔蒂)(tr. a cura di)(编译),*Il libro della virtù e della via.Il Te-tao-ching secondo il manoscritto di Ma-wang-tui*(《马王堆出土文献〈道德经〉》),Milano：s.e.,1993.

52.【萨】Lanciotti,L.(兰乔蒂),《 Sciamanesimo 》(《萨满教》),in G. Filoramo(乔瓦尼·菲洛拉莫)(sotto la direzione di)(指导),*Dizionario delle Religioni*(《宗教字典》),Torino：Einaudi,1993,pp.683-684.

53.【基】Menegon, E.（梅欧金）, *Giulio Alenis S. J. nella Cina tardo-Ming*（《耶稣会士艾儒略在晚明时期的中国》），《 Civiltà Bresciana 》（《布雷西亚文明》），（dicembre 1993），pp.10-24.

54.【道】Miranda, M.（米兰达，玛丽娜）, *Gli studi sul taoismo in Italia*（《意大利道教研究》），in I. Robinet（伊莎贝拉·鲁比内特）, *Storia del Taoismo dalle origini al quattordicesimo secolo*（《从起源到14世纪的道教史》），Roma：Ubaldini, 1993, pp.227-230.

55.【道】Pregadio, F.（玄英）, *Il Canone Taoista（Tao-tsang）. Guida agli studi e alle opere di consultazione*（《〈道藏〉：参考资料和相关研究导读》），《 Cina 》（《中国》），24（1993），pp.7-39.

56.【儒】Santangelo, P.（史华罗）, *Human Conscience and Responsibility in Ming-Qing China*（《明清中国的人类良知和责任》），《 East Asian History 》（《东亚史》），5（1993），pp.31-80.

57.【儒】Santangelo, P.（史华罗）, *Is the Horseman Riding the Horse, or the Charioteer Driving the Two Steeds? Some Preliminary Remarks on Zhu Xi's Inheritance Concerning 'the Seven Emotions and the Four Origins'*（《是骑手在骑马，还是御者在驾驭双骏？对朱熹"四端七情"观点之初考》），in P. Santangelo（史华罗）（edited by）（主编），*Ming Qing Yanjiu*（《明清研究》），Napoli-Roma：Istituto Universitario Orientale-Istituto Italiano per il Medio ed Estremo Oriente, 1993, pp.81-112.

58.【儒】Scarpari, M.（斯卡尔帕里，毛里齐奥）, *Intellettuali e potere nella Cina pre-imperiale: Mencio alla corte del re Xuan di Qi*（《前中华帝国时期知识分子和当权者的关系：孟子在齐宣王宫廷中》），in M. Sabattini（马里奥·萨巴蒂尼）（a cura di）（编著），*Intellettuali e potere in Cina*（《中国的知识分子和权力》），Venezia：Libreria Editrice Cafoscarina, 1993, pp.33-54.

59.【萨】Stary, G.（斯塔瑞，乔瓦尼）, *'Praying in the Darkness': New Texts for a Little-Known Manchu Shamanic Rite*（《"在黑暗中祈祷"：有关鲜为人知的满族萨满教仪式的新文献》），《 Shaman 》（《萨满教》），1（1993），pp.15-30.

60.【萨】Stary, G.（斯塔瑞，乔瓦尼）, *The Secret 'Handbook' of a Sibe-Manchu Shaman*（《锡伯文和满文的萨满教秘密手册》），in M. Hoppál（米哈伊·霍帕尔）

and K. D. Howard(霍华德)(edited by)(主编),*Shamans and Cultures*(《萨满教和文化》),Budapest-Los Angeles:Akadémiai Kiadó for the International Society for Trans-Oceanic Research,1993,pp.229-239.

61.【道】Tedeschi,G.(泰代斯基,詹弗兰科),*Il Tao nella psicologia*(《心理学中的"道"》),Napoli:Guida,1993.

62.【儒】Yuan,Huaqing(袁华清)(tr. a cura di)(编译),*I Ching. Il Libro della mutazione*(《易经》),Milano:Vallardi,1993.

科学和科学史

63.Boschi,G.(波斯基,朱莉娅),*L'esantema del vaiolo:topografia diagnostica e fitoterapia secondo un manuale cinese del XVIII secolo*(《18世纪中国手抄本里的天花症状诊断与植物疗法》),«Le Infezioni in Medicina»(《传染病学》),2(1993),pp.91-101.

64.Iannaccone,I.(扬纳科内,伊萨亚),*Lo sviluppo della scienza in Cina all'epoca Liang(502-557):influenze positive dell'economia monetaria e del buddismo*[《南梁时期(502—557)中国的科学发展:货币经济与佛教的积极影响》],in M. Sabattini(马里奥·萨巴蒂尼)(a cura di)(编著),*Intellettuali e potere in Cina*(《中国的知识分子和权力》),Venezia:Libreria Editrice Cafoscarina,1993,pp.67-89.

65.Iannaccone,I.(扬纳科内,伊萨亚),*Marcocosmo e microcosmo nell'antica Cina:riflessi sulla cosmografia geometrica*(《古代中国的宏观宇宙学和微观宇宙学:对几何宇宙学的反思》),in F. Bevilacqua(法比奥·贝维拉夸)(a cura di)(编著),*Atti del VIII Congresso Nazionale di Storia della Fisica*(《第8届物理学历史国际研讨会论文集》),s. l.,Gruppo nazionale di coordinamento per la storia della fisica del CNR,1993,pp.187-202.

公元 1994 年

一、大事记

1. 诗人阿尔图罗·奥诺弗里（Arturo Onofri,1885—1928）的一本中国诗笔记的全部内容被卡洛·达莱西奥（Carlo D'Alessio）发现①，并于 1994 年出版发行。

2. 兰乔蒂教授写作的论文《1950—1992 年汉学研究在意大利》在著名汉学期刊《中国世界》（«Mondo Cinese»）第 95 期上发表。这篇论文梳理了 20 世纪后半叶汉学研究在意大利的发展脉络。

3. 玛丽娜·米兰达（Marina Miranda）教授在著名汉学期刊《中国世界》第 85 期上发表了两篇汉学研究论文，一篇是有关中华文明研究资料的文献汇编，名为《中华文明研究文献》（*Le fonti per lo studio della civiltà cinese*）；另一篇则介绍了欧洲人文主义文化在中国的发展及传播。

4. 白佐良主编的《利昂纳·纳尼底片上的中国（1904—1914）》一书在布雷西亚出版。这本书收录了利昂纳·纳尼（Leone Nani）19 世纪初在山西南部小城拍摄的照片。这些照片来源于宗座外方传教会（Pontificio Istituto Missioni Estere）档案馆中收藏的 460 份胶片。白佐良、梁作禄（Angelo S. Lazzarotto）和焦瓦纳·卡尔文琦（Giovanna Calvenzi）分别为该书写作了序言，介绍了利昂纳·纳尼的生平和 20 世纪初中国的摄影。该书的文字部分使用意大利语和英语两种语言，还包括简短的中文概述。照片除了具有社会学和文献学价值，还具有很高的艺术价值。照片的题材十分丰富，包括风景、劳作场景、生活场景、成人和孩子的肖像照，军官、士兵等社会各阶层人物照。

---

① Carlo D'Alessio, '*Introduzione*', Arturo Onofri, *Luce di Giada.Poesie cinesi tradotte da Arturo Onofri*, Roma:Salerno Edittrice.

二、书（文）目录

书目提要和汉学史

1. Brancaccio, G.(布兰卡奇,朱塞佩), *Martino Martini e gli scambi culturali fra Cina e Occidente*(《卫匡国和中西文化交流》), « Mondo Cinese »(《中国世界》), 85(1994), pp.47-51.

2. Lanciotti, L.(兰乔蒂), *Gli studi sinologici in Italia dal 1950 al 1992*(《1950—1992 年汉学研究在意大利》), « Mondo Cinese »(《中国世界》),(95)1994.

3. Miranda, M.(米兰达,玛丽娜), *Le fonti per lo studio della civiltà cinese*(《中华文明研究文献》), « Mondo Cinese »(《中国世界》), 85(1994), pp.57-59.

历史与制度

4. Bertuccioli, G.(白佐良), *La fine di un mondo: immagini da un impero scomparso*(《一个帝国的终结：一个消失了的帝国的缩影》), in G. Bertuccioli(白佐良)(a cura di)(编著), *La Cina nelle lastre di Leone Nani*(*1904-1914*)[《利昂纳·纳尼底片上的中国(1904—1914)》], Brescia: Grafo, 1994, pp.7-8.

5. Bozza, E.(博扎,艾迪)(tr. a cura di)(编译), Wang Anshi(王安石), *Il memoriale delle diecimila parole ovvero l'arte del governo*(《万言书》), Milano: Mondadori, 1994, p.126.

6. Corradini, P.(柯拉迪尼), *History and Historiography in China*(《中国的历史和历史编纂学》), in B. Scarcia Amoretti(比安卡·斯卡尔恰·阿莫雷蒂), G. Garbini(乔瓦尼·加尔比尼)e P. Corradini(柯拉迪尼)(edited by)(主编), *The East and the Meaning of History*(《东方及其历史意义》), Roma: Bardi Editore, 1994, pp.425-433.

7. Corradini, P.(柯拉迪尼), *Italiani in Cina al tempo di Andrea da Perugia*(《佩鲁贾的安德烈时期在中国的意大利人》), in C. Santini(卡洛·圣蒂尼)(a cura di)(编著), *Andrea da Perugia*(《佩鲁贾的安德烈》), Roma: Il Calamo, 1994, pp.11-25.

8. Corradini, P.(柯拉迪尼), *La seta cinese e l'Occidente*(《中国丝绸和西方》),

《Civiltà Bresciana》(《布雷西亚文明》),3(1994),pp.21-26.

9.Di Cosmo,N.(狄宇宙),*Ancient Inner Asian Nomads:Their Economic Basis and Its Significance in Chinese History*(《古代内亚游牧民族的经济基础及其在中国历史上的重要性》),《The Journal of Asian Studies》(《亚洲研究杂志》),53(1994),pp.1092-1126.

10.Lucidi,Maria T.(卢奇迪,玛利亚)(a cura di)(编著),*La seta e la sua via*(《丝绸和丝绸之路》),Roma:De Luca,1994.

11.Marinelli,M.(马里亚内利,毛里齐奥),*La Cina dei viaggiatori:lettere,diari,descrizioni di viaggio degli occidentali in Cina tra'800 e'900. Materiali esistenti nelle biblioteche di Bologna*(《旅行家的中国:19世纪和20世纪在中国的西方人的信件、日记和旅行描述》),Bologna:Il Nove,1994.

12.Petech,L.(毕达克),*The Disintegration of the Tibetan Kingdom*(《西藏王国瓦解》),in P. Kvaerne(贝尔·克威尔内)(edited by)(主编),*Tibetan Studies. Proceedings of the 6th Seminar of the International Association for Tibetan Studies*(《西藏研究:国际西藏研究协会第六次研讨会会议记录》),II,Oslo:The Institute for Comparative Research in Human Culture,1994,pp.649-659.

13.Sabattini,M.(萨巴蒂尼,马里奥),*La figura di Qin Shi Huangdi nella storia della Cina antica*(《古代中国历史上秦始皇帝的形象》),in R. Ciarla(罗伯托·恰拉)(a cura di)(编著),*Cina 220 a.C.:i guerrieri di Xi'an*(《公元前220年的中国:西安兵马俑》),Milano:Abitare Segesta,1994,pp.32-37.

14.Santangelo,P.(史华罗),'*Blind Passions and Unreal Dreams*'. *Notes on a Recent Essay on the Culture of the Ming and Qing Dynasties*(《"盲目的热情和不现实的梦想":关于近期出版的一篇有关明清文化的论文》),《East and West》(《东西方》),44(1994),pp.497-506.

15.Santangelo,P.(史华罗),*Storia della Cina dalle origini ai nostri giorni*(《从起源到今天的中国历史》),Roma:Newton Compton,1994.

16.Scarpari,M.(斯卡尔帕里,毛里齐奥),*La dinastia Qin ovvero il dominio della legge*(《秦朝和法制》),in R. Ciarla(罗伯托·恰拉)(a cura di)(编著),*Cina 220 a.C.:i guerrieri di Xi'an*(《公元前220年的中国:西安兵马俑》),Milano:Abitare Segesta,1994,pp.38-44.

17. Stary, G.（斯塔瑞，乔瓦尼）, *Guanyu Manzu lishi he yuyan de ruogan wenti*（《关于满族历史和语言的若干问题》），«Manxue yanjiu»（《满学研究》），2(1994)，pp.218-226.

艺术、建筑、考古和音乐

18.【考】Alabiso, A.（阿拉比索，阿里达），*Chinese Bronzes and Historical Research: Some Notes*（《中国青铜器和历史研究：笔记》），in B. Scarcia Amoretti（比安卡·斯卡尔恰·阿莫雷蒂），G. Garbini（乔瓦尼·加尔比尼）e P. Corradini（柯拉迪尼）(edited by)（主编），*The East and the Meaning of History*（《东方及其历史意义》），Roma: Bardi Editore, 1994, pp.451-467.

19.【艺】Caterina, L.（卡泰里纳，卢恰），«Fenice, Estremo Oriente»（《凤凰：远东》），in *Enciclopedia dell'Arte Antica, Classica e Orientale*（《东方古典艺术百科全书》），II supplemento, II, Roma: Istituto della Enciclopedia Italiana, 1994, pp.626-628.

20.【艺】Caterina, L.（卡泰里纳，卢恰），«Giada»（《玉》），in *Enciclopedia dell'Arte Antica, Classica e Orientale*（《东方古典艺术百科全书》），II supplemento, II, Roma: Istituto della Enciclopedia Italiana, 1994, pp.770-772.

21.【艺】Ciarla, R.（恰拉，罗伯托），*Album con scene di tessitura, cat.n.196*（《纺织场景图集》），in Maria T. Lucidi（玛利亚·卢奇迪）(a cura di)（编著），*La seta e la sua via*（《丝绸和丝绸之路》），Roma: De Luca Editore, 1994, p.286.

22.【考】Ciarla, R.（恰拉，罗伯托），*Banpo*（《半坡》），in *Atlante di archeologia*（《考古地图册》），Milano: Garzanti, 1994.

23.【考】Ciarla, R.（恰拉，罗伯托），«Bronzo, Cina»（《青铜器，中国》），in *Enciclopedia dell'Arte Antica, Classica e Orientale*（《东方古典艺术百科全书》），II supplemento, I, Roma: Istituto della Enciclopedia Italiana, 1994, pp.754-757.

24.【艺】Ciarla, R.（恰拉，罗伯托），«Carro, Cina»（《车与中国》），in *Enciclopedia dell'Arte Antica, Classica e Orientale*（《东方古典艺术百科全书》），II supplemento, I, Roma: Istituto della Enciclopedia Italiana, 1994, pp.907-910.

25.【考】Ciarla, R.（恰拉，罗伯托）(a cura di)（编著），*Cina 220 a.C.: i guerrieri di Xi'an*（《公元前220年的中国：西安兵马俑》），Milano: Abitare Segesta, 1994.

26.【考】Ciarla,R.(恰拉,罗伯托),*I guerrieri di Xi'an*(《西安兵马俑》),«Archeo»(《考古学》),(dicembre 1994),pp.8-15.

27.【艺】Ciarla,R.(恰拉,罗伯托),*Guardamano in giada con decoro rilevato formato da due draghi*,cat.n.131(《刻有两条龙形图案的玉制刀剑护手》),in Maria T. Lucidi(玛利亚·卢奇迪)(a cura di)(编著),*La seta e la sua via*(《丝绸和丝绸之路》),Roma:De Luca Editore,1994,pp.193-194.

28.【考】Ciarla,R.(恰拉,罗伯托),*La Cina nel periodo Qin e Han*(《秦汉时期的中国》),in *Atlante di archeologia*(《考古地图册》),Milano:Garzanti,1994,pp.162-163.

29.【考】Ciarla,R.(恰拉,罗伯托),*La Cina nel neolitico*(《新石器时期的中国》),in *Atlante di archeologia*(《考古地图册》),Milano:Garzanti,1994,pp.154-157.

30.【考】Ciarla,R.(恰拉,罗伯托),*La Cina nell'epoca Zhou(1100a.C.-221 a.C.)*[《周朝时期的中国(公元前1100—公元前221)》],in *Atlante di archeologia*(《考古地图册》),Milano:Garzanti,1994,pp.160-161.

31.【考】Ciarla,R.(恰拉,罗伯托),*La Cina nella prima età del Bronzo(2100 a.C.-1100 a.C.)*[《青铜器时代前期的中国(公元前2100—公元前1100)》],in *Atlante di archeologia*(《考古地图册》),Milano:Garzanti,1994,pp.158-159.

32.【考】Ciarla,R.(恰拉,罗伯托),*Lastra con scena di caccia*,cat.n.1(《一块带有狩猎图案的残片》),in Maria T. Lucidi(玛利亚·卢奇迪)(a cura di)(编著),*La seta e la sua via*(《丝绸和丝绸之路》),Roma:De Luca Editore,1994,p.59.

33.【考】Ciarla,R.(恰拉,罗伯托),*Luoyang*(《洛阳》),in *Atlante di archeologia*(《考古地图册》),Milano:Garzanti,1994.

34.【考】Ciarla,R.(恰拉,罗伯托),*Pastoralism and Nomadism in South-western China:A Long Debated Question*(《中国西南部的游牧生活:一个长期以来富于争议的问题》),in B. Genito(葛嶷)(a cura di)(编著),*Archeologia delle steppe:metodi e strategie di lavoro*(《草原考古:工作方式和策略》),Napoli:Istituto Universitario Orientale,1994,pp.73-86.

35.【艺】Ciarla,R.(恰拉,罗伯托),*Sopravveste in seta*,cat.n.162(《丝绸外衣》),in Maria T. Lucidi(玛利亚·卢奇迪)(a cura di)(编著),*La seta e la sua via*(《丝绸

和丝绸之路》),Roma:De Luca Editore,1994,p.278.

36.【艺】Ciarla,R.(恰拉,罗伯托),*Specchio in bronzo*,cat.n.127(《铜镜》),in Maria T. Lucidi(玛利亚·卢奇迪)(a cura di)(编著),*La seta e la sua via*(《丝绸和丝绸之路》),Roma:De Luca Editore,1994,pp.192-193.

37.【艺】Ciarla,R.(恰拉,罗伯托),*Specchio in bronzo con fenice in volo*,cat.n.138(《刻有展翅飞翔的凤凰的铜镜》),in Maria T. Lucidi(玛利亚·卢奇迪)(a cura di)(编著),*La seta e la sua via*(《丝绸和丝绸之路》),Roma:De Luca Editore,1994,p.196.

38.【艺】Ciarla,R.(恰拉,罗伯托),*Specchio in bronzo con fenici e fiori*,cat.n.148(《刻有凤凰和鲜花的铜镜》),in Maria T. Lucidi(玛利亚·卢奇迪)(a cura di)(编著),*La seta e la sua via*(《丝绸和丝绸之路》),Roma:De Luca Editore,1994,p.197.

39.【艺】Ciarla,R.(恰拉,罗伯托),*Statuina in ceramica raffigurante un cammello*,cat.n.3(《瓷骆驼雕像》),in Maria T. Lucidi(玛利亚·卢奇迪)(a cura di)(编著),*La seta e la sua via*(《丝绸和丝绸之路》),Roma:De Luca Editore,1994,p.59.

40.【艺】Ciarla,R.(恰拉,罗伯托),*Statuina in ceramica raffigurante un cavaliere*,cat.n.6(《瓷骑兵雕像》),in Maria T. Lucidi(玛利亚·卢奇迪)(a cura di)(编著),*La seta e la sua via*(《丝绸和丝绸之路》),Roma:De Luca Editore,1994,p.60.

41.【艺】Ciarla,R.(恰拉,罗伯托),*Statuina in ceramica raffigurante militare di alto rango*,cat.n.8(《瓷军官雕像》),in Maria T. Lucidi(玛利亚·卢奇迪)(a cura di)(编著),*La seta e la sua via*(《丝绸和丝绸之路》),Roma:De Luca Editore,1994,pp.60-61.

42.【考】Ciarla,R.(恰拉,罗伯托),*Xiadu*(《下都》),in *Atlante di archeologia*(《考古地图册》),Milano:Garzanti,1994,p.518.

43.【考】Demattè,P.(戴蓓岚),*Antler and Tongue.New Archaeological Evidence in the Study of the Chu Tomb Guardian*(《鹿茸与舌头:楚王陵研究中的新考古证据》),«East and West»(《东西方》),44(1994),pp.353-404.

44.【艺】Pippa,C.(皮帕,卡尔梅利塔),*La Pittura Cinese tra modernità e* tradizione(《中国现代和传统绘画》),«Mondo Cinese»(《中国世界》),85(1994),pp.27-45.

45.【艺】【考】Salviati,F.(萨尔维亚蒂,菲利波),*Bird and Bird-Related Motifs in the Iconography of the Liangzhu Culture*(《良渚文化画像研究中的鸟形图案》),«Rivista degli Studi Orientali»(《东方学研究》),68(1994),pp.133-160.

语言和语言史

46.Casacchia,G.(卡萨齐),*The Xi Ru Er Mu Zi by Nicolas Trigault:A Missed Opportunity to Have Dictionaries Alphabetically Arranged in Ming China*(《金尼阁的〈西儒耳目资〉:中国明朝时期错失了一次按字母排列字典的良机》),in P. Santangelo(史华罗)(edited by)(主编),*Ming Qing Yanjiu*(《明清研究》),Napoli-Roma:Istituto Universitario Orientale-Istituto Italiano per il Medio ed Estremo Oriente,1994,pp.9-17.

47.Stary,G.(斯塔瑞,乔瓦尼),*Faguo Yesuhui chuanjiaoshi Ba Duoming guanyu manwen de shuxin*(《法国耶稣会传教士巴多明关于满文的书信》),«Manyu yanjiu»(《满语研究》),2(1994),pp.94-99.

文学

48.Bianchi,P.(比安基,保罗)(tr. a cura di)(编译),*Vita di una donna amorosa.Chipozi zhuan*(《一个痴情女人的一生:痴婆子传》),Milano:E.S.,1994.

49.Bonomi,L.(博诺米,利维亚)(tr. a cura di)(编译),*Le stagioni blu.L'opera di Wang Wei pittore e poeta*(《蓝色的季节:画家、诗人王维的作品》),Milano:Luni,1994.

50.Buffagni,R.(布法尼,罗伯托)(tr. a cura di)(编译),*Una torre per il calore estivo*(《夏宜楼》),Milano:Feltrinelli,1994.

51.Ceresa,M.(切雷萨,马尔科),*Il tè e i letterati:Ouyang Xiu e le Memorie dell'acqua del monte Fucha*(《茶和文人:欧阳修和〈浮槎山水记〉》),«Annali di Ca' Foscari.Serie Orientale»(《威尼斯卡·福斯卡里大学东方年鉴》),33(1994),pp.343-351.

52.Ciminelli,L.(契米内利,劳拉)(tr. a cura di)(编译),*Pu Songling.Spiriti e volpi.Storie incredibili*(《蒲松龄的鬼神和狐狸——令人难以置信的故事》),Orzinuovi:Edis,1994.

53.D'Alessio,C.(达莱西奥,卡洛)(a cura di)(编著),*Luce di giada:poesie cinesi tradotte da Arturo Onofri*(《〈玉韵〉:由阿尔图罗·奥诺弗里翻译的中国诗歌》),Roma:Salerno Editrice,1994.

54.Guida,D.(董娜),*Ming Images of Nanyang:Some Stories from Haiyu(Words on the Sea)*(《明朝时对于南洋的描述:选自〈海语〉的几则故事》),«Annali[dell']Istituto Universitario Orientale di Napoli»(《那不勒斯东方大学年鉴》),54(1994),pp.389-399.

55.Masi,E.(马西,爱德华)(tr. a cura di)(编译),*Chuanqi.Storie fantastiche Tang*(《唐传奇》),Parma:Nuove Pratiche Editrice,1994.

56.Sacchetti,M.(萨凯蒂,毛里齐亚),*Escursione primaverile al Padiglione della Gioia e dell'Abbondanza.Tre quartine di Ouyang Xiu(1007-1072)*(《欧阳修(1007—1072)的〈丰乐亭游春〉》),«Annali[dell']Istituto Universitario Orientale di Napoli»(《那不勒斯东方大学年鉴》),54(1994),pp.488-496.

57.Santangelo,P.(史华罗),*Emotions in Late Imperial China.Evolution and Continuity in Ming-Qing Perception of Passions*(《中华帝国晚期的情感:明清时期爱情观念的演化和延续》),in V. Alleton(维维安·阿兰顿)et A. ï Volkov(琅元),eds.(主编),*Notions et perceptions du changement en Chine.Textes présentés au IX Congrès de l'Association Européenne d'études chinoises*(《中国观念的变化:第9届欧洲汉学学会研讨会论文集》),Paris:College de France,1994,pp.167-186.

58.Santangelo,P.(史华罗)(a cura di)(编著),*Ming Qing Yanjiu*(《明清研究》),Napoli-Roma:Istituto Universitario Orientale-Istituto Italiano per l'Africa e l'Oriente,1994.

59.Santangelo,P.(史华罗),*Ming Qing wenxue zhong de ziran(Nature in Ming and Qing literature)*(《明清文学中的自然》),«Dangdai»(《当代》),104(1994),pp.14-31.

60.Stary,G.(斯塔瑞,乔瓦尼),*On the Discovery of a Manchu Epic*(《满族叙事诗发现》),«Central Asiatic Journal»(《中亚杂志》),38(1994),pp.58-70.

哲学

61.【儒】Adespoto(佚名)(tr. a cura di)(编译),*I King. Il libro dei mutamenti*(《易经》),Lainate:Vallardi,1994.

62.【儒】Adespoto(佚名)(tr. a cura di)(编译),*Io non creo,tramando.I dialoghi*(《论语:述而不作》),Vimercate:la Spiga,1994.

63.【基】Ajassa,M.(阿亚萨,马泰奥),*Fra Giovanni da Montecorvino in Cina:conoscere il suo tempo per conoscere la sua persona e la sua opera*(《孟高维诺教士在中国:了解他的时代以便了解他的为人和作品》),«Euntes Docete»(《去传教》),47(1994),pp.177-185.

64.【基】Corradini,P.(柯拉迪尼),*I missionari e gli scambi culturali con l'Asia Orientale*(《传教士与东亚的文化交流》),in Maria T. Lucidi(玛利亚·卢奇迪)(a cura di)(编著),*La seta e la sua via*(《丝绸和丝绸之路》),Roma:De Luca Editore,1994,pp.263-270.

65.【道】Corradini,P.(柯拉迪尼),*Taoismo e confucianesimo,fondamenti del pensiero cinese.Prima parte*[《道教和儒教:中国思想的基础(第一部分)》],«Rivista Italiana di Medicina Tradizionale Cinese»(《中医意大利杂志》),55(1994),pp.28-32.

66.【道】Corradini,P.(柯拉迪尼),*Taoismo e confucianesimo,fondamenti del pensiero cinese.Seconda parte*[《道教和儒教:中国思想的基础(第二部分)》],«Rivista Italiana di Medicina Tradizionale Cinese»(《中医意大利杂志》),55(1994),pp.28-32.

67.【基】D'Arelli,F.(达仁理),*Michele Ruggieri S.I.,l'apprendimento della lingua cinese e la traduzione latina dei Si shu(Quattro Libri)*(《耶稣会士罗明坚神父:学习中文和"四书"的拉丁文翻译》),«Annali[dell']Istituto Universitario Orientale di Napoli»(《那不勒斯东方大学年鉴》),54(1994),pp.479-487.

68.【佛】Filippani Ronconi,P.(菲力帕尼·龙科尼,庇护),*Diffusione del buddhismo in Cina*(《佛教在中国的传播》),in P. Filippani Ronconi(庇护·菲力帕尼·龙科尼),*Il Buddhismo*(《佛教》),Roma:Newton Compton,1994,pp.62-72.

69.【佛】Forte, A.(富安敦), *A Symposium on Longmen Studies*(《龙门研究学术论文集》),《East and West》(《东西方》),44(1994),pp.507-516.

70.【佛】Forte, A.(富安敦), *An Ancient Chinese Monastery Excavated in Kirgiziya* (《在吉尔吉斯斯坦挖掘出的中国寺庙》),《Central Asiatic Journal》(《中亚杂志》),38(1994),pp.41-57.

71.【佛】Forte, A.(富安敦), *Marginalia on the First International Symposium on Longmen Studies*(《第一次龙门国际学术研讨会论文集》),《Studies in Central and East Asian Religions》(《中亚及东亚宗教研究》),7(1994),pp.71-82.

72.【儒】Groppali, E.(格罗帕利,恩里科)(tr. a cura di)(编译), Confucio(孔子), *Il meglio della dottrina confuciana e dell'autentico I ching: un compendio di saggezza e di etica*(《儒学和〈易经〉的精华：智慧和德行的纲要》), Milano: Mondadori, 1994.

73.Lanciotti, L.(兰乔蒂), *Il clima filosofico e politico del regno di Qin tra il IV e il III secolo a.C* (《公元前4世纪到公元前3世纪秦国的政治和哲学氛围》), in R. Ciarla(罗伯托·恰拉)(a cura di)(编著), *Cina 220 a.C.: i guerrieri di Xi'an*(《公元前220年的中国：西安兵马俑》), Milano: Abitare Segesta, 1994, pp.28-31.

74.【基】Melis, G.(梅文健), *Ferdinand Verbiest and Martino Martini*(《南怀仁和卫匡国》), in John W. Witek, S. I.(约翰·威泰克)(edited by)(主编), *Ferdinand Verbiest (1623-1688). Jesuit Missionary, Scientist, Engineer and Diplomat* [《南怀仁(1623—1688)：耶稣会传教士、科学家、工程师和外交家》], Sankt Augustin-Leuven: Monumenta Serica Institute-Ferdinand Verbiest Foundation, 1994, pp.471-484.

75.【基】Menegon, E.(梅欧金), *Un solo cielo. Giulio Aleni S. J. (1582-1649): geografia, arte, scienza, religione dall'Europa alla Cina* [《同一片天空·耶稣会士艾儒略(1582—1649)：欧洲的地理、艺术、科学和宗教在中国》], Brescia: Grafo, 1994.

76.【儒】Stafutti, S.(史芬娜)(tr. a cura di)(编译), *Piccolo libro di istruzioni confuciane*(《孔子的教诲》), Parma: Guanda, 1994.

77.【道】Teardo, Angelo G.(泰亚尔多,安杰洛)(tr. a cura di)(编译), Laozi(老子), *Tao. Il libro della Via e della Virtù*(《道德经》), Roma: Stampa Alternativa, 1994.

78.【道】Tomassini, F.(托马西尼,福斯托)(tr. a cura di)(编译), Lao-tzu(老

子),*Tao Te Ching*(《道德经》),Milano:TEA,1994.

科学和科学史

79.Corradini,P.(柯拉迪尼),*Il Rinascimento e l'arrivo della scienza occidentale in Cina*(《文艺复兴与西方科学来到中国》),«Nuova Civiltà delle macchine»(《新机械文明》),12(1994),pp.149-158.

80.Corradini,P.(柯拉迪尼),*The Chinese Imperial Astronomical Office and the Jesuit Missionaries*(《中国钦天监与耶稣会传教士》),«Rivista degli Studi Orientali»(《东方学研究》),68(1994),pp.339-350.

81.Iannaccone,I.(扬纳科内,伊萨亚),*Syncretism between European and Chinese Culture in the Astronomical Instruments of Ferdinand Verbiest in the old Beijing Observatory*(《北京古观象台南怀仁天文仪器中的欧洲与中国文化的融合》),in John W. Witek,S.I.(约翰·威泰克)(edited by)(主编),*Ferdinand Verbiest*(*1623-1688*).*Jesuit Missionary*,*Scientist*,*Engineer and Diplomat*[《南怀仁(1623—1688):耶稣会传教士、科学家、工程师、外交官》],Sankt Augustin-Leuven:Monumenta Serica Institute-Ferdinand Verbiest Foundation,1994,pp.93-121.

公元1995年

一、大事记

1.袁华清将"四书""五经"全部翻译成意大利文,集结成册,并以《儒家经典》为题出版发行。

2.9月,首届"中意国际学术研讨会"在北京外国语大学召开,20多位来自罗马、米兰、都灵、那不勒斯、波洛尼亚、卡里亚利等地的意大利汉学家,罗马大学著名汉学家白佐良教授、那不勒斯大学白莱茉教授、米兰大学拉瓦尼诺教授等参加了研讨会,就中国历史文学、中意文化交流、意大利汉学研究现状等论题进行了反思与展望,发表论文 21 篇,其中关于中国文学的论文有《意大利当代文学中的中国》《〈论语〉在意大利的翻译与影响》等。①

3.阿尔贝托·傅马利(Alberto Fumagalli)神父在汉学专刊《中国世界》(《Mondo Cinese》)第 89 期上发表文章,介绍了意大利与中国特别是与中国台湾在汉学研究方面的交流与合作。

4.《欧洲汉学研究》(Europe Studies China)一书在伦敦出版,书中收录了来自世界各地汉学家有关"欧洲汉学史"的 29 篇学术专论。

5.兰乔蒂翻译的《浮生六记》在罗马出版。兰乔蒂认为沈复的《浮生六记》是"中国文学中最好的自传体作品之一"。

二、书(文)目录

书目提要和汉学史

1.Bertuccioli,G.(白佐良),*Sinology in Italy 1600-1950*(《1600—1950 年意大利的汉学研究》),in *Europe Studies China*(《欧洲汉学研究》),London:Han-Shan Tang Books,1995,pp.67-78.

2.Fumagalli,Alberto(傅马利,阿尔贝托),*Studi e relazioni internazionali in particolare con Taiwan*(《与中国台湾的学术交往》),《Mondo Cinese》(《中国世界》),89,1995.

3.Greselin,Federico A.(格雷塞林,费代里科),*L'informatica al servizio degli studi cinesi:gli sviluppi più recenti e le prospettive per il futuro*(《用于进行汉学研究的信息学:近期的发展和未来的展望》),in M. Scarpari(毛里齐奥·斯卡尔帕里)(a cura di)(编著),*Le fonti per lo studio della civiltà cinese*(《中华文明研究文献》),Venezia:Libreria Editrice Cafoscarina,1995,pp.193-209.

4.Lanciotti,L.(兰乔蒂),*Italian Sinology from 1945 to the Present*(《自 1945 年至今的意大利汉学研究》),in *Europe Studies China*(《欧洲汉学研究》),London:

---

① 陈友冰:《意大利汉学的演进历程及特征——以中国文学研究为主要例举》,《华文文学》总第 89 期,2008 年 6 月。

Han-Shan Tang Books,1995,pp.79-87.

5.Miranda,M.(米兰达,玛丽娜),*Il XXXIV Convegno dell'Associazione europea di studi cinesi(E.A.C.S.).Praga 29 agosto-1 settembre 1994*[《第 34 届欧洲汉学学会研讨会(1994 年 8 月 29 日—9 月 1 日,布拉格)》],《Mondo Cinese》(《中国世界》),88(1995),pp.83-85.

6.Scarpari,M.(斯卡尔帕里,毛里齐奥)(a cura di)(编著),*Le fonti per lo studio della civiltà cinese*(《中华文明研究文献》),Venezia:Libreria Editrice Cafoscarina,1995.

历史与制度

7.Bussotti.M.(布索蒂,米凯拉),*The Gushi huapu,a Ming Dynasty Wood-Block Printing Masterpiece in the Naples National Library*(《〈故事画簿〉:藏于那不勒斯国家图书馆中的明朝时期雕版印刷的杰作》),in P. Santangelo(史华罗)(edited by)(主编),*Ming Qing Yanjiu*(《明清研究》),Napoli-Roma:Istituto Universitario Orientale-Istituto Italiano per l'Africa e l'Oriente,1995,pp.11-44.

8.Carioti,P.(白蒂),*Zheng Chenggong*(《郑成功》),Napoli:Istituto Universitario Orientale,1995.

9.Ceresa,M.(切雷萨,马尔科),*Fonti per lo studio della cultura materiale in Cina:il caso del tè*(《中国物质文化研究文献:茶》),in M. Scarpari(毛里齐奥·斯卡尔帕里)(a cura di)(编著),*Le fonti per lo studio della civiltà cinese*(《中华文明研究文献》),Venezia:Libreria Editrice Cafoscarina,1995,pp.35-44.

10.Corradini,P.(柯拉迪尼),*Italians in China at the Time of Marco Polo*(《马可·波罗时代在中国的意大利人》),in Lu Guojun(陆国俊),Hao Mingwei(郝名玮) and Sun Chengmu(孙成木)(edited by)(主编),*Zhongxi wenhua jiaoliu xianqu Make Boluo*(《中西文化交流先驱马可·波罗》),Beijing:Shangwu yinshuguan,1995,pp.251-259.

11.Corradini,P.(柯拉迪尼),*On the Multinationality of the Qing Empire*(《论清帝国时期的多民族性》),in P. Santangelo(史华罗)(edited by)(主编),*Ming Qing Yanjiu*(《明清研究》),Napoli-Roma:Istituto Universitario Orientale-Istituto Italiano per l'Africa e l'Oriente,1995,pp.51-65.

12. Corsi, E. (科尔西,伊丽莎白), *Make Boluo guanyu Zhongguozhi de yingyong he dangshi Zhongguo zaozhishu zhuangkuang de jishu*(《马可·波罗关于中国纸的应用和当时中国造纸术状况的记述》), in Lu Guojun(陆国俊), Hao Mingwei(郝名玮) and Sun Chengmu(孙成木)(edited by)(主编), *Zhongxi wenhua jiaoliu xianqu Make Boluo*(《中西文化交流先驱马可·波罗》), Beijing: Shangwu yinshuguan, 1995, pp.177-184.

13. Iannaccone, I. (扬纳科内,伊萨亚), « Moneta, Cina »(《钱币,中国》), in *Enciclopedia dell'Arte Antica, Classica e Orientale*(《东方古典艺术百科全书》), II supplemento, III, Roma: Istituto della Enciclopedida Italiana, 1995, pp.753-755.

14. Lippiello, T. (李集雅), *Le pietre parlano. Il valore dell'epigrafia come fonte storica per lo studio della società Han orientale*(《会说话的石头:碑文作为历史文献对东汉社会研究的价值》), in M. Scarpari(毛里齐奥·斯卡尔帕里)(a cura di)(编著), *Le fonti per lo studio della civiltà cinese*(《中华文明研究文献》), Venezia: Libreria Editrice Cafoscarina, 1995, pp.13-25.

15. Lo Sardo, E. (萨尔多,欧金尼奥), *The Earliest European Atlas of Ming China: An Unpublished Work by Michele Ruggieri*(《由欧洲人绘制的最早的明朝时期中国地图册:罗明坚未出版的作品》), in Edward J. Malatesta(马爱德) et Y. Raguin, S.I. (伊夫·拉古因)(sous la direction de)(指导), *Images de la Chine: le contexte occidental de la sinologie naissante*(《中国印象:关于汉学兴起的西方文献》), Taipei-Paris: Ricci Institute, 1995, pp.259-273.

16. Miranda, M. (米兰达,玛丽娜), *I documenti d'archivio come fonte primaria della storia della dinastia Qing(1644-1911)*[《作为清朝(1644—1911)历史重要文献的档案馆文件》], in M. Scarpari(毛里齐奥·斯卡尔帕里)(a cura di)(编著), *Le fonti per lo studio della civiltà cinese*(《中华文明研究文献》), Venezia: Libreria Editrice Cafoscarina, 1995, pp.119-139.

17. Paderni, P. (帕德尼), '*I Thought I Would Have Some Happy Days*': *Women Eloping in Eighteenth Century China*(《我想我应该过几天快乐的日子:私奔的女人在18世纪的中国》), « Late Imperial China »(《中华帝国晚期》), 16(1995), pp.1-32.

18. Paderni, P. (帕德尼), *Le fonti giudiziarie per la storia della Cina del tardo impero* (《中国历史中帝国晚期的司法文献》), in M. Scarpari (毛里齐奥·斯卡尔帕里) (a cura di) (编著), *Le fonti per lo studio della civiltà cinese* (《中华文明研究文献》), Venezia: Libreria Editrice Cafoscarina, 1995, pp.45-61.

19. Piccioni, M. (皮乔尼, 莫妮卡), *Boccaccio e la Cina* (《薄伽丘和中国》), «Mondo Cinese» (《中国世界》), 89 (1995), pp.53-77.

20. Scarpari, M. (斯卡尔帕里, 毛里齐奥), *Epigrafia e storiografia: come le iscrizioni su pietra rivelino aspetti della società cinese antica ignorati dagli storiografi di corte* (《碑文和史书：镌刻在石碑上的文字揭示了被宫廷史学家忽略的古代中国社会的风貌》), in M. Scarpari (毛里齐奥·斯卡尔帕里) (a cura di) (编著), *Le fonti per lo studio della civiltà cinese* (《中华文明研究文献》), Venezia: Libreria Editrice Cafoscarina, 1995, pp.27-33.

21. Scarpari, M. (斯卡尔帕里, 毛里齐奥), *Lo stato giuridico della donna cinese nel periodo imperiale* (《帝国时期中国妇女在司法上的处境》), in L. Lanciotti (兰乔蒂) (a cura di) (编著), *La donna nella Cina imperiale e nella Cina repubblicana* (《中华帝国和共和国时期的女人》), Firenze: L. S. Olschki, 1980, pp.79-94; ristampato in cinese (中文版), «Wenhua zazhi» (《文化杂志》), 24 (1995), pp.50-55; in portoghese (葡文版), «Revista de Cultura» (《文化杂志》), 24 (1995), pp.85-94; in inglese (英文版), «Review of Culture» (《文化评论》), 24 (1995), pp.95-105.

22. Scartezzini, R. (斯卡尔泰齐尼, 里卡尔多), *Autorità centrale e poteri locali nella Cina imperiale* (《中华帝国中央和地方权力机构》), in F. Demarchi (弗朗哥·德马尔基) e R. Scartezzini (里卡尔多·斯卡尔泰齐尼) (a cura di) (编著), *Martino Martini umanista e scienziato nella Cina del secolo XVII* (《17世纪赴华的人文主义者和科学家卫匡国》), Trento: Università degli Studi di Trento, 1995, pp.131-141; tr. inglese (英译本), Trento: Università degli Studi di Trento, 1996, 127-137.

23. Stary, G. (斯塔瑞, 乔瓦尼), *Manzu de lishi yu shenghuo—Sanjiazi tun diaocha baogao* (《满族的历史与生活——三家子屯调查报告》), «Manzu yanjiu» (《满族研究》), 2 (1995), pp.94-95.

24. Stary, G. (斯塔瑞, 乔瓦尼), Di Cosmo, N. (狄宇宙), Pang, Tatiàna A. (庞恩,

塔提阿娜) and Pozzi, A. (波齐, 亚历山德拉), *On the Tracks of Manchu Culture 1644-1994. 350 Years after the Conquest of Peking*[《满族文化的发展轨迹 1644—1994(入京 350 年)》], Wiesbaden: Harrassowitz, 1995.

艺术、建筑、考古和音乐

25.【建】Alabiso, A. (阿拉比索, 阿里达), *Perspectives of Chinese Architecture under the Qing Dynasty*(《清朝中国建筑全景》), «Rivista degli Studi Orientali»(《东方学研究》), 69(1995), pp.447-466.

26.【考】Caterina, L. (卡泰里纳, 卢恰), *Il talento del vasaio cinese: tecnologia e innovazioni nella produzione ceramica attraverso le recenti scoperte archeologiche*(《中国陶瓷制作者的天赋:近期考古学发现的瓷器制造技术和革新》), «Cina»(《中国》), 25(1995), pp.127-151.

27.【艺】Caterina, L. (卡泰里纳, 卢恰), «Lacca, Cina»(《中国漆器》), in *Enciclopedia dell'Arte Antica, Classica e Orientale*(《东方古典艺术百科全书》), Ⅱ supplemento, Ⅲ, Roma: Istituto della Enciclopedia Italiana, 1995, pp.231-233.

28.【考】Ciarla, R. (恰拉, 罗伯托), *Nuove scoperte in Cina*(《中国的新发现》), «Archeo»(《考古学》), (febbraio 1995), pp.90-97.

29.【考】Ciarla, R. (恰拉, 罗伯托), «Luoyang»(《洛阳》), in *Enciclopedia dell'Arte Antica, Classica e Orientale*(《东方古典艺术百科全书》), Ⅱ supplemento, Ⅲ, Roma: Istituto della Enciclopedia Italiana, 1995, pp.481-486.

30.【建】【考】Ciarla, R. (恰拉, 罗伯托), «Monumento funerario, Cina»(《中国坟墓建筑》), in *Enciclopedia dell'Arte Antica, Classica e Orientale*(《东方古典艺术百科全书》), Ⅱ supplemento, Ⅲ, Roma: Istituto della Enciclopedia Italiana, 1995, pp.793-796.

31.【考】Ciarla, R. (恰拉, 罗伯托), «Xi'an, archeologia»(《西安考古》), in *Enciclopedia Italiana. Appendice*(《意大利百科全书:附录》), V, Roma: Istituto della Enciclopedia Italiana, 1995, pp.806-807.

32.【艺】Corsi, E. (科尔西, 伊丽莎白), *Cose di poco conto: alcune riflessioni sulle cosiddette 'arti minori' in Cina. Il caso dell'arte dell'intaglio dei sigilli*(《微不足道的

东西:对中国所谓"不重要的艺术"的几点思考——以印章雕刻艺术为例》),《Mondo Cinese》(《中国世界》),90(1995),pp.47-62.

33.【考】Francasso,R.(弗兰卡索,里卡尔多),《Mawangdui》(《马王堆》),in *Enciclopedia dell'Arte Antica*,*Classica e Orientale*(《东方古典艺术百科全书》),Ⅱ supplemento,Ⅲ,Roma:Istituto della Enciclopedia Italiana,1995,pp.575-578.

34.【艺】Salviati,F.(萨尔维亚蒂,菲利波),《Immortali》(《仙人》),in *Enciclopedia dell'Arte Antica*,*Classica e Orientale*(《东方古典艺术百科全书》),Ⅱ supplemento,Ⅲ,Roma:Istituto della Enciclopedia Italiana,1995,pp.92-93.

35.【艺】Salviati,F.(萨尔维亚蒂,菲利波),《Liangzhu》(《良渚》),in *Enciclopedia dell'Arte Antica*,*Classica e Orientale*(《东方古典艺术百科全书》),Ⅱ supplemento,Ⅲ,Roma:Istituto della Enciclopedia Italiana,1995,pp.351-352.

36.【艺】【考】Salviati,F.(萨尔维亚蒂,菲利波),《Monumento funerario,pittura funeraria》(《陵墓,陵墓绘画》),in *Enciclopedia dell'Arte Antica*,*Classica e Orientale*(《东方古典艺术百科全书》),Ⅱ supplemento,Ⅲ,Roma:Istituto della Enciclopedia Italiana,1995,pp.796-797.

37.【艺】【考】Testa,Aurora G.(泰斯塔,奥罗拉),《Longmen》(《龙门》),in *Enciclopedia dell'Arte Antica*,*Classica e Orientale*(《东方古典艺术百科全书》),Ⅱ supplemento,Ⅲ,Roma:Istituto della Enciclopedia Italiana,1995,pp.415-419.

语言和语言史

38.Casacchia,G.(卡萨齐),*About a 'Book of Rhymes' by Li Yu*(《李渔的一本"诗集"》),in P.Santangelo(史华罗)(edited by)(主编),*Ming Qing Yanjiu*(《明清研究》),Napoli-Roma:Istituto Universitario Orientale-Istituto Italiano per il Medio ed Estremo Oriente,1995,pp.45-50.

39.Casacchia,G.(卡萨齐),*I rimari di epoca Ming*(*Secc.XIV-XVII*)[《明朝(14—17世纪)韵文手册》],《Cina》(《中国》),25(1995),pp.29-48.

40.Fracasso,R.(弗拉卡索,里卡尔多),*Alle fonti delle fonti.Il jiaguwen come documento storico*(《文献中的文献:作为历史文献的甲骨文》),in M.Scarpari(毛里齐奥·斯卡尔帕里)(a cura di)(编著),*Le fonti per lo studio della civiltà cinese*(《中华文

明研究文献》),Venezia:Libreria Editrice Cafoscarina,1995,pp.7-11.

41.Scarpari,M.(斯卡尔帕里,毛里齐奥),*Avviamento allo studio del cinese classico*(《古汉语研究开端》),Venezia:Libreria Editrice Cafoscarina,1995.

文学

42.Bertuccioli,G.(白佐良)(tr. a cura di)(编译),Ma Zhiyuan(马致远),*Il sogno del miglio giallo*(《黄粱梦》),*Melodramma taoista del XIII secolo*(《13世纪道家戏剧》),Roma:Bardi Editore,1995,p.86;supplemento n.2 alla «Rivista degli Studi Orientali»(《东方学研究》增刊2),68(1995).

43.Casacchia,G.(卡萨齐)(tr. a cura di)(编译),*La 'Vita di una pazza', di anonimo:introduzione,lessico e traduzione*(《〈痴婆子传〉:序言、词汇和翻译》),«Cina»(《中国》),25(1995),pp.61-125.

44.Casacchia,G.(卡萨齐),Masini,F.(马西尼),Marcotulli,Francesca R.(马尔科图利,弗兰切丝卡)e Cozza,L.(科扎,洛雷达娜)(tr. a cura di)(编译),*Il teatro muto*(*Lien Ch'eng Pi Wai Pien*)[《〈无声戏〉(〈连城璧外篇〉)①》],Napoli:Istituto Universitario Orientale,1995.

45.Lanciotti,L.(兰乔蒂),*Il 'mare' nelle antiche fonti letterarie cinesi*(《中国古典文学作品中的大海》),«Cina»(《中国》),25(1995),pp.7-13.

46.Lavagnino,Alessandra C.(罗桑达)(tr. a cura di)(编译),Liu Xie(刘勰),*Il tesoro delle lettere:un intaglio di draghi*(《文学瑰宝:〈文心雕龙〉》),Milano:Luni Editrice,1995.

47.Mancuso,G.(曼库索,吉罗拉莫)(tr. a cura di)(编译),*Poesie cinesi d'amore e di nostalgia*(《中国爱情诗和思乡诗》),Roma:Newton Compton,1995.

48.Santangelo,P.(史华罗)(a cura di)(编著),*Ming Qing Yanjiu*(《明清研究》),Napoli-Roma:Istituto Universitario Orientale-Istituto Italiano per l'Africa e l'Oriente,1995.

49.Santangelo,P.(史华罗),*Shengtaizhuyi yu daodezhuyi:Ming Qing xiaoshuo*

---

① 清代李渔著。

zhong de ziranguan（*Ecologism and Moralism：The Conception of Nature in Ming e Qing Fiction*）(《生态主义与道德主义：明清小说中的自然观》)，in *Jijian suozhi：Zhongguo huanjingshi lunwenji*(《积渐所至：中国环境史论文集》)，Taipei：Academia Sinica，1995，pp.917-970.

50.Terracina,G.(泰拉奇纳,朱塞佩),*Alcune cose che il Maestro non disse. Sei storie di Yuan Mei*(《〈子不语〉：袁枚故事六则》),«Cina»(《中国》),25(1995).

51.Vitiello,G.(魏浊安)(tr.by)(译),*Ameng of Wu. The Cut Sleeve*(《吴下阿蒙的〈断袖篇〉》),in M. Mitchell（马克·米切尔）(edited by)(主编),*The Penguin Book of International Gay Writing*(《国际同性恋作品丛书》),New York：Viking,1995,pp.31-39.

52.Vitiello,G.(魏浊安),*Chinese Literature*(《中国文学》),in C. J. Summers(克劳迪·萨默斯)(edited by)(主编),*The Gay and Lesbian Literary Heritage*(《同性恋文学传统》),*A Reader's Companion to the Writers and Their Works from Antiquity to the Present*(《古今作家作品读伴》),New York：Henry Holt,1995,pp.162-165.

哲学

53.【基】Bartoccioni,Publio T.(巴尔托乔尼,普布利奥),*Fra Giovanni da Pian di Carpine della terra di Magione. Ambasciatore in Estremo Oriente,precursore di Marco Polo*(《马焦内的约翰·柏郎嘉宾神父：先于马可·波罗前往远东的使者》),Perugia：Grafica Salvi,1995.

54.【基】Bertuccioli,G.(白佐良),*Wei Kuangguo de Qiuyoupian ji qita*(《卫匡国的〈逑友篇〉及其他》),in Cunfu Chen(陈村富)(edited by)(主编),*Zongjiao yu wenhua luncong*(《宗教与文化论丛》),Beijing：Dongfang chubanshe,1995,pp.54-68.

55.【基】Corradini,P.(柯拉迪尼),*Il cristianesimo in Cina tra i secoli XIII-XVII*(《13—17世纪基督教在中国》),in F. D'Arelli(达仁理)ed A. Tamburello(阿道夫·坦布雷洛)(a cura di)(编著),*La missione cattolica in Cina tra i secoli XVII-XVIII*(《17—18世纪天主教传教事业在中国》),Napoli：Istituto Universitario Orientale,1995,pp.13-29.

56.【基】Corradini,P.(柯拉迪尼),*Matteo Ricci e la Cina*(《利玛窦与中国》),in

La Cina e i Cinesi del 1600 dai 'Commentari della Cina'(《1600年的中国和中国人，选自〈中国回忆录〉》),Civitanova Marche:Scuola Italiana di Medicina Cinese,1995,pp.1-20.

57.【基】Di Fiore,G.(狄菲奥尔,贾科莫),*Lettere di missionari dalla Cina(1761-1775).La vita quotidiana nelle missioni attraverso il carteggio di Emiliano Palladini e Filippo Huang con il Collegio dei Cinesi in Napoli*[《来自中国传教士的书信(1761—1775):在阿弥利阿诺·帕拉迪尼和菲利波·黄与那不勒斯中国人学院通信中描述的在华传教的日常生活》],Napoli:Istituto Universitario Orientale,1995.

58.【道】Esposito,M.(埃斯波西托,莫妮卡),*Il 'Ritorno alle fonti', costituzione di un dizionario di alchimia interiore dell'epoca Ming e Qing*(《"文献考证":对明清一本炼丹字典的考证》),in M.Scarpari(毛里齐奥·斯卡尔帕里)(a cura di)(编著),*Le fonti per lo studio della civiltà cinese*(《中华文明研究文献》),Venezia:Libreria Editrice Cafoscarina,1995,pp.101-117.

59.【佛】Forte,A.(富安敦),*The Hostage An Shigao and His Offspring.An Iranian Family in China*(《安世高和他的后代:一个伊朗家庭在中国》),Kyoto:Italian School of East Asian Studies,1995.

60.【道】Lanciotti,L.(兰乔蒂)(tr. a cura di)(编译),*Il libro della virtù e della via.Il Te-tao-ching secondo il manoscritto di Ma-wang-tui*(《马王堆出土文献〈道德经〉》),Milano:Mondadori,1995.

61.【基】Lanciotti,L.(兰乔蒂),*La religiosità dei Cinesi*(《中国人的宗教性》),in F.D'Arelli(达仁理)ed A.Tamburello(阿道夫·坦布雷洛)(a cura di)(编著),*La missione cattolica in Cina tra i secoli XVII-XVIII*(《17—18世纪天主教传教事业在中国》),Napoli:Istituto Universitario Orientale,1995,pp.1-11.

62.【基】Lentini,O.(伦蒂尼,奥兰多),*La sociografia nell'opera martiniana*(《卫匡国作品中的社会地缘学》),in F.Demarchi(弗朗哥·德马尔基)e R.Scartezzini(里卡尔多·斯卡尔泰齐尼)(a cura di)(编著),*Martino Martini umanista e scienziato nella Cina del secolo XVII*(《17世纪赴华的人文主义者和科学家卫匡国》),Trento:Università degli Studi di Trento,1995,pp.277-281;tr.inglese(英译本),Trento:Università degli Studi di Trento,1995,pp.269-273.

63.【道】Mancuso,G.(曼库索,吉罗拉莫)(tr. a cura di)(编译),*Il libro del Tao*(*Tao-teh-ching*)(《道德经》),Roma:Newton Compton,1995.

64.【儒】Mandel,G.(曼德尔,加布里埃莱)(tr. a cura di)(编译),Confucio(孔子),*Breviario*(《〈论语〉摘要》),Milano:Rusconi,1995.

65.Menegon,E.(梅欧金),*Le fonti per la storia della cultura popolare nella Cina tardoimperiale:alcuni documenti sulla religione popolare nell'Archivio Romano della Compagnia di Gesù*(《中华帝国晚期民间文化历史的相关文献:藏于耶稣会罗马档案馆的民间宗教文献》),in M. Scarpari(毛里齐奥·斯卡尔帕里)(a cura di)(编著),*Le fonti per lo studio della civiltà cinese*(《中华文明研究文献》),Venezia:Libreria Editrice Cafoscarina,1995,pp.63-88.

66.【道】Parinetto,L.(帕里内托,卢恰诺)(tr. a cura di)(编译),*La via in cammino*(*Taoteching*)(《道德经》),Milano:La Vita Felice,1995.

67.【道】Perlo,E.(佩洛,恩里科),*Taoismo e rappresentazione*(《道教和表象》),«Asia»(《亚洲》),6(1995),pp.56-65.

68.【道】Pregadio,F.(玄英),*The Representation of Time in the Zhouyi cantong qi*(《〈周易参同契〉的介绍》),«Cahiers d'Extrême-Asie»(《远东手册》),8(1995),pp.155-173.

69.【儒】Santangelo,P.(史华罗)(tr. a cura di)(编译),Confucio(孔子),*Massime*(《论语》),Roma:Newton Compton,1995.

70.Santangelo,P.(史华罗),*A Research on Emotions and States of Mind in Late Imperial China.Preliminary Results*(《有关中华帝国晚期思想的研究:初步成果》),in P. Santangelo(史华罗)(edited by)(主编),*Ming Qing Yanjiu*(《明清研究》),Napoli-Roma:Istituto Universitario Orientale-Istituto Italiano per l'Africa e l'Oriente,1995,pp.101-209.

71.Santangelo,P.(史华罗),*Storia del pensiero cinese*(《中国思想史》),Roma:Newton Compton,1995.

72.【儒】Yuan Huaqing(袁华清)(tr. a cura di)(编译),*I classici confuciani*(《儒家经典》),Lainate:Vallardi,1995.

科学和科学史

73.Boschi,G.(波斯基,朱莉娅),*Traduzione ed interpretazione del termine tecnico Wu Xing*(《学术名词五行的翻译与释义》),《Tecniche Mediche Associate》(《联合医学技术》),18(1995),17-22.

74.Boschi,G.(波斯基,朱莉娅),*Cosmogonia e Cosmologia*(《天体演化论与宇宙学》),《Tecniche Mediche Associate》(《联合医学技术》),19(1995),35-38.

75.Iannaccone,I.(扬纳科内,伊萨亚),*Le fasi della divulgazione della scienza europea nella Cina del XVII secolo*(《17世纪欧洲科学在中国的传播阶段》),in F. D'Arelli(达仁理)ed A. Tamburello(阿道夫·坦布雷洛)(a cura di)(编著),*La missione cattolica in Cina tra i secoli XVII- XVIII.Emiliano Palladini(1733-1793)*[《17—18世纪天主教传教事业在中国:艾米利亚诺·帕拉迪尼(1733—1793)》], Napoli:Istituto Universitario Orientale,1995,pp.59-76.

三、备注

在《欧洲汉学研究》中各国汉学家主要介绍了汉学研究在各自国家的发展历史。有关意大利汉学发展情况的文章由意大利著名汉学家白佐良教授和兰乔蒂教授执笔,白佐良教授总结了自1600年至1950年意大利汉学发展的总体概况,发表了名为《1600—1950年意大利的汉学研究》(*Sinology in Italy 1600-1950*)的文章;兰乔蒂教授发表了名为《自1945年至今的意大利汉学研究》(*Italian Sinology from 1945 to the Present*)的文章。兰乔蒂教授在他的论文中介绍了自1945年至1992年,第二次世界大战结束以后近半个世纪的时间里,意大利汉学发展的最新动向。白佐良教授和兰乔蒂教授的这两篇意大利汉学专论至今仍是了解意大利汉学发展史最为重要的参考资料。

公元1996年

一、大事记

1.威尼斯卡·福斯卡里大学的另一本汉学专刊《威尼斯亚洲研究》(《Asiatica Venetiana》)在威尼斯创刊,主编为著名的意大利学者马尔科·切雷萨(Marco Ceresa)教授。

2.5月23日至25日,意大利汉学协会(A.I.S.C.)在罗马举办了名为"对中华文明的认识和诠释"(Conoscenza e Interpretazione della civiltà cinese)的学术研讨会,研讨会上发表的所有学术论文集结成册与研讨会同名(*Atti del Convegno A.I.S.C. Roma 23-25 Maggio 1996 "Conoscenza e interpretazione della civiltà cinese"*),主编为意大利著名汉学家柯拉迪尼,并于1997年由威尼斯卡·福斯卡里大学出版社(Libreria Editrice Cafoscarina)出版发行。

3.玛丽娜·巴塔利尼在史华罗教授主编的汉学专刊《明清研究》(*Ming Qing Yanjiu*)上发表了一篇关注中国古旧书籍的文章,名为《中国古书:挽救被遗忘的文化遗产》。

4.桑德拉·卡莱蒂(Sandra M. Carletti)、毛里齐亚·萨凯蒂(M. Sacchetti)和史华罗合作出版了三册纪念兰乔蒂的专题研究,由那不勒斯东方大学出版。

二、书(文)目录

书目提要和汉学史

1.Battaglini,M.(巴塔利尼,玛丽娜),*Libri cinesi e giapponesi alla Biblioteca Nazionale*(《国家图书馆中的中国和日本藏书》),in *Pagine dall' Oriente.Libri cinesi e giapponesi della Biblioteca Nazionale*(《东方文献:国家图书馆馆藏中文和日文书籍》),Roma:Bardi Editore,1996,pp.7-14.

2.Battaglini,M.(巴塔利尼,玛丽娜),*Old Chinese Books：Reclaiming a Neglected Heritage*(《中国古书：挽救被遗忘的文化遗产》),in P. Santangelo(史华罗)(edited by)(主编),*Ming Qing Yanjiu*(《明清研究》),Napoli-Roma：Istituto Universitario Orientale-Istituto Italiano per l'Africa e l'Oriente,1996,pp.13-27.

3.Battaglini,M.(巴塔利尼,玛丽娜),*The Jesuit Manuscripts on China Preserved in the Biblioteca Nazionale in Roma* (《罗马国家图书馆中保存的有关中国耶稣会的手稿》),in F. Masini(马西尼)(edited by)(主编),*Western Humanistic Culture Presented to China by Jesuit Missionaries*(XVII- XVIII Centuries)[《(17—18世纪)由耶稣会传教士传入中国的西方人文主义文化》],Roma：Institutum Historicum Societatis Iesu,1996,pp.11-100.

4.Biblioteca Nazionale Centrale di Roma(罗马中心国立图书馆),*Pagine dall' Oriente.Libri cinesi e giapponesi della Biblioteca Nazionale*(《东方文献：国家图书馆馆藏中文和日文书籍》),Roma：Bardi Editore,1996.

5.Carletti,Sandra M.(卡莱蒂,桑德拉),Sacchetti,M.(萨凯蒂,毛里齐亚)e Santangelo,P.(史华罗)(a cura di)(编著),*Studi in onore di Lionello Lanciotti*(《纪念兰乔蒂研究专辑》),Napoli：Istituto Universitario Orientale,3 voll.,1996.

6.Ceresa,M.(切雷萨,马尔科),«Fonti primarie cinesi,classificazione delle»(《重要中文文献》),in *Dizionario di storiografia*(《历史学字典》),Varese：Bruno Mondadori,1996,pp.415-416.

7.Ceresa,M.(切雷萨,马尔科),«Needham,Joseph»(《李约瑟》),in *Dizionario di storiografia*(《历史学字典》),Varese：Bruno Mondadori,1996,pp.736-737.

8.Pregadio,F.(玄英),*Chinese Alchemy：An Annotated Bibliography of Works in Western Languages*(《中国炼金术：译成西方语言的带注解的书目提要》),«Momumenta Serica»(《华裔学志》),44(1996),pp.439-476.

9.Scarpari,M.(斯卡尔帕里,毛里齐奥),«Fonti letterarie cinesi»(《中国文学文献》),in *Dizionario di storiografia*(《历史学字典》),Varese：Bruno Mondadori,1996,pp.413-414.

历史与制度

10.Albanese,A.(阿尔巴内塞,安德烈纳),*Il ruolo della Francia nei rapporti tra*

Oriente ed Occidente nel sec. XVII(《17世纪法国在东西方关系中的作用》),« Rivista degli Studi Orientali »(《东方学研究》),70(1996),pp.367-397.

11. Arnoldi, Maria R.(阿诺尔多,玛利亚),*La struttura urbana cinese secondo l' Atlas*(《〈中国新地图册〉中揭示的中国城市建构》),in F. Demarchi(弗朗哥·德马尔基)e R. Scartezzini(里卡尔多·斯卡尔泰齐尼)(a cura di)(编著),*Martino Martini umanista e scienziato nella Cina del secolo XVII*(《17世纪赴华的人文主义者和科学家卫匡国》),Trento:Università degli Studi di Trento,1995,pp.283-302;tr. inglese(英译本),Trento:Università degli Studi di Trento,1996,275-293.

12. Bertuccioli, G.(白佐良)e Masini, F.(马西尼),*Italia e Cina*(《意大利与中国》),Bari:Laterza,1996.

13. Cadonna, A.(卡多纳,阿尔弗雷多)e Lanciotti, L.(兰乔蒂)(a cura di)(编著),*Cina e Iran:da Alessandro Magno alla dinastia Tang*(《中国和伊朗:从亚历山大大帝到唐朝》),Firenze:L. S. Olschki,1996.

14. Carioti, P.(白蒂),*L'incorporazione dell'isola di Taiwan alla Cina, dalla fondazione del 'Regno' dei Zheng alla formale annessione all' impero Qing, 1661-1683*[《台湾岛并入中国(从郑成功"王国"的建立到正式归顺清王朝1661—1683)》],in Sandra M. Carletti(桑德拉·卡莱蒂),M. Sacchetti(毛里齐亚·萨凯蒂)e P. Santangelo(史华罗)(a cura di)(编著),*Studi in onore di Lioniello Lanciotti*(《纪念兰乔蒂研究专辑》),Ⅰ,Napoli:Istituto Universitario Orientale,1996,pp.185-210.

15. Carioti, P.(白蒂),*L'ingresso di Taiwan nel panorama internazionale dell' Estremo Oriente tra i secoli XVI e XVII*(《16和17世纪台湾登上远东国际舞台》),« Annali[dell']Istituto Universitario Orientale di Napoli »(《那不勒斯东方大学年鉴》),56(1996),pp.507-517.

16. Carioti, P.(白蒂),*The Zheng's Maritime Power in the International Context of the 17th Century Far Eastern Seas:The Rise of a 'Centralised Piratical Organisation' and Its Gradual Development into an Informal 'State'*(《17世纪远东国际背景下郑成功的制海权:中央集权的海盗组织的出现及其向非正式国家逐步发展的过程》),in P. Santangelo(史华罗)(edited by)(主编),*Ming Qing Yanjiu*(《明清研究》),Napoli-Roma:Istituto Universitario Orientale-Istituto Italiano per l'Africa e l'Oriente,

1996,pp.29-67.

17.Ceresa,M.(切雷萨,马尔科),«Annalistica cinese»(《中国编年史》),in *Dizionario di storiografia*(《历史学字典》),Varese:Bruno Mondadori,1996.

18.Ceresa,M.(切雷萨,马尔科),*Diffusion of Tea-Drinking Habit in Pre-Tang and Early Tang Period*(《先唐及唐朝初期饮茶习惯的传播》),«Asiatica Venetiana»(《威尼斯亚洲研究》),1(1996),pp.19-25.

19.Ceresa,M.(切雷萨,马尔科),«Schiavitù in Cina»(《中国奴隶制》),in *Dizionario di storiografia*(《历史学字典》),Varese:Bruno Mondadori,1996,p.927.

20.Ceresa,M.(切雷萨,马尔科),«Storie dinastiche cinesi»(《中国朝代史》),in *Dizionario di storiografia*(《历史学字典》),Varese:Bruno Mondadori,1996,pp.1037-1038.

21.Ceresa,M.(切雷萨,马尔科),*Written on Skin and Flesh:The Pattern of Tattoo in China*(《文身:中国的文身图案》),Part One:Generalities(第一部分:概括),in S. M. Carletti(桑德拉·卡莱蒂),M. Sacchetti(毛里齐亚·萨凯蒂)e P. Santangelo(史华罗)(a cura di)(编著),*Studi in onore di Lionello Lanciotti*(《纪念兰乔蒂研究专辑》),Ⅰ,Napoli:Istituto Universitario Orientale,1996,pp.329-340.

22.Cigliano,M.(奇利亚诺,玛利亚),*Yang Shen(1488-1559),un letterato in esilio e la rivalutazione delle culture minoritarie dello Yunnan*[《杨慎(1488—1559):一位被流放的文人和云南少数民族文化的重新评价》],in S. M. Carletti(桑德拉·卡莱蒂),M. Sacchetti(毛里齐亚·萨凯蒂)e P. Santangelo(史华罗)(a cura di)(编著),*Studi in onore di Lionello Lanciotti*(《纪念兰乔蒂研究专辑》),Ⅰ,Napoli:Istituto Universitario Orientale,1996,pp.353-376.

23.Coccia,F.(柯嘉,菲利波),*Il signor Ye che amava i draghi*(《叶公好龙》),in S. M. Carletti(桑德拉·卡莱蒂),M. Sacchetti(毛里齐亚·萨凯蒂)e P. Santangelo(史华罗)(a cura di)(编著),*Studi in onore di Lionello Lanciotti*(《纪念兰乔蒂研究专辑》),Ⅰ,Napoli:Istituto Universitario Orientale,1996,pp.395-425.

24.Corradini,P.(柯拉迪尼),*La vita culturale cinese nel XVII secolo*(《17世纪中国文化生活》),in F. Demarchi(弗朗哥·德马尔基)e R. Scartezzini(里卡尔多·斯卡尔泰齐尼)(a cura di)(编著),*Martino Martini umanista e scienziato nella Cina del secolo* XVII(《17世纪赴华的人文主义者和科学家卫匡国》),Trento:Università degli Studi di Trento,1995,pp.111-119;tr.inglese(英译本),Trento:Università degli Studi di Trento,1996,109-118.

25.Dandolo,I.(丹多洛,伊尼亚齐奥),*Guerra e pace sul fiume Amur*(《黑龙江上的战争与和平》),in S. M. Carletti(桑德拉·卡莱蒂),M. Sacchetti(毛里齐亚·萨凯蒂)e P. Santangelo(史华罗)(a cura di)(编著),*Studi in onore di Lionello Lanciotti*(《纪念兰乔蒂研究专辑》),Ⅰ,Napoli:Istituto Universitario Orientale,1996,pp.453-472.

26.De Rossi Filibeck,E.(德罗西·菲利贝克,埃莱娜),*Un testo tibetano su Guan Yu*(《一篇关于关羽的藏语文章》),in S. M. Carletti(桑德拉·卡莱蒂),M. Sacchetti(毛里齐亚·萨凯蒂)e P. Santangelo(史华罗)(a cura di)(编著),*Studi in onore di Lionello Lanciotti*(《纪念兰乔蒂研究专辑》),Ⅰ,Napoli:Istituto Universitario Orientale,1996,pp.485-496.

27.Fasulo Rak,M. G.(法苏洛·拉克,玛利亚),*Il libro dalla Cina al Giappone:tecniche di manifattura e di stampa*(《书从中国到日本:造纸术和印刷术》),in *Pagine dall'Oriente.Libri cinesi e giapponesi della Biblioteca Nazionale*(《东方文献:国家图书馆馆藏中文和日文书籍》),Roma:Bardi Editore,1996,pp.97-118.

28.Forte,A.(富安敦),*On the Identity of Aluohan(616-710),a Persian Aristocrat at the Chinese Court*[《阿罗汉(616—710)身世:一个波斯贵族在中国宫廷》],in *La Persia e l'Asia Centrale.Da Alessandro al X secolo*(《波斯和中亚:从亚历山大到10世纪》),Roma:Accademia Nazionale dei Lincei,1996,pp.187-197.

29.Lippiello,T.(李集雅),«Feudalesimo cinese»(《中国封建主义》),in *Dizionario di storiografia*(《历史学字典》),Varese:Bruno Mondadori,1996.

30.Paderni,P.(帕德尼),*Alcuni casi di omosessualità nella Cina del XVIII secolo*(《18世纪中国的几则同性恋事件》),in S. M. Carletti(桑德拉·卡莱蒂),M. Sacchetti(毛里齐亚·萨凯蒂)e P. Santangelo(史华罗)(a cura di)(编著),*Studi in onore di Lionello Lanciotti*(《纪念兰乔蒂研究专辑》),Ⅱ,Napoli:Istituto Universitario Orientale,1996,pp.961-987.

31.Paderni,P.(帕德尼),*Between Formal and Informal Justice:A Case of Wife*

Selling in Eighteenth-Century China(《正式和非正式司法：18 世纪的一起卖妻事件》),in P. Santangelo(史华罗)(edited by)(主编),*Ming Qing Yanjiu*(《明清研究》),Napoli-Roma：Istituto Universitario Orientale-Istituto Italiano per l'Africa e l'Oriente,1996,pp.139-156.

32.Pisano, Marcella(皮萨诺,马儿切拉), *La cartografia europea e la scoperta dell'Oriente*(《欧洲制图学和东方的发现》),in *Pagine dall'Oriente. Libri cinesi e giapponesi della Biblioteca Nazionale*(《东方文献：国家图书馆馆藏中文和日文书籍》),Roma：Bardi Editore,1996,pp.15-22.

33.Scarpari, M.(斯卡尔帕里,毛里齐奥),«Fonti epigrafiche e paleografiche cinesi»(《中国碑文和古字体文献》),in *Dizionario di Storiografia*(《历史学字典》),Varese：Bruno Mondadori,1996,pp.410-411.

34.Simonini, R.(西莫尼尼,里卡尔多)ed Simonini. A.(西莫尼尼,亚历山德拉)*Gioielli e accessori delle concubine imperiali della dinastia Ch'ing*(《清朝嫔妃的首饰和佩饰》),Parma：PPS,1996.

35.Stafutti, S.(史芬娜),*La vita quotidiana nella Cina antica tra testimonianze letterarie e 'lasciti' linguistici*(《文学作品和文字资料中记载的古代中国的日常生活》),in S. M. Carletti(桑德拉·卡莱蒂),M. Sacchetti(毛里齐亚·萨凯蒂)e P. Santangelo(史华罗)(a cura di)(编著),*Studi in onore di Lionello Lanciotti*(《纪念兰乔蒂研究专辑》),Ⅲ,Napoli：Istituto Universitario Orientale,1996,pp.1319-1341.

36.Stary, G.(斯塔瑞,乔瓦尼),«Fonti dell'impero mancese pre Qing»(《清朝之前的满族帝国文献》),in *Dizionario di storiografia*(《历史学字典》),Varese：Bruno Mondadori,1996,pp.406-407.

37.Stary, G.(斯塔瑞,乔瓦尼),«Fonti dell'impero panmongolo»(《泛蒙古帝国文献》),in *Dizionario di storiografia*(《历史学字典》),Varese：Bruno Mondadori,1996,pp.407-408.

38.Stary, G.(斯塔瑞,乔瓦尼),*Manzu diguo de chansheng he xingqi de Ouzhou jianzheng*(《满族帝国的产生和兴起的欧洲见证》),in Sun Wenliang(孙文良)(edited by)(主编),*Qingbing ruguan yu Zhongguo shehui*(《清兵入关与中国社会》),Shenyang：s.e.,1996,pp.150-157.

39.Tamburello, A.(坦布雷洛,阿道夫), *La civiltà cinese secondo un viaggiatore italiano di fine Seicento:Giovanni Francesco Gemelli Careri(1651-1725)*[《17世纪末一位意大利旅行家眼中的中华文明:杰梅利·卡雷里(1651—1725)》], in S. M. Carletti(桑德拉·卡莱蒂), M. Sacchetti(毛里齐亚·萨凯蒂)e P. Santangelo(史华罗)(a cura di)(编著), *Studi in onore di Lionello Lanciotti*(《纪念兰乔蒂研究专辑》), Ⅲ, Napoli:Istituto Universitario Orientale, 1996, pp.1365-1383.

艺术、建筑、考古和音乐

40.【艺】Alabiso, A.(阿拉比索,阿里达), '*E gli dei salgono al cielo a rapporto*'. *Nianhua, stampe del nuovo anno cinese*(《灶神朝天言事:中国年画》), «Mondo Cinese»(《中国世界》), 91(1996), pp.73-75.

41.【艺】Calza, G.C.(姜楷洛), *Un segno di stile imperiale. La rimozione del quinto artiglio nella decorazione a motivo di drago long in un piatto di epoca Kangxi*(《皇家风格的一个特点:康熙年款五爪龙盘第五爪的位置变动》), in S. M. Carletti(桑德拉·卡莱蒂), M. Sacchetti(毛里齐亚·萨凯蒂)e P. Santangelo(史华罗)(a cura di)(编著), *Studi in onore di Lionello Lanciotti*(《纪念兰乔蒂研究专辑》), Ⅰ, Napoli:Istituto Universitario Orientale, 1996, pp.179-183.

42.【艺】Caterina, L.(卡泰里纳,卢恰), *Manifattura cinese*(《中国制造》), in *Il tesoro della Città. Opere d'arte e oggetti preziosi da Palazzo Madama*[《城市珍宝:夫人宫(意大利参议院所在地)的艺术品和珍宝》], Torino:Allemandi, 1996, pp.108-109, schede 222-227.

43.【艺】Caterina, L.(卡泰里纳,卢恰), «Porcellana»(《瓷器》), in *Enciclopedia dell'Arte Antica, Classica e Orientale*(《东方古典艺术百科全书》), Ⅱ supplemento, Ⅳ, Roma:Istituto della Enciclopedia Italiana, 1996, pp.442-444.

44.【艺】Caterina, L.(卡泰里纳,卢恰), *Porcellane cinesi per il Siam*(《为暹罗制作的中国瓷器》), in S. M. Carletti(桑德拉·卡莱蒂), M. Sacchetti(毛里齐亚·萨凯蒂)e P. Santangelo(史华罗)(a cura di)(编著), *Studi in onore di Lionello Lanciotti*(《纪念兰乔蒂研究专辑》), Ⅰ, Napoli:Istituto Universitario Orientale, 1996, pp.285-308.

45.【艺】Caterina, L.(卡泰里纳,卢恰),« Qilin »(《麒麟》), in *Enciclopedia dell'Arte Antica, Classica e Orientale*(《东方古典艺术百科全书》),Ⅱ supplemento, Ⅳ, Roma:Istituto della Enciclopedia Italiana,1996,pp.686-687.

46.【建】Ceresa, M.(切雷萨,马尔科),« Città cinese »(《中国城》), in *Dizionario di storiografia*(《历史学字典》), Varese:Bruno Mondadori, 1996, pp.208-209.

47.【考】Francalacci, P.(弗兰卡拉齐,保罗), *Analisi molecolare dei resti umani essiccati del Xinjiang(Cina)*(《对中国新疆干尸的分子分析》), in A. Cadonna(阿尔弗雷多·卡多纳)e L. Lanciotti(兰乔蒂)(a cura di)(编著), *Cina e Iran:da Alessandro Magno alla dinastia Tang*(《中国和伊朗:从亚历山大大帝到唐朝》), Firenze:L. S. Olschki,1996,pp.29-43.

48.【艺】【考】Malagò, A.(马拉戈,阿米娜), *Breve nota sulla storia della tessitura cinese dagli Han orientali alla fine dei Tang*(《浅论中国汉唐时期的织布历史》),« Asiatica Venetiana »(《威尼斯亚洲研究》),1(1996),pp.71-84.

49.【艺】Salviati, F.(萨尔维亚蒂,菲利波), *Arte cinese nel Museo dell'Osservanza*(《"奉行"大教堂附属博物馆中的中国艺术》), in *Arte cinese ed extra-europea nel Museo Missionario del Convento Osservanza*(《"奉行"修道院使徒博物馆中的中国和欧洲以外地区的艺术》), Bologna:Nuova tipografia'San Francesco', s.d.[1996],pp.5-16.

50.【艺】Salviati, F.(萨尔维亚蒂,菲利波),« Oreficeria, Cina »(《金银首饰,中国》), in *Enciclopedia dell'Arte Antica, Classica e Orientale*(《东方古典艺术百科全书》),Ⅱ supplemento,Ⅳ, Roma:Istituto della Enciclopedia Italiana,1996,pp.117-119.

51.【考】Stary, G. A(斯塔瑞,乔瓦尼), *Manchu Document from 1663 Concerning the Imperial Palace in Shenyang*(《沈阳故宫1663年的满洲文献》),« Manuscripta Orientalia »(《东方手稿》),2(1996),pp.23-29.

52.【建】Vita, S.(维塔,西尔维奥),« Pagoda »(《宝塔》), in *Enciclopedia dell'Arte Antica, Classica e Orientale*(《东方古典艺术百科全书》),Ⅱ supplemento,Ⅳ, Roma:Istituto della Enciclopedia Italiana,1996,pp.161-165.

语言和语言史

53.Albanese,A.(阿尔巴内塞,安德烈纳),*Un moderno metodo di analisi testuale per un testo antico:l'expanded text di Langleben e il Daodejing*(《对一篇古代文献文本研究的现代方法:〈道德经〉扩展本》),«Studi Orientali e Linguistici»(《东方语言学研究》),5(1996),pp.225-257.

54.Bressan,L.(布雷桑,卢恰纳),*Sulla mitizzazione della scrittura cinese*(《中文手稿中的神话》),«Culture.Annali dell'Istituto di Lingue della Facoltà di Scienze Politiche dell'Università degli Studi di Milano»(《文化:米兰大学政治科学院语言研究所年鉴》),10(1996),pp.283-323.

55.Cadonna,A.(卡多纳,阿尔弗雷多),*La Trasmissione della Lampada Chan dell'era della Virtù Luminescente*(*Jingde Chuandenglu*,cap.XI).*Note testuali e linguistiche sull'intero manoscritto Flug 229b conservato nel fondo Dunhuang a San Pietroburgo*(《〈景德传灯录(11章)〉:对藏于圣彼得堡整部敦煌文献Flug 229b的文本和语言学注解》),in S.M.Carletti(桑德拉·卡莱蒂),M.Sacchetti(毛里齐亚·萨凯蒂)e P.Santangelo(史华罗)(a cura di)(编著),*Studi in onore di Lionello Lanciotti*(《纪念兰乔蒂研究专辑》),Ⅰ,Napoli:Istituto Universitario Orientale,1996,pp.145-177.

56.Casacchia,G.(卡萨齐),*La'Scienza della raffinatezza'*(*Yaxue*)*nella Cina imperiale*(《中华帝国时期的"雅学"》),in S.M.Carletti(桑德拉·卡莱蒂),M.Sacchetti(毛里齐亚·萨凯蒂)e P.Santangelo(史华罗)(a cura di)(编著),*Studi in onore di Lionello Lanciotti*(《纪念兰乔蒂研究专辑》),Ⅰ,Napoli:Istituto Universitario Orientale,1996,pp.247-284.

57.Masini,F.(马西尼),*Some Preliminary Remarks on the Study of Chinese Lexicographic Materials Prepared by Jesuit Missionaries in the XVⅡth Century*(《对17世纪耶稣会传教士编写的中文字典研究的初步评论》),in F.Masini(马西尼)(edited by)(主编),*Western Humanistic Culture Presented to China by Jesuit Missionaries*(*XVⅡ-XVⅢ Centuries*)[《(17—18世纪)由耶稣会传教士传入中国的西方人文主义文化》],Roma:Institutum Historicum Societatis Iesu,1996,pp.235-245.

文学

58. Bozza, E.(博扎,艾迪)(tr. a cura di)(编译), Li Yu(李渔), *Il tappeto da preghiera di carne. Racconto erotico cinese d'epoca Qing*(《中国清朝情色小说〈肉蒲团〉》), Milano: Mondadori, 1996.

59. Bozza, E.(博扎,艾迪)(tr. a cura di)(编译), Yuan Mei(袁枚), *Quel che il Maestro non disse*(《子不语》), Milano: Mondadori, 1996.

60. Bujatti, A.(布娅蒂,安娜)(tr. a cura di)(编译), *Li Qingzhao Come in sogno. Venti ci con testo cinese a fronte*[《李清照的〈如梦令〉(中意文对照)》], Milano: Scheiwiller, 1996.

61. Casacchia, G.(卡萨齐), *Avventura annamita di un mercante cinese del XVII secolo*(《17世纪一个中国商人的奇遇》)①, «Cina»(《中国》), 26(1996), pp.41-82.

62. Ceracchi, M.(切拉基,莫妮卡)(tr. a cura di)(编译), *Storie da ridere*(《笑话》), in G. Casacchia(卡萨齐)(a cura di)(编著), *Apparizioni d'Oriente. Novelle cinesi del Medioevo*(《东方幽灵·中世纪的中文小说》), Roma: Editori Riuniti, 1986, pp.337-355.

63. Ciapparoni La Rocca, T.(恰帕罗尼·拉·罗卡,泰雷萨), *La nascita dello stile misto sino-giapponese*(《中日混合风格的诞生》), in S. M. Carletti(桑德拉·卡莱蒂), M. Sacchetti(毛里齐亚·萨凯蒂) e P. Santangelo(史华罗)(a cura di)(编著), *Studi in onore di Lionello Lanciotti*(《纪念兰乔蒂研究专辑》), Ⅰ, Napoli: Istituto Universitario Orientale, 1996, pp.341-351.

64. Dadò, P.(达多,帕特里齐亚), *The Fiction Press and the Emergence of Sentimental Novel in the Late Qing Period*(《晚清小说的出版及言情小说的出现》), in S. M. Carletti(桑德拉·卡莱蒂), M. Sacchetti(毛里齐亚·萨凯蒂) e P. Santangelo(史华罗)(a cura di)(编著), *Studi in onore di Lionello Lanciotti*(《纪念兰乔蒂研究专辑》), Ⅰ, Napoli: Istituto Universitario Orientale, 1996, pp.442-451.

65. Fumagalli, A.(傅马利,阿尔贝托)(a cura di)(编著), *Pu Sung Ling e il suo*

---

① 此篇为清代短篇小说集《照世杯》中的《走安南玉马换猩绒》。

tempo(《蒲松龄和他的时代》),Bergamo:Edizioni Bolis,1996.

66.Guida,D.(董娜),*Il mare e l'ignoto nella letteratura cinese*(《中国文学中的海洋和未知世界》),«Cina»(《中国》),26(1996),pp.83-93.

67.Guida,D.(董娜),*La cultura letteraria in epoca Qing:errori e giochi di parole in Jinghuayuan*(*Destini dei fiori nello specchio*)(《清朝的文学文化:〈镜花缘〉中的错误和文字游戏》),in S. M. Carletti(桑德拉·卡莱蒂),M. Sacchetti(毛里齐亚·萨凯蒂)e P. Santangelo(史华罗)(a cura di)(编著),*Studi in onore di Lionello Lanciotti*(《纪念兰乔蒂研究专辑》),Ⅱ,Napoli:Istituto Universitario Orientale,1996,pp.705-737.

68.Lanciotti,L.(兰乔蒂),*Lo scrigno e il suo tesoro*(《文心雕龙》),«Culture.Annali dell'Istituto di Lingue della Facoltà di Scienze Politiche dell'Università degli Studi di Milano»(《文化:米兰大学政治科学院语言研究所年鉴》),10(1996),pp.15-19.

69.Lanciotti,L.(兰乔蒂)(tr. a cura di)(编译),Po Hsing-chien(白行简),*La 'Storia di Li Wa'*(《李娃传》),«Cina»(《中国》),26(1996),pp.25-40.

70.Larocchi,M.(拉罗基,马里卡),*I sapori delle parole,i suoni del cuore*(《文心雕龙》),«Culture.Annali dell'Istituto di Lingue della Facoltà di Scienze Politiche dell'Università degli Studi di Milano»(《文化:米兰大学政治科学院语言研究所年鉴》),10(1996),pp.21-27.

71.Lavagnino,Alessandra C.(罗桑达),"*Il recondito e l'eccellente*",*un capitolo controverso del Wen xin diao long*[《"征圣":〈文心雕龙〉中一篇富有争议的文章》],in S. M. Carletti(桑德拉·卡莱蒂),M. Sacchetti(毛里齐亚·萨凯蒂)e P. Santangelo(史华罗)(a cura di)(编著),*Studi in onore di Lionello Lanciotti*(《纪念兰乔蒂研究专辑》),Ⅱ,Napoli:Istituto Universitario Orientale,1996,pp.793-800.

72.Lavagnino,Alessandra C.(罗桑达),*Il tesoro delle lettere:un intaglio di draghi*(《文学瑰宝:〈文心雕龙〉》),Premessa(引言),«Culture.Annali dell'Istituto di Lingue della Facoltà di Scienze Politiche dell'Università degli Studi di Milano»(《文化:米兰大学政治科学院语言研究所年鉴》),10(1996),pp.7-9.

73.Lavagnino, Alessandra C.(罗桑达),*Yu Yalishiduode Chuangzuoxue xiang pimei de Liu Xie de Wen xin diao long*(《与亚里士多德创作学相媲美的刘勰的〈文

心雕龙〉》),《Hanxue yanjiu》(《汉学研究》),1(1996),pp.456-463.

74.Mantici,G.(曼蒂奇,乔治),*Piccoli e grandi crimini(non solo) culturali*[《大大小小的文化犯罪(不仅仅是文化)》], in S. M. Carletti(桑德拉·卡莱蒂), M. Sacchetti(毛里齐亚·萨凯蒂)e P. Santangelo(史华罗)(a cura di)(编著),*Studi in onore di Lionello Lanciotti*(《纪念兰乔蒂研究专辑》), II, Napoli:Istituto Universitario Orientale,1996,pp.829-842.

75.Santangelo,P.(史华罗),*Gelosia nella Cina imperiale attraverso la letteratura dal XV al XIX secolo*(《15至19世纪中华帝国文学中的"嫉妒"》),Palermo:Novecento,1996.

76.Santangelo,P.(史华罗)(a cura di)(编著),*Ming Qing Yanjiu*(《明清研究》),Napoli-Roma:Istituto Universitario Orientale-Istituto Italiano per l'Africa e l'Oriente,1996.

77.Santangelo, P.(史华罗),*The Language of Seduction in Some Ming-Qing Literary Works*(《明清文学作品中"魅惑的语言"》), in P. Santangelo(史华罗)(edited by)(主编),*Ming Qing Yanjiu*(《明清研究》),Napoli-Roma:Istituto Universitario Orientale-Istituto Italiano per l'Africa e l'Oriente,1996,pp.157-232.

78.Scaricia,G.(斯卡里奇亚,吉安罗伯特),*Quartina persiana e quartina cinese*(《波斯诗歌和中国诗歌》),in S. M. Carletti(桑德拉·卡莱蒂), M. Sacchetti(毛里齐亚·萨凯蒂) e P. Santangelo(史华罗)(a cura di)(编著),*Studi in onore di Lionello Lanciotti*(《纪念兰乔蒂研究专辑》), III, Napoli:Istituto Universitario Orientale,1996,pp.1167-1174.

79.Vivan,I.(维万,伊塔拉),*La scoperta di un antico maestro*(《一位古代大师的发现》),《Culture. Annali dell'Istituto di Lingue della Facoltà di Scienze Politiche dell'Università degli Studi di Milano》(《文化:米兰大学政治科学院语言研究所年鉴》),10(1996),pp.11-13.

80.Zanon,P.(扎农,保罗),*Qijing shisanpian*(*The Classic of Weiqi in Thirteen Chapters*).*Its History and Translation*(《〈棋经十三篇〉历史及翻译》),《Annali di Ca'Foscari.Serie Orientale》(《威尼斯卡·福斯卡里大学东方年鉴》),35(1996),pp.375-398.

哲学

81.【道】Arena, Leonardo V.(阿雷纳,莱奥纳尔多), *Vivere il taismo*(《经历道教》), Milano: Mondadori, 1996.

82.【基】Battaglini, M.(巴塔利尼,玛丽娜), '*Sancte Confuci, ora pro nobis*': *mandarini e gesuiti tra XVII e XVIII secolo*(《"孔圣人,请为我们祈祷":17 和 18 世纪达官显贵与耶稣会士》), in *Pagine dall'Oriente. Libri cinesi e giapponesi della Biblioteca Nazionale*(《东方文献:国家图书馆馆藏中文和日文书籍》), Roma: Bardi Editore, 1996, pp.23-46.

83.【基】Bertuccioli, G.(白佐良), *Il De Amicitia di Martino Martini e altre opere minori*(《卫匡国的〈逑友篇〉和其他小作品》), in F. Demarchi(弗朗哥·德马尔基)e R. Scartezzini(里卡尔多·斯卡尔泰齐尼)(a cura di)(编著), *Martino Martini umanista e scienziato nella Cina del secolo XVII*(《17 世纪赴华的人文主义者和科学家卫匡国》), Trento: Università degli Studi di Trento, 1995, pp.209-217; tr. inglese(英译本), Trento: Università degli Studi di Trento, 1996, pp.199-209.

84.【道】Bertuccioli, G.(白佐良), *Il Taoismo*(《道教》), in G. Filoramo(乔瓦尼·菲洛拉莫)(a cura di)(编著), *Storia delle Religioni 4. Religioni dell'India e dell'Estremo Oriente*(《宗教史 4:印度和远东宗教》), Roma-Bari: Laterza, 1996, pp.531-558.

85.【佛】Bussotti, M.(布索蒂,米凯拉)et J.-P. Drège(戴仁), *Essai de bibliographie des travaux sur Dunhuang en langue occidentales*(《以西方语言短评敦煌文献》), in *De Dunhuang au Japon*(《从敦煌到日本》), Etudes chinoises et bouddhiques offertes à Michel Soymié(致苏鸣远的中国及佛教研究), Genève-Paris: Droz-Ecole Pratique des Hautes Etudes, 1996, pp.411-444.

86.【儒】Crisma, A.(克里斯曼,阿米娜)(tr. a cura di)(编译), *Il Trattato sul Cielo di Xunzi*(《荀子·天论》), in M. Ferrante(马西莫·费兰特)e P. Frasson(保罗·弗拉索)(a cura di)(编著), *Forme di fedeltà*(《忠诚的形式》), Padova: Panda, 1996, pp.147-163.

87.【基】Demarchi, F.(德马尔基,弗朗哥)e Scartezzini, R.(斯卡尔泰齐尼,里

卡尔多)(a cura di)(编著),*Martino Martini umanista e scienziato nella Cina del secolo* XVII(《17世纪赴华的人文主义者和科学家卫匡国》),Trento:Università degli Studi di Trento, 1995; tr. inglese(英译本),Trento:Università degli Studi di Trento,1996.

88.【基】Demarchi,F.(德马尔基,弗朗哥),*Figura ed opera di Martino Martini*(《卫匡国及其作品》),in F. Demarchi(弗朗哥·德马尔基)e R. Scartezzini(里卡尔多·斯卡尔泰齐尼)(a cura di)(编著),*Martino Martini umanista e scienziato nella Cina del secolo* XVII(《17世纪赴华的人文主义者和科学家卫匡国》),Trento:Università degli Studi di Trento, 1995, pp. 17 – 21; tr. inglese(英译本),Trento:Università degli Studi di Trento,1996,pp.17-20.

89.Fatica,M.(樊米凯),*Gli alunni del Collegium Sinicum di Napoli, la missione Macartney presso l'imperatore Qianlong e la richiesta di libertà di culto per i cristiani cinesi(1792-1793)*[《那不勒斯中国人学院的学生,马戈尔尼使团觐见乾隆皇帝并为中国基督徒请求信仰自由(1792—1793)》], in S. M. Carletti(桑德拉·卡莱蒂),M. Sacchetti(毛里齐亚·萨凯蒂)e P. Santangelo(史华罗)(a cura di)(编著),*Studi in onore di Lionello Lanciotti*(《纪念兰乔蒂研究专辑》),II,Napoli:Istituto Universitario Orientale,1996,pp.525-565.

90.【景】Forte,A.(富安敦)(edited by)(主编),Paul Pelliot(伯希和),*L'inscription nestorienne de Si-ngan-fou*(《西安府景教碑文》),Kyoto-Paris:Italian School of East Asian Studies-Collège de France,1996.

91.【景】Forte,A.(富安敦),*Additional Remarks*(《对〈西安府景教碑文〉的评论》),[to] A. Forte(富安敦)(edited by)(主编),Paul Pelliot(伯希和),*L'inscription nestorienne de Si-ngan-fou*(《西安府景教碑文》),Kyoto-Paris:Italian School of East Asian Studies-Collège de France,1996,pp.489-495.

92.Forte,A.(富安敦),*Kuwabara's Misleading Thesis on Bukhara and the Family Name An*(《桑原骘藏关于安氏家族和布哈拉关系的误解》),«Journal of the American Oriental Society»(《美国东方社会杂志》),116(1996),pp.645-652.

93.Forte,A.(富安敦),*On the So-called Abraham from Persia. A Case of Mistaken Identity*(《所谓"来自波斯的亚伯拉罕":错误的身份》), in A. Forte(富安敦)

(edited by)(主编),Paul Pelliot(伯希和),*L'inscription nestorienne de Si-ngan-fou*(《西安府景教碑文》),Kyoto-Paris:Italian School of East Asian Studies-Collège de France,1996,pp.375-428.

94.【基】Forte, A.(富安敦),*The Edict of 638 Allowing the Diffusion of Christianity in China*(《公元638年准许基督教在中国传播的法令》),in A. Forte(富安敦)(edited by)(主编),Paul Pelliot(伯希和),*L'inscription nestorienne de Si-ngan-fou*(《西安府景教碑文》),Kyoto-Paris:Italian School of East Asian Studies-Collège de France,1996,pp.349-373.

95.Forte, A.(富安敦),*The Origins and Role of the Great Fengxian Monastery at Longmen*(《龙门大奉先寺的起源及地位》),«Annali[dell']Istituto Universitario Orientale di Napoli»(《那不勒斯东方大学年鉴》),56(1996),pp.365-387.

96.【神】Fracasso, R.(弗拉卡索,里卡尔多)(tr. a cura di)(编译),*Libro dei monti e dei mari(Shanhai jing).Cosmografia e mitologia nella Cina antica*(《〈山海经〉:古代中国的宇宙志和神话》),Venezia:Marsilio,1996.

97.【神】Fracasso, R.(弗拉卡索,里卡尔多),*Guo Pu e lo Shanhai jing.Note sull' autore e riesame del commento*(《郭璞和〈山海经〉:作者介绍和评论分析》),in S. M. Carletti(桑德拉·卡莱蒂),M. Sacchetti(毛里齐亚·萨凯蒂)e P. Santangelo(史华罗)(a cura di)(编著),*Studi in onore di Lionello Lanciotti*(《纪念兰乔蒂研究专辑》),Ⅱ,Napoli:Istituto Universitario Orientale,1996,pp.601-636.

98.Lanciotti, L.(兰乔蒂),*La via taoista all'immortalità*(《通向永生的道》),in *Vie alla salvezza*(《通向救赎的道》),Torino:Centro Congressi Torino Incontra,1996,pp.115-130.

99.Lanciotti, L.(兰乔蒂),*Religioni della Cina antica*(《古代中国的宗教》),in G. Filoramo(乔瓦尼·菲洛拉莫)(a cura di)(编著),*Storia delle religioni*(《宗教史》),Ⅳ,Bari:Laterza,1996,pp.501-524.

100.【儒】Lippiello, T.(李集雅),«Confucianesimo e storiografia in Cina»(《儒学和历史编纂学在中国》),in *Dizionario di storiografia*(《历史编纂学字典》),Varese:Bruno Mondadori,1996,pp.235-236.

101.Lippiello, T.(李集雅),*Dong Zhongshu e il sapere come arte del governare*

(《董仲舒和作为治国方略的学问》),《 Asiatica Venetiana 》(《威尼斯亚洲研究》),1(1996),pp.63-69.

102.【基】Masini, F.(马西尼)(edited by)(主编),*Western Humanistic Culture Presented to China by Jesuit Missionaries*(XVII- XVIII *Centuries*)(《(17—18 世纪)由耶稣会传教士传入中国的西方人文主义文化》),Roma:Institutum Historicum Societatis Iesu,1996.

103.Paolillo, M.(保利洛,毛里齐奥),*Il giardino cinese. Una tradizione millenaria*(《中国花园·千年传统》),Milano:Guerini e Associati,1996.

104.【基】Pollini, G.(波利尼,加布里埃莱),*L' approccio di Martini alle religioni della Cina:note di geografia delle religioni*(《卫匡国与中国宗教的接触:宗教地理分布笔记》),in F. Demarchi(弗朗哥·德马尔基)e R. Scartezzini(里卡尔多·斯卡尔泰齐尼)(a cura di)(编著),*Martino Martini umanista e scienziato nella Cina del secolo XVII*(《17 世纪赴华的人文主义者和科学家卫匡国》),Trento:Università degli Studi di Trento,1995,pp.351-360;tr. inglese(英译本),Trento:Università degli Studi di Trento,1996,pp.343-351.

105.Pregadio, F.(玄英),*Il simbolismo del rosso in alcune tradizioni cinesi*(《中国传统中"红色"的象征意义》),in S. M. Carletti(桑德拉·卡莱蒂),M. Sacchetti(毛里齐亚·萨凯蒂)e P. Santangelo(史华罗)(a cura di)(编著),*Studi in onore di Lionello Lanciotti*(《纪念兰乔蒂研究专辑》),II,Napoli:Istituto Universitario Orientale,1996,pp.1049-1070.

106.【儒】Raveri, M.(拉韦利,马西莫),*La sapienza nel Confucianesimo e nel Taoismo*(《儒家和道家的智慧》),《 Credere Oggi 》(《今日信仰》),93(1996),pp.89-101.

107.【儒】Santangelo, P.(史华罗),*Il confucianesimo e la Cina*(《儒学和中国》),in G. Sanna(加布里埃莱·桑纳)(a cura di)(编著),*Religioni nel tempo. Sacro e società nelle culture non occidentali*(《时代中的宗教:非西方文化中的社会与宗教》),Roma:Edizioni Lavoro,1996,pp.147-167.

108.Santangelo, P.(史华罗),*La 'psicologia morale' di Zhu Xi*(1130-1200)[《朱熹(1130—1200)的道德心理》],in S. M. Carletti(桑德拉·卡莱蒂),M. Sacchetti(毛里齐亚·萨凯蒂)e P. Santangelo(史华罗)(a cura di)(编著), *Studi in onore di Lionello Lanciotti*(《纪念兰乔蒂研究专辑》),Ⅲ,Napoli:Istituto Universitario Orientale,1996,pp.1215-1265.

109.Santangelo.P.(史华罗), *How to Establish Dialogue with the Ancient Chinese? Notes and Observations Based on a Recent Essay on Classical Chinese Thought*(《如何与古代中国对话?以近期一篇有关中国古典思想随笔为基础的笔记与思考》),《East and West》(《东西方》),46(1996),pp.195-205.

110.【儒】Scarpari,M.(斯卡尔帕里,毛里齐奥), *Gaozi, Xunzi e i capitoli 6 A1-5 del Mengzi*(《〈告子〉〈荀子〉和〈孟子〉第 6 章 A1—5》),in S. M. Carletti(桑德拉·卡莱蒂),M. Sacchetti(毛里齐亚·萨凯蒂)e P. Santangelo(史华罗)(a cura di)(编著), *Studi in onore di Lionello Lanciotti*(《纪念兰乔蒂研究专辑》),Ⅲ,Napoli:Istituto Universitario Orientale,1996,pp.1275-1294.

111.Sparvoli,C.(斯帕尔沃利,卡洛塔), *Guida alla filosofia cinese. Alla ricerca del senso della vita*(《中国哲学导读:生命意义的研究》),Milano:De Vecchi,1996.

112.【道】Stary,G.(斯塔瑞,乔瓦尼), *Some Preliminary Considerations on the Manchu Version of the Daodejing*(《对〈道德经〉满文版本的初步研究》),in S. M. Carletti(桑德拉·卡莱蒂),M. Sacchetti(毛里齐亚·萨凯蒂)e P. Santangelo(史华罗)(a cura di)(编著), *Studi in onore di Lionello Lanciotti*(《纪念兰乔蒂研究专辑》),Ⅲ,Napoli:Istituto Universitario Orientale,1996,pp.1343-1364.

113.【道】Tagliaferri,A.(塔利亚费里,阿尔多), *Il Taoismo*(《道教》),Roma:Newton Compton,1996.

114.【墨】Tomassini,F.(托马西尼,福斯托)(tr. a cura di)(编译), *Il libro del sublime Mo-Tzu. Il filosofo dell'amore universale, saggio e rivoluzionario, antagonista di Confucio*(《〈墨子〉:一位兼爱的哲学家、智者、革命者及孔子的对手》),Milano:Gian Marco Bragadin Editore,1996.

115.【基】Vareschi,S.(瓦雷斯基,塞韦里诺), *Il decreto del Sant'Ufficio del 1656 nella questione dei riti cinesi e il ruolo di Martino Martini*(《1656 年圣理部就中国礼仪及卫匡国的角色问题发布的政令》),in F. Demarchi(弗朗哥·德马জি)e R. Scartezzini(里卡尔多·斯卡尔泰齐尼)(a cura di)(编著), *Martino Martini* umanista e scienziato nella Cina del secolo XVII(《17 世纪赴华的人文主义者和科学家卫匡国》),Trento:Università degli Studi di Trento,1995,pp.361-374;tr.inglese(英译本),Trento:Università degli Studi di Trento,1996,pp.353-366.

116.【佛】Venturini,R.(文图里尼,里卡尔多),*Il buddhismo in Estremo Oriente* (《远东佛教》),in G. Sanna(加布里埃莱·桑纳)(a cura di)(编著),*Religioni nel tempo.Sacro e società nelle culture non occidental*(《时代中的宗教:非西方文化中的社会与宗教》),Roma:Edizioni Lavoro,1996,pp.127-146.

117.【佛】Zacchetti, S.(扎凯蒂,斯特凡诺),*Dharmagupia's Unfinished Translation of the Diamond-Cleaver (Vajracchedikā-Prajñāpāramitā-sūtra)*(《达摩笈多未完成的〈金刚般若波罗蜜经〉的翻译》),«T'oung Pao»(《通报》),82(1996),pp.137-152.

118.【佛】Zacchetti,S.(扎凯蒂,斯特凡诺),*Il chu sanzang ji ji di Sengyou come fonte per lo studio delle traduzioni buddhiste cinesi:lo sviluppo della tecnica di traduzione dal II al V secolo d.C.*(《中国佛教翻译研究以僧祐的〈出三藏记集〉为例:公元 2 世纪到 5 世纪翻译技巧的发展》),«Annali di Ca' Foscari.Serie Orientale»(《威尼斯卡·福斯卡里大学东方年鉴》),35(1996),pp.347-374.

科学和科学史

119.D'Arelli,F.(达仁理),*Il 'puoco fondamento' dell'astronomia dei cinesi:l'eredità di una communis opinio*(《中国天文学的"基础缺失":普遍观点的继承》),in L. Lanciotti(兰乔蒂)e B. Melasecchi(贝尼亚米诺·梅拉赛琪)(a cura di)(编著),*Scienze tradizionali in Asia:principi ed applicazioni*(《亚洲传统科学:原理与应用》),Perugia:Fornari Editore,1996,pp.169-179.

120.Iannaccone,I.(扬纳科内,伊萨亚),*From N. Longobardo's Explanation of Earthquakes as Divine Punishment to F. Verbiest's Systematic Instrumental Observations. The Evolution of European Science in China in the Seventeenth Century*(《从龙华民将地震解释为神的惩罚到南怀仁的系统仪器观测:17 世纪欧洲科学在中国的演化》),in F. Masini(马西尼)(edited by)(主编),*Western Humanistic Culture Presented to China by Jesuit Missionaries(XVII- XVIII Centuries)*(《(17—18 世纪)由耶稣会传教士

传入中国的西方人文主义文化》),Roma:Institutum Historicum Societatis Iesu, 1996,pp.159-174.

121.Iannaccone,I.(扬纳科内,伊萨亚),*Lo zoo dei gesuiti:la trasmissione scientifica del bestiatio rinascimentale europeo alla Cina dei Qing in Kunyu tushuo di Ferdinand Verbiest(1674)*[《耶稣会士的动物园:从南怀仁〈坤舆图说〉(1674年)看欧洲文艺复兴动物科学在中国清朝时期的传播》],in S. M. Carletti(桑德拉·卡莱蒂),M. Sacchetti(毛里齐亚·萨凯蒂)e P. Santangelo(史华罗)(a cura di)(编著),*Studi in onore di Lionello Lanciotti*(《纪念兰乔蒂研究专辑》),Ⅱ,Napoli:Istituto Universitario Orientale,1996,pp.739-764.

122.Iannaccone,I.(扬纳科内,伊萨亚),*Scienziati gesuiti nella Cina del ⅩⅦ secolo*(《17世纪中国的耶稣会科学家》),in L. Lanciotti(兰乔蒂)e B. Melasecchi(贝尼亚米诺·梅拉赛琪)(a cura di)(编著),*Scienze tradizionali in Asia:principi ed applicazioni*(《亚洲传统科学:原理与应用》),Perugia:Fornari Editore,1996,pp.151-167.

123.Lanciotti,L.(兰乔蒂),*Gli studi delle scienze cinesi in Italia*(《意大利对中国科学的研究》),in L. Lanciotti(兰乔蒂)e B. Melasecchi(贝尼亚米诺·梅拉赛琪)(a cura di)(编著),*Scienze tradizionali in Asia:principi ed applicazioni*(《亚洲传统科学:原理与应用》),Perugia:Fornari Editore,1996,pp.125-134.

124.Lanciotti,L.(兰乔蒂)e Melasecchi,B.(梅拉赛琪,贝尼亚米诺)(a cura di)(编著),*Scienze tradizionali in Asia:principi ed applicazioni*(《亚洲传统科学:原理与应用》),Perugia:Fornari Editore,1996.

125.Lippiello,T.(李集雅),*Introduzione al Trattato Tianwen di He Chengtian e Shen Yue*(《何承天与沈约撰〈天文志〉介绍》),«Cina»(《中国》),26(1996),pp.7-23.

126.Maiocchi,R.(马约科,罗伯托),«Needham,J.,Scienza e civiltà in Cina»(《李约瑟,中国科学文明史》),in *Dizionario di Storiografia*(《历史学字典》),Varese:Bruno Mondadori,1996,pp.737-738.

127.Maiocchi,R.(马约科,罗伯托),«Scienza cinese»(《中国科学》),in *Dizionario di Storiografia*(《历史学字典》),Varese:Bruno Mondadori,1996,pp.940-942.

128. Pregadio, F.(玄英), *I due aspetti del rituale nell' alchemia cinese*(《中国炼金术仪式的两个侧面》),in L. Lanciotti(兰乔蒂) e B. Melasecchi(贝尼亚米诺·梅拉赛琪)(a cura di)(编著), *Scienze tradizionali in Asia:principi ed applicazioni*(《亚洲传统科学:原理与应用》),Perugia:Fornari Editore,1996,pp.135-149.

129. Tamburello, A.(坦布雷洛,阿道夫), *Le scienze tradizionali dell' Estremo Oriente:principi e applicazioni*(《远东传统科学:原理与应用》),in L. Lanciotti(兰乔蒂) e B. Melasecchi(贝尼亚米诺·梅拉赛琪)(a cura di)(编著), *Scienze tradizionali in Asia:principi ed applicazioni*(《亚洲传统科学:原理与应用》),Perugia:Fornari Editore,1996,pp.101-123.

三、备注

在《纪念兰乔蒂研究专辑》中,除收录有兰乔蒂教授生前所有研究成果以外,还收录了一些他的学生与挚友为他特别撰写的纪念文章。在纪念文集的第一册中,兰乔蒂教授的生前好友盖拉尔多·尼奥利教授在提到其对兰乔蒂的印象时说:"他对学院的热爱简直无人能及,他那颗火热又温柔的心让我们至今难忘。"在纪念文集的第二册中,兰乔蒂教授的学生李集雅曾回忆,在威尼斯举行的一次学术研讨会上,兰乔蒂教授曾经说:"写作是为了交流,为了把现今的东西展示给世人或者留给后人看。写作也是一种表达,出于个人私心或是公众目的,通过写作把自己的东西展示给别人看,以此传递现世资讯或是未来信息。"①在纪念文集的第三册中,兰乔蒂教授的学生、如今意大利著名汉学家毛里齐奥·斯卡尔帕里引用《吕氏春秋》"劝学"一章中的文字来表达自己对恩师深切的怀念。引文如下:"善教者则不然,视徒如己。反己以教,则得教之情也。所加于人,必可行于己,若此,则师徒同体。"

---

① 本段引文原文为意大利文,出自《纪念兰乔蒂研究专辑》中李集雅的纪念文章《向兰乔蒂致敬》。

公元 1997 年

一、大事记

1.汉学家卡萨齐教授在汉学专刊《中国》第 27 期上发表了一篇研究中国古代经典文学作品的文章。

2.费代里科·格雷塞林在《威尼斯亚洲研究》第 2 期①上发表文章,探讨威尼斯卡·福斯卡里大学中文数据库文献收藏的记录整理问题。

二、书（文）目录

书目提要和汉学史

1.Casacchia,G.(卡萨齐),*Alcuni vecchi libri di testo cinesi*(《几本中国古书》),«Cina»(《中国》),27(1997),pp.85-94.

2.Corradini,P.(柯拉迪尼)(a cura di)(编著),*Conoscenza e interpretazione della civiltà cinese*(《对中华文明的认识和诠释》),Venezia:Libreria Editrice Cafoscarina,1997.

3.Corradini,P.(柯拉迪尼),*Nel segno di Matteo Ricci.Manifestazioni organizzate dalla Regione Marche,dalla Provincia di Macerata e dal Comune di Macerata*(《纪念利玛窦:马尔凯大区、马切拉塔省和马切拉塔市组织的展览》),«Mondo Cinese»(《中国世界》),96(1997),pp.69-71.

历史与制度

4.Albanese,A.(阿尔巴内塞,安德烈纳),*La Cina nell' immaginario europeo*

---

① Greselin F. A.,*Istruzioni per la compilazione di schede bibliografiche con DBCina*,«Asiatica Venetiana»,2(1997).

(《欧洲想象中的中国》),in P. Corradini(柯拉迪尼)(a cura di)(编著),*Conoscenza e interpretazione della civiltà cinese*(《对中华文明的认识和诠释》),Venezia:Libreria Editrice Cafoscarina,1997,pp.29-48.

5.Casacchia,G.(卡萨齐),*Some Pekingese Toponyms in the Qing Period Banner Areas*(《清朝北京旗人居住区的一些地名》),In P. Santangelo(史华罗)(edited by)(主编),*Ming Qing Yanjiu*(《明清研究》),Napoli-Roma:Istituto Universitario Orientale-Istituto Italiano per l'Africa e l'Oriente,1997,pp.15-20.

6.Corsi,E.(科尔西,伊丽莎白)e Wei Xiumei(魏秀梅),*Qindai zhi huibi zhidu (El sistema de 'recusación' durante la dinastia Qing)*(《清代之回避制度》),《Estudios de Asia y Africa》(《亚洲和非洲研究》),103(1997),pp.402-404.

7.D'Arelli,F.(达仁理)(a cura di)(编著),*Le Marche e l'Oriente. Una tradizione ininterrotta da Matteo Ricci a Giuseppe Tucci*(《马尔凯大区和东方:从利玛窦到朱塞佩·图齐从未间断的传统》),Roma:Istituto Italiano per l'Africa e l'Oriente,1997.

8.Menegon,E.(梅欧金),*Newly Available Manchu Documents Pertaining to Sino Western Relations in the Kangxi Period*(《近期发现的康熙时期有关中西关系的满洲文献》),《Sino-Western Cultural Relations Journal》(《中西文化关系杂志》),19(1997),pp.22-46.

9.Tamburello,A.(坦布雷洛,阿道夫),*Echi del Celeste Impero. L'Europa dinanzi all'antichità della Cina*(《天朝回音:欧洲面前的古代中国》),Torino:Promolibri,1997.

艺术、建筑、考古和音乐

10.【艺】【考】Adespoto(佚名),*Tesori dell'antica Cina*(《古代中国珍宝》),Roma:Istituto Poligrafico e Zecca dello Stato,1997.

11.【建】Alabiso,A.(阿拉比索,阿里达),*Chengde, residenza estiva degli imperatori Qing*(《承德:清朝皇帝避暑山庄》),in P. Corradini(柯拉迪尼)(a cura di)(编著),*Conoscenza e interpretazione della civiltà cinese*(《对中华文明的认识和诠释》),Venezia:Libreria Editrice Cafoscarina,1997,pp.9-28.

12.【考】Alteri, G.(阿尔泰里,贾恩卡洛)(a cura di)(编著), *Numismatica cinese dalle origini alla caduta dell'impero dal Medagliere della Biblioteca Apostolica Vaticana*(《梵蒂冈图书馆古钱收藏柜中的中国古钱币:从产生到帝国覆灭》), *Catalogo della Mostra*, *3-5 ottobre 1997*(《1997年10月3日—5日展览图册》), Città del Vaticano-Vicenza:Medagliere della Biblioteca Apostolica Vaticana-Ente Fiera di Vicenza, 1997, p.141.

13.【艺】【考】Caterina, L.(卡泰里纳,卢恰), *Smalti cinesi nel Museo Duca di Martina di Napoli* (《那不勒斯马尔蒂纳公爵博物馆的中国珐琅》), Napoli:Ministero per i beni culturali e ambientali, Soprintendenza per i beni artistici e storici di Napoli, s.d.[1997], p.143.

14.【艺】Ciarla, R.(恰拉,罗伯托), «Cina»(《中国》), in P. D'Amore(达摩尔)(a cura di)(编著), *Il Museo Nazionale d'Arte Orientale in Palazzo Brancaccio* (《勃朗卡丘宫中的国家东方艺术博物馆》), Livorno:Sillabe, 1997, pp.257-258.

15.【艺】Ciarla, R.(恰拉,罗伯托), «Xi'an»(《西安》), in *Enciclopedia dell'Arte Antica*, *Classica e Orientale*(《东方古典艺术百科全书》), II supplemento, III, Roma:Istituto della Enciclopedia Italiana, 1997, pp.1086-1089.

16.【考】Ciarla, R.(恰拉,罗伯托)e Micheli M.(米凯利,马里奥), *Il Centro di Formazione per la conservazione e il restauro del patrimonio storico-culturale della Cina nord-occidentale a Xi'an*, *Repubblica Popolare Cinese. Oriente e Occidente:filosofie del restauro a confronto*(《中华人民共和国西安历史文化遗产保护科研中心:东西方修复理念对比》), «Faenza»(《彩陶》), 83(1997), pp.19-27.

17.【艺】Corsi, E.(科尔西,伊丽莎白), *Termini cinesi utilizzati come sinonimo di 'prospettiva' ed echi del naturalismo in alcuni testi sulla pittura del diciottesimo secolo*(《中文术语中与"透视"相近的词汇和有关18世纪绘画文章中的自然主义体现》), in P. Corradini(柯拉迪尼)(a cura di)(编著), *Conoscenza e interpretazione della civiltà cinese*(《对中华文明的认识和诠释》), Venezia:Libreria Editrice Cafoscarina, 1997, pp.97-120.

18.【艺】Corsi, E.(科尔西,伊丽莎白), *Términos chinos utilizados como sinónimo de 'perspectiva' y los ecos del naturalismo en algunos textos sobre pintura del siglo XVIII*

(《中文术语中与"透视"相近的词汇和有关18世纪绘画文章中的自然主义体现》),《Estudios de Asia y Africa》(《亚非研究》),104(1997),pp.433-459.

19.【艺】Francasso, R.(弗兰卡索,里卡尔多),《Taotie》(《饕餮》),in *Enciclopedia dell'Arte Antica, Classica e Orientale*(《东方古典艺术百科全书》),Ⅱ supplemento,Ⅴ,Roma:Istituto della Enciclopedia Italiana,1997,pp.527-528.

20.【建】Francasso, R.(弗兰卡索,里卡尔多),《Wu Liang Ci》(《武梁祠》),in *Enciclopedia dell'Arte Antica, Classica e Orientale* (《东方古典艺术百科全书》),Ⅱ supplemento,Ⅴ,Roma:Istituto della Enciclopedia Italiana,1997,pp.1080-1081.

21.【建】Giorgi, Maria L.(乔治,玛利亚),《Tempio, Cina》(《祠庙,中国》),in *Enciclopedia dell'Arte Antica, Classica e Orientale*(《东方古典艺术百科全书》),Ⅱ supplemento,Ⅴ,Roma:Istituto della Enciclopedia Italiana,1997,pp.657-662.

22.【艺】Iannaccone, I.(扬纳科内,伊萨亚),《Specchio, Cina》(《镜子,中国》),in *Enciclopedia dell'Arte Antica, Classica e Orientale*(《东方古典艺术百科全书》),Ⅱ supplemento,Ⅴ,Roma:Istituto della Enciclopedia Italiana,1997,pp.352-354.

23.【音】【艺】Lo Muzio, C.(穆齐奥,奇罗),《Strumenti musicali, Cina》(《乐器,中国》),in *Enciclopedia dell'Arte Antica, Classica e Orientale*(《东方古典艺术百科全书》),Ⅱ supplemento,Ⅴ,Roma:Istituto della Enciclopedia Italiana,1997,pp.454-458.

24.【艺】Malagò, A.(马拉戈,阿米娜),*Supposedly Late Zhou Origin of Tapestry Technique in China*(《中国挂毯技术可能起源于周朝晚期》),《Oriental Art》(《东方艺术》),53(1997-1998),pp.49-57.

25.【艺】Perlo, E.(佩洛,恩里科),*Avori e tesori d'Oriente dalla collezione Canepa*(《Canepa收藏的东方象牙和珍宝》),Biella:Kiwanis Club,1997.

26.【艺】Salviati, F.(萨尔维亚蒂,菲利波),*Stylistic Features of Some pre-Han Chinese Mirrors in the Rijksmuseum Collection, Amsterdam*(《阿姆斯特丹国家博物馆收藏的汉朝以前的中国镜子的特点》),《Aziatische Kunst》(《亚洲艺术》),27(1997),1,pp.21-28.

27.【考】Tamburello, A.(坦布雷洛,阿道夫),*L'Archeologia dell'Estremo Oriente*(《远东考古》),Napoli:Istituto Universitario,1997.

28.【艺】Vita, S.(维塔,西尔维奥),《Wutai shan》(《五台山》),in *Enciclopedia dell'Arte Antica*, *Classica e Orientale*(《东方古典艺术百科全书》), II supplemento, V, Roma: Istituto della Enciclopedia Italiana, 1997, pp.1081-1082.

29.【艺】Vita, S.(维塔,西尔维奥),«Yungang»(《云冈》), in *Enciclopedia dell'Arte Antica*, *Classica e Orientale*(《东方古典艺术百科全书》), II supplemento, V, Roma: Istituto della Enciclopedia Italiana, 1997, pp.1102-1104.

语言和语言史

30.Masini, F.(马西尼), *Aleni's Contribution to the Chinese Language*(《艾儒略对中文的贡献》), in T. Lippiello(李集雅) and R. Malek, S. V. D.(马雷凯)(edited by)(主编),'*Scholar from the West*'. *Giulio Aleni S. J. (1582-1649) and the Dialogue between Christianity and China*[《"西儒"艾儒略(1582—1649)及基督教与中国的对话》], Sankt Augustin-Brescia: Monumenta Serica Institute-Fondazione Civiltà Bresciana, 1997, pp.539-554.

31.Scarpari, M.(斯卡尔帕里,毛里齐奥), *Workshop on Teaching Classical Chinese. Survey of Courses of Classical Chinese in European Erasmus Universities*(*Leuven, 12-13 settembre 1996*)[《古汉语教学实验课:欧洲伊拉斯谟大学古汉语课程调查(鲁汶,1996 年 9 月 12—13 日)》],«Asiatica Venetiana»(《威尼斯亚洲研究》), 2(1997), pp.199-201.

文学

32.Ausiello, T.(奥谢洛,蒂齐亚娜), *Cui Hu e la ragazza dei fiori di pesco*(《崔护与桃花下的女子》),«Cina»(《中国》),27(1997),pp.35-38.

33.Guida, D.(董娜), *Southeast Asia in Jinghuayuan: from Historiography to Literature*(《〈镜花缘〉中的东南亚:从历史编纂学到文学》), in P. Santangelo(史华罗)(edited by)(主编), *Ming Qing Yanjiu*(《明清研究》), Napoli-Roma: Istituto Universitario Orientale-Istituto Italiano per l'Africa e l'Oriente, 1997, pp.45-67.

34.Lanciotti, L.(兰乔蒂), *Wang Chong l'iconoclasta*(《反传统的人王充》), Venezia: Libreria Editrice Cafoscarina, 1997.

35.Sabattini, M.(萨巴蒂尼,马里奥) e Santangelo, P.(史华罗)(a cura di)(编

著）,*Il pennello di lacca.La narrativa cinese dalla dinastia Ming ai giorni nostril*（《油漆刷：从明朝到今天的中国小说》）,Roma-Bari：Laterza,1997.

36.Sacchetti,M.（萨凯蒂,毛里齐亚）,*Ancora divagazioni di un funzionario alla corte dei Tang. Gli odiosi wangsun*（《又一篇唐朝宫廷中一位官员的作品〈憎王孙文〉》）,«Culture.Annali dell'Istituto di Lingue della Facoltà di Scienze Politiche dell'Università degli Studi di Milano»（《文化：米兰大学政治科学院语言研究所年鉴》）,11(1997),pp.31-40.

37.Sacchetti,M.（萨凯蒂,毛里齐亚）,*Liu Zongyuan e 'Gli odiosi Wangsun'*（《柳宗元和〈憎王孙文〉》）,«Cina»（《中国》）,27(1997),pp.13-34.

38.Santangelo,P.（史华罗）,*Le passioni nella Cina imperiale*（《中华帝国的爱情》）,Venezia：Marsilio,1997.

39.Santangelo,P.（史华罗）(a cura di)（编著）,*Ming Qing Yanjiu*（《明清研究》）,Napoli-Roma：Istituto Universitario Orientale-Istituto Italiano per l'Africa e l'Oriente,1997.

40.Savarese,N.（萨瓦雷塞,尼古拉）,*Il racconto del teatro cinese*（《中国戏剧》）,Roma：La Nuova Italia Scientifica,1997.

41.Stirpe,L.（斯蒂尔佩,卢卡）,*Huang Ming zhusi lianming qipan gong'an：a Collection of Detective Stories Held by the Beijing and Tokyo Libraries*（《皇明诸司廉明奇判公案：藏于北京和东京图书馆的侦探小说集》）,in P. Santangelo（史华罗）(edited by)（主编）,*Ming Qing Yanjiu*（《明清研究》）,Napoli-Roma：Istituto Universitario Orientale-Istituto Italiano per l'Africa e l'Oriente,1997,pp.149-237.

哲学

42.【道】Andreini,A.（艾帝）,*Evoluzione delle teorie individualiste nella Cina classica：l'eredità di Yang Zhu nei testi Huang Lao e nel Lüshi chunqiu*（《古代中国个人主义理论的演化：黄老作品及〈吕氏春秋〉中对杨朱的继承》）,in P. Corradini（柯拉迪尼）(a cura di)（编著）,*Conoscenza e interpretazione della civiltà cinese*（《对中华文明的认识和诠释》）,Venezia：Libreria Editrice Cafoscarina,1997,pp.49-83.

43.【道】Andreini,A.（艾帝）,*Simposio Internazionale di Cultura Taoista（Pechino,*

12-15 agosto 1996)[《道教文化国际盛宴(北京,1996 年 8 月 12—15 日)》],《Asiatica Venetiana》(《威尼斯亚洲研究》),2(1997),pp.193-198.

44.【基】Colpo,M.,S. I.(柯尔柏,马里奥),*Giulio Aleni's Cultural and Religious Background*(《艾儒略的文化和宗教背景》),in T. Lippiello(李集雅)and R. Malek, S. V. D.(马雷凯)(edited by)(主编),'*Scholar from the West*'.*Giulio Aleni S. J. (1582-1649) and the Dialogue between Christianity and China*(《"西儒"艾儒略(1582—1649)及基督教与中国的对话》),Sankt Augustin-Brescia:Monumenta Serica Institute-Fondazione Civiltà Bresciana,1997,pp.73-83.

45.【基】Corradini,P.(柯拉迪尼),*Christian Presence in China up to the Time of Aleni*(《艾儒略时期基督教在中国的情况》),in T. Lippiello(李集雅)and R. Malek, S. V. D.(马雷凯)(edited by)(主编),'*Scholar from the West*'.*Giulio Aleni S. J. (1582-1649) and the Dialogue between Christianity and China*[《"西儒"艾儒略(1582—1649)及基督教与中国的对话》],Sankt Augustin-Brescia:Monumenta Serica Institute-Fondazione Civiltà Bresciana,1997,pp.29-48.

46.【基】Criveller,G.,P. I. M. E.(柯毅霖),*Christ in Late Ming China.The First Jesuits*(《中国晚明时期的基督教:第一批赴华耶稣会士》),《Tripod》(《三脚架》),102(1997),pp.6-29.

47.【基】D'Arelli,F.(达仁理),*I libri cinesi di G. F. Nicolai O. F. M. nel fondo Borgia cinese della Biblioteca Apostolica Vaticana*(《藏于梵蒂冈图书馆 G. F. Nicolai O. F. M.的中文书》),《Archivum Franciscanum Historicum》(《方济各会档案》),90(1997),pp.505-533.

48.【基】D'Arelli,F.(达仁理),*Manuscript Notes of Carlo Horatii da Castorano O. F. M.and Francesco da Ottaviano O.F.M.on Some of Aleni's Chinese Writings*(《康和子和弗朗西斯科·达·屋大维关于艾儒略中文作品的笔记》),in T. Lippiello(李集雅)and R. Malek,S. V. D.(马雷凯)(edited by)(主编),'*Scholar from the West*'.*Giulio Aleni S. J. (1582-1649) and the Dialogue between Christianity and China*[《"西儒"艾儒略(1582-1649)及基督教与中国的对话》],Sankt Augustin-Brescia:Monumenta Serica Institute-Fondazione Civiltà Bresciana,1997,pp.433-452.

49.【基】D'Arelli,F.(达仁理),*The Catholic Mission in China in the 17th-18th*

Centuries:Archives and Libraries in Italy.Preliminary Repertoire(《17—18世纪天主教在中国的传教:意大利档案馆和图书馆初步目录》),《East and West》(《东西方》),47(1997),pp.293-340.

50.【道】Esposito,M.(埃斯波西托,莫妮卡),*L'alchimia del soffio. La pratica della visione interiore nell'alchimia taoista*(《气的炼丹术:道教炼丹术内修实践》),Roma:Ubaldini,1997.

51.【道】Evola,J.(埃沃拉)(tr. a cura di)(编译),*Tao-tê-ching di Lao tze*(《老子的〈道德经〉》),Roma:Edizioni Mediterranee,1997.

52.【基】Fatica,M.(樊米凯),*Matteo Ripa, Carlo VI, la Compagnia di Ostenda e il progetto di fondazione a Napoli di un Collegio dei Cinesi*(《马国贤,查理六世,奥斯坦达会和建立那不勒斯中国人学院的计划》),Napoli:Istituto Universitario Orientale,1997.

53.【佛】Forte,A.(富安敦),*Fazang's Letter to Uisang. Critical Edition and Annotated Translation*[《法藏给义湘的信(评论版,附有加注解的翻译)》],in *Kegongaku ronshū*(《华严学论集》),Tokyo:Daizō shuppan,1997,pp.109-129.

54.【佛】Forte,A.(富安敦),*Longmen Da Fengxian si de qiyuan ji diwei*(《龙门大奉先寺的起源及地位》),《Zhongyuan wenwu》(《中原文物》),1997,2,pp.83-92.

55.【基】Gramazio,Maria I.(格拉马齐奥,玛利亚),*Gesuiti italiani missionari in Oriente nel XVI secolo*(《16世纪意大利耶稣会传教士在东方》),《Archivum Historicum Societatis Iesu》(《耶稣会历史档案馆》),66(1997),pp.275-300.

56.【基】Guarino,C.(瓜里诺,卡门),*The Interpretation of Images in Matteo Ricci's Pictures for Chengshi moyuan*(《对收入〈程氏墨苑〉中的利玛窦"宝象图"的诠释》),in P. Santangelo(史华罗)(edited by)(主编),*Ming Qing Yanjiu*(《明清研究》),Napoli-Roma:Istituto Universitario Orientale-Istituto Italiano per l'Africa e l'Oriente,1997,pp.21-43.

57.【儒】Lanciotti,L.(兰乔蒂),*Confucio. La vita e l'insegnamento*(《孔子:生平和教诲》),Roma:Uba ldini,1997.

58.Lanciotti,L.(兰乔蒂),*Il simbolismo del sangue nella Cina antica*(《古代中国血的象征意义》),《Cina》(《中国》),27(1997),pp.7-12.

59.【基】Lippiello, T.(李集雅) and R. Malek, S. V. D.(马雷凯)(edited by)(主编), 'Scholar from the West'. Giulio Aleni S. J.(1582-1649) and the Dialogue between Christianity and China[《"西儒"艾儒略(1582—1649)及基督教与中国的对话》], Sankt Augustin-Brescia:Monumenta Serica Institute-Fondazione Civiltà Bresciana, 1997.

60.【基】Masini, F.(马西尼), «Filippucci Francesco Saverio»(《方济各》), in Dizionario Biografico degli Italiani(《意大利人名字典》), XLVII, Roma:Istituto della Enciclopedia Italiana, 1997, pp.789-791.

61.【佛】Palumbo, A.(帕伦博,安东内洛), On the Author and Date of the Zhenzheng lun. An Obscure Page in the Struggle between Buddhists and Taoists in Medieval China(《〈甄正论〉的作者和日期考:中国中古时期佛教徒和道教徒的斗争》), «Annali[dell']Istituto Universitario Orientale di Napoli»(《那不勒斯东方大学年鉴》), 57(1997), pp.305-322.

62.【道】Pasqualotto, G.(帕斯夸洛托,詹乔治), Il Tao della filosofia. Corrispondenze fra pensieri d'Oriente e d'Occidente(《哲学中的"道":东西方思想之灵犀》), Parma:Est, 1997.

63.【道】Pregadio, F.(玄英), A Work on the Materia Medica in the Taoist Canon: Instructions on an Inventory of Forty-five Metals and Minerals(《〈道藏〉中有关医药的一篇:45种金属和矿物使用说明》), «Asiatica Venetiana»(《威尼斯亚洲研究》), 2(1997), pp.139-160.

64.【儒】Santangelo, P.(史华罗), Il problema del male nel Neoconfucianesimo(《新儒家中关于"恶"的问题》), in M. Raveri(马西莫·拉韦利)(a cura di)(编著), Del bene e del male. Tradizioni religiose a confronto(《论善恶:宗教传统对比》), Venezia:Marsilio, 1997, pp.229-261.

65.【儒】Scarpari, M.(斯卡尔帕里,毛里齐奥), La concezione del bene e del male nel pensiero cinese classic(《中国传统思想中的善恶观》), in M. Raveri(马西莫·拉韦利)(a cura di)(编著), Del bene e del male. Tradizioni religiose a confronto(《论善恶:宗教传统对比》), Venezia:Marsilio, 1997, pp.71-91.

66.【儒】Scarpari, M.(斯卡尔帕里,毛里齐奥), Xunzi e il problema del male(《荀子和性恶论》), Venezia:Libreria Editrice Cafoscarina, 1997.

67.【道】Vita, S.(维塔,西尔维奥), Il «Tao-tê-ching» di Julius Evola: dalla filosofia alla tradizione(《埃沃拉的〈道德经〉:从哲学到传统》), in J. Evola(埃沃拉)(tr. a cura di)(编译), Tao-tê-ching di Lao-tze(《老子的道德经》), Roma: Edizioni Mediterranee, 1997, pp.11-23.

68.【佛】Zacchetti, S.(扎凯蒂,斯特凡诺), Un problema di critica testuale nel fo-shuo zhuan falun jing(T109) attribuito ad An Shigao[《安世高关于佛说〈转法轮经〉(T109)的一个考订问题》], «Annali di Ca' Foscari. Serie Orientale»(《威尼斯卡·福斯卡里大学东方年鉴》), 36(1997), pp.381-395.

科学和科学史

69.Iannaccone, I.(扬纳科内,伊萨亚), Il ginseng nella terapia delle affezioni respiratorie secondo un testo cinese di farmacoterapia di epoca Ming(《明朝一份药物疗法文献中关于呼吸系统疾病的人参疗法》), «Le Infezioni in Medicina»(《传染病学》), 5(1997), pp.57-61.

70.Iannaccone, I.(扬纳科内,伊萨亚), Le filosofie e le scienze nella medicina tradizionale cinese(《中医的哲学与科学》), «Le Infezioni in Medicina»(《传染病学》), 5(1997), pp.269-274.

71.Iannaccone, I.(扬纳科内,伊萨亚), The Xiyang Xinfa Lishu: The Transition of Scientific Culture from Ricci to Aleni, Schreck, Rho and Schall(《西洋新法历书:从利玛窦到艾儒略、邓玉函、罗雅谷和汤若望的科学文化演变》), in T. Lippiello(李集雅) and R. Malek, S. V. D.(马雷凯)(edited by)(主编), 'Scholar from the West'. Giulio Aleni S. J.(1582-1649) and the Dialogue between Christianity and China[《"西儒"艾儒略(1582—1649)及基督教与中国的对话》], Sankt Augustin-Brescia: Monumenta Serica Institute-Fondazione Civiltà Bresciana, 1997, pp.573-592.

72.Iannaccone, I.(扬纳科内,伊萨亚), «Tianwen tu»(《天文图》), in Enciclopedia dell'Arte Antica, Classica e Orientale(《东方古典艺术百科全书》), II Supplemento, V, Roma: Istituto della Enciclopedia Italiana, 1997, pp.757-758.

73.Iannaccone, I.(扬纳科内,伊萨亚), «Xuanji»(《璇玑》), in Enciclopedia dell'Arte Antica, Classica e Orientale(《东方古典艺术百科全书》), II Supplemento,

Ⅴ, Roma: Istituto della Enciclopedia Italiana, 1997, p.1096.

74. Lippiello, T.(李集雅), *Divinazione e razionalità nella Cina del Seicento: l'interpretazione di un' eclissi lunare e di un parelio*(《17世纪中国的占卜与理性：对一次月食和一次假日现象的解释》),《Cina》(《中国》), 27(1997), pp.39-59.

75. Pregadio, F.(玄英),《Alchemy in China》(《中国炼金术》), in H. Selin(何来妮·塞林)(edited by)(主编), *Encyclopaedia of the History of Science, Technology, and Medicine in Non-Western Cultures*(《非西方文化科学技术与医学史百科全书》), Dordrecht-Boston-London: Kluver Academic Publishers, 1997, pp.39-41.

76. Pregadio, F.(玄英),《Chao Yuanfang》(《巢元方》), in H. Selin(何来妮·塞林)(edited by)(主编), *Encyclopaedia of the History of Science, Technology, and Medicine in Non-Western Cultures*(《非西方文化科学技术与医学史百科全书》), Dordrecht-Boston-London: Kluver Academic Publishers, 1997, p.185.

77. Pregadio, F.(玄英),《Huangdi jiuding shendan jing》(《黄帝九鼎神丹经》), in H. Selin(何来妮·塞林)(edited by)(主编), *Encyclopaedia of the History of Science, Technology, and Medicine in Non-Western Cultures*(《非西方文化科学技术与医学史百科全书》), Dordrecht-Boston-London: Kluver Academic Publishers, 1997, p.397.

78. Pregadio, F.(玄英),《Li Shizhen》(《李时珍》), in H. Selin(何来妮·塞林)(edited by)(主编), *Encyclopaedia of the History of Science, Technology, and Medicine in Non-Western Cultures*(《非西方文化科学技术与医学史百科全书》), Dordrecht-Boston-London: Kluver Academic Publishers, 1997, pp.512-513.

79. Pregadio, F.(玄英),《Shen Gua》(《沈括》), in H. Selin(何来妮·塞林)(edited by)(主编), *Encyclopaedia of the History of Science, Technology, and Medicine in Non-Western Cultures*(《非西方文化科学技术与医学史百科全书》), Dordrecht-Boston-London: Kluver Academic Publishers, 1997, pp.894-895.

80. Pregadio, F.(玄英),《Sun Simo》(《孙思邈》), in H. Selin(何来妮·塞林)(edited by)(主编), *Encyclopaedia of the History of Science, Technology, and Medicine in Non-Western Cultures*(《非西方文化科学技术与医学史百科全书》), Dordrecht-Boston-London: Kluver Academic Publishers, 1997, pp.918-919.

81. Pregadio, F.(玄英),《Tao Hongjing》(《陶弘景》), in H. Selin(何来妮·塞林)(edited by)(主编), *Encyclopaedia of the History of Science, Technology, and Medicine in Non-Western Cultures*(《非西方文化科学技术与医学史百科全书》), Dordrecht-Boston-London: Kluver Academic Publishers, 1997, pp.933-934.

82. Pregadio, F.(玄英),《Wang Chong》(《王充》), in H. Selin(何来妮·塞林)(edited by)(主编), *Encyclopaedia of the History of Science, Technology, and Medicine in Non-Western Cultures*(《非西方文化科学技术与医学史百科全书》), Dordrecht-Boston-London: Kluver Academic Publishers, 1997, p.1002.

83. Pregadio, F.(玄英),《Wei Boyang》(《魏伯阳》), in H. Selin(何来妮·塞林)(edited by)(主编), *Encyclopaedia of the History of Science, Technology, and Medicine in Non-Western Cultures*(《非西方文化科学技术与医学史百科全书》), Dordrecht-Boston-London: Kluver Academic Publishers, 1997, p.1004.

84. Pregadio, F.(玄英),《Zhang Zhongjing》(《张仲景》), in H. Selin(何来妮·塞林)(edited by)(主编), *Encyclopaedia of the History of Science, Technology, and Medicine in Non-Western Cultures*(《非西方文化科学技术与医学史百科全书》), Dordrecht-Boston-London: Kluver Academic Publishers, 1997, pp.1053-1054.

公元1998年

一、大事记

1. 兰乔蒂被授予那不勒斯东方大学荣誉教授主持意大利非洲与东方研究院(IsIAO)、亚洲词典编辑中心(Centro di Dizionari Asiatici)的工作。该词典编辑中心汇聚了意大利当时三个主要东方学研究中心(威尼斯卡·福斯卡里大学、罗马大学、那不勒斯东方大学)的主要科研力量，主要编纂汉语、梵文、印地语、日语、韩语、印度尼西亚语等多种亚洲语言词典。由该中心编纂的《汉意大词典》历经十年艰辛，终于在2008年由意大利非洲与东方研究院(IsIAO)出版发行。

2.5月21日至23日,意大利汉学协会(A.I.S.C.)在威尼斯举办了名为"中国:神话与现实"(Cina:Miti e Realità)的学术研讨会,研讨会上发表的所有学术论文集结成册,与研讨会同名(*Atti del Convegno A.I.S.C.Venezia 21-23 Maggio 1998 "Cina:miti e realità"*),主编为著名学者阿尔弗雷多·卡多纳和弗朗哥·加蒂,并于2001年由威尼斯卡·福斯卡里大学出版社(Libreria Editrice Cafoscarina)出版发行。

3.米凯拉·布索蒂在《汉学文献年报》(*Revue Bibliographique de Sinologie*)上发表了一篇介绍西方学者对中国印刷史研究的文章。①

二、书(文)目录

书目提要和汉学史

1.Bulfoni,C.(布尔福尼,克拉拉),*Il XXXVI Convegno dell' Associazione Europea di Studi Cinesi*(*E.A.S.C.*).*Edimburgo,10-13 settembre 1998*[《第36届欧洲汉学学会研讨会(1998年9月10日—13日,爱丁堡)》],«Mondo Cinese»(《中国世界》),99(1998),pp.79-84.

2.Di Fiore,G.(狄菲奥尔,贾科莫),*La Collana 'Matteo Ripa' dell' Istituto Universitario Orientale*(《那不勒斯东方大学的柱石马国贤》),in S. Minolfi(萨尔瓦托雷·米诺尔菲)(a cura di)(编著),*Scritture di Storia*(《历史文献》),Ⅰ,Napoli:Edizioni Scientifiche Italiane,1998,pp.493-500.

3. Fatica, M. (樊米凯), *Studi recenti di sinologia promossi dall' Istituto Universitario Orientale*(《那不勒斯东方大学近期主持的汉学研究》),in S. Minolfi(萨尔瓦托雷·米诺尔菲)(a cura di)(编著),*Scritture di Storia*(《历史文献》),Ⅰ,Napoli:Edizioni Scientifiche Italiane,1998,pp.483-492.

4.Lanciotti,L.(兰乔蒂),*Giuseppe Tucci e l' Estremo Oriente*(《朱塞佩·图齐和

---

① M. Bussotti,*General Survey of the Latest Studies in Western Languages on the History of Publishing in China*,*Revue Bibliographique de Sinologie*,6,1998.

远东》),in F. D'Arelli(达仁理)(a cura di)(编著),*Le Marche e l'Oriente.Una tradizione ininterrotta da Matteo Ricci a Giuseppe Tucci*(《马尔凯大区和东方:从利玛窦到朱塞佩·图齐从未间断的传统》),Roma:Istituto Italiano per l'Africa e l'Oriente,1998,pp.297-304.

5.Lanciotti,L.(兰乔蒂),*Prefazione [a]M. Miranda.Bibliografia delle opere cinesi tradotte in Italiano*(*1900-1996*)[《为〈译成意大利文的中文作品目录(1900—1996)〉写作的序言》],Napoli:F. Giannini,1998,pp.5-6.

6.Miranda,M.(米兰达,玛丽娜),*Bibliografia delle opere cinesi tradotte in Italiano*(*1900-1996*)[《译成意大利文的中文作品目录(1900—1996)》],Napoli:F.Giannini,1998.

7.Miranda,M.(米兰达,玛丽娜),*Il Ⅵ Convegno Nazionale dell'Associazione Italiana per gli Studi Cinesi*(*A.I.S.C.*),'*Cina:miti e realtà*',*Venezia 21-23 maggio 1998*[《意大利汉学协会(A.I.S.C.)第6届汉学研讨会,"中国:神话与现实"(1998年5月21日—23日,威尼斯)》],«Mondo Cinese»(《中国世界》),97(1998),pp.73-78.

8.Paderni,P.(帕德尼),*Recenti studi sull'amministrazione della giustizia e sul diritto nella Cina del XVIII e XIX secolo*(《近期对于18和19世纪中国司法行政的研究》),«Mondo Cinese»(《中国世界》),97(1998),pp.3-14.

历史与制度

9.Arnoldi,M. R.(阿诺尔多,玛利亚),*L'Atlas di Martino Martini tramite verso la conoscenza dell'Asia Estrema'.Attualità di fine millennio per un geografo del Seicento*[《卫匡国〈中国新地图册〉对远东的了解(一位17世纪地理学家在千年末的现实意义)》],«Studi Trentini di Scienze Storiche»(《特兰托历史科学研究》),77(1998),pp.643-662.

10.Calanca,P.(柯兰),*From a Forbidden Ocean to an Ocean under Close Watch:The Ming and Early Qing Governments and the Maritime Problem*(《从禁海到对领海严密监管:明朝和清朝前期的政府及其海洋问题》),in P. Santangelo(史华罗)(edited by)(主编),*Ming Qing Yanjiu*(《明清研究》),Napoli-Roma:Istituto Universitario Orientale-Istituto Italiano per l'Africa e l'Oriente,1998,pp.13-47.

11.Carioti,P.(白蒂),*The Influence of the Zhengs' Overseas Organisation on the Far East:Some Considerations on the Political Positions of Japan*(《郑成功的海上势力对远东的影响:对日本政治定位的几点看法》),in Zhuang Guotu(庄国土)(edited by)(主编),*Ethnic Chinese at the Turn of the Centuries*(《世纪之交的海外华人》),Ⅱ,Fuzhou:s.e.,1998,pp.337-352.

12.De Rossi Filibeck,E.(德罗西·菲利贝克,埃莱娜),*Religione e politica:alcuni episodi significativi nella storia tibetana*(《宗教和政治:西藏历史上几个重大事件》),«Mondo Cinese»(《中国世界》),98(1998),pp.31-40.

13.Gubert,R.(古贝蒂,伦佐),*L'attualità di Martino Martini:per relazioni con la Cina che non siano solo rapporti d'affari*(《卫匡国的现实意义:与中国的关系不仅是贸易关系》),«Studi Trentini di Scienze Storiche»(《特兰托历史科学研究》),77(1998),pp.673-677.

14.Paderni,P.(帕德尼),*Giustizia e diritto nella Cina del XVIII e XIX secolo*(《18和19世纪司法和法律在中国》),«Mondo Cinese»(《中国世界》),97(1998),pp.3-14.

15.Ricciardolo,G.(里恰尔多洛,加埃塔诺),*Geografia e cartografia in Matteo Ricci S. I.:la determinazione delle coordinate geografiche della Cina*(《地理学和耶稣会士利玛窦的绘图法:中国地面地标的界线》),in F. D'Arelli(达仁理)(a cura di)(编著),*Le Marche e l'Oriente. Una tradizione ininterrotta da Matteo Ricci a Giuseppe Tucci*(《马尔凯大区和东方:从利玛窦到朱塞佩·图齐从未间断的传统》),Roma:Istituto Italiano per l'Africa e l'Oriente,1998,pp.219-235.

16.Stary,G.(斯塔瑞,乔瓦尼),*An Example of the Evolution of Manchu Historiography*(《一个关于满洲历史演变的例子》),«Asiatica Venetiana»(《威尼斯亚洲研究》),3(1998),pp.177-182.

17.Stary,G.(斯塔瑞,乔瓦尼),*Lo schema mancese di un 'Sacrificio al Cielo' del 1636*(《1636年一次"祭天"的满文文献》),«Aetas Manjurica»(《满学时代》),6(1998),pp.123-132.

18.Stary,G.(斯塔瑞,乔瓦尼),*The Manchu Identification of Jurchen Clan Names* as Found in the 'Manjusai da sekiyen-I kimcin' (Manzhou yuanliukao)(《〈满洲源流考〉中关于女真族和满族建立的文献》),«Saksaha»(《满洲研究》),3(1998),pp.5-8.

19.Tognetti,G.(托涅蒂,詹保罗),*Dalla rilettura di alcuni documenti europei sulle relazioni coi Mongoli,1237-1247*[《重读有关欧洲与蒙古关系的欧洲文献(1237—1247)》],«Annali[dell']Istituto Universitario Orientale di Napoli»(《那不勒斯东方大学年鉴》),58(1998),pp.394-408.

艺术、建筑、考古和音乐

20.【考】Braghin,C.(布拉金,切奇利亚),*An Archaeological Investigation into Ancient Chinese Beads*(《对中国古代珠链的考古研究》),in Lidia D. Sciama(利迪娅·夏马)and Joanne B. Eicher(乔安妮·艾彻)(edited by)(主编),*Beads and Bead Makers.Gender,Material Culture and Meaning*(《珠子和珠子制作者:种类、材质文化和意义》),Oxford and New York:Berg,1998,pp.273-293.

21.【考】Coccia,S.(柯嘉,斯特凡诺)and Fabiani,Anna G.(法比安,安娜),*The Site and the Excavation*(《遗址和挖掘》),in G. Verardi(乔瓦尼·韦拉尔迪)and Liu Jinglong(刘景龙)(edited by)(主编),*Report on the 1997 Excavations at Weiwan,Longmen(China)*(《1997年中国龙门考古挖掘报告》),«Annali[dell']Istituto Universitario Orientale di Napoli»(《那不勒斯东方大学年鉴》),58(1998),pp.410-425.

22.【艺】Corsi,E.(科尔西,伊丽莎白),*The Jade Studio.Masterpieces of Ming and Qing Painting and Calligraphy from the Wong Nan-p'ing Collection*[《玉研究:王南屏(号玉斋)收藏的明清书画杰作》],«Estudios de Asia y Africa»(《亚非研究》),105(1998),pp.203-207.

23.【音】Masini,F.(马西尼),*La musica cinese a Torino*(《都灵的中国音乐》),«Mondo Cinese»(《中国世界》),98(1998),pp.63-64.

24.【建】Noci,F.(诺奇,弗朗切斯科),*Appunti di viaggio 2:considerazioni su alcuni monumenti islamici meno noti del Xinjiang*(《旅行笔记2:关于新疆几处不著名的伊斯兰教建筑的思考》),«Rivista degli Studi Orientali»(《东方学研究》),72

(1998),pp.289-311.

25.【建】Paolillo,M.(保利洛,毛里齐奥),*La geomanzia cinese e l'Occidente:suggestioni e deformazioni*(《中国风水和西方:魅力和扭曲》),in D. Mazzoleni(多纳泰拉·马佐莱尼)(a cura di)(编著),*Natura,architettura,diversità*(《自然,建筑和不同》),Napoli:Electa,1998,pp.384-395.

26.【艺】Salviati,F.(萨尔维亚蒂,菲利波),*Archaic Jade,Modern Fakes:Problems and Solutions*(《古玉,现代仿品:问题和解决方法》),in *Arts of Pacific Asia Show*(《亚太展览艺术》),New York:s.e.,1998,pp.19-21.

27.【考】Testa,Aurora G.(泰斯塔,奥罗拉),*Appendix.The Fengxiansi and Other Buddhist Monasteries of Longmen*(《附录:奉先寺和龙门的其他佛寺》),in G. Verardi(乔瓦尼·韦拉尔迪)and Liu Jinglong(刘景龙)(edited by)(主编),*Report on the 1997 Excavations at Weiwan,Longmen(China)*(《1997年中国龙门考古挖掘报告》),《Annali[dell']Istituto Universitario Orientale di Napoli》(《那不勒斯东方大学年鉴》),58(1998),pp.452-459.

28.【考】Verardi,G.(韦拉尔迪,乔瓦尼)and Liu Jinglong(刘景龙)(edited by)(主编),*Report on the 1997 Excavations at Weiwan,Longmen(China)*(《1997年中国龙门考古挖掘报告》),《Annali[dell']Istituto Universitario Orientale di Napoli》(《那不勒斯东方大学年鉴》),58(1998),pp.409-462.

语言和语言史

29.Casacchia,G.(卡萨齐),*An Old Chinese-Italian Dictionary*(《一本老的中意词典》),in P. Santangelo(史华罗)(edited by)(主编),*Ming Qing Yanjiu*(《明清研究》),Napoli-Roma:Istituto Universitario Orientale-Istituto Italiano per l'Africa e l'Oriente,1998,pp.49-58.

文学

30.Abbiati,M.(阿比亚蒂,玛格达),*Qiu xuan zhu:alla ricerca della perla nera*(《求玄珠》),in R. D. Findeisen(冯铁)and R. H. Gassmann(罗伯特·加斯曼)(edited by)(主编),*Autumn Floods.Essays in Honour of Marián Gálik*(《秋汛:纪念马

利安·高利克散文》),Bern-New York:P.Lang,1998,pp.61-67.

31.Arena,Leonardo V.(阿雷纳,莱奥纳尔多)(a cura di)(编著),*Poesia cinese dell'epoca Tang*(《中国唐朝的诗歌》),Milano:Rizzoli,1998.

32.Balduzzi,S.(巴尔杜齐,塞拉菲诺)(a cura di)(编著),Wu Cheng'en(吴承恩),*Il viaggio in Occidente*(《西游记》),Milano:Rizzoli,1998.

33.Brunori,M.(布鲁诺里,毛里齐奥),*Il Grande Eunuco e la sua flotta*(《一位伟大的太监和他的舰队》),Torino:Einaudi,1998.

34.Santangelo,P.(史华罗),*Il sogno in Cina.L'immaginario collettivo attraverso la narrativa Ming e Qing*(《中国梦——通过明清小说体现出的集体想象》),Milano:R. Cortina,1998.

35.Santangelo,P.(史华罗)(a cura di)(编著),*Ming Qing Yanjiu*(《明清研究》),Napoli-Roma:Istituto Universitario Orientale-Istituto Italiano per l'Africa e l'Oriente,1998.

哲学

36.【道】Arena,Leonardo V.(阿雷纳,莱奥纳尔多)(a cura di)(编著),Chuang-tzu(庄子),*Il vero libro di Nan-hua*(《南华真经》),Milano:Mondadori,1998.

37.【基】Bertuccioli,G.(白佐良)(a cura di)(编著),*Martino Martini. Opera omnia*(《卫匡国的作品》),Edizione diretta da F. Demarchi(由弗朗哥·德马尔基指导出版),Trento:Università degli Studi di Trento,1998.

38.【儒】Corsi,E.(科尔西,伊丽莎白),Confucio(孔子),*Los cuatro libros clásicos*(《四书》),«Estudios de Asia y Africa»(《亚非研究》),106(1998),pp.420-423.

39.【基】D'Arelli,F.(达仁理),*Matteo Ricci S. I. e la traduzione latina dei Quattro Libri(Sishu):dalla tradizione storiografica alle nuove ricerche*(《耶稣会士利玛窦神父和"四书"的翻译:传统文献和新发现》),in F. D'Arelli(达仁理)(a cura di)(编著),*Le Marche e l'Oriente. Una tradizione ininterrotta da Matteo Ricci a Giuseppe Tucci*(《马尔凯大区和东方:从利玛窦到朱塞佩·图齐从未间断的传统》),Roma:Istituto Italiano per l'Africa e l'Oriente,1998,pp.163-175.

40.【基】Di Giorgio,F.(狄乔治,弗朗哥),*Il dialogo di Matteo Ricci con le religioni cinesi*(《利玛窦与中国宗教的对话》),in F. D'Arelli(达仁理)(a cura di)(编著),*Le Marche e l'Oriente. Una tradizione ininterrotta da Matteo Ricci a Giuseppe Tucci*(《马尔凯大区和东方:从利玛窦到朱塞佩·图齐从未间断的传统》),Roma:Istituto Italiano per l'Africa e l'Oriente,1998,pp.73-90.

41.【道】Esposito,M.(埃斯波西托,莫妮卡),*The Different Versions of the Secret of the Golden Flower and Their Relationship with the Longmen School*(《〈太乙金华宗旨〉的不同翻译版本及其与龙门派的关系》),«Transactions of the International Conference of Eastern Studies»(《国际东方学者会议纪要》),43(1998),pp.90-109.

42.【佛】Esposito,M.(埃斯波西托,莫妮卡),*Una tradizione di rDzogs-chen in Cina. Una nota sul Monastero delle Montagne dell'Occhio Celeste*(《"大圆满"的传统在中国:有关天目山寺庙的记录》),«Asiatica Venetiana»(《威尼斯亚洲研究》),3(1998),pp.221-224.

43.【道】Esposito,M.(埃斯波西托,莫妮卡)and Chen Yaoting(陈耀庭),*Yidali daojiao de yanjiu*(《意大利道教的研究》),«Dangdai zongjiao yanjiu»(《当代宗教研究》),(1998),pp.44-48.

44.【佛】Forte,A.(富安敦),*Some Considerations on the Historical Value of the Great Zhou Catalogue*(《对〈大周刊定众经目录〉历史价值的思考》),in Makita Tairyō and Ochiai Toshinori(牧田谛亮和落合俊典)(edited by)(主编),*Chūgoku Nihon kyōten shōsho mokuroku*(《中国·日本经典章疏目录》),Tokyo:Daitō shuppansha,1998,pp.21-34.

45.【佛】Forte,A.(富安敦),*Wu Zhao de mingtang yu tianwenzhong*(《武曌的明堂与天文钟》),in Zhao Wenrun(赵文润)and Li Yuming(李玉明)(edited by)(主编),*Wu Zetian yanjiu lunwenji*(《武则天研究论文集》),Taiyuan:Shanxi guji chubanshe,1998,pp.140-147.

46.Fumagalli,Pier F.(傅马利,皮尔),*Religiosità e cultura in Cina*(《宗教性和文化在中国》),*Il pensiero religioso nella Cina antica*(《古代中国的宗教思想》),«Vita e Pensiero»(《生命和思想》),81(1998),pp.355-373.

47.【儒】Fumagalli,Pier.F.(傅马利,皮尔),*Religiosità e cultura in Cina. Confucianesimo e Taoismo*(《宗教性和文化在中国:儒教和道教》),«Vita e Pensiero»

(《生活和思想》),81(1998),pp.437-455.

48.【基】Lenzi, M.(伦齐,米里亚姆), *La prima traduzione italiana della 'Storia dell' antica Cina' di M.Martini*(《由卫匡国翻译的〈中国古代史〉的第一个意大利文译本》),«Studi Trentini di Scienze Storiche »(《特兰托科学史研究》),77(1998),pp.665-670.

49.【基】Menegon, E.(梅欧金), *I movimenti di Martino Martini nel Fujian(1646) in alcuni documenti inediti*(《几篇未出版的文献中记载的有关卫匡国 1646 年在福建的活动》),« Studi Trentini di Scienze Storiche »(《特兰托科学史研究》),77(1998),pp.629-640.

50.【基】Morresi, R.(莫雷西,鲁杰罗), *La mnemotecnica di Matteo Ricci fra tradizione e attualità*(《利玛窦的记忆法从传统到现实意义》), in F. D' Arelli(达仁理)(a cura di)(编著), *Le Marche e l' Oriente. Una tradizione ininterrotta da Matteo Ricci a Giuseppe Tucci*(《马尔凯大区和东方:从利玛窦到朱塞佩·图齐从未间断的传统》),Roma:Istituto Italiano per l' Africa e l' Oriente,1998,pp.177-197.

51.【基】Orlandi, F.(奥兰迪,费尔南多), *Di Martino Martini e dei riti cinesi*(《卫匡国和中国礼仪》),« Studi Trentini di Scienze Storiche »(《特兰托科学史研究》),77(1998),pp.613-626.

52.【基】Quaglioni, D.(夸廖尼,迪耶戈), *Gli scritti 'Minori' di Martino Martini*(《卫匡国的次要作品》),« Studi Trentini di Scienze Storiche »(《特兰托科学史研究》),77(1998),pp.559-564.

53.【基】Ricciardolo, G.(里恰尔多洛,加埃塔诺), *Il Libro Primo dei commentari del Ricci e gli scritti europei del XVI secolo sulla Cina. La loro natura e la loro relazione*(《利玛窦回忆录第一册及 16 世纪有关中国的欧洲作品:它们的属性和相互关系》),« Mondo Cinese »(《中国世界》),97(1998),pp.25-37.

54.【基】Ricciardolo, G.(里恰尔多洛,加埃塔诺), *La lettera al Romàn: un apocrifo attribuito a Matteo Ricci*(《寄给罗曼的信:并非利玛窦的亲笔信》),« Mondo Cinese »(《中国世界》),99(1998),pp.33-46.

55.【基】Santangelo, P.(史华罗), *Martino Martini e le grandi trasformazioni nella Cina del suo tempo*(《卫匡国神父和那个时代中国的巨大变化》),« Studi Trentini di

Scienze Storiche》(《特兰托科学史研究》),77(1998),pp.535-557.

56.【儒】Scarpari,M.(斯卡尔帕里,毛里齐奥),*Mencius and Xunzi on Human Nature:The Concept of Moral Autonomy in the Early Confucian Tradition*(《孟子和荀子关于人性的辩论:早期儒家传统中的道德自主概念》),《Annali di Ca' Foscari. Serie Orientale》(《威尼斯卡·福斯卡里大学东方年鉴》),37(1998),pp.467-500; anche《Review of Culture》(《文化回顾》),34-35(1998),pp.65-87.

57.Santangelo,P.(史华罗),*Ecologism versus Moralism:Conceptions of Nature in Ming-Qing Times*(《生态主义和道德主义:明清之际对自然的概念》),in M. Elvin (伊懋可)and Liu Ts'ui-jung(刘翠溶)(edited by)(主编),*Sediments of Time. Environment and Society in Chinese History*(《时间的沉淀:中国历史环境和社会》),Cambridge:Cambridge University Press,1998,pp.617-656.

58.【基】Zavarella,S.,O.F.M.(扎瓦雷拉,萨尔瓦托雷),*Giovanni da Montecorvino.L'arcivescovo di Khambaliq(Pechino)e patriarca di tutto l'Oriente a 700 anni dall'inizio della evangelizzazione cinese(1294-1994)*[《孟高维诺:汗八里大主教和从中国福音传播之初至今700年来整个东方的主教(1294—1994)》],《Studi Francescani》(《方济各会研究》),95(1998),pp.331-342.

科学和科学史

59.Iannaccone,I.(扬纳科内,伊萨亚),*Johann Schreck Terrentius.Le scienze rinascimentali e lo spirito dell'Accademia dei Lincei nella Cina dei Ming*(《邓玉函——中国明朝时期文艺复兴科学与林琴科学院的精神》),Napoli:Istituto Universitario Orientale,1998.

60.Iannaccone,I.(扬纳科内,伊萨亚),*Matteo Ricci e l'introduzione delle scienze occidentali in Cina*(《利玛窦与西方科学引入中国》),in F. D'Arelli(达仁理)(a cura di)(编著),*Le Marche e l'Oriente.Una Tradizione ininterrotta da Matteo Ricci a Giuseppe Tucci*(《马尔凯大区和东方:从利玛窦到朱塞佩·图齐从未间断的传统》),Roma:Istituto Italiano per l'Africa e l'Oriente,1998,pp.199-218.

61.Iannaccone,I.(扬纳科内,伊萨亚),*The Geyuan baxian biao and some remarks about the scientific collaboration between Schall von Bell,Rho and Schreck*(《割圆八线

表和对汤若望、罗雅谷、邓玉函科学合作的评论》),in R. Malek,S. V. D.(马雷凯)(edited by)(主编),*Western Learning and Christianity in China.The Contribution an Impact of Johann Adam Schall von Bell*,*S. J.*(*1592—1666*)[《西学东渐与基督教在中国——汤若望(1592—1666)的贡献和影响》],Ⅱ,Sankt Augustin:Monumenta Serica Institute,1998,pp.701-716.

62.Lippiello,T.(李集雅),*Astronomy and Astrology:Adam Schall von Bell*(《天文学与天文学家——汤若望》),in R. Malek,S. V. D.(马雷凯)(edited by)(主编),*Western Learning and Christianity in China.The Contribution an Impact of Johann Adam Schall von Bell*,*S. J.*(*1592-1666*)[《西学东渐与基督教在中国——汤若望(1592—1666)的贡献和影响》],Ⅰ,Sankt Augustin:Monumenta Serica Institute,1998,pp.403-428.

公元1999年

一、大事记

1.9月30日至10月2日,意大利汉学协会(A.I.S.C.)在米兰大学(Università degli Studi di Milano)举办"第7届意大利汉学协会研讨会"(Ⅶ Convegno Nazionale dell'Associazione Italiana per gli Studi Cinesi),会议主题为"中华文明的传统与创新"(Tradizione e Innovazione nella civiltà cinese)。

2.著名汉学家马西尼教授写作的一篇名为《中国文学作品的意大利文翻译》的论文被收录于《欧洲语言对中国文学作品的翻译》这部学术论文专辑中,在巴黎出版。

3.柯拉迪尼在达仁理主编的《马尔凯大区与东方:从传教士利玛窦到东方学家朱塞佩·图齐》一书中介绍了著名汉学家安泰尔莫·塞韦里尼教授写作的所有有关东亚的著作,展示了安泰尔莫·塞韦里尼教授在认识东方、了解东方方面所做出的巨大贡献。

4.史华罗的著作《中国之爱情——对中华帝国数百年来文学作品中爱情问题的研究》(*L'amore in Cina attraverso alcune opere letterarie negli ultimi secoli dell'impero*)在那不勒斯出版。这部作品通过对中国古典名著的研读,分析了中华文明中的各种爱情观。该作品分为两部分,第一部分列出了中国不同的"爱情"观及爱情崇拜,第二部分论述了女性的魅力和传统道德。这部作品的中译本,于2012年12月由中国社会科学出版社出版。

二、书(文)目录

书目提要和汉学史

1.Bulfoni,C.(布尔福尼,克拉拉),*Ⅶ Convegno Nazionale dell'Associazione Italiana per gli Studi Cinesi a Milano*(《在米兰举办的第7届意大利汉学协会研讨会》),«*Culture. Annali dell'Istituto di Lingue della Facoltà di Scienze Politiche dell'Università degli Studi di Milano*»(《文化:米兰大学政治科学院语言研究会年鉴》),13(1999),pp.230-232.

2.Masini,F.(马西尼),*Italian Translations of Chinese Literature*(《中国文学作品的意大利文翻译》),in V. Alleton(维维安·阿兰顿)et M. Lackner(朗宓榭)(sous la direction de)(指导),*De l'un au multiple. Traductions du chinois vers les langues européennes*(《欧洲语言对中国文学作品的翻译》),Paris:Editions de la Maison des Sciences de l'Homme,1999,pp.33-57.

历史与制度

3.Albanese,A.(阿尔巴内塞,安德烈纳),*La carta geografica di Matteo Ripa:caratteristiche dell'esemplare della Biblioteca universitaria di Bologna*(《马国贤的地图:博洛尼亚大学图书馆样本的特点》),in M. Fatica(樊米凯)e F. D'Arelli(达仁理)(a cura di)(编著),*La missione cattolica in Cina tra i secoli ⅩⅧ-ⅩⅨ. Matteo Ripa e il Collegio dei Cinesi*(《18—19世纪天主教传教事业在中国:马国贤和中国人学院》),Napoli:Istituto Universitario Orientale,1999,pp.135-183.

4.Bertuccioli,G.(白佐良),*Fan Shouyi e il suo viaggio in Occidente*(《范守义和

他的西方之旅》),in M. Fatica(樊米凯)e F. D'Arelli(达仁理)(a cura di)(编著), *La missione cattolica in Cina tra i secoli* XVIII- XIX.*Matteo Ripa e il Collegio dei Cinesi* (《18—19世纪天主教传教事业在中国：马国贤和中国人学院》),Napoli：Istituto Universitario Orientale,1999,pp.341-419.

5.Bertuccioli,G.(白佐良),*Gli avvenimenti in Cina a cavallo tra i due secoli nei documenti dei diplomatici italiani a Pechino*(《意大利驻京外交文件中记录的两个多世纪间在中国发生的重大事件》),in *Le riforme del 1898 e del 1978 in Cina*(《中国1898年和1978年的改革》),Roma：Associazione Italia-Cina,1999,pp.33-62.

6.Corradini,P.(柯拉迪尼),*Saggi di storia cinese*(《中国历史评论》),Roma：Cartografica meridionale,1999.

7.Corradini,P.(柯拉迪尼),*Yuandai Yidali he Zhongguo de wenhua guanxi*(《元代意大利和中国的文化关系》),《Yuanshi luncong》(《元史论丛》),7(1999),pp.191-196.

8.Iannaccone,I.(扬纳科内,伊萨亚),*Storia e civiltà della Cina. Cinque lezioni*(《中国文明和历史：五节课》),Napoli：Libreria Dante & Descartes,1999.

9.Paderni,P.(帕德尼),*Between Constrains and Opportunities：Widows, Witche and Shrews in Eighteenth-Century China*(《处于束缚和机遇之间：18世纪中国的寡妇、巫婆和悍妇》),in H. T. Zundorfer(曾德丰)(edited by)(主编),*Chinese Women in the Imperial Past*(《帝国时期的中国妇女》),*New Perspectives*(《前沿》),Leiden：Brill,1999,pp.258-285.

10.Paderni,P.(帕德尼),*Furori d'amore. Gelosia maschile e identità di genere nella Cina del* XVIII *secolo*(《疯狂的爱：男性的嫉妒和性别认同在18世纪的中国》),Napoli：Libreria Dante & Descartes,1999.

11.Samarani,G.(圭德),*La Città Proibita. Una dimora tra Cielo e Terra*(《紫禁城：天地间的居所》),in M. Morelli(马塞洛·莫雷利)(a cura di)(编著),*Le grandi dimore reali*(《宏伟的皇家宫殿》),Vercelli：Edizioni White Star,1999,pp.280-291.

12.Stary,G.(斯塔瑞,乔瓦尼),*Manchu Toponomy in the Atlas of Matteo Ripa*(《马国贤地图册中满洲地名研究》),in M. Fatica(樊米凯)e F. D'Arelli(达仁理)(a cura di)(编著),*La missione cattolica in Cina tra i secoli* XVIII- XIX.*Matteo Ripa e* il Collegio dei Cinesi(《18—19 世纪天主教传教事业在中国：马国贤和中国人学院》)，Napoli：Istituto Universitario Orientale，1999，pp.185-193.

13.Stary，G.(斯塔瑞，乔瓦尼)，*The Problem 'Abahai' Hong Taiji：A Definitive Answer to an Old Question？*(《有关"皇太极"的问题：一个老问题的最终答案？》)，«Central Asiatic Journal»(《中亚杂志》)，43(1999)，pp.259-265.

艺术、建筑、考古和音乐

14.【艺】Caterina，L.(卡泰里纳，卢恰)，*Il Museo Duca di Martina. La collezione orientale*(《马尔蒂纳公爵博物馆：东方收藏》)，Napoli：Electa Napoli，1999.

15.【艺】【考】Ciarla，R.(恰拉，罗伯托)，*Due bronzi arcaici ed una ciotola céladon di produzione cinese；un'olla in ceramica grigia di produzione coreana*(《中国制造的两个古代的青铜器和一个青瓷碗：一个韩国制造的灰瓷锅》)，in R. Ciarla(罗伯托·恰拉) e L. Nista(莱伊拉·尼斯塔)(a cura di)(编著)，*Acquisizoni e donazioni. Archeologia e arte orientale(1996-1998)*[《收购和捐赠：考古学和东方艺术(1996—1998)》]，Roma：Gangemi，1999，pp.140-143.

16.【艺】Ciarla，R.(恰拉，罗伯托)，*Due opere in porcellana di produzione cinese. Epoca della dinastia Qing(1644—1911)*[《中国制造的两个瓷器作品：清朝时期(1644—1911)》]，in R. Ciarla(罗伯托·恰拉) e L. Nista(莱伊拉·尼斯塔)(a cura di)(编著)，*Acquisizoni e donazioni. Archeologia e arte orientale(1996-1998)*[《收购和捐赠：考古学和东方艺术(1996—1998)》]，Roma：Gangemi，1999，pp.150-151.

17.【艺】Ciarla，R.(恰拉，罗伯托)，*Diciassette dipinti su rotolo verticale di produzione cinese(secc. XVIII-XIX)*(《18—19 世纪 17 个竖轴中国画》)，in R. Ciarla(罗伯托·恰拉) e L. Nista(莱伊拉·尼斯塔)(a cura di)(编著)，*Acquisizoni e donazioni. Archeologia e arte orientale(1996-1998)*[《收购和捐赠：考古学和东方艺术(1996—1998)》]，Roma：Gangemi，1999，pp.152-157.

18.【艺】Ciarla，R.(恰拉，罗伯托)，*Il genio dei vasai：le porcellane cinesi*(《制造陶瓷器皿的智慧：中国瓷器》)，in R. Ciarla(罗伯托·恰拉) e F. Rispoli(菲奥雷拉·里斯波利)(a cura di)(编著)，*Ceramiche e bronzi dall'Oriente Estremo. La donazione Ivanoe Tullio Dinaro*(《远东瓷器和铜器：伊万诺埃·图利奥·迪纳罗的赠

品》),Roma:Museo Nazionale d'Arte Orientale di Roma,1999,pp.19-34.

19.【艺】Ciarla,R.(恰拉,罗伯托),*Settantotto opere di produzione cinese e una statua in bronzo di produzione tailandese*(《78个中国制造的作品和1个泰国制造的铜制雕塑》),in R. Ciarla(罗伯托·恰拉)e L. Nista(莱伊拉·尼斯塔)(a cura di)(编著),*Acquisizoni e donazioni.Archeologia e arte orientale*(*1996-1998*)[《收购和捐赠:考古学和东方艺术(1996—1998)》],Roma:Gangemi,1999,pp.146-149.

20.【艺】Ciarla,R.(恰拉,罗伯托),*Tessuto ricamato di produzione cinese.Epoca della dinastia Qing*(*1644-1911*)[《清朝时期的中国刺绣织物(1644—1911)》],in R. Ciarla(罗伯托·恰拉)e L. Nista(莱伊拉·尼斯塔)(a cura di)(编著),*Acquisizoni e donazioni.Archeologia e arte orientale*(*1996-1998*)[《收购和捐赠:考古学和东方艺术(1996—1998)》],Roma:Gangemi,1999,pp.158-159.

21.【艺】Ciarla,R.(恰拉,罗伯托),*Tre piatti in porcellana del tipo 'bianco e blu' e un piatto in grès con invetriatura del tipo céladon.Epoca della dinastia Ming*(*1368-1644*)[《"白蓝"相间的三个瓷盘子和一个青瓷釉的粗陶盘子(1368—1644)》],in R. Ciarla(罗伯托·恰拉)e L. Nista(莱伊拉·尼斯塔)(a cura di)(编著),*Acquisizoni e donazioni.Archeologia e arte orientale*(*1996-1998*)[《收购和捐赠:考古学和东方艺术(1996—1998)》],Roma:Gangemi,1999,pp.144-145.

22.【艺】Ciarla,R.(恰拉,罗伯托)e Rispoli,F.(里斯波利,菲奥雷拉)(a cura di)(编著),*Ceramiche e bronzi dall'Oriente Estremo.La donazione Ivanoe Tullio Dinaro*(《远东瓷器和青铜器:伊万诺埃·图利奥·迪纳罗的赠品》),Roma:Museo Nazionale d'Arte Orientale di Roma,1999.

23.【考】Ciarla,R.(恰拉,罗伯托)e Nista,L.(尼斯塔,莱伊拉)(a cura di)(编著),*Acquisizoni e donazioni.Archeologia e arte orientale*(*1996-1998*)[《收购和捐赠:考古学和东方艺术(1996—1998)》],Roma:Gangemi,1999.

24.【艺】Corsi,E.(科尔西,伊丽莎白),*Late Baroque Painting in China Prior to the Arrival of Matteo Ripa;Giovanni Gherardini and the Perspective Painting Called xianfa*(《马国贤来华之前中国的巴洛克晚期绘画:约翰·格拉迪尼和被称作"线法"的透视绘画》),in M. Fatica(樊米凯)e F. D'Arelli(达仁理)(a cura di)(编著),*La missione cattolica in Cina tra i secoli XVIII-XIX.Matteo Ripa e il Collegio dei Cinesi*

(《18—19世纪天主教传教事业在中国：马国贤和中国人学院》)，Napoli：Istituto Universitario Orientale，1999，pp.103-122，8 tav.

25.【建】Gazzola, L.（加佐拉，路易吉）, *La casa della fenice. La città e la casa nella cultura architettonica cinese*（《凤凰之家：中国建筑学文化中的城市和家宅》），Roma：Diagonale，1999.

26.【艺】Salviati, F.（萨尔维亚蒂，菲利波）(a cura di)（编著），*Memorie d'oriente. Opere della Collezione Canepa e del Museo delle Grazie*（《东方记忆：卡尼帕收藏的作品和感恩博物馆的收藏》），Rimini：Museo delle Culture Extraeuropee 'Dinz Rialto'，1999.

27.【考】Salviati, F.（萨尔维亚蒂，菲利波），*The Golden Age of Chinese Archaeology. A Travelling Exhibition Held in the United States*（《中国考古的黄金时期：美国巡回展览》），« Asiatica Venetiana »（《威尼斯亚洲研究》），4(1999)，pp.219-223.

语言和语言史

28.Demattè, P.（戴蓓岚），*The Role of Writing in the Process of State Formation in Late Neolithic China*（《中国新石器时代晚期文字在国家形成中的作用》），« East and West »（《东西方》），49(1999)，pp.241-272.

文学

29.Cadonna, A.（卡多纳，阿尔弗雷多）(edited by)（主编），*India, Tibet, China. Genesis and Aspects of Traditional Narrative*（《印度、吐蕃和中国：传统故事的起源和方方面面》），Firenze：L. S. Olschki，1999.

30.Cigliano, M.（奇利亚诺，玛利亚），*Panorami dello Yunnan nella prosa di viaggio di epoca Ming*（《明朝游记中的云南风光》），« Annali[dell']Istituto Universitario Orientale di Napoli »（《那不勒斯东方大学年鉴》），59(1999)，pp.211-250.

31.Dadò, P.（达多，帕特里齐亚），*La figura di Liang Qichao (1873-1929)*[《梁启超(1873—1929)》]，in *Le riforme del 1898 e del 1978 in Cina*（《中国从1898年到1978年的改革》），Roma：Associazione Italia-Cina，1999，pp.98-103.

32.De Troia, P.（德特罗亚，保罗），*Il Wumen huafang lu: annotazioni dalle barche dipinte della Suzhou del* XIX *secolo*(《吴门画舫录:19世纪苏州画舫录》),«*Rivista degli Studi Orientali*»(《东方学研究》),73(1999),pp.185-248.

33. Guida,D.(董娜),*To Identify Emotions. Two Chapters of Jinghuayuan: A Textual Analysis*(《识别情感:〈镜花缘〉中的两回原文分析》),in P. Santangelo(史华罗)(edited by)(主编),*Ming Qing Yanjiu*(《明清研究》),Napoli-Roma:Istituto Universitario Orientale-Istituto Italiano per l'Africa e l'Oriente,1999,pp.29-74.

34. Lanciotti,L.(兰乔蒂),*L'antologia in Cina*(《中国选集》),«*Critica del testo*»(《文学批评》),2(1999),pp.1-11.

35. Li,Guangwen(李光文)e Prete,F.(普雷特,费代里科)(tr. a cura di)(编译),*Chengyu. Gocce di saggezza. Antichi detti cinesi e le loro origini*(《成语,智慧的水滴:中国古代格言及其出处》),Montesperoli:Edizioni M. I. R.,1999.

36. Santangelo,P.(史华罗),*Fantasmi e volpi. L'ambiguità dell'immagine femminile dalle leggende cinesi a Pu Songling*(*1640-1715*)[《鬼神和狐狸:蒲松龄(1640—1715)小说中女性形象的暧昧性》],in Romolo Runcini(罗莫洛·伦奇尼)(a cura di)(编著),*Metamorfosi del fantastico, luoghi e figure nella letteratura, nel cinema, nei massmedia*(《文学、电影和大众传媒中的鬼怪形象》),Roma:Lithos,1999,pp.157-168.

37. Santangelo,P.(史华罗),*L'amore in Cina attraverso alcune opere letterarie negli ultimi secoli dell'impero*(《中国之爱情——对中华帝国数百年来文学作品中爱情问题的研究》),Napoli:Liguori Editore,1999.

38. Santangelo,P.(史华罗)(a cura di)(编著),*Ming Qing Yanjiu*(《明清研究》),Napoli-Roma:Istituto Universitario Orientale-Istituto Italiano per l'Africa e l'Oriente,1999.

39. Santangelo,P.(史华罗),*The Myths of Love-passion in Late Imperial China*(《中华帝国晚期情爱传奇》),in P. Santangelo(史华罗)(edited by)(主编),*Ming Qing Yanjiu*(《明清研究》),Napoli-Roma:Istituto Universitario Orientale-Istituto Italiano per l'Africa e l'Oriente,1999,pp.131-195.

哲学

40.【儒】Avanzini, F.（阿万齐尼，费代里科）, *Kongzi gaizhi kao*（《孔子改制考》）, *Confucio riformatore*（《革新者孔子》）, «Fenomenologia e Scietà»（《现象学和社会》）, 22(1999), 1, pp.58-79.

41.【基】Criveller, G., P. I. M. E.（柯毅霖）, *Preaching Christ in Late Ming China. The Jesuits' Presentation of Christ from Matteo Ricci to Giulio Aleni*［《晚明时期基督教在中国传教：耶稣会士（从利玛窦到艾儒略）对基督教的宣传介绍》］, Taipei-Brescia：Ricci Institute-Fondazione Civiltà Bresciana, 1997; tr. cinese a cura di Wang Zhicheng（中文翻译王志成）et alii（中文版）, Chengdu：Sichuan renmin chubanshe, 1999.

42.【基】Fatica, M.（樊米凯）, *Per una mostra bibliografica ed iconografica su Matteo Ripa, il Collegio dei Cinesi e il Real Collegio Asiatico(1682-1888)*［《马国贤：中国人学院与皇家亚洲学院摄影图像展专文（1682—1888）》］, in M. Fatica（樊米凯）e F. D'Arelli（达仁理）(a cura di)（编著）, *La missione cattolica in Cina tra i secoli XVIII-XIX. Matteo Ripa e il Collegio dei Cinesi*（《18—19世纪天主教传教事业在中国：马国贤和中国人学院》）, Napoli：Istituto Universitario Orientale, 1999, pp.1-38.

43.【基】Fatica, M.（樊米凯）e D'Arelli, F.（达仁理）(a cura di)（编著）, *La missione cattolica in Cina tra i secoli XVIII-XIX. Matteo Ripa e il Collegio dei Cinesi*（《18—19世纪天主教传教事业在中国：马国贤和中国人学院》）, Napoli：Istituto Universitario Orientale, 1999.

44.【佛】Forte, A.（富安敦）, *The Clock and the Perfect Society*（《钟与完美的社会》）, «Kyoto Journal»（《京都杂志》）, 42(1999), pp.28-31.

45.【基】Forte, B.（方奉天）, *Cristianesimo e Cina：una sfida culturale reciproca*（《基督教和中国：两种文化的交锋》）, in A. Gargano（安东尼奥·加尔加诺）(a cura di)（编著）, *L' Istituto Italiano per gli Studi Filosofici. Testimonianze e pubblicazioni*（《意大利哲学研究会：见证和出版物》）, Napoli：La Città del Sole, 1999, pp.71-73.

46.【基】Gisondi, Francesco A.（吉松迪，弗朗切斯科）, *Michele Ruggeri S. J., missionario in Cina, primo sinologo europeo e poeta 'cinese'(spinazzola 1543-salerno*

1607)[《罗明坚(斯皮纳佐拉1543—萨莱诺1607):赴华传教士,第一位欧洲汉学家和"中国"诗人》],Milano:Jaca Book,1999.

47.【儒】Santangelo, P.(史华罗), *Emotions and the Origin of Evil in Neo-Confucian Thought*(《新儒家思想中的情感和"恶"的缘起》), in H. Eifring(艾皓德), ed.(主编), *Minds and Mentalities in Traditional Chinese Literature*(《中国传统文学之情感与心态》),Beijing:Culture and Art Publishing House,1999,pp.184-316.

48.【佛】Tamburello, A.(坦布雷洛,阿道夫), *Guida breve al mondo del Buddhismo*(《佛教世界简介》),Napoli:Tempo Lungo Edizioni,1999.

三、备注

参加"第 7 届意大利汉学协会研讨会"(Ⅶ Convegno Nazionale dell'Associazione Italiana per gli Studi Cinesi)的人员除意大利各大区主要大学及研究机构的学者以外,意大利外交部国际关系部负责人也到场出席,并在研讨会开幕式上发表了题为《意中合作政策》(*La politica della cooperazione italiana in Cina*)①的演讲。研讨会上发表的所有学术论文集结成册,与研讨会同名(*Atti del Ⅶ Convegno A.I.S.C.Milano 30 Settembre-2 Ottobre* 1999 "*Tradizione e Innovazione nella civiltà cinese*"),并于2002年在米兰出版发行。

---

① 关于此篇发言稿的详细内容可参见《中国世界》(《Mondo Cinese》),第103期,2000年1月。

中文人名索引(按汉语拼音排序)

A

阿代莱·阿尔贝塔里奥(Adele Albertario)　177

阿道夫·坦布雷洛(Adolfo Tamburello)　134,154,159,167,169,173,186,195,199-200,230,240,269,294-296,312-313,337-338,340,347,360,362,364,390

阿德里亚纳·博思卡罗(Adriana Boscaro)　237

阿德里亚诺·卡尔博内(Adriano Carbone)　65,67

阿德里亚诺·马达罗(Adriano Madaro)　255

阿德里亚诺·米基耶利(Adriano A. Michieli)　119

阿德里亚诺·莫蒂(Adriano Motti)　148-149,176

阿德里亚诺·瓦莱里奥·罗西(Adriano Valerio Rossi)　275-276

阿尔贝托·傅马利(Alberto Fumagalli)　330,350

阿尔贝托·卡斯泰拉尼(Alberto Castellani)　38-39,45-46,53,55

阿尔贝托·朱加尼诺(Alberto Giuganino)　96,104,113,127-128,139,144-146,157,181,189

阿尔贝托·朱卡皮诺(Alberto Giugapino)　99

阿尔比诺·加尔瓦诺(Albino Galvano)　　67

阿尔多·加洛塔(Aldo Gallotta)　　251,283,286

阿尔多·塔利亚费里(Aldo Tagliaferri)　　357

阿尔弗雷多·博卡兹(Alfredo Boccazzi)　　120

阿尔弗雷多·加莱蒂(Alfredo Galletti)　　121,126,129,131

阿尔弗雷多·卡多纳(Alfredo Cadonna)　　90,202,209-210,212,215,220,238,273,275,301,304-305,343,348-349,373,387

阿尔弗雷多·穆里(Alfredo Murri)　　209

阿尔曼迪(G. I. Armandi)　　5,8

阿尔帕亚(G. Arpaia)　　269,281

阿尔奇德·卢伊尼(Alcide Luini)　　216,246,250-251

阿尔图罗·奥诺弗里(Arturo Onofri)　　32,319

阿尔维斯·佐尔齐(Alvise Zorzi)　　210-212

阿方索·奥利尼(Alfonso M. Orlini)　　80

阿里达·阿拉比索(Alida Alabiso)　　265,274,283,291,299,305,314,322,334,347,362

阿梅代奥·科斯坦扎(Amedeo Costanza)　　69

阿米尔卡雷·切萨拉诺(Amilcare Cesarano)　　61

阿米娜·克里斯曼(Amina Crisma)　　353

阿米娜·马拉戈(Amina Malagò)　　300,348,364

阿莫尔·巴瓦(Amor Bavaj)　　59

阿纳尔多·玛索蒂(Arnaldo Masotti)　　105

埃尔科莱·费拉里奥(Ercole V. Ferrario)　　150

埃尔瓦·贝勒芝纳(Elvia I. Berezhina)　　137

埃尔维诺·皮卡尔(Ervino Pocar)　　147

埃尔维亚·卡拉巴(Elvira Carrabba)　　153

埃莱娜·德罗西·菲利贝克(Elena De Rossi Filibeck)　　345,375

埃莱娜·帕拉佐(Elena Palazzo)　　54

埃莱娜·尤迪卡·科尔迪莉亚(Elena Judica Cordiglia)　　268

埃马努埃拉·罗西(Emanuela Rossi)　　119

埃米利奥·博塔齐(Emilio Bottazzi)　　173,175,198,202,234

埃米利奥·马里亚诺(Emilio Mariano)　　92-93

埃米利奥·切基(Emilio Cecchi)　　129

埃托雷·里奇(Ettore Ricci)　　19-21

埃沃拉(Julius Evola)　　38,147,368,370

埃兹拉·庞德(Ezra Pound)　　117

艾博·科尔邦辛(Ebe Colbosin)　　2-3

艾迪·博扎(Edi Bozza)　　268,284,292,300,307,313,320,350

艾帝(Attilio Andreini)　　366

艾多尔多·法奇奥里(Edoardo Fazzioli)　　287,299,314

艾皓德(Halvor Eifring)　　390

艾琳·法奇奥里(Eileen Fazzioli)　　314

艾罗利(G. F. Ayroli)　　13

爱德华·马西(Edoarda Masi)　　45,160-164,173,178,190,297-298

爱德华多·普罗韦尔比奥(Edoardo Proverbio)　　262

安布罗西尼(L. Ambrosini)　　14

安德烈纳·阿尔巴内塞(Andreina Albanese)　　178,210,222,226,233,253,289,297-298,342,349,361,383

安东内洛·帕伦博(Antonello Palumbo)　　369

安东尼奥·阿马萨里(Antonio Ammassari)　　299

安东尼奥·班菲(Antonio Banfi)　　121

安东尼奥·加尔加诺(Antonio Gargano)　　389

安东尼奥·里奇·里卡尔迪(Antonio Ricci Riccardi)　　19

安东尼奥·卢利(Antonio Lugli)　　164

安东尼奥·米莱拉(Antonio Milella)　　301

安东尼奥·莫拉西(Antonio Morassi)　　54

安东尼奥·索伦蒂诺(Antonio Sorrentino)　　296

安东尼娅·苏连特(Antonia Soriente)　　275-276

安杰拉·福尔纳里尼(Angela Fornarino)　　196

安杰洛·德古贝尔纳特斯(Angelo De Gubernatis)　　7-8

安杰洛·泰亚尔多(Angelo G. Teardo)　　328

安杰洛·特雷维斯(Angelo Treves)　　53

安娜·布娅蒂(Anna Bujatti)　　63,163,209,213,249,284,300,306,350

安娜·法比安(Anna G. Fabiani)　　376

安娜·格雷梅(Anna M. Greimel)　　260

安娜·山顿(Anna M. Thornton)　　260

安娜玛利亚·夸廖蒂(Annamaria Quagliotti)　　196,208

安泰尔莫·塞韦里尼(Antelmo Severini)　　2,4,9-10,16-17,39,60,90,382

奥兰多·伦蒂尼(Orlando Lentini)　　338

奥罗拉·泰斯塔(Aurora G. Testa)　　219,236,241,275,335,377

奥斯基(Leonardo Olschki)　　79,101,119,133,149

奥斯卡·博多(Oscar Botto)　　174

奥斯卡·卢扎托·比利茨(Oscar Luzzatto-Bilitz)　　167

奥斯瓦尔多·巴尔达奇(Osvaldo Baldacci)　　222,230,233,246

奥斯瓦尔多·卡洛尼(Osvaldo Carloni)　　277,301

奥泰洛·真蒂利(Otello Gentili)　　160

B

巴尔多·佩罗尼(Baldo Peroni)　　94

巴拉兹(E. Balazs)　　123

巴斯卡佩(G. Bascapè)　　49

白蒂(Patrizia Carioti)　　273,282,290,304,331,343,375

白乐日(Etienne Balazs)　　134

白佐良(Giuliano Bertuccioli)　　37,85,87,93,97,99,101,104-105,107-109,115,132,138-139,143-144,147,149,151-153,170-172,181,187,192,202,204,213,219,221-222,226,237,242,245-246,249-250,254,261-264,270,272,275-278,285,289,292,297-298,301,304,309-310,315,319-320,329-330,336-

337,340,343,353,378,383-384

柏永年(Joseph Sebes) 231

保拉·奥尔米(Paola Olmi) 236

保拉·卡波内(Paola Capone) 308

保拉·兰扎拉(Paola Lanzara) 308

保拉·米尔蒂(Paola Mirti) 219

保拉·莫尔塔里·韦尔加拉(Paola Mortari Vergara) 181,194,199,212,267,291,312

保罗·贝奥尼奥·布罗基里(Paolo Beonio Brocchieri) 155,163,179,196,237,242,250

保罗·贝莱扎(Paolo Bellezza) 35-36

保罗·比安基(Paolo Bianchi) 325

保罗·德斯代里(Paolo Desderi) 110,120,126,130

保罗·德特罗亚(Paolo De Troia) 387

保罗·弗拉索(Paolo Frasson) 353

保罗·弗兰卡拉齐(Paolo Francalacci) 348

保罗·凯拉齐(Paolo Chelazzi) 69

保罗·帕沃利尼(Paolo E. Pavolini) 19,279

保罗·萧释义(Paolo Siao Sci-Yi) 75

保罗·扎农(Paolo Zanon) 352

保罗·朱斯蒂(Paolo E. Giusti) 30

贝尔·克威尔内(Per Kvaerne) 321

贝尔夏尼(U. Bersciani) 260

贝盖尔多(A. Begheldo) 66

贝内代托·瓦莱(Benedetto Valle) 180,182-184

贝尼亚米诺·梅拉赛琪(Beniamino Melasecchi) 358-360

比安卡·斯卡尔恰·阿莫雷蒂(Bianca Scarcia Amoretti) 320,322

彼得·曹(Pietro Tchao) 231

彼得·多纳佐洛(Pietro Donazzolo) 47

彼得·梅塔斯塔西奥(Pietro Metastasio)　90

彼得·梅泽蒂(Pietro Mezzetti)　7

彼得·穆托·纳尔多内(Pietro Muto-Nardone)　71

彼得·琼菲(Pietro Cionfi)　77

彼得·斯科蒂(Pietro Scotti)　87

毕达克(Luciano Petech)　26,95-96,98,101,108,110,112,127,156,169,173,177,186,189,193,205,207,223,230,240,255,264,272-273,286,305,311,321

庇护·菲力帕尼·龙科尼(Pio Filippani Ronconi)　163,327

宾堤(G. Bindi)　8

波特(P. H. Pott)　105-106

伯纳德·迈阿尔(Bernard Miall)　117

伯希和(Paul Pelliot)　354-355

博尼法乔·波罗尼亚尼(Bonifacio Bolognani)　200,226,230

布劳齐(A. Brauzzi)　24

布鲁诺·布鲁尼(Bruno Bruni)　46

布鲁诺·韦内齐亚尼(Bruno Veneziani)　296-297

C

曹云开(P. Tchao Yun-koen)　241

查农(Carlo Zanon)　128

晁德莅(Angelo Zottoli)　6

陈村富(Cunfu Chen)　337

陈文述(Wenshu Chen)　182

陈耀庭(Yaoting Chen)　379

崔道录(Tao-lu Tsui)　120

D

达菲纳(Paolo Daffinà)　160,285,289,291

达陆·琼斯(Dalu Jones)　306

达摩尔(P. D'Amore) 363

达尼埃拉·马伊莫内(Daniela Maimone) 208

达尼埃拉·托齐·朱利(Daniela Tozzi Giuli) 189,193,256,265,291

达仁理(Francesco D'Arelli) 285,294,327,337-338,340,358,362,367,374-375,378-384,386,389

戴蓓岚(Paola Demattè) 324,387

戴密微(Paul Demiéville) 63,126,172

戴仁(Jean-Pierre Drège) 353

戴维·里德(David W. Reed) 315

戴文达(L. Duyvendak) 42

丹尼尔·华蕾(Daniele Varé) 31

丹特·奥利维耶里(Dante Olivieri) 15,24,47,170

德礼贤(Pasquale M. D'Elia) 28-31,39,42,50,54,56-67,69-80,83-90,93-94,96-101,103-105,109,111,114-115,118-119,121,123,126-127,130,132-133,135,138,140,145,147-148,150,154,157-158,160-161,272

德罗斯尼(De Rosny) 17

德沃托(A. Devoto) 180

迪耶戈·夸廖尼(Diego Quaglioni) 380

狄宇宙(Nicola Di Cosmo) 217,311,321,333

蒂莫泰奥·贝尔泰利(Timoteo Bertelli) 9

蒂齐亚娜·奥谢洛(Tiziana Ausiello) 365

董娜(Donatella Guida) 299,305,307,326,351,365,388

窦西(Maurizio Tosi) 224

多纳泰拉·法伊拉(Donatella Failla) 248

多纳泰拉·马佐莱尼(Donatella Mazzoleni) 377

E

恩里卡·科洛蒂·皮斯雪尔(Enrica Collotti Pischel) 49,146,307,311

恩里科·贝雷塔(Enrico Beretta) 175,207

恩里科·格罗帕利(Enrico Groppali)　328

恩里科·卡尔帕尼(Enrico G. Carpani)　59

恩里科·卡普里莱(Enrico Caprile)　77

恩里科·梅内斯托(Enrico Menestò)　285

恩里科·佩洛(Enrico Perlo)　339,364

恩佐·曼奇诺(Enzo Mancini)　230,294

恩佐·帕里亚尼(Enzo Pagliani)　182

F

法比奥·贝维拉夸(Fabio Bevilacqua)　270,280-281,287,318

法比奥·卡代奥(Fabio Caddeo)　149

樊米凯(Michele Fatica)　238,286,301,354,368,373,383-384,386,389

菲奥雷拉·里斯波利(Fiorella Rispoli)　385-386

菲奥雷拉·斯帕达韦基亚(Fiorella Spadavecchia)　292

菲利波·达法诺(Filippo Dafano)　89

菲利波·柯嘉(Filippo Coccia)　55,132,136,156-157,160,226,294,344,376

菲利波·科恰尼(Filippo Concianni)　3

菲利波·马吉(Filippo Magi)　189

菲利波·萨尔维亚蒂(Filippo Salviati)　306,313,325,335,348,364,377,387

费代里科·阿万齐尼(Federico Avanzini)　285,301,315,389

费代里科·费洛拉(Federico Flora)　5

费代里科·格雷塞林(Federico A. Greselin)　281,283,330

费代里科·普雷特(Federico Prete)　388

费代里科·塞蒂(Federico Setti)　140

费德勒(Benedetto Fedele)　101

费尔迪南多·阿布利(Ferdinando Abbri)　303

费尔南多·奥兰迪(Fernando Orlandi)　380

费尔南多·波尔托内(Fernando Bortone)　　109,165,171,174

费拉拉(A. G. Ferrara)　　296-297

汾屠立(Pietro Tacchi Venturi)　　19,22,51,57,71,111,126

冯铁(Raoul David Findeisen)　　377

弗兰卡·贝丁(Franca Bedin)　　199

弗兰卡·菲斯里肯尼安(Franca Feslikenian)　　177

弗兰切丝卡·马尔科图利(Francesca R. Marcotulli)　　336

弗兰兹·库恩(Franz Kuhn)　　49,125,137

弗朗哥·布鲁内洛(Franco Brunello)　　254

弗朗哥·德马尔基(Franco Demarchi)　　34,204,216,338,343-344,353-354,356-357

弗朗哥·狄乔治(Franco Di Giorgio)　　251,261,268,378

弗朗哥·弗里兹拉(Franco Frizzera)　　274

弗朗哥·戈达尔第(Franco Gottardi)　　274

弗朗哥·加蒂(Franco Gatti)　　302,373

弗朗哥·坎纳罗佐(Franco Cannarozzo)　　149

弗朗哥·克里斯皮尼(Franco Crispini)　　303

弗朗哥·马丁内利(Franco Martinelli)　　169

弗朗切斯科·阿巴特(Francesco Abbate)　　166

弗朗切斯科·德那波利(Francesco De Napoli)　　198

弗朗切斯科·费拉里(Francesco Ferrari)　　12

弗朗切斯科·弗兰科内里(Francesco Franconeri)　　316

弗朗切斯科·吉松迪(Francesco A. Gisondi)　　389

弗朗切斯科·诺奇(Francesco Noci)　　376

弗朗切斯科·切罗内(Francesco Cerone)　　3

弗朗切斯科·斯波萨托(Francesco Spossato)　　54

弗朗切斯科·塔利亚尼(Francesco M. Taliani)　　73

弗朗切斯科·瓦迪奥尼(Francesco Vattioni)　　228,239

弗朗切斯科·西纳特拉(Francesco Sinatra)　　251

弗鲁门奇奥·盖塔(Frumenzio Ghetta)　228,231

福尔图纳托·马尔焦蒂(Fortunato Margiotti)　194

福斯托·巴莱斯特里尼(Fausto Balestrini)　278

福斯托·蒙塔纳里(Fausto Montanari)　229

福斯托·托马西尼(Fausto Tomassini)　185,188,190,196,279,281,286-287,296,302,357

傅卡迪(Gabriele Foccardi)　219,253-254,305

富安敦(Antonino Forte)　72,171,177,183,194,204,208,234,238,245,251,261-262,275,279,293,302,308,315,328,338,345,354-355,368,379,389

G

盖德斯(G. Cædès)　105-106

盖拉尔多·尼奥利(Gherardo Gnoli)　94,251,268,286,310,360

高本汉(B. Kalgren)　42

格洛里亚·奇特拉罗(Gloria Citraro)　293

葛嶷(Bruno Genito)　323

贡纳尔·雅林(Gunnar Jarring)　218

古列尔莫·埃文斯(Guglielmo Evans)　11-12

圭德(Guido Samarani)　246,252,282,384

圭多·佩里斯(Guido Perris)　37-38

郭追(Philip Kwok)　208,214,217,286,316

H

哈伯特·德拉海(Hubert Delahaye)　313

汉斯·乔治·格鲁宁(Hans-Georg Grüning)　239,243

汉兹(C. Hentze)　105-106

郝名玮(Hao Mingwei)　331-332

何来妮·塞林(Helaine Selin)　371-372

华玉洁(Gudrun Wacker)　279

黄家诚(Houang Kia-tcheng;Houang François)　126,135,278

霍华德(K. D. Howard)　318

J

基亚拉·则沃利(Chiara Zeuli)　252

吉安罗伯特·斯卡里奇亚(Gianroberto Scaricia)　352

吉尔多·福萨蒂(Gildo Fossati)　186,196,212,217,258,306

吉罗拉莫·曼库索(Girolamo Mancuso)　336

吉纳·皮斯凯尔(Gina Pischel)　186

吉诺·卢扎托(Gino Luzzatto)　127

吉诺·内比奥洛(Gino Nebiolo)　215

加埃塔诺·法尔佐拉(Gaetano Falzone)　70

加埃塔诺·里恰尔多洛(Gaetano Ricciardolo)　305,375,380

加埃塔诺·马泰拉(Gaetano Matera)　214

加布里埃拉·莫莱(Gabriella Molè)　175

加布里埃拉·桑纳(Gabriella Sanna)　356

加布里埃莱·波利尼(Gabriele Pollini)　356

加布里埃莱·曼德尔(Gabriele Mandel)　339

加布里埃莱·索尔达蒂(Gabriele Soldati)　221

嘉华(Giovanni Vacca)　12,14-15,19,21,23-25,42,45,51-52,59-60,68-70,75,80,87,89-91,97,107-108,110

贾保罗(Robert Paul Kramers)　219

贾恩卡洛·阿尔泰里(Giancarlo Alteri)　363

贾恩卡洛·菲纳佐(G. Finazzo)　169,171

贾恩卡洛·山德里·菲奥罗尼(Giancarla Sandri Fioroni)　200

贾科莫·狄菲奥尔(Giacomo Di Fiore)　286,338,373

贾科莫·普兰波利尼(Giacomo Prampolini)　93,97,105

贾钦托·奥里蒂(Giacinto Auriti)　79

姜楷洛(Gian Carlo Calza)　189,223,256,347

焦托·达伊内利(Giotto Dainelli)　53

焦万·萨莱诺(Giovan B. Salerno)　14

焦亚·奥塔维亚尼(Gioia Ottaviani)　249

杰拉尔多·弗拉卡里(Gerardo Fraccari)　121,126,130-131

K

卡尔·古斯塔夫·荣格(Carl Gustav Jung)　297

卡尔梅利塔·皮帕(Carmelita Pippa)　324

卡尔梅洛·卡皮齐(Carmelo Capizzi)　250,285

卡罗·福尔米奇(Carlo Formichi)　243

卡洛·埃利(Carlo Elli)　38

卡洛·奥乌(Carlo Ou)　122,126,136,147

卡洛·达莱西奥(Carlo D'Alessio)　114,319,326

卡洛·吉萨尔贝蒂(Carlo Ghisalberti)　228,230

卡洛·劳伦蒂(Carlo Laurenti)　220,229

卡洛·卢梅塔(Carlo Lumetta)　157

卡洛·纳利诺(Carlo Nallino)　25

卡洛·普意尼(Carlo Puini)　4,9,19,25,29-30,39,60

卡洛·圣蒂尼(Carlo Santini)　320

卡洛·斯福尔扎(Carlo Sforza)　11

卡洛·斯卡尔福里奥(Carlo Scarfoglio)　160

卡洛塔·斯帕尔沃利(Carlotta Sparvoli)　357

卡门·瓜里诺(Carmen Guarino)　368

卡米拉·发布里斯(Camilla O. Fabris)　64

卡萨齐(Giorgio Casacchia)　92,212,219,231,233,248,258-260,270,292,300-301,307,325,335-336,349-350,361-362,377

卡西纳尔奇(Ugo Casinarghi)　148

凯瑟琳·杰米(Catherine Jami)　313

坎纳罗齐(C. Cannarozzi)　51

柯拉迪尼(Piero Corradini)　　54,108,113,138,146,149,153,156,159,162-165,167-168,170,172-176,183,187,191-192,198,204,207,217,220,222,227,230,233-234,238,242,250,254,261,264,271-273,290,293,301,304,306,311,315,320,322,327,329,331,337,341,344,361-363,366-367,382,384

柯兰(Paola Calanca)　　374

柯兰霓(Claudia von Collani)　　231

柯毅霖(Gianni Criveller)　　367,389

克拉拉·博维罗(Clara Bovero)　　125,129,135,137-139,141

克拉拉·布尔福尼(Clara Bulfoni)　　373,383

克莱门特·阿斯托里(Clemente Astorri)　　64

克劳迪·萨默斯(Claude J. Summers)　　337

克劳迪奥·莱奥纳尔迪(Claudio Leonardi)　　285

克劳迪奥·兰帕雷利(Claudio Lamparelli)　　293

克里斯汀·赖伟德(Christine Leverd)　　220

昆特·哈曼(Günter Hamman)　　230

L

拉班卡(Labanca)　　7

拉法埃拉·加利奥(Raffaella Gallio)　　203,217

拉法埃莱·马廖尼(Raffaele Maglioni)　　104

拉法埃罗·奥兰多(Raffaello Orlando)　　190,208

拉马拉(E. Lamalle)　　239

拉涅里·阿卢利(Ranieri Allulli)　　47,112

拉努奇奥·比安基·班迪内利(Ranuccio Bianchi Bandinelli)　　119

莱奥纳尔多·阿雷纳(Leonardo V. Arena)　　353,378

莱奥纳尔多·邦齐(Leonardo Bonzi)　　145

莱伊拉·尼斯塔(Leila Nista)　　385-386

兰乔蒂(Lionello Lanciotti)　　15,40-43,93,107-108,110,112,116,118-120,123,125-129,132-133,135,137-140,143-145,147-149,152-157,159,162-

163,165,167-172,174,182,184-190,192,196-202,207,213-214,221,223-225,
228,231,233-234,239,251,253,255,257-258,260,264-265,267-269,272,284,
286,292,294,296,298,300,302,309,314,316,319-320,328,330,333,336,338,
340-341,343,348,351,355,358-360,365,368,372-374,388

  琅元(Alexeï Volkov)　　326

  朗宓榭(Michael Lackner)　　383

  劳拉·契米内利(Laura Ciminelli)　　326

  劳拉·芝诺·帕杜拉(Laura Zenone Padula)　　248

  雷纳塔·皮苏(Renata Pisu)　　180

  雷纳托·祖卡雷利(Renato Zuccarelli)　　73

  雷永明(Gabriele M. Allegra)　　65,67,80,184

  黎却奥(Carla Pirrone Riccio)　　137-139

  李光文(Li Guangwen)　　388

  李集雅(Tiziana Lippiello)　　332,345,355-356,359-360,365,367,369-
371,382

  李玉明(Li Yuming)　　379

  里卡尔多·弗拉卡索(Riccardo Fracasso)　　118,220,227,254,260,268,
271,276,279,292,302,314,316,335,355,364

  里卡尔多·加蒂(Riccardo Gatti)　　16

  里卡尔多·洛雷托(Riccardo Loreto)　　133

  里卡尔多·斯卡尔泰齐尼(Riccardo Scartezzini)　　333,338,343-344,353-
354,356,358

  里卡尔多·文图里尼(Riccardo Venturini)　　358

  里卡尔多·西莫尼尼(Riccardo Simonini)　　346

  里塔·狄梅利奥(Rita Di Meglio)　　164,166

  利迪娅·夏马(Lidia D. Sciama)　　376

  利玛窦(Matteo Ricci)　　17-18,20,71,76,84,88,100,103,118,126,216,
221,229,241-243

  利维亚·博诺米(Livia Bonomi)　　325

梁作禄(Angelo S. Lazzarotto)　　214,220,228,231,239,319

林达·酷客·约翰逊(Linda Cooke Johnson)　　312

林懋(Grimm Tilemann)　　279

林语堂(Lin Yutang)　　68,74,168-169

刘翠溶(Liu Ts'ui-jung)　　381

刘景龙(Liu Jinglong)　　376-377

龙彼得(P. v. d. Loon)　　123

龙勃罗梭(Cesare Lombroso)　　3

卢多维科·尼古拉·狄朱拉(Ludovico Nicola di Giura)　　43-44,48,50,116-117,120,129,140

卢基诺·达尔·韦尔梅(Luchino Dal Verme)　　3,10,11,13

卢卡·斯蒂尔佩(Luca Stirpe)　　366

卢恰·福尔纳里·斯基安基(Lucia Fornari Schianchi)　　247-249

卢恰·卡泰里纳(Lucia Caterina)　　193,195,199,203,206-207,224,235,247,256-257,265,283,291,322,334,347-348,363,385

卢恰·蒙图斯基(Lucia Montuschi)　　312

卢恰纳·布雷桑(Luciana Bressan)　　92,349

卢恰诺·阿兰普雷塞克(Luciano Allampresco)　　284

卢恰诺·达尔塞克(Luciano Dalsecco)　　177,236,254

卢恰诺·马格里尼(Luciano Magrini)　　126,131,134-135,139

卢恰诺·帕里内托(Luciano Parinetto)　　339

卢恰诺·乔利(Luciano Jolly)　　196

卢乔·莫纳科(Lucio Monaco)　　240

鲁道夫·德马太(Rodolfo De Mattei)　　112

鲁道夫·加洛(Rodolfo Gallo)　　118-119

鲁尔门(R. Ruhlmann)　　240

鲁杰罗·孔索尔蒂(Ruggero Consorti)　　95,97

鲁杰罗·鲁杰里(Ruggero M. Ruggieri)　　255

鲁杰罗·莫雷西(Ruggero Morresi)　　380

鲁契尼(Alberto Luchini)　117,121
鲁惟一(Michael Loewe)　316
陆国俊(Lu Guojun)　331-332
路易·巴赞(Louis Bazin)　17
路易吉·贝内代托(Luigi F. Benedetto)　47,52
路易吉·狄纳塔莱(Luigi Di Natale)　155
路易吉·加佐拉(Luigi Gazzola)　387
路易吉·马尼亚尼(Luigi Magnani)　45-46,50,121,131
路易吉·穆拉托里(Luigi Muratori)　200
路易吉·帕贾罗(Luigi Paggiaro)　122,173
路易吉·圣·玛利亚(Luigi Santa Maria)　275-276
路易吉·托马西(Luigi Tomasi)　274
路易吉·万尼切利(Luigi Vannicelli)　83,86,97,122
路易吉·维拉里(Luigi Villari)　113
路易莎·切尔韦利(Luisa Cervelli)　165
伦佐·古贝蒂(Renzo Gubert)　375
伦佐·卡瓦列里(Renzo Cavalieri)　298
伦佐·拉斯特雷利(Renzo Rastrelli)　91
罗伯特·加斯曼(Robert H. Gassmann)　377
罗伯特·伊文·布斯维尔(Robert Evans Buswell)　293
罗伯托·阿尔马贾(Roberto Almagià)　66,112,118-119
罗伯托·贝尔杜乔里(Roberto Bertuccioli)　273,290
罗伯托·布法尼(Roberto Buffagni)　325
罗伯托·嘉华(Roberto Vacca)　12
罗伯托·马约科(Roberto Maiocchi)　359
罗伯托·帕里贝尼(Roberto Paribeni)　58
罗伯托·恰拉(Roberto Ciarla)　100,208,218,234,247-248,257-258,265-267,274-275,306,321-324,328,334,363,385-386
罗马诺·福斯蒂(Romano Fausti)　75

罗密欧·贝洛蒂(Romeo Bellotti) 73

罗明坚(Michele Ruggieri) 58,71

罗莫洛·伦奇尼(Romolo Runcini) 388

罗桑达(Alessandra Cristina Lavagnino) 88,181-182,201,219,232,236,249,276,278,282,307,310,314,336,351

罗森(S. Rosén) 218

罗沙娜(Rosanna Pilone) 122,131-132,135,140,157,170-171

落合俊典(Ochiai Toshinori) 302,379

洛雷达娜·科扎(Loredana Cozza) 336

洛伦佐·巴尔科尼(Lorenzo M. Balconi) 114

洛伦佐·马加洛蒂(Lorenzo Magalotti) 178-179

M

马爱德(Edward J. Malatesta) 310,332

马丁·贝内迪克特(Martin Benedikter) 113-114,125,129,134,138,141,146-147,152,154,178

马儿切拉·皮萨诺(Marcella Pisano) 346

马尔科·切雷萨(Marco Ceresa) 225,292,313,325,331,341-342,344,348

马尔切洛·奥尔佩利(Marcello Orpello) 79

马尔切洛·菲奥伦蒂尼(Marcello Fiorentini) 158,178,180,185,188,198,202

马尔切洛·穆乔利(Marcello Muccioli) 44,46,135,140

马基利斯·利斯勒·斯通曼(Maj-Lis Rissler Stoneman) 117,120,129

马加里塔·圭达奇(Margherita Guidacci) 129-130,147,157,176,277

马可·穆勒(Marco Müller) 107,249

马克·米切尔(Mark Mitchell) 337

马拉·卡伊拉(Mara Caira) 215,285

马雷凯(Roman Malek) 365,367,369-370,382

马里奥·阿哥里米(Mario Agrimi)　　214

马里奥·巴尔贝拉(Mario Barbera)　　46

马里奥·博纳尔迪(Mario Bonardi)　　62

马里奥·布萨利(Mario Bussagli)　　96,157,166-167,181,195,210

马里奥·基尼(Mario Chini)　　17,28-29,32,50

马里奥·卡雷利(Mario Carelli)　　64

马里奥·柯尔柏(Mario Colpo)　　367

马里奥·米凯利(Mario Micheli)　　363

马里奥·诺瓦罗(Mario Novaro)　　36,80

马里奥·普罗丹(Mario Prodan)　　128,134,139

马里奥·萨巴蒂尼(Mario Sabattini)　　83,189,203,207,231,233,235,237-238,253,255,289,311-312,317-318,321,365

马里奥·圣安布罗焦(Mario Santambrogio)　　97

马里卡·拉罗基(Marica Larocchi)　　351

马里内拉·德尔·高迪奥(Marinella Del Gaudio)　　284

马里诺·隆吉(Marino Longhi)　　145

马塞洛·莫雷利(Marcello Morelli)　　384

马泰奥·阿亚萨(Matteo Ajassa)　　327

马西莫·菲儿波(Massimo Firpo)　　264

马西莫·费兰特(Massimo Ferrante)　　353

马西莫·加卢皮(Massimo Galluppi)　　273

马西莫·拉韦利(Massimo Raveri)　　356,369

马西莫·斯卡利杰罗(Massimo Scaligero)　　136

马西莫·文图里·费廖洛(Massimo Venturi Ferriolo)　　308

马西尼(Federico Masini)　　111,148,151,260,270,277,282,313,336,342-343,349,356,358,365,370,376,382-383

玛格达·阿比亚蒂(Magda Abbiati)　　377

玛丽娜·巴塔利尼(Marina Battaglini)　　219,253,291,310,341-342,353

玛丽娜·米兰达(Marina Miranda)　　290,299,304,311,317,319-320,331-

332,374

　　玛利亚·阿诺尔多（Maria R. Arnoldi）　　343,374

　　玛利亚·阿塔尔多·马格里尼（Maria Attardo Magrini）　　120,126,128,130,134,140

　　玛利亚·巴西（Maria A. Bassi）　　265

　　玛利亚·贝隆奇（Maria Bellonci）　　217

　　玛利亚·比奥维（Maria G. Biovi）　　163

　　玛利亚·法苏洛·拉克（Maria G. Fasulo Rak）　　345

　　玛利亚·格拉马齐奥（Maria I. Gramazio）　　368

　　玛利亚·卡尔卡尼奥（Maria Calcagno）　　149,157

　　玛利亚·卢奇迪（Maria T. Lucidi）　　167,173,211,214,321-324,327

　　玛利亚·伦加罗蒂（Maria C. Lungarotti）　　285

　　玛利亚·罗萨·德西莫内（Maria Rosa Di Simone）　　227,230

　　玛利亚·罗西（Maria N. Rossi）　　272,290,306

　　玛利亚·马默·秋（Maria Mamo Tchou）　　135

　　玛利亚·马希（Maria R. Masci）　　314

　　玛利亚·皮肖塔（Maria C. Pisciotta）　　179

　　玛利亚·奇利亚诺（Maria Cigliano）　　104,206,217,220,234,237-241,254,344,387

　　玛利亚·乔治（Maria L. Giorgi）　　275,364

　　玛利亚·瓦伦蒂尼（Maria Valentini）　　64

　　曼利奥·皮亚焦（Manlio Piaggio）　　71

　　毛里齐奥·保利洛（Maurizio Paolillo）　　308,356,377

　　毛里齐奥·本萨（Maurizio Bensa）　　3-4

　　毛里齐奥·布鲁诺里（Maurizio Brunori）　　273,378

　　毛里齐奥·马里亚内利（Maurizio Marinelli）　　16,321

　　毛里齐奥·佩莱吉（Maurizio Peleggi）　　291

　　毛里齐奥·斯卡尔帕里（Maurizio Scarpari）　　191,194,199,203,212-213,218-219,225,276,281-282,292,300,302,309,317,330-333,335,338-339,342,

346,357,360,365,369,381

 毛里齐奥·塔德伊(Maurizio Taddei) 182

 毛里齐亚·萨凯蒂(Maurizia Sacchetti) 177,181,213,326,341-347,349-352,354-357,359,366

 梅毕娜(Giuseppina Merchionne) 287,291,295,296,311

 梅欧金(Eugenio Menegon) 215,317,328,339,362,380

 梅文健(Giorgio Melis) 40,204,210-211,215,222-224,226-228,231,233-234,237,239-242,251,261,328

 孟高维诺(Giovanni da Montecorvino) 71

 米哈伊·霍帕尔(Mihály Hoppál) 317

 米开朗琪罗·洛齐托(Michelangelo Lozito) 60-61

 米凯拉·布索蒂(Michela Bussotti) 331,353,373

 米凯拉·卡尔代拉罗(Michela Calderaro) 298

 米凯拉·奇切里(Michela Ciceri) 313

 米凯莱·卡瓦利奥蒂(Michele Cavagliotti) 75

 米凯莱·拉布索(Michele Labuso) 64

 米凯莱·苏波(Michele Suppo) 78,80

 米凯利(L. Michelli) 240

 米雷拉·弗拉塔米科(Mirella Fratamico) 277

 米里亚姆·伦齐(Miriam Lenzi) 380

 米诺·布鲁内蒂(Mino Brunetti) 194

 莫兰迪(L. Morandi) 8-9

 莫妮卡·埃斯波西托(Monica Esposito) 308,315,338,368,379

 莫妮卡·皮乔尼(Monica Piccioni) 333

 莫妮卡·切拉基(Monica Ceracchi) 350

 牧田谛亮(Makita Tairyō) 177,379

N

 内米(Nemi) 6,11

尼古拉·阿尔诺内(Nicola Arnone) 20,34-35

尼古拉·尼科利尼(Nicola Nicolini) 77

尼古拉·萨瓦雷塞(Nicola Savarese) 366

尼古拉·特兰法利亚(Nicola Tranfaglia) 264

尼诺·德桑蒂斯(Nino De Sanctis) 2-3

诺全提尼(Ludovico Nocentini) 7-8,10,14,18,31,60,107

O

欧金尼奥·埃利(Eugenio Elli) 75

欧金尼奥·贝雷兹(Eugenio Pelerzi) 44,74

欧金尼奥·基米内利(Eugenio Chiminelli) 8,10,13

欧金尼奥·科尔西尼(Eugenio Corsini) 294

欧金尼奥·科斯塔(Eugenio Costa) 294

欧金尼奥·克利尼(Eugenio Clini) 216

欧金尼奥·蒙塔莱(Eugenio Montale) 79

欧金尼奥·萨尔多(Eugenio Lo Sardo) 282,299,311,332

P

帕德尼(Paola Paderni) 107,203,207,217,273,332-333,345,374-375,384

帕斯夸莱·布鲁尼(Pasquale Bruni) 176

帕特里齐亚·达多(Patrizia Dadò) 91,200,204,211,259,301,350,387

庞恩(P. Pang) 240

庞隆(Jampa L. Panglung) 274

裴维特拉(G. Pevitera) 197

佩拉戈蒂(G. Pelagoti) 73

皮尔·傅马利(Pier F. Fumagalli) 379

皮尔菲利波·古列尔米内蒂(Pierfilippo M. Guglielminetti) 169

皮尼·加兰特(Pinni Galante) 302

皮耶罗·科斯坦蒂尼(Piero Costantini) 180

皮耶罗·雅合(Piero Jahier) 68,70,74,117,120,129

普布利奥·巴尔托乔尼(Publio T. Bartoccioni) 109,337

普雷米奥·格里戈力(Premio Gringoire) 52

普实克(Jaroslav Prušek) 137,187

Q

奇罗·穆齐奥(Ciro Lo Muzio) 364

奇普里亚诺·西尔韦斯特里(Cipriano Silvestri) 10,26,75,114-115

钱波利(D. Ciampoli) 8-9

乔安妮·艾彻(Joanne B. Eicher) 376

乔瓦尼·布里科(Giovanni Bricco) 127

乔瓦尼·德博尼斯(Giovanni Debonis) 65

乔瓦尼·菲洛拉莫(Giovanni Filoramo) 315-316,353,355

乔瓦尼·加尔比尼(Giovanni Garbini) 320,322

乔瓦尼·卡苏(Giovanni Casu) 195,201-202,221

乔瓦尼·库拉托拉(Giovanni Curatola) 189,195

乔瓦尼·龙卡利(Giovanni Roncagli) 5

乔瓦尼·鲁利(Giovanni Rulli) 229

乔瓦尼·马塞蒂(Giovanni Masetti) 89

乔瓦尼·帕皮尼(Giovanni Papini) 146

乔瓦尼·蓬蒂(Giovanni Ponti) 87

乔瓦尼·斯塔瑞(Giovanni Stary) 86,177,193,196,202,204,208,211-213,218,229,235,237,246-247,249,252,268,290,302,305,312,317,322,325-326,333,346,348,357,375,384-385

乔瓦尼·托齐(Giovanni Tozzi) 205,207,229

乔瓦尼·韦拉尔迪(Giovanni Verardi) 376-377

乔瓦尼·真蒂莱(Giovanni Gentile) 53

乔治·博尔萨(Giorgio Borsa) 23,153

乔治·布雷（Giorgio Pullè） 25,40,51

乔治·德格雷戈里（Giorgio De Gregori） 191-192

乔治·弗兰奇（Giorgio R. Franci） 298

乔治·莱维·德拉·维达（Giorgio Levi della Vida） 68-69

乔治·马辛·克罗瓦托（Giorgio Masin Crovato） 113

乔治·曼蒂奇（Giorgio Mantici） 352

乔治亚·瓦伦丝（Giorgia Valensin） 78,80

切尔索·科斯坦蒂尼（Celso Costantini） 56,73

切莱斯蒂诺·斯基亚帕雷利（Celestino Schiapparelli） 7

切莱斯蒂诺·太斯托雷（Celestino Testore） 37

切奇利亚·布拉金（Cecilia Braghin） 376

切萨雷·贝卡利亚（Cesare Beccaria） 61

切萨雷·波马（Cesare Poma） 12

切萨雷·博纳科萨（Cesare Bonacossa） 188

R

儒莲（Stanislas Julien） 17,28

S

萨比诺·阿夸维瓦（Sabino Acquaviva） 214

萨尔瓦托雷·米诺尔菲（Salvatore Minolfi） 373

萨尔瓦托雷·扎瓦雷拉（Salvatore Zavarella） 381

塞巴斯蒂亚娜·罗密欧（Sebastiana Romeo） 278

塞尔焦·埃米纳（Sergio Emina） 140

塞尔焦·莫兰多（Sergio Morando） 135

塞尔焦·佩罗萨（Sergio Perosa） 298

塞尔焦·索密（Sergio Solmi） 112

塞尔焦·佐利（Sergio Zoli） 179,181,193,199,218,235

塞拉菲诺·巴尔杜齐（Serafino Balduzzi） 378

塞韦里诺·瓦雷斯基(Severino Vareschi) 357

桑德拉·卡莱蒂(Sandra M.Carletti) 341-347,349-352,354-357,359

桑德拉·平托(Sandra Pinto) 248

桑德雷·斯特凡尼(Sandra Stefani) 255,275

沙杜纳(Marc Chadourne) 52

山德罗·巴斯达西(Sandro Bastasi) 197

山德罗·卡索内(Sandro Cassone) 162

舍希(Sercey) 31

施省三(Hsing-san Joseph Shih) 229,240

石施道(Gawlikowski Krzystof) 72

史芬娜(Stefania Stafutti) 235,283,328,346

史华罗(Paolo Santangelo) 79,81-83,186,195,203,211,216-217,220,234,241,246,253,255,261,265,269,274,279,282,287,291,294,302,304-305,307-308,311-312,314,317,321,325-326,331,335-336,339,341-347,349-352,354-357,359,362,365-366,368-369,374,377-378,380-381,383,388,390

斯普雷亚菲科·卢恰纳·马格里尼(Spreafico Luciana Magrini) 85-86,89,122

斯塔尼斯劳·罗况(Stanislao Lokuang) 87,105,121,126,131,135

斯特凡诺·费尔米(Stefano Fermi) 14

斯特凡诺·柯嘉(Stefano Coccia) 376

斯特凡诺·扎凯蒂(Stefano Zacchetti) 358,370

斯图尔特·施拉姆(Stuart Reynolds Schram) 246

苏珊娜·雷加佐尼(Susanna Regazzoni) 298

孙成木(Chengmu Sun) 331-332

孙文良(Wenliang Sun) 346

索菲亚·科拉多(Sofia Corrado) 139

索治(Bartolomeo Sorge) 208

T

塔提阿娜·庞恩(Tatiana A. Pang) 333

塔亚纳·朱利亚诺(Tatjana Giuliano)　294

泰奥巴尔多·菲莱西(Teobaldo Filesi)　154,156

泰雷萨·恰帕罗尼·拉·罗卡(Teresa Ciapparoni La Rocca)　350

唐云(Gabriella Bonino)　306

图利奥·马萨拉尼(Tullio Massarani)　8

托比亚·拉波洛(Tobia Lapolla)　214

托马索·西拉尼(Tomaso Sillani)　58

托马索·泽尔比(Tommaso Zerbi)　103

W

瓦卡里(E. Vaccari)　168

瓦肯迪(M. Vakenti)　191-192

瓦莱里娅·贝尔托卢奇·皮佐鲁索(Valeria Bertolucci Pizzorusso)　188

瓦伦蒂诺·克里韦拉多(Valentino Crivellato)　154

汪瑟士(Carlo Valenziani)　7

威达雷(Amedeo Vitale)　4-5,30-31,60,64-65,107

维尔(Will)　5

维尔吉利奥·卢恰尼(Virgilio Luciani)　162-163

维尔吉尼奥·格拉奇(Virginio Gracci)　195

维尔吉尼奥·普林齐瓦利(Virginio Prinzivalli)　22

维尔玛·科斯坦蒂尼(Vilma Costantini)　68,115,191-192,197,204,246,249,281,284,288

维托里奥·博卡兹(Vittorio Boccazzi)　103,120

维托里奥·不拉韦塔(Vittorio E. Bravetta)　150

维托里奥·科隆博(Vittorio Colombo)　210

维托里奥·维亚莱(Vittorio Viale)　108

维维安·阿兰顿(Viviane Alleton)　326,383

卫匡国(Martino Martini)　210,215,230

卫礼贤(Richard Wilhelm)　95,297

魏浊安（Giovanni Vitiello） 241,269,272,277,293,307,337

温琴齐纳·马扎里诺（Vincenzina Mazzarino） 199

温琴佐·埃兰特（Vincenzo Errante） 92-93

温琴佐·波吉（Vincenzo Poggi） 251

温琴佐·凯萨（Vincenzo Chessa） 198,205

翁贝托·布雷夏尼（Umberto Bresciani） 190

翁贝托·帕西尼（Umberto Pasini） 136

乌戈·马拉齐（Ugo Marazzi） 233,235-236,238,246,251,283,286

乌戈·内比亚（Ugo Nebbia） 128

乌戈·图齐（Ugo Tucci） 265

乌戈·托雷萨尼（Ugo Torresani） 70,73

吴德明（Yves Hervouet） 107

吴经熊（Wu Chin-hsiung） 131-132

伍海德（H.G.W.Woodhead） 57,62,67

X

西尔瓦诺·焦瓦基尼（Silvano Giovacchini） 181

西尔维奥·维斯马拉（Silvio Vismara） 71

西尔维奥·维塔（Silvio Vita） 269,348,364-365,370

西尔维奥·扎拉蒂尼（Silvio Zarattini） 155

席勒·贝艮（Gilles Béguin） 267

谢和耐（J. Gernet） 238

许理和（Erik Zürcher） 90

玄英（Fabrizio Pregadio） 202,205,215,220,236,262,270,317,339,342,356,360,369,371-372

Y

亚历山德拉·波齐（Alessandra Pozzi） 334

亚历山德拉·西莫尼尼（Alessandra Simonini） 346

亚历山德罗·包萨尼(Alessandro Bausani) 189,269

亚历山德罗·古卡尼亚(Alessandro Cucagna) 222,230

亚瑟·魏雷(Arthur Waley) 78,148

伊夫·拉古因(Yves Raguin) 310,332

伊拉里奥·菲奥雷(Ilario Fiore) 301

伊雷尼奥·萨内西(Ireneo Sanesi) 72

伊丽莎白·科尔西(Elisabetta Corsi) 248,278,304,332,334,362-363,376,378,386

伊懋可(Mark Elvin) 381

伊尼亚齐奥·丹多洛(Ignazio Dandolo) 345

伊尼亚齐奥·奎迪(Ignazio Guidi) 7

伊奇利奥·瓜勒斯基(Icilio Guareschi) 11,16

伊奇利奥·韦基奥蒂(Icilio Vecchiotti) 184

伊萨亚·扬纳科内(Isaia Iannaccone) 269,280-281,287,289,294-296,303,309-310,318,329,332,340,358-359,364,370,381

伊莎贝拉·鲁比内特(Isabelle Robinet) 317

伊塔拉·维万(Itala Vivan) 352

伊塔洛·基乌萨诺(Italo A. Chiusano) 153-154

伊塔洛·莫利纳里(Italo M. Molinari) 209,217

于伯赫(H. Uebach) 274

约翰·彭齐尼(G. Poncini) 208

约翰·威泰克(John W. Witek) 328-329

Z

泽诺内·沃尔皮切利(Eugenio Zanoni Volpicelli) 7,61

曾德丰(H. T. Zundorfer) 384

曾佩琳(Paola Zamperini) 307

扎凯奥(Maria L. Zaccheo) 300

詹保罗·托涅蒂(Giampaolo Tognetti) 376

詹弗兰科·泰代斯基（Gianfranco Tedeschi）　318

詹尼·瓜达卢皮（Gianni Guadalupi）　204,207,284,286

詹乔治·帕斯夸洛托（Giangiorgio Pasqualotto）　369

张彤（Anna Tung Chang）　187,209,213,236

赵文润（Wenrun Zhao）　379

真蒂莱·马戈尼（Gentile Magonio）　54

朱利奥·巴卢齐（Giulio Barluzzi）　51,146

朱利奥·松齐尼（Giulio Sonzini）　178

朱利亚娜·埃里卡尼（Giuliana Ericani）　264

朱利亚娜·斯特拉米焦利（Giuliana Stramigioli）　61-62

朱莉娅·波斯基（Giulia Boschi）　302,315,318,340

朱莉娅·瓦尔代塔罗·马尔佐托（Giulia Valdettaro Marzotto）　194

朱塞佩·阿巴特（Giuseppe Abate）　59

朱塞佩·阿尔真蒂耶里（Giuseppe Argentieri）　169

朱塞佩·阿冯·卡菲（Giuseppe Avon Caffi）　113

朱塞佩·巴尔托里（Giuseppe Bartoli）　185,194

朱塞佩·巴罗内（Giuseppe Barone）　15-16,19,24,27,271-272

朱塞佩·布达（Giuseppe Buttà）　217

朱塞佩·布兰卡奇（Giuseppe Brancaccio）　320

朱塞佩·达尔·费罗（Giuseppe Dal Ferro）　293

朱塞佩·法蒂尼（Giuseppe Fatini）　28

朱塞佩·加布里埃利（Giuseppe Gabrieli）　57-58,62

朱塞佩·卡拉奇（Giuseppe Caraci）　31,66,72

朱塞佩·里基耶里（Giuseppe Ricchieri）　3

朱塞佩·玛利亚·伽略利（Giuseppe Maria Carreri）　17

朱塞佩·皮科内（Giuseppe Picone）　264

朱塞佩·斯塔卢皮（Giuseppe Staluppi）　230

朱塞佩·斯坦盖蒂（Giuseppe Stanghetti）　67

朱塞佩·斯特里佐利（Giuseppe Strizoli）　76

朱塞佩·泰拉奇纳(Giuseppe Terracina)　　252,277-278,337

朱塞佩·图齐(Giuseppe Tucci)　　23-24,26-30,33-38,40-44,47-48,50,52-53,55,62-63,78,81,86,94-95,99,113,125,127,132,136,140,143,164,232,243-245

朱塞佩·托斯卡诺(Giuseppe Toscano)　　236

朱塞佩·王(Giuseppe Wang)　　52,120,128

朱塞佩·佐皮(Giuseppe Zoppi)　　92-93

朱斯蒂纳·斯卡利亚(Giustina Scaglia)　　146

庄国土(Guotu Zhuang)　　375

专名索引（按汉语拼音排序）

柏林大学（Universität zu Berlin） 205

伯克利大学（Berkeley University） 215

博洛尼亚大学（Università degli Studi di Bologna） 49

博洛尼亚大学图书馆（Biblioteca Universitaria in Bologna） 98,297

布拉格大学（Prague University） 137

的里雅斯特大学（Università degli Studi di Trieste） 230

东方高等研究所（Istituto di studi Superiori Orientali） 111

东方研究所（Istituto per l'Oriente） 34,98

都灵大学（Università degli Studi di Torino） 45,49

法兰西公学院（Collège de France） 126

佛罗伦萨大学（Università degli Studi di Firenze） 91,110

佛罗伦萨国立图书馆（La Biblioteca Nazionale Centrale di Firenze） 98

佛罗伦萨皇家高等研究院（Istituto di Studi Superiori di Firenze） 2,4,16,39

格里高利大学（Apud Aedes Universitatis Gregorianae） 161,216,241

公共教育部（Ministero della Pubblica Istruzione） 17

国立东方艺术博物馆（Il Museo Nazionale d'Arte Orientale） 132,136

国际政治关系研究所（Istituto per gli Studi di Politica Internazionale） 77,103

皇家亚洲学院(Real Collegio Asiatico)　　61

基督之血研究中心(Centro Studi Sanguis Christi)　　228,239

蒋经国基金会(Chiang Ching-kuo Foundation)　　303,309

莱切大学(Università degli Studi di Lecce)　　231,242

林琴科学院(Accademia Nazionale dei Lincei)　　57

罗马大学东方学校(Scuola Orientale dell'Università di Roma)　　7,13,40

罗马国立东方艺术博物馆(Museo Nazionale d'Arte Orientale di Roam)　　136

罗马国立图书馆(La Biblioteca Nazionale Vittorio Emmanuele in Roma)(Biblioteca Nazionale Centrale)　　98,130,253

马切拉塔大学(Università degli Studi di Macerata)　　216,230,242-243,460

马切拉塔利玛窦研究中心(Centro Studi Ricciani di Macerata)　　216

莫斯科大学(Moscow University)　　137

那不勒斯东方大学(Istituto Universitario Orientale di Napoli)　　37,40,42-43,55,60-61,72,77,79,81,86,90,92,98,103-104,107,201,230-231,243,263,281,341,372

那不勒斯亚洲学院(Collegio Asiatico di Napoli)　　4

南怀仁基金会(Ferdinand Verbiest Foundation)　　328-329

内亚研究所(Research Institute for Inner Asian Studies)　　311

欧洲汉学协会(European Association for Chinese Studies)　　188,190,252

帕尔马市帕拉提那图书馆(Biblioteca Palatina in Parma)　　98

帕维亚大学(Università degli Studi di Pavia)　　23,232,242

奇尼基金会(Fondazione Giorgio Cini)　　99,205

青年汉学家学术研讨会(Congress of Junior Sinologues)　　106-107,112,118,123,126,133,137-138,143-144

人类文化对比研究会(The Institute for Comparative Research in Human Culture)　　321

萨勒诺省档案馆(Archivio Storico della Provincia di Salerno)　　34

圣嘉勒文学科学研究会(Istituto Superiore di scienze e lettere Santa Chiara)　　122

斯坦福大学（Stanford University） 205

苏黎世大学（Zürich University） 219

特兰托大学（Università degli Studi di Trento） 34,230,333,338,343,345,353-354,356,358,378

特兰托自然科学博物馆（Museo Tridentino di Scienze Naturali） 200,210,216,221,223,227-228

威尼斯卡·福斯卡里大学（Università Ca' Foscari Venezia） 40,42,45,83,86,90,118,166,205,209,252-253,341,361,372

威尼斯卡·福斯卡里大学东亚学系（Dipartamento di Studi est-asiatici di Università Ca' Foscari Venezia） 179

威尼斯卡·福斯卡里大学外国语言文学学院（Facoltà di Lingue e Letterature Straniere di Cà Foscari Venezia） 166,175

维尔茨堡大学（Università di Würzburg） 231

维内托大区科学、文学和艺术研究会（Istituto Veneto di scienze, lettere ed arti） 118-119

维斯瓦·巴拉蒂大学（Visva-Bharati University） 243

维也纳大学（Universität Wien） 230

文化合作研究会（Istituto per la Collaborazione Culturale） 133,139,159-160,163,165,167

乌尔比诺大学（Università degli Studi di Urbino） 45

亚洲词典编辑中心（Centro di Dizionari Asiatici） 372

亚洲研究文化协会（Associazione Culturale Studi Asiatici） 274

亚洲研究中心（Asia Research Service） 272

耶稣会历史档案馆（Institutum Historicum Societatis Iesu） 342,349,356,359

艺印学会（Istituto Arti Grafiche） 3

意大利百科全书研究会（Istituto della Enciclopedia Italiana） 146,154,159,167,181,192,200,204,300-301,322,334-335,347-348,363-365,369-371

意大利东亚研究学院（Italian School of East Asian Studies） 275,279,293,

302,338,354-355

意大利非洲与东方研究院[Istituto Italiano per l'Africa e l'Oriente(IsIAO)]
53,244,307,314,326,331,336,339,342-343,346,352,362,365-366,368,372,
374-375,377-381,388

意大利国际政治关系研究所(Istituto per gli Studi di Politica Internazionale)
77,103

意大利国家出版署(Poligrafia di Stato)　144

意大利汉学协会(Associazione Italiana Studi Cinesi(A. I. S. C.)　42,201,
205,288,309,341,373,382

意大利汉学中心(Centro di Studi Sinologici)　125

意大利皇家学院(Reale Accademia d'Italia)　76

意大利教育部(Ministero della Pubblica Istruzione)　136,165

意大利上中世纪研究中心(Centro Italiano di Studi sull'Alto Medioevo)　286

意大利神职人员传教协会(Unione Missionaria del Clero in Italia)　56-57

意大利图书馆协会(Associazione Italiana Biblioteche)　192

意大利中东及远东研究院[Istituto Italiano per il Medio ed Estremo Oriente(IsMEO)]　40,53,55,57,60,66,80,94-96,98-99,103,106,113,123,125,128,
134,136,169,172,175-176,181,197,201-202,223-226,232,244,251,254-257,
260-262,269,272,279,286,303-305,314,317,325,335

意大利中医学校(Scuola Italiana di Medicina Cinese)　338

意中关系发展中心(Centro sviluppo Rel. con La Cina)　132

意中基金会(La Fondazione Italia-Cina)　180

意中文化研究会(Istituto Culturale Italo-Cinese)　103,117,125-126,128,
130-132,134,136,147

意中友协(Associazione Italia-Cina)　42,156,263,265,267,310,384,388

意中协会(Istituto Italo-Cinese)　246,250-252

约翰·特来卡尼研究会(Istituto Giovanni Treccani)　51-52

云南省博物馆(Museo Provinciale dello Yunnan)　265,267

宗座外方传教会(Pontificio Istituto Missioni Estere)　38,44,46,73,75,319

中文参考文献

[1]黄长著,孙越生,王祖望.欧洲中国学[M].北京:社会科学文献出版社,2005.

[2]张西平.欧美汉学研究的历史与现状[M].郑州:大象出版社,2006.

外文参考文献

[1] G. Bertuccioli e L. Lanciotti. Libri sulla Cina[J].Cina,1958,4:133-138.

[2] G. Bertuccioli e L. Lanciotti. Libri sulla Cina[J].Cina,1961,6:134-140.

[3] Francesco D'Arelli.La Cina in Italia-Una Bibliografia dal 1899 al 1999[M]. Roma:Istituto Italiano per l'Africa e l'Oriente,2007.

[4] M. Fiorentini.Bibliografia sulla Cina[J].Cina,1963,7:128-157.

[5] M. Fiorentini.Bibliografia sulla Cina,1971[J].Cina,1972,9:133-145.

[6] M. Fiorentini.Bibliografia sulla Cina,1972[J].Cina,1973,10:154-169.

[7] M. Fiorentini.Bibliografia sulla Cina,1973[J].Cina,1974,11:211-228.

[8] M. Fiorentini.Bibliografia sulla Cina,1974[J],Cina,1975,12:265-292.

[9] M. Fiorentini.Bibliografia sulla Cina,1975[J].Cina,1975,13:181-214.

[10] M. Fiorentini.Bibliografia sulla Cina,1976[J].Cina,1978,14:213-253.

[11] M. Fiorentini.Bibliografia sulla Cina,1977[J].Cina,1979,15:345-382.

[12] G. Gabrieli.Bibliografia degli studi orientalistici in Italia dal 1912 al 1934 [M].Roma:Agenzia Generale Italiana del Libro,1935.

[13] L. Lanciotti.Libri sulla Cina[J].Cina,1957,3:126-136.

[14] L. Lanciotti.Libri sulla Cina[J].Cina,1959,5:172-180.

[15] M. Miranda.Bibliografia delle opere cinesi tradotte in italiano(1900-1996)

[M].Napoli:F. Giannini,1998.

[16] G. Vacca.Gli studi orientali in Italia durante il cinquantenario 1861-1911. VIII. Asia Orientale[J].Rivista degli Studi Orientali,1913-1927,5:275-319.

[17] G. Vitiello.Bibliografia sinologica italiana (1959-1987) [M].Roma:Stamperia Wage,1988.

后　记

在这里我要特别感谢教育部哲学社会科学研究重大课题攻关项目"20世纪中国古代文化经典域外传播研究书系"的总负责人张西平教授。我在马切拉塔大学文学院攻读博士期间，师从意大利马切拉塔利玛窦研究中心负责人、意大利马切拉塔大学哲学史教授菲利普·米尼尼，做明清中意文化交流史方面的研究。我在对利玛窦中文作品进行研究时，就曾耳闻北京外国语大学海外汉学中心负责人张西平教授是中国海外汉学研究方面的专家，也是中国少有的几位利玛窦研究方面的专家，有幸被引荐与张老师认识，并在利玛窦研究方面，尤其是利氏中文作品的版本研究方面得到了张老师的悉心指导。张老师对我从事的利玛窦研究及中意文化交流史方面的研究表现出极大的热忱，也对我在学术上的发展和进步给予了热情的帮助。2011年，张老师力邀我加入"20世纪中国古代文化经典域外传播研究书系"的写作工作。起初，由于我一直从事明清时期中意文化交流史方面的研究，对20世纪意大利汉学知之甚少，因此对于是否能够胜任这项工作我心存顾虑。然而，在张老师的坚持和鼓励下，我终于鼓足勇气承担了这项艰巨的任务。张老师从研究伊始，就给予了我多方面的帮助。首先，张老师将达仁理编写并于2007年出版的《中国在意大利——1899至1999年书目》一书推荐给我，这本意大利汉学著作目录代表了意大利该领域研究最前沿的成果，为《20世纪中国古代文化经典在意大利的传播编年》目录部分的编写提供了最可靠的外文文献资料。其次，张老师将曾师从他学习海外汉学的研究生袁茜推荐给我，与我合作进行大事记和备注部分的写作。在面临交稿、时间紧迫之际，张老师又将北京第二外国语学院意大利语系青年教师孙双推荐给我，整理写作了部分意大利汉学家的生平简介。此外，本书的写作还得到了罗马大学东方学院中国语言文学教授、东方学院院长、罗马大学孔子学院院长、罗马大学副校长、欧洲汉语教学学会领导委员会成员、世界汉语教学学会欧洲部代表马西尼（Federico Masini）教授的悉心指导。正是在张西平老师的积极推动和诸位合作者的共同努力下，《20世纪中国古代文化经典在意大利的传播编年》才得以与读者见面，我作为该卷主编向他们表示衷心的感谢。本书主编王苏娜承担了该书的主要编写工作，撰写了约二十万字的内容。编者袁茜写作了部分大事记和备注，撰写了约四万字的内容。编者孙双编写了部分意大利汉学家的生平简介，撰写了约一万五千字的内容。

　　《20世纪中国古代文化经典在意大利的传播编年》是第一部将20世纪在意大利出版的有关"中国古代文化"的作品信息进行分类汇总，并以编年形式呈现在读者面前的中文著作，在中国意大利汉学研究领域具有首创之功。然而，该书在整个书系中起步较晚，编者在该领域的研究经验尚浅，在对跨度达一个世纪的众多意大利汉学作品的整理和甄选的过程中难免有疏漏，或有遗珠之憾。而且，由于时间和空间的限制，本书主要列出了选定汉学书目的基本出版信息，对作品的题目和期刊的题目进行了翻译和查证。然而，这对于身在中国，不能直接接触到这些外文文献，或即便有幸得到某些重要文献却由于语言的限制，不能阅读文献的中国学者来说是远远不够的。编者以为，在意大利汉学书目研究这一领域，今后可以在《20世纪中国古代文化经典在意大利的传播编年》目录的基础上，精心挑选300至500部重要汉学著作、译作或论文，由精通意大利语、熟悉意大利汉学研究的学者对其进行深入研读，并为其撰写提要，对著作或译作的序言和重要章节进行翻译。当然，这一浩大工程需要有更多和编者一样热衷于，并有能力承担这一领域研究任务的学者们共同完成。相信，若这一构想得以实现，那么中国对意大利汉学发展的研究将会取得质的飞跃。

王苏娜
2013年7月1日于北京家中